인벤터 3D 모델링 & 3D 프린팅 프로젝트
3D 프린터 활용 가이드

공저 김랑기 · 송원석

본 교재에서는 프로젝트 실습을 통해 3D프린터를 이해하고 모델링과 프린팅 관련 지식을 습득하여 창의성을 향상시키는데 목적이 있습니다.

메이커를 꿈꾸는 모든 학습자들을 대상으로, 직접 3D프린터의 펌웨어를 설정하고 업로드하여 조정한 후 3D 모델링한 형상을 슬라이싱하고 3D로 출력하는 과정을 통해 상상하는 모든 것들을 현실화 시키도록 프로젝트 중심으로 구성하였습니다.

1편 | 3D프린터의 원리와 활용 방안에 대하여 이해할 수 있다.
2편 | 3D프린터의 구성을 이해하고 Marlin 펌웨어 프로그램 설정과 3D프린터를 조립하고 조정 할 수 있다.
3편 | 슬라이싱과 3D프린팅 과정을 직접 따라 하며 익힐 수 있다.
4편 | 3D모델링 실전 연습을 통해 나만의 모델링을 설계할 수 있다.
5편 | 자동차 모형을 모델링하고 출력하고 조립하여 프로젝트를 수행할 수 있다.
부록 | 3D프린팅 직종 기능경기대회 직종설명서와 과년도 출제 문제를 포함하였습니다.

최근 3D 프린팅은 시제품 제작 도구를 넘어 차세대 생산 기술로 주목받기 시작하였습니다. 제작 속도가 빨라지고, 출력물의 완성도가 높아졌으며, 사용할 수 있는 소재가 다양해지는 등 기술 자체가 고도화되고 있습니다.

미래 유망기술로 주목받고 있는 3D 프린터의 원리와 구조, Marlin펌웨어, Cura 슬라이싱과 3D 모델링(Inventor) 따라하기와 예제를 통한 학습으로 구성하여, 다양한 실습예제를 통해 기술을 습득하고 국가기술 자격증 취득과 기능경기대회를 준비하는 모든 분께 도움이 되기를 바랍니다.

먼저 하나님께 감사드리고 출간되기까지 도와주신 모든 분들과 메카피아 임직원 여러분께 고마운 마음을 전합니다.

감사합니다.

저자

PART 01 3D프린터 개요

CHAPTER 01 3D 프린터란? ·· 9
1. 3D 프린터 개요 ·· 11
2. 3D 프린터의 역사 ·· 14
3. 3D 프린터의 장점 ·· 15
4. 3D 프린터 활용 분야 ·· 15
5. 3D 프린터 발전 방향 ·· 18

CHAPTER 02 3D 프린팅 과정 ··· 20
1. 구상하기(Ideation) ·· 20
2. 3D 모델링(Modeling) ··· 20
3. 슬라이싱(Slicing) ·· 21
4. 프린팅(Printing) ·· 21
5. 후가공(Finishing) ··· 21

CHAPTER 03 RepRap프로젝트 ··· 22
1. 렙랩(RepRap) 프로젝트의 특징 ··· 22
2. 크리에이티브 커먼즈 라이선스 ·· 23

PART 02 3D프린터 조립 및 조정

CHAPTER 01 3D 프린터 조립 ·· 27
1. 하드웨어(H/W) 구성 ··· 27
2. 이동축 작동 유형 ··· 28
3. 3D 프린터의 배선 ·· 29
4. 3D 프린터 사용 ·· 30
5. 하드웨어(H/W) 조립시 유의 사항 ··· 32

 CONTENTS

CHAPTER 02 펌웨어 프로그래밍 ·········· 33
1. 소프트웨어(S/W) 준비 ·········· 33
2. 소프트웨어(S/W) 설정 – Creatable D3 ·········· 35
3. 소프트웨어(S/W) 설정 – Myd POP ·········· 41

CHAPTER 03 3D 프린터 조정 ·········· 45
1. 베드 레벨링 ·········· 45
2. 필라멘트 미세 조정 방법 ·········· 46
3. 압출기(익스트루더) 모터 보정 방법 ·········· 48
4. Steps per mm 계산 ·········· 49
5. 20mm 큐브 테스트로 스텝 모터축 보정 방법 ·········· 50

PART 03 3D프린팅

CHAPTER 01 슬라이서 프로그램 ·········· 55
1. 큐라 슬라이스 프로그램 설치하기 ·········· 55

CHAPTER 02 3D 프린터 LCD 메뉴 ·········· 61
1. 정보화면 초기화면 ·········· 61
2. Main 메뉴 ·········· 61
3. Prepare ·········· 62
4. Control ·········· 63
5. Print from SD ·········· 63

PART 04 3D형상 모델링

CHAPTER 01 Inventor 사용법 · 67
1. 스케치 작성 평면 선택방법 · 67
2. 스케치 스냅점 · 67
3. 스케치 치수 기입 · 68
5. 홈뷰 변경과 투상면 변경 · 68
6. 마우스 기능과 단축키 · 69

CHAPTER 02 3D 모델링 실전연습 · 70
1. 1단원 주요 학습내용 · 70
2. 2단원 주요 학습내용 · 70
3. 3단원 주요 학습내용 · 70
4. 4단원 주요 학습내용 · 70
5. 5단원 주요 학습내용 · 70
6. 6단원 주요 학습내용 · 70
7. 실물설계 및 프로젝트 예제 · 70

CHAPTER 03 어셈블리 따라하기 · 286

PART 05 프로젝트 실습

CHAPTER 01 DIY 시계 만들기 · 301
1. miki 시계 · 301
2. heart 시계 · 302
3. 탁상시계 · 303

CHAPTER 02 전기자동차 만들기 · 304
1. 전기 자동차_A형 · 304
2. 전기 자동차_B형 · 310
3. 전기 자동차_C형 · 317

CHAPTER 03 아두이노 자동차 만들기 · 324
1. 아두이노 자동차_A형 · 324
2. 아두이노 자동차_B형 · 329
3. 아두이노 자동차_C형 · 334
4. 아두이노 자동차 배선 및 코딩 · 339

PART 06 부록

CHAPTER 01 과년도 기능경기대회 문제 – 2017 · 347
1. 도면설계 1/4 – 조립도 · 347
2. 도면설계 2/4 – 부품도 · 348
3. 도면설계 3/4 – 부품도 · 349
4. 도면설계 4/4 – 부품도 · 350
5. 실물설계 · 351

CHAPTER 02 과년도 기능경기대회 문제 – 2018 · 352
1. 도면설계 1/4 – 부품도 · 352
2. 도면설계 2/4 – 부품도 · 353
3. 도면설계 3/4 – 부품도 · 354
4. 도면설계 4/4 – 조립도 · 355
5. 실물설계 · 356

CHAPTER 03 과년도 기능경기대회 문제 – 2019 ···················· 357

1. 도면설계 1/4 – 부품도 ··· 357
2. 도면설계 2/4 – 부품도 ··· 358
3. 도면설계 3/4 – 부품도 ··· 359
4. 도면설계 4/4 – 조립도 ··· 360
5. 실물설계 ··· 361

CHAPTER 04 3D 프린팅(3D Printing) 직종 설명서 ···················· 363

1. 직종 정의 ··· 363
2. 작업 범위 ··· 363
3. 과제시간 및 과제범위 ··· 364
4. 과제 작업내용 및 과정 ··· 364
5. 경기진행 절차 ·· 365
6. 경기장 시설장비 목록, 선수 지급재료 목록, 선수 지참 재료 (공구) 목록 ·· 366
7. 채점방법 및 주요 채점기준 범위, 예시 ······················ 368
8. 안전관리 ··· 369
9. 공통사항 ··· 369
10. 기타 ·· 370

01

3D MODELING
3D PRINTING

3D 프린터 개요

CHAPTER 01 | 3D 프린터란? 11
CHAPTER 02 | 3D 프린팅 과정 20
CHAPTER 03 | Reprap프로젝트 22

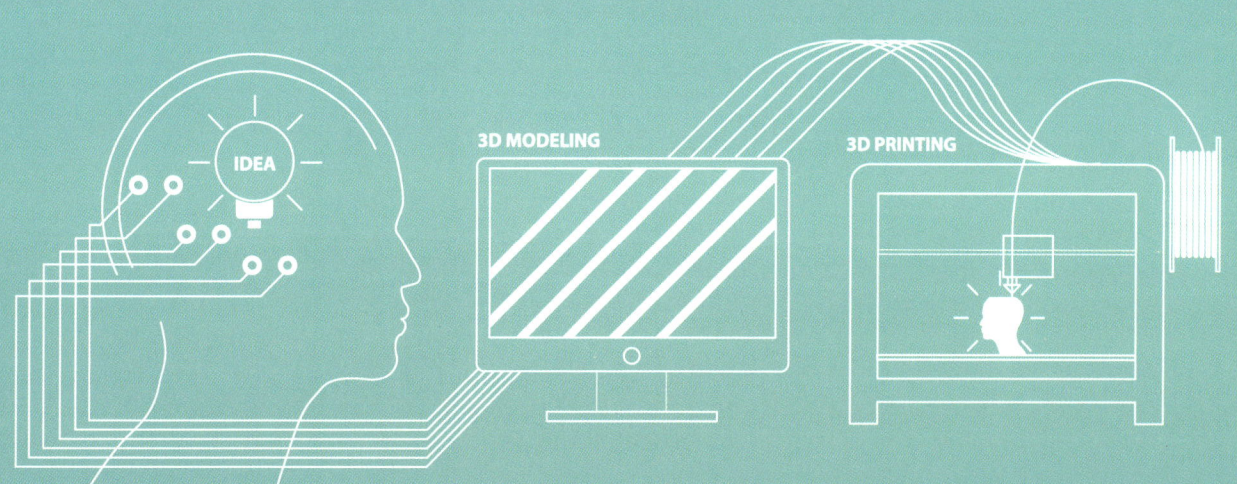

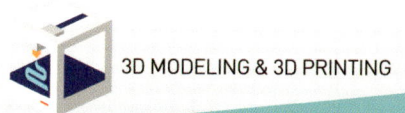

CHAPTER 01 | 3D 프린터란?

학습목표 • 3D 프린터 개요와 응용분야를 파악할 수 있다.
학습내용 • 3D 프린터 개요, 3D 프린터 기술 및 활용 분야

1 3D 프린터 개요

- 렙랩은 신속한 프로토타입 복제기(Replicating Rapid Prototyper)의 줄임말로, 첨삭가공 기법인 용착 조형 공정(Fused Deposition Modeling, FDM)을 사용한다.
- 이 FDM 용어에 대한 상표권이 이미 등록되어 있어 동일한 명칭을 사용할 수 없어 렙랩에서는 동일한 의미인 FFF(Fused Filament Fabrication)라는 명칭을 사용하고 있다.
- 3D 프린터는 '3차원 설계 데이터를 기반으로 특정 소재를 층층이 쌓아 입체 형태의 산출물을 제작하는 기술'을 말한다.

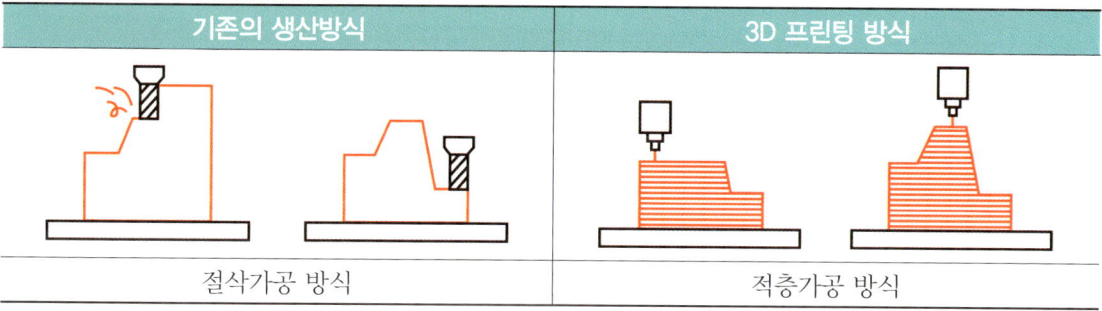

- 기존의 생산방식은 절삭가공(Subtractive Manufacturing)으로 재료를 자르거나 깎아서 생산하기 때문에 일반적으로 원재료의 95%가 버려지게 되나, 3D 프린팅 방식은 한 층씩 쌓는 적층가공(Additive Manufacturing) 방식으로 필요한 만큼의 원재료만 이용하여 생산하기 때문에 원재료 절감이 가능하다.
- 3D 프린팅에는 액체 형태의 재료나 종이, 금속 분말, 플라스틱, 모래 등 다양한 재료가 이용되며, 제작 시간은 제품의 크기와 복잡한 정도에 따라 수 시간에서 수일까지 소요된다.

(1) 3D 프린터 기술 구분

일반적으로 3D 프린터는 출력 원리에 따라 4가지로 구분된다. 고체 기반의 FFF와 액체 방식의 SLA, 분말 방식의 SLS, 필름 방식의 LOM이 대표적인 유형이며, 우리가 일반적으로 사용하는 글루건을 떠올리면 FFF 프린터의 원리를 잘 이해할 수 있다. 각각의 원리와 특징은 다음과 같다.

유형	원리	분류
고체 압출형	필라멘트 등의 열가소성 재료를 열을 가해 녹인 후 노즐을 거쳐 압출되는 재료를 적층하여 조형하는 고체 기반(FFF) 방식	
액체 광조형	고분자 화합물인 광폴리머를 레이저나 강한 자외선을 이용하여 재료를 순간적으로 경화시켜 형상을 제작하는 액체 기반(SLA, DLP, Polyjet, CLIP) 방식	
분말 소결형	분말 형태의 재료를 가열, 결합하여 조형하며 재료 형태에 따라 접착제 또는 레이저를 사용하는 시스템의 분말 기반(SLS, 3DP, DED) 방식	
필름 적층형	LOM(Laminated Object Manufacturing)은 종이, 플라스틱, 세라믹, 금속판 등을 접착하여 적층하고 형태를 칼이나 레이저로 자르며 조형하는 방식	

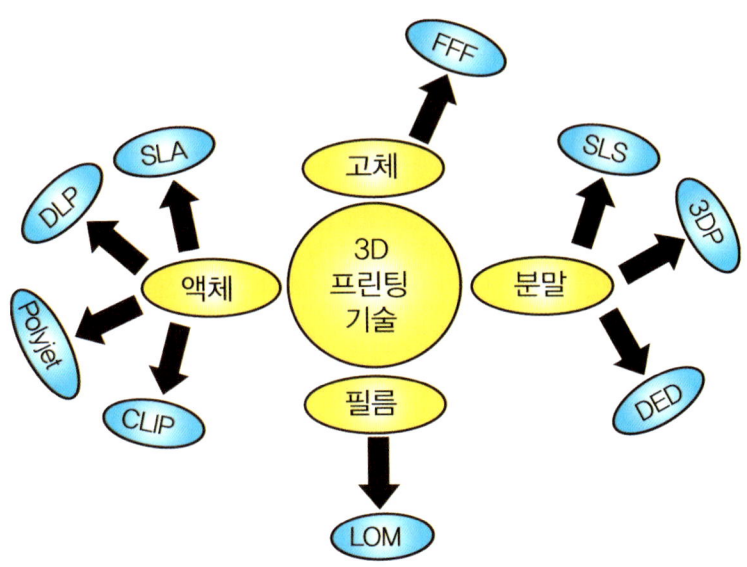

(2) 3D 프린팅 재료

소재	특징	온도
PLA	옥수수 전분에서 추출한 원료로 만든 친환경 생분해 수지 냄새가 적고 수축현상이 적음, 후가공이 어려움	180~230
ABS	합성수지로 베드안착이 어려움, 냄새가 나고 열수축현상이 심함. 후가공이 쉬움(아세톤 훈증), 온도와 습도에 약해 변형	210~260
PVA	물에 녹는 수용성 필라멘트로 듀얼 노즐 프린터의 지지대로 사용	170~190

- 3D 프린터의 종류에 따라 다양한 형태(필라멘트, 분말, 펠릿, 액체 수지 등)로 발전하고, 필라멘트는 1.75mm와 2.85mm가 있으나 전 세계적으로는 1.75mm가 사용됩니다.
- 데스크탑 3D 프린터의 단위 판매 증가율이 강한 속도로 계속되어 최근 4년간(2012~2015년) 평균 단위 매출 증가율은 87.3%로 집계됐다. Metal AM은 전체의 11.5%를 차지하며 빠르게 성장하고 있다. "기타" 부문은 바인더 분사, 솔리드스케이프 기계 및 시트 라미네이션 재료를 포함한다.(출처 : Wohlers Report 2016)

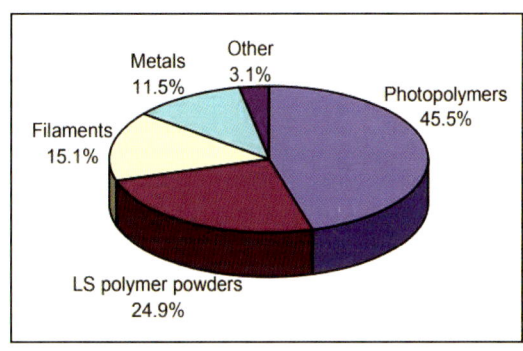

| 재료에 따른 3D 프린터 기술 구분 |

적층방식 \ 재료	액체(수지)	폴리머 · 금속	필름	금속
압출		FDM		
분사	MJM, Polyjet			
액체 광조형	SLA, DLP			
고체 융접		SLS, SHS		DMLS, SLM, EBM
DED(directed energy deposition)				DMD
Sheet Lamination			LOM	

유형	기술방식
선택적 레이저 소결 조형 (SLS, Selective Laser Sintering)	레이저로 분말 형태의 재료를 가열하여 응고시키는 방식으로 제품 제작, 정밀도가 높음
압출 적층 조형 (FDM, Fused Deposition Modeling)	고체 수지 재료를 열로 녹여 쌓아 제품을 제작하는 방식, 정밀도가 낮으나 가격이 저렴
직접 금속 레이저 소결 조형 (DML, Direct Metal Laser sintering)	금속 분말을 레이저로 소결시켜 생산하며 강도가 높은 제품 제작에 주로 사용
광경화 수지 조형 (SLA, Stereo Lithography Apparatus)	레이저 빛을 선택적으로 방출하여 제품을 제작하는 방식, 얇고 미세한 형상 제작
적층물 제조 (LOM, Laminated Object Manufacturing)	종이나 필름처럼 층으로 된 물질을 한 층씩 쌓아 만들며, 재료 물질이 가장 저렴
전자빔 소결 (EBM, Electron Beam Melting)	전자빔을 통해 금속 파우더를 용해하여 티타늄 같은 고강도 부품을 제조

2 3D 프린터의 역사

1981년 일본 나고야 시 공업 연구소의 고다마 히데오(小玉秀男)가 처음 이론화 했고 1986년 미국의 척 헐(Chuck Hull)이 특허를 얻어 설립한 3D 시스템스(3D Systems)사에서 처음으로 제품화 하였다.

3D 프린터의 진화는 SLA 방식의 3D 프린터가 처음 개발된 뒤, 지난 30여년 동안 다양한 방식의 프린터가 개발되었고 우리가 생각하는 것 이상으로 빠르게 진화하고 있다. 이제까지 3D 프린터가 변화해 온 모습을 살펴보며, 미래 3D 프린터의 모습은 또 어떻게 변화할 것인지 예측하고 기대해보자.

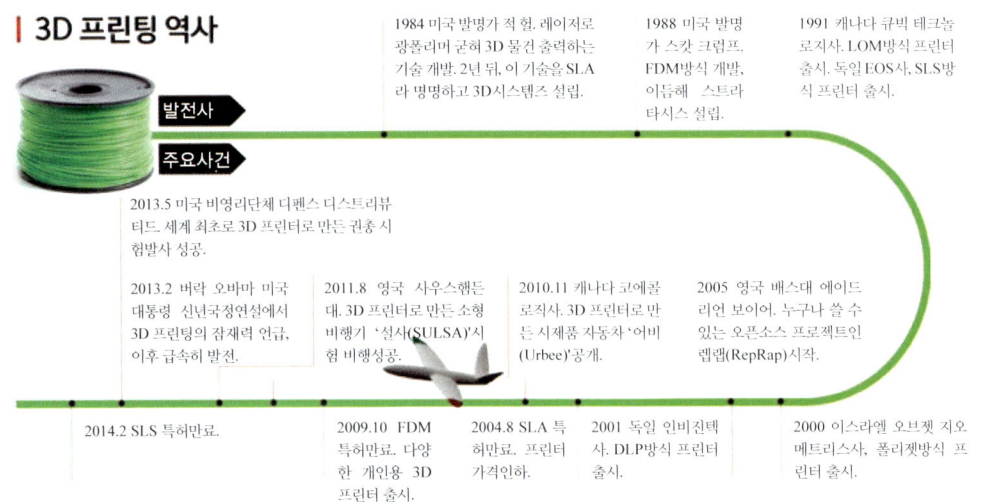

[출처 : 2015년 3월호 과학동아]

3 3D 프린터의 장점

(1) 시제품 제작

3D 프린터가 상용화되면서 가장 많이 활용된 것은 '프로토타입(Prototype)'의 제작을 위한 것이었다. 3D 프린터는 프로토타입 개발에 드는 비용과 시간을 단축함으로써, 더 좋은 설계가 가능하도록 지원할 수 있다.

(2) 제작 시간 및 비용의 절감

3D 프린터는 본을 떠 제품을 대량으로 생산하는 금형 작업이 불필요하기 때문에, 제품 제작에 소요되는 시간과 비용을 획기적으로 절감할 수 있도록 돕는다.

(3) 환경 친화적 제조

전통적인 제조업에서는 공정에 따라 다르지만 원료의 30~50%를 버리게 되는 경우가 발생하나, 3D 프린터를 활용하게 되면 원료의 90% 이상을 활용할 수 있어, 환경 친화적인 제조를 기대할 수 있다.

(4) 제조 유통의 변화

개별 부품으로 구성되는 부품을 한번에 출력함으로써 불량률을 감소시킬 수 있다 소비자 들은 제품을 사기 위하여 쇼핑을 하지 않고, 설계 도면을 구입하여 직접 출력하는 방식을 취할 수 있게 된다.

(5) 개인 맞춤형 디자인 생산

보청기, 의족 등을 필요에 따라 설계를 변형하여 개별 출력이 가능하기 때문에, 개인의 특성과 필요에 최적화된 제품의 생산이 가능하다.
따라서 개인의 기능적 요구와 소비 취향 등을 반영한 제품을 소비자들에게 제공할 수 있다.

4 3D 프린터 활용 분야

3D 프린터가 꾸준히 진화하면서 그 활용 영역은 점차 넓어지고 있고, 3D 프린터로 출력해낼 수 있는 것은 우리가 상상할 수 없을 정도에 이르고 있다. 3D 프린터가 시장에 도입된 이래 그 동안 주로 기업용 프로토타입 제작 등에 제한적으로 사용되었으나, 최근에는 자동차, 항공/우주, 방위산업, 가전제품, 의료 및 의료장비, 치의학, 건축, 교육, 애니메이션 및 엔터테인먼트, 완구류, 패션 등 다양한 산업 분야에서 제품 개발에 활용되고 있다.

(1) 자동차 항공 우주 분야

자동차 산업은 가장 먼저 3D 프린팅 기술을 도입한 산업 영역으로 알려져 있으며, 항공 우주 기술 업계는 자동차 산업을 벤치마킹하여 혁신적으로 3D 프린팅 기술을 도입하고 있다. 로컬모터스는 3D 프린터로 세계 최초로 전기차 '스트라티'를 탄생시켰다.

| 3D 프린터로 출력한 차량 사례(출처 : EDAG) |

(2) 의료 분야

의료 분야에서 3D 프린팅은 보철 및 여러 의료 도구를 제작하는 분야에서 활발히 이용되고 있다. 의료 분야도 다품종 소량 생산의 특징을 가진 산업 영역으로 의수와 의족, 인공관절, 치아의 형상에 이르기까지 3D 프린팅은 데이터 보관도 용이하고 제작 속도도 빠르다.

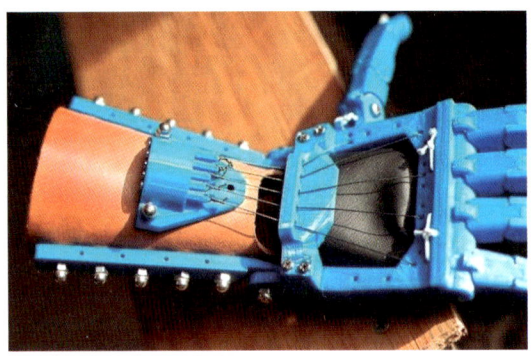

| 전자의수(출처 : stratasys.com) |

(3) 건축 분야

미국 샌프란시스코의 스타트업 기업인 아피스코어는 3D 프린터로 집을 짓는다. 이 회사는 러시아 모스크바 인근에서 38㎡ 집을 하루만에 만들어 냈다. 3D 프린터 집짓기는 더 저렴한 비용으로 빠른 시간 안에 재료의 낭비를 최소화하며 지을 수 있다고 한다. 3D 프린팅을 응용한 맞춤형 주택 시대가 열릴 것으로 전망한다.

| 네덜란드 암스테르담의 3D 프린팅 운하주택 |

(4) 식품 분야

영국 런던에는 3D 프린터가 요리를 만들어 주는 '푸드잉크(Food Ink)' 식당이 등장하였다. 3D 프린터가 사람을 대신하여 요리를 만들어 준다. 반죽 형태가 가능한 재료인 초콜릿 무스, 완두콩, 치즈, 피자반죽 등을 'by Flow(바이 플로우)' 3D 프린터를 이용해 요리를 만들어 준다.

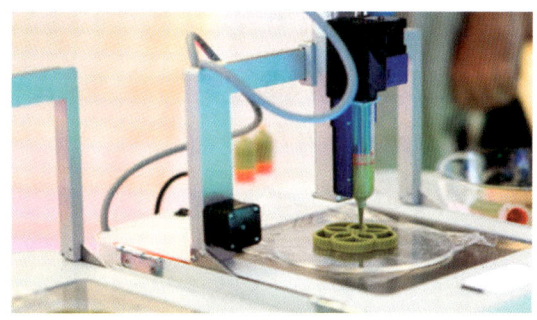

| 3D 프린터로 출력한 식품 사례 |

(5) 패션 분야

3D 프린팅을 활용한 의상과 쥬얼리 생산도 활발하게 이루어져 수년 후에는 우리가 원하는 디자인과 소재의 의상을 3D 프린터로 출력하여 착용하는 시대가 올 것이다.

| 3D 프린터로 만든 옷과 신발(출처 : Rapid Ready Technology) |

5 3D 프린터 발전 방향

- 3D 프린팅 기술은 산업 분야 다방면에서 기술 패러다임을 바꾸며 산업 혁신을 이끌 것으로 기대되고 있다. 그동안 높은 가격 때문에 기업에서 시제품 제작용으로 주로 사용되던 3D 프린터가 가격대가 저렴한 3D 프린터로 개발되면서 가정에서도 개인 및 취미용으로 사용될 수 있고, 정밀도가 높은 3D 프린터가 저가형 3D 프린터로 개발된다면 보청기나 의료 분야 보조제를 각 가정에서도 제작할 수 있을 것으로 기대되고 있다.

- 3D 프린팅 기술은 3D 스캐너 등의 도구 발전으로 제조 분야를 포함해 건축, 엔지니어링, 토목, 의료 등으로 확장되어 갈 것으로 전망된다. 최근 3D 프린팅 기술에 전체적인 관심 이 집중되는 이유는 3D 프린터가 처음 시장에 나왔을 때보다 가격이 낮아졌기 때문에 대중화될 것으로 전망되기 때문이다. 산업에서 사용되고 있는 수준의 3D 프린터가 각 가정에서도 사용할 수 있을 것으로 전망하고 있다.

- 3D 프린터의 응용 분야 중 보석, 가정용, 치과용은 상용화 단계에 있고, 항공기, 구조물, 스포츠, 교육, 의약, 건축, 전자 분야 등에서 상용화 될 것으로 예상된다. 산업용 3D 프린팅은 세계 시장에서 다양한 분야에 활용하며 안정적으로 성장하고 있고, 개인용 3D 프린팅 분야는 과도한 기대감에서 벗어나 저가형 3D 프린터 개발로 인한 꾸준한 시장 확대가 이루어지고 있다.

- 현재 의료 분야에서 3D 프린팅 기술은 보청기, 틀니, 임플란트 등 플라스틱이나 금속 재료로 제작되어 생체 친화성은 부족하지만 3D 프린터 사용 재료의 발달로 미래에는 인체 조직을 이용하여 인체에 무해한 3D 프린터 출력물을 얻을 것으로 전망한다. 자신의 뼈나 신체장기, 피부, 혈관 등 신체의 거의 모든 부분의 재생과 제작이 가능할 수 있도록 연구 개발이 진행되고 있다.

- 아직까지 3D 프린팅은 조형 속도, 표면 해상도, 가공 재료의 제한 등의 문제들이 있으나, 이러한 것들은 지속적 기술 개발로 수년 내에 해결될 수 있을 것으로 예상되고 있다.

구분	사례			비고
소비재	〈식품〉 (일본, FabCafe) 사람모양 젤리	〈완구〉 (미국, Sandboxr) 캐릭터 미니어처 제작	〈쥬얼리〉 (캐나다, Hot Pop Factory) 악세서리 제작	다품종 소량생산
주력산업	〈자동차〉 (미국, Kor Ecologic) 3D 프린터로 Body를 제작	〈항공〉 (중국, AVIC 레이저社) 전투기용 티타튬 부품	〈기계〉 (캐나다, Solid-Ideas) 정밀기계 제작	생산 공정 시간·비용 절감
의료· 메디컬	〈인공장기〉 (미국, Organovo) 인공 간세포	〈수술용 인공기관〉 (미국, 캔사스 의대) 기관지 이식	〈치아 임플란트〉 (이스라엘, AB-Dental) 수술용 가이드	환자 맞춤형 의료 서비스

CHAPTER 02 | 3D 프린팅 과정

학습목표 • 3D 프린팅 과정을 이해할 수 있다.
학습내용 • 구상하기, 3D 모델링, 슬라이싱, 프린팅, 후가공

(a) 3D모델링　　(b) 슬라이싱　　(c) 3D 프린팅

1 구상하기(Ideation)

스캐너나 스케치 등으로 먼저 3D 프린터를 통해 어떠한 아이디어를 구현할 것인지에 대한 구상이 필요하다. 메이커(Maker)에게 가장 중요한 것은 창의적이고 가치 있는 발상이다.

2 3D 모델링(Modeling)

3D 모델링 과정에서는 Inventor, Solid Works, OnShape, TinkerCAD, CADian 등의 3D설계 소프트웨어를 이용해서 원하는 물체를 디자인 하거나 3D스캐너를 이용해서 기존에 만들어진 물체의 3차원 데이터를 얻어 디지털 도면을 제작한다. 모델링 된 디자인은 슬라이싱을 위해 STL파일 형식으로 저장한다. 3D 스캐너로 생성된 파일은 보통 PLY 파일 형식을 쓴다.

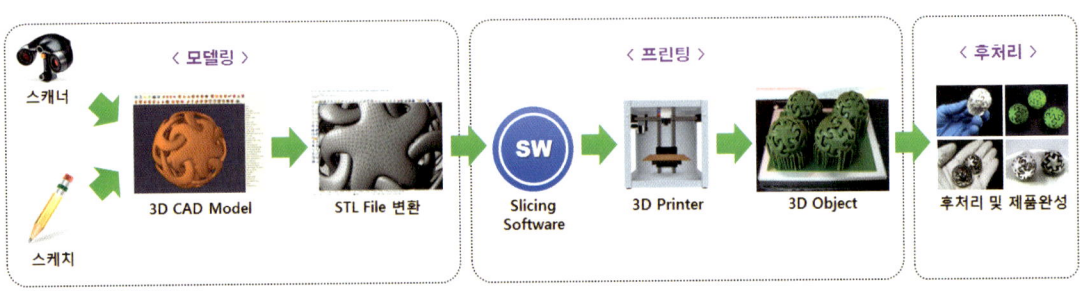

| 3D 모델링 – 프린팅 – 후처리 |

3 슬라이싱(Slicing)

3D모델 데이터는 본격적인 출력에 앞서 슬라이서(Slicer)라 불리는 Cura, Slic3r 등의 프로그램을 통해 여러 개의 얇은 층으로 나누어진 2D 레이어 데이터로 변환되며, 변환작업 및 출력에 관련된 세팅이 마무리되면 3D 프린터가 읽을 수 있는 G-code 파일로 저장한다.

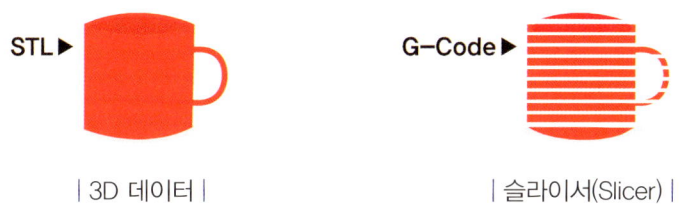

| 3D 데이터 | | 슬라이서(Slicer) |

4 프린팅(Printing)

슬라이싱 프로그램을 통해 만들어진 G-code 파일을 프린터에 넣고 출력을 하면 G-code 파일에 저장된 프로그램에 따라 3D 프린터가 출력을 하게 된다. 같은 출력물이라도 레이어의 두께나 채움 정도 등의 세팅 값에 따라 출력시간은 큰 차이를 보인다.

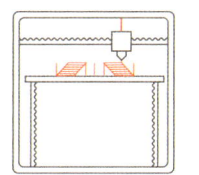 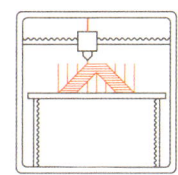 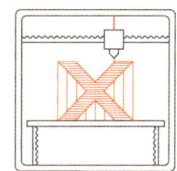

5 후가공(Finishing)

출력이 완성되면 출력물의 지지를 위해 함께 출력했던 서포트나 Brim, Raft 등의 불필요한 부분을 제거하도록 한다. 출력물의 표면을 사포와 같은 샌딩 도구를 사용해서 매끄럽게 연마한 후에 도색 및 조립을 통해 최종 결과물로 완성한다.

3D 프린터 출력물 표면 후가공 기기를 이용하여 이소프로필(isopropyl) 알코올이나 아세톤(acetone) 훈증을 통해 매끄럽게 출력물 표면을 후가공 할 수 있다. 냄새가 강하여 반드시 환기에 신경을 써야 한다.

 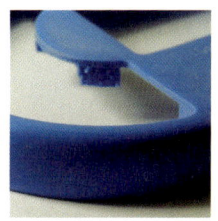

| 후가공 전 | | 후가공 후 |

CHAPTER 03 | RepRap프로젝트

학습목표 • CCL 라이선스를 이해할 수 있다.
학습내용 • RepRap 프로젝트, 이용허락, CCL라이선스

인류는 과학기술을 바탕으로 상상하는 모든 것들을 현실화 시키고 있으며, 3D 프린터는 우리의 삶을 보다 풍요롭고 윤택하게 만들어줄 수 있는 가능성을 가진 하나의 도구이다.

1 렙랩(RepRap) 프로젝트의 특징

렙랩 프로젝트(RepRap Project)는 오픈 소스를 지향하는 비영리 단체이며, 3D 프린터 개발을 위한 이니셔티브(initiative)로 2005년 영국 바스 대학의 아드리안 보이어(Adrian Bowyer) 교수에 의해 시작된 프로젝트이다.

reprap.org는 커뮤니티 프로젝트이며, 여기 존재하는 상당수의 페이지들을 수정, 첨삭하는 것 혹은 새로운 페이지를 만드는 것이 가능하다. 렙랩은 최초의 저가형 3D 프린터였고, 렙랩 프로젝트에서 오픈 소스기반의 3D 프린터 혁명이 시작되었다.

(1) 오픈소스(Open source)

렙랩(RepRap)에서는 3D 프린터를 자체 제작 할 수 있는 도면을 공개하고 모든 사람들이 이 기술을 공유할 수 있도록 하였다. 오픈 소스라는 방식으로 많은 사람들을 3D 프린터의 새로운 세상으로 이끌어주고 있다.

외국에서는 렙랩 기반의 유명 메이커들이 속속 등장하여 완제품 3D 프린터를 제작해서 판매하기 시작했고 미국에서는 3D 프린터가 버락 오바마 대통령의 2013년 국정 연설에 포함되었다.

(2) 개방형 디자인(Open Design)

개방형 디자인으로서 렙랩 프로젝트의 모든 디자인들은 자유 소프트웨어 사용권인 GNU GPL로 배포되었고, 많은 부품들이 플라스틱으로 만들어져, 부품을 인쇄해 자가 보수가 가능하고, 새로운 렙랩 프린터도 만들 수 있다. 부품을 프린트하거나 DIY 키트로 조립되어진 후 또 다시 키트를 만들어 공개하는 것이 가능하며, 누구라도 재료와 시간만 있으면 조립이 가능하다.

(3) 자기 복제(Self-replicating)

렙랩 3D 프린터의 가장 큰 장점은 자기 복제(Self-replicating)가 가능하다는 점이다. 여러 구성 부품들이 플라스틱으로 만들어졌기 때문에 렙랩 3D 프린터를 이용해 또 다른 형태의 3D 프린터를 복제하여 만들 수 있다. 3D 프린터가 3D 프린터를 복제해 낸다는 개념으로 렙랩(Reprap)의 초기모델 이름을 다윈(생물 진화론자)으로 붙였고 이후 모델 이름도 유전학자인 멘델(Mendel)의 이름을 붙였다.

2 크리에이티브 커먼즈 라이선스(CCL, Creative Commons License)

CCL은 자신의 창작물에 대하여 일정한 조건 하에 다른 사람의 자유로운 이용을 허락하는 내용의 자유이용 라이선스(License)이다.

저작권법 제46조에 의하면, 저작 재산권자는 다른 사람에게 그 저작물의 이용을 허락할 수 있고, 이용허락을 받은 자는 "허락 받은 이용방법 및 조건의 범위 안에서" 저작물을 이용할 수 있다. 보통 그러한 이용허락은 당사자 간의 계약을 통하여 이루어진다.

즉 원칙적으로 다른 이의 이용을 금지하되 개별적인 계약으로 특정인에게만 이용을 허락하는 형태이다. CCL은 이와 달리 원칙적으로 모든 이의 자유이용을 허용하되 몇 가지 이용방법 및 조건을 부가하는 방식의 개방적인 이용허락이다.

(1) 이용허락조건

	Attribution (BY : 저작자 표시)	저작자의 이름, 출처 등 저작자를 반드시 표시해야 한다는, 라이선스에 반드시 포함하는 필수조항
	Noncommercial (NC : 비영리)	저작물을 영리 목적으로 이용할 수 없습니다. 영리목적의 이용을 위해서는, 별도의 계약이 필요하다는 의미
	No Derivative Works (ND : 변경금지)	저작물을 변경하거나 저작물을 이용한 2차적 저작물 제작을 금지한다는 의미
	Share Alike (SA : 동일조건변경허락)	2차적 저작물 제작을 허용하되, 2차적 저작물에 원 저작물과 동일한 라이선스를 적용해야 한다는 의미

자유이용을 위한 최소한의 요건으로 많은 사람들이 원하는 것을 조사하여 그 중 대표적인 4가지 '이용허락조건'을 뽑아낸 다음 이를 조합해서 6가지 유형의 라이선스를 만들었다.
저작권자는 자신의 의사에 맞는 조건을 선택하여 저작물에 적용하고 이용자는 적용된 CCL을 확인한 후에 저작물을 이용함으로써 당사자들 사이에 개별적인 접촉 없이도 그 라이선스 내용대로 이용허락의 법률관계가 성립한다.

(2) 라이선스

라이선스	문자표기	이용조건
	CC BY	저작자표시 저작자의 이름, 저작물의 제목, 출처 등 저작자에 관한 표시를 해 주어야 한다.
	CC BY – NC	저작자표시 – 비영리 저작자를 밝히면 자유로운 이용이 가능하지만 영리목적으로 이용할 수 없다.
	CC BY – ND	저작자표시 – 변경금지 저작자를 밝히면 자유로운 이용이 가능하지만, 변경 없이 그대로 이용해야 한다.
	CC BY – SA	저작자표시 – 동일조건변경허락 저작자를 밝히면 자유로운 이용이 가능하고 저작물의 변경도 가능하지만, 2차적 저작물에는 원 저작물에 적용된 것과 동일한 라이선스를 적용해야 한다.
	CC BY – NC – SA	저작자표시 – 비영리 – 동일조건변경허락 저작자를 밝히면 이용이 가능하며 저작물의 변경도 가능하지만, 영리목적으로 이용할 수 없고 2차적 저작물에는 원 저작물과 동일한 라이선스를 적용해야 한다.
	CC BY – NC – ND	저작자표시 – 비영리 – 변경금지 저작자를 밝히면 자유로운 이용이 가능하지만, 영리목적으로 이용할 수 없고 변경 없이 그대로 이용해야 한다.

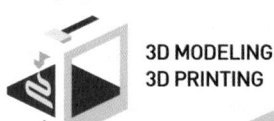

3D 프린터 조립 및 조정

CHAPTER 01 | 3D 프린터 조립 ·········· 19
CHAPTER 02 | 펌웨어 프로그래밍 ·········· 25
CHAPTER 03 | 3D 프린터 조정 ·········· 37

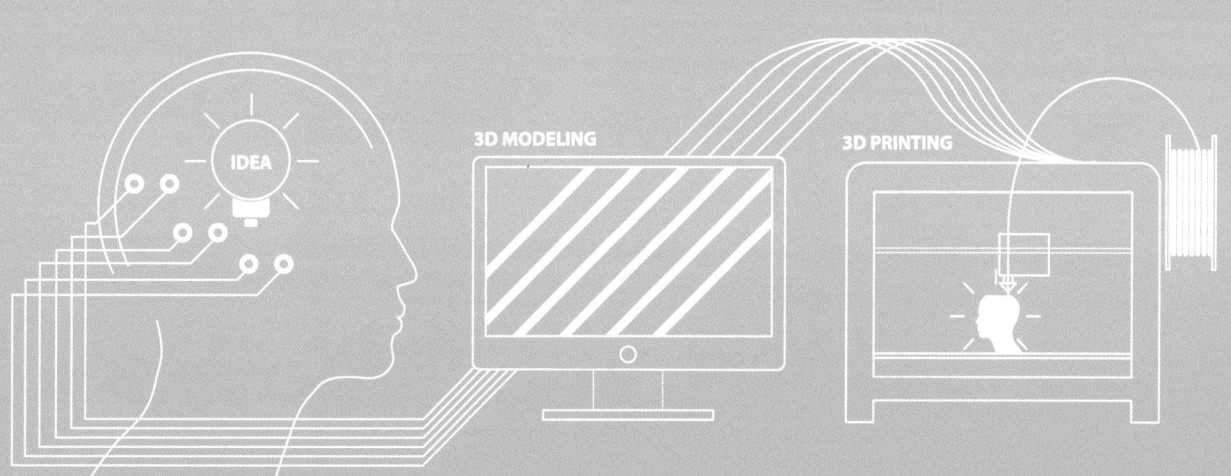

CHAPTER 01 | 3D 프린터 조립

학습목표 • 3D 프린터 구성을 이해하고 조립할 수 있다.
학습내용 • 3D 프린터 구성과 배선 방법, 사용방법

1 하드웨어(H/W) 구성

기본적인 3D 프린터의 구성은 Electronics, Mechanics, Extruder, Software 파트로 나누어진다. 본 교재 내용은 델타 타입의 Creatable D3 모델을 기반으로 작성하였다.

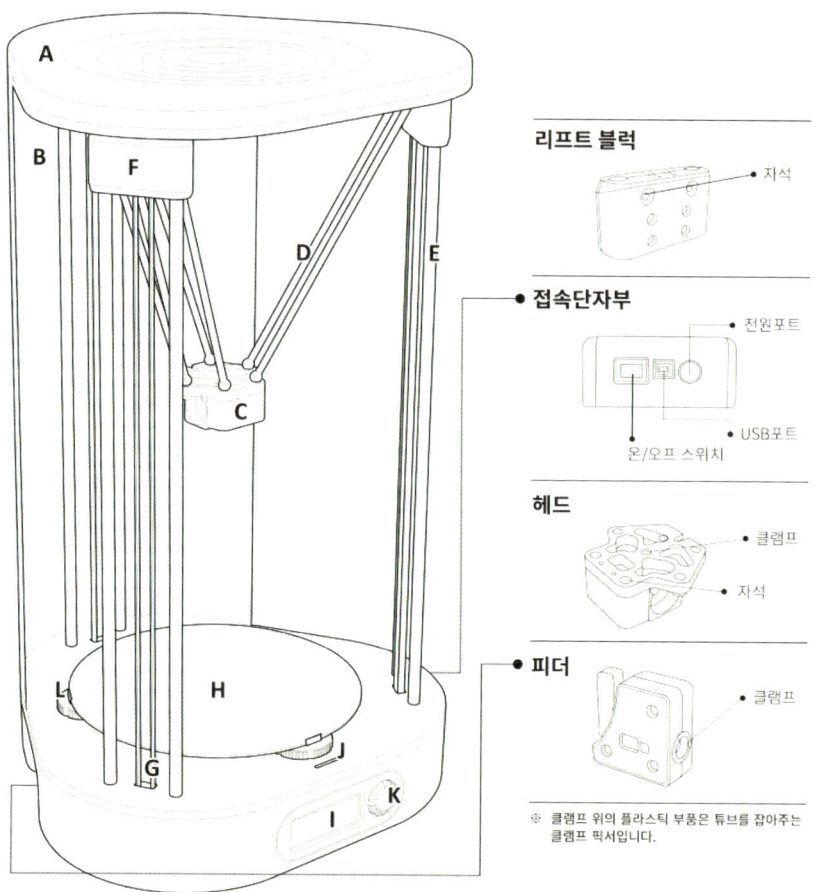

| D3 printer |

2 이동축 작동 유형

3D 프린터의 필라멘트가 정확한 위치로 이동 후 증착되려면 3개의 이동축(X, Y, Z 축)이 필요하다. 오픈 소스 기반으로 체계적인 개발을 위해서 프린터 이동축의 작동 유형을 분류해 놓고 있다. 최근 가장 대표적으로 사용되는 유형으로 이동방식에 따라 카르테시안(Cartesian), 델타(Delta), 폴라(Polar), 스카라(Scara) 타입이 있다. 폴라 방식은 원형 베드가 회전운동을 하고 노즐은 Z축 직선운동을 하고, 스카라 방식은 로봇 팔과 같이 공중에 떠서 외팔 보 형식으로 로봇 팔 끝에 노즐을 달아 출력하는 방식이다.

| 폴라 타입 |

| 스카라 타입 |

Type	Cartesian type1	Cartesian type2	Cartesian type3	Cartesian type4	Delta
Head	X	XZ	XY	Z	XYZ
Bed	YZ	Y	Z	XY	—
Model	Eventorbot	Prusa i3 Huxley Mendel	Cartesio Tantilus 다윈	Pocket printer IRapid MakerBot	Kossel Rockstock

3 3D 프린터의 배선

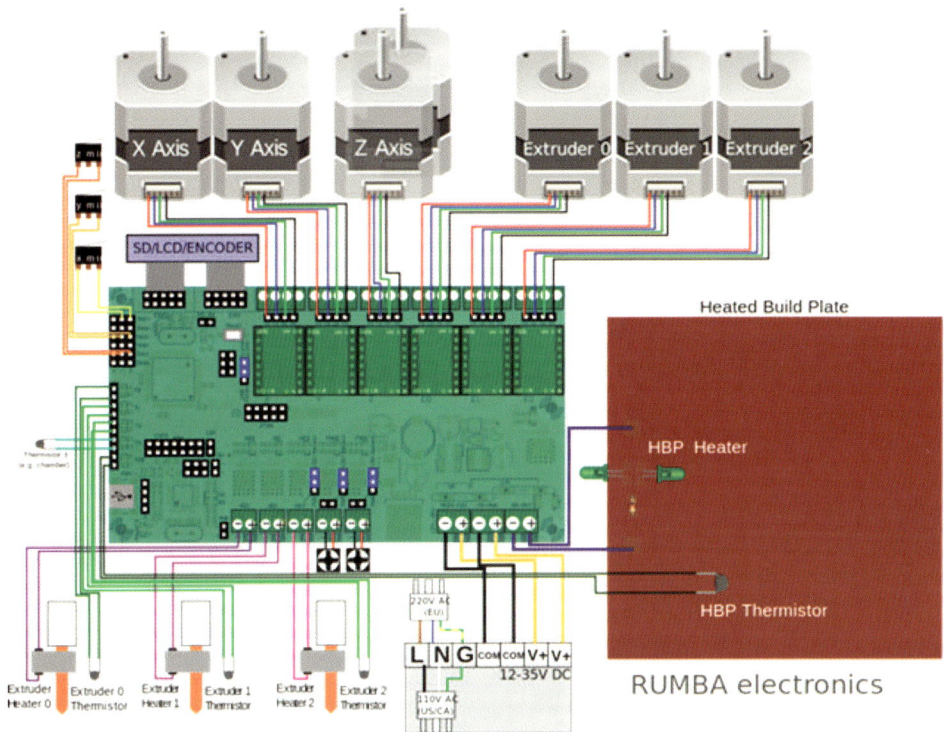

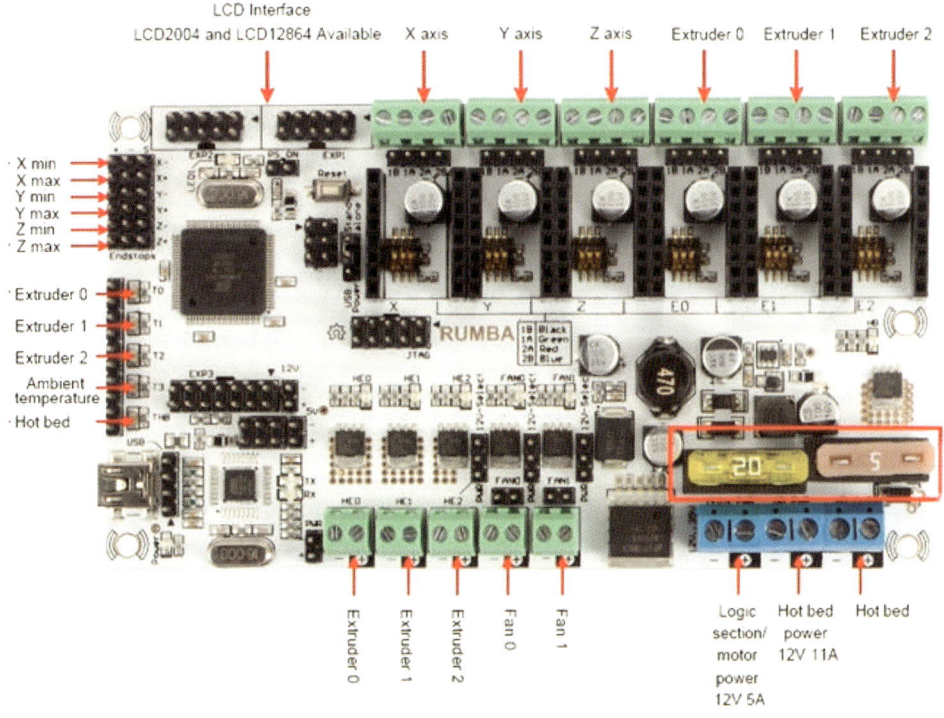

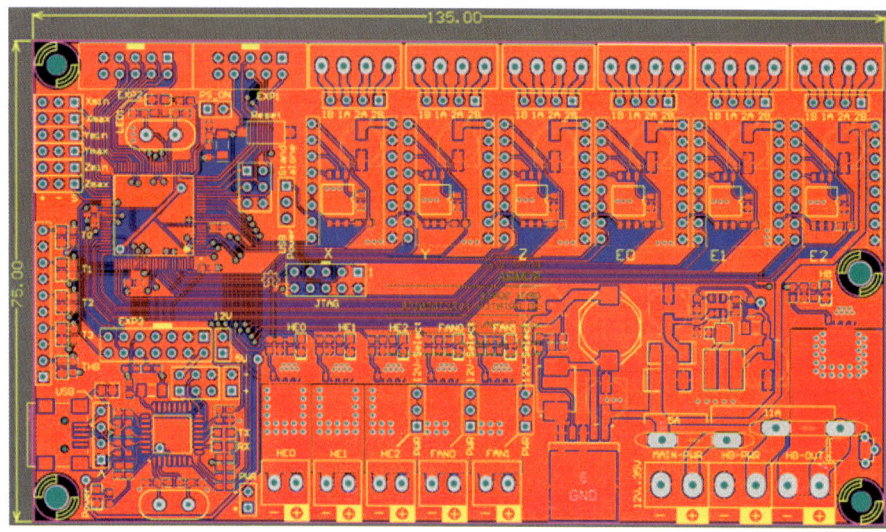

4 3D 프린터 사용

전원연결

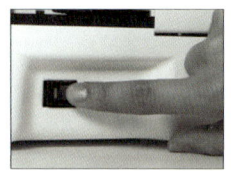 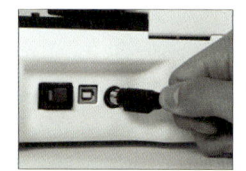 

CREATABLE D3 본체 오른쪽 하단에 전원버튼이 꺼져있는지 확인하세요.

전원버튼 오른쪽에 있는 단자에 전원 케이블을 연결하고, 전원버튼을 눌러 프린터를 켜 주세요.

OLED패널에 프린터의 상태정보와 함께 "CREATABLE D3 READY" 문구가 보이면 전원이 연결된 상태입니다.

필라멘트 로딩 ⚠ 필라멘트 로딩 시 노즐의 온도가 매우 높게 올라갑니다. 화상에 주의하세요.

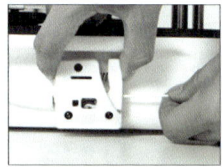 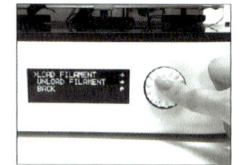 

레버를 끝까지 누른 후 레버 구멍에 필라멘트를 넣어주세요. 필라멘트가 기어와 베어링 사이에 잘 위치하는지 확인하면서 끝 부분이 피더 반대편의 튜브로 나올때까지 밀어주세요.

메뉴에서 FILAMENT > CHANGE FILAMENT> LOAD FILAMENT를 선택해주세요. 노즐이 설정 온도까지 가열되면 피더가 필라멘트를 노즐 근처까지 로딩합니다.

컨트롤 휠을 충분히 돌려서 노즐 끝으로 필라멘트가 녹아나오면 로딩이 완료된 상태입니다.

필라멘트 언로딩

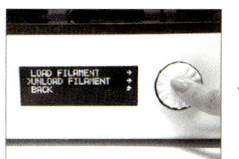 →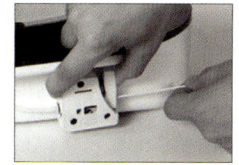

메뉴에서 FILAMENT > CHANGE FILAMENT > UNLOAD FILAMENT를 선택해 주세요.

노즐이 설정 온도까지 가열되면 피더가 필라멘트를 언로딩합니다. 레버를 끝까지 누른 후 손으로 당겨 필라멘트를 피더에서 꺼내주세요.

* CREATABLE D3 전용 필라멘트 추가 구입은 크리에이터블랩스 홈페이지에서 가능합니다.
http://creatablelabs.com/

출력하기 (SD카드 사용)

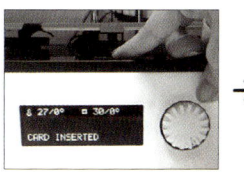 → 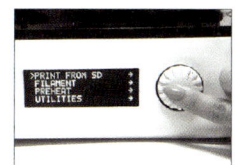 →

출력하고자하는 G-Code가 저장된 SD카드를 슬롯에 삽입해주세요. "CARD INSERTED" 문구가 표시되면 출력 준비가 완료된 상태입니다.

메뉴의 PRINT FROM SD 에서 출력하고자하는 파일을 선택합니다. 히트베드와 노즐이 설정된 온도까지 가열되면 출력이 시작됩니다.

* 출력이 완료되어 프린터의 작동이 멈춘 후에도 한 동안 히트베드와 노즐이 뜨거울 수 있으니 화상에 주의하세요.

출력물 꺼내기

 →  →

전면 OLED를 통해 노즐과 베드가 충분히 식은 것을 확인한 후 출력물을 꺼내주세요.

출력물이 베드에서 잘 떨어지지 않는 경우 공예용 주걱(스팻툴라)을 사용하면 쉽게 떼어낼 수 있습니다.

* 노즐과 베드가 충분히 식은 후 전원을 꺼야 프린터에 무리가 가지 않습니다.

5 하드웨어(H/W) 조립시 유의 사항

① 기구를 직각으로 견고하게 조립하고, 벨트 텐션이 느슨하지 않고 팽팽하게 조절한다.
② 메인보드에 케이블 연결하기를 참조하여 +/− 가 바뀌지 않도록 구별한다.
③ 자석으로 된 리프트 블록과 헤드에 로드를 부착한다.
④ 고정베드는 수평이 되게 조립하고, 프린트시 베드가 옆으로 밀리지 않도록 고정한다.
⑤ 피더에 필라멘트를 삽입하거나 빼낼 때는 레버를 끝까지 누른 후 삽입한다.
⑥ 노브를 돌려 베드 레벨링을 시행하여 바닥면에 잘 부착되도록 한다.

3D 프린터는 고온에서 작동합니다. 정지상태에서도 일부 부품이 뜨거울 수 있으니 화상에 주의하세요.

본 기기는 실내 설치를 권장하며 사용 중, 사용 후에 환기를 권장합니다.

작동 중에는 부품에 손이 끼이는 등 부상의 위험이 있으니 주의하세요.

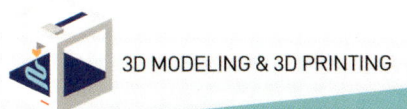

CHAPTER 02 | 펌웨어 프로그래밍

 • 3D 프린터에 맞게 펌웨어를 설정할 수 있다.
• 델타 방식과 CoreXY 방식 펌웨어 설정

1 소프트웨어(S/W) 준비

(1) Marlin 펌웨어 다운로드

Marlinfw.org사이트에서 최신 버전의 Marlin 펌웨어를 다운로드 하고 압축을 푼다.
The latest release (1.1.x.zip … 1.1.9)

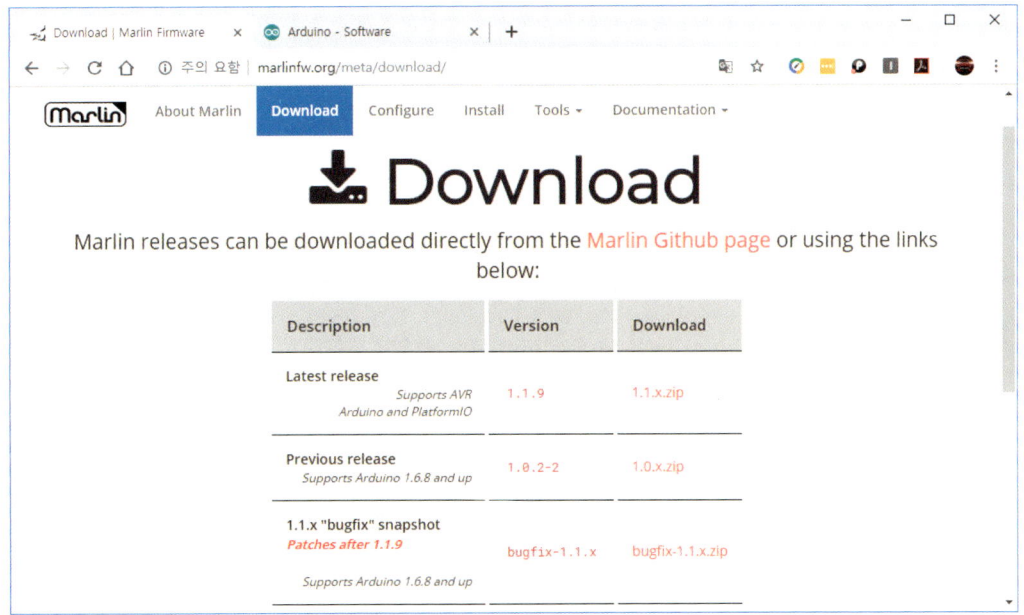

(2) 아두이노 IDE 다운로드

Arduino.cc사이트에서 O/S사양에 맞는 아두이노 IDE를 다운로드하고 설치한다.

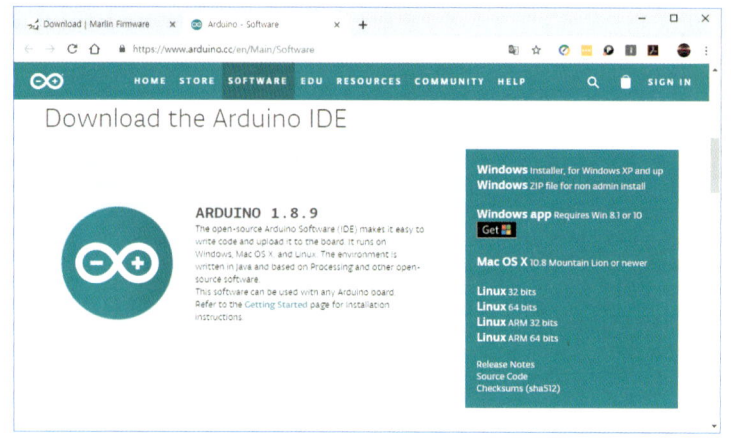

아두이노 툴 메뉴에서 보드(Mega2560)와 통신 포트를 맞춰 준다.

아두이노 IDE를 실행하고 Marlin 폴더에서 marlin.ino 파일을 열고 삼각형 탭을 눌러 Configuration.h 파일을 열고 프로그램 설정을 한다.

// 한 줄 주석처리 명령 사용하여 아래와 같이 소프트웨어 설정을 한다.

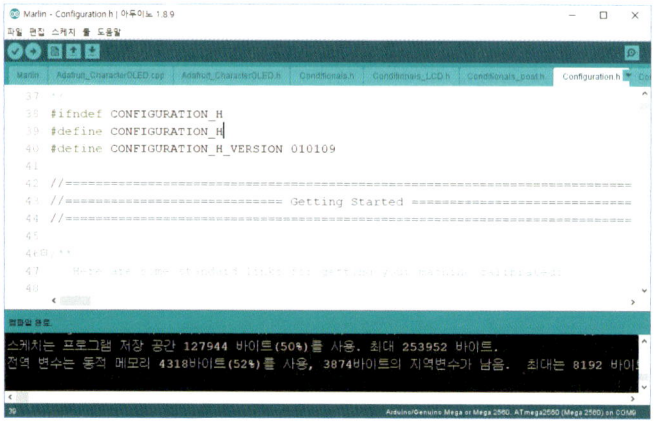

2 소프트웨어(S/W) 설정 – Creatable D3

Configuration.h 파일 외에 Marlin 코드의 pins_RUMBA.h와 thermistortable 등 하드웨어에 맞게 헤더파일 내용의 변경이 필요하므로 github의 자료를 참조한다.

> 기능경기대회 시작 전에는 EEPROM에 저장된 설정 데이터를 지우고 시작한다.
> 펌웨어를 설정하여 업로드하고 LCD에 부여받은 등번호를 LCD에 표시하여야 하고 Auto home 명령을 정상적으로 수행해야 한다.

Configuration.h 파일

- Firmware Info

    #define STRING_CONFIG_H_AUTHOR "(Nicky Kim, default config)"

    //#define SHOW_BOOTSCREEN //Marlin Boot 화면을 띄우지 않음

- Hardware Info

    #define BAUDRATE 250000 // 프린터 제어시 사용하는 통신속도

    #define OLED // Adafruit OLED 사용

    #define LED_STRIP

- Motherboard

    #define MOTHERBOARD BOARD_RUMBA // 사용하는 메인보드

- Custom Machine Name

    #define CUSTOM_MACHINE_NAME "KKD-01" //경기시에 부여받은 등번호 LCD에 표시

- Extruder Info

    #define EXTRUDERS 1//익스트루더의 개수 1~4

- Filament Diameter

    #define DEFAULT_NOMINAL_FILAMENT_DIA 1.75 //필라멘트 직경 1.75mm

- Thermal Settings

    #define TEMP_SENSOR_0 1407//1

    #define TEMP_SENSOR_BED 1408//8

- Mechanical Settings

    #define DELTA

```
#if ENABLED(DELTA)
#define DELTA_SEGMENTS_PER_SECOND 200
#define DELTA_CALIBRATION_MENU //
#if ENABLED(DELTA_AUTO_CALIBRATION) ||
  ENABLED(DELTA_CALIBRATION_MENU)
#define DELTA_CALIBRATION_RADIUS 100//mm
#define PROBE_MANUALLY_STEP 0.025 //0.05 mm
#endif
#define DELTA_PRINTABLE_RADIUS 130.0 //135 mm
#define DELTA_DIAGONAL_ROD 259.4 // 259.4mm
#define DELTA_SMOOTH_ROD_OFFSET 169.445//
#define DELTA_EFFECTOR_OFFSET 29.445 //
#define DELTA_CARRIAGE_OFFSET 15.1 // 15.1
#define DELTA_RADIUS (DELTA_SMOOTH_ROD_OFFSET – DELTA_EFFECTOR_
  OFFSET – DELTA_CARRIAGE_OFFSET)
//가운데가 볼록하면 DELTA_RADIUS 값을 낮추고, 오목하면 높여준다.
#define DELTA_HEIGHT 230 //프린터의 출력가능 높이
#define DELTA_ENDSTOP_ADJ { 0.0, 0.0, 0.0 }
#define DELTA_TOWER_ANGLE_TRIM { 0.0, 0.0, 0.0 }
#endif
```

- Endstop Settings

```
#define USE_XMAX_PLUG
#define USE_YMAX_PLUG
#define USE_ZMAX_PLUG
#define ENDSTOPPULLUPS
#define X_MIN_ENDSTOP_INVERTING false
#define Y_MIN_ENDSTOP_INVERTING false
#define Z_MIN_ENDSTOP_INVERTING true//false
#define X_MAX_ENDSTOP_INVERTING false
#define Y_MAX_ENDSTOP_INVERTING false
```

#define Z_MAX_ENDSTOP_INVERTING false

#define Z_MIN_PROBE_ENDSTOP_INVERTING false

- Stepper Drivers

    #define X_DRIVER_TYPE A4988

    #define Y_DRIVER_TYPE A4988

    #define Z_DRIVER_TYPE A4988

    #define E0_DRIVER_TYPE A4988

- Movement Settings

    #define XYZ_FULL_STEPS_PER_ROTATION 200

    #define XYZ_MICROSTEPS 16

    #define XYZ_BELT_PITCH 2

    #define XYZ_PULLEY_TEETH 20

    #define DEFAULT_XYZ_STEPS_PER_UNIT ((XYZ_FULL_STEPS_PER_ROTATION) * (XYZ_MICROSTEPS) / double(XYZ_BELT_PITCH) / double(XYZ_PULLEY_TEETH))//80

    #define DEFAULT_AXIS_STEPS_PER_UNIT { DEFAULT_XYZ_STEPS_PER_UNIT, DEFAULT_XYZ_STEPS_PER_UNIT, DEFAULT_XYZ_STEPS_PER_UNIT, 94.36 } // 조정 포인트

    //#define DEFAULT_AXIS_STEPS_PER_UNIT { 80, 80, 80, 94.36 }

    #define DEFAULT_MAX_FEEDRATE { 300, 300, 300, 45 }

    #define DEFAULT_MAX_ACCELERATION { 3000, 3000, 3000, 9000 }

- Z Probe Options

    //#define Z_MIN_PROBE_USES_Z_MIN_ENDSTOP_PIN

    #define Z_MIN_PROBE_ENDSTOP

    #define PROBE_MANUALLY

    #define X_PROBE_OFFSET_FROM_EXTRUDER 0//X offset : －left ＋right [of the nozzle]

    #define Y_PROBE_OFFSET_FROM_EXTRUDER 0//Y offset : －front ＋behind [the nozzle]

    #define Z_PROBE_OFFSET_FROM_EXTRUDER 0//0

    #define MIN_PROBE_EDGE 30 //10

- Motor direction

    #define INVERT_X_DIR false

    #define INVERT_Y_DIR false //true

    #define INVERT_Z_DIR false

    #define INVERT_E0_DIR true //false

- Homing direction

    #define X_HOME_DIR 1// −1

    #define Y_HOME_DIR 1// −1

    #define Z_HOME_DIR 1// −1

- Movement Bounds

    #define X_BED_SIZE ((DELTA_PRINTABLE_RADIUS) * 2)//130x2

    #define Y_BED_SIZE ((DELTA_PRINTABLE_RADIUS) * 2)

    #define X_MIN_POS −(DELTA_PRINTABLE_RADIUS)

    #define Y_MIN_POS −(DELTA_PRINTABLE_RADIUS)

    #define Z_MIN_POS 0

    #define X_MAX_POS DELTA_PRINTABLE_RADIUS

    #define Y_MAX_POS DELTA_PRINTABLE_RADIUS

    #define Z_MAX_POS MANUAL_Z_HOME_POS//230

- Software Endstops

    #define MAX_SOFTWARE_ENDSTOPS

- Bed Leveling

    #define AUTO_BED_LEVELING_3POINT //3POINT 수동 레벨링 사용

    #if ENABLED(AUTO_BED_LEVELING_3POINT) ||

      ENABLED(AUTO_BED_LEVELING_UBL)

    #define PROBE_PT_1_X 86.6// −86.6

    #define PROBE_PT_1_Y 50.0// −50

    #define PROBE_PT_2_X 0.0//86.6

    #define PROBE_PT_2_Y −86.6//50

    #define PROBE_PT_3_X −86.6//0

```
    #define PROBE_PT_3_Y 50//86.6
    #endif
    #define LCD_BED_LEVELING//
    #define LEVEL_BED_CORNERS
```

- Z Safe Homing
```
    #define BED_CENTER_AT_0_0
    #define MANUAL_X_HOME_POS 0
    #define MANUAL_Y_HOME_POS 0
    #define MANUAL_Z_HOME_POS DELTA_HEIGHT//230
```

- EEPROM
```
    #define EEPROM_SETTINGS // Enable for M500 and M501 commands
    #define EEPROM_CHITCHAT
```

- Preheat Constants
```
    #define PREHEAT_1_TEMP_HOTEND 180
    #define PREHEAT_1_TEMP_BED     60
    #define PREHEAT_2_TEMP_HOTEND 240
    #define PREHEAT_2_TEMP_BED     80
```

- LCD
```
    #define LCD_LANGUAGE en
    #define DISPLAY_CHARSET_HD44780 JAPANESE
```

- SD Card
```
    #define SDSUPPORT
```

- LCD Controller
```
    #define REPRAP_DISCOUNT_SMART_CONTROLLER
    #define ULTIPANEL
    #define ULTRA_LCD
```

- RGB LED

    #define RGB_LED
    #define RGB_LED_R_PIN 6//34
    #define RGB_LED_G_PIN 8//43
    #define RGB_LED_B_PIN 4//35

pins_RUMBA.h 파일

- RUMBA pin assignments

    // Limit Switches
    #define X_MIN_PIN   −1//37
    #define X_MAX_PIN   32//36
    #define Y_MIN_PIN   −1//35
    #define Y_MAX_PIN   36//34
    #define Z_MIN_PIN   33
    #define Z_MAX_PIN   34//32

    // Steppers
    #define X_STEP_PIN   57//17
    #define X_DIR_PIN   56//16
    #define X_ENABLE_PIN   62//48

    #define Y_STEP_PIN   17//54
    #define Y_DIR_PIN   16//47
    #define Y_ENABLE_PIN   48//55

    #define Z_STEP_PIN   54//57
    #define Z_DIR_PIN   47//56
    #define Z_ENABLE_PIN   55//62

    // added for OLED
    #define LCD_PINS_RW   46 //

③ 소프트웨어(S/W) 설정 – Myd POP

- Firmware Info

    #define STRING_CONFIG_H_AUTHOR "(Nicky Kim, default config)"

    //#define SHOW_BOOTSCREEN

- Hardware Info

    #define BAUDRATE 115200 //250000

- Motherboard

    #define MOTHERBOARD BOARD_RAMPS_13_EFB // RAMPS_14_EFB

- Custom Machine Name

    #define CUSTOM_MACHINE_NAME "POP-01" //부여받은 선수번호

- Extruder Info

    #define EXTRUDERS 1//1~4

- Power Supply

    #define POWER_SUPPLY 0//No power switch

- Filament Diameter

    #define DEFAULT_NOMINAL_FILAMENT_DIA 1.75 //mm

- Thermal Settings

    #define TEMP_SENSOR_0 1

    #define TEMP_SENSOR_BED 0

- Mechanical Settings

    #define COREXY //POP

- Endstop Settings

    #define USE_XMIN_PLUG

    #define USE_YMIN_PLUG

    #define USE_ZMIN_PLUG

    #define ENDSTOPPULLUPS

    #define X_MIN_ENDSTOP_INVERTING true//false

    #define Y_MIN_ENDSTOP_INVERTING true//false

#define Z_MIN_ENDSTOP_INVERTING true//false

#define X_MAX_ENDSTOP_INVERTING true//false

#define Y_MAX_ENDSTOP_INVERTING true//false

#define Z_MAX_ENDSTOP_INVERTING true//false

#define Z_MIN_PROBE_ENDSTOP_INVERTING true//false

- Stepper Drivers

    #define X_DRIVER_TYPE A4988

    #define Y_DRIVER_TYPE A4988

    #define Z_DRIVER_TYPE A4988

    #define E0_DRIVER_TYPE A4988

- Movement Settings

    #define DEFAULT_AXIS_STEPS_PER_UNIT { 123.08, 123.08, 400.0, 114.45 }//조정 포인트

    #define DEFAULT_MAX_FEEDRATE { 300, 300, 5, 25 }

    #define DEFAULT_MAX_ACCELERATION { 6000, 6000, 100, 9000 }

- Z Probe Options

    #define Z_MIN_PROBE_USES_Z_MIN_ENDSTOP_PIN

    #define FIX_MOUNTED_PROBE

    #define X_PROBE_OFFSET_FROM_EXTRUDER 0//X offset : －left ＋right [of the nozzle]

    #define Y_PROBE_OFFSET_FROM_EXTRUDER 0//Y offset : －front ＋behind [the nozzle]

    #define Z_PROBE_OFFSET_FROM_EXTRUDER 0//0

    #define MIN_PROBE_EDGE 25 //10

- Motor direction

    #define DISABLE_X false

    #define DISABLE_Y false

    #define DISABLE_Z false

    #define DISABLE_E false // For all extruders

    #define DISABLE_INACTIVE_EXTRUDER true // Keep only the active extruder enabled.

    #define INVERT_X_DIR false

#define INVERT_Y_DIR false ///true

#define INVERT_Z_DIR false

#define INVERT_E0_DIR true ///false

- Homing direction

    #define X_HOME_DIR －1

    #define Y_HOME_DIR －1

    #define Z_HOME_DIR －1

- Movement Bounds

    #define X_BED_SIZE 100

    #define Y_BED_SIZE 100

    #define Z_MAX_POS 180

- Software Endstops

    #define MIN_SOFTWARE_ENDSTOPS

    #define MAX_SOFTWARE_ENDSTOPS

- Bed Leveling

    #define AUTO_BED_LEVELING_BILINEAR //오토 레벨링 사용시

- Z Safe Homing

    #define Z_SAFE_HOMING

- EEPROM

    #define EEPROM_SETTINGS // Enable for M500 and M501 commands

    #define EEPROM_CHITCHAT

- Preheat Constants

    #define PREHEAT_1_TEMP_HOTEND 180

    #define PREHEAT_1_TEMP_BED   0 //70

    #define PREHEAT_2_TEMP_HOTEND 240

    #define PREHEAT_2_TEMP_BED   0 //110

- LCD

    #define LCD_LANGUAGE en

#define DISPLAY_CHARSET_HD44780 JAPANESE

- SD Card

    #define SDSUPPORT

- LCD Controller

    #define REPRAP_DISCOUNT_SMART_CONTROLLER

    #define ULTIPANEL

CHAPTER 03 | 3D 프린터 조정

학습목표 • 3D 프린터 레벨링과 미세조정을 할 수 있다.

학습내용 • 베드 레벨링, 온도탑 출력, 압출기 보정, 스텝모터 축 보정

1 베드 레벨링

① 첫 번째 레이어를 베드에 안착시켜 잘 만드는 것이 좋은 인쇄물을 만드는 데 중요하다.

② 노즐이 베드에 너무 가까우면 첫 번째 레이어가 찌그러지고 파괴될 수 있다. 한편, 노즐이 베드와 멀리 떨어져 있으면 인쇄물의 접착력이 부족하여 실패할 수 있다.

③ Z 오프셋을 조정하여 첫 번째 레이어 접착력을 향상시킬 수 있다. 이 값은 본질적으로 프린터의 Z 축 노즐 끝에서부터 베드까지 얼마나 멀리 떨어져 있는지를 알려주는 값이다.

④ 목표는 첫 번째 레이어가 베드에 완벽하게 밀착되도록 하는 것이다.

⑤ 첫 번째 레이어가 너무 가까워 바닥을 긁거나 노즐이 파고들면 메뉴 설정에서 Z 오프셋 값을 증가(＋)시켜야 한다. 반면에, 첫 번째 레이어가 베드와 떨어져 있으면 Z 오프셋 값을 감소(－)시켜 조정할 수 있다. (대략 종이 1장 높이를 0.1mm로 측정한다)

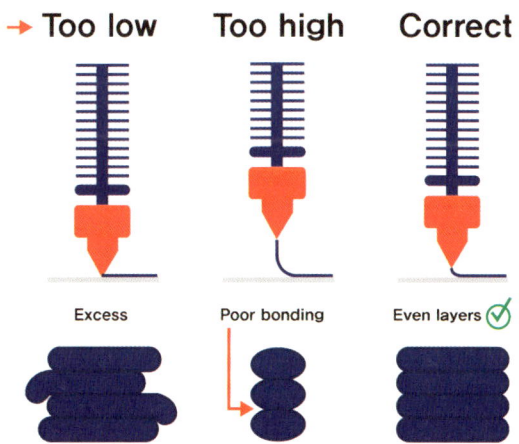

2 필라멘트 미세 조정 방법

필라멘트의 모든 롤이 다르다. 다른 제조업체의 동일한 재료의 다른 색상조차도 다른 특성을 갖는다. 최상의 인쇄물을 얻으려면 필라멘트 설정을 미세 조정해야 한다.

일반적으로 필라멘트 제조업체가 권장하는 설정을 사용하면 좋은 인쇄물을 얻을 수 있다. 그러나 최상의 결과를 얻으려면 새 필라멘트 롤을 열 때마다 다음 단계를 따라야 한다.

(1) 1단계 : 필라멘트 측정

① 버니어 캘리퍼스를 사용하여 필라멘트의 실제 직경을 측정한다. 필라멘트 롤의 직경은 제조사가 보고한 직경과 수 % 차이 나는 경우가 많다. 직경 공차는 일반적으로 스풀에 인쇄되어 있다.

② 스풀을 따라 몇 군데(적어도 세 군데)에서 필라멘트를 측정하고 평균값을 취한다.

③ 이 결과를 슬라이서의 필라멘트 직경으로 입력한다. 이 값을 올바르게 입력하는 것은 프린터가 적절한 양의 필라멘트를 출력하도록 하는 데 중요하다.

(2) 2단계 : 올바른 인쇄 온도 찾기

"온도탑"을 인쇄하면 인쇄하기에 적당한 온도를 찾을 수 있다. 온라인 상에는 많은 다양한 옵션들이 있지만, 기본적인 아이디어는 모두 동일하다. 각 블록은 서로 다른 높이의 블록으로 분리되며, 여기에서 각 블록은 다른 온도로 인쇄해야 한다. 인쇄 후 블록을 분석하여 재료를 인쇄할 최적의 온도를 결정할 수 있다.

[큐라 확장프로그램으로 G코드 수정하는 방법]

① 큐라 슬라이스 프로그램 메뉴에서 확장프로그램/후처리/G 코드 수정 메뉴를 누른다.

② 후처리 플러그인 창에서 스크립트 추가 버튼을 누르고 ChaneAtoZ를 선택하여 추가한다.

③ 아래 그림과 같이 Trigger, Change Layer, Change Extruder 1 Temp 체크하고 변경할 온도를 입력한다.

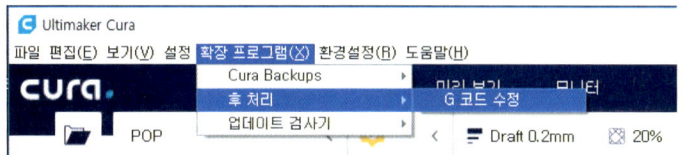

| 텍스트 에디터로 G코드 수정하는 방법 |

① 큐라에서 PLA_Temp_Calibration.STL을 불러와 온도를 바꾸어 줄 레이어를 확인하고 적어 둔다. 그런 다음 원하는 편집기에서 G-code 파일을 연다.

② 예를 들어, 블록의 레이어가 40이고 온도가 220 ℃에서 180 ℃로 5 ℃ 씩 감소하는 경우 G1명령어 직전에 M104 S215를 삽입하여 핫 엔드를 215 ℃로 설정해야 한다.

;LAYER:40
;MESH:180-220_PLA_Temp_calibration.stl
G0 X30.985 Y46 Z1.7
M104 S215 ; 삽입
;TYPE:WALL-OUTER
G1 F1500 E253.01358
~

③ 적절한 온도로 각 블록에 대해 이를 반복한 다음 업데이트 된 G 코드 파일을 인쇄한다.
④ 온도 타워를 인쇄하면 다른 블록을 검사하여 재료를 인쇄 할 최적의 온도를 결정할 수 있다. 가장 잘 보이는 온도를 선택만 하면 된다.

3 압출기(익스트루더) 모터 보정 방법

(1) M302(Cold Extrude) 명령을 사용하거나 노즐의 온도를 170℃ 이상으로 올린다. (기본 설정 온도까지 올라가야 압출기 모터가 작동함)

- 3D 프린터 메뉴 Prepare/Preheat PLA 또는 Control/Temperature/Nozzle에서 온도를 170℃로 올린다.
- 또는, Pronterface 프로그램으로 3D 프린터와 연결 후 통신 포트와 속도를 맞추고 온도를 170℃로 설정하고 온도를 올린다.

(2) 압출기 모터의 피팅에 꽂혀있는 실리콘 튜브를 분리한다.

(3) 압출기에 필라멘트를 끼우고 길이를 맞추기 위해 끝을 맞추어 잘라 준다.

(4) 필라멘트 100mm를 출력한다.

- Prepare/Move Axis/Extruder/Move 10mm를 돌려 +100mm로 맞추어 출력한다.
- 또는 Pronterface나 Repetier Host 프로그램에서 100mm 설정하고 출력한다.

(5) 출력된 필라멘트의 길이를 재어 보고 기록한다.

(6) 프린터에 설정된 값을 읽고 메모한다.

- M503 ; Printer 설정값 출력 명령을 보내면
- M92 X80 Y80 Z80 E94.36 ; 저장된 기본값을 반환한다.

(7) 압출기 보정값을 계산하고 입력한다.

> 만약, 필라멘트를 100mm 출력한 후 실제 출력된 필라멘트 길이가 97.84mm라면
>
> NewSPU=StepsPerUnitE값×기준값/측정값 = 94.36×100 / 97.84 = 96.44
> M92 E96.44 ; Set steps per unit for the Extruder
> M500 ; Store to EEPROM
>
> 변경된 값을 M500명령으로 저장하지 않고 전원을 끄면 새로운 입력값이 사라짐
> 위와 같이 반복하여 출력 및 측정하고 계산하여 설정값을 입력하며 맞춘다.

4 Steps per mm 계산

> Step angle = 1.8°, Micro step = 1/16, Belt pitch = 2.0, Pulley tooth count = 20
> Lead screw(Rod) pitch = 8, Gear Ratio = 1:1, Pinch wheel diameter = 10.8
>
> #define DEFAULT_AXIS_STEPS_PER_UNIT { 80, 80, 80, 94.36 }

(1) XYZ값 계산 방법(Belt 구동방식)

- Motor step = 360°/1.8° = 200
- (Motor step × 1/Micro step) / (Belt pitch × tooth count)
  = (200 × 16) / (2.0 × 13) = 80, Resolution = 12.5micron

(2) Z값 계산 방법(Leadscrew 구동방식)

- (Motor step × 1/Micro step) / Lead screw(Rod) pitch
  = (200 × 16) / 8 = 400

(3) E값 계산 방법

- (Motor step × 1/Micro step × Gear Ratio) / (Pinch wheel diameter × π)
  = (200 × 16 × 1) / (10.8 × 3.14) = 94.36

5 20mm 큐브 테스트로 스텝 모터축 보정 방법

① X/Y/Z 방향을 알 수 있도록 표시된 20mm 큐브를 출력한다.

② 버니어캘리퍼스로 큐브를 측정하여 기록하고 새로운 스텝 수를 계산한다.

> 만약, 20mm 큐브 출력 결과 X = 19.8mm, Y = 20.0mm, Z = 20.2mm 이라면
> 다음 수식을 사용하여 mm 당 새로운 스텝 수를 계산할 수 있다.
> New Step per unit = Old Step per unit × 목표값 / 실측값
> x = 80×20/19.8 = 80.8,
> z = 80×20/20.2 = 79.2

③ CODE 영역에 입력하고 펌웨어를 업로드하거나, 프론터페이스에서 아래와 같이 입력하여 EEPROM에 저장한다.
- M92 X80.8 Y80 Z79.2 E96.44 ; Set steps per unit
- M500 ; EEPROM에 저장

④ XYZ의 방향을 알 수 있도록 표시하여 출력하고, 큐브가 정상적으로 출력될 때까지 위와 같이 반복하여 출력하며 맞추어 준다.

> 기능경기대회 때는 20×20mm 큐브 상부에 선수번호를 음각으로 넣어 아래와 같이 모델링하고 출력하여 조정 정확도를 측정한다.

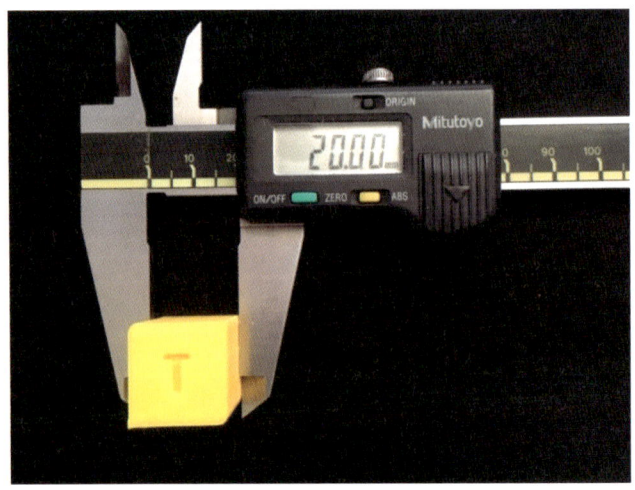

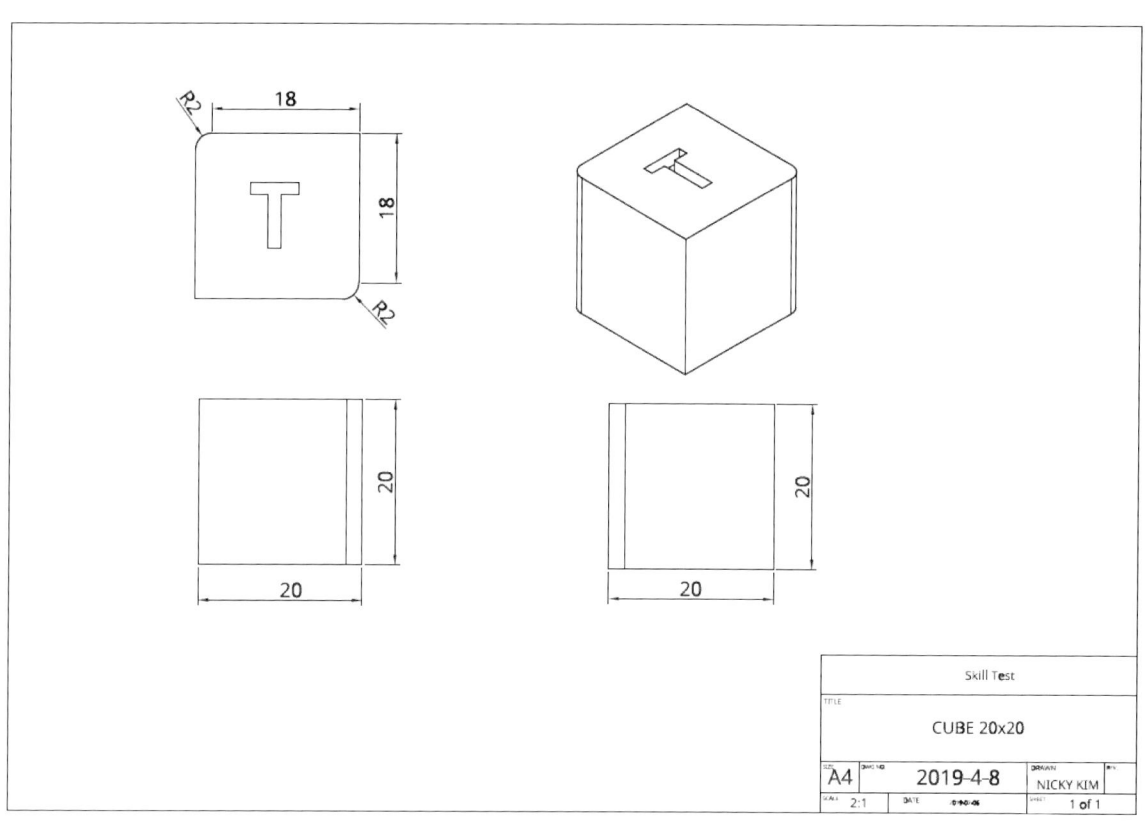

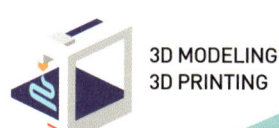

3D 프린팅

CHAPTER 01 슬라이서 프로그램 ·················· 47
CHAPTER 02 프린터 LCD 메뉴 ·················· 53

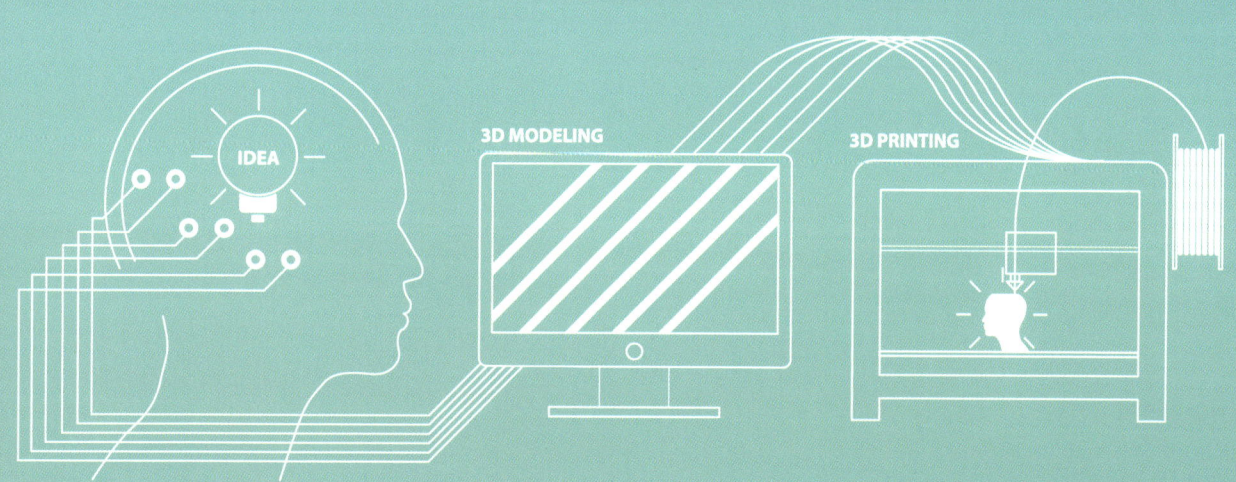

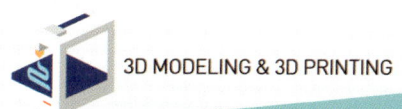

CHAPTER 01 | 슬라이서 프로그램

학습목표 • CURA 슬라이스 프로그램을 설치하고 모델 데이터를 열어볼 수 있다.
학습내용 • CURA 다운로드, 프로그램 설치, 프로파일 설정, STL파일 불러오기

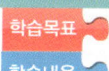 큐라 슬라이스 프로그램 설치하기

(1) 3D 프린터 출력 과정

- 3D모델링 – Inventor, SolidWorks, OnShape 등의 모델링 소프트웨어로 3차원 모델링을 하고 STL 파일로 저장한다.
- 슬라이싱 – CURA와 Replicator 같은 무료 소프트웨어나 프린터 업체에서 제공하는 슬라이스 소프트웨어를 사용하여 STL파일을 G – code로 변환하여 SD메모리에 저장한다.
- 3D 프린팅 – 필라멘트를 삽입하고 SD메모리에서 파일을 선택하고 불러와 프린터로 출력한다.

(2) CREATABLE_Edition 슬라이스 프로그램

- CREATABLE_Edition 프로그램 다운로드
https://github.com/AteamVentures/CuraCreatableEdition/raw/master/Cura_CREATABLE_Edition.exe

• 퀵 설정과 전문가 설정

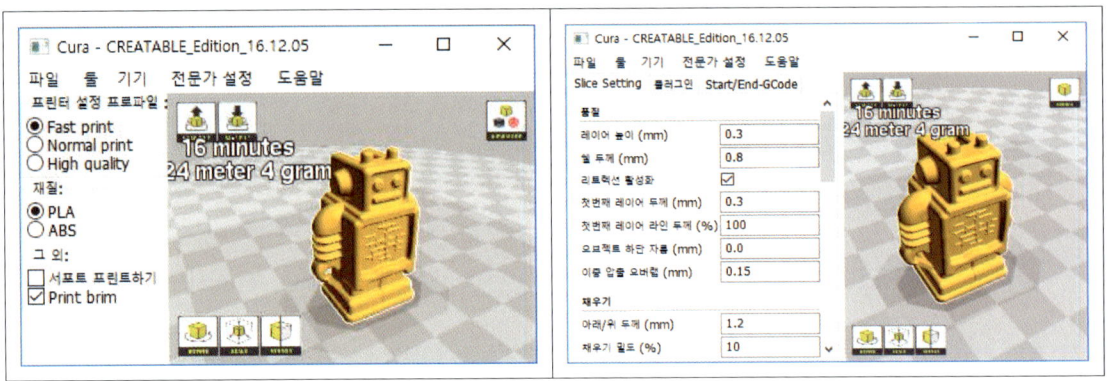

(3) 큐라 슬라이스 프로그램 다운로드 및 설치

• CURA 프로그램 다운로드 – https://ultimaker.com/en/products/ultimaker – cura – software
• 프로그램 설치 – Ultimaker_Cura – 4.1.0 – win64.exe

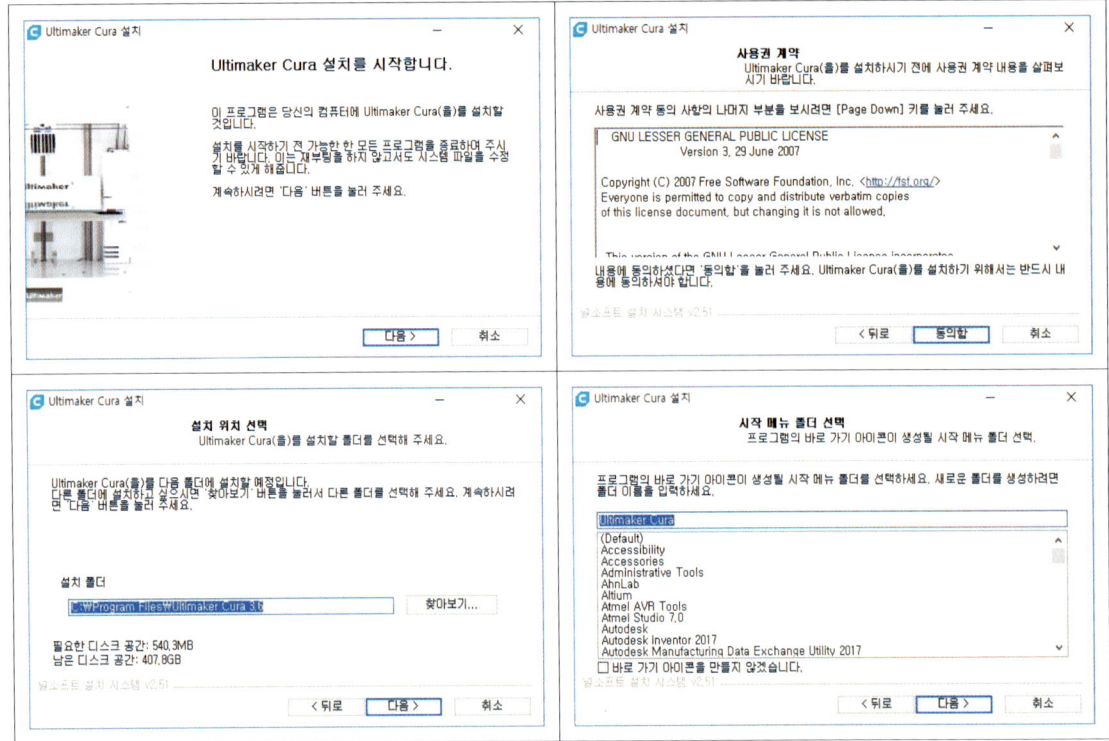

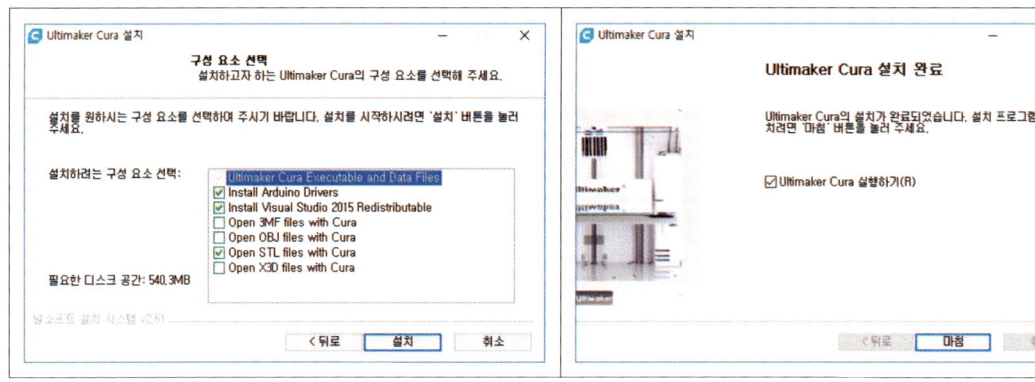

(4) CURA 프린터 설정

- 메뉴 – 설정/프린터/프린터 추가…를 선택한다.
- 프린터 추가 팝업 창에서 Other 탭, Kossel Mini 프린터 이름을 선택하고 프린터를 추가한다.

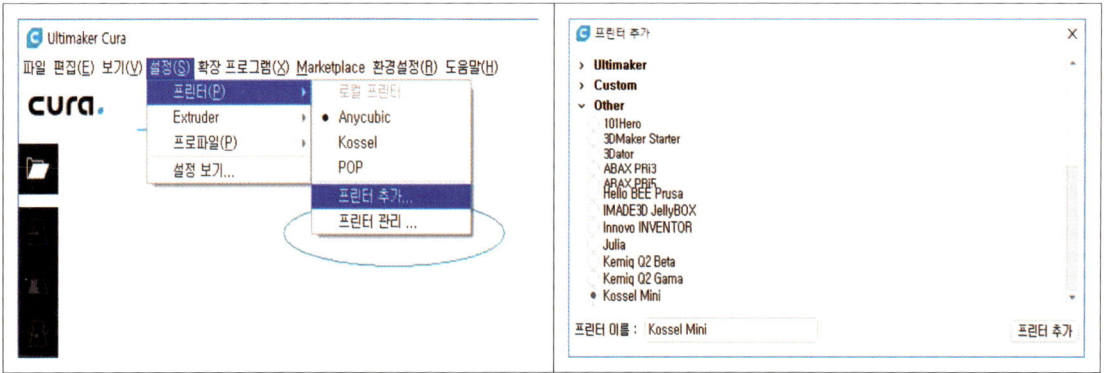

- 메뉴 – 설정/프린터/프린터 관리…를 선택한다.
- 환경 설정 팝업 창에서 프린터 탭의 이름 바꾸기를 눌러 'CreatableD3'로 이름을 변경한다.

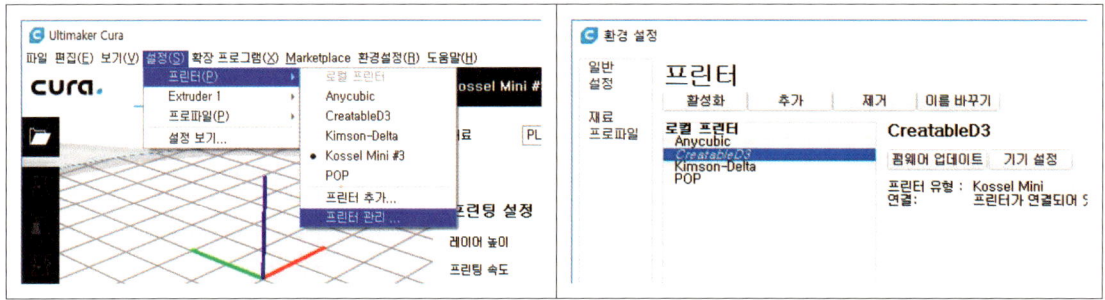

- 환경 설정 – 프린터 탭에서 기기 설정 메뉴를 누른다.
- 기기설정 메뉴가 보이지 않으면 로컬 프린터를 선택하고 활성화 메뉴를 눌러 활성화 시켜준다.

(5) CURA 기기 설정

- 기기 설정 – 프린터 탭에서 크기 설정(250×250×200mm)과 빌드 플레이트 모양(Elliptic), Gcode유형(Marlin)을 그림과 같이 설정한다.
- 기기 설정 – Extruder 탭에서 노즐 크기(0.4mm)와 호환되는 재료의 직경(1.75mm)를 입력한다.

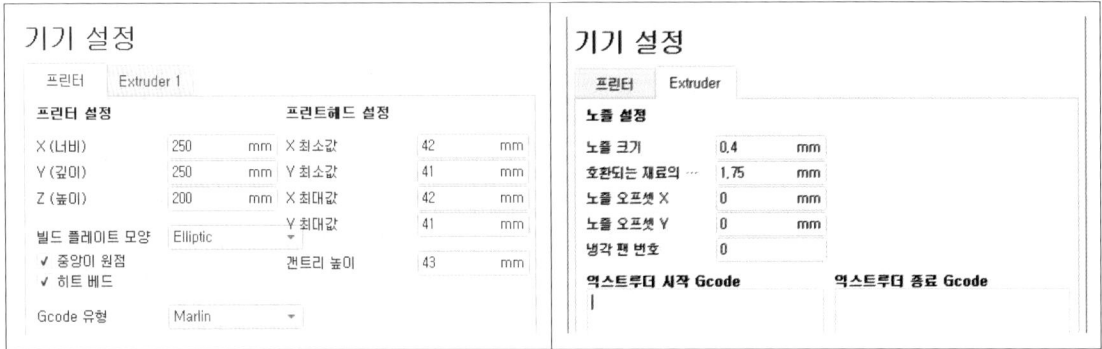

- 프린터 시작과 종료 Gcode

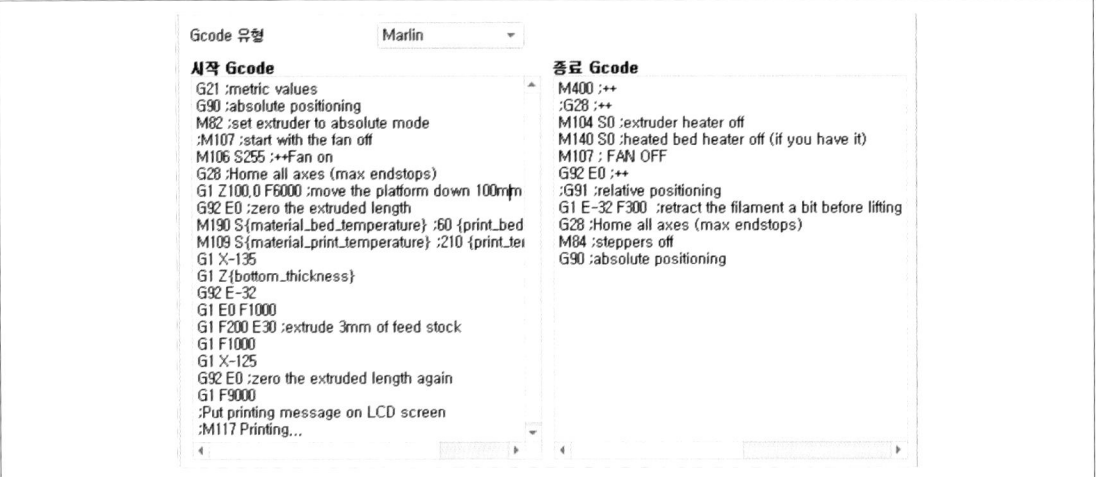

(6) CURA 재료 설정

- 설정/Extruder 1/재료/재료 관리…
- 재료 – 생성을 누르고 직경 1.75mm의 적당한 재료를 선택한다.

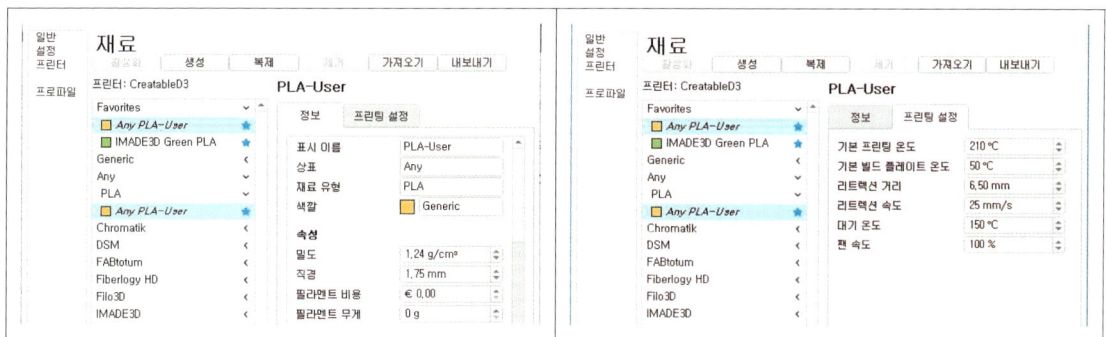

(7) CURA 추천 설정

- 레이어 높이 – 0.2mm, 내부채움 – 20%, 빌드 플레이트 고정, 서포트 생성에 체크하면 설정 완료

(8) 프린팅 팁

- 최대 조형 크기는 인쇄할 수 있는 최대 크기를 말하고, 오브젝트가 빌드 영역보다 크거나 범위를 벗어날 경우 노란색에서 회색으로 변경된다.
- 같은 모형을 여러 개 동시 출력할 경우 오브젝트를 선택하고 우측 마우스 버튼을 눌러 선택한 모델 복제(Ctrl + M)를 선택하고 복제할 수만큼 입력하면 복제가 된다.

(9) 큐라 아이콘 사용법

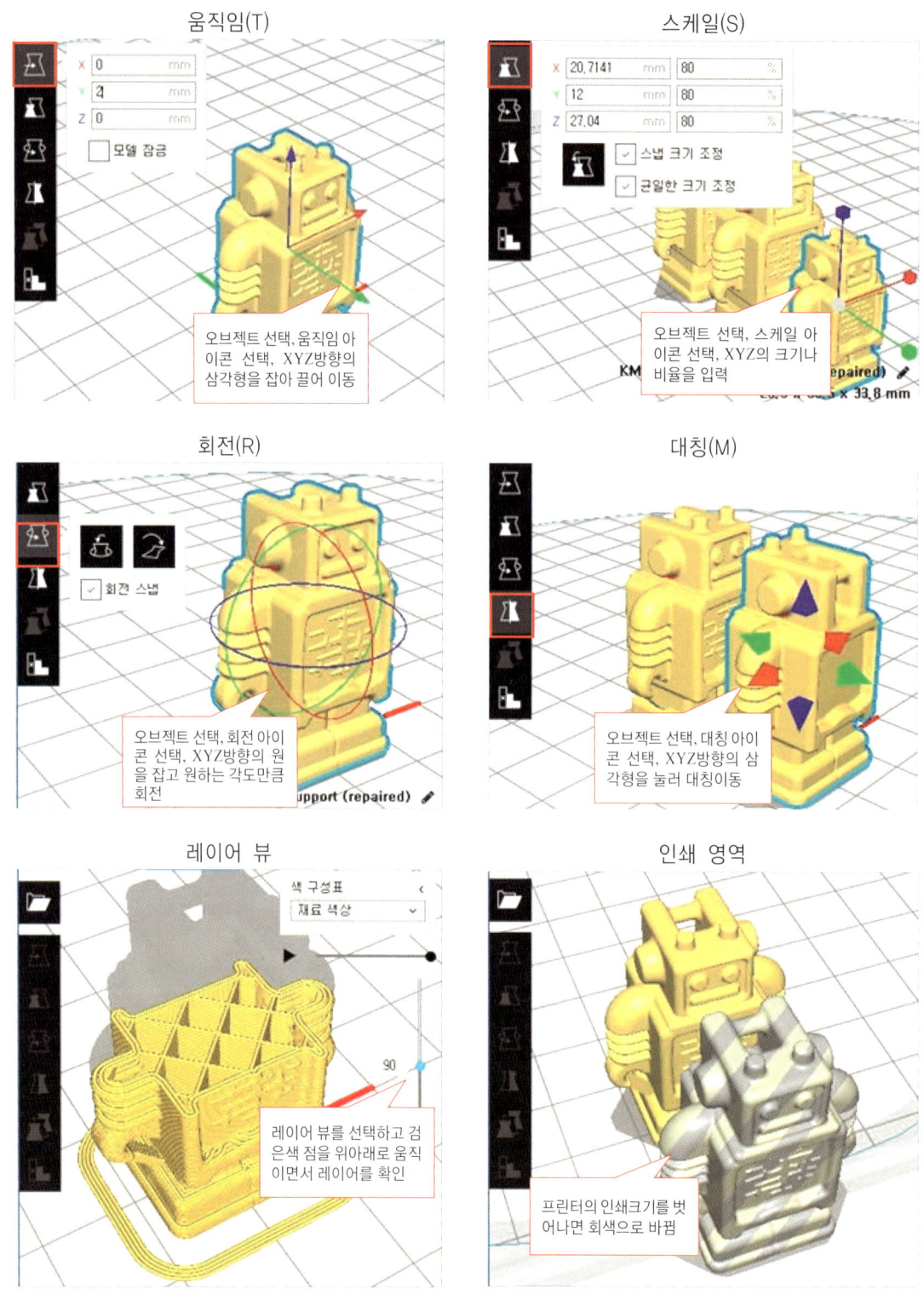

CHAPTER 02 | 3D 프린터 LCD 메뉴

학습목표 • 3D 프린터 LCD에 표시되는 정보를 이해할 수 있다.
학습내용 • 3D 프린터 LCD메뉴 트리, Prepare/Control/Print from SD 메뉴

1 정보화면 초기화면

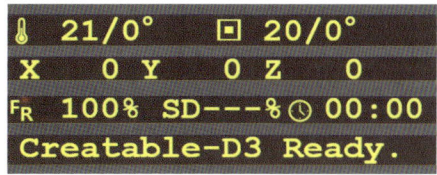

- 프린터에 전원을 인가하면 정보를 표시하는 초기화면이다.
- 첫줄은 현재 노즈 온도/목표 노즐 온도, 현재 베드 온도/목표 베드 온도이고, 두 번째 줄은 현재 노즐의 XYZ좌표를 나타내고, 세 번째 줄은 압출비율 100%, SD - - -%는 프린트 진행률, 프린트 진행 시간 등의 상태를 확인할 수 있다.

2 Main 메뉴

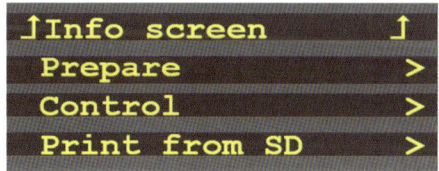

- 초기 정보화면에서 메뉴 버튼을 한번 누르면 Main 화면 메뉴가 나타난다.
- 첫 줄은 정보화면으로 이동하고, 두 번째 줄 Prepare는 프린트 전에 조정할 때 사용되는 메뉴 항목들이고, 세 번째 줄 Control은 프린팅을 진행하고 있을 때 사용되는 메뉴 항목들이며, 네 번째 줄은 SD 메모리에서 저장된 G-code파일을 선택하고 불러와 인쇄하는 메뉴이다.

3 Prepare

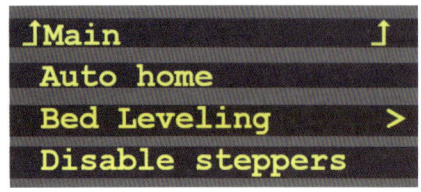 

- 전원을 인가하고 먼저 Prepare/Auto home을 하여 xyz의 스위치가 눌릴 때까지 원점으로 이동한다.
- Prepare 화면에서 Auto home을 하기 전에는 왼쪽 화면이 표시되고, Auto home을 하고나면 축 이동을 할 수 있는 Move axis 메뉴가 나타난다.
- Prepare/Bed Leveling/Level bed를 선택하면 Homing XYZ를 실행한 후 Click to Begin 화면이 나타난다. 메뉴 스위치를 눌러 XYZ방향 순으로 이동하며 수동으로 베드 높이를 맞춰 준다.

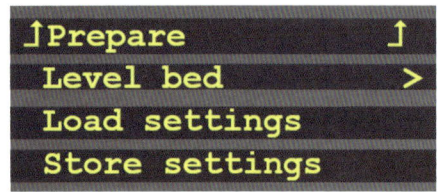 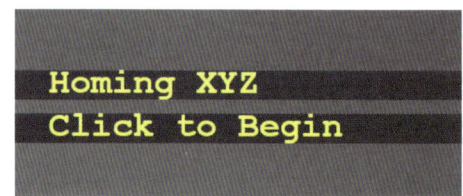

- Prepare/Preheat PLA/ABS 메뉴는 노즐과 베드를 내부에 설정된 목표 온도로 빠르게 설정할 수 있다.

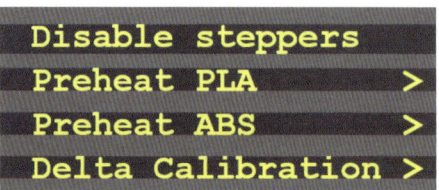

- Prepare/Delta Calibration 메뉴는 델타 프린터의 설정과 XYZ와 센터의 높이를 컨트롤 노브로 LCD상에서 조정할 수 있다.

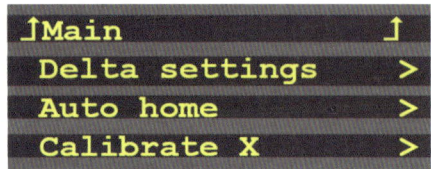 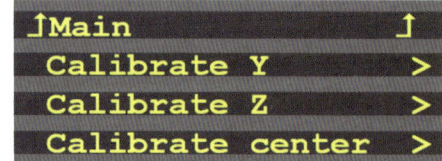

4 Control

- Control/Temperature 노즐이나 베드를 선택하고 콘트롤 노브를 돌려 설정온도를 올리거나 내릴 때 사용한다.

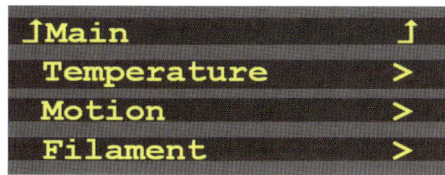 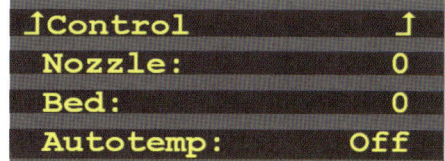

- 기능경기대회 등에서 경기 시작 전에 EEPROM에 저장된 설정 내용을 지울 때 사용한다.(설정 내용이 지워져 프린터를 사용하지 못할 수도 있으므로 주의해야 한다.)
- Control/Initialize EEPROM/Initialize EEPROM

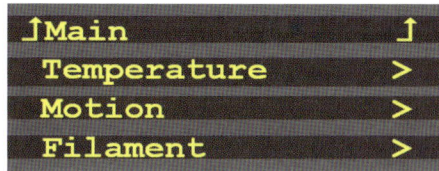 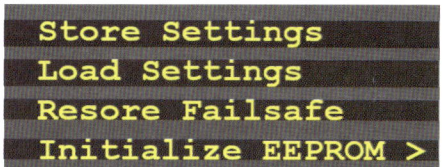

5 Print from SD

Print from SD 메뉴는 SD 메모리에 저장된 G-code파일을 선택하고 불러와 인쇄하는 메뉴이다.

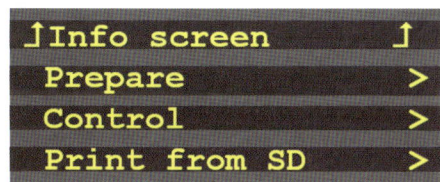 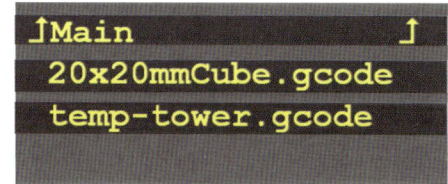

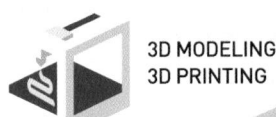

3D 형상 모델링

CHAPTER 01 | Inventor 사용법 ················ 67
CHAPTER 02 | 3D 모델링 실전연습 ············ 70
CHAPTER 03 | 어셈블리 실전연습 ··············· 286

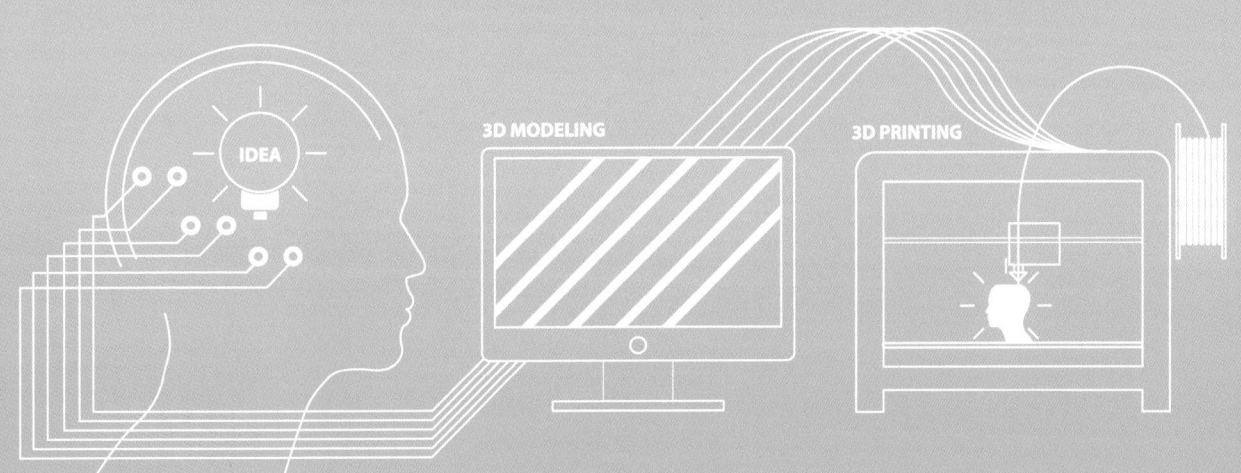

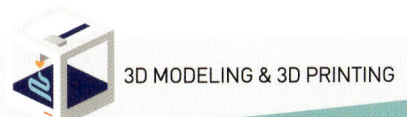

CHAPTER 01 | Inventor 사용법

학습목표 • Inventor 프로그램의 사용자 명령을 설정하고 스케치도구를 이용하여 디자인할 수 있다.
학습내용 • 스케치 작업평면, 치수기입, 투상면 선택, 마우스 기능, 단축명령어

1 스케치 작성 평면 선택방법

2D스케치 아이콘 클릭 - 좌표계의 3개의 평면 중 하나 선택		
검색기 창의 3개 평면 중 하나 선택		
모델면 선택		
스케치할 작업 평면 생성	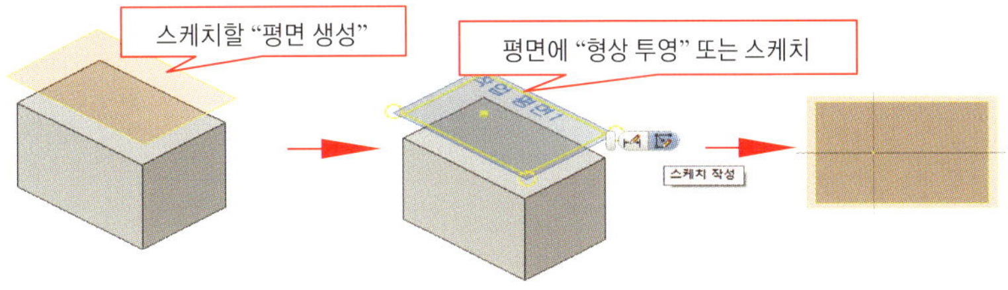 스케치할 "평면 생성"	평면에 "형상 투영" 또는 스케치

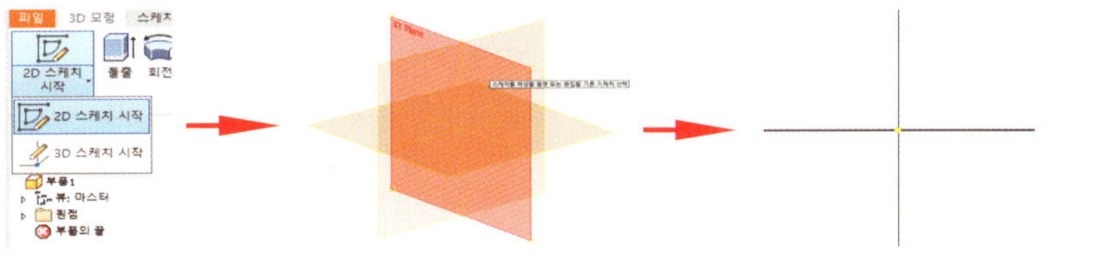

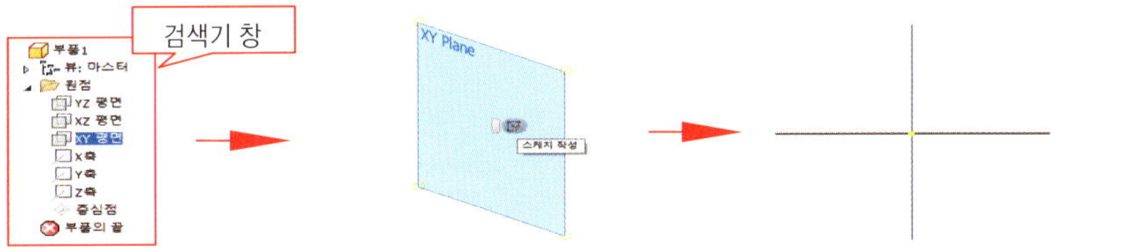

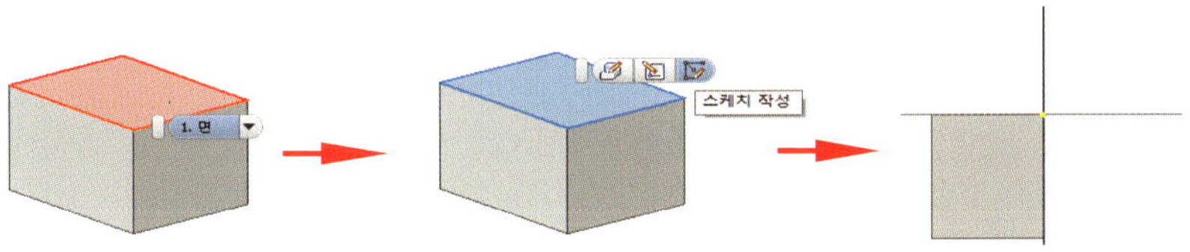

2 스케치 스냅점

끝점	중간점
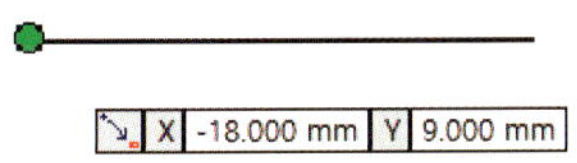 X -18.000 mm Y 9.000 mm	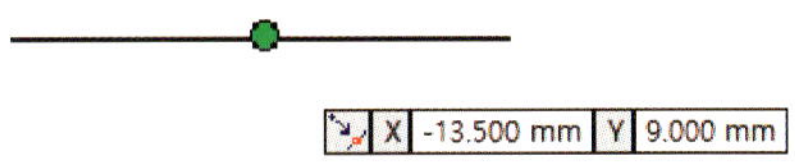 X -13.500 mm Y 9.000 mm

PART 04 3D 형상 모델링 | **67**

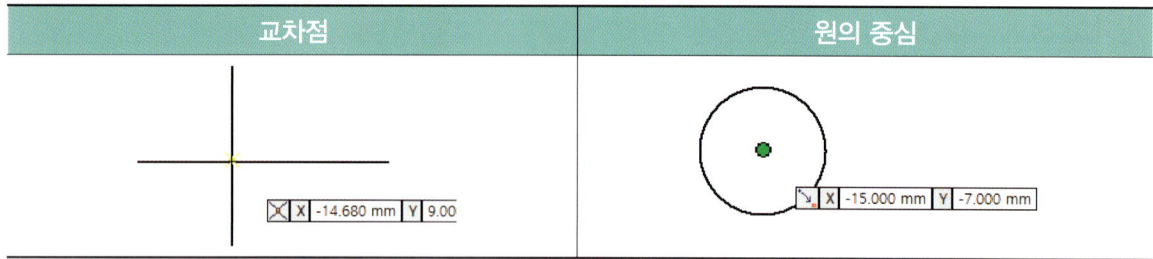

3 스케치 치수 기입

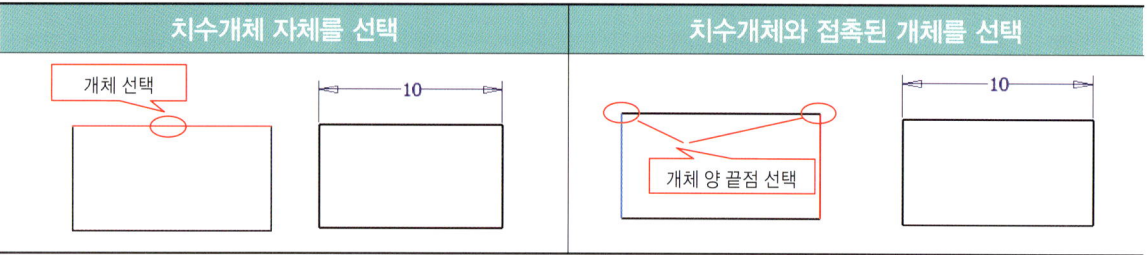

4 홈뷰 변경과 투상면 변경

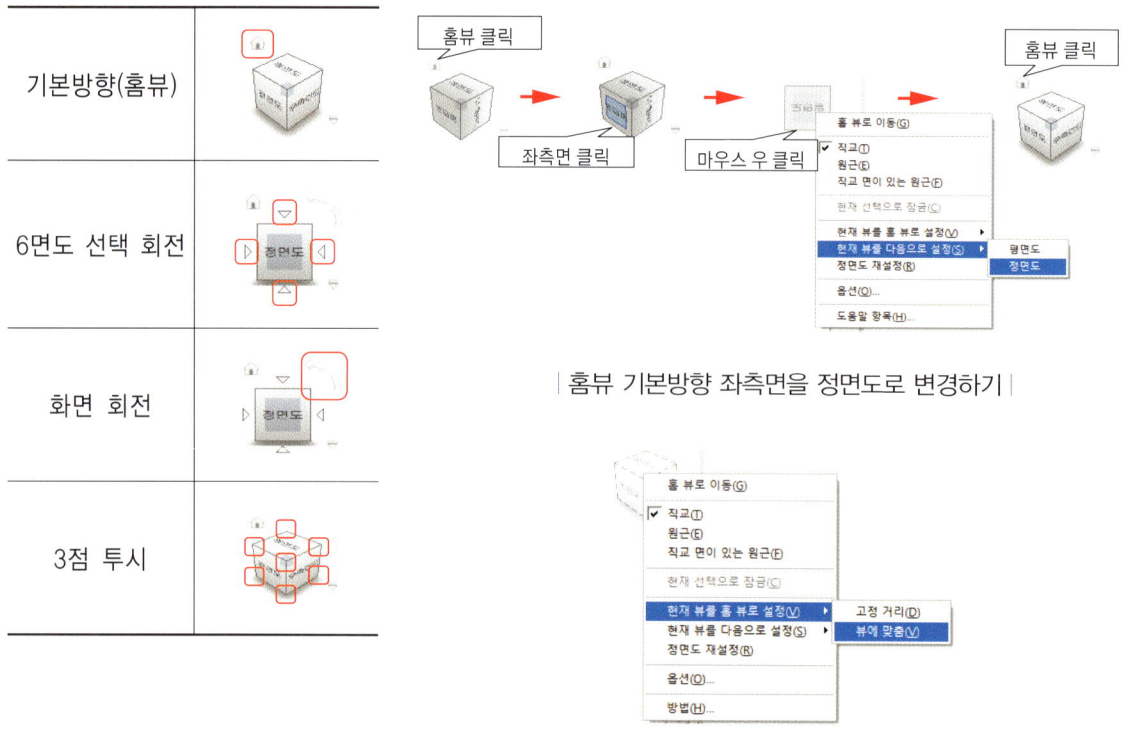

5 마우스 기능과 단축키

(1) 마우스 휠 기능

전체 확대	확대 / 축소	시점 이동	화면 회전
휠 더블 클릭－ 도형기준으로 전체 확대(단축키 Home)	휠 회전－ 마우스 포인트 기준으로 확대 및 축소	휠 누르고 이동－ 화면의 시점 이동	shift키를 누른채 휠 누르고 드래그－화면 회전

(2) 단축키

단축키	설명	비고
Esc	명령 종료	
Del	선택 객체 삭제	마우스/우버튼
Ctrl+Z	명령 최소	
F4	객체 회전	Shift+마우스 휠 드래그
F5	이전 뷰	
F6	등각 뷰	기본방향
F7	그래픽 슬라이스	스케치 환경
F8/F9	구속조건 표시/숨기기	
Home	줌 전체	마우스 휠 더블 클릭

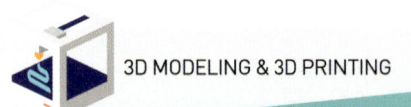

CHAPTER 02 | 3D 모델링 실전연습

학습목표 • 인벤터 프로그램을 설치하고 3D형상 모델링 작업을 할 수 있다.
학습내용 • 2D 스케치, 3D 모델링, 도면작성, 실물설계, STL파일 저장하기 등

1 1단원 주요 학습내용

돌출, 리브, 구멍, 미러, 굽힘, 쉘, 두껍게 하기(곡면), 평면 생성

2 2단원 주요 학습내용

회전, 쉘, 전사, 스레드, 구멍, 원형 패턴, 평면 생성

3 3단원 주요 학습내용

직사각형 패턴, 원형 패턴, 평면 생성

4 4단원 주요 학습내용

로프트, 코일, 쉘, 전사, 미러, 평면 생성

5 5단원 주요 학습내용

스윕, 엠보싱, 직접 편집, 분할, 미러, 쉘, 평면 생성

6 6단원 주요 학습내용

3D(나선형 곡선, 교차곡선, 곡면에 투영), 두껍게 하기, 원형 패턴

7 실물설계 및 프로젝트 예제

3D(나선형 곡선, 교차곡선, 곡면에 투영), 두껍게 하기, 원형 패턴

 **돌출**, **리브**, **구멍**, **미러**, **굽힘**, 쉘, 두껍게 하기(곡면), 평면 생성, 스케치 공유, 형상 투영, 텍스트, 그래픽 슬라이스(F7)

[알아두기] 돌출

직선 경로를 따라 스케치 프로파일에 깊이를 추가한다.

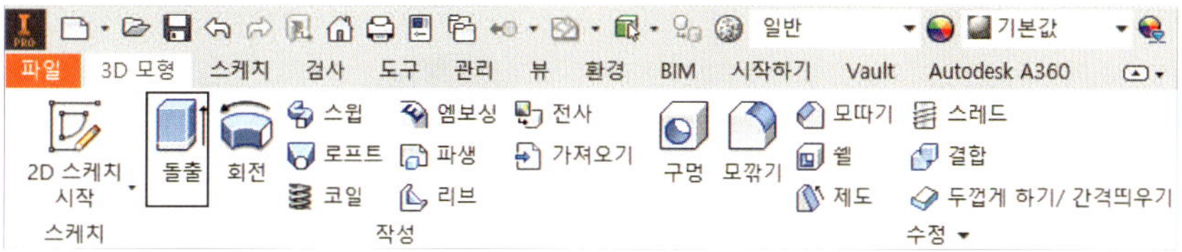

| 솔리드 돌출 |
| 접합 |
| 절단 |
| 교차 |

| 곡면 돌출 |
| 접합 |

| 테이퍼 돌출 |
| +15° | −15° |

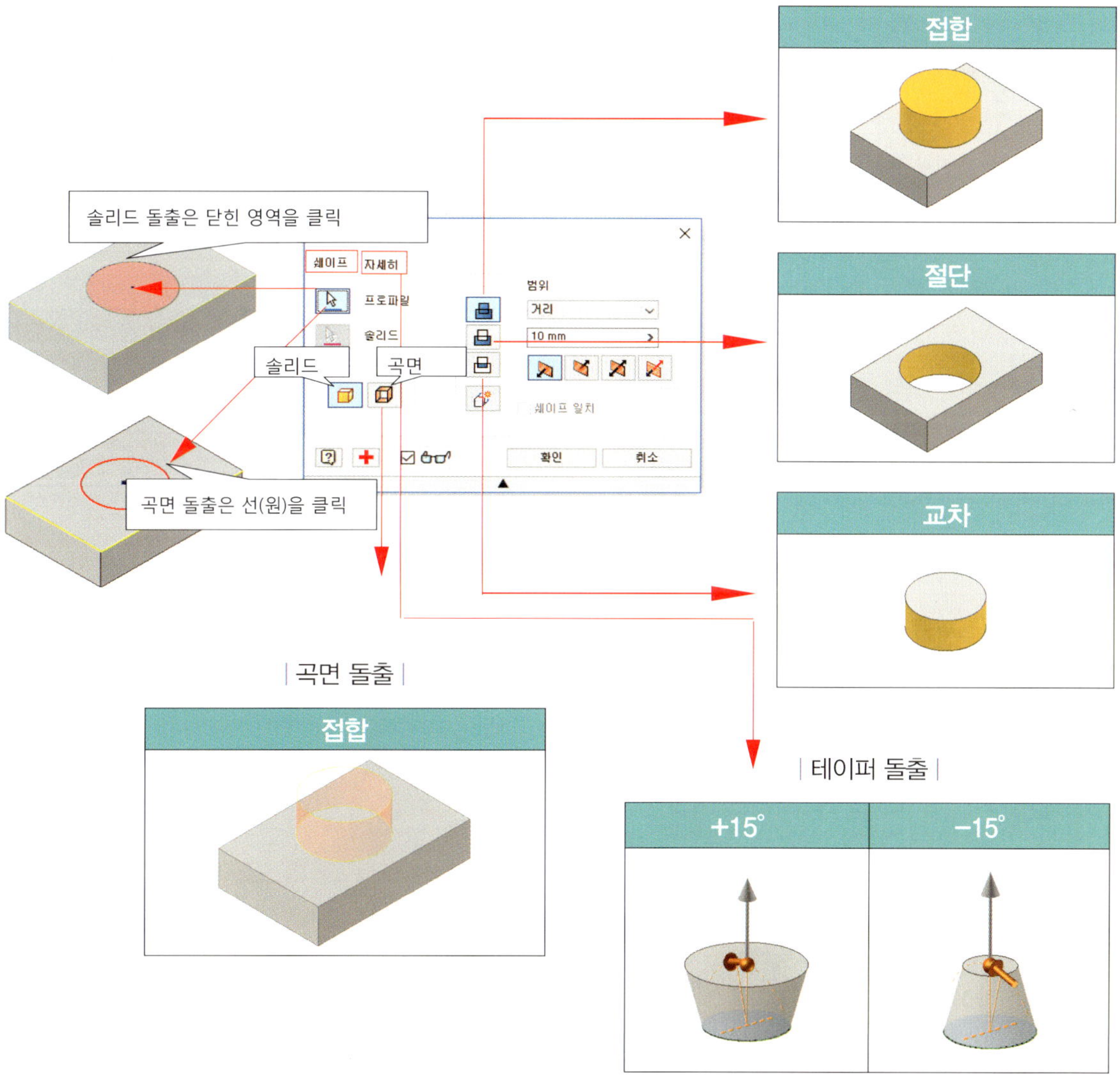

- 솔리드 돌출은 닫힌 영역을 클릭
- 곡면 돌출은 선(원)을 클릭

[1-1 따라하기] **열쇠고리**

학습 목표 3D환경을 이해하고 기본도형을 3D형상 모델링하여 3D 프린팅할 수 있다.

학습 내용 직사각형, 원, 자르기, 치수, 돌출, 형상 투영, 간격띄우기, 텍스트, 수평구속, 수직구속, 동심구속

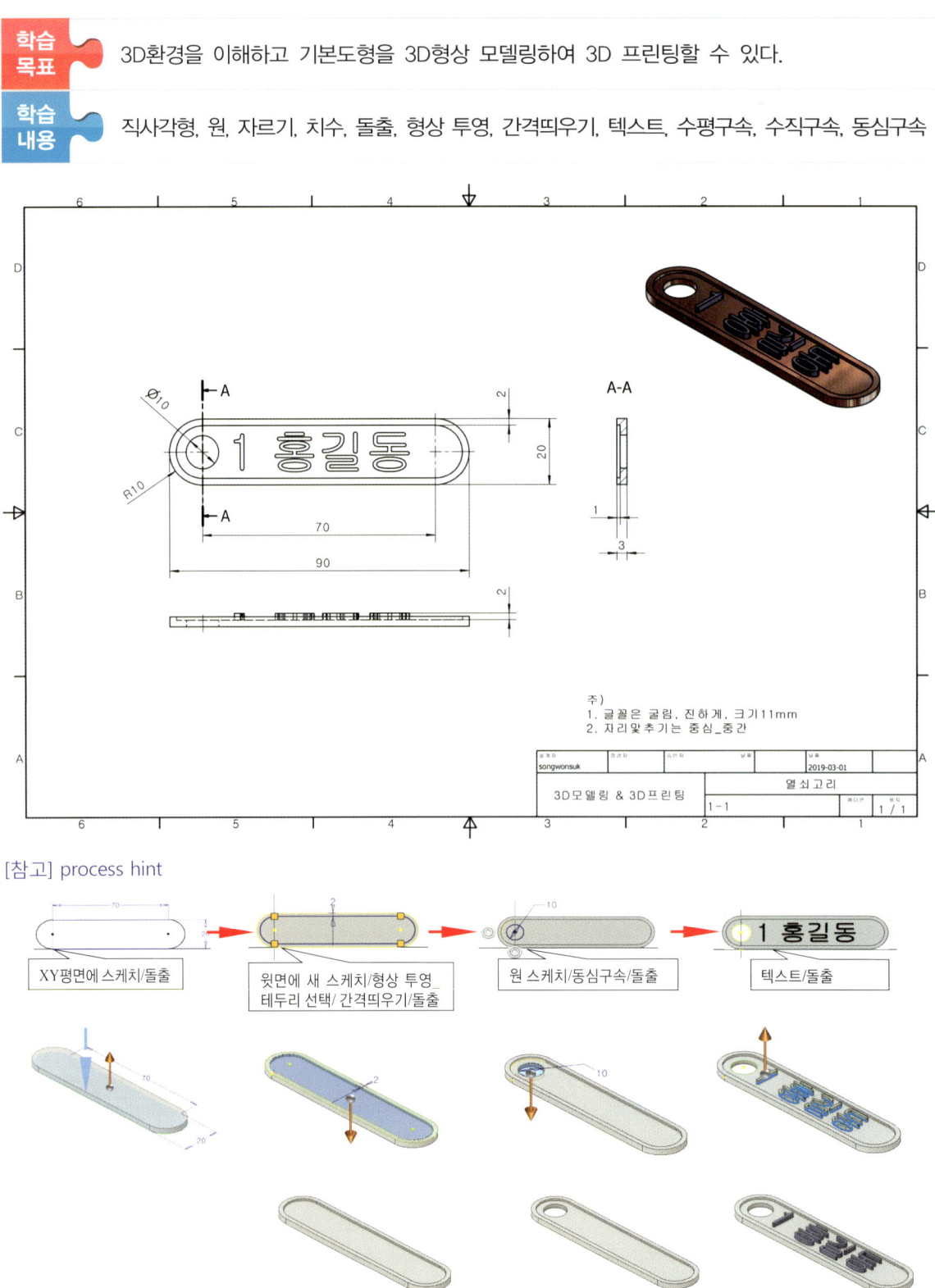

(1) 평면(XY평면)에 스케치 및 구속하기

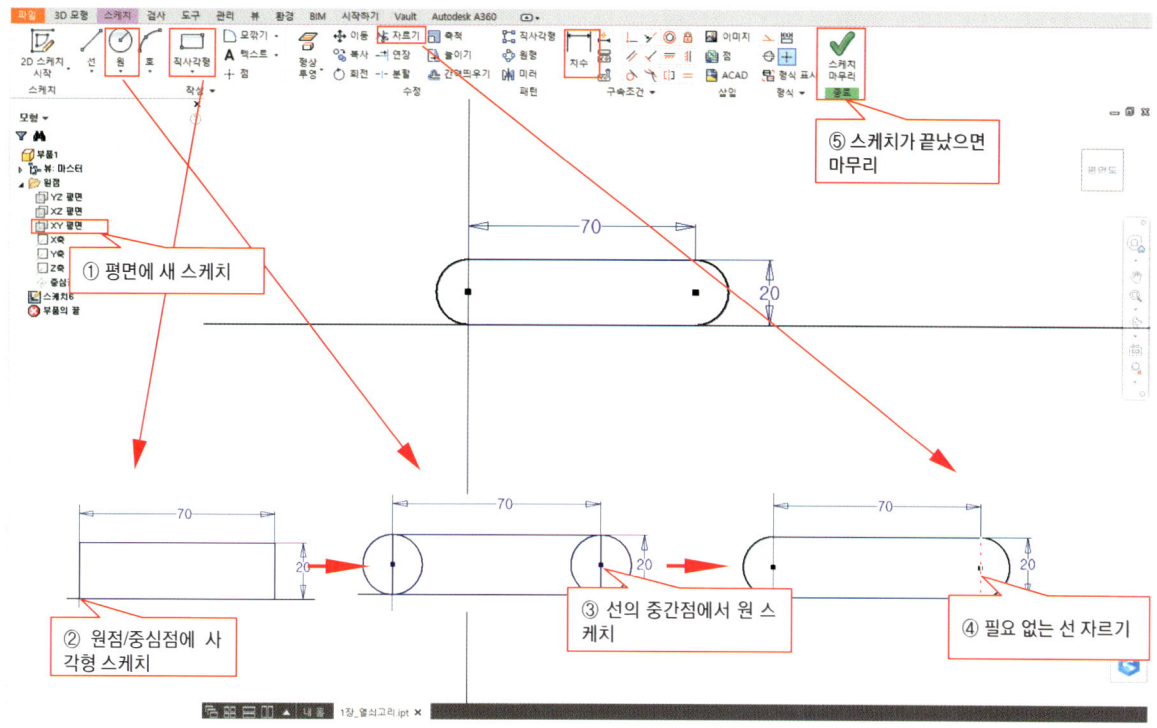

(2) 돌출하기

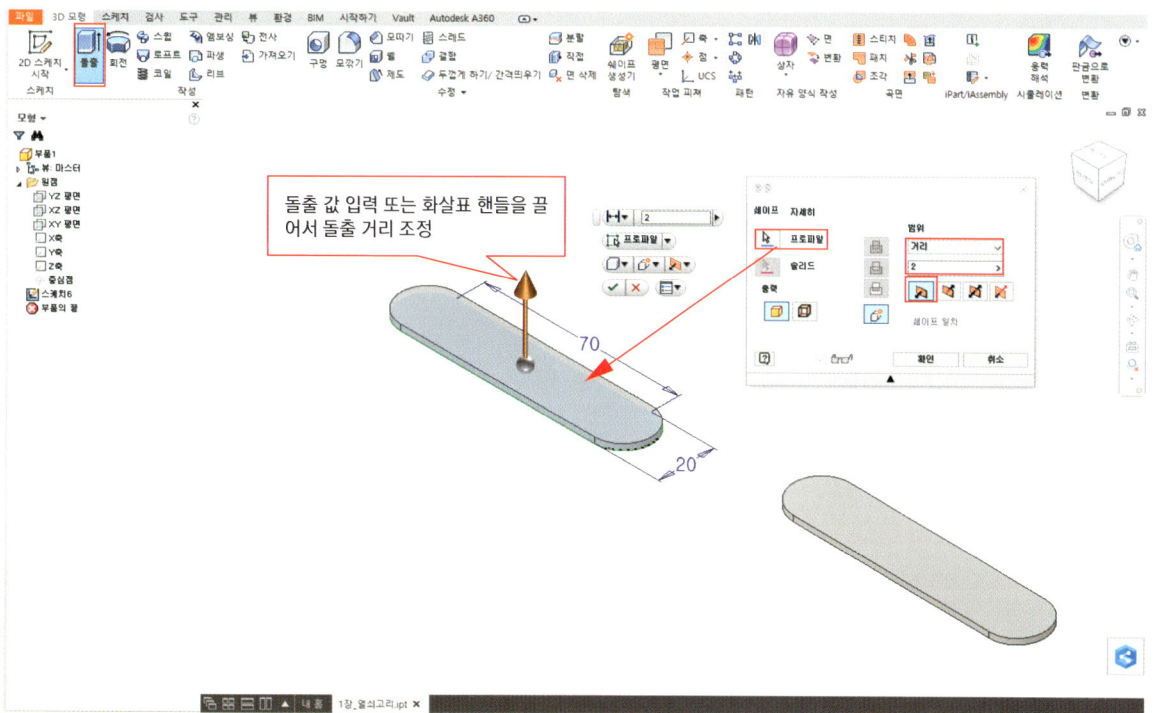

(3) 형상 투영으로 모서리 스케치

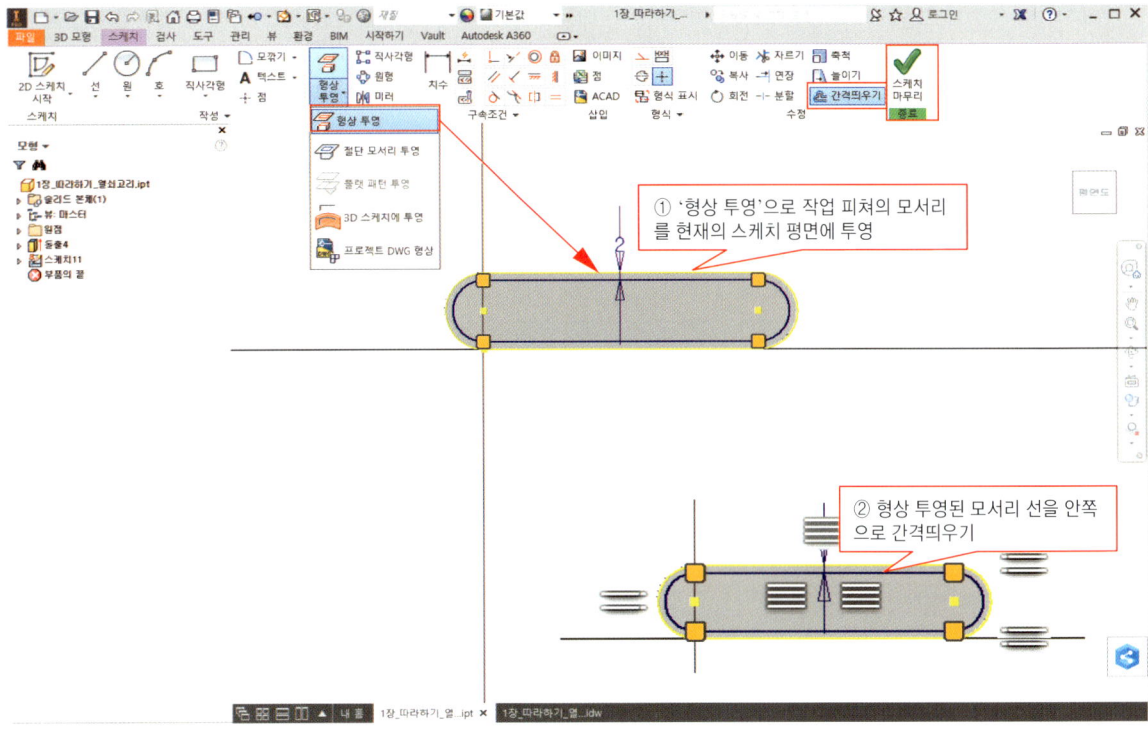

(4) 돌출하기

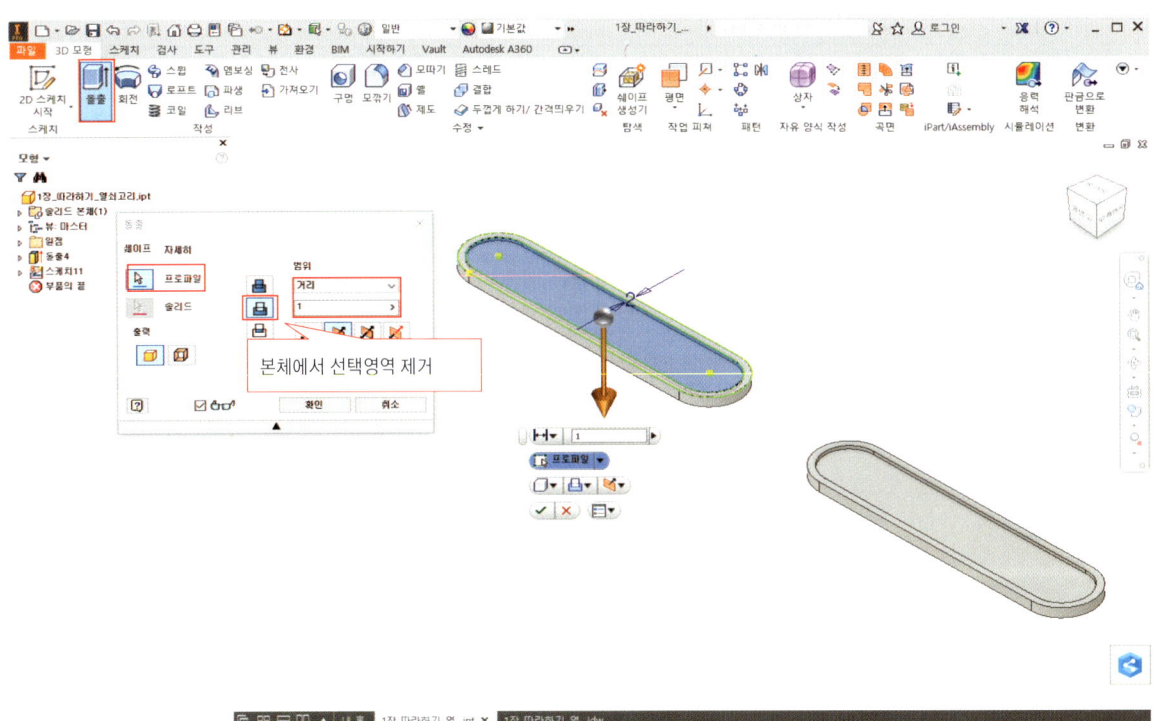

(5) 도형 표면에 원 스케치

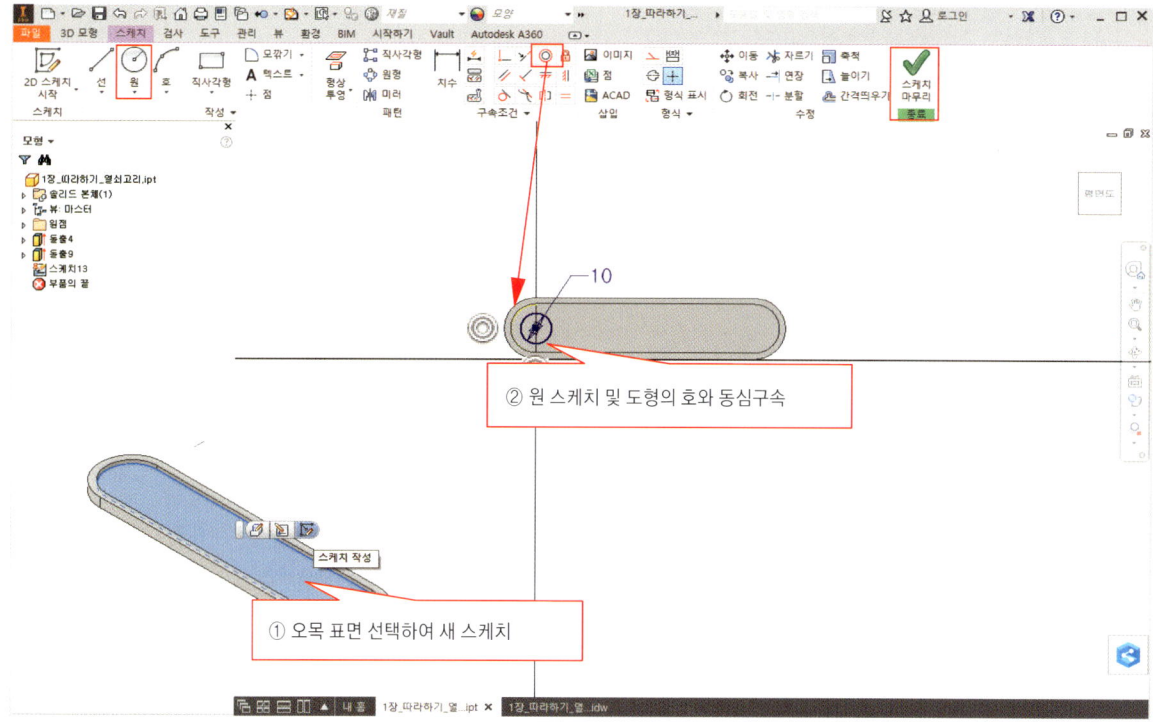

(6) 원을 돌출하여 구멍뚫기

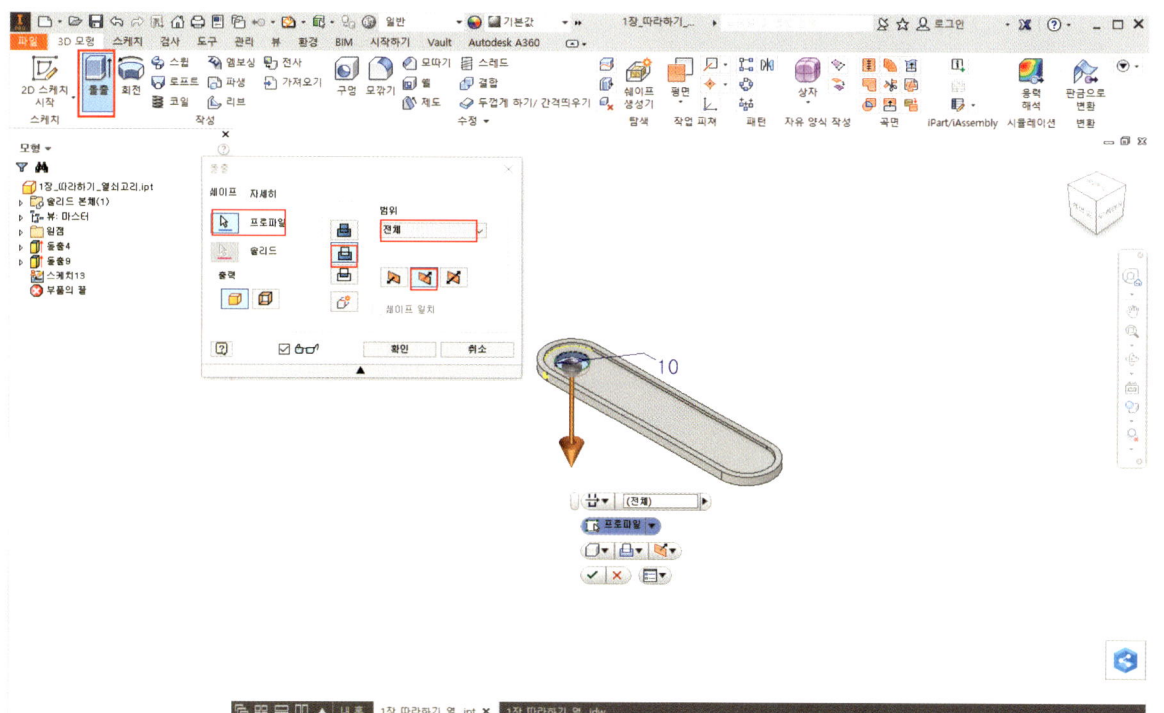

(7) 텍스트 스케치

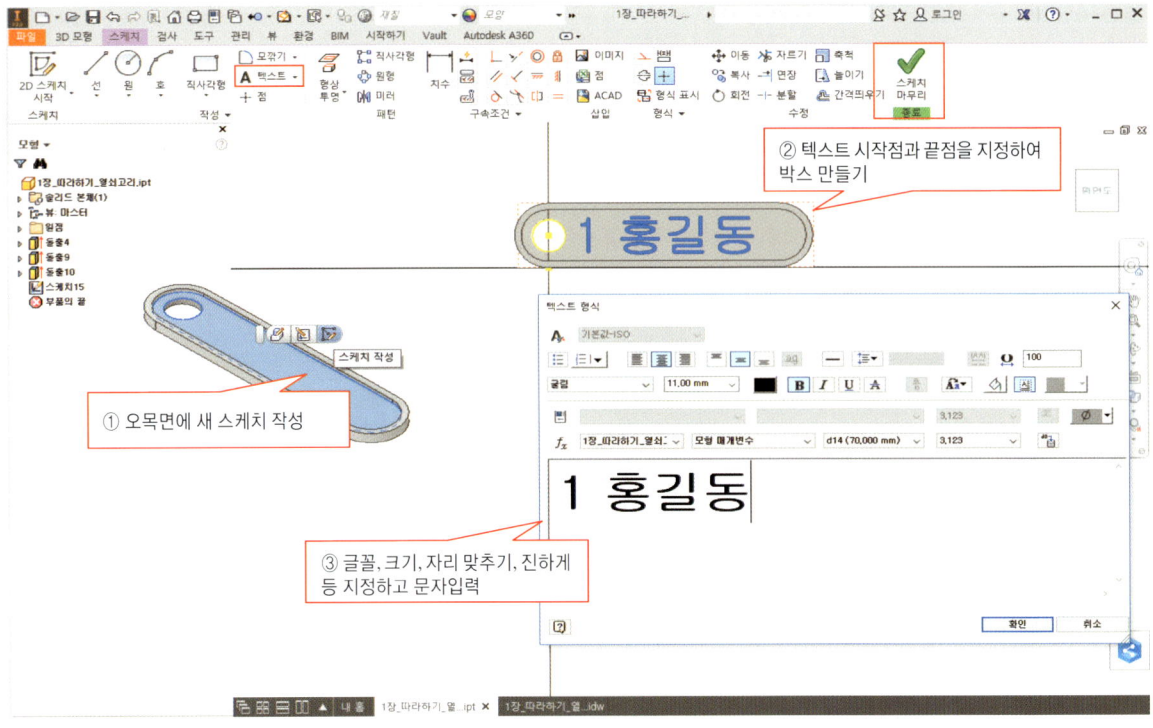

(8) 텍스트 돌출하기

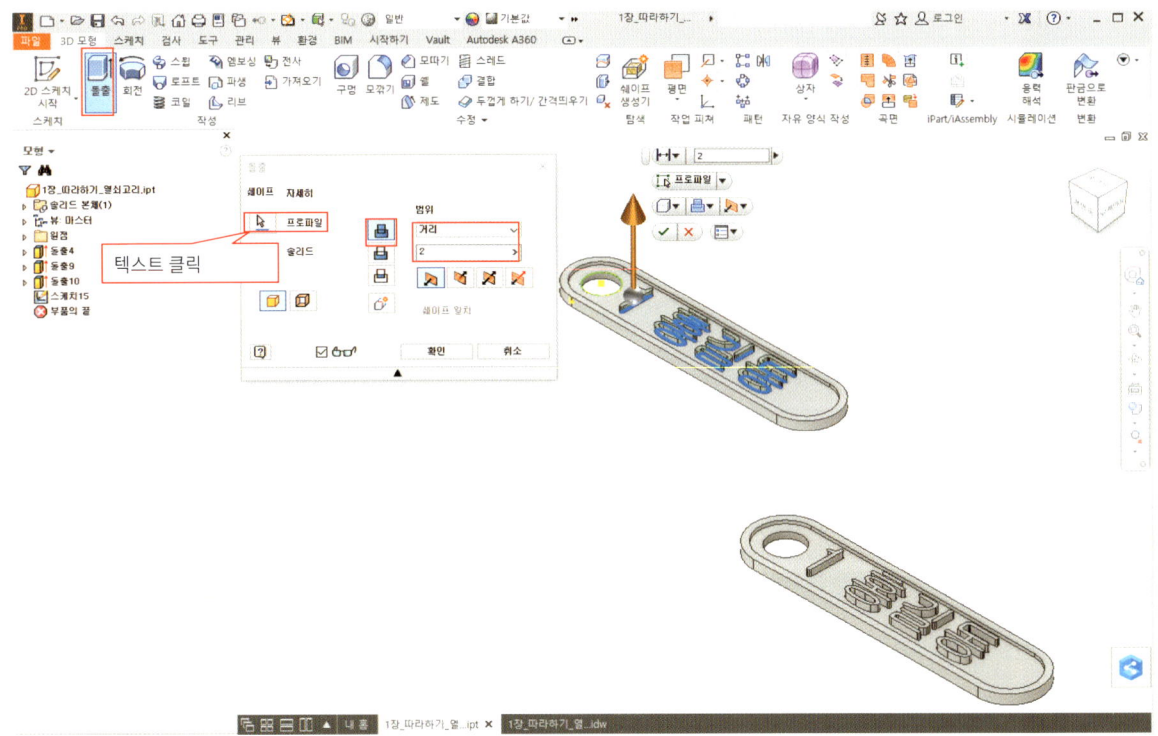

(9) 슬라이스 하기

- 모델링한 후 STL 파일로 저장하고 슬라이서 프로그램으로 파일을 불러온다.
- 빌드 크기와 대략적인 출력 시간, 재료의 소모량이 표시된다.
- 프린트 설정이 완료되면 G-code 파일로 저장하고 3D 프린터로 출력한다.

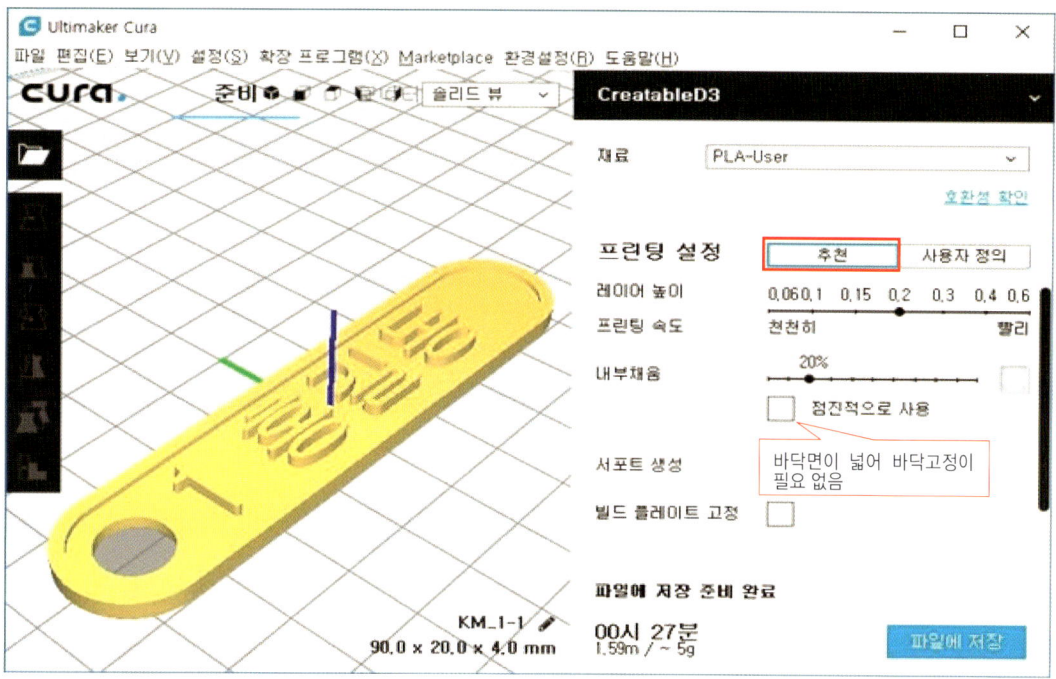

(10) 출력물 형상

[알아두기] 형상 투영

참조 형상은 모형의 평면형 면에서 스케치를 작성할 때 면의 모든 모서리가 참조 형상으로 스케치에 자동으로 추가되며, 형상투영은 가시적인 스케치로부터 활성 스케치 평면으로 모형 모서리, 꼭짓점, 작업피처, 점 또는 곡선을 참조 형상으로 투영한다.

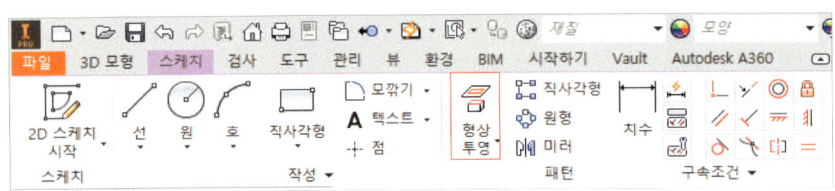

"형상 투영" : 모서리, 꼭짓점, 작업피처, 곡선을 스케치 평면에 투영	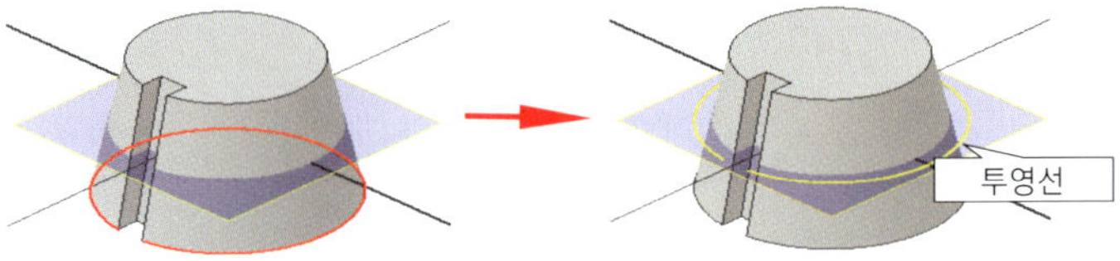
"절단모서리 투영" : 스케치 평면에 교차하는 모서리 투영	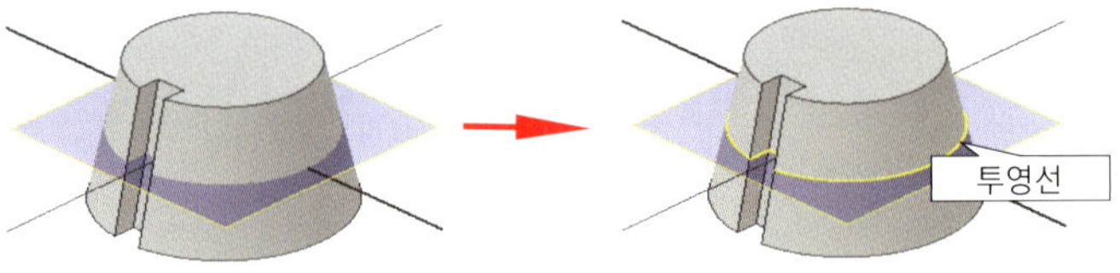
"3D스케치 투영" : 활성 2D 스케치 형상을 선택면에 투영	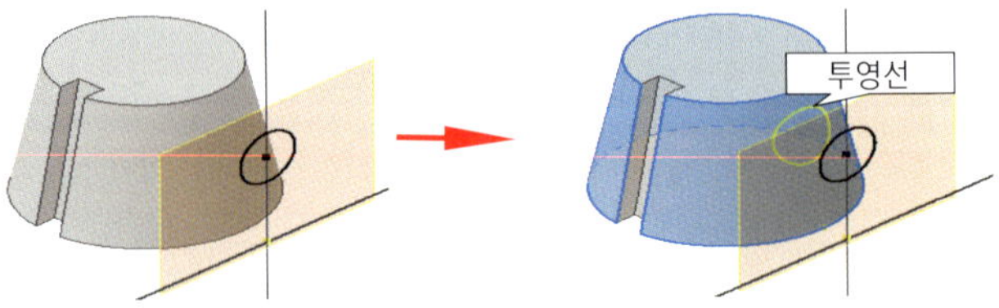

[1-1 연습과제 2] 거치대와 받침

학습목표: 3D환경을 이해하고 기본도형을 3D형상 모델링하여 3D 프린팅 할 수 있다.

학습내용: 타원, 요소잘라내기, 돌출, 슬롯, 원, 중심선, 스케치 공유, 필렛

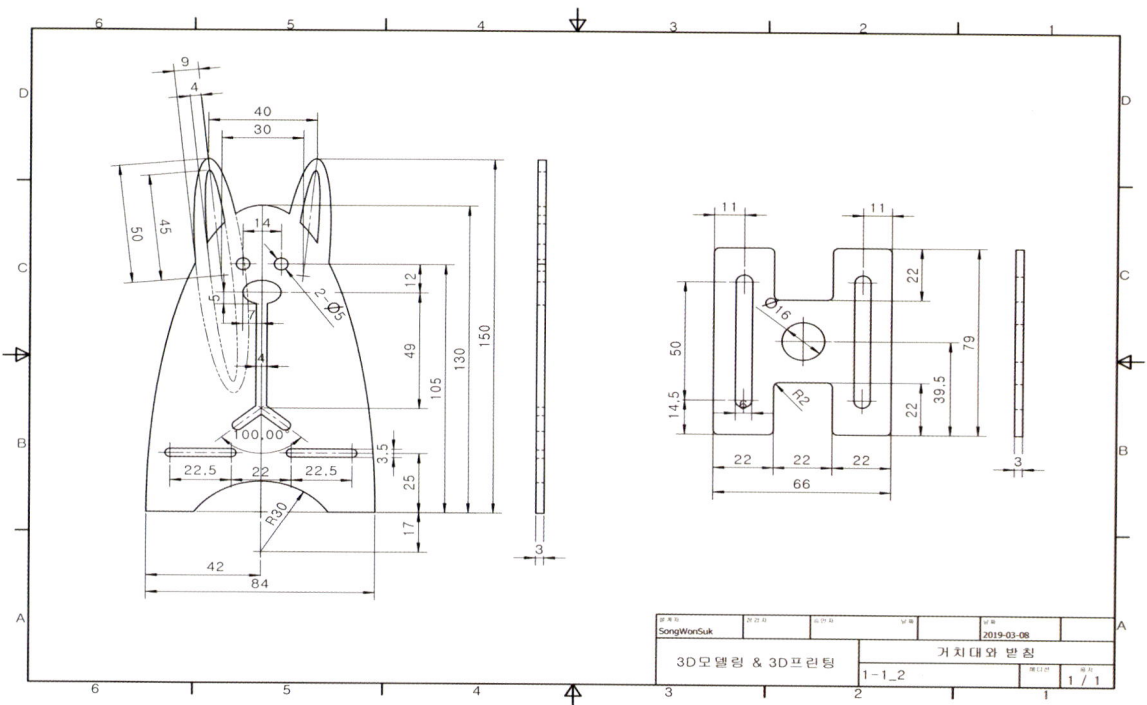

[참고]process hint

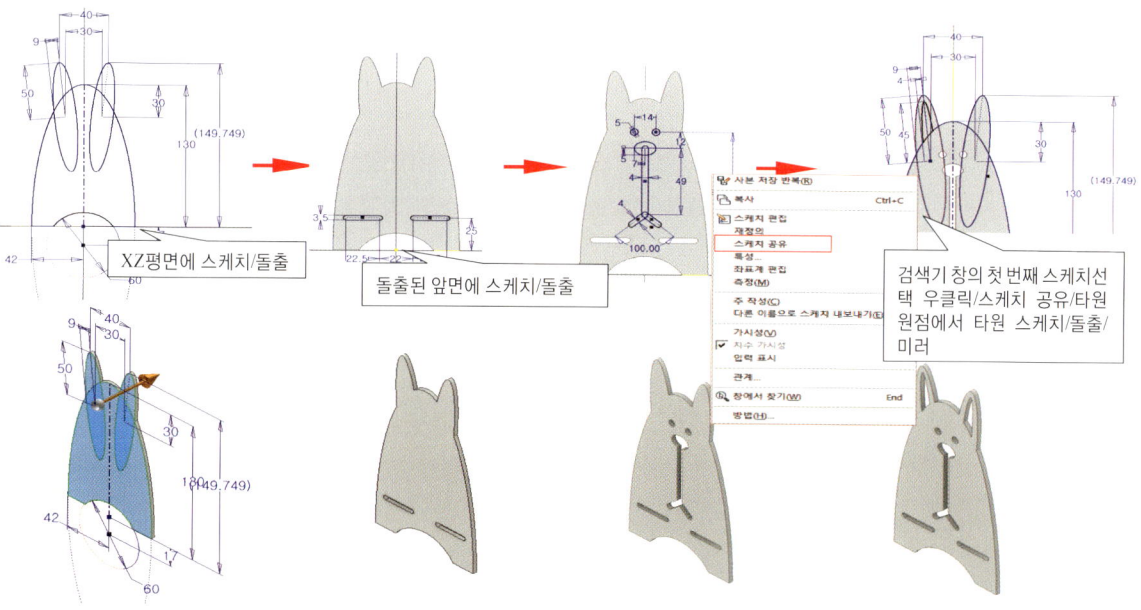

(1) 슬라이스 하기

- 모델링한 후 STL파일로 저장하고 슬라이서 프로그램으로 파일을 불러온다.
- 빌드 크기와 대략적인 출력 시간, 재료의 소모량이 표시된다.
- 프린트 설정이 완료 되면 G-code 파일로 저장하고 3D 프린터로 출력한다.

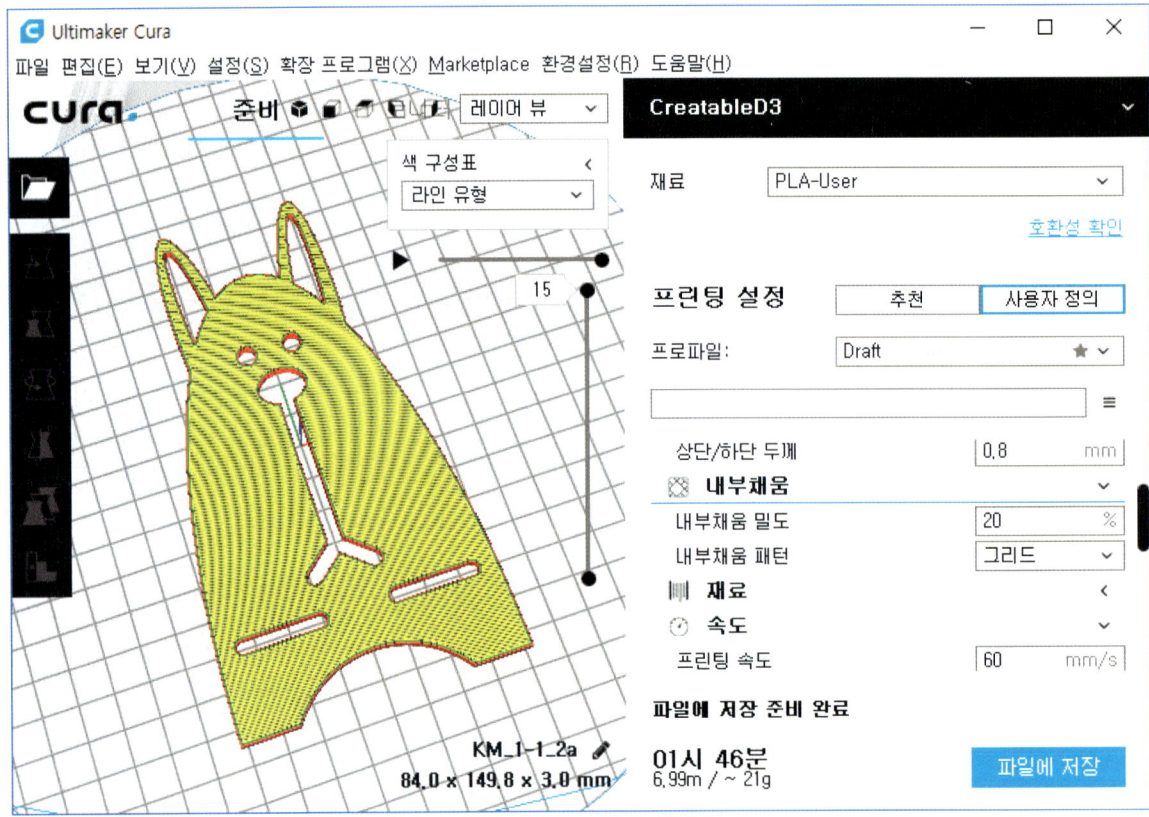

(2) 출력물 형상

[1-1 연습과제 4] 피젯 스피너

 3D환경을 이해하고 기본도형을 3D형상 모델링하여 3D 프린팅 할 수 있다.

 선, 중심선, 원, 자르기, 치수, 원형 패턴, 간격띄우기, 접선구속, 돌출, 모깎기, 모따기

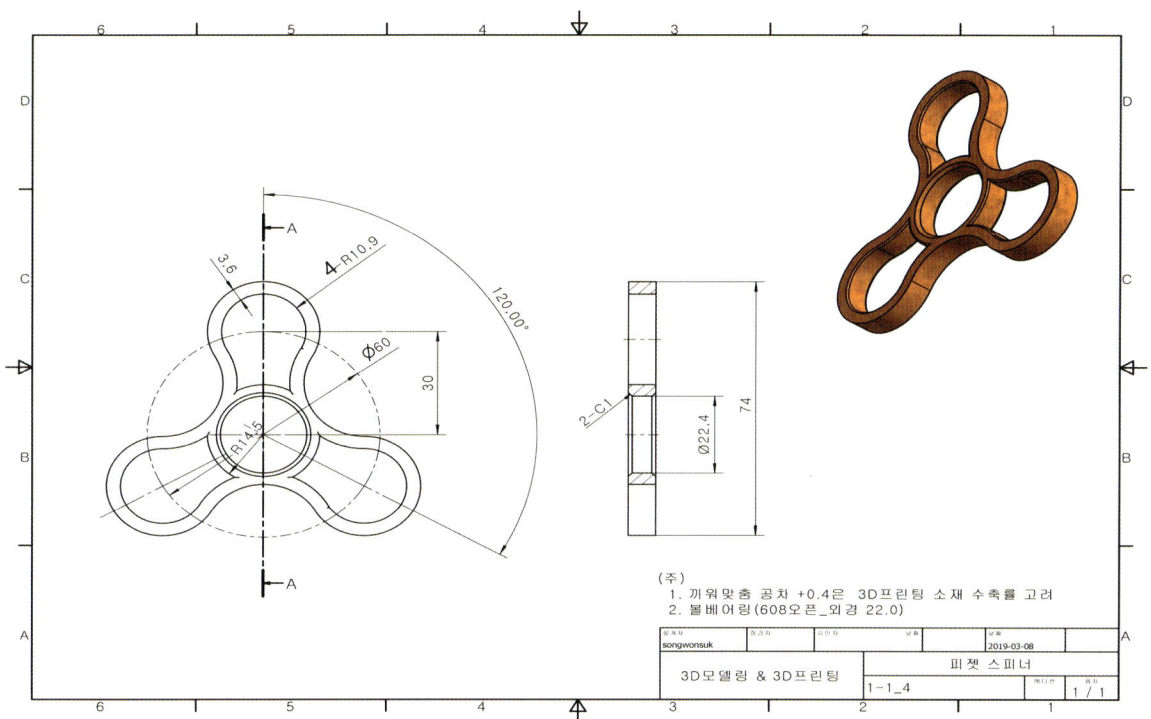

[참고] process hint

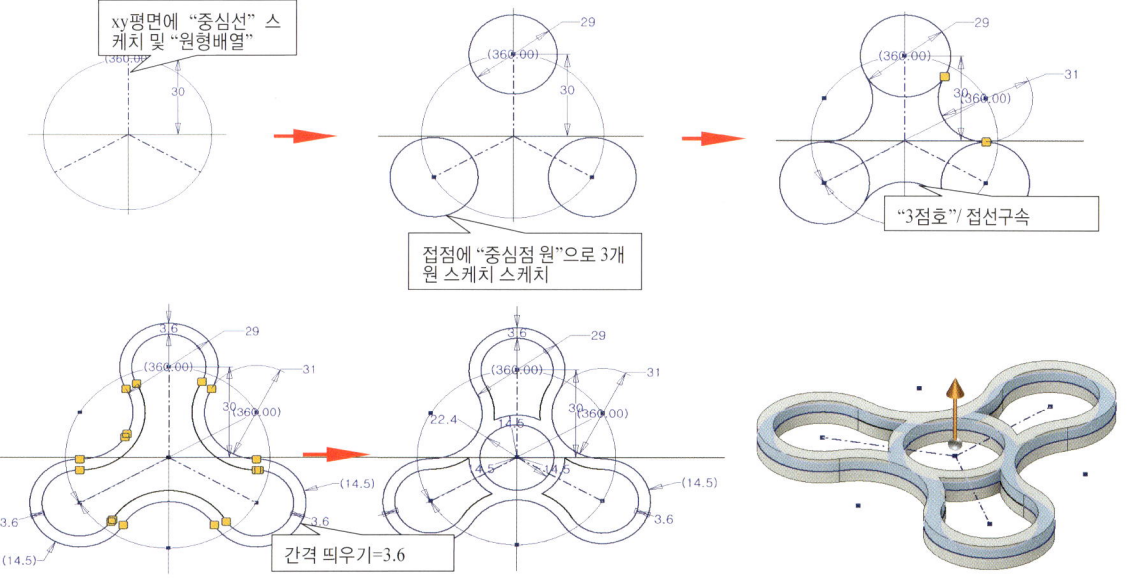

(1) 슬라이스 하기

- 모델링한 후 STL 파일로 저장하고 슬라이서 프로그램으로 파일을 불러온다.
- 빌드 크기와 대략적인 출력 시간, 재료의 소모량이 표시된다.
- 프린트 설정이 완료되면 G-code 파일로 저장하고 3D 프린터로 출력한다.

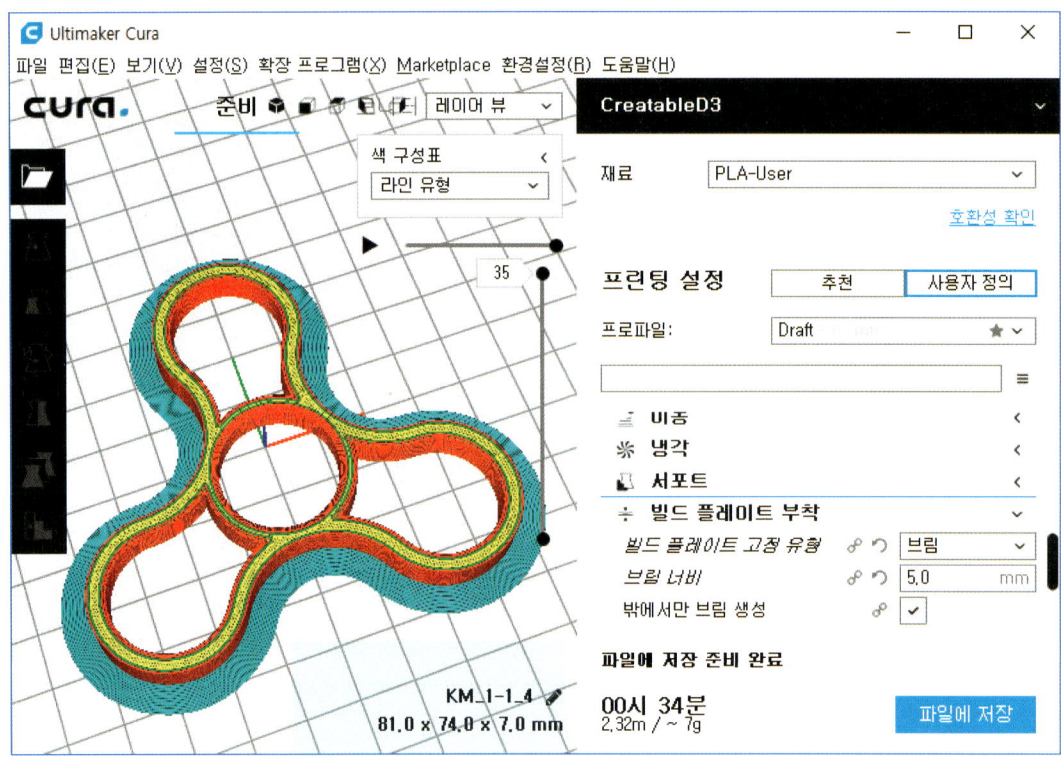

(2) 출력물 형상

[1-1 연습과제 5] 스마트폰 거치대

학습목표 3D환경을 이해하고 기본도형을 3D형상 모델링하여 3D 프린팅 할 수 있다.

학습내용 선, 원, 간격띄우기, 자르기, 동일구속, 수평구속, 직각구속, 치수, 돌출(대칭), 텍스트, 모따기

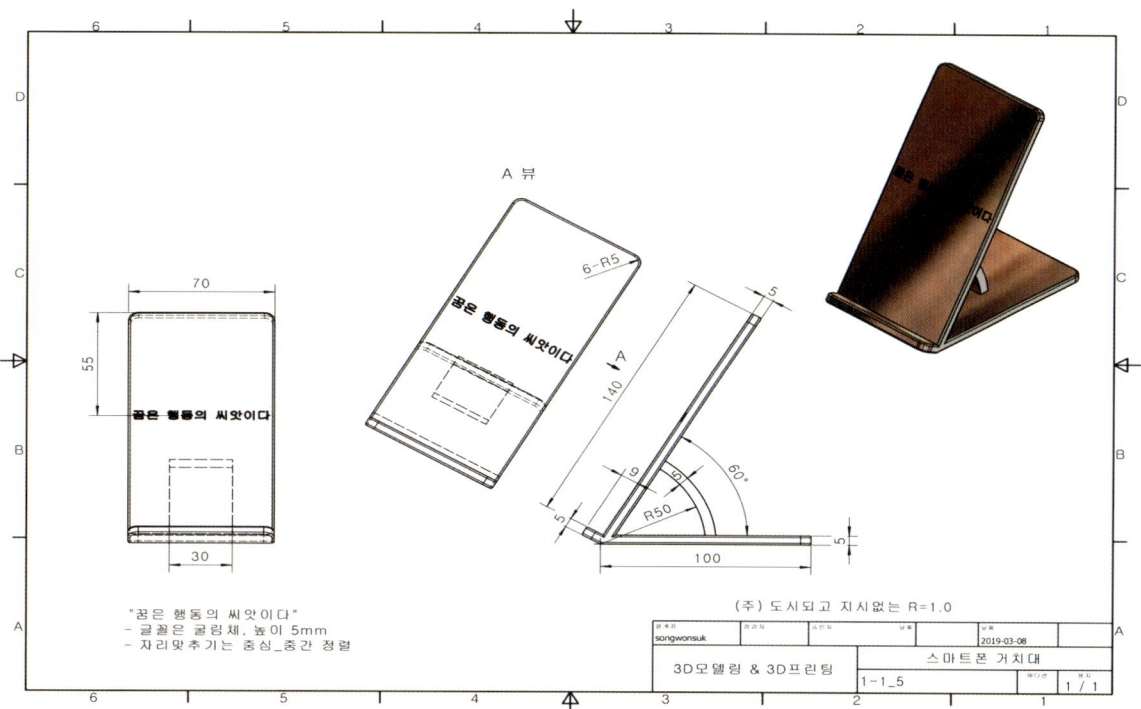

[참고] process hint

(1) 슬라이스 하기

- 모델링한 후 STL 파일로 저장하고 슬라이서 프로그램으로 파일을 불러온다.
- 빌드 크기와 대략적인 출력 시간, 재료의 소모량이 표시된다.
- 프린트 설정이 완료되면 G – code 파일로 저장하고 3D 프린터로 출력한다.

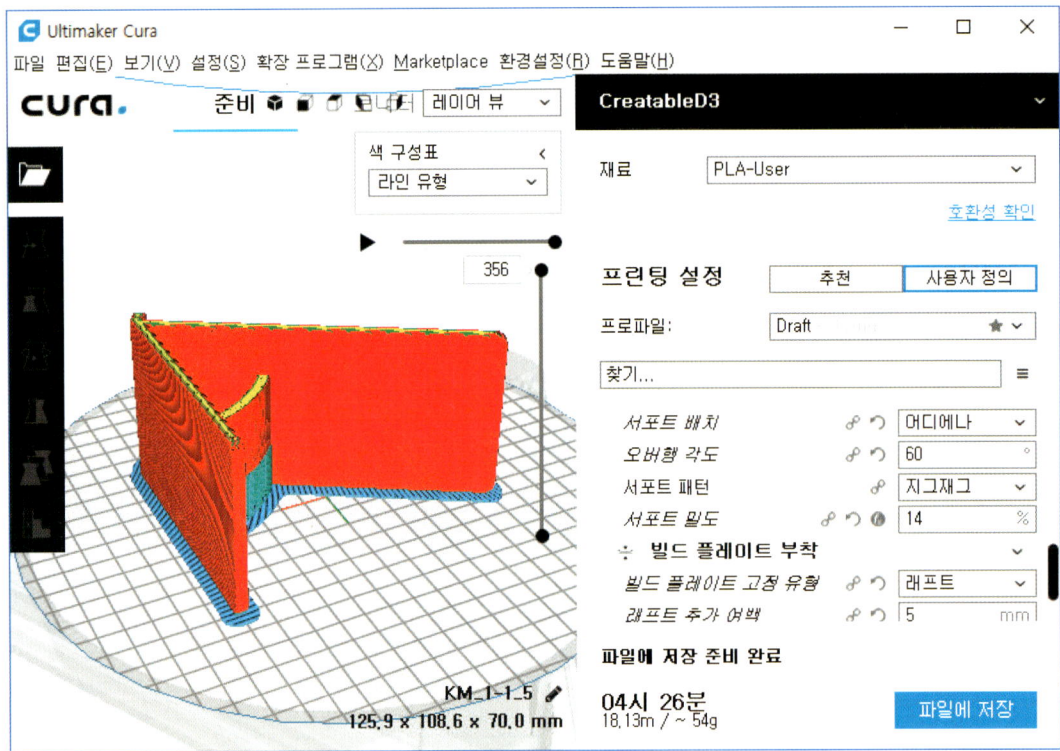

(2) 출력물 형상

[1-1 연습과제 6] 17기능

학습목표: 미러와 대칭구속기능을 이용하여 도형을 스케치하고 3D형상 모델링하여 3D 프린팅 할 수 있다.

학습내용: 선, 원, 형상 투영(원점_축), 일치구속, 대칭구속, 자르기, 돌출, 미러, 점, 구멍, 가시성

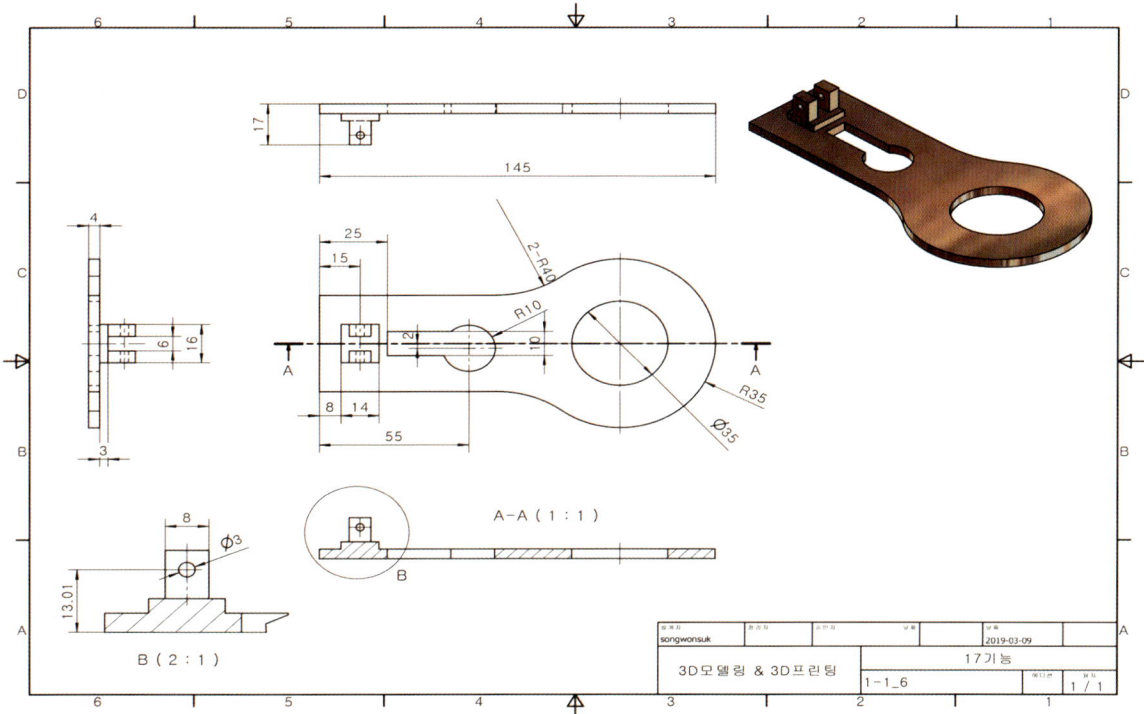

[참고] process hint

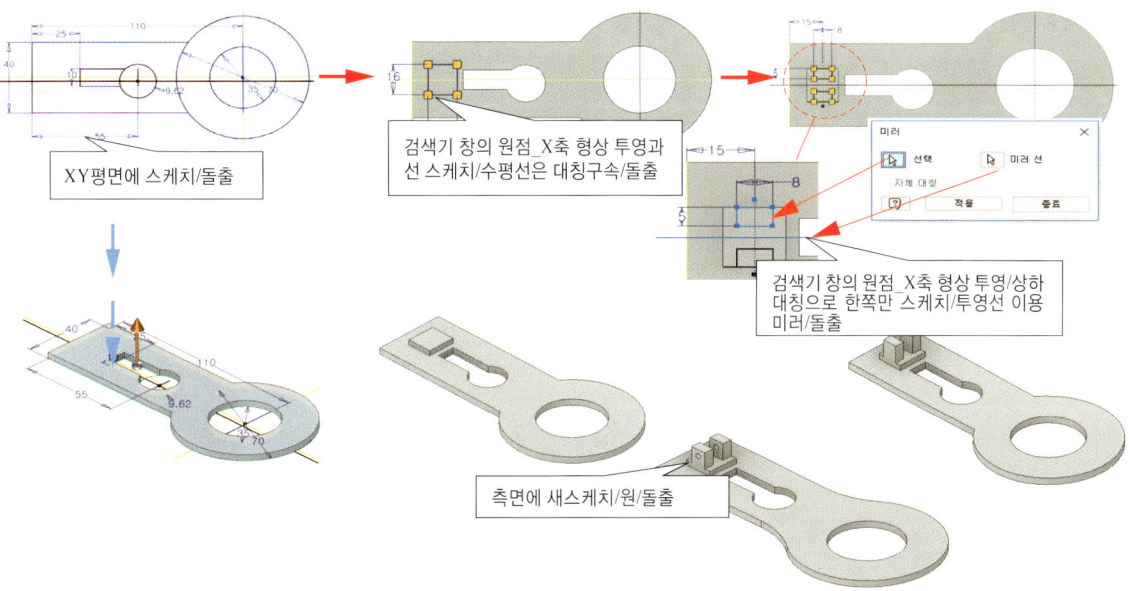

PART 04 3D 형상 모델링

(1) 슬라이스 하기

- 모델링한 후 STL 파일로 저장하고 슬라이서 프로그램으로 파일을 불러온다.
- 빌드 크기와 대략적인 출력 시간, 재료의 소모량이 표시된다.
- 프린트 설정이 완료되면 G – code 파일로 저장하고 3D 프린터로 출력한다.

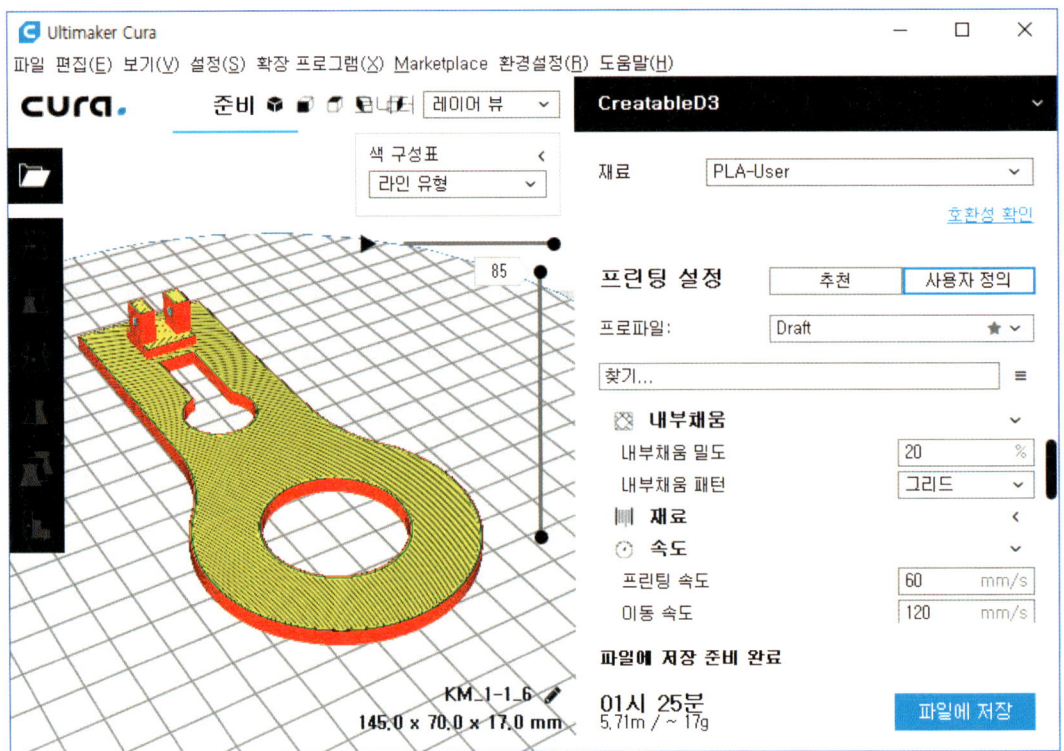

(2) 출력물 형상

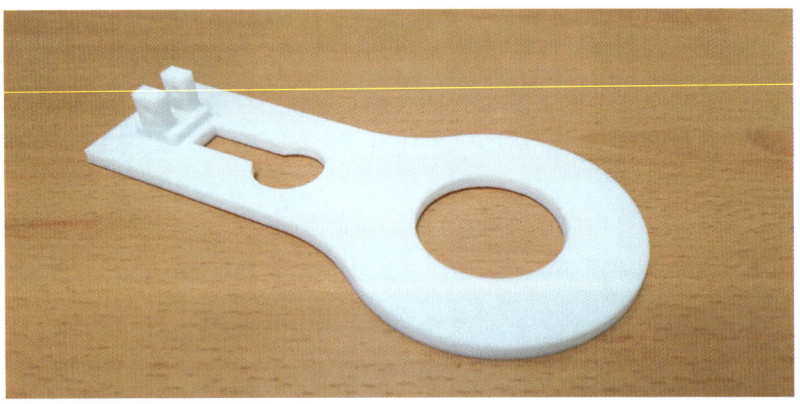

[1-1 연습과제 7] 핸드폰거치 & 연필꽂이

학습목표 도형을 스케치 및 돌출피처로 3D형상 모델링하여 3D 프린팅 할 수 있다.

학습내용 선, 원, 자르기, 간격띄우기, 돌출, 평면생성, 형상 투영, 스케치 공유, 모깎기

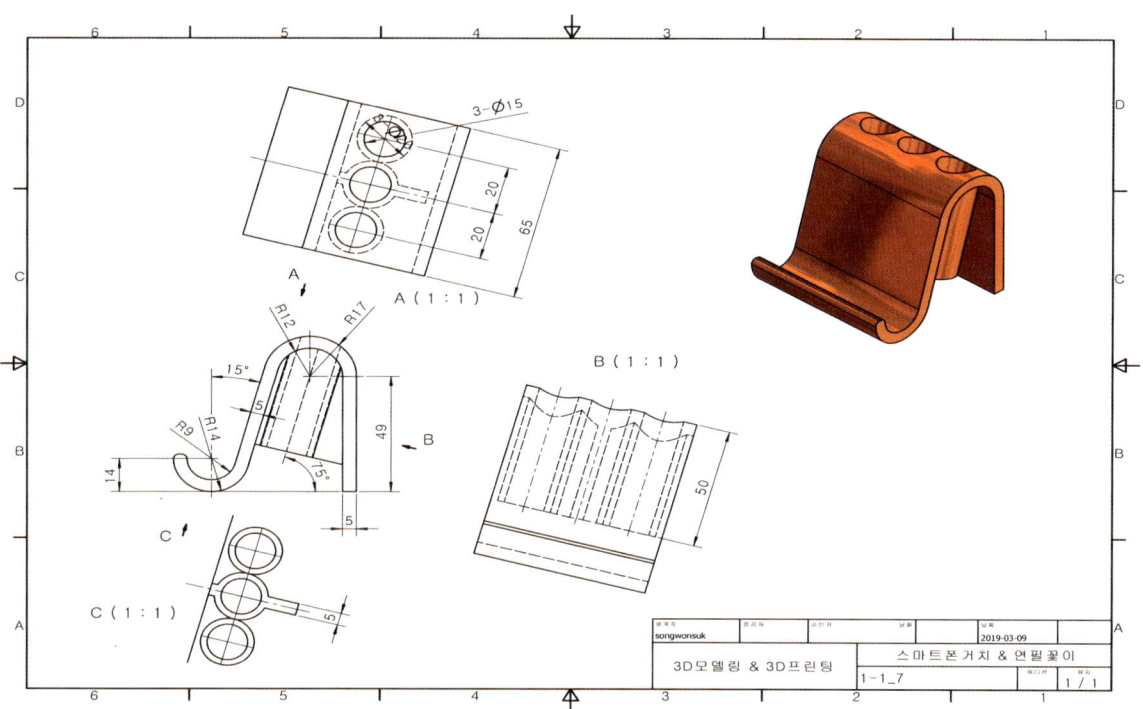

[참고] process hint

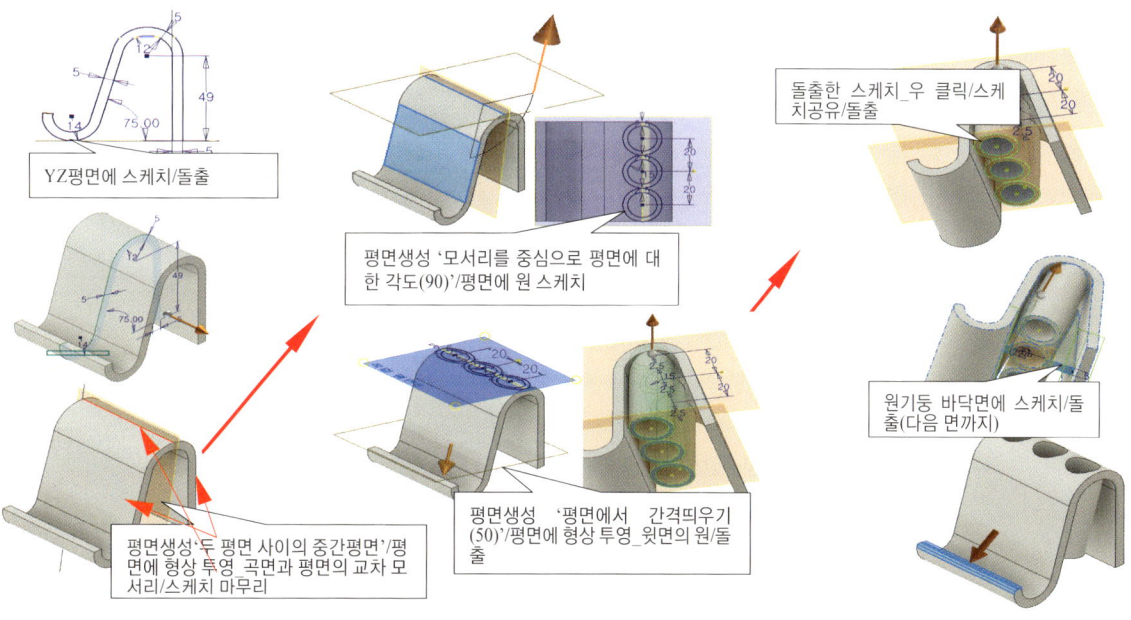

PART 04 3D 형상 모델링 | **87**

(1) 슬라이스 하기

- 모델링한 후 STL파일로 저장하고 슬라이서 프로그램으로 파일을 불러온다.
- 빌드 크기와 대략적인 출력 시간, 재료의 소모량이 표시된다.
- 프린트 설정이 완료 되면 G-code 파일로 저장하고 3D 프린터로 출력한다.

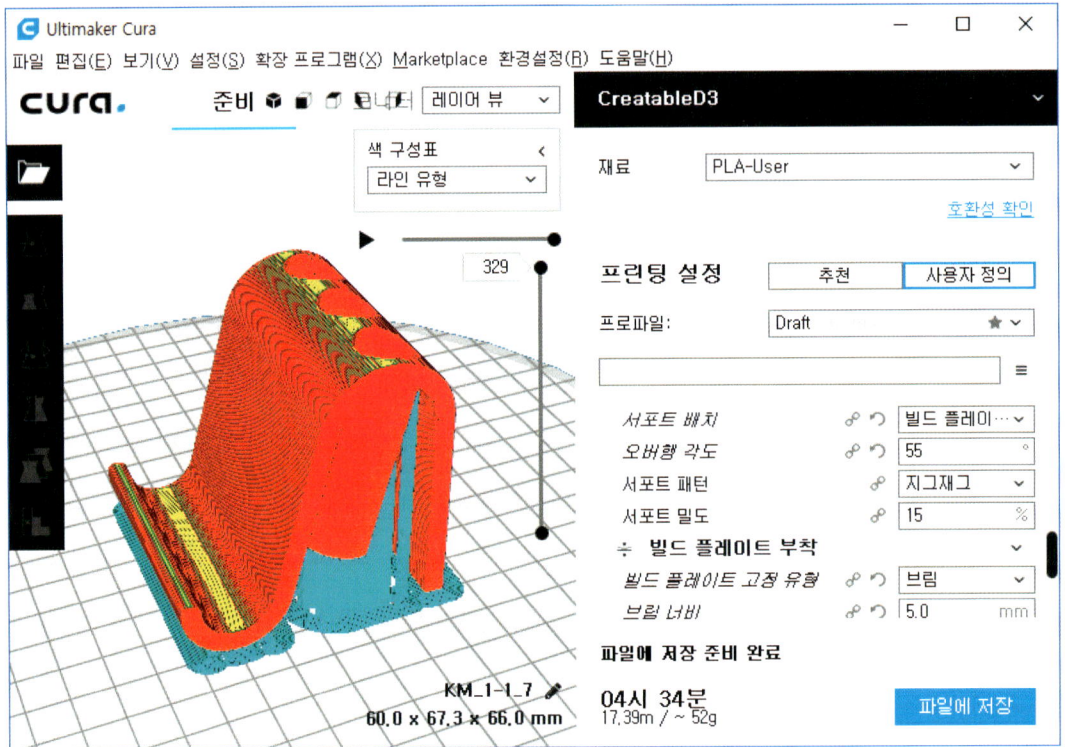

(2) 출력물 형상

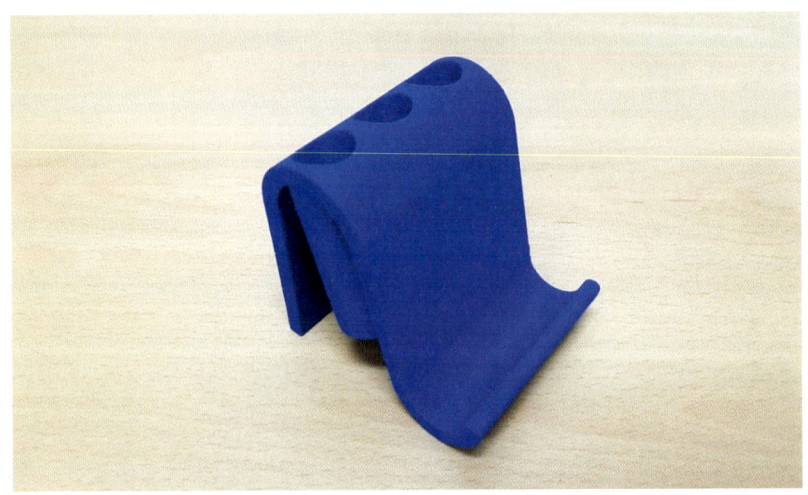

[1-1 연습과제 8] **타이어**

학습목표 곡선 돌출과 패턴으로 3D 형상 모델링하여 3D 프린팅 할 수 있다.

학습내용 선, 미러, 회전, 평면생성, 그래픽슬라이스(F7), 형상 투영, 간격띄우기, 돌출_곡선, 패턴

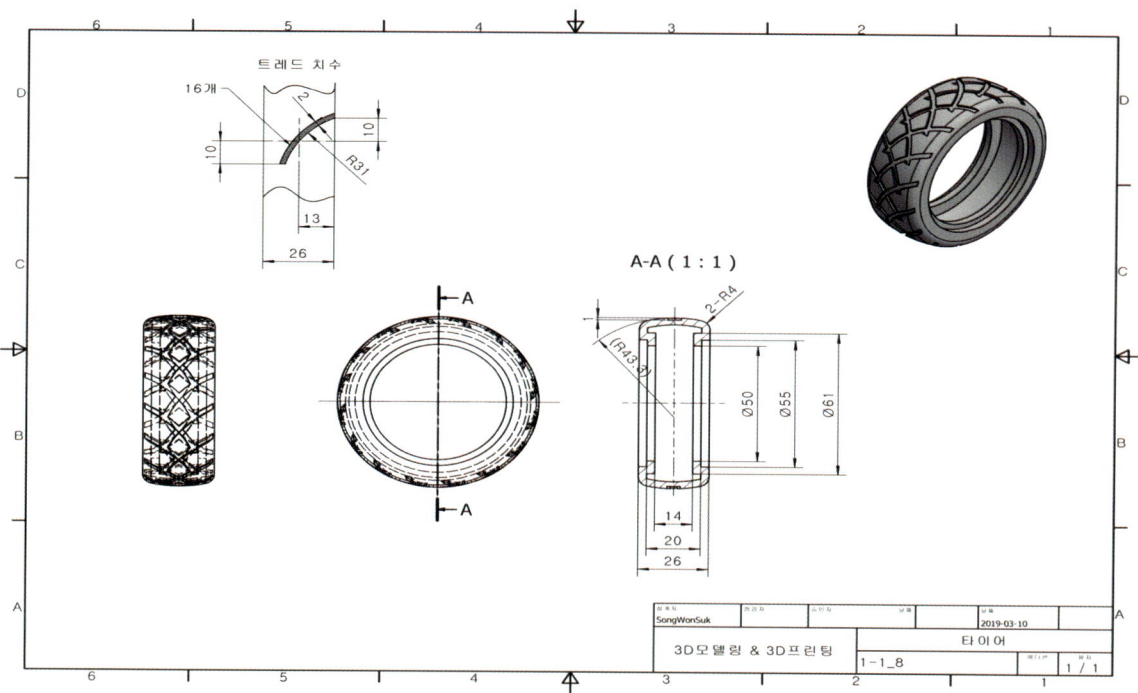

[참고] process hint

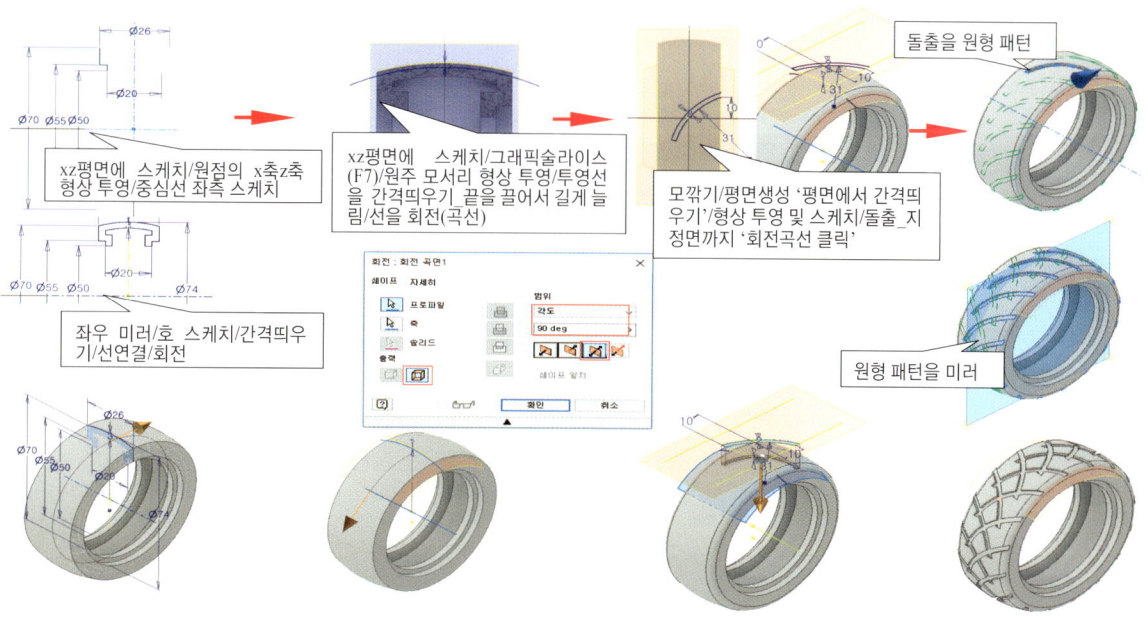

PART 04 3D 형상 모델링 | 89

(1) 슬라이스 하기

- 모델링한 후 STL파일로 저장하고 슬라이서 프로그램으로 파일을 불러온다.
- 빌드 크기와 대략적인 출력 시간, 재료의 소모량이 표시된다.
- 프린트 설정이 완료 되면 G-code 파일로 저장하고 3D 프린터로 출력한다.

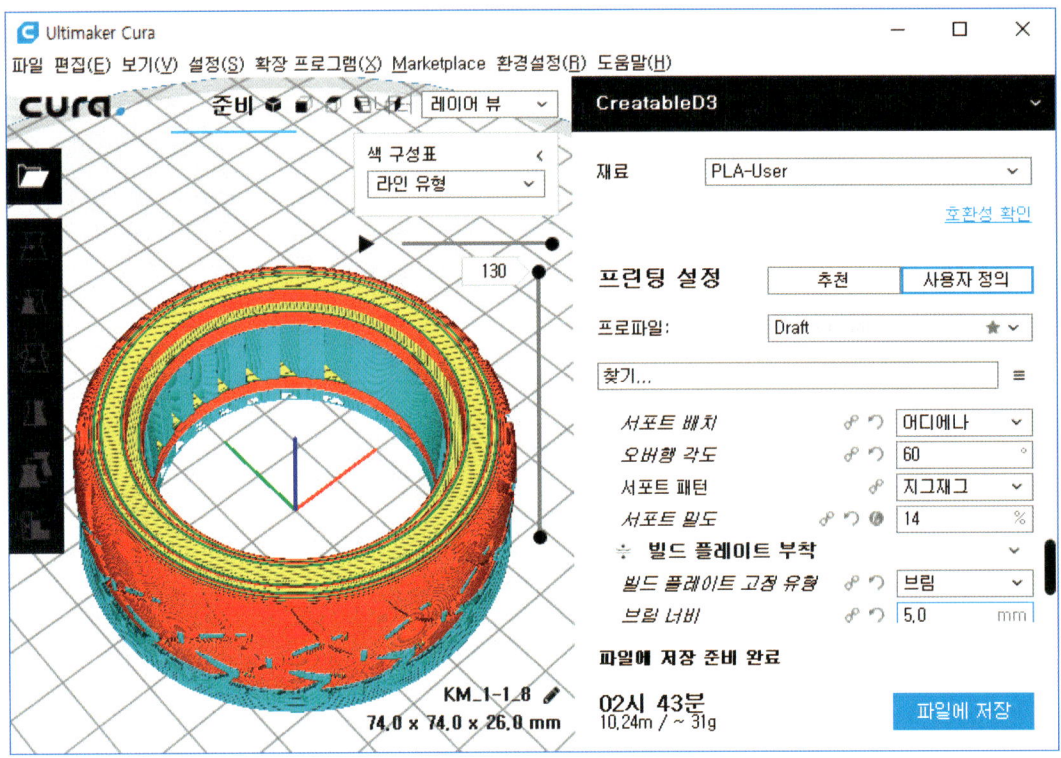

(2) 출력물 형상

[1-2 따라하기] 소형 그릇

학습 목표: 도형을 스케치 및 3D형상 테이퍼 돌출하여 3D 프린팅 할 수 있다.

학습 내용: 원, 선, 점, 동일구속, 일치구속, 치수, 돌출(테이퍼), 쉘, 슬롯, 접선구속, 자르기, 모깎기

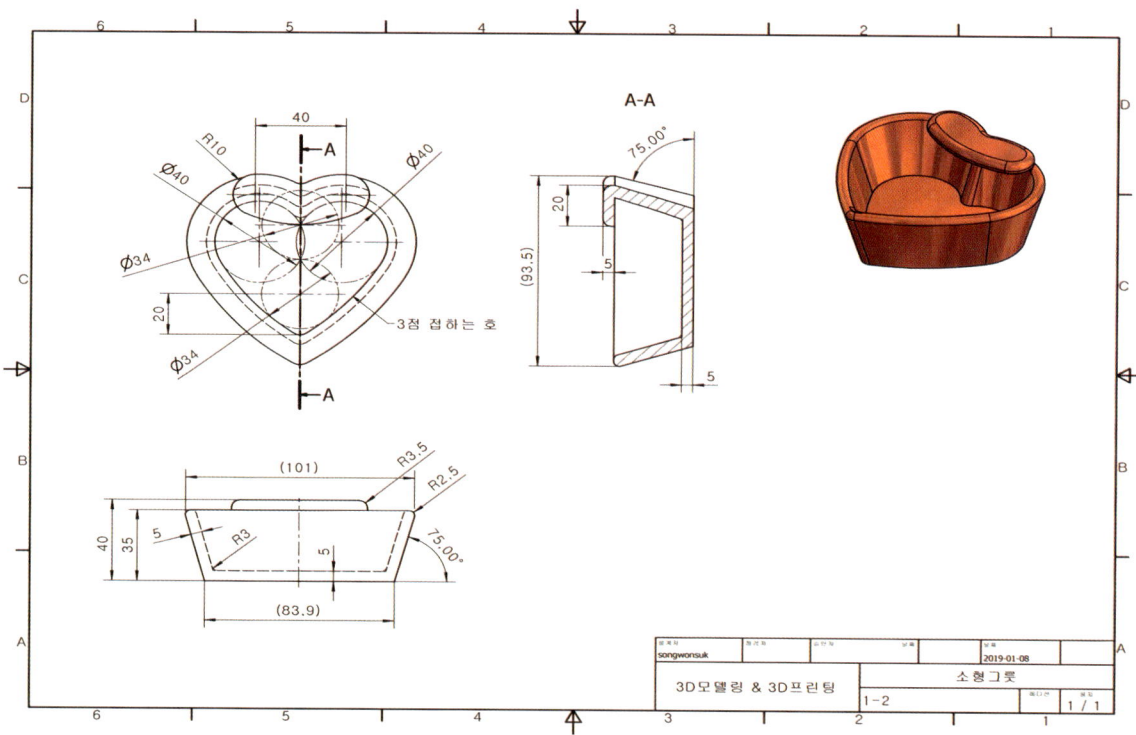

[참고] process hint

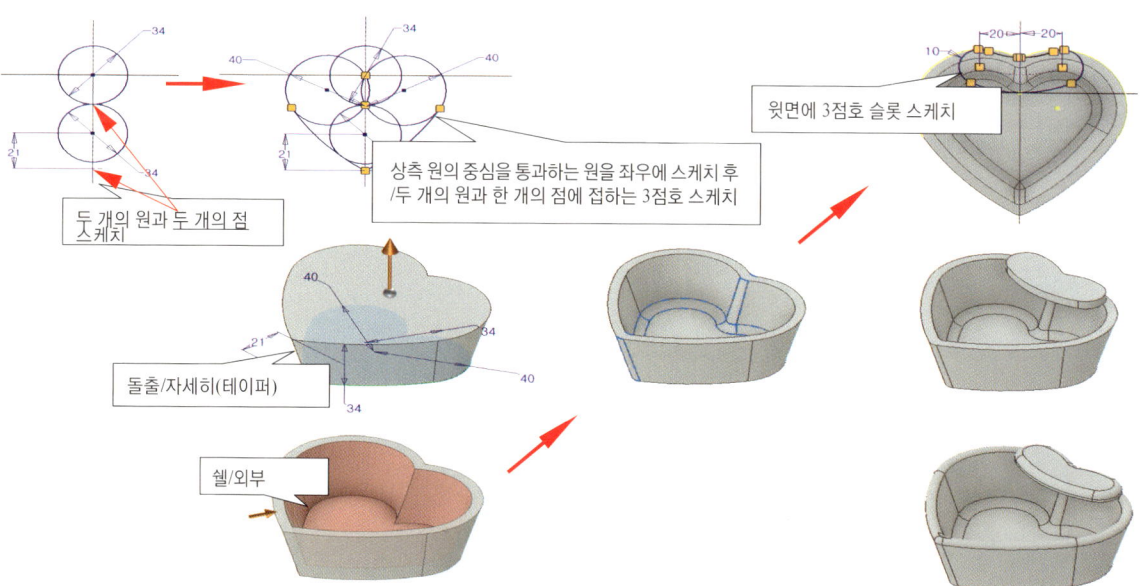

(1) 도형 스케치하고 구속하기

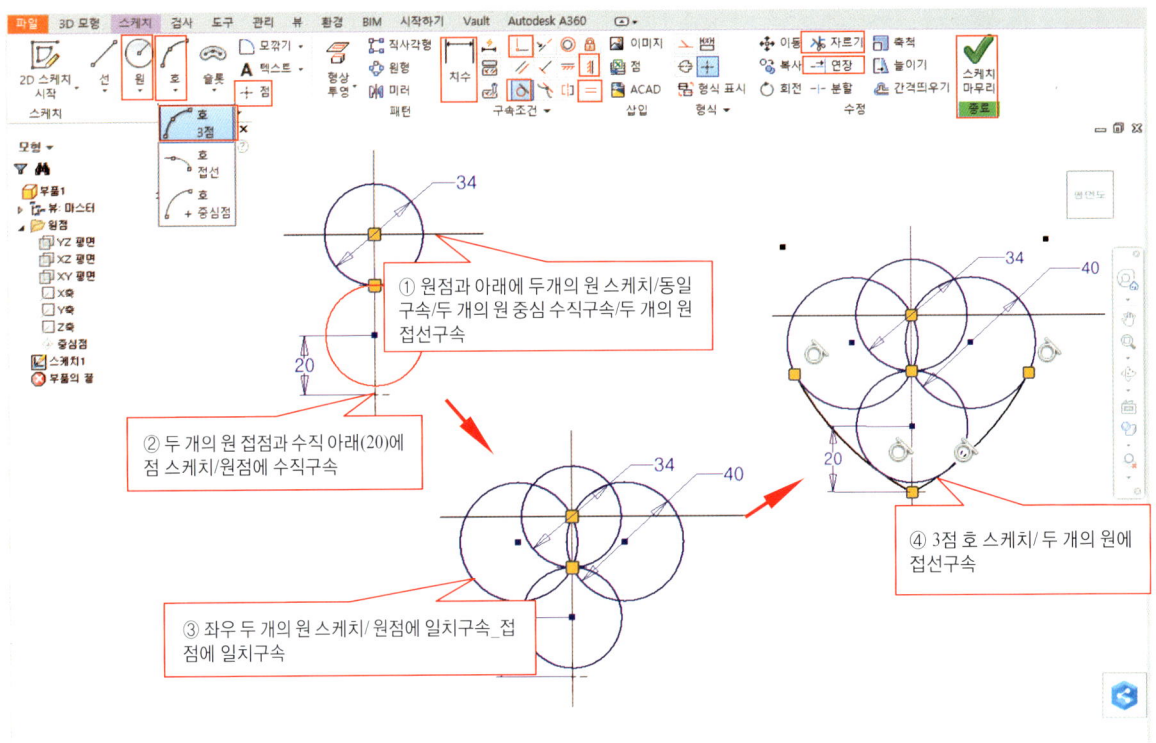

(2) 테이퍼 돌출하기

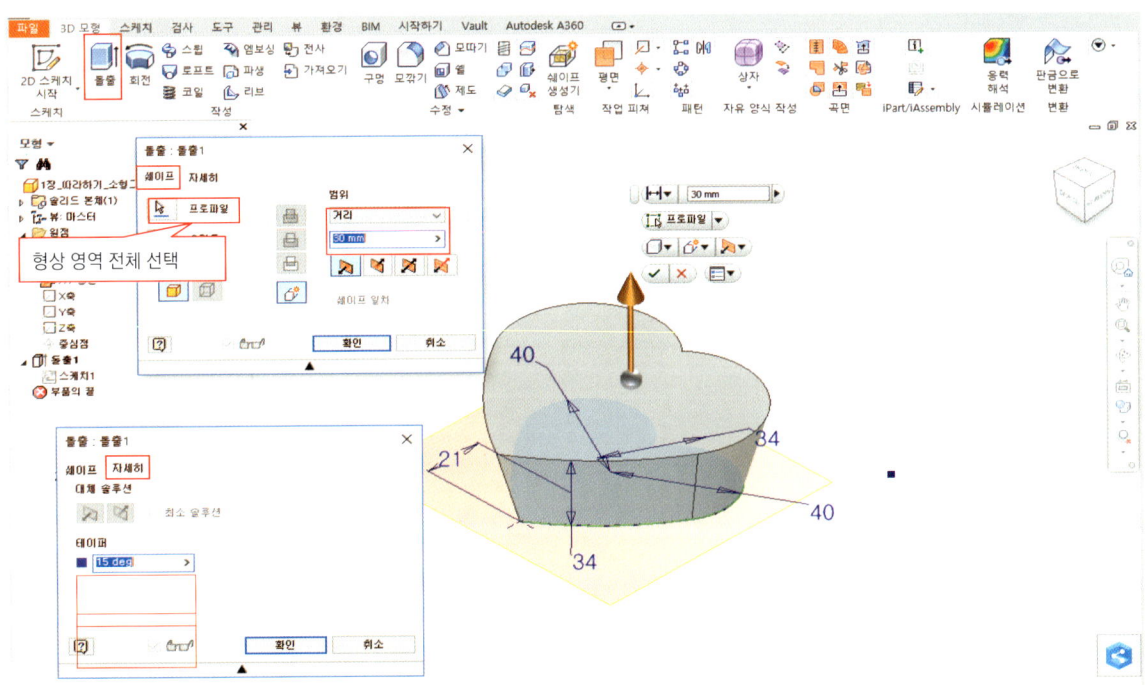

(3) 내면 제거하기

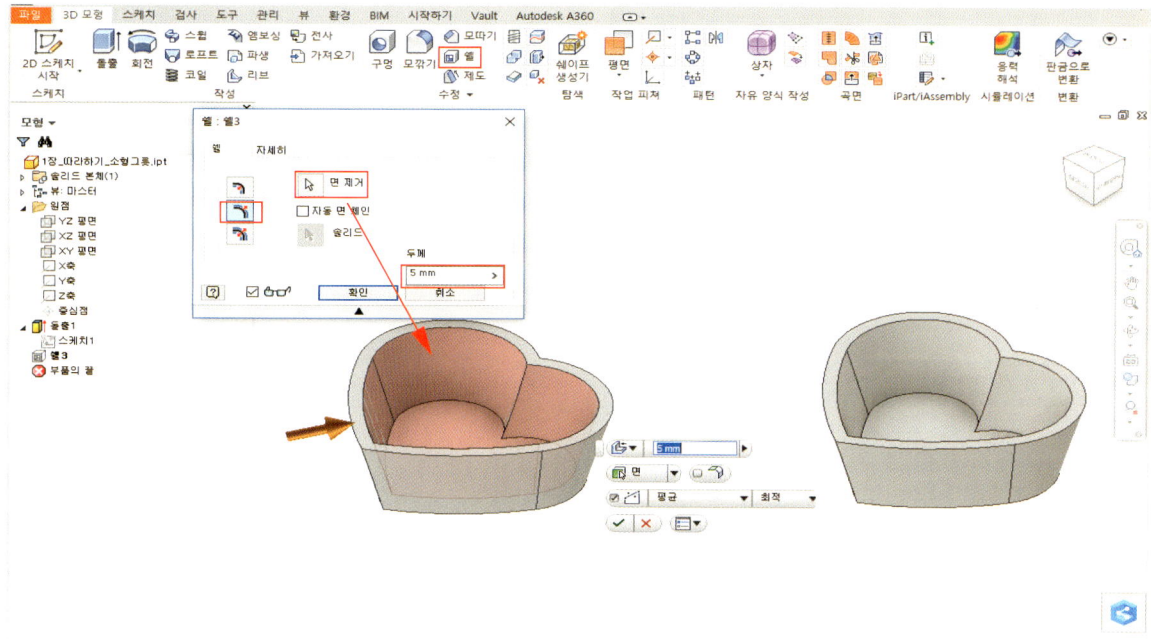

[알아두기] 쉘

지정된 두께로 내부를 제거하여 빈 구멍을 만든다.

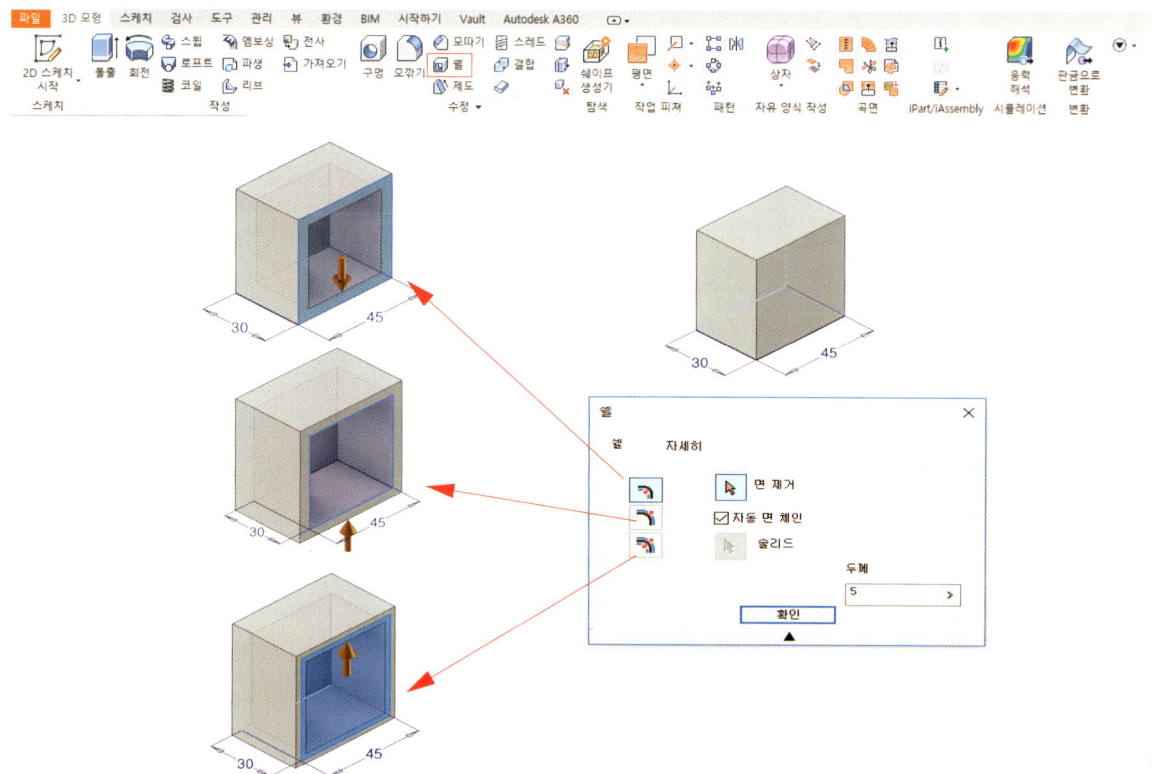

(4) 모서리 모깎기하기

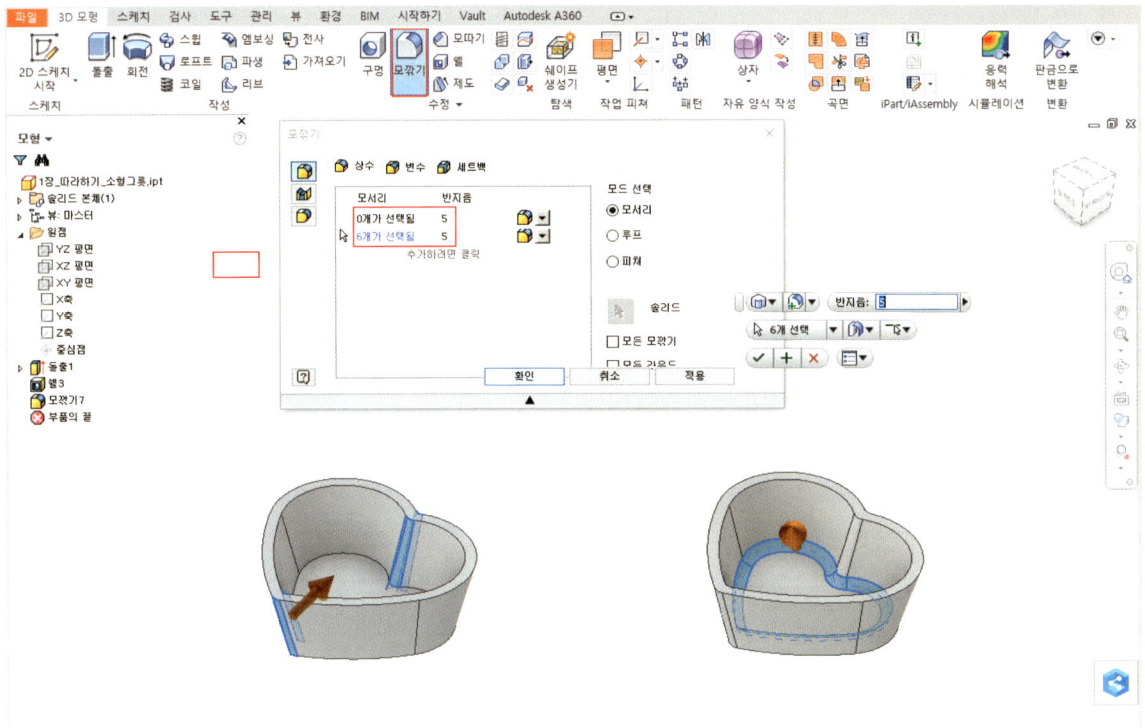

(5) 윗면에 새 스케치 및 편집하기

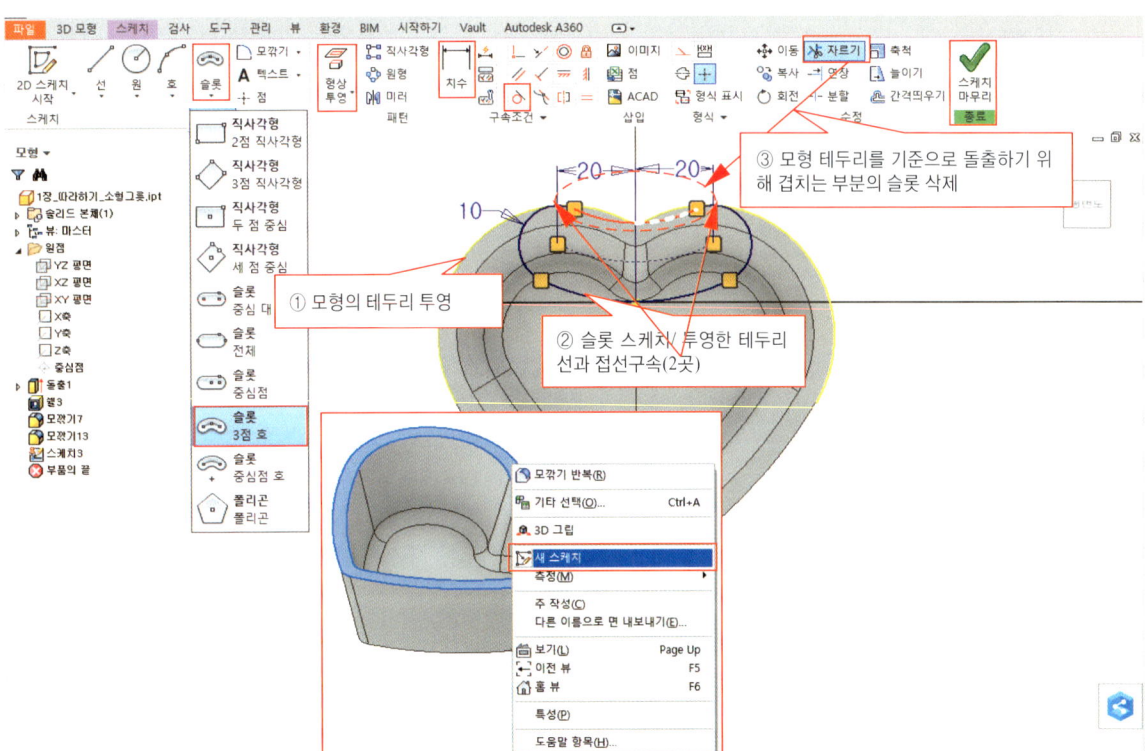

(6) 돌출하기

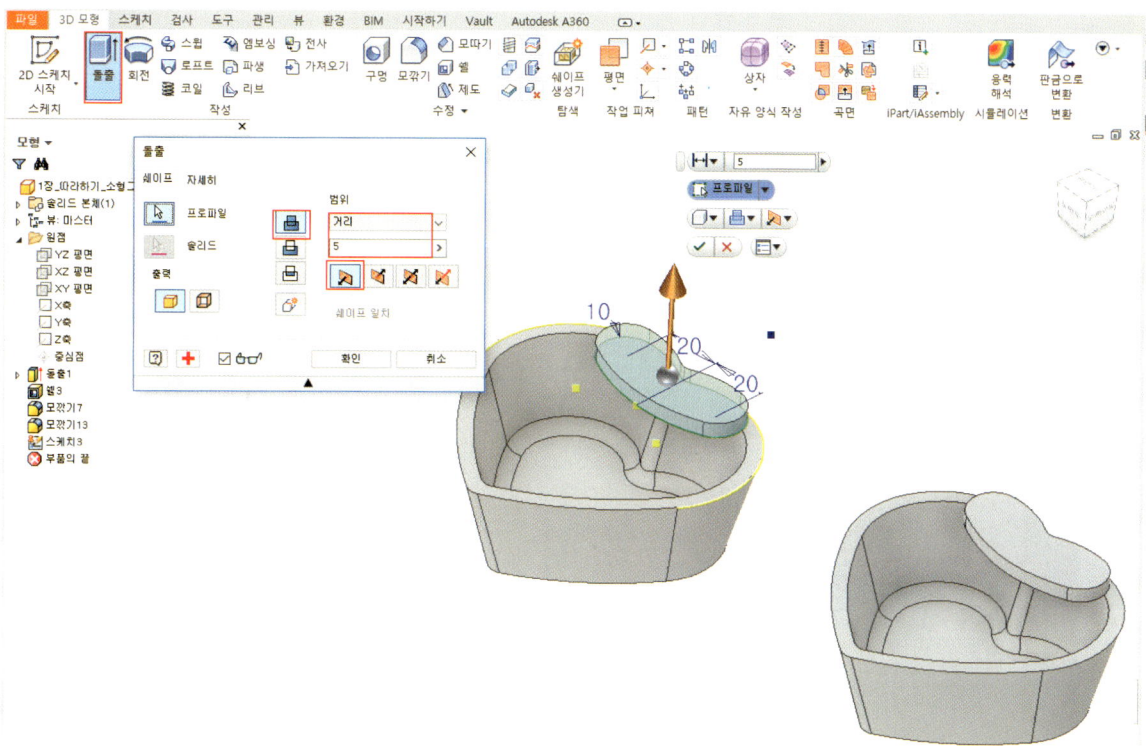

(7) 모서리 모깎기하여 마무리하기

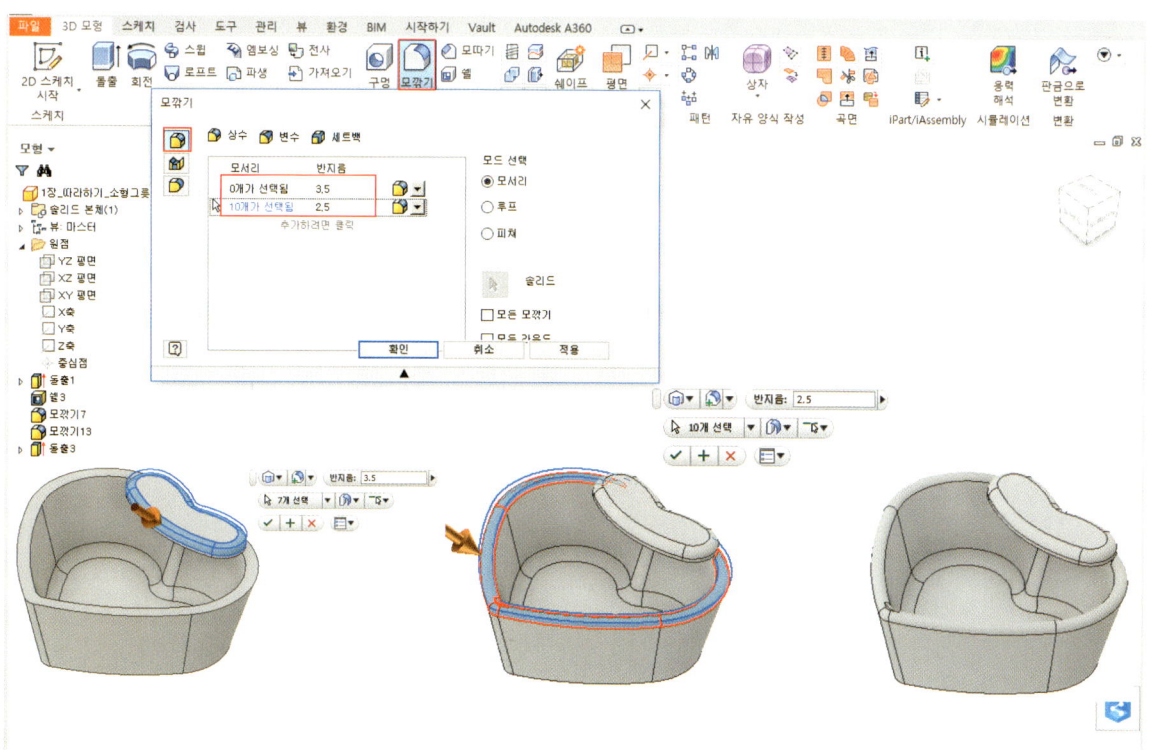

(8) 슬라이싱하기

- 모델링한 후 STL 파일로 저장하고 슬라이서 프로그램으로 파일을 불러온다.
- 빌드 크기와 대략적인 출력 시간, 재료의 소모량이 표시된다.
- 프린트 설정이 완료되면 G-code 파일로 저장하고 3D 프린터로 출력한다.

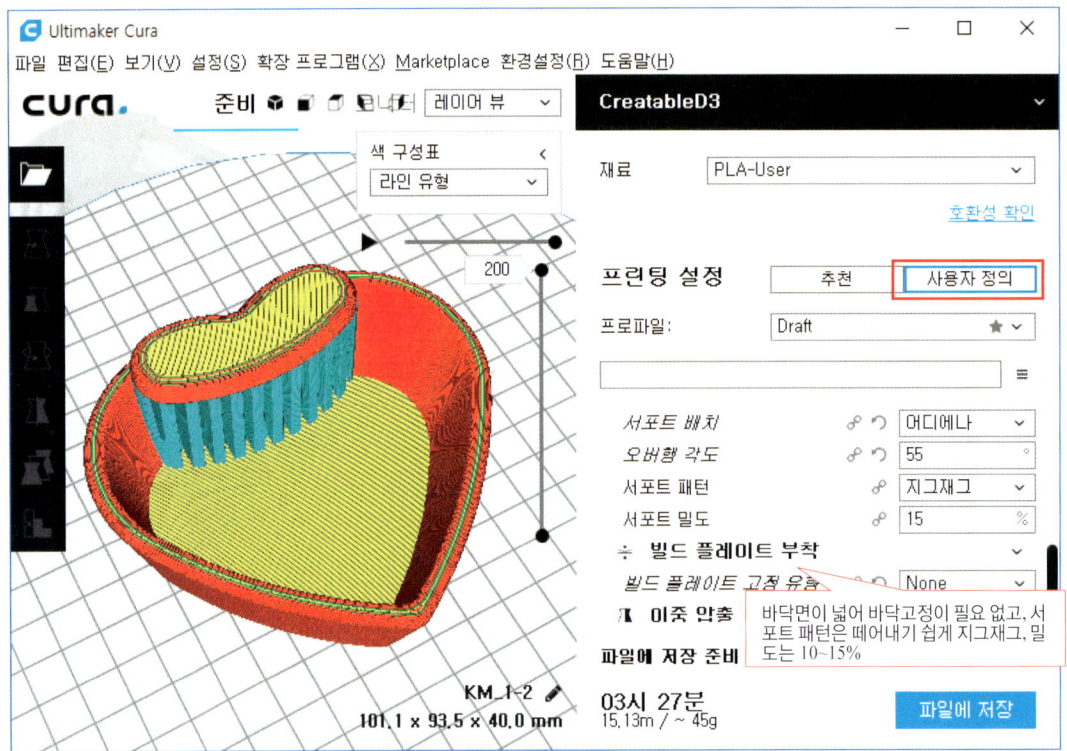

[1-2 연습과제 1] 블록

학습 목표: 기본도형을 테이퍼 돌출로 3D형상 모델링하여 3D 프린팅 할 수 있다.

학습 내용: 직사각형(두 점 중심), 동일구속, 새스케치, 형상 투영, 간격띄우기, 돌출(테이퍼), 원, 모따기

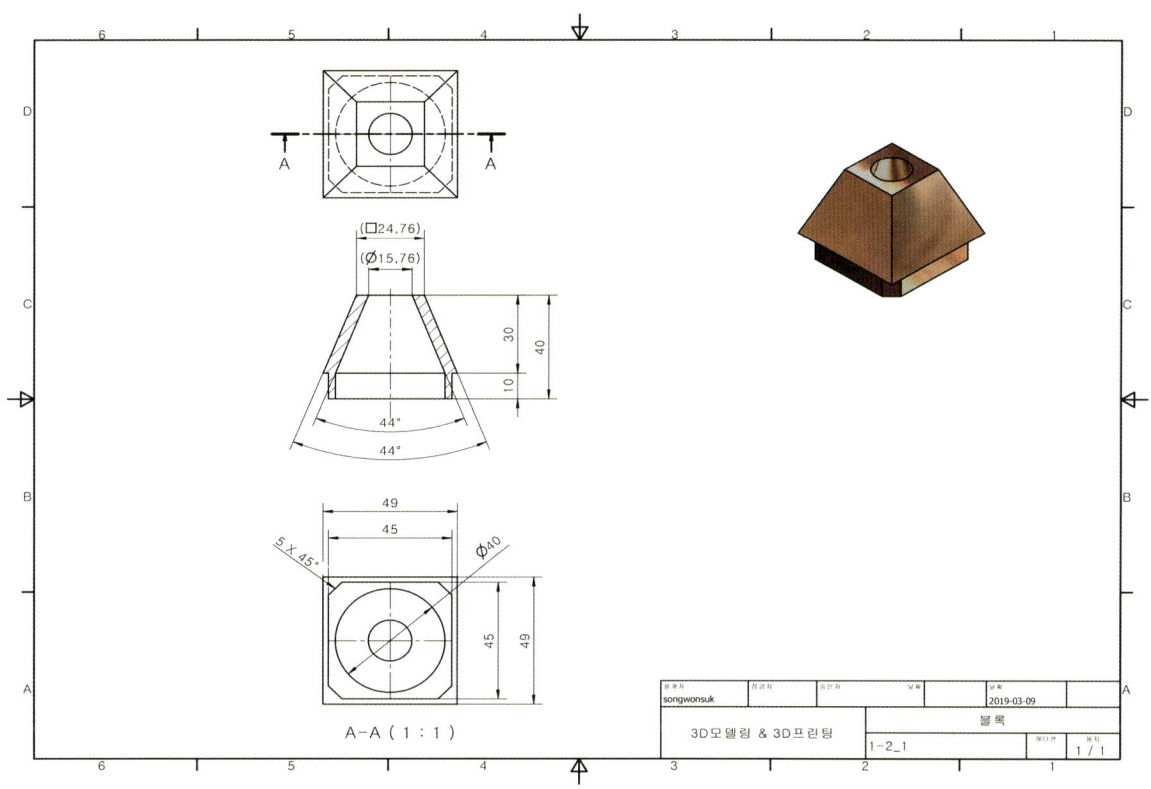

[참고] process hint

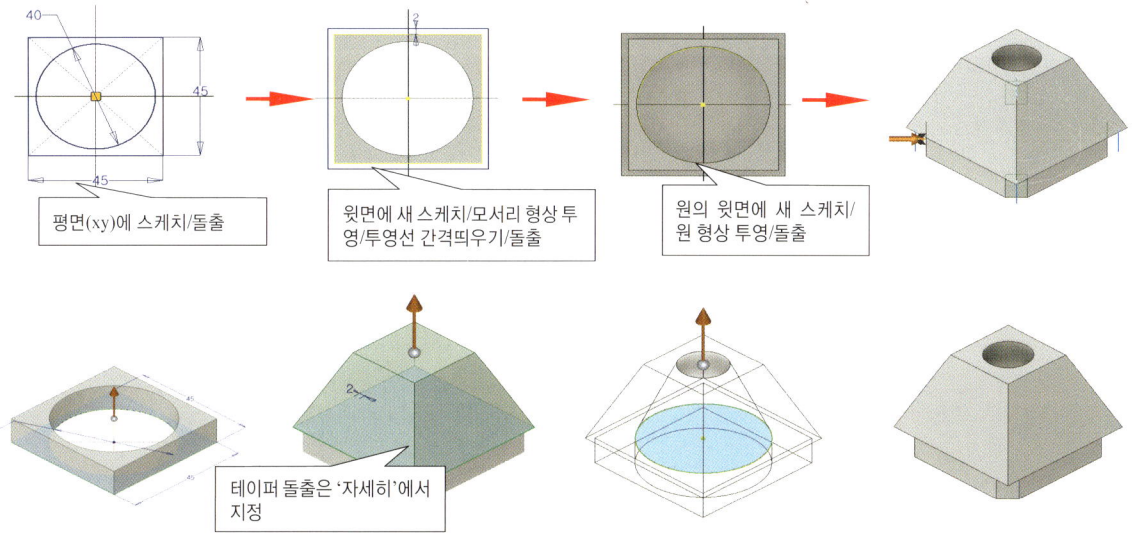

평면(xy)에 스케치/돌출

윗면에 새 스케치/모서리 형상 투영/투영선 간격띄우기/돌출

원의 윗면에 새 스케치/원 형상 투영/돌출

테이퍼 돌출은 '자세히'에서 지정

(1) 슬라이스 하기

- 모델링한 후 STL 파일로 저장하고 슬라이서 프로그램으로 파일을 불러온다.
- 빌드 크기와 대략적인 출력 시간, 재료의 소모량이 표시된다.
- 프린트 설정이 완료되면 G-code 파일로 저장하고 3D 프린터로 출력한다.

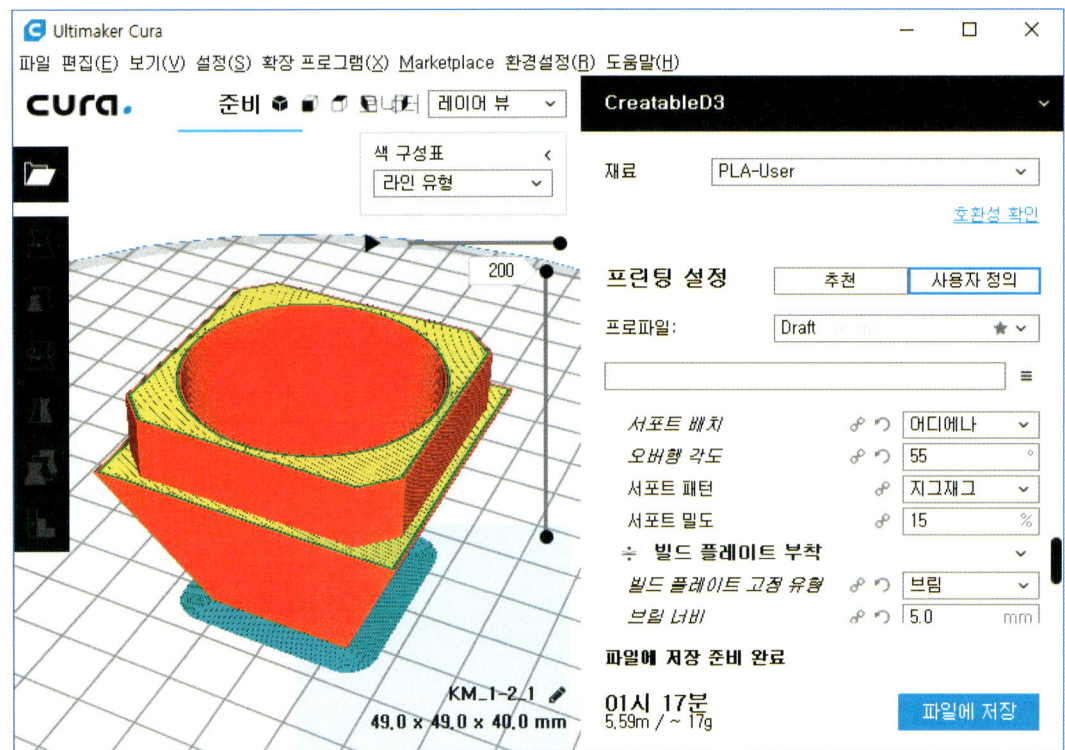

(2) 출력물 형상

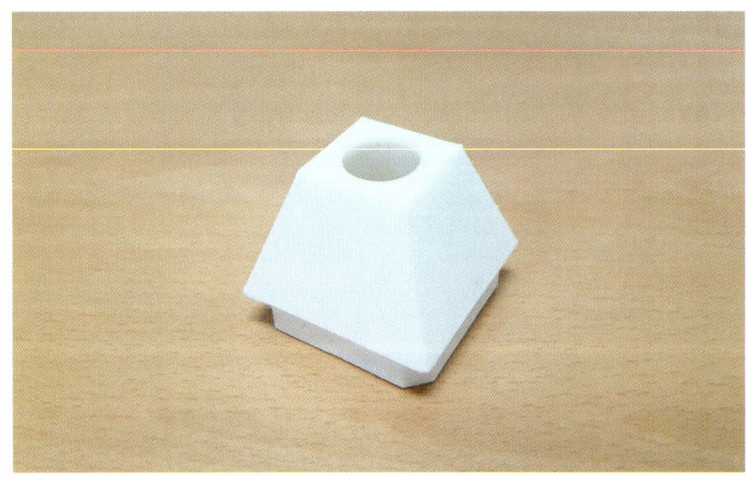

[1-2 연습과제 2] 피라미드

 기본도형을 테이퍼 돌출로 3D형상 모델링하여 3D 프린팅 할 수 있다.

직사각형(두 점 중심), 동일구속, 새 스케치, 그래픽슬라이스(F7), 형상 투영, 간격띄우기, 돌출(테이퍼)

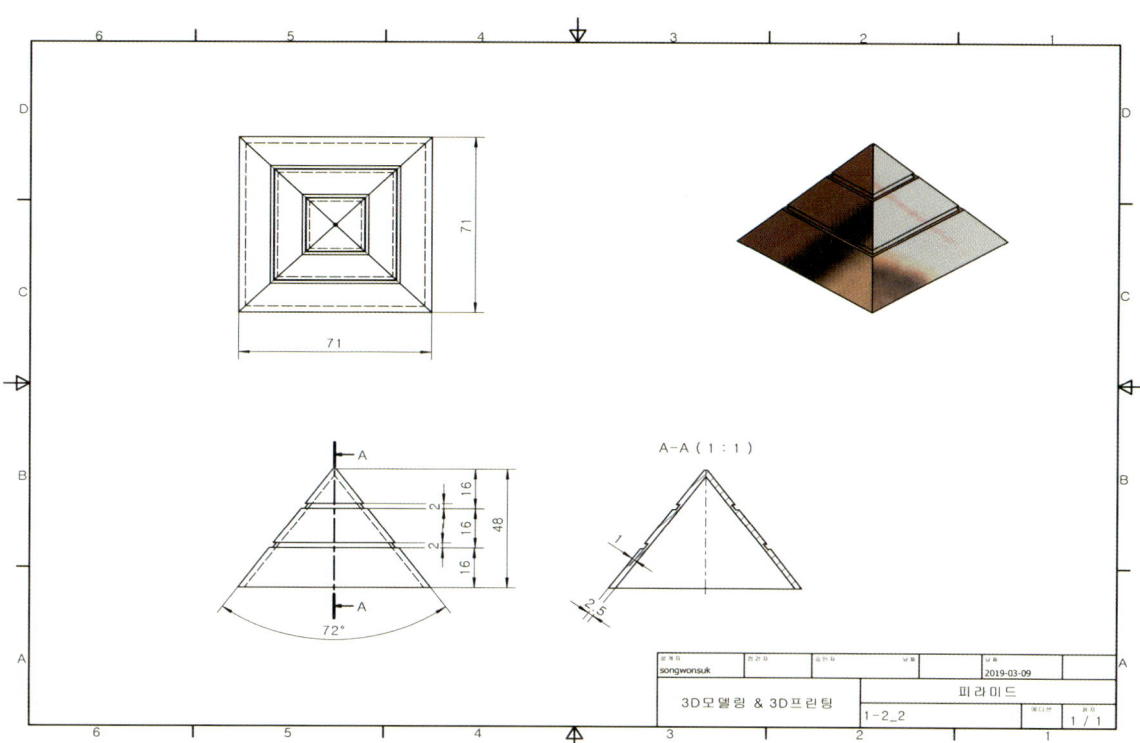

[참고] process hint

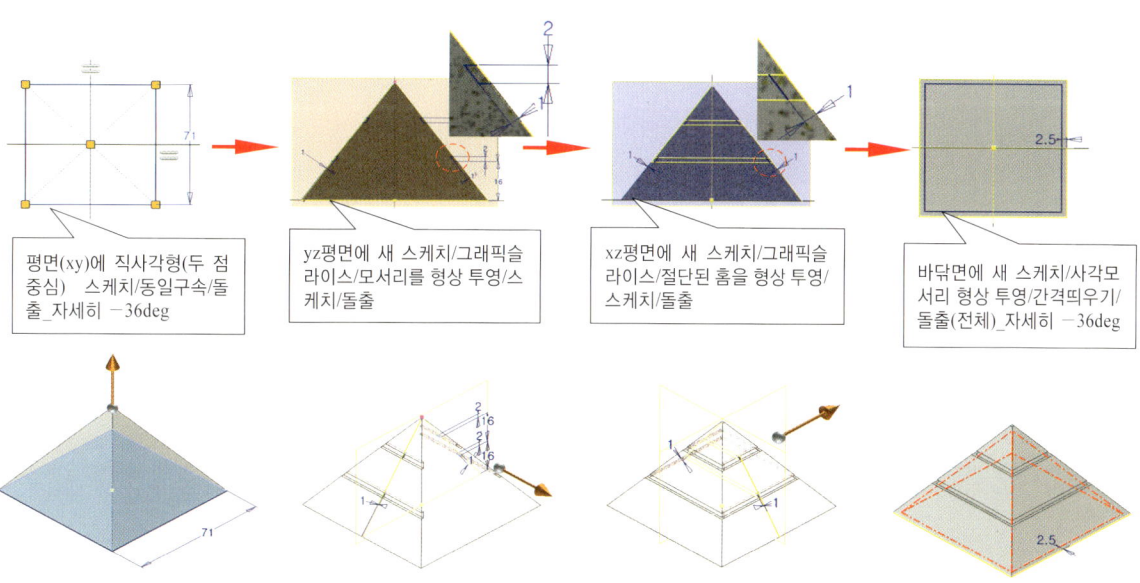

PART 04 3D 형상 모델링 | **99**

(1) 슬라이스 하기

- 모델링한 후 STL 파일로 저장하고 슬라이서 프로그램으로 파일을 불러온다.
- 빌드 크기와 대략적인 출력 시간, 재료의 소모량이 표시된다.
- 프린트 설정이 완료되면 G – code 파일로 저장하고 3D 프린터로 출력한다.

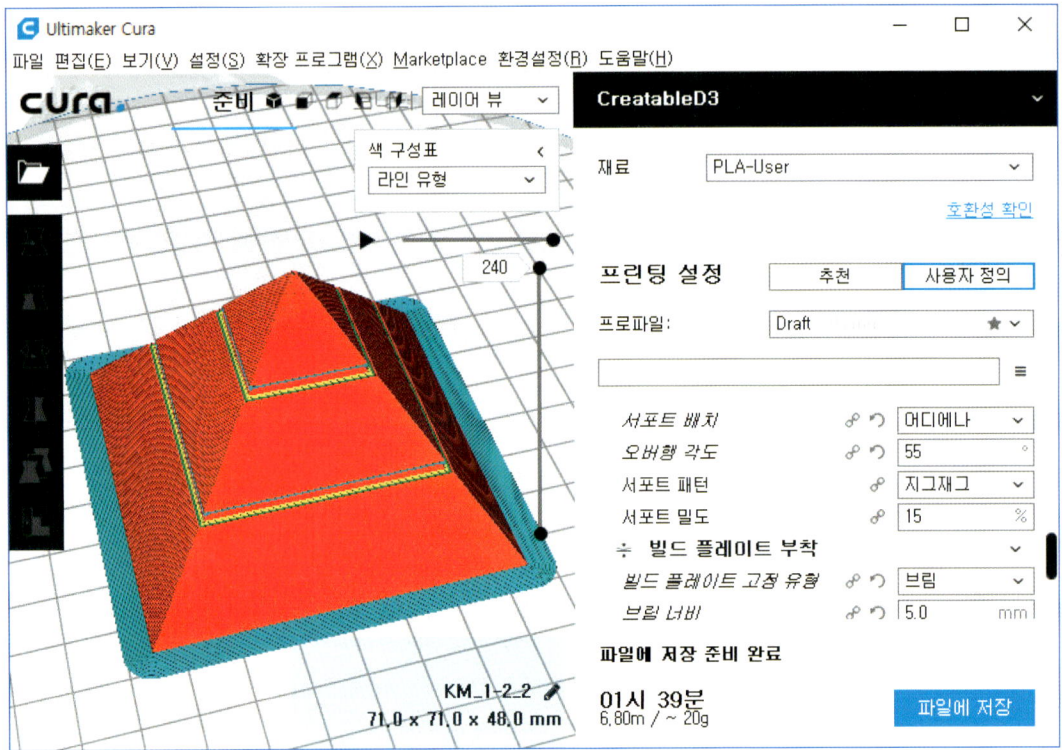

(2) 출력물 형상

[1-3 따라하기] 브라켓

학습목표 경사면에 도형 스케치 및 편집하고 돌출하여 3D 프린팅 할 수 있다.

학습내용 선, 치수, 간격띄우기, 돌출, 동일구속, 중심선, 원, 슬롯, 접선구속, 동일구속, 자르기, 모깎기

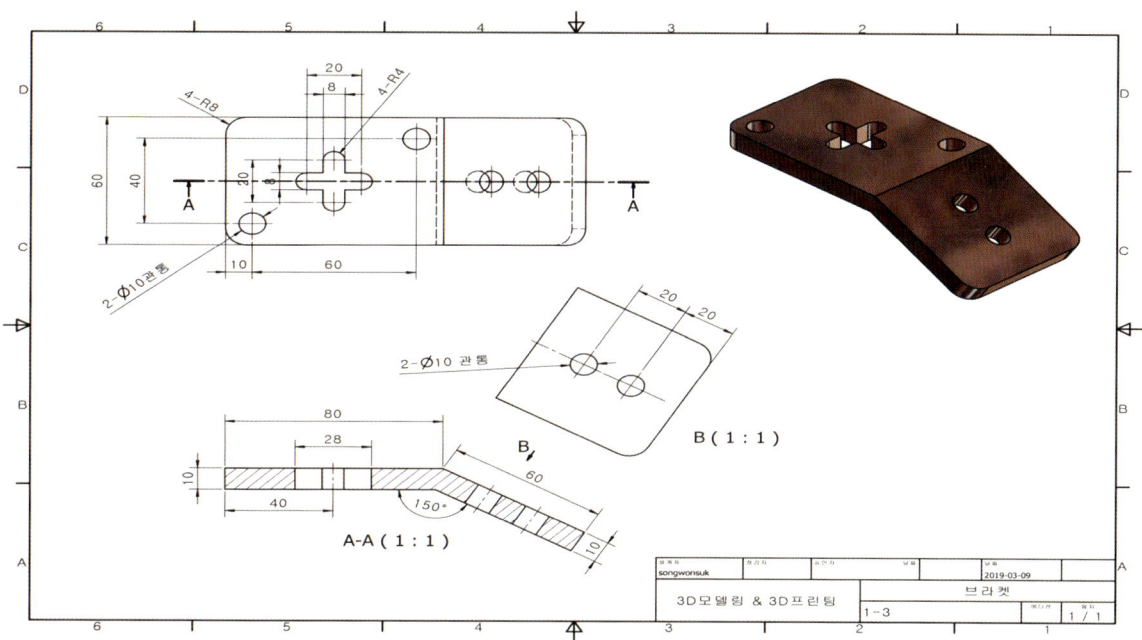

[참고] process hint

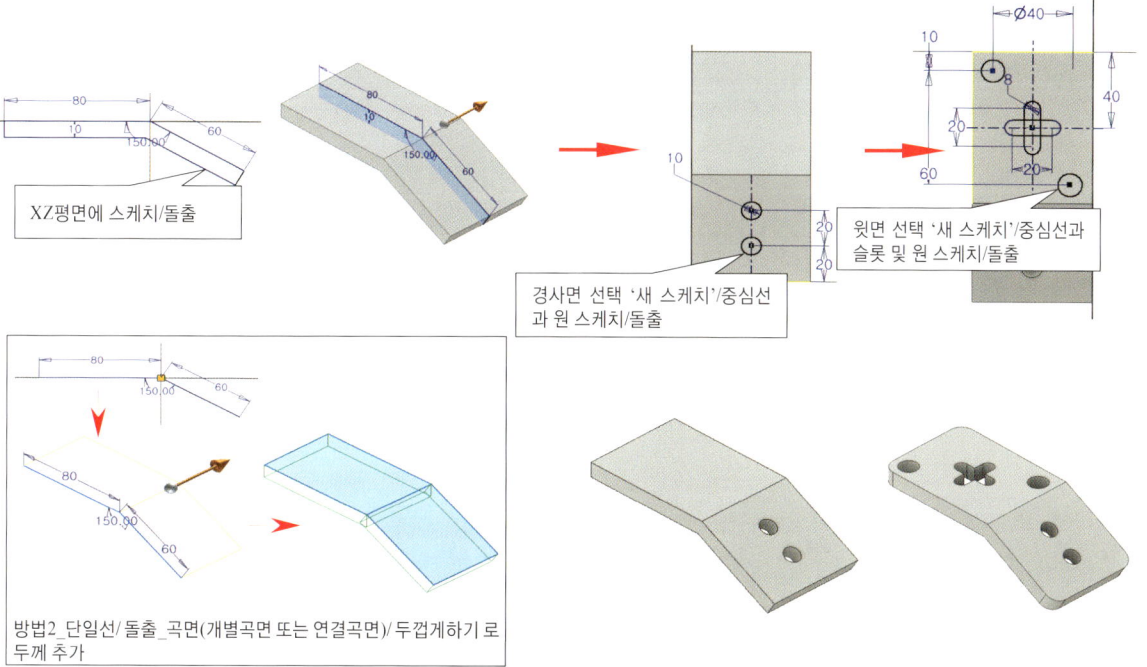

PART 04 3D 형상 모델링 | 101

(1) 도형 스케치 및 구속하기

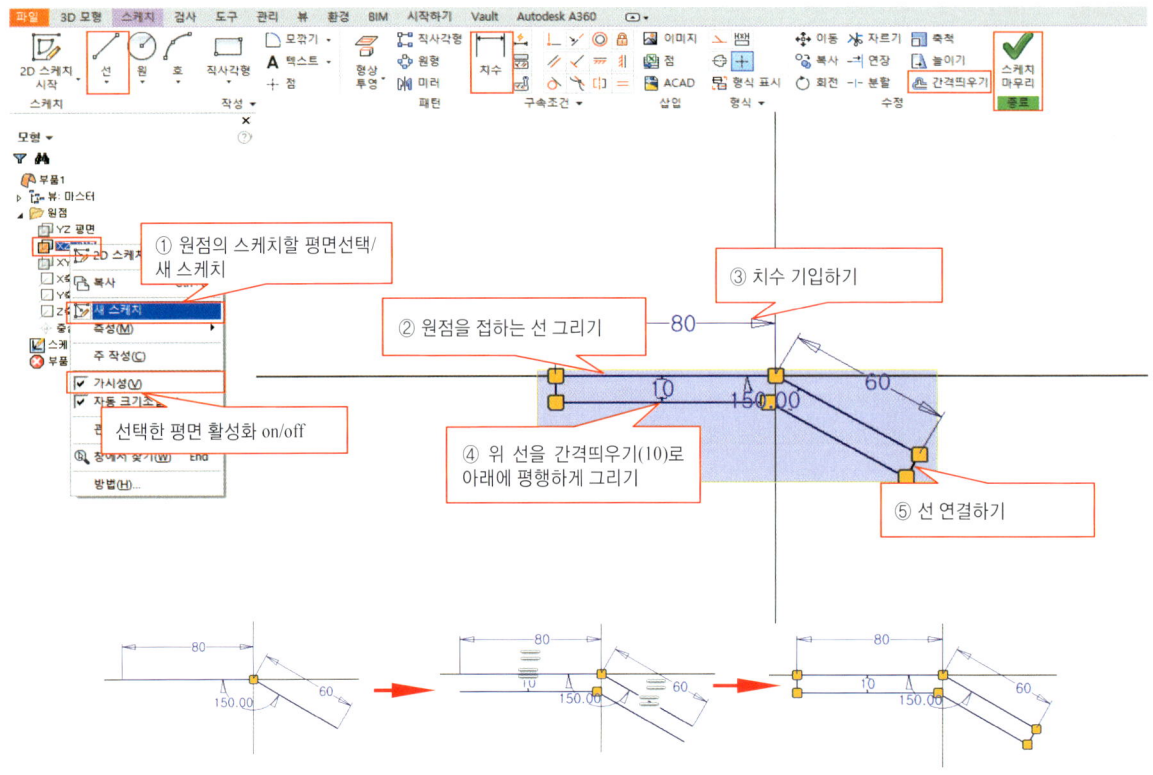

(2) 돌출하기

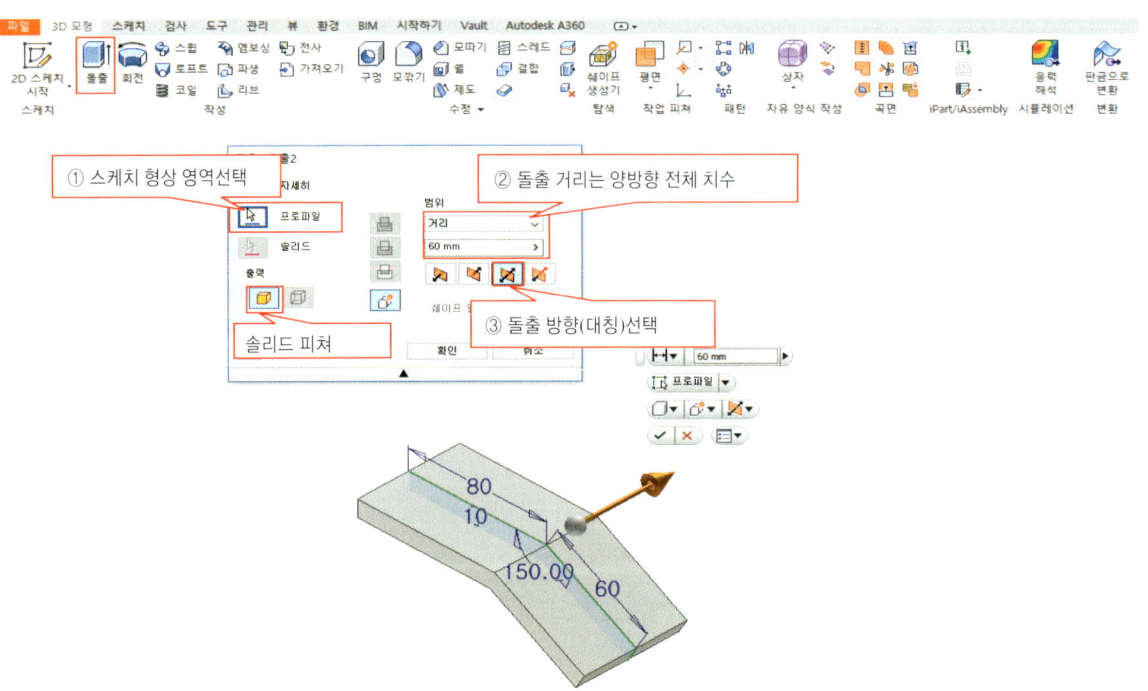

(3) 경사면에 구멍 스케치하기

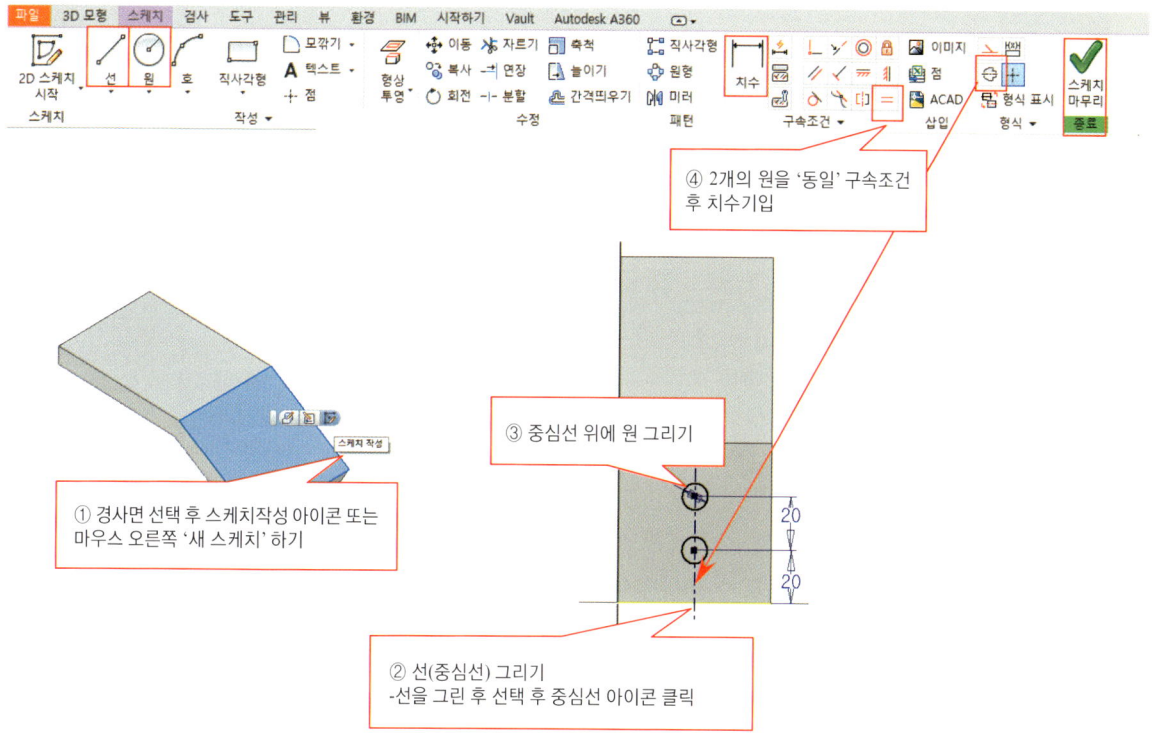

(4) 경사면 구멍 돌출하여 제거하기

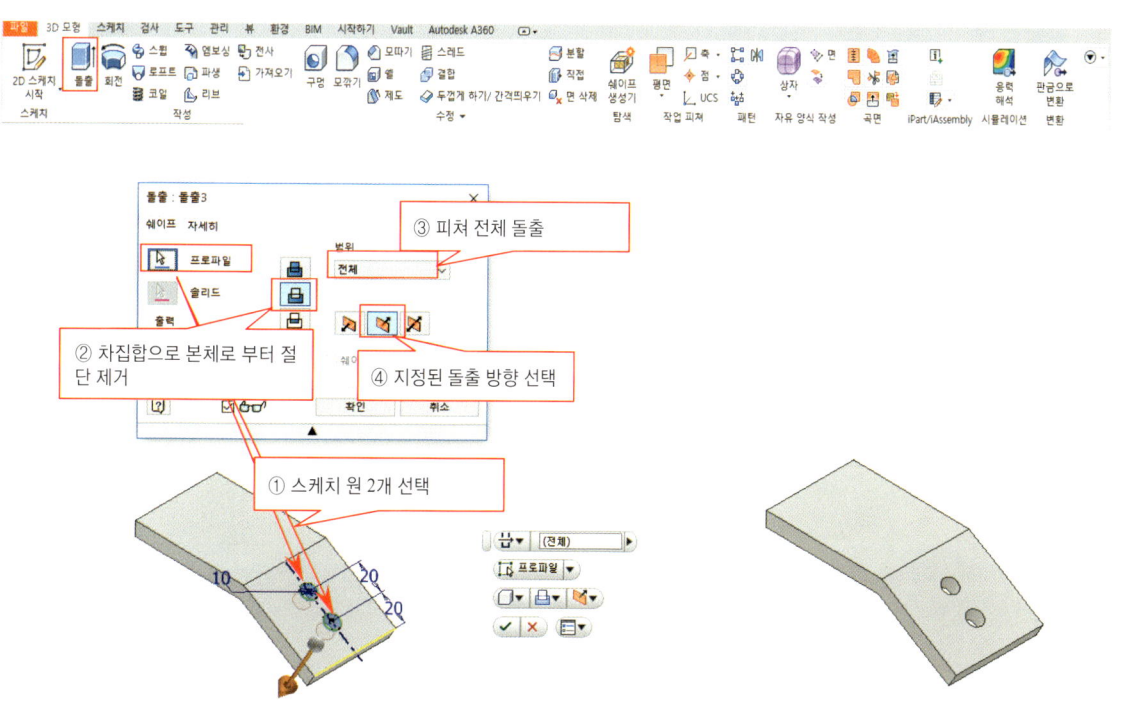

(5) 평면의 십자 모양 스케치하기

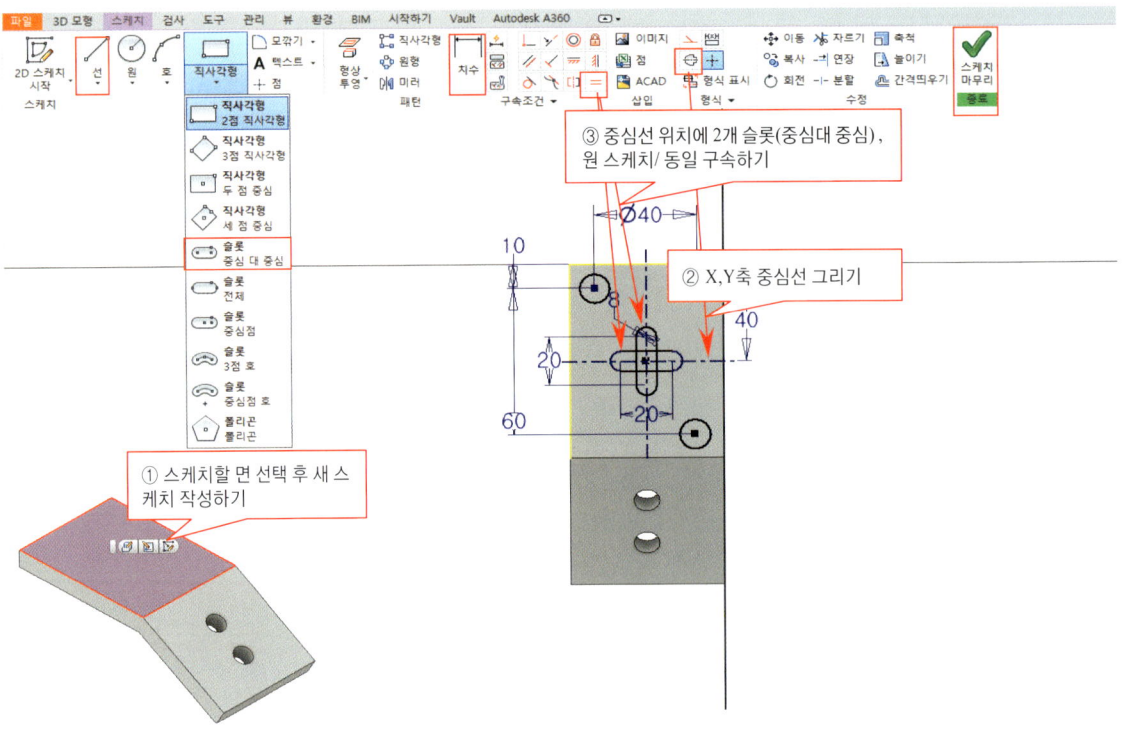

(6) 돌출하여 제거하기 및 모서리 모깎기 하기

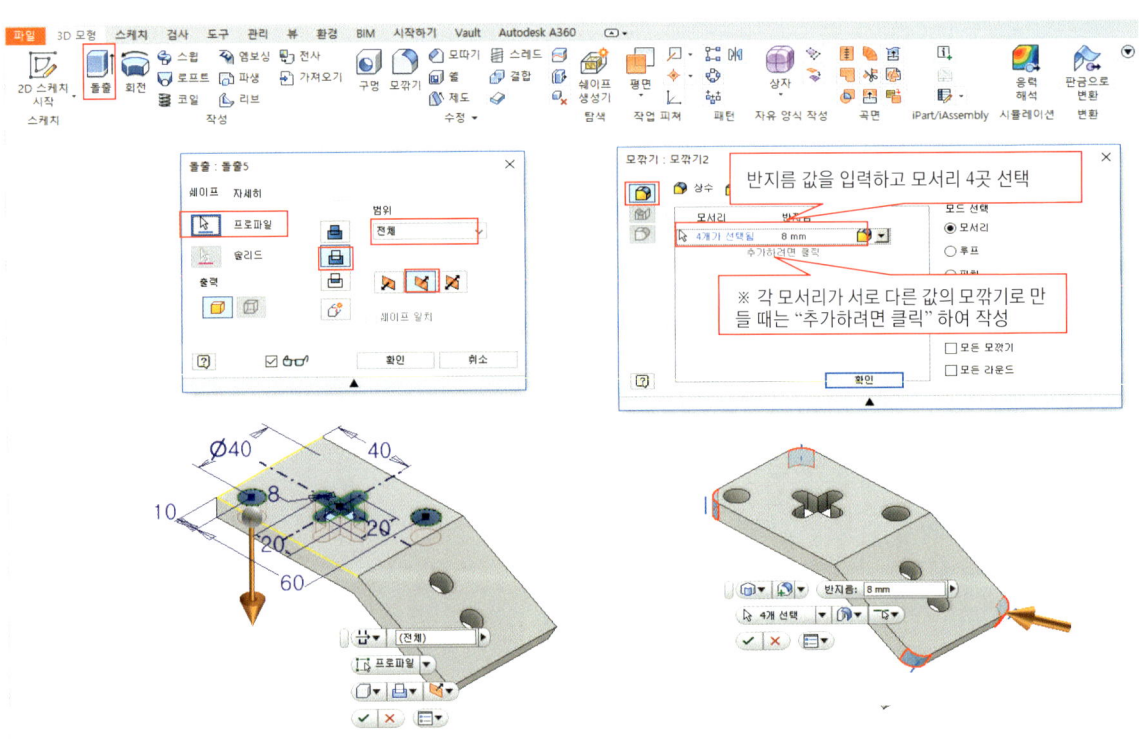

(7) 슬라이스 하기

- 모델링한 후 STL 파일로 저장하고 슬라이서 프로그램으로 파일을 불러온다.
- 빌드 크기와 대략적인 출력 시간, 재료의 소모량이 표시된다.
- 프린트 설정이 완료되면 G-code 파일로 저장하고 3D 프린터로 출력한다.

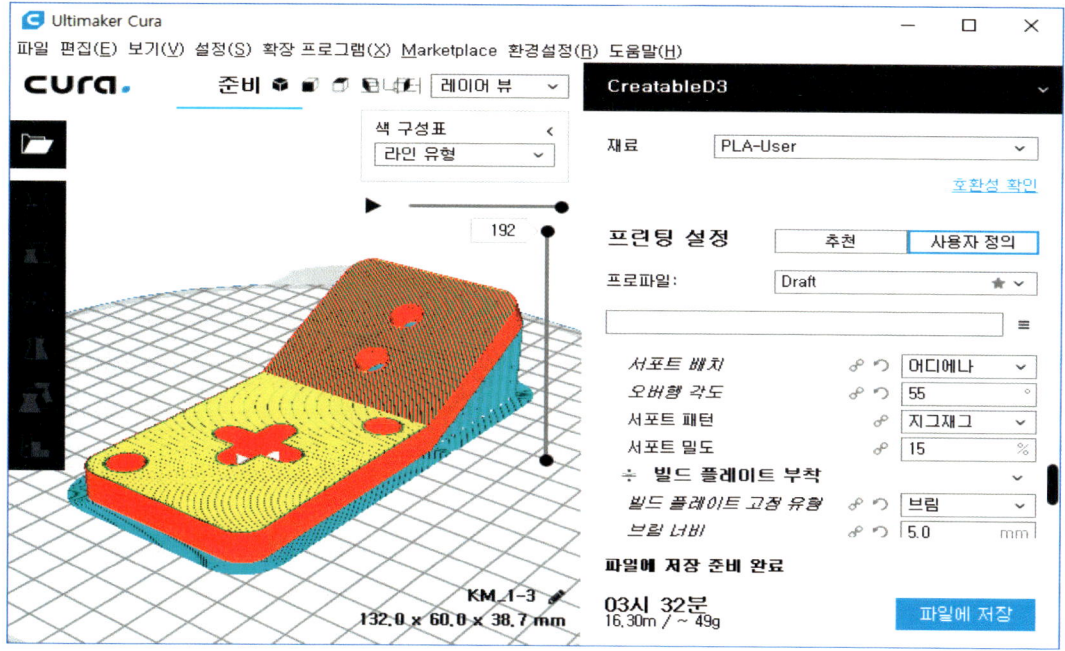

(8) 출력물 형상

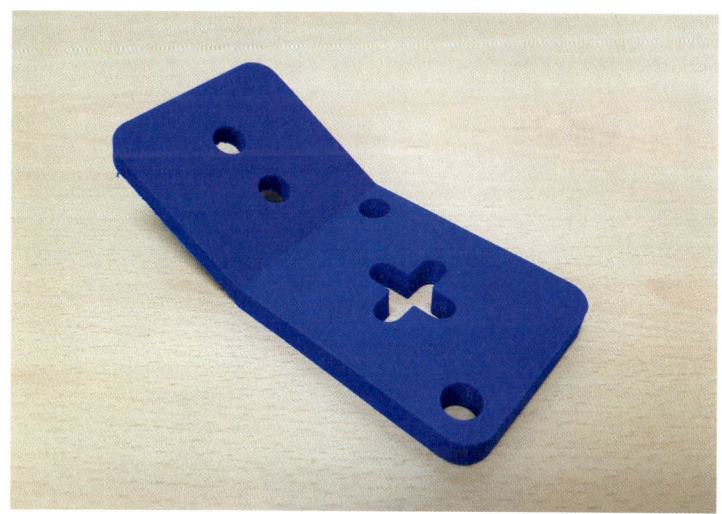

[1-3 연습과제 1] 브라켓

학습목표: 경사면에 도형 스케치 및 편집하여 3형상으로 돌출하고 3D 프린팅할 수 있다.

학습내용: 선, 간격띄우기, 돌출, 원, 일치구속, 동일구속, 수평구속, 수직구속, 슬롯, 모깎기

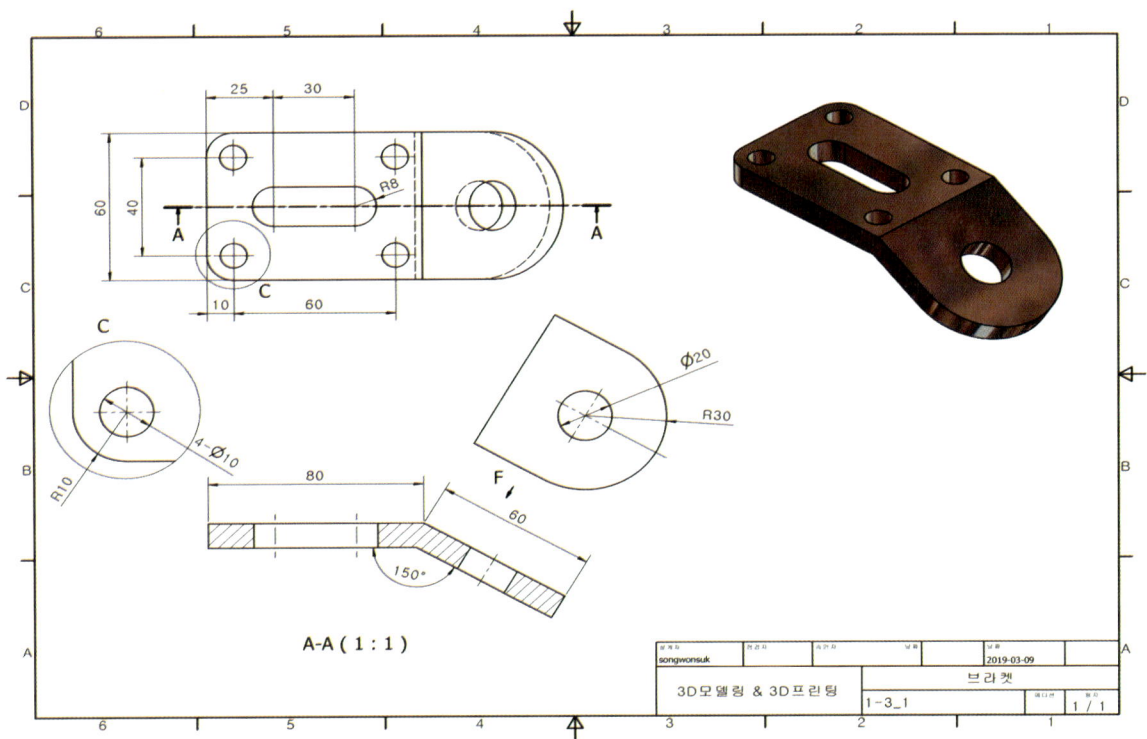

[참고] process hint

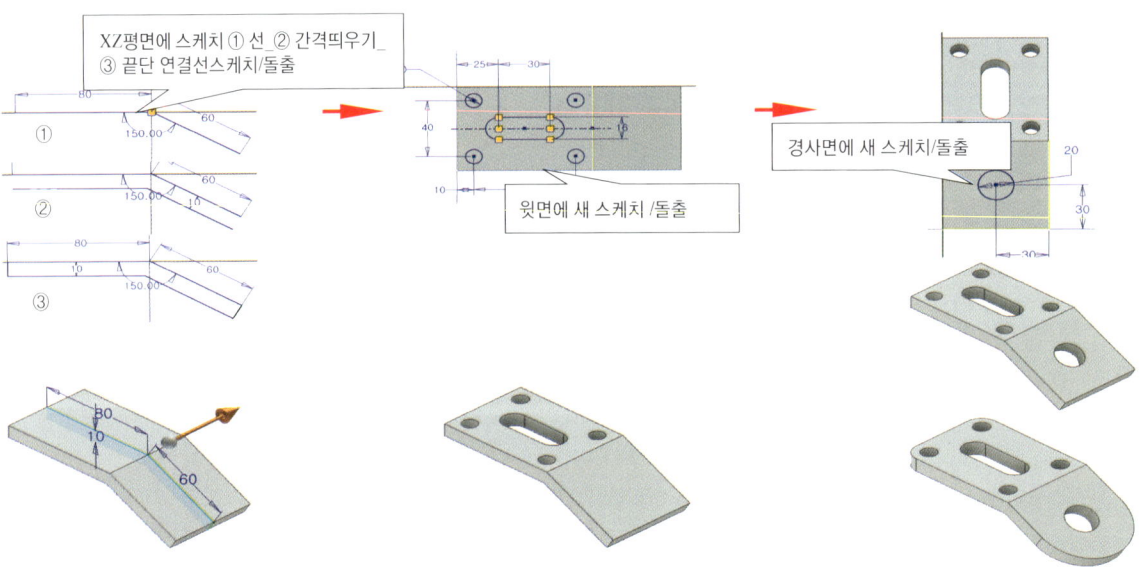

(1) 슬라이스 하기

- 모델링한 후 STL 파일로 저장하고 슬라이서 프로그램으로 파일을 불러온다.
- 빌드 크기와 대략적인 출력 시간, 재료의 소모량이 표시된다.
- 프린트 설정이 완료되면 G−code 파일로 저장하고 3D 프린터로 출력한다.

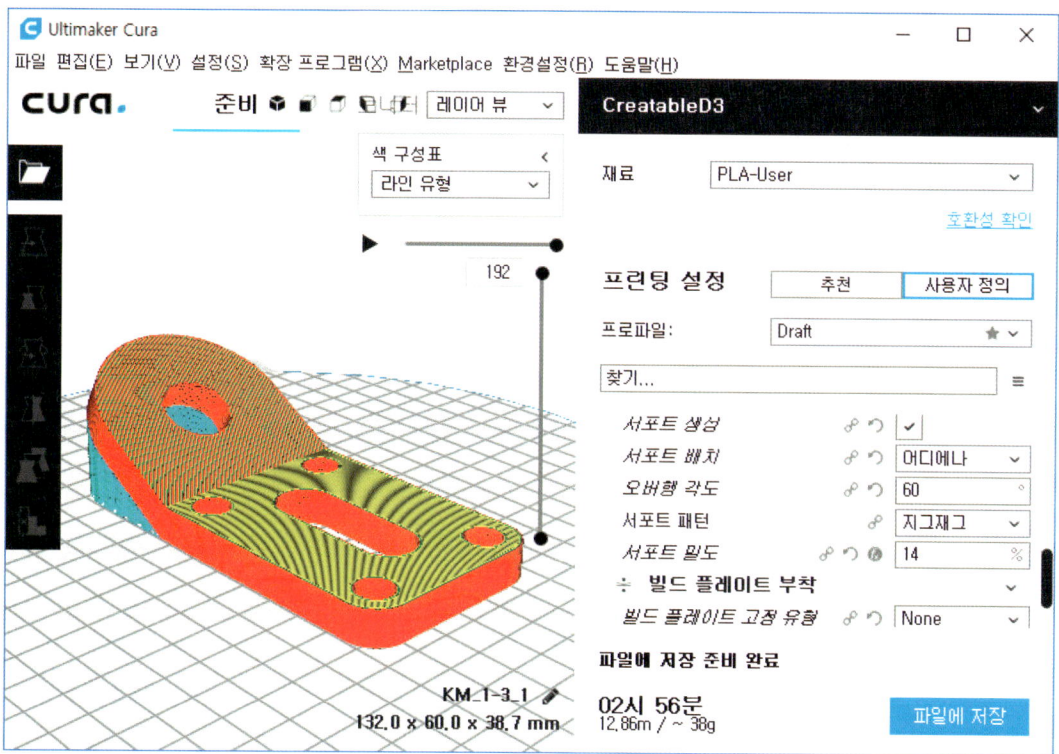

(2) 출력물 형상

[1-3 연습과제 2] 브라켓

학습 목표: 경사면에 기본도형 및 리브를 스케치하고 돌출하여 3D 프린팅할 수 있다.

학습 내용: 선, 원, 동일구속, 수평구속, 수직구속, 모깎기, 평면생성(두 평면 사이의 중간평면), 형상투영, 그래픽슬라이스(F7), 리브

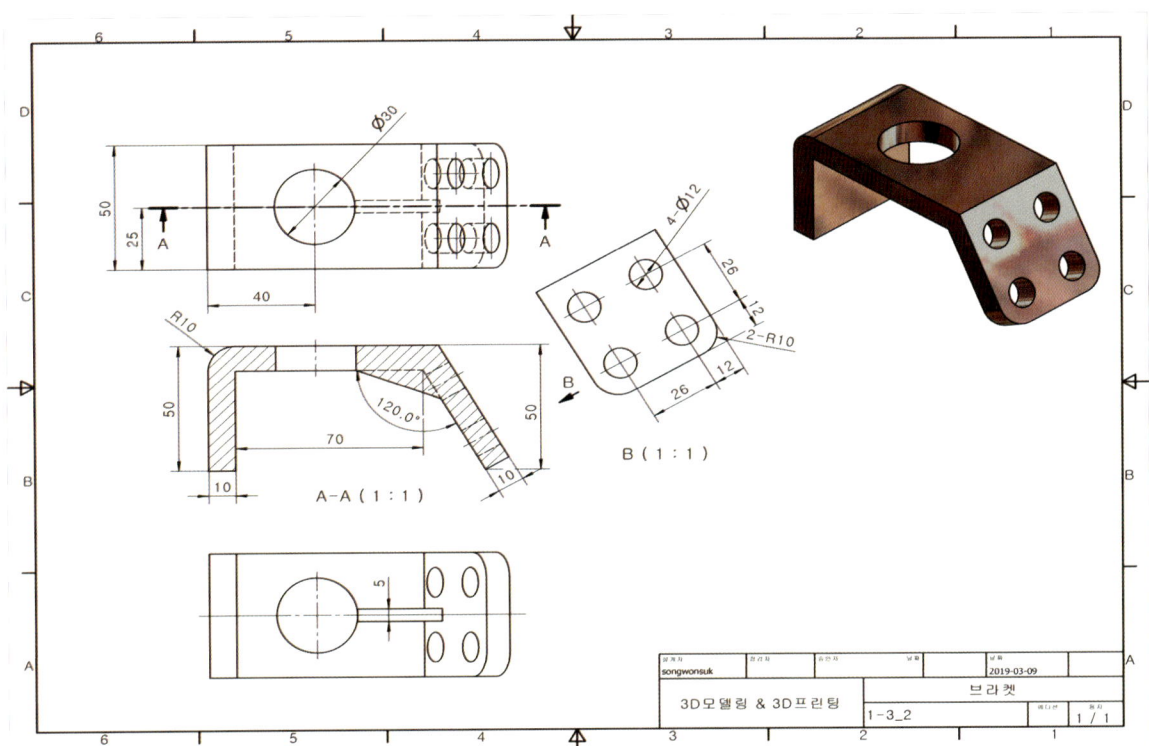

[참고] process hint

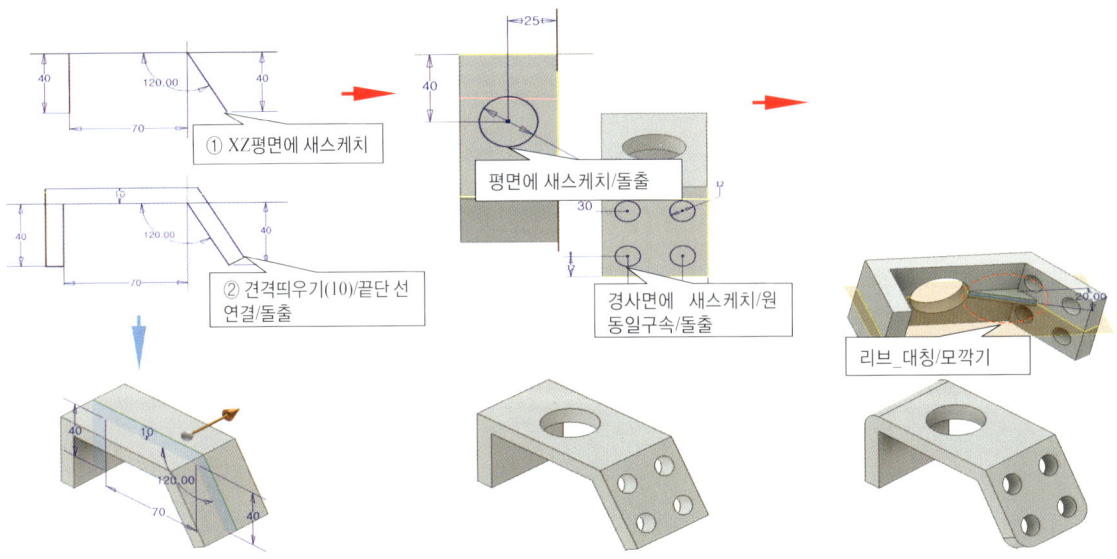

[알아두기] 리브

리브란 변형 방지 및 두께가 얇은 부분을 보강하기 위하여 덧붙이는 뼈대를 말한다.

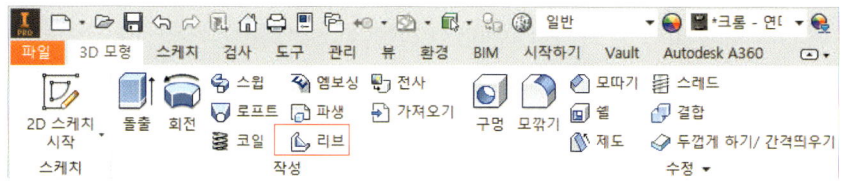

스케치 평면에 평행한 리브	스케치 평면에 수직인 리브

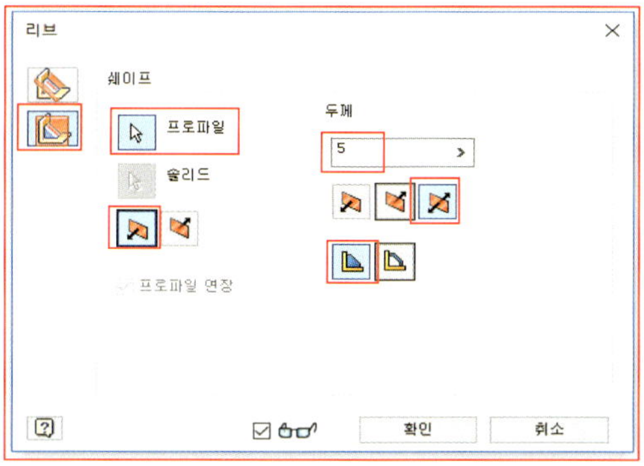

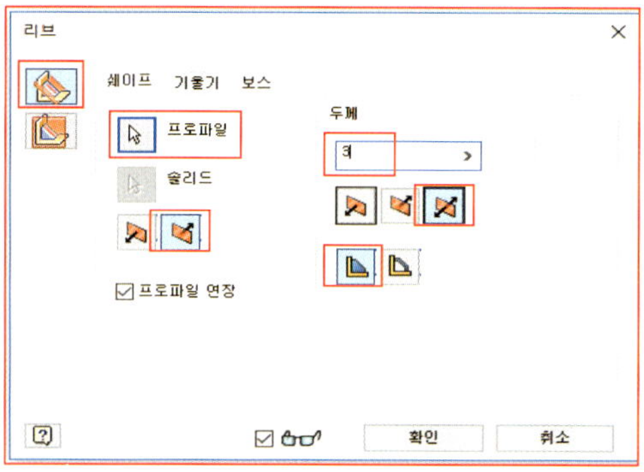

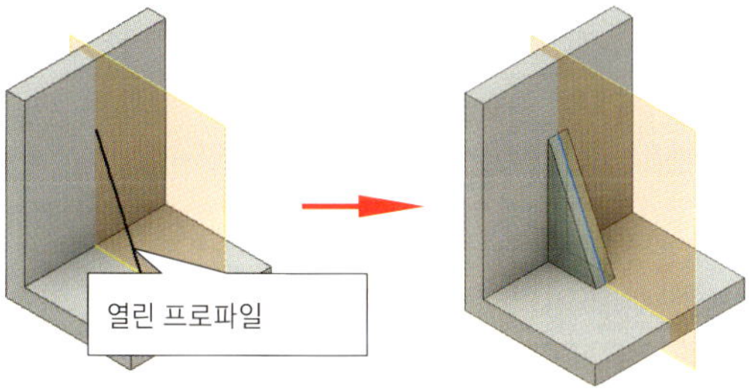

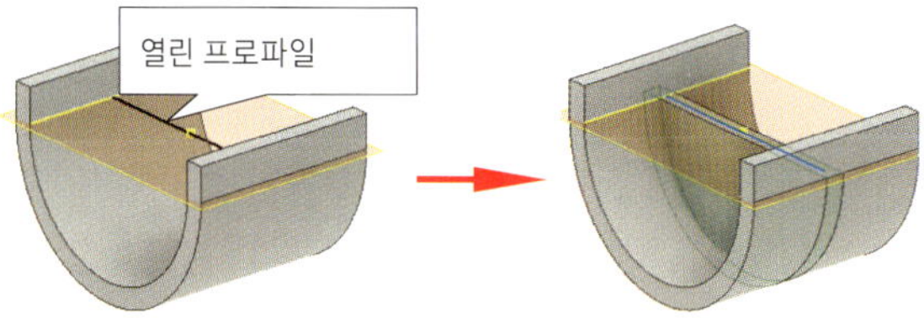

(1) 슬라이스 하기

- 모델링한 후 STL 파일로 저장하고 슬라이서 프로그램으로 파일을 불러온다.
- 빌드 크기와 대략적인 출력 시간, 재료의 소모량이 표시된다.
- 프린트 설정이 완료되면 G-code 파일로 저장하고 3D 프린터로 출력한다.

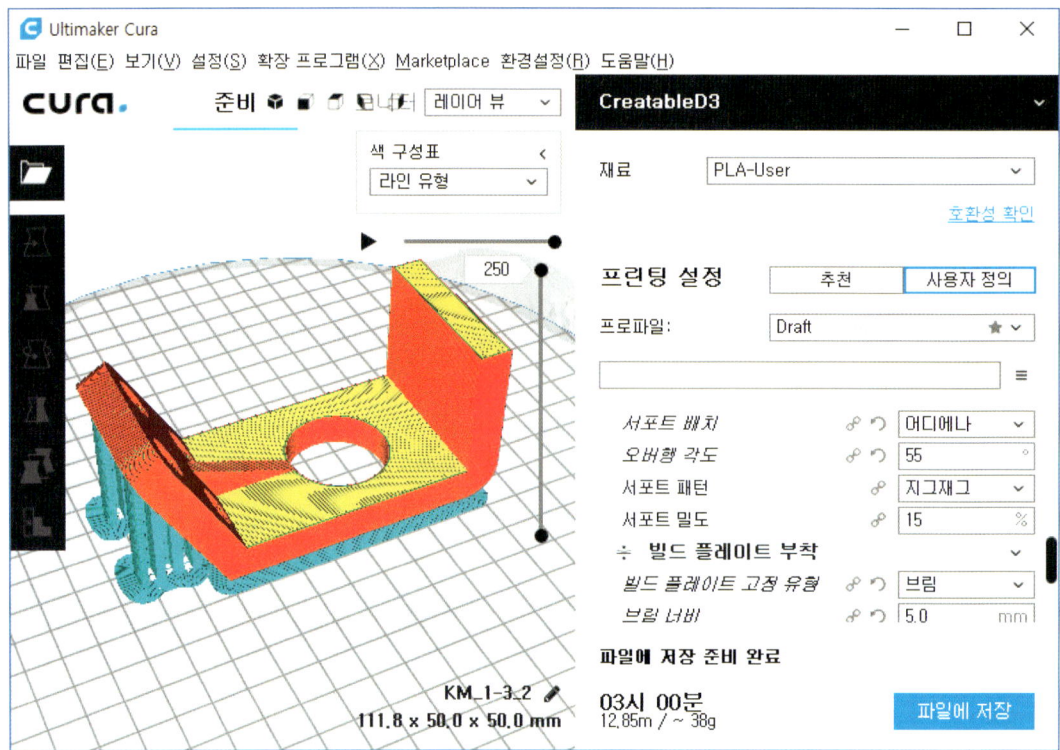

(2) 출력물 형상

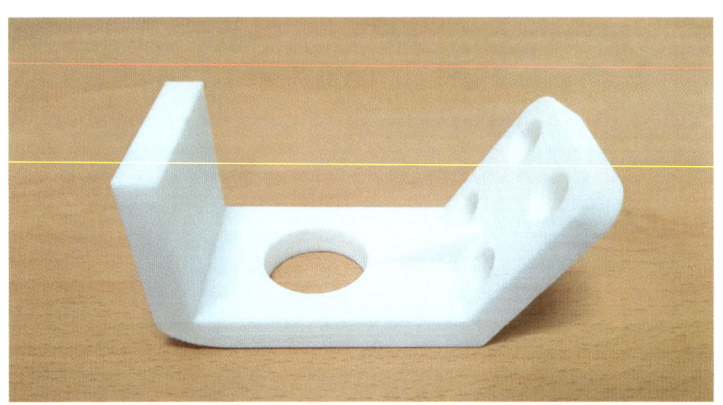

[1-3 연습과제 3] 브라켓

기본도형 및 리브를 스케치하고 돌출하여 3D 프린팅할 수 있다.

선, 간격띄우기, 돌출, 평면생성, 그래픽슬라이스(F7), 연장 또는 자르기, 리브, 점, 구멍, 슬롯, 동일구속, 수직구속, 모깎기

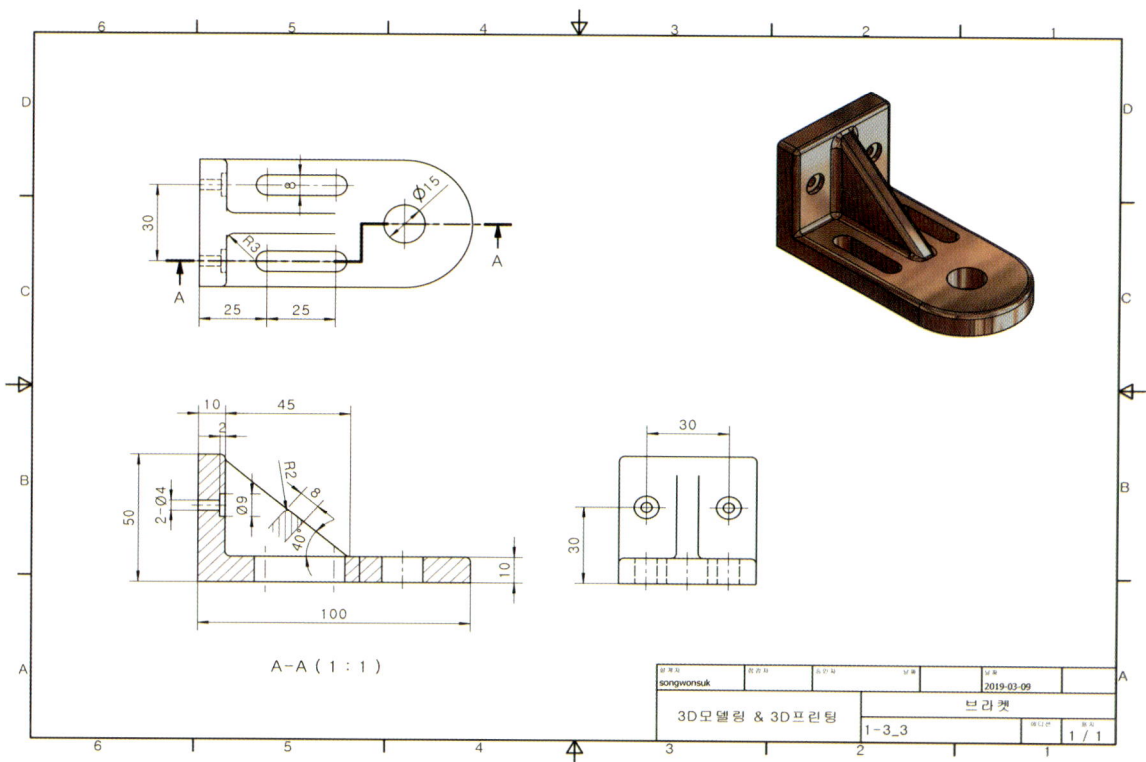

[참고] process hint

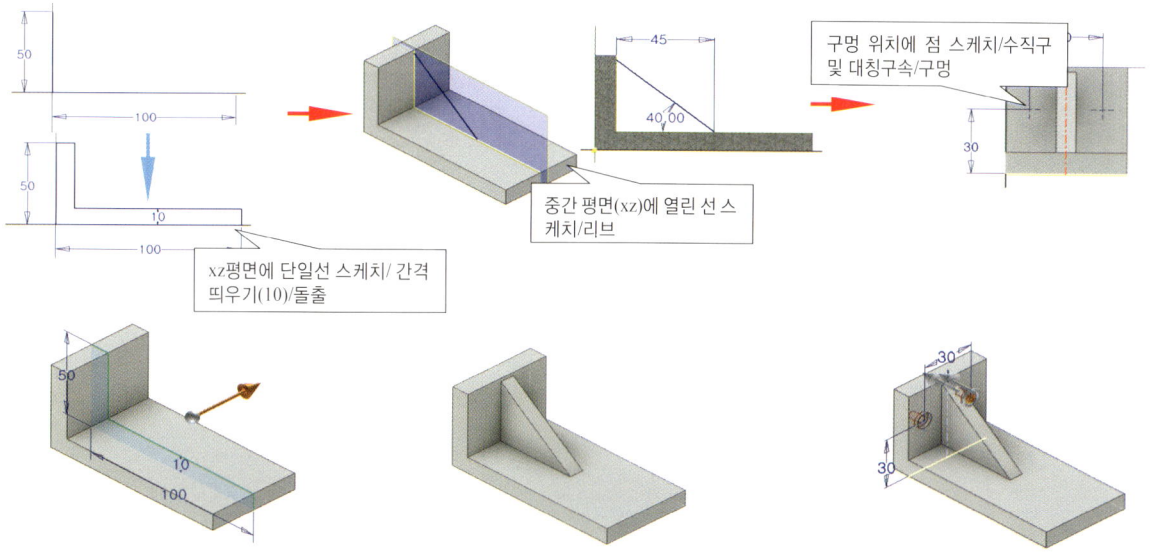

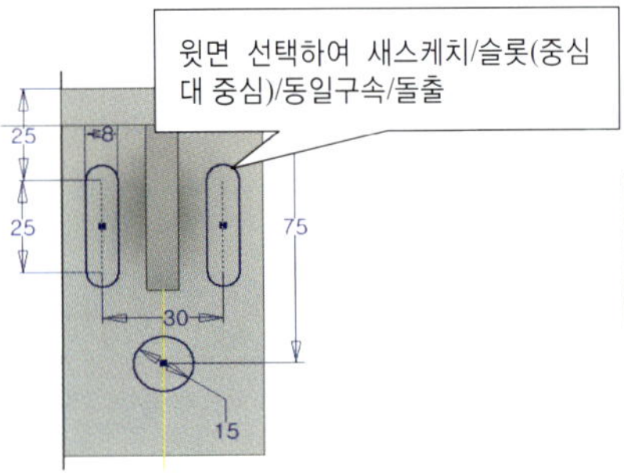

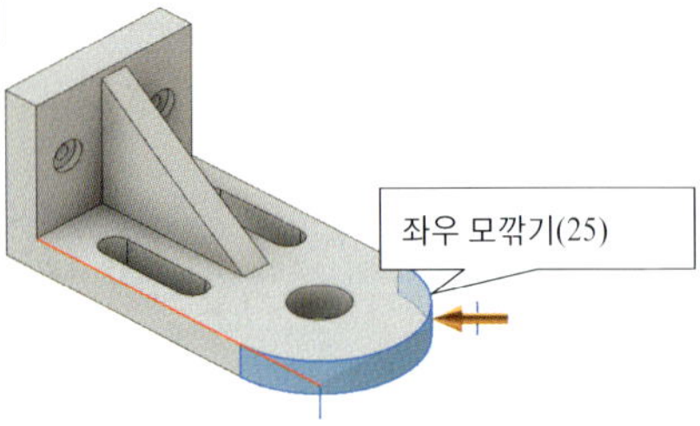

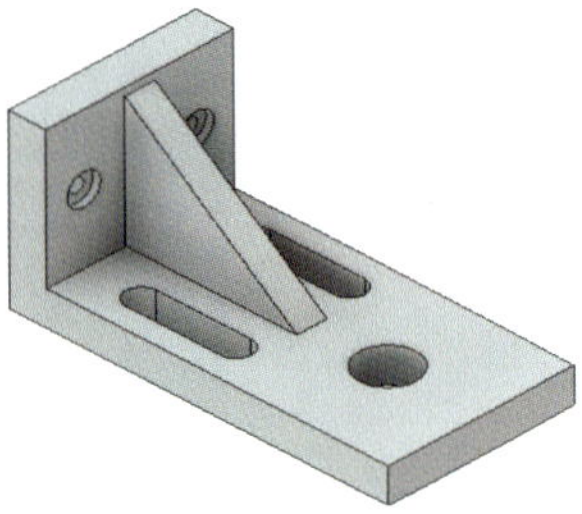

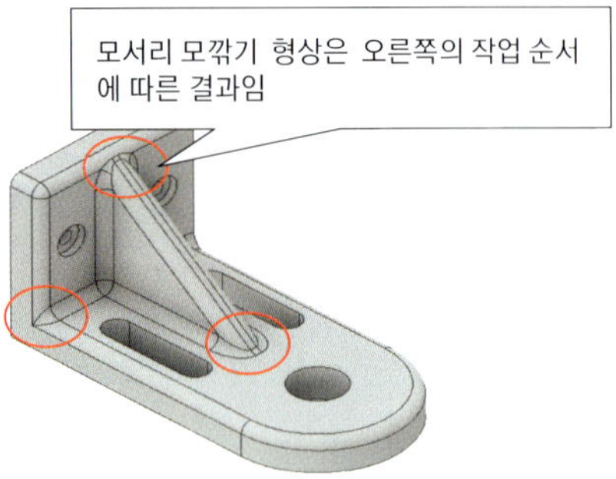

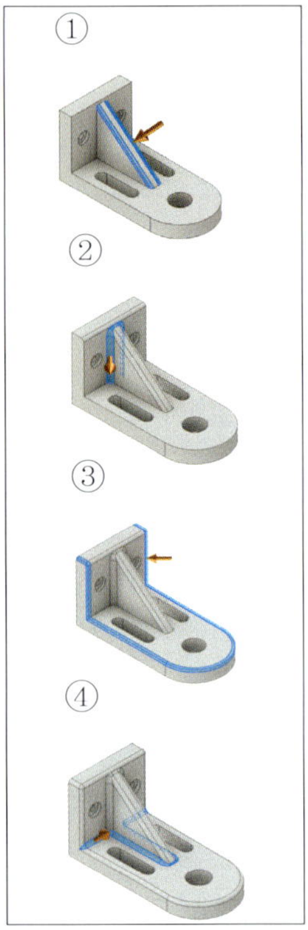

[알아두기] 모깎기

내부/외부 모서리 또는 면을 둥글게 한다. 개별 작업으로 모깎기를 추가하는 경우에는 반지름이 더 큰 모서리를 먼저 모깎기한다.

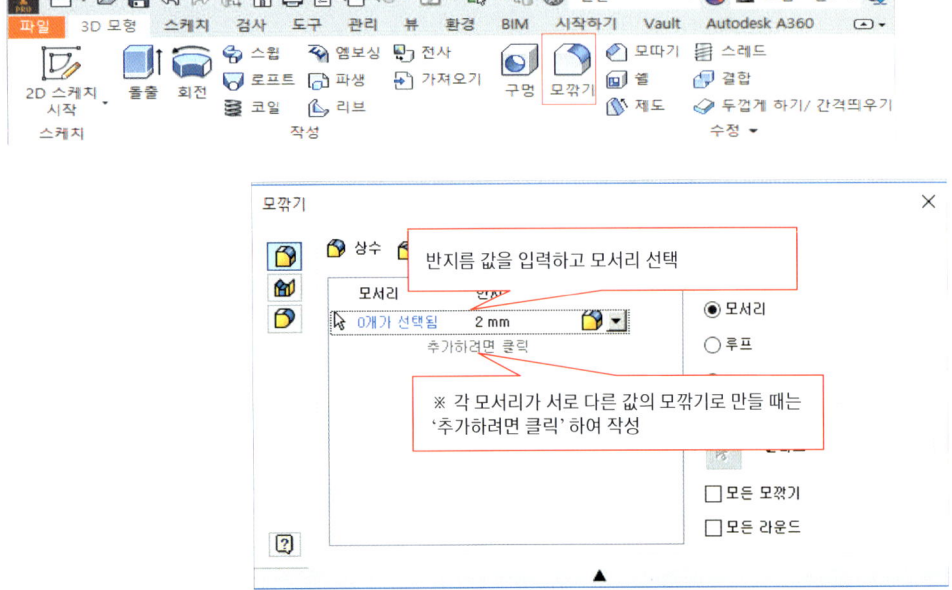

(1) 슬라이스 하기

- 모델링한 후 STL 파일로 저장하고 슬라이서 프로그램으로 파일을 불러온다.
- 빌드 크기와 대략적인 출력 시간, 재료의 소모량이 표시된다.
- 프린트 설정이 완료되면 G-code 파일로 저장하고 3D 프린터로 출력한다.

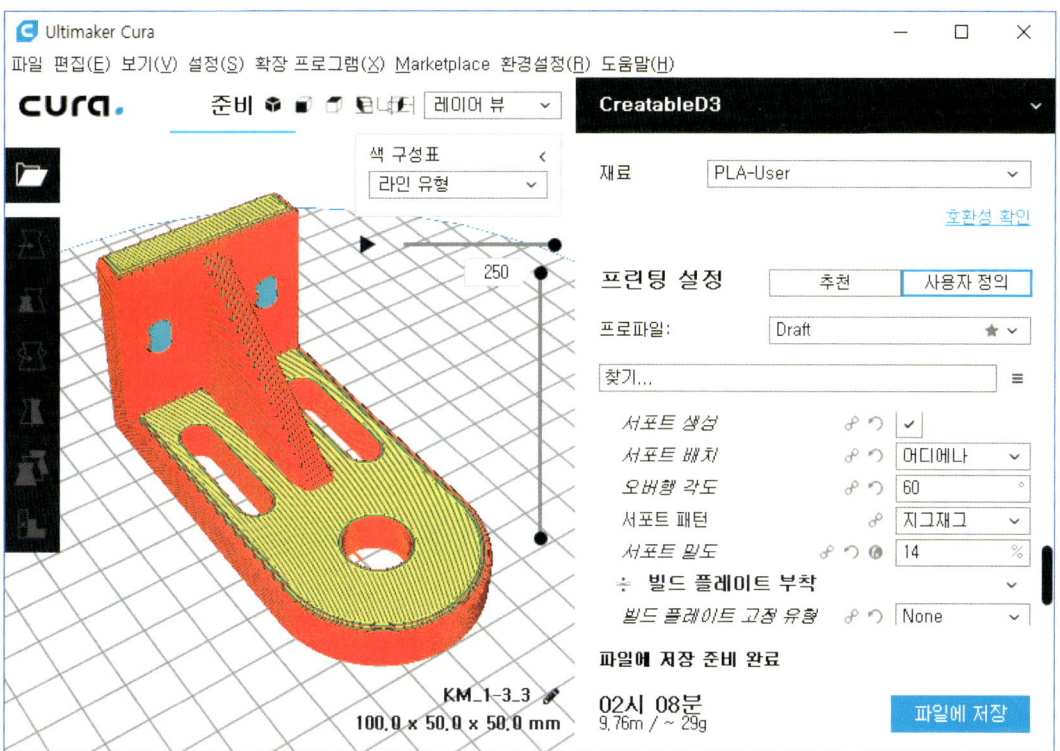

(2) 출력물 형상

[1-3 연습과제 4] 브라켓

학습목표: 경사 작업면을 생성하여 스케치 및 편집하고 돌출하여 3D 프린팅할 수 있다.

학습내용: 선, 원, 동일구속, 치수, 돌출, 형상투영, 중심선, 접선구속, 동심구속, 평면생성, 모따기

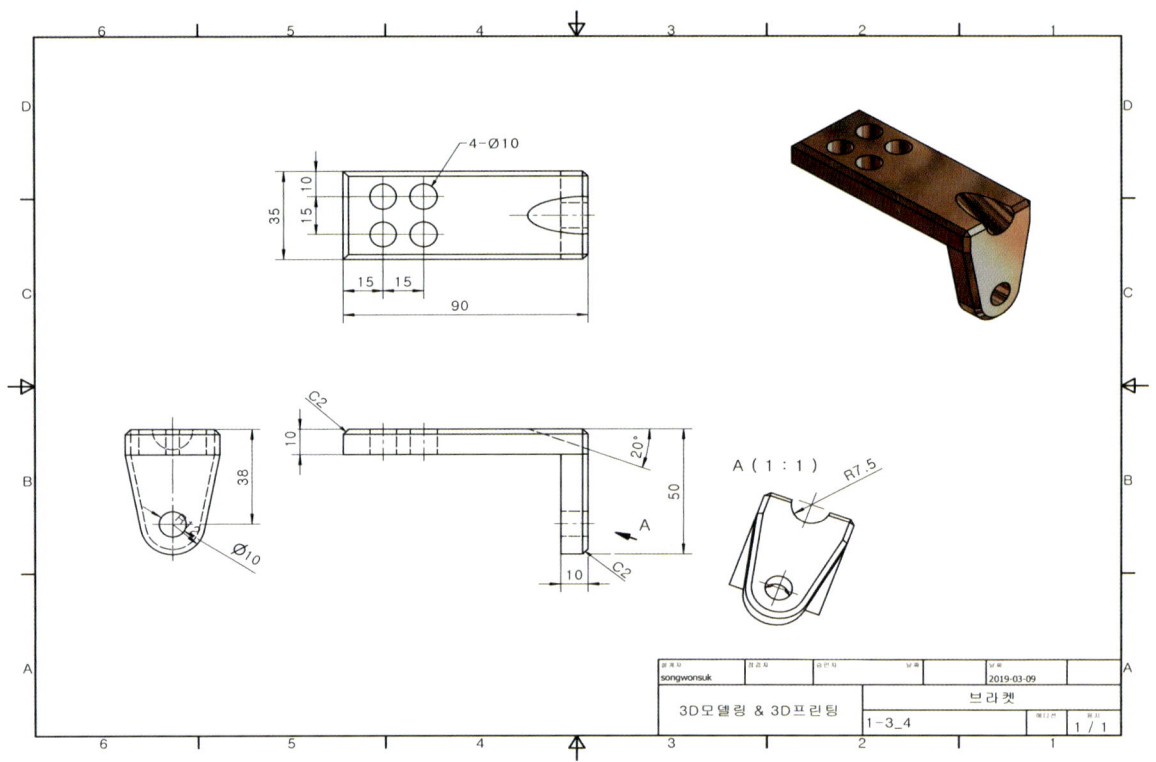

[참고] process hint

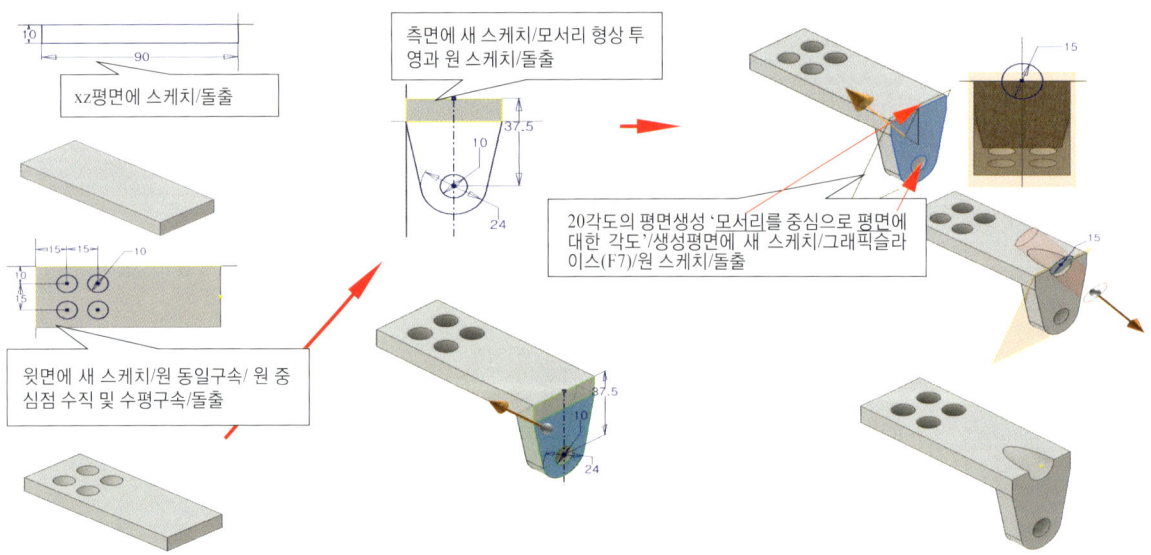

(1) 슬라이스 하기

- 모델링한 후 STL 파일로 저장하고 슬라이서 프로그램으로 파일을 불러온다.
- 빌드 크기와 대략적인 출력 시간, 재료의 소모량이 표시된다.
- 프린트 설정이 완료되면 G – code 파일로 저장하고 3D 프린터로 출력한다.

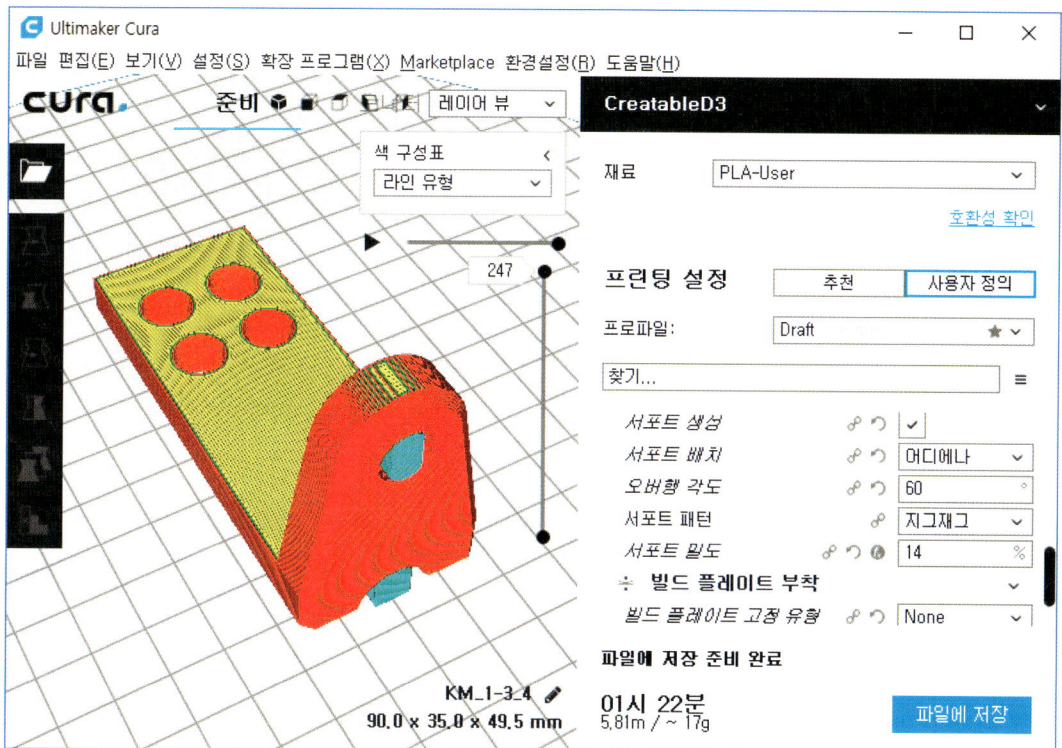

(2) 출력물 형상

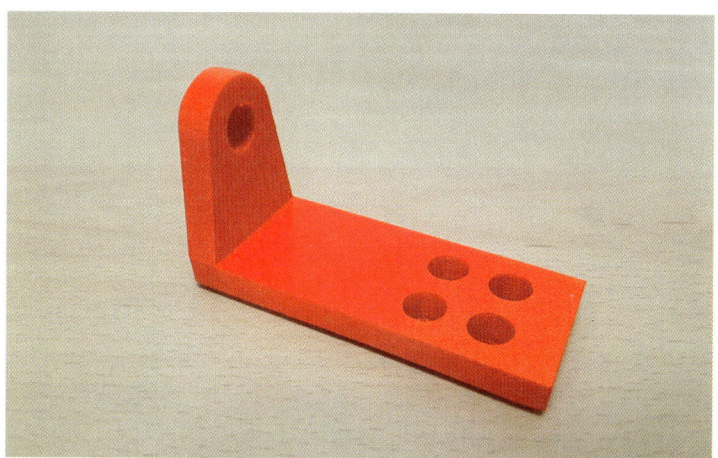

[1-3 연습과제 5] **브라켓**

학습목표: 경사 작업면을 생성하여 스케치 및 편집하고 돌출하여 3D 프린팅 할 수 있다.

학습내용: 선, 돌출, 평면 생성(모서리를 중심으로 평면에 대한 각도), 원, 동심구속, 접선구속, 스케치 공유, 슬롯, 모깎기

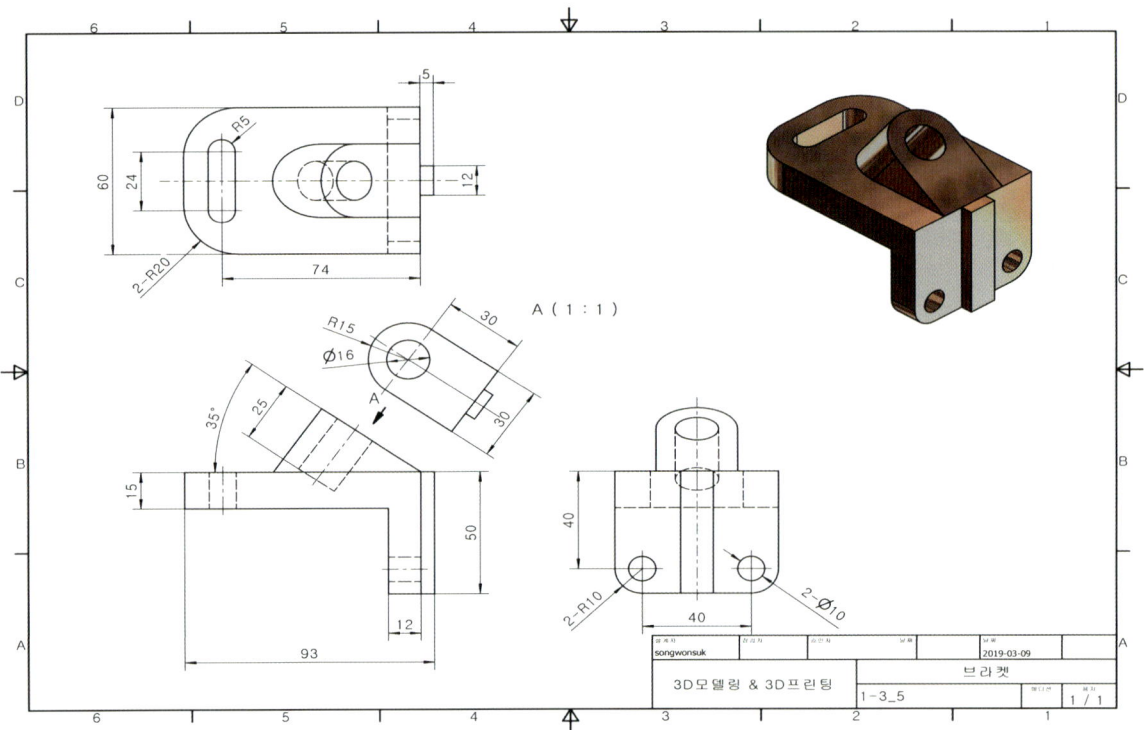

[참고] process hint

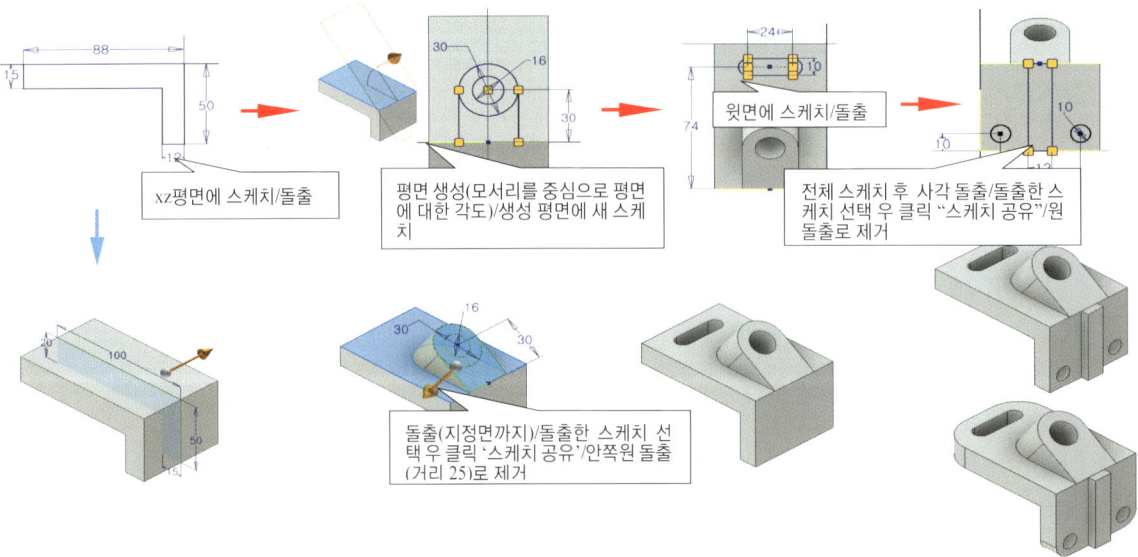

(1) 슬라이스 하기

- 모델링한 후 STL파일로 저장하고 슬라이서 프로그램으로 파일을 불러온다.
- 빌드 크기와 대략적인 출력 시간, 재료의 소모량이 표시된다.
- 프린트 설정이 완료 되면 G-code 파일로 저장하고 3D 프린터로 출력한다.

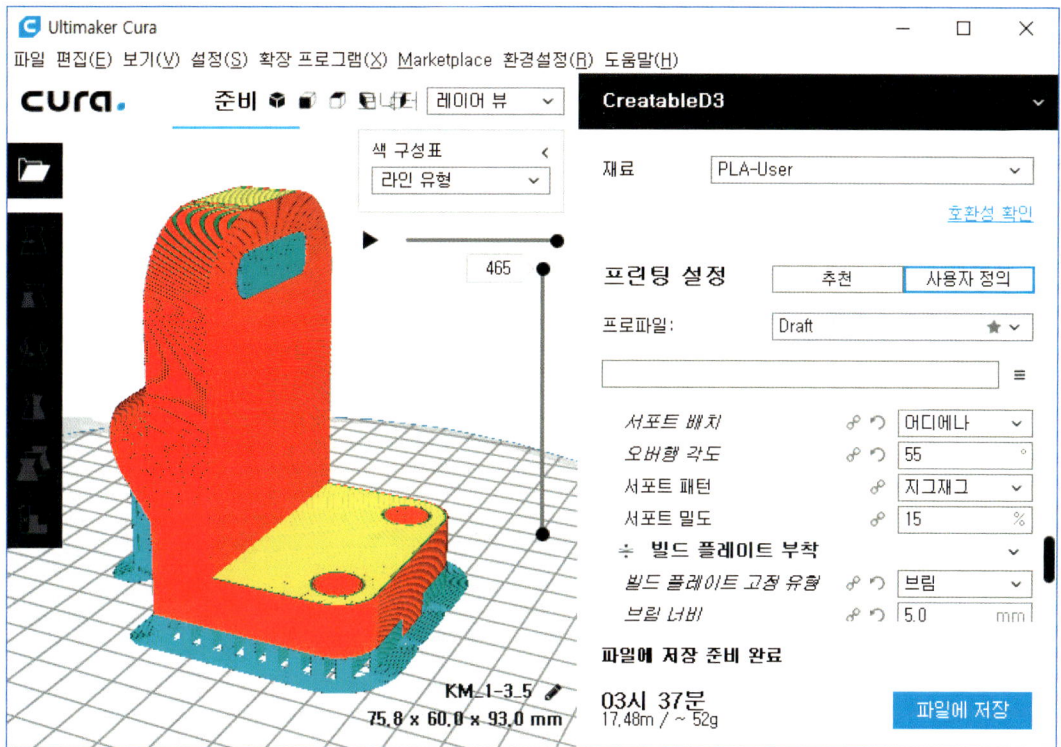

(2) 출력물 형상

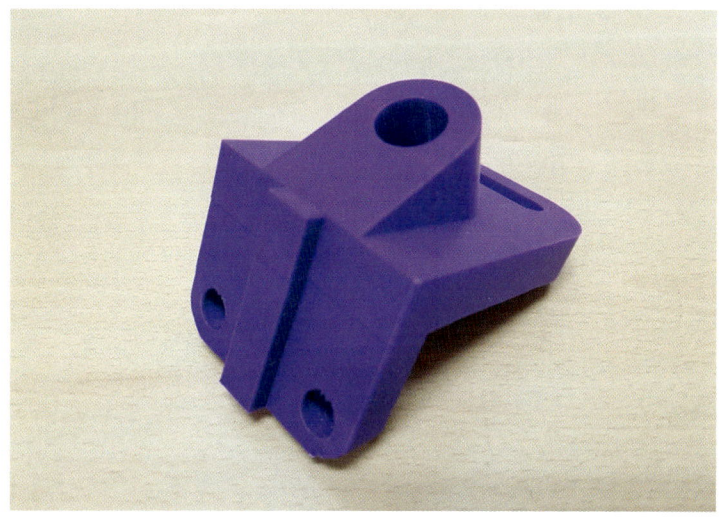

[1-3 연습과제 6] 브라켓

학습 목표 판재의 임의 위치를 굽히고 3형상 모델링하여 3D 프린팅 할 수 있다.

학습 내용 선, 구성선, 원, 접선구속, 대칭구속, 동심구속, 굽힘, 형상 투영, 중간평면, 리브, 모깎기

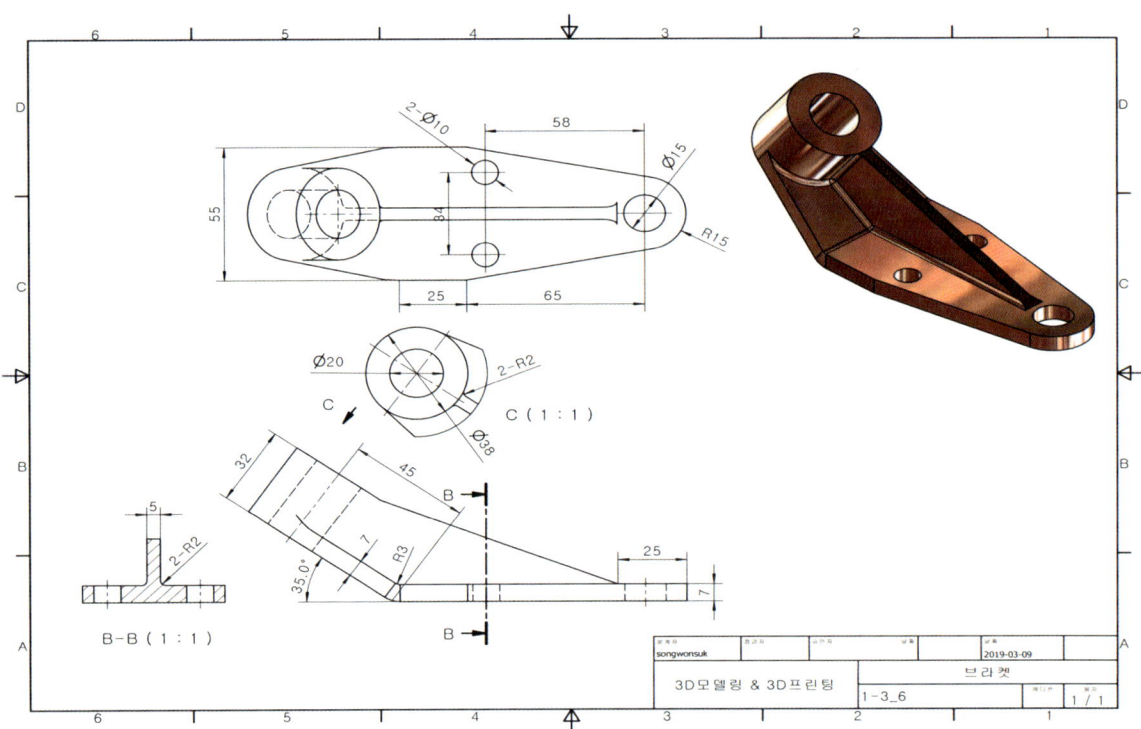

[참고] process hint

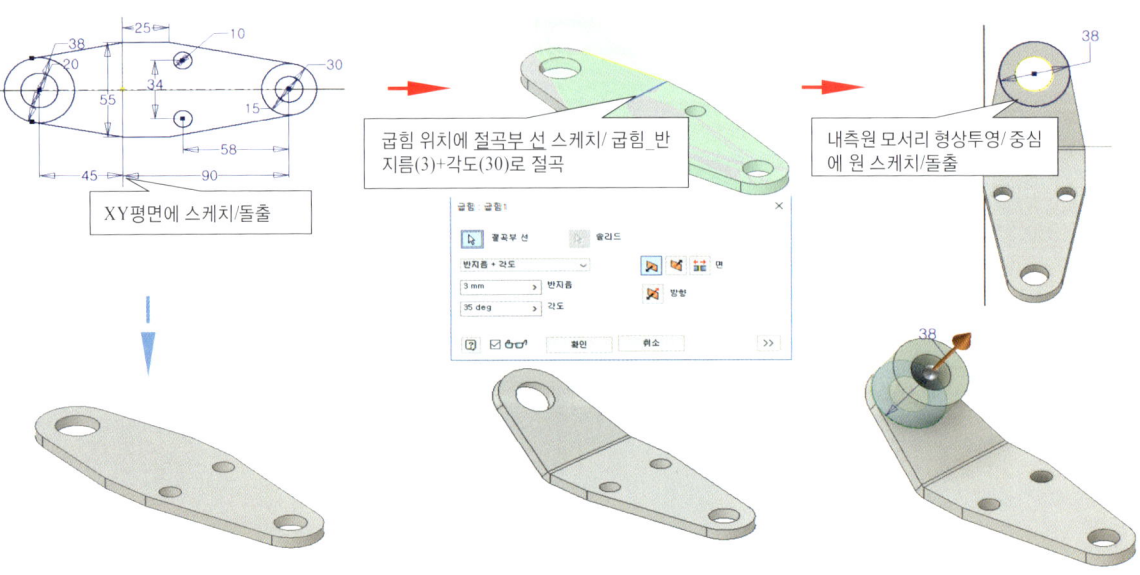

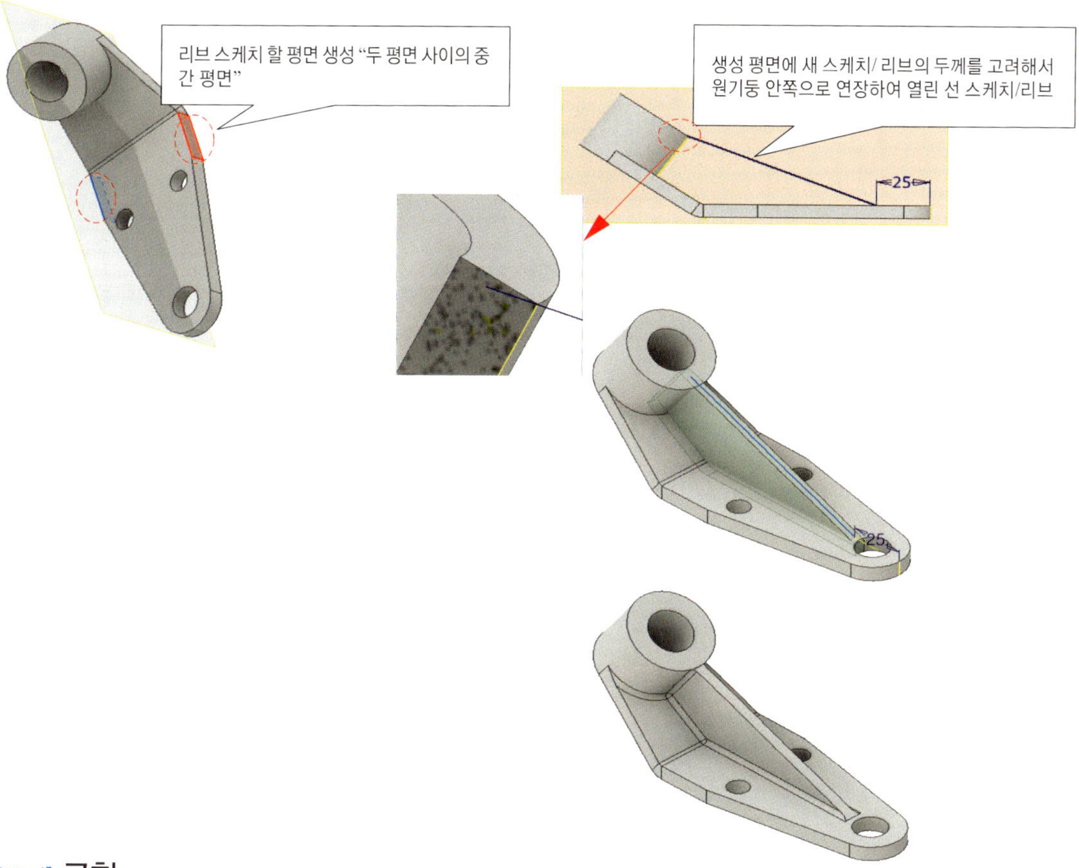

[알아두기] 굽힘

절곡부 위치의 절곡부 선을 따라 절곡하며 절곡부 선을 기준으로 왼쪽, 오른쪽 또는 양쪽으로 부품을 굽힐지 선택한다.

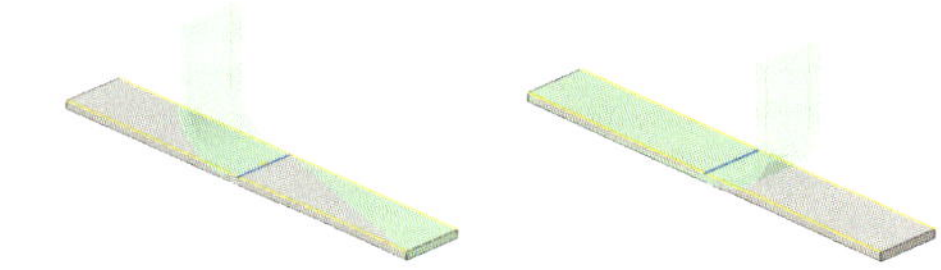

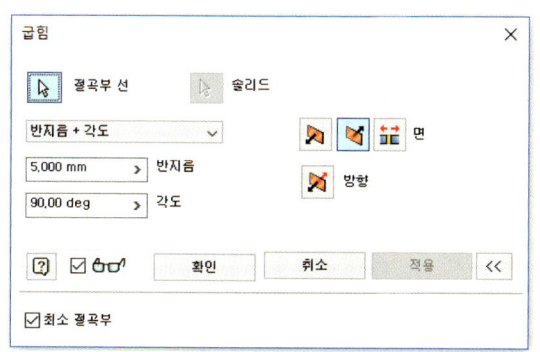

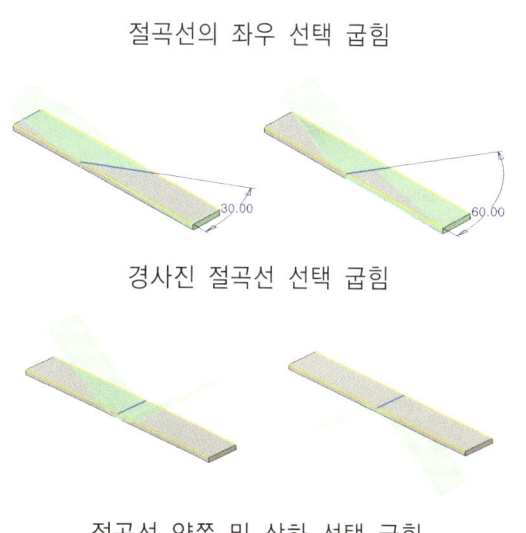

절곡선의 좌우 선택 굽힘

경사진 절곡선 선택 굽힘

절곡선 양쪽 및 상하 선택 굽힘

(1) 슬라이스 하기

- 모델링한 후 STL 파일로 저장하고 슬라이서 프로그램으로 파일을 불러온다.
- 빌드 크기와 대략적인 출력 시간, 재료의 소모량이 표시된다.
- 프린트 설정이 완료되면 G-code 파일로 저장하고 3D 프린터로 출력한다.

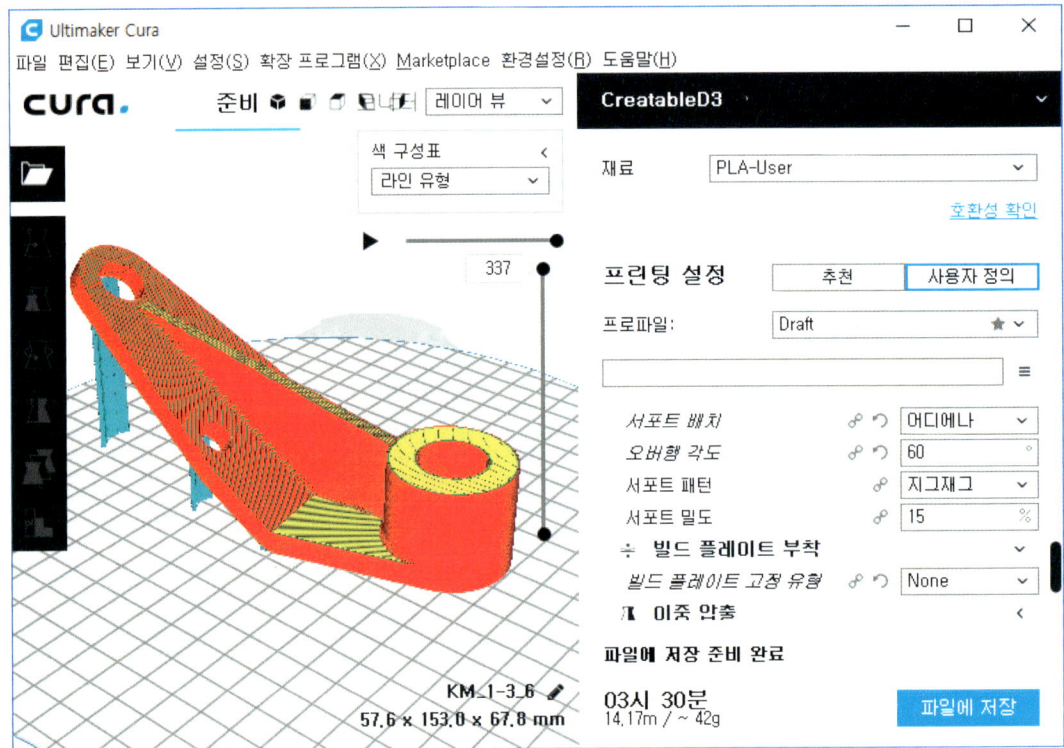

(2) 출력물 형상

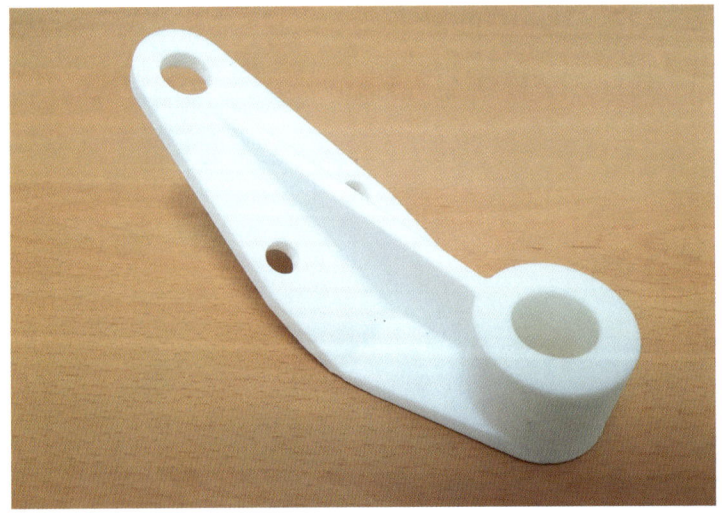

[1-4 따라하기] **회전 암**

학습목표 도형을 스케치 및 돌출작업으로 3D모델링하고 3D 프린팅 할 수 있다.

학습내용 선, 구성선, 일치구속, 원, 접선구속, 자르기, 연장, 돌출, 형상 투영, 그래픽슬라이스(F7), 동일선상구속, 점, 구멍(나사), 모따기

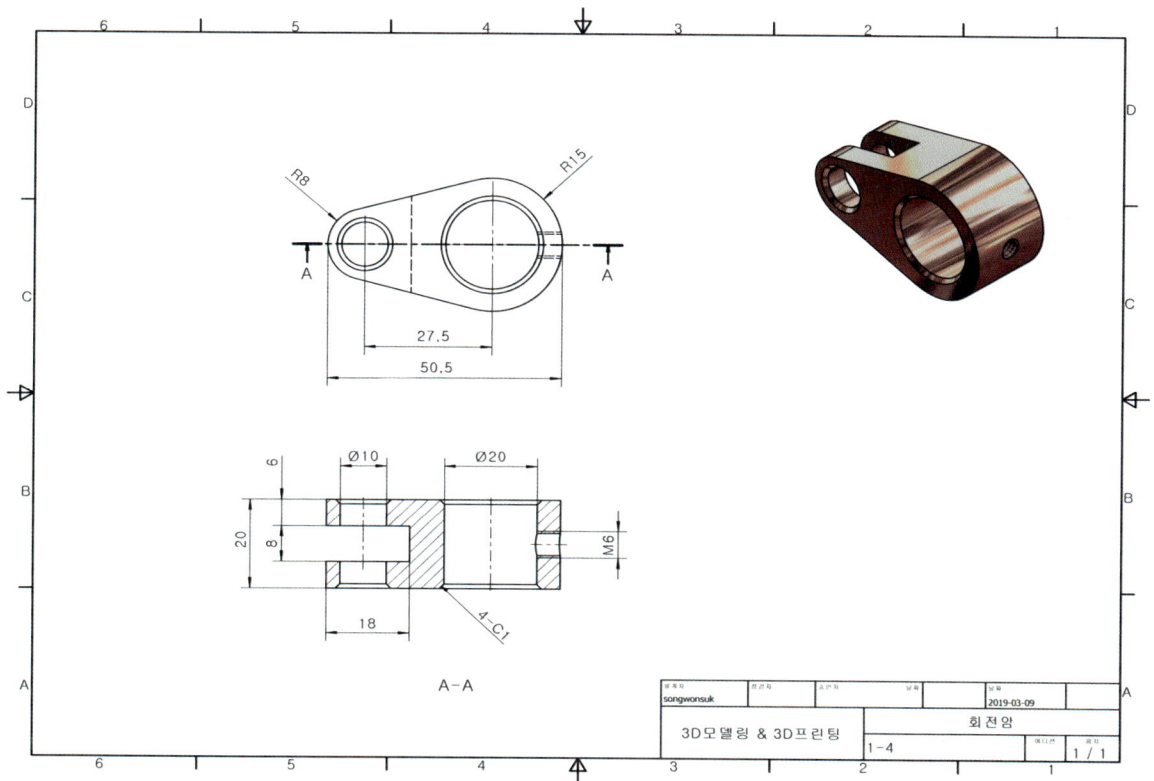

[참고] process hint

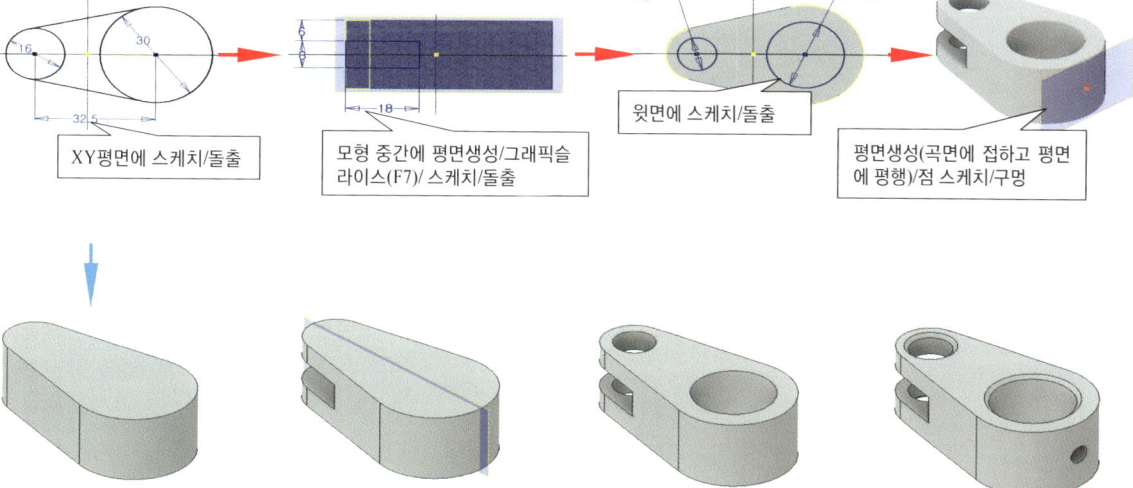

(1) 검색기 창의 원점/XY평면에 스케치 및 구속하기

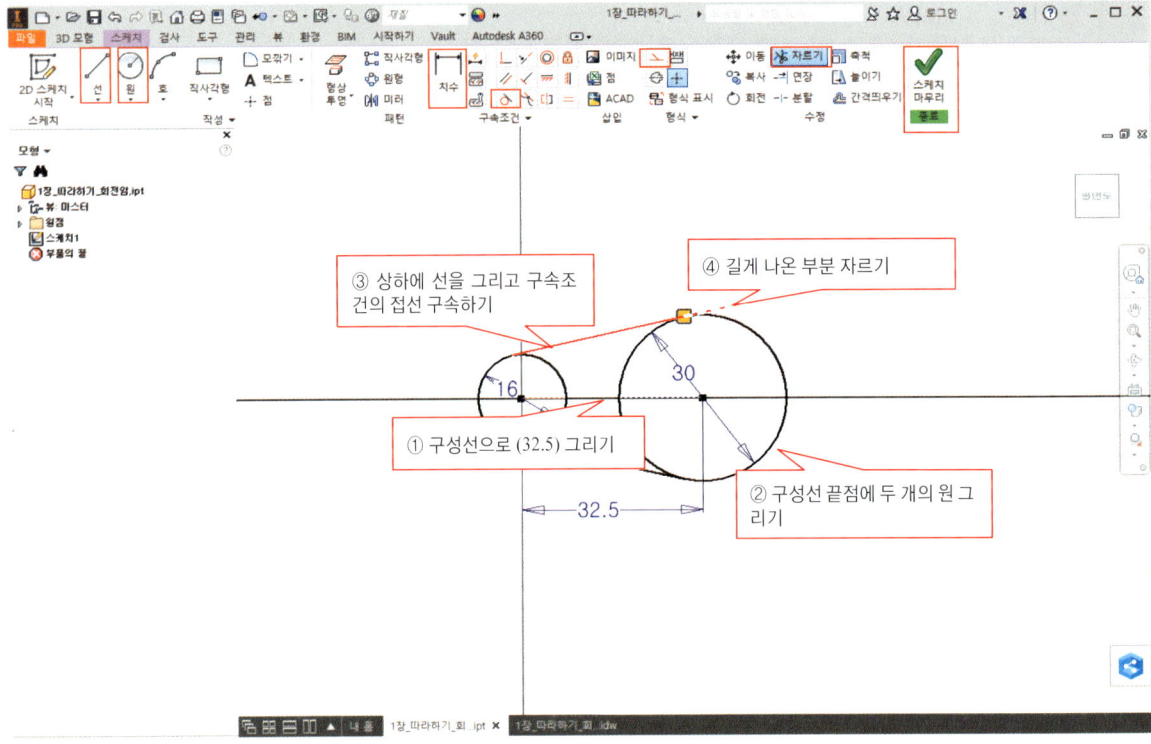

(2) 스케치 돌출하기

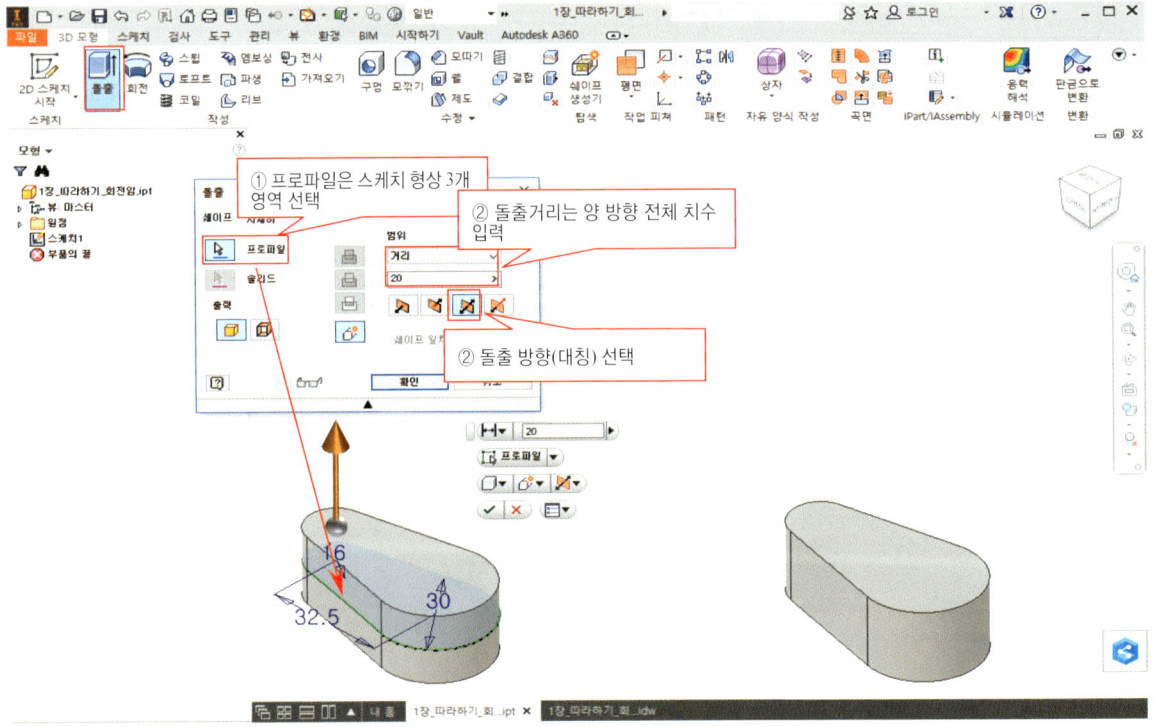

(3) 검색기 창의 원점/XZ평면에 스케치하기

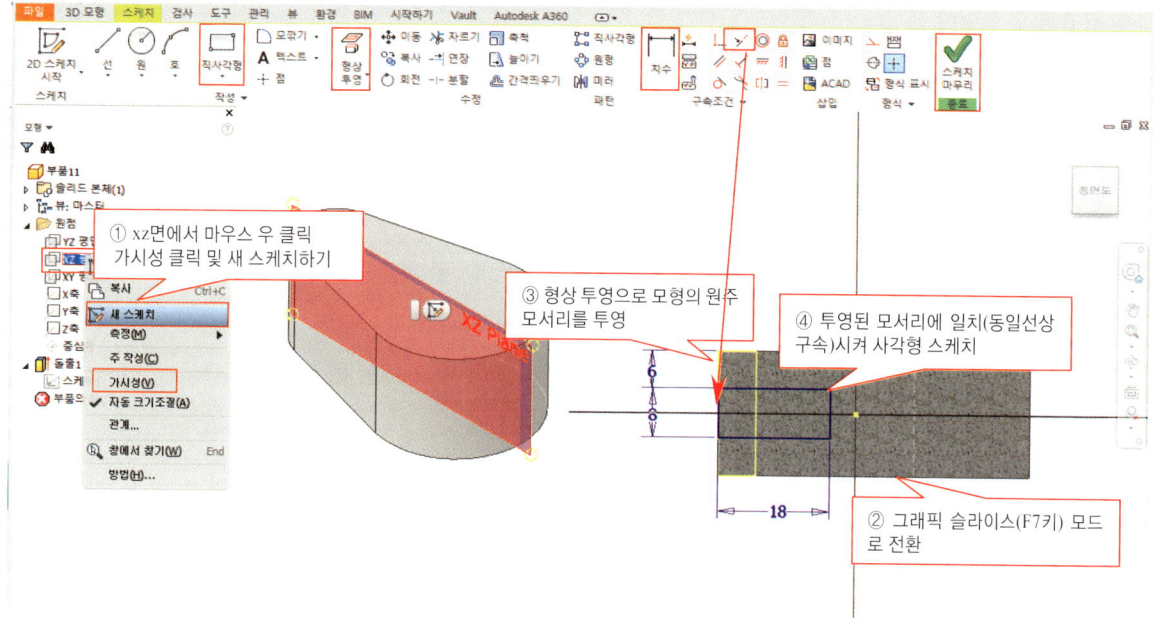

(4) 사각형 스케치를 돌출하기

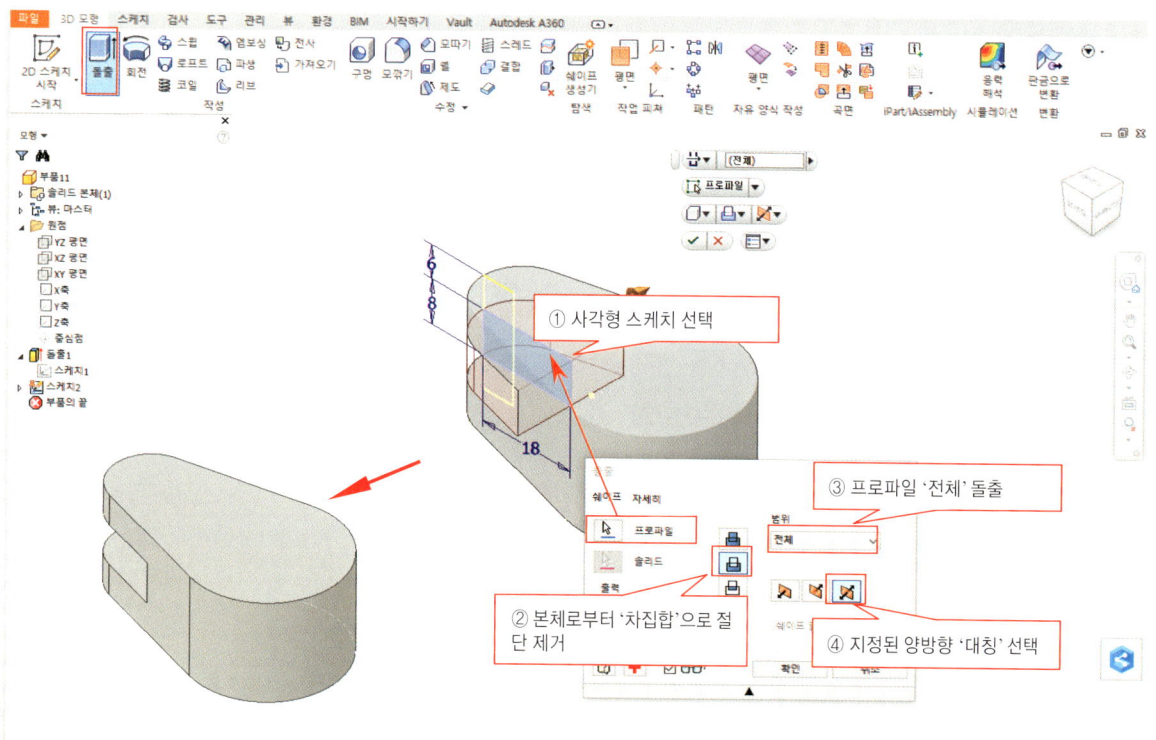

(5) 윗면에 구멍 스케치하기

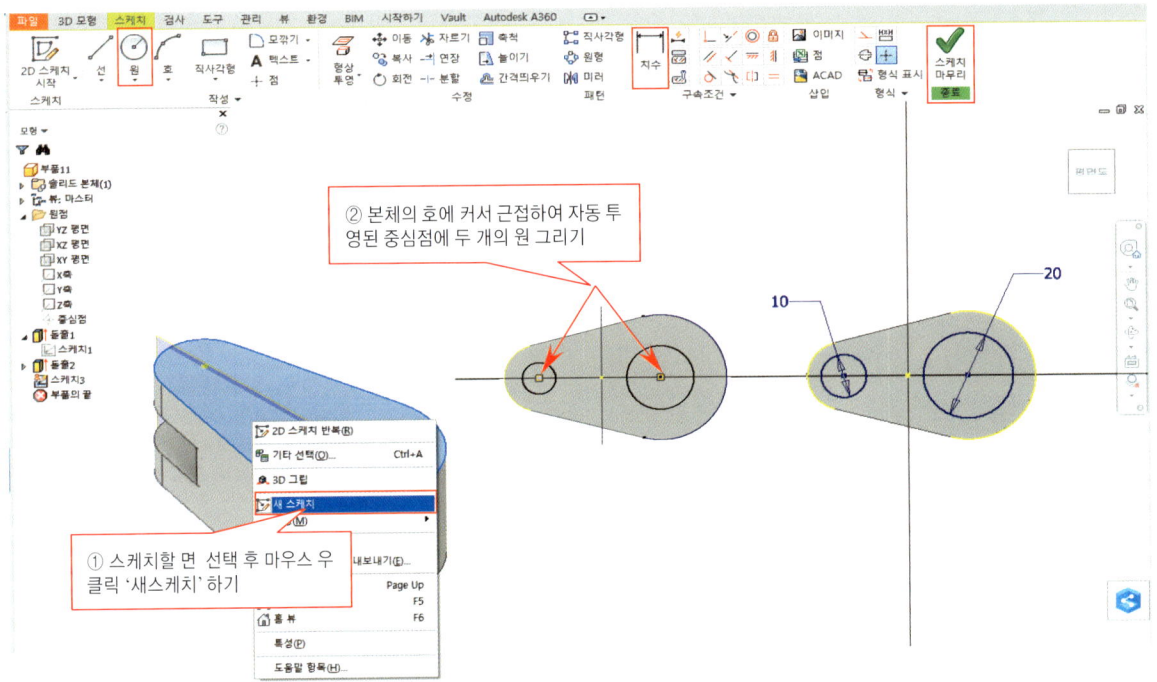

(6) 구멍으로 돌출하기

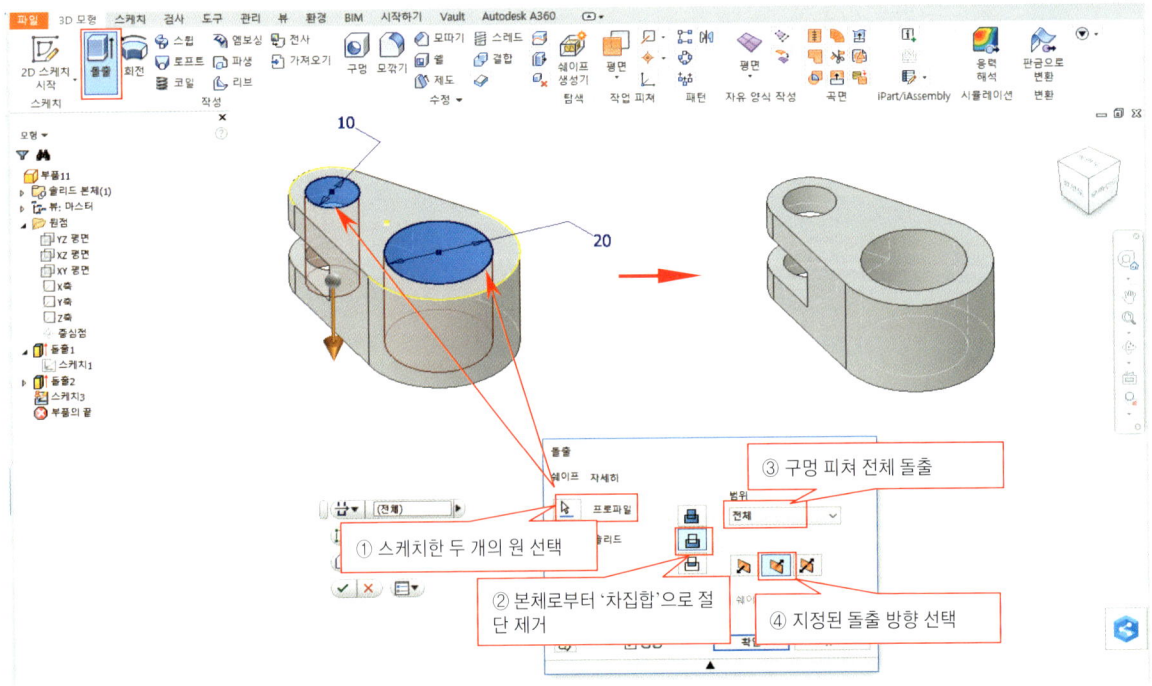

(7) 모서리 모따기하기

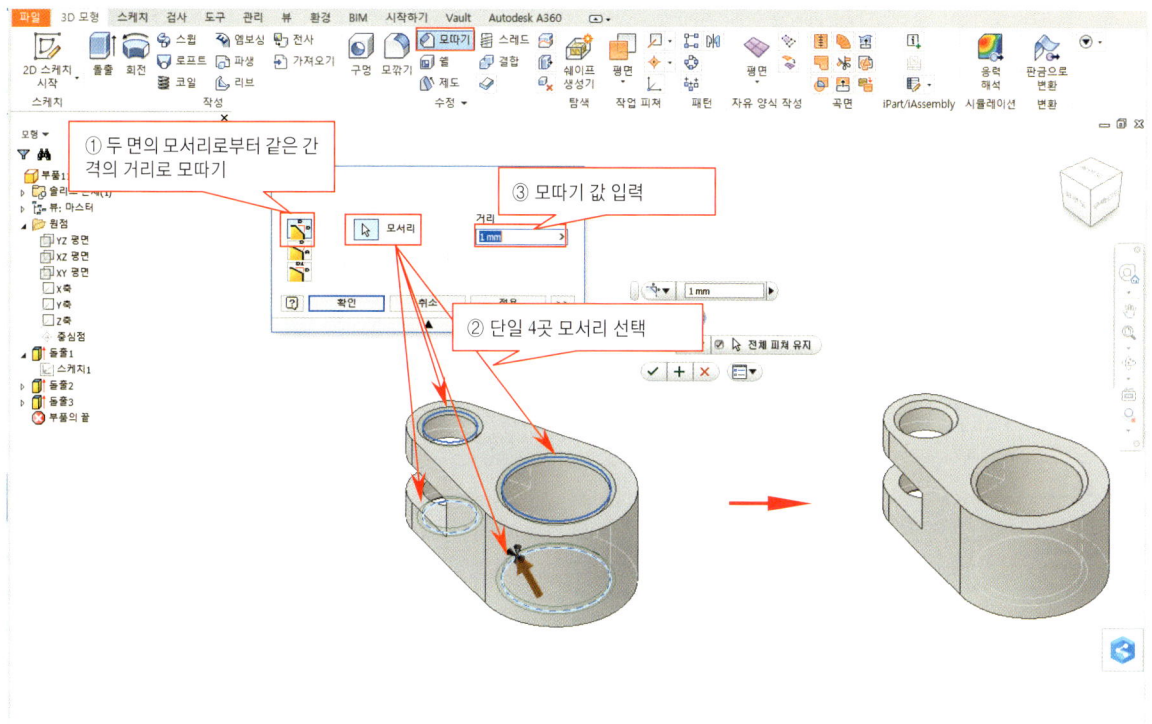

(8) 구멍 피쳐 작성하기 → 스케치할 작업평면 생성

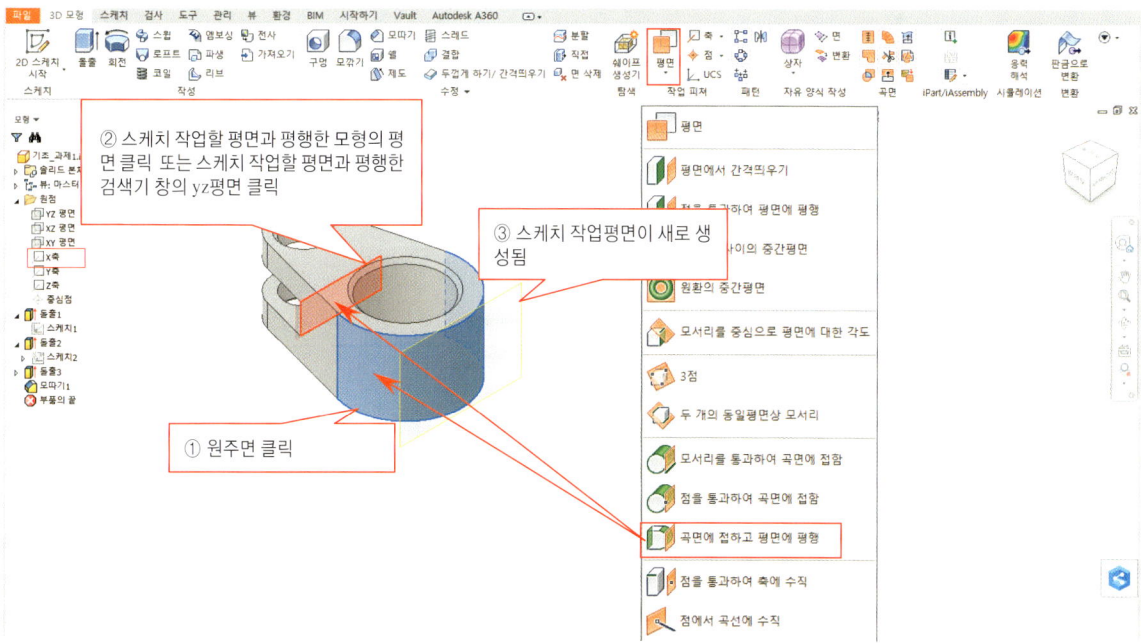

(9) 구멍 피쳐 작성하기 → 원주면에 점 스케치

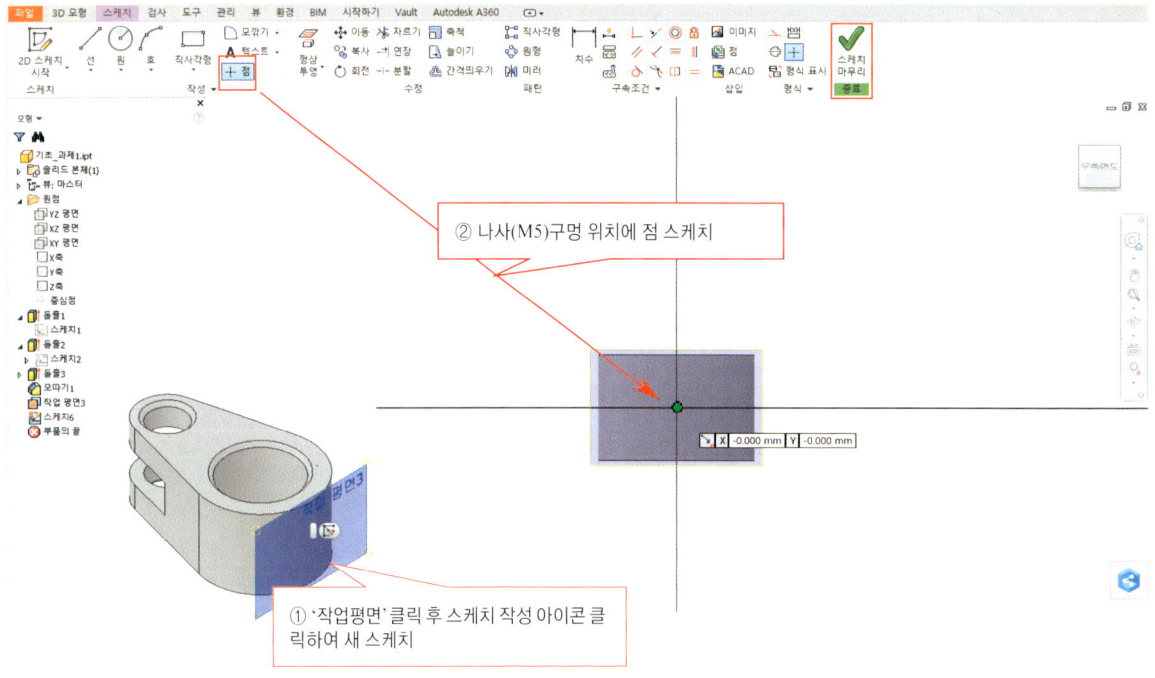

(10) 구멍 피쳐 작성하기 → 나사 구멍

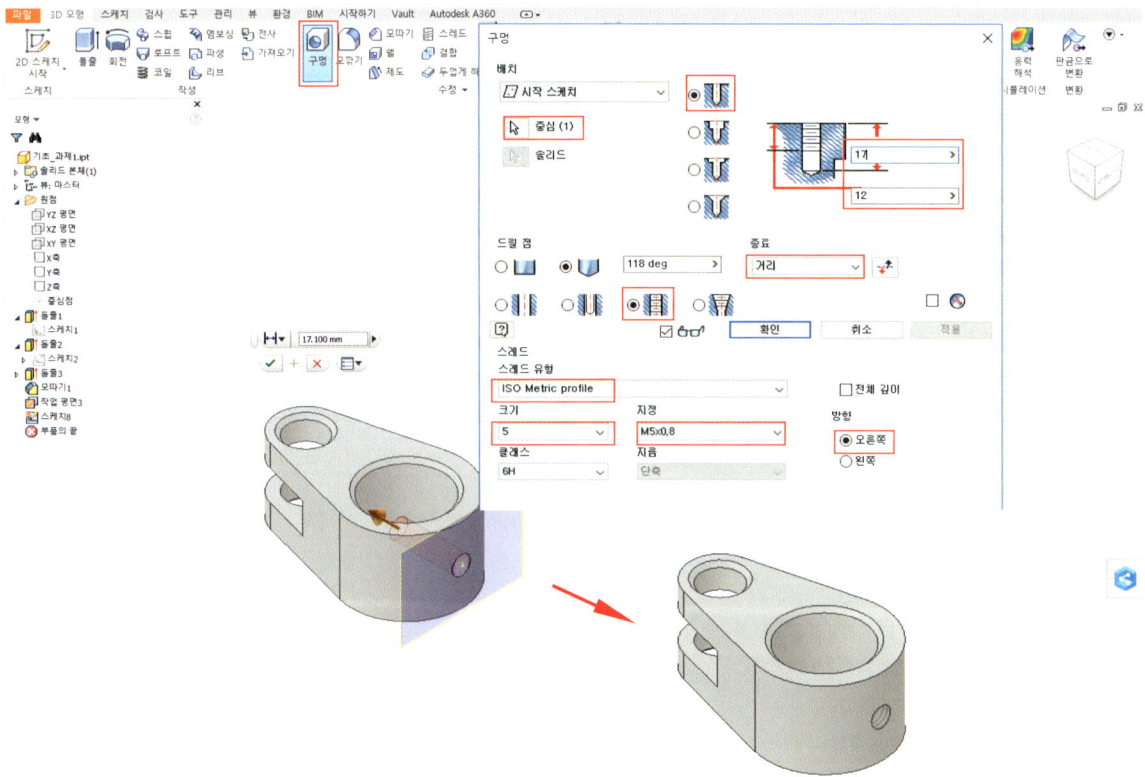

[알아두기] 구멍

스케치 점 또는 형상 선택에 따라 단순구멍, 끼워맞춤구멍, 탭구멍, 카운터보어 등을 작성한다.

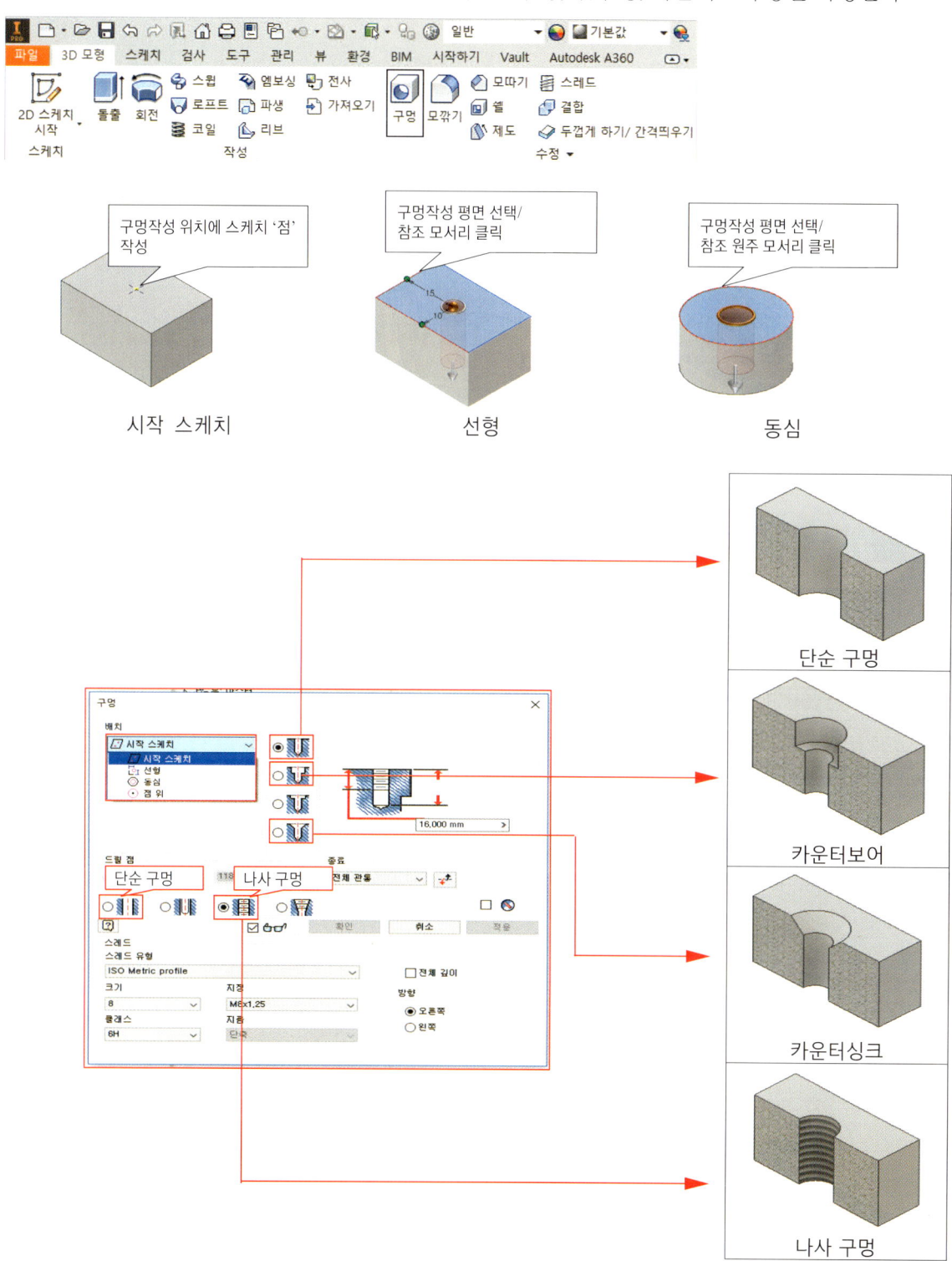

(11) 슬라이스 하기

- 모델링한 후 STL 파일로 저장하고 슬라이서 프로그램으로 파일을 불러온다.
- 빌드 크기와 대략적인 출력 시간, 재료의 소모량이 표시된다.
- 프린트 설정이 완료되면 G – code 파일로 저장하고 3D 프린터로 출력한다.

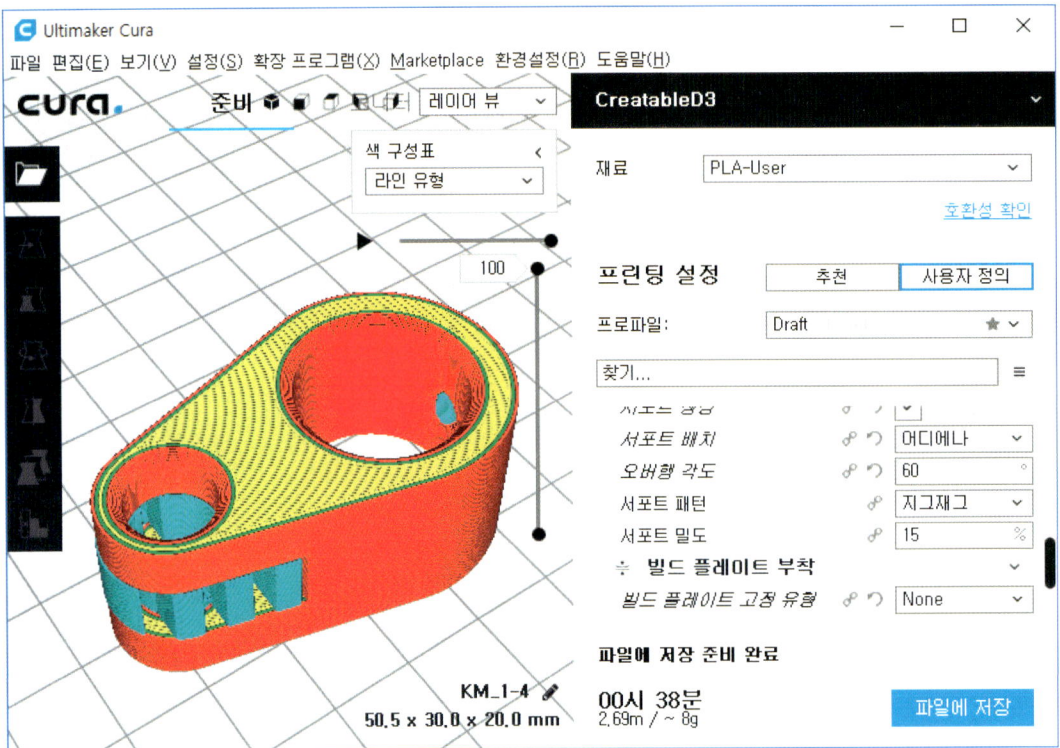

(12) 출력물 형상

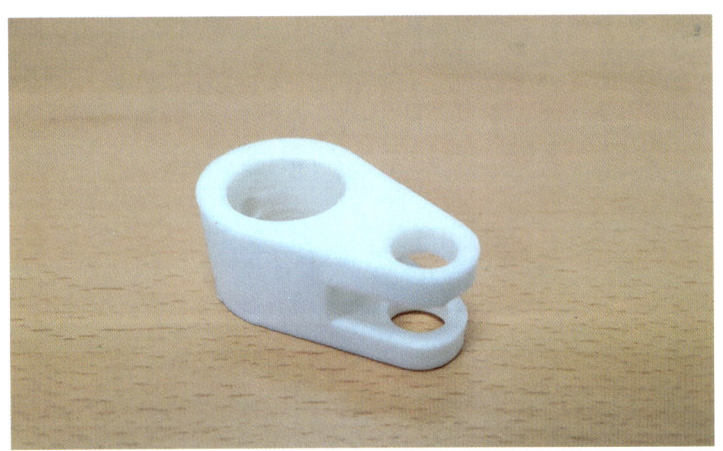

[1-4 연습과제 1] 커버

학습목표: 도형 스케치 및 돌출작업으로 3D모델링하고 3D 프린팅 할 수 있다.

학습내용: 슬롯(중심점), 돌출, 스케치 공유, 점, 구멍, 3D모형(미러), 모따기, 모깎기

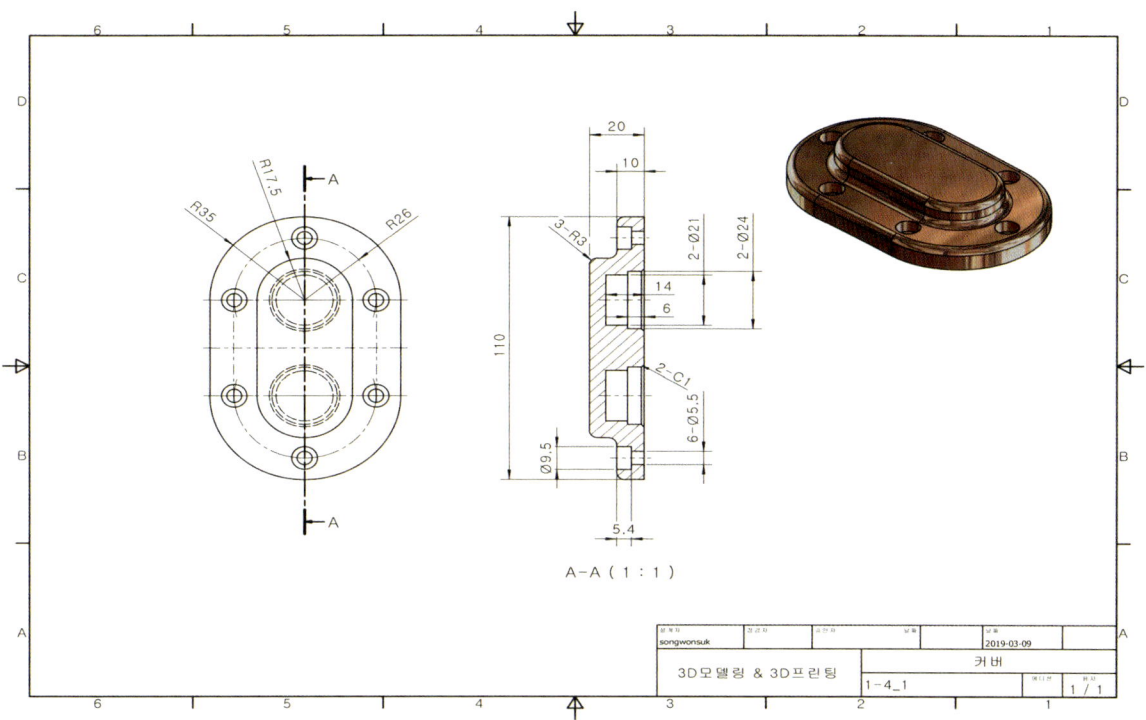

[참고] process hint

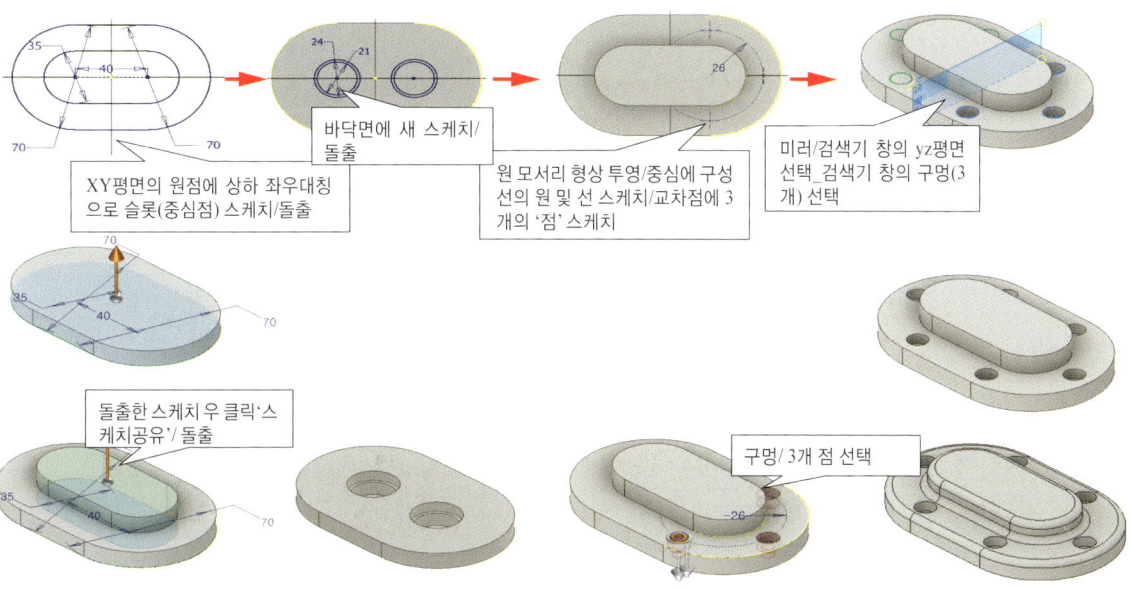

(1) 슬라이스 하기

- 모델링한 후 STL 파일로 저장하고 슬라이서 프로그램으로 파일을 불러온다.
- 빌드 크기와 대략적인 출력 시간, 재료의 소모량이 표시된다.
- 프린트 설정이 완료되면 G – code 파일로 저장하고 3D 프린터로 출력한다.

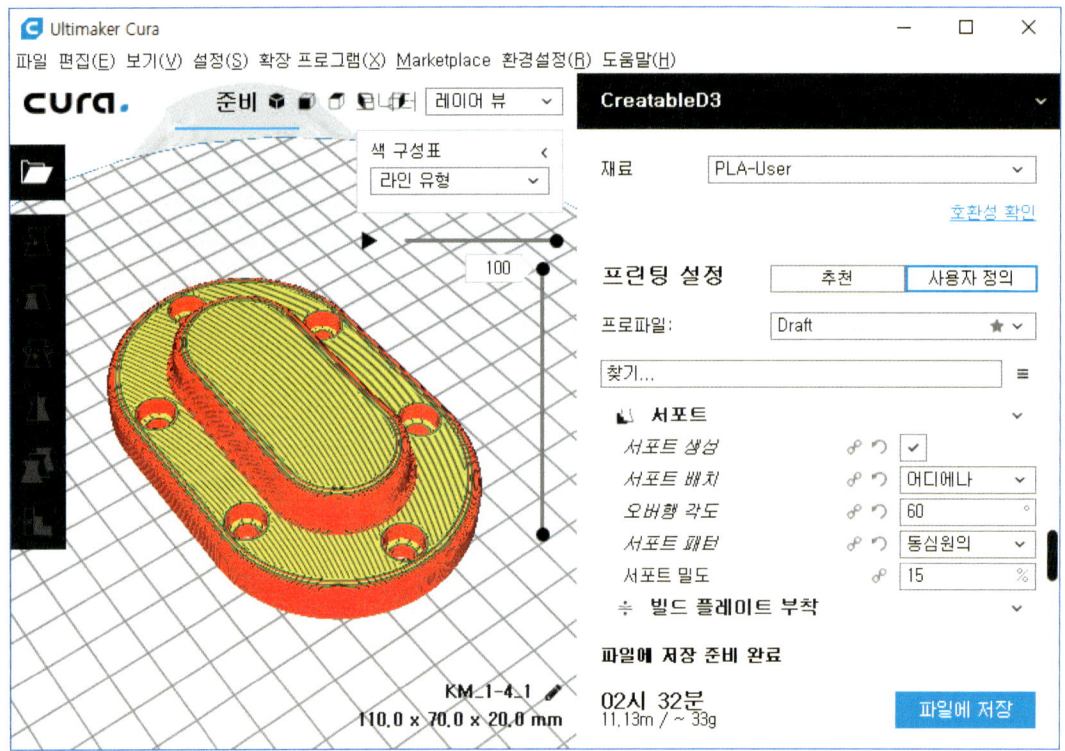

(2) 출력물 형상

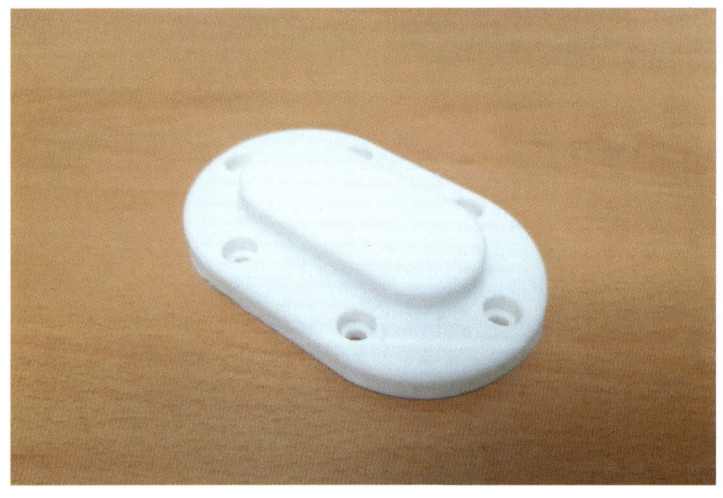

[1-4 연습과제 2] 고정대

학습목표 도형 스케치 및 돌출작업으로 3D모델링하고 3D 프린팅 할 수 있다.

학습내용 선, 원, 일치구속, 동일구속, 스케치 공유, 평면 생성, 돌출, 구멍, 가시성, 모따기, 모깎기

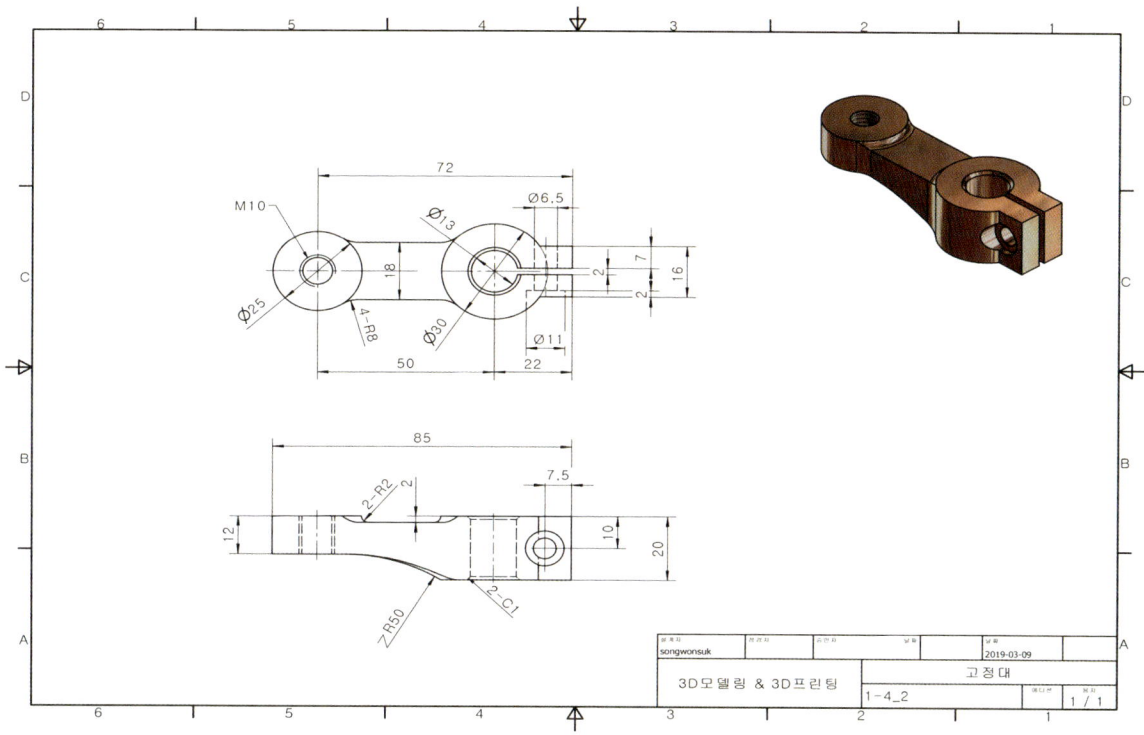

[참고] process hint

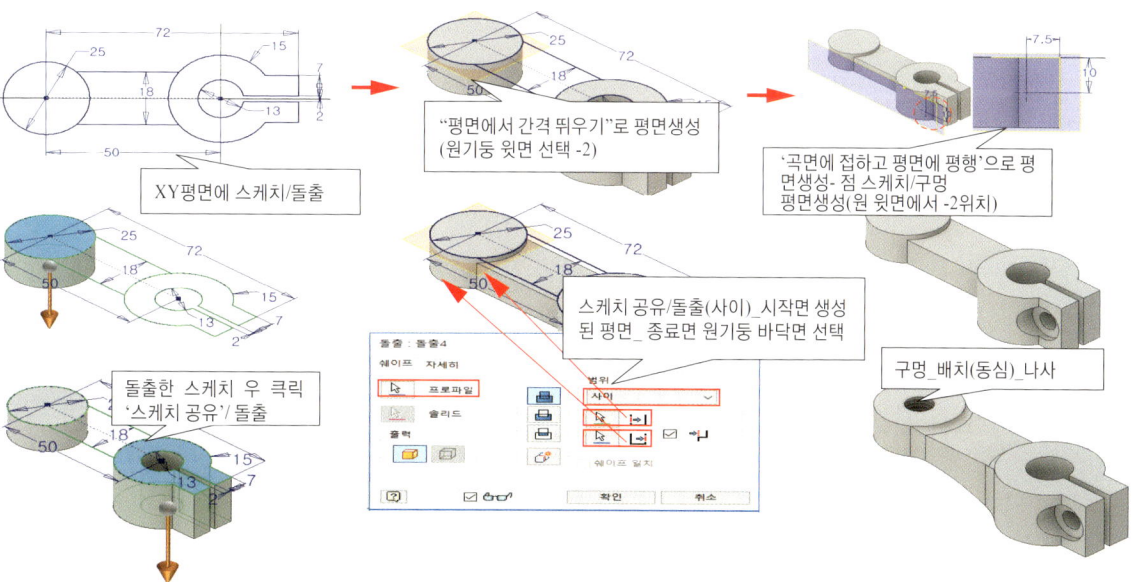

 회전, 쉘, 전사, 스레드, 구멍, 원형 패턴, 평면 생성, 텍스트 법선반전, 이미지 널링, 스윕 절단 널링, 형상 투영, 그래픽슬라이스(F7), 색상

[알아두기] 회전

회전은 스케치 영역과 직선축으로 범위를 정해 회전한다.

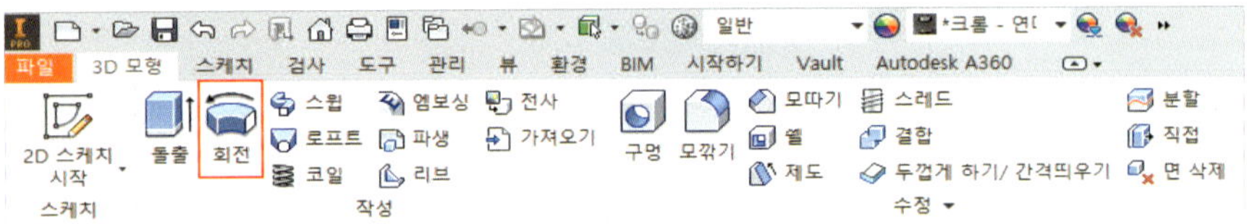

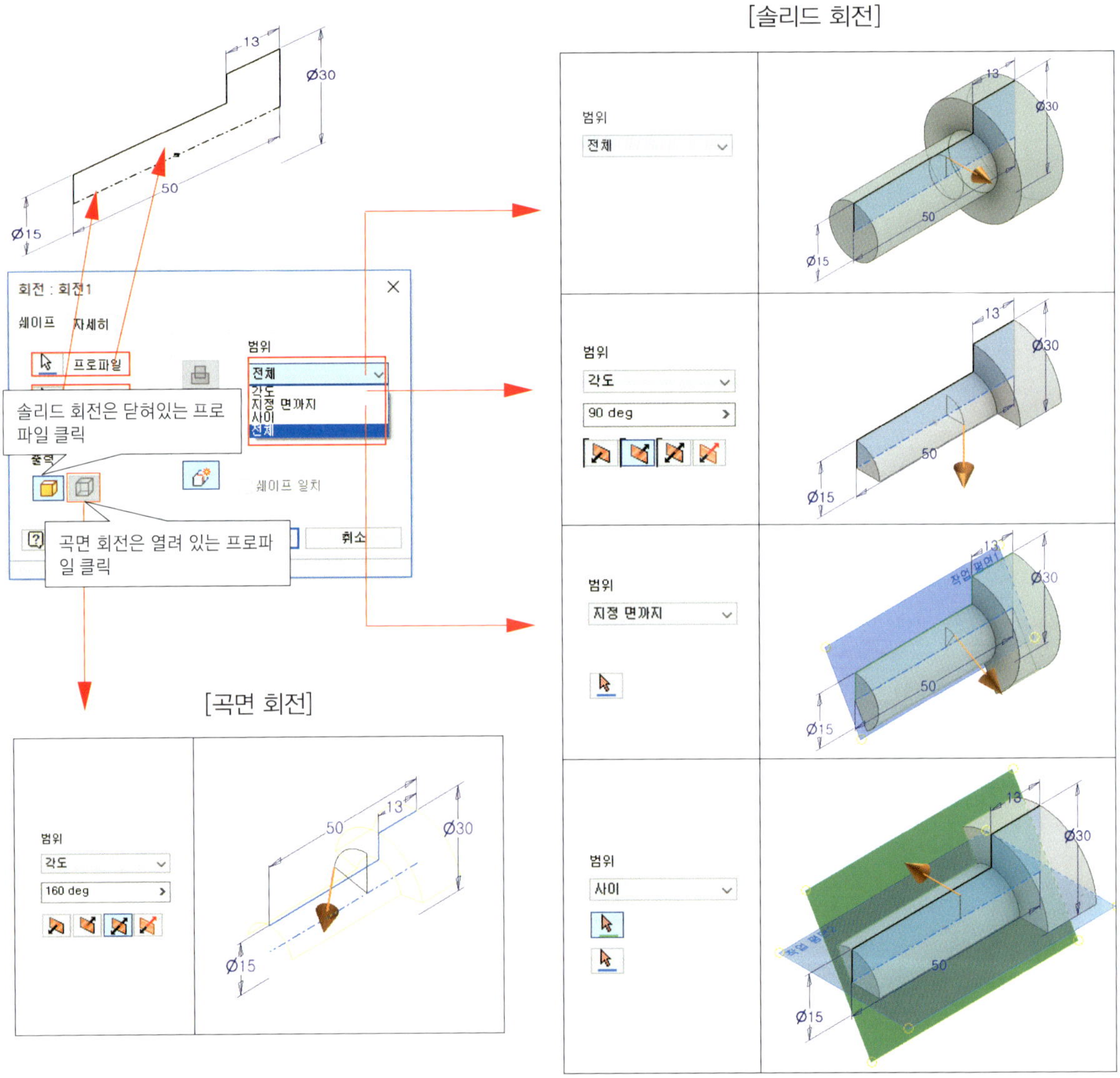

(1) 슬라이스 하기

- 모델링한 후 STL 파일로 저장하고 슬라이서 프로그램으로 파일을 불러온다.
- 빌드 크기와 대략적인 출력 시간, 재료의 소모량이 표시된다.
- 프린터 설정이 완료되면 G-code 파일로 저장하고 3D 프린터로 출력한다.

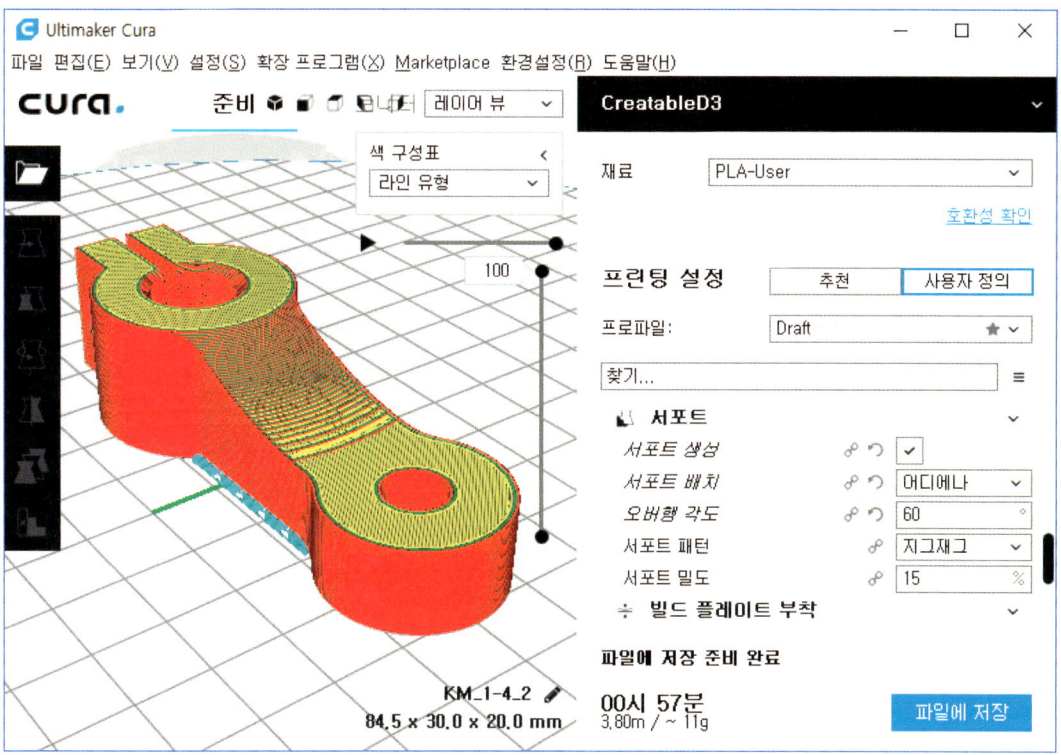

(2) 출력물 형상

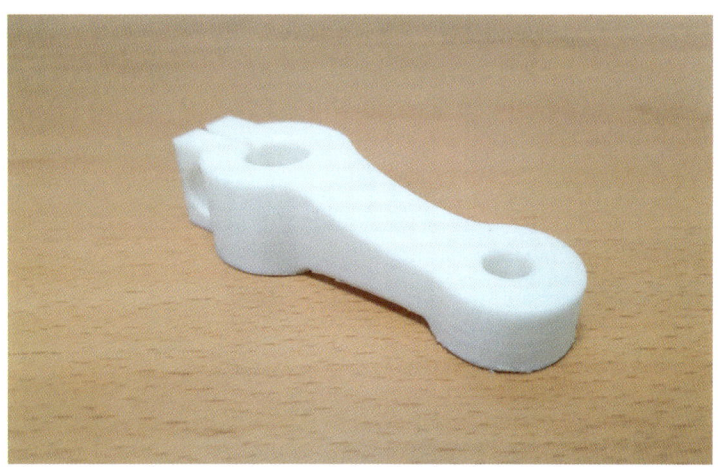

[2-1 따라하기] 공기 그릇

학습 목표: 기본 도형을 스케치 및 회전하여 3D모델링하고 3D 프린팅 할 수 있다.

학습 내용: 중심선, 선, 호, 접선구속, 자르기, 연장, 구성선, 회전, 쉘, 평면 생성, 이미지, 전사, 모깎기

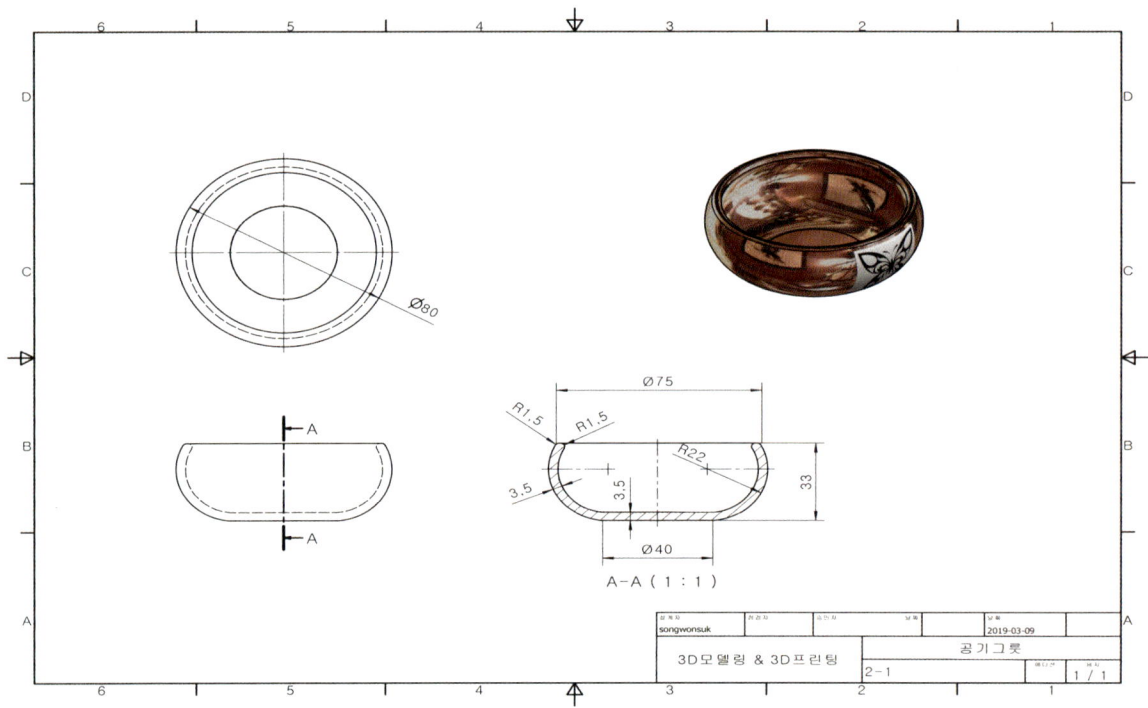

[참고] process hint

(1) 평면(XZ평면)에 스케치 및 구속하기

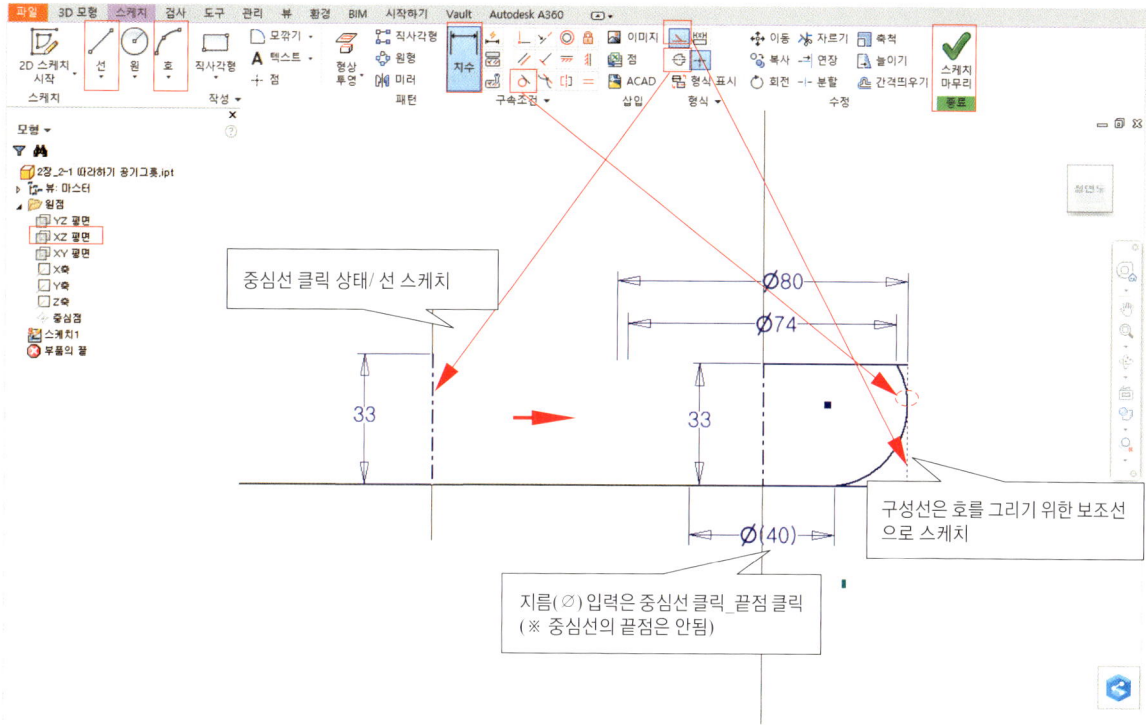

(2) 중심선을 축으로 회전하기

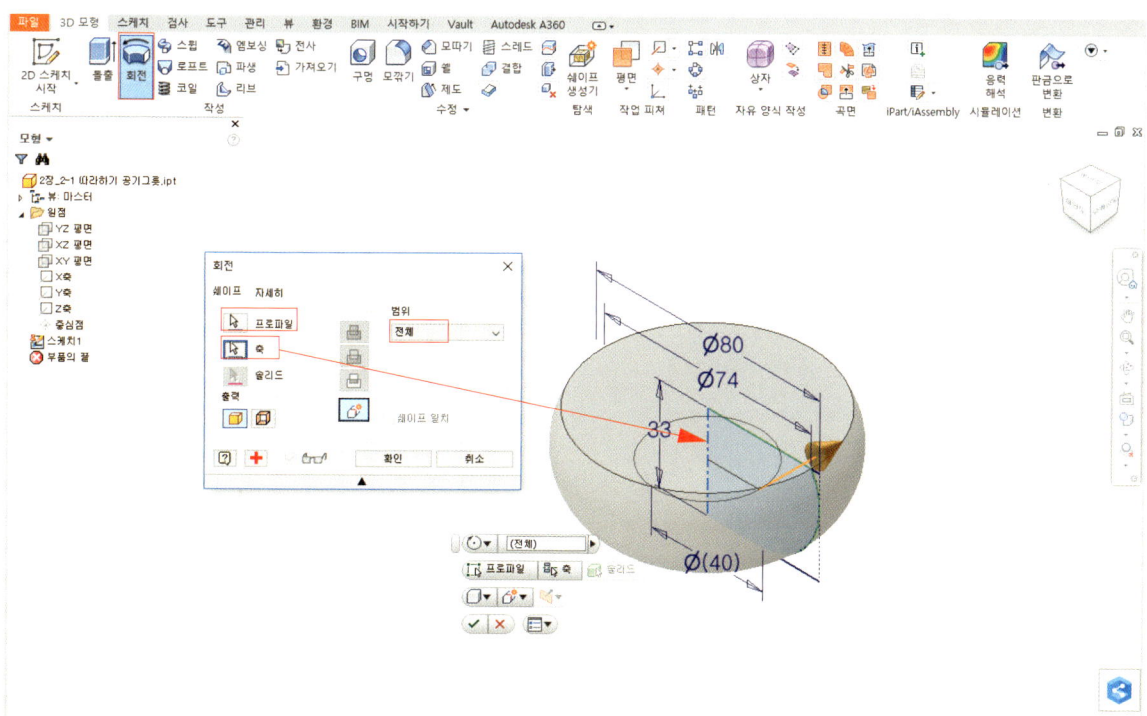

(3) 쉘로 내면 제거하기

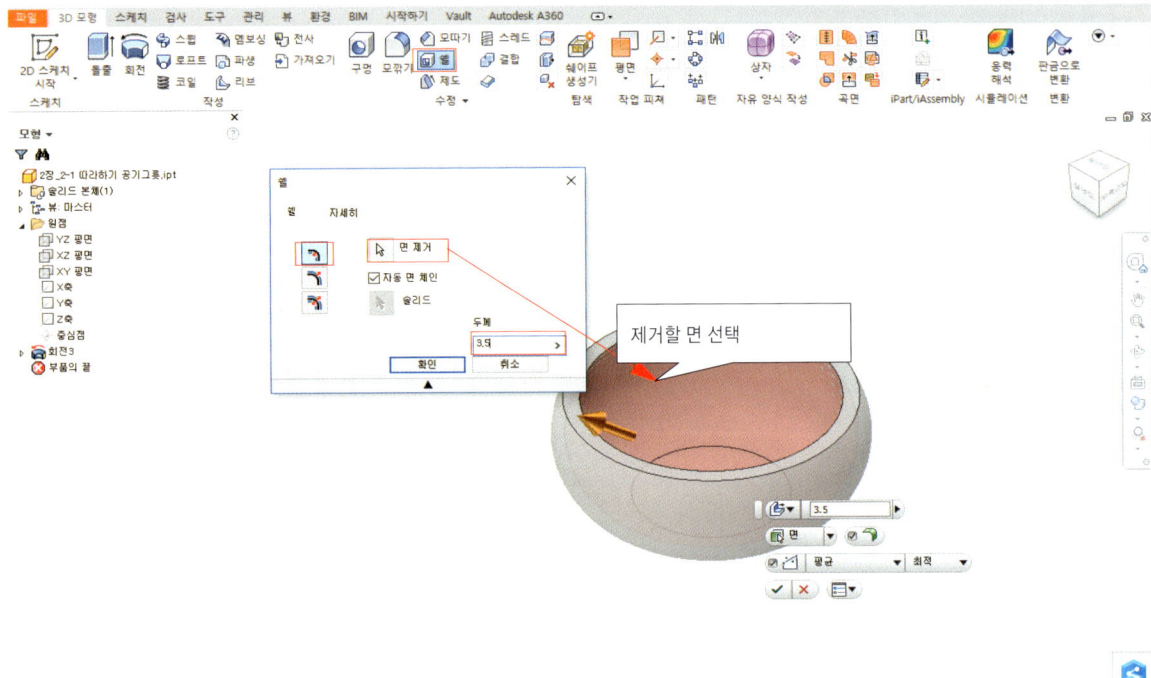

(4) 스케치할 작업평면 만들기

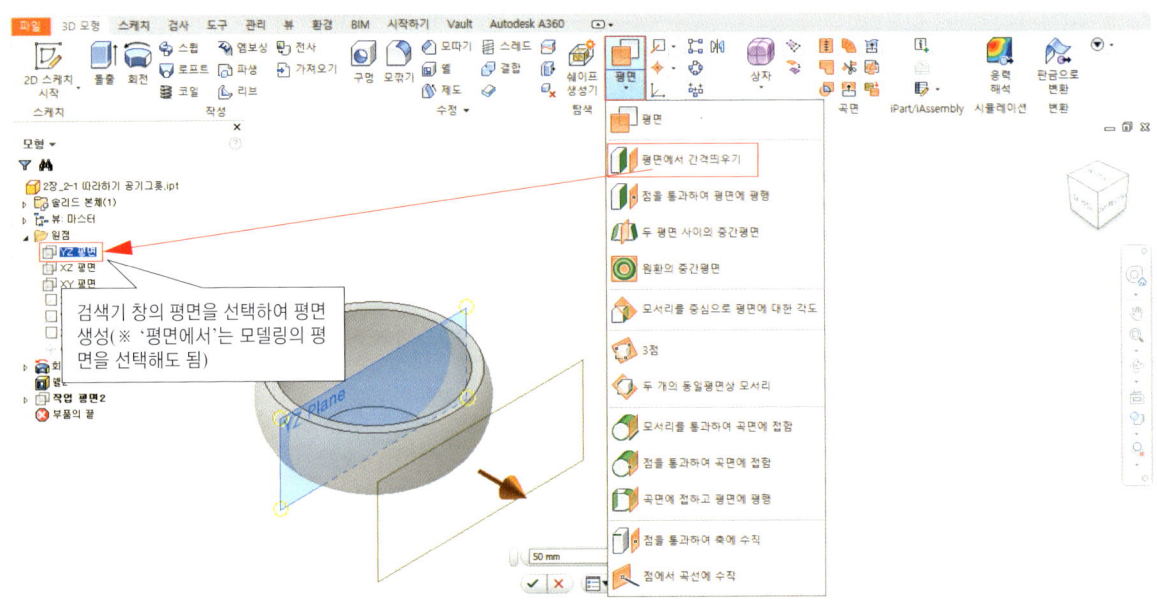

(5) 작업평면에 이미지 삽입하기

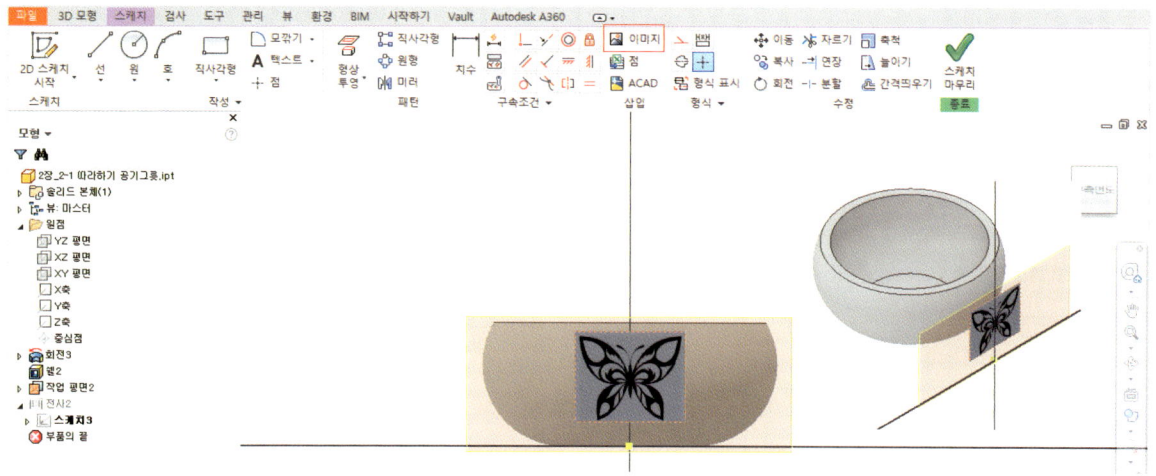

(6) 모델평면에 이미지 전사 및 모깎기하기

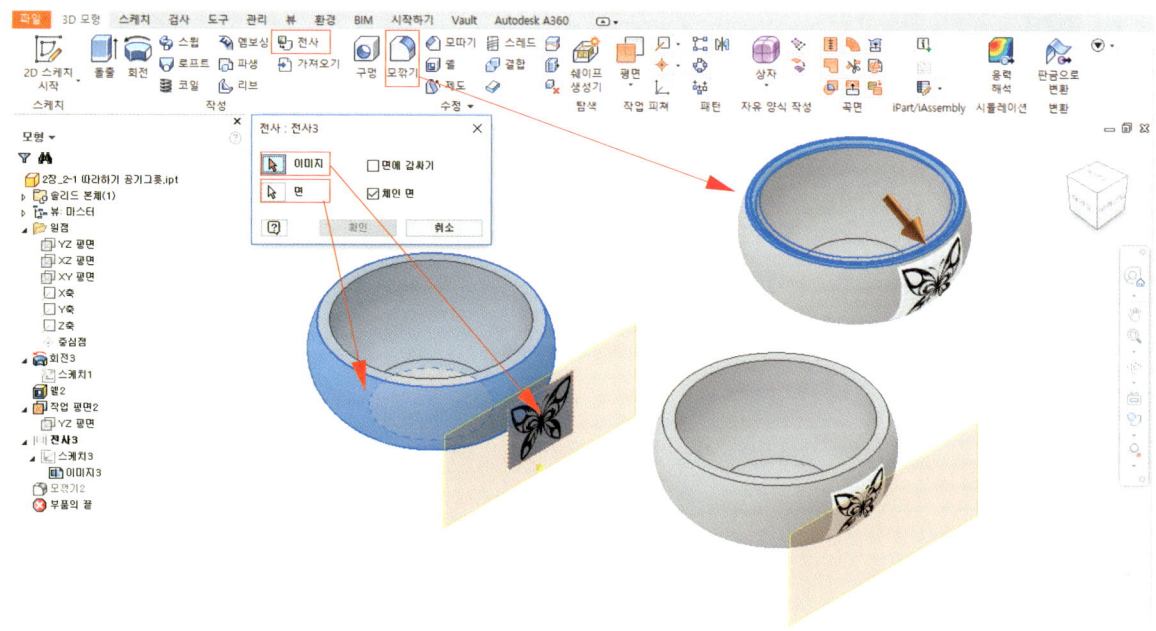

(6) 슬라이스 하기

- 모델링한 후 STL 파일로 저장하고 슬라이서 프로그램으로 파일을 불러온다.
- 빌드 크기와 대략적인 출력 시간, 재료의 소모량이 표시된다.
- 프린트 설정이 완료되면 G-code 파일로 저장하고 3D 프린터로 출력한다.

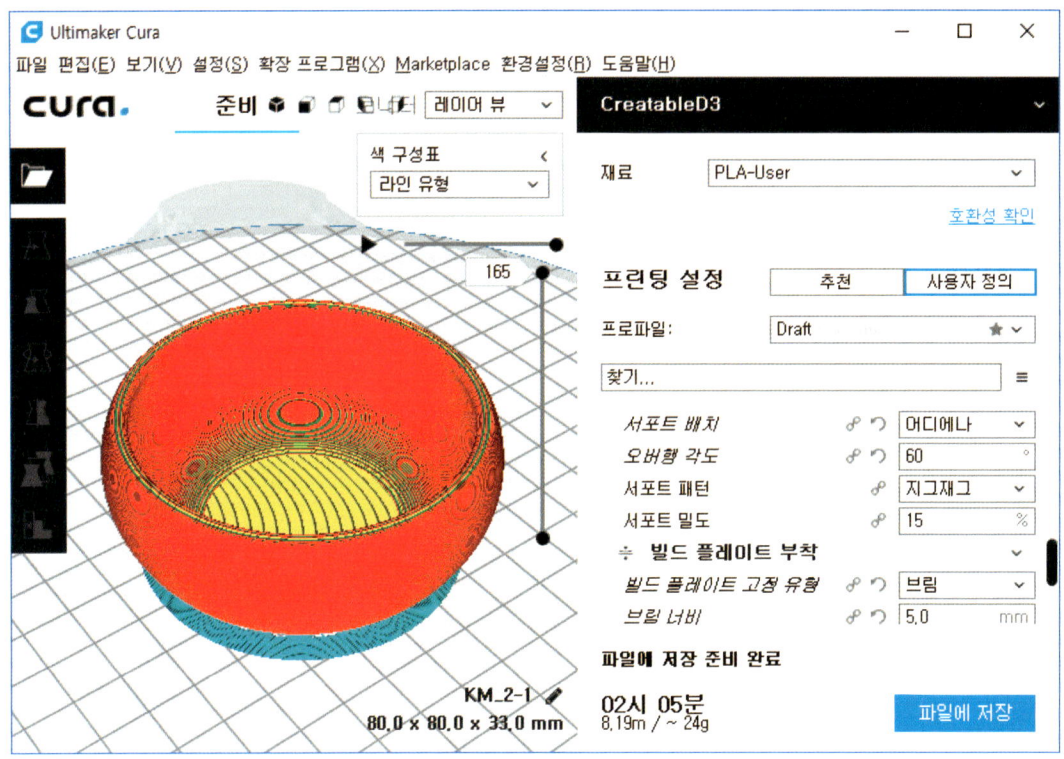

(7) 출력물 형상

[2-1 연습과제 1] 도장과 도장뚜껑

학습목표: 스케치를 회전 및 돌출하여 3D모델링하고 3D 프린팅할 수 있다.

학습내용: 선, 호, 자르기, 중심선, 회전, 치수, 평면, 텍스트, 법선반전, 돌출, 모깎기

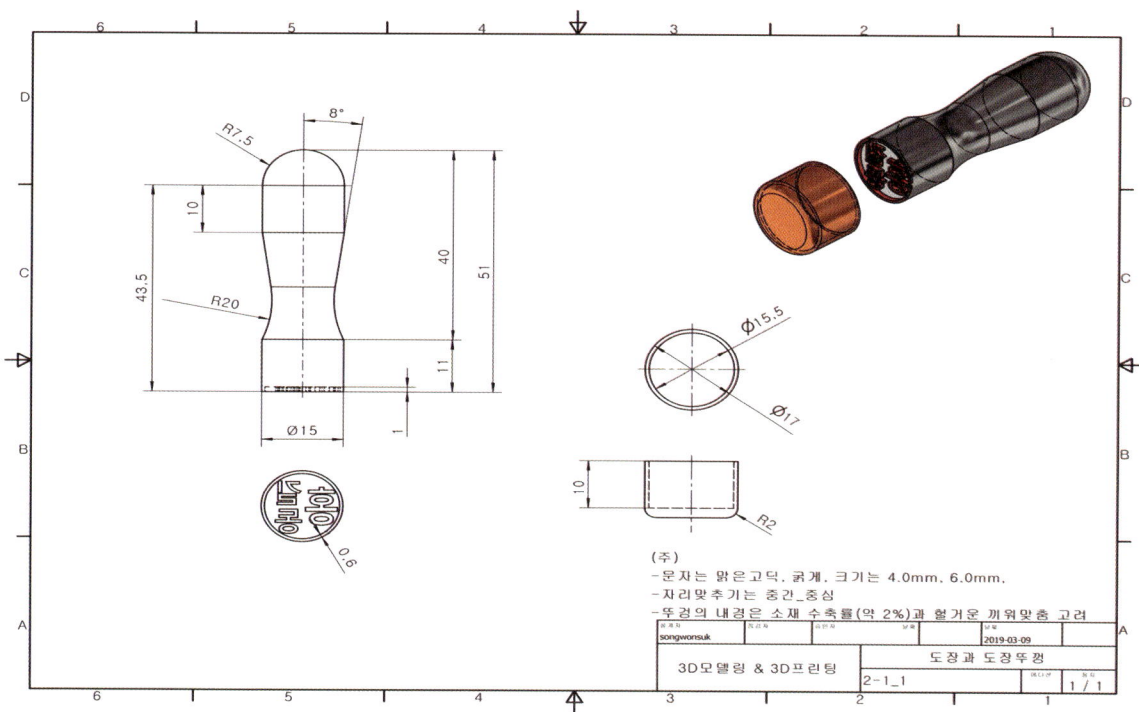

[참고] process hint

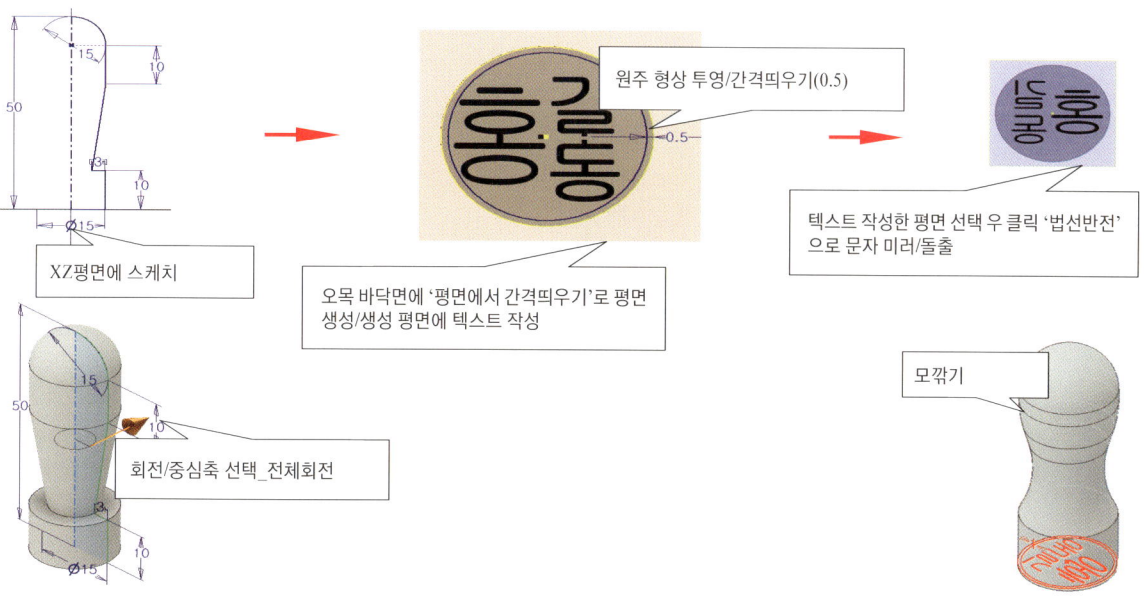

(1) 슬라이스 하기

- 모델링한 후 STL 파일로 저장하고 슬라이서 프로그램으로 파일을 불러온다.
- 빌드 크기와 대략적인 출력 시간, 재료의 소모량이 표시된다.
- 프린트 설정이 완료되면 G-code 파일로 저장하고 3D 프린터로 출력한다.

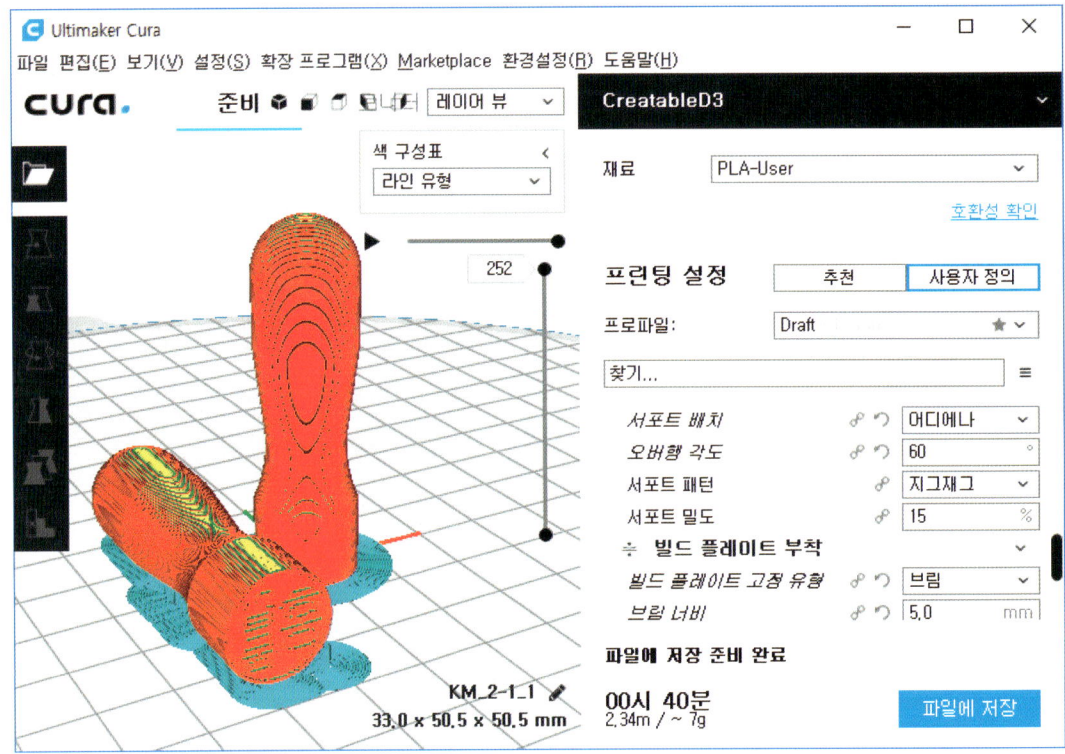

(2) 출력물 형상

[2-1 연습과제 2] **직인**

학습 목표: 스케치를 회전 및 돌출하여 3D모델링하고 3D 프린팅 할 수 있다.

학습 내용: 선, 중심선, 3점호, 접선구속, 회전, 평면 생성, 형상 투영, 간격띄우기, 돌출, 텍스트, 법선반전

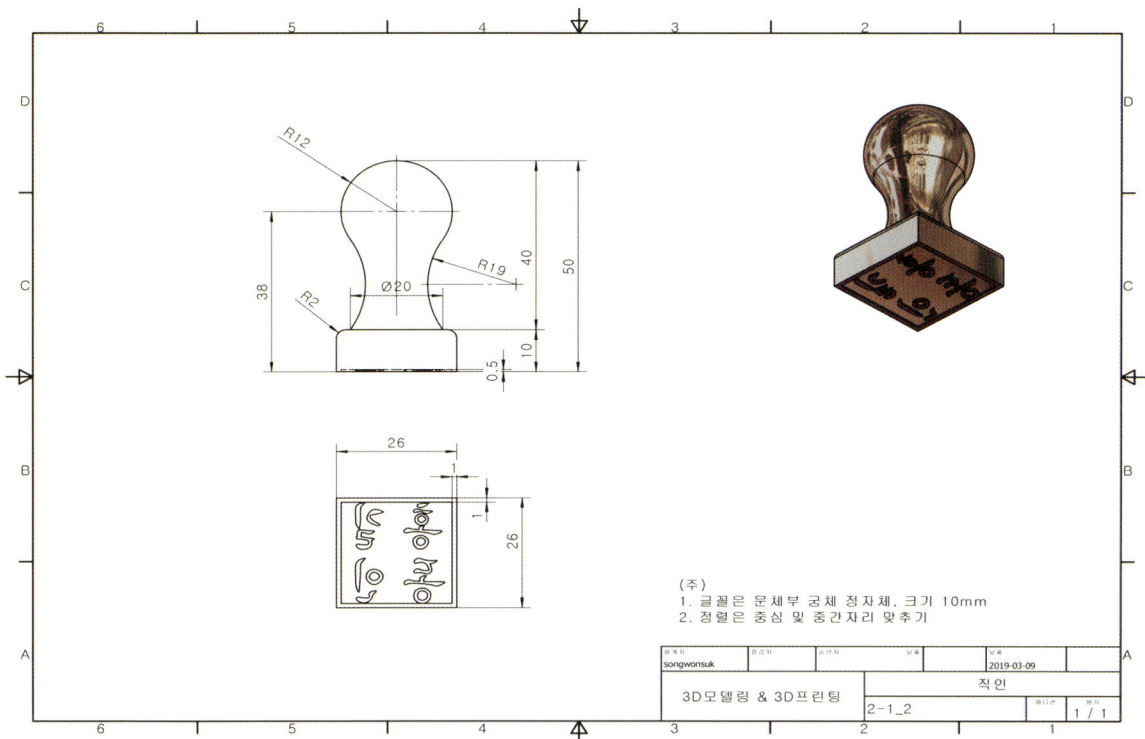

[참고] process hint

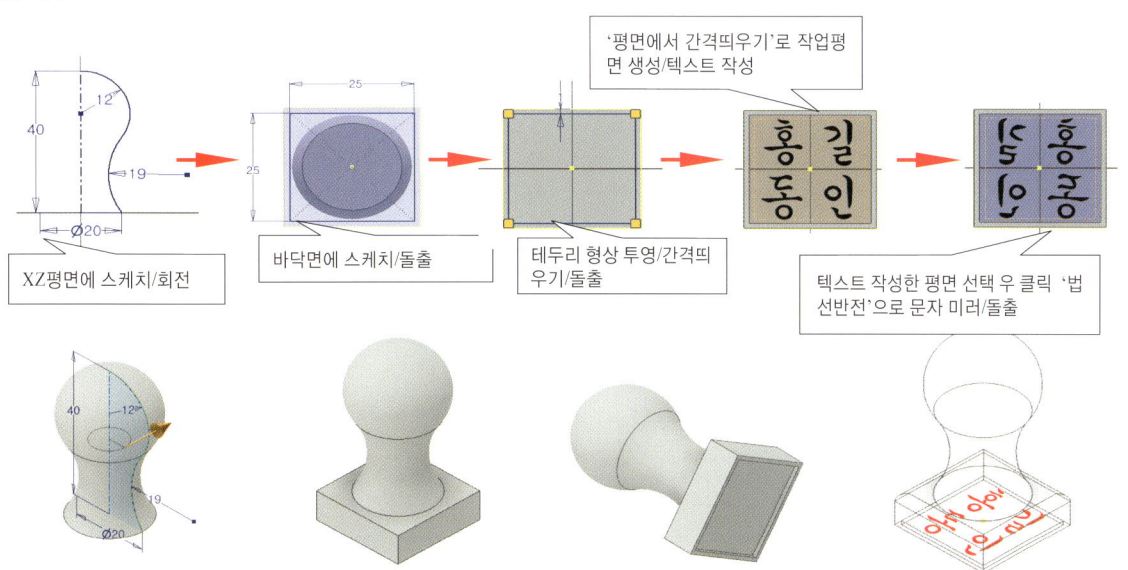

(1) 슬라이스 하기

- 모델링한 후 STL 파일로 저장하고 슬라이서 프로그램으로 파일을 불러온다.
- 빌드 크기와 대략적인 출력 시간, 재료의 소모량이 표시된다.
- 프린트 설정이 완료되면 G-code 파일로 저장하고 3D 프린터로 출력한다.

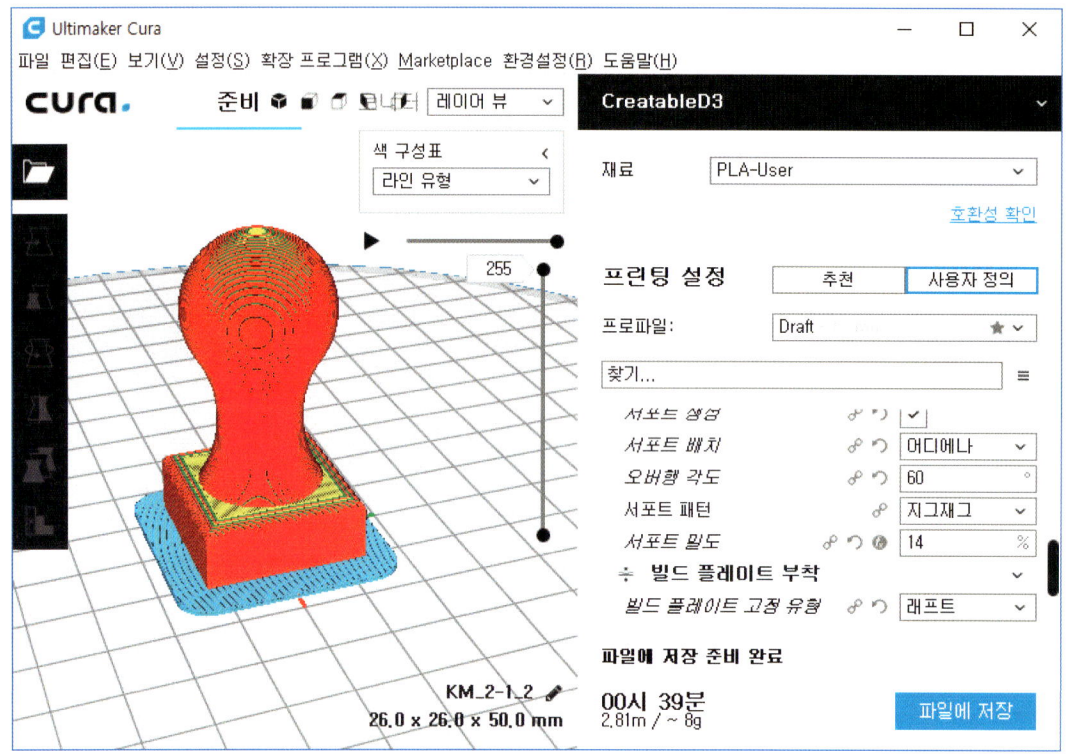

(2) 출력물 형상

[2-1 연습과제 3] 주사위

학습목표: 기본도형을 스케치하고 돌출 및 회전으로 3D형상 모델링하여 3D 프린팅 할 수 있다.

학습내용: 사각형, 돌출, 평면 생성, 그래픽슬라이스(F7), 원, 중심선, 자르기, 회전(교집합), 돌출, 모깎기

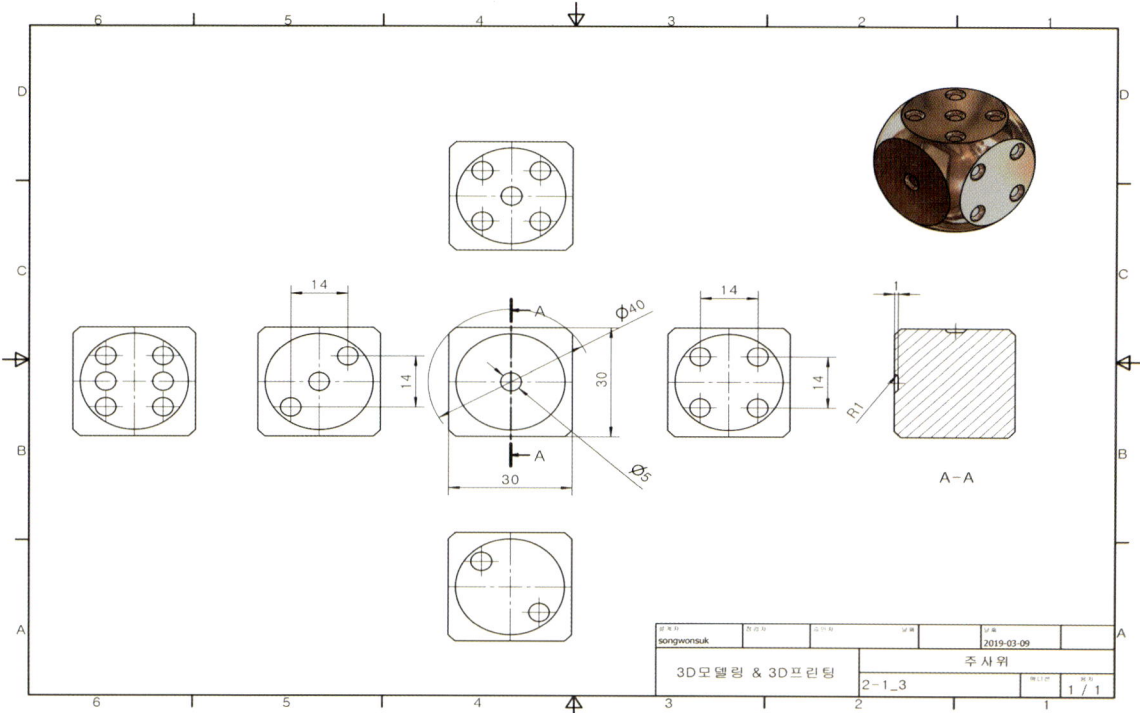

[참고] process hint

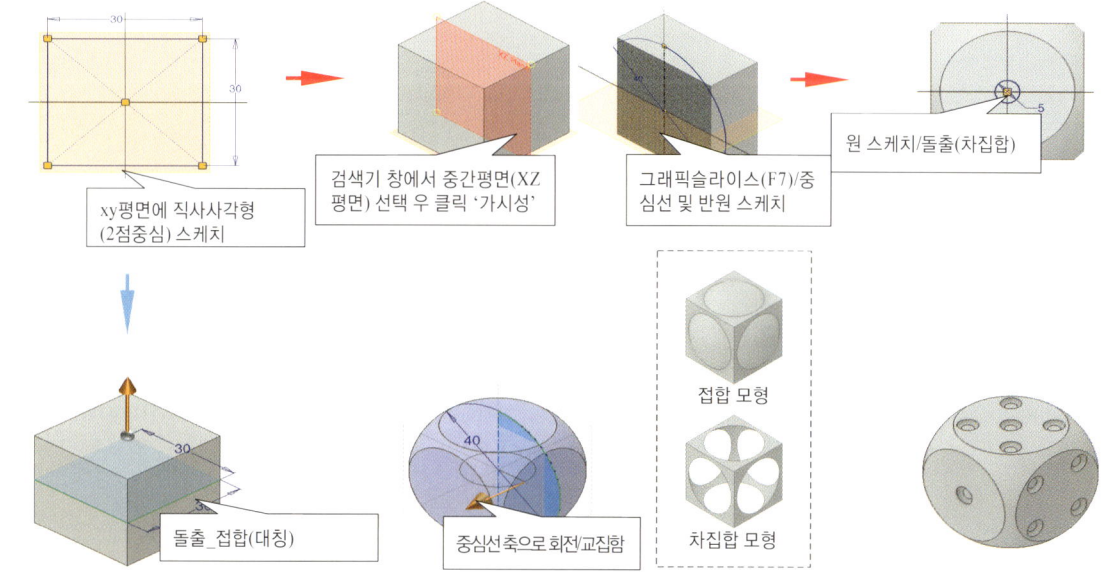

(1) 슬라이스 하기

- 모델링한 후 STL 파일로 저장하고 슬라이서 프로그램으로 파일을 불러온다.
- 빌드 크기와 대략적인 출력 시간, 재료의 소모량이 표시된다.
- 프린트 설정이 완료되면 G-code 파일로 저장하고 3D 프린터로 출력한다.

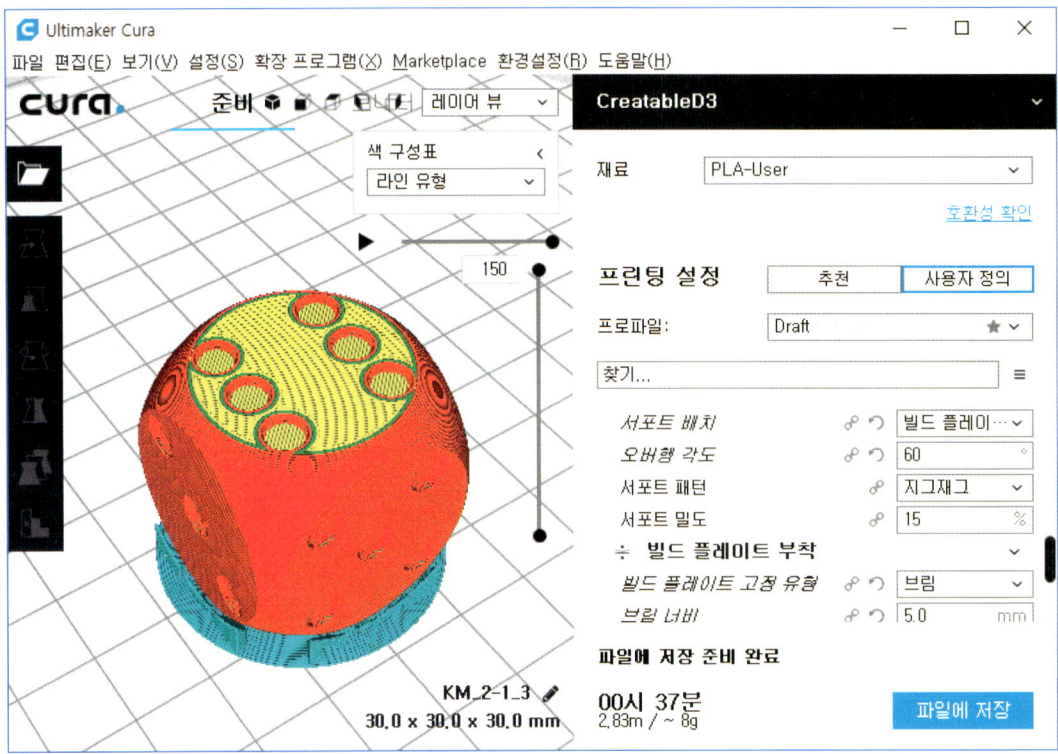

(2) 출력물 형상

[2-1 연습과제 4] 연필통

학습 목표: 기본도형을 스케치하고 돌출 및 회전으로 3D형상 모델링하여 3D 프린팅할 수 있다.

학습 내용: 선, 중심선, 점, 3점호, 치수, 회전, 평면생성, 형상투영, 돌출, 쉘, 모깎기

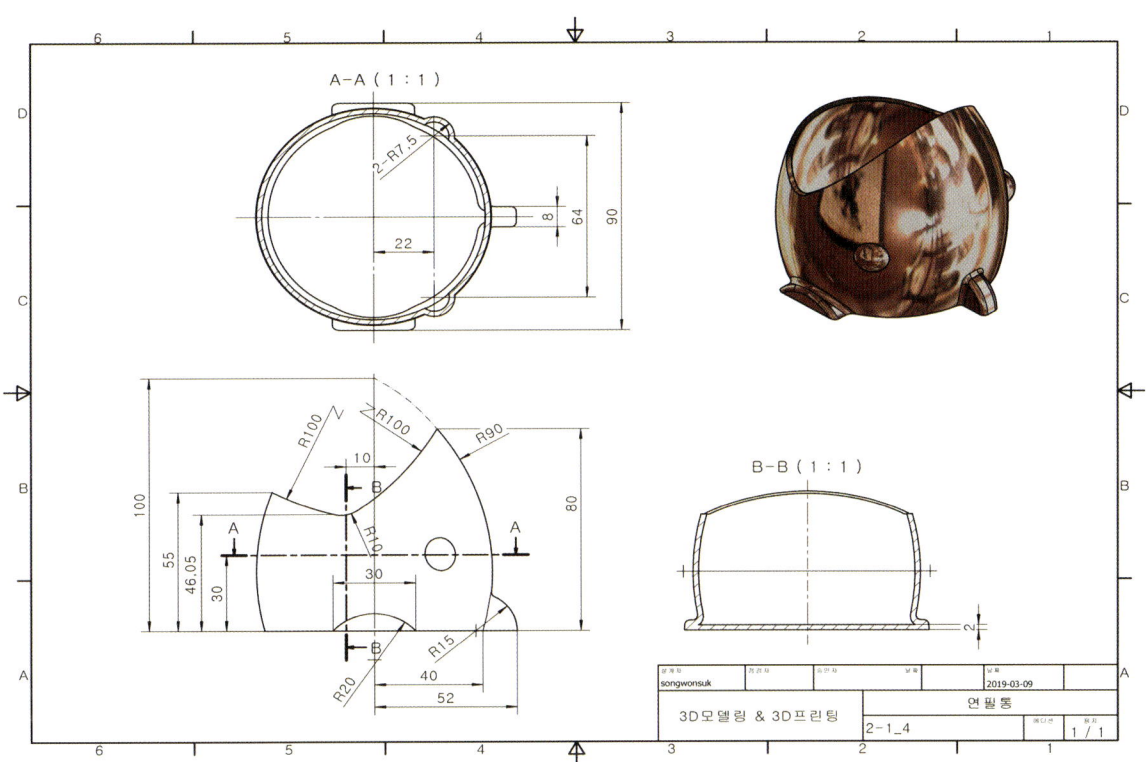

[참고] process hint

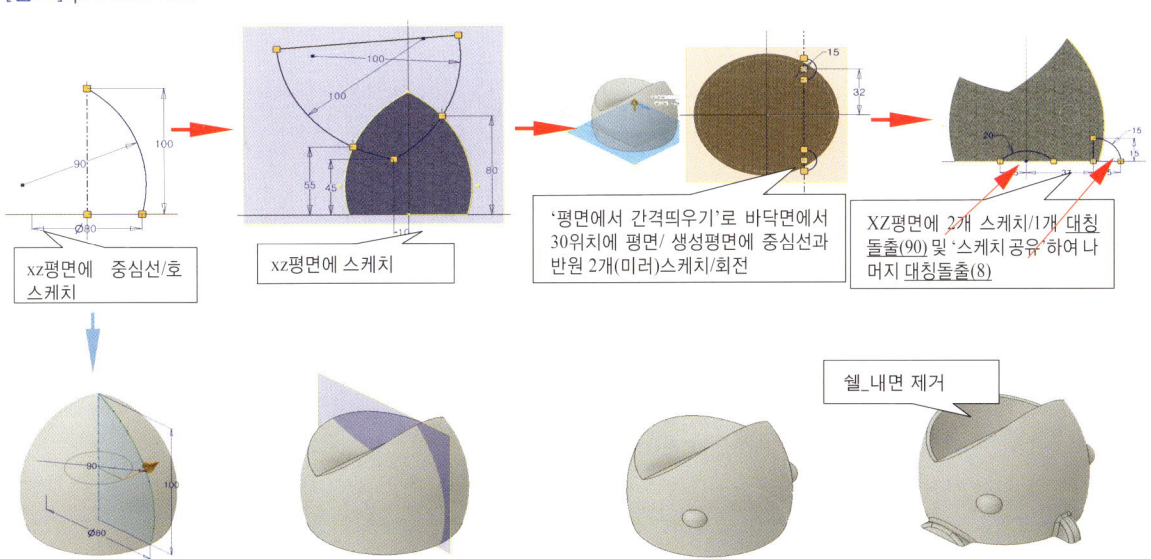

(1) 슬라이스 하기

- 모델링한 후 STL 파일로 저장하고 슬라이서 프로그램으로 파일을 불러온다.
- 빌드 크기와 대략적인 출력 시간, 재료의 소모량이 표시된다.
- 프린트 설정이 완료되면 G-code 파일로 저장하고 3D 프린터로 출력한다.

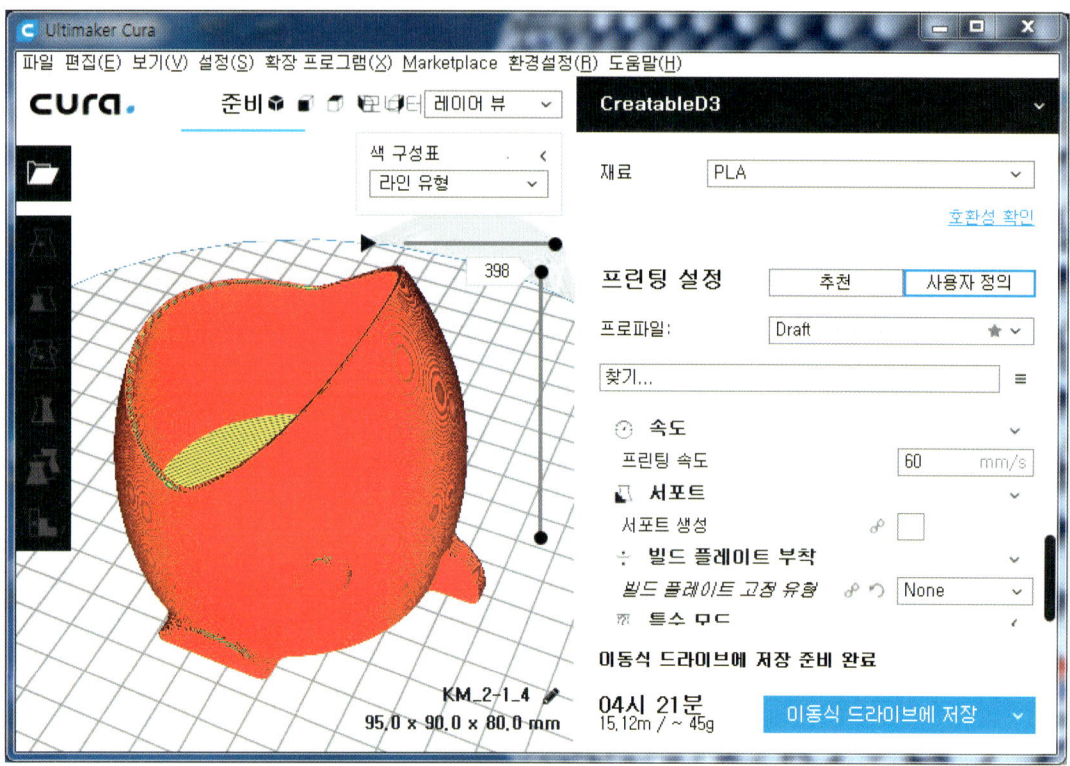

(2) 출력물 형상

[2-2 따라하기] 테이퍼 축

학습목표: 선 스케치 영역과 직선축으로 3D회전도형을 만들고 3D 프린팅할 수 있다.

학습내용: 선, 중심선, 치수, 회전, 모따기, 구멍, 널링, 도구(모양)

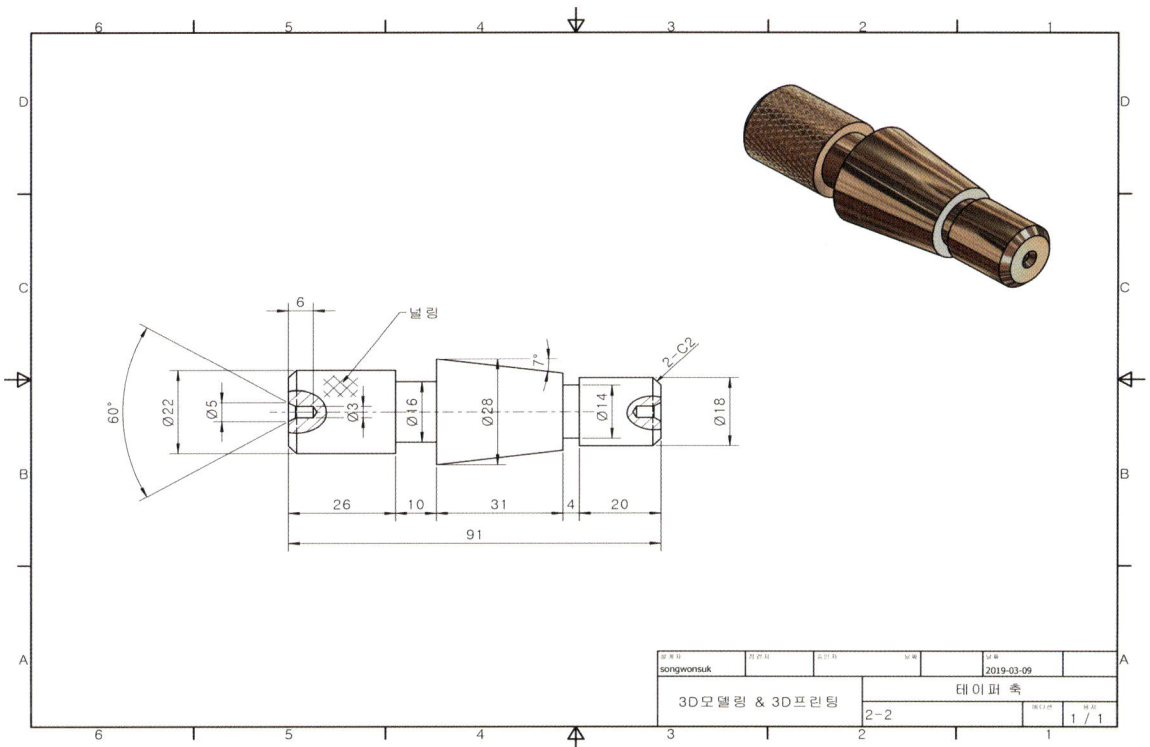

[참고] process hint

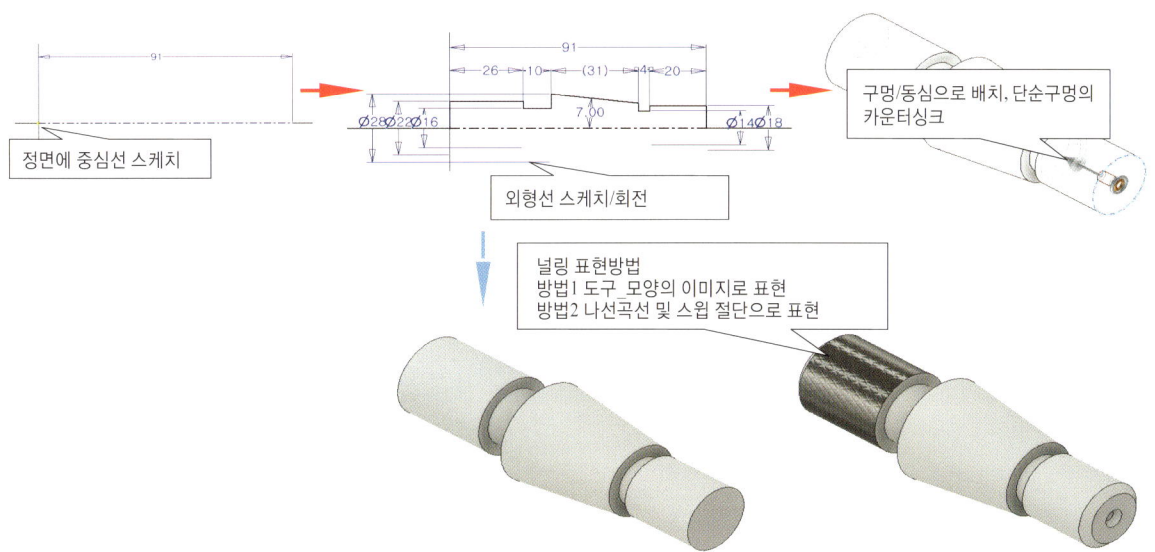

(1) 스케치 및 구속하기

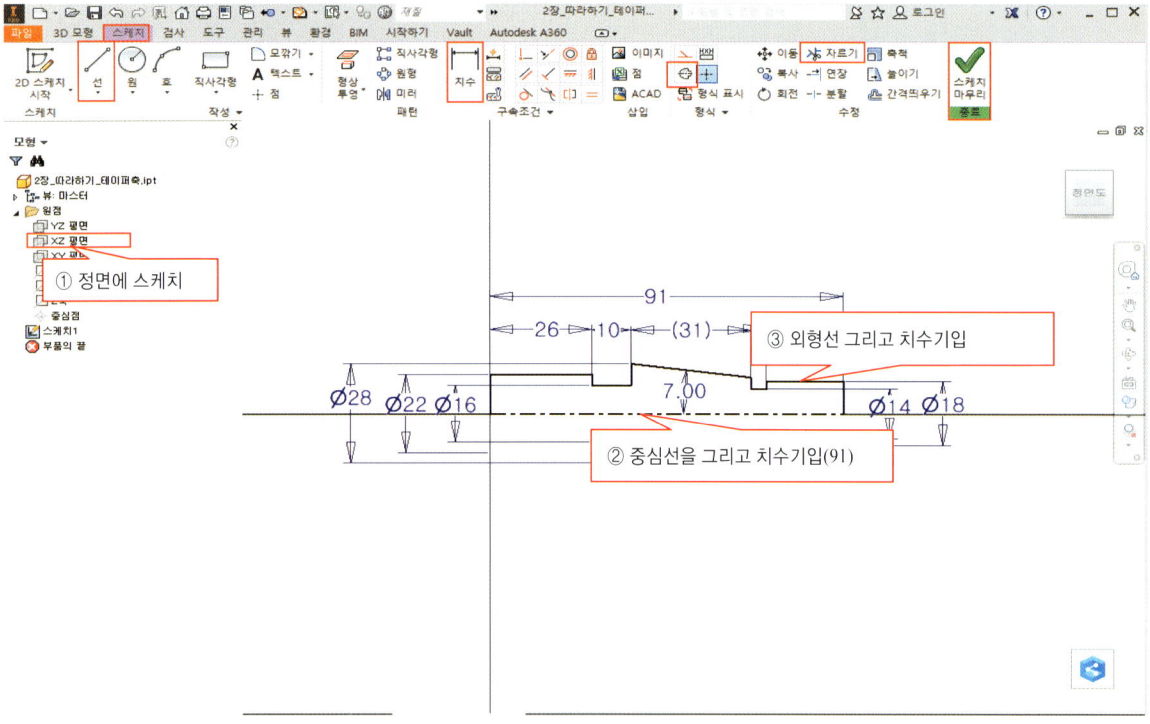

(2) 3D 모형으로 회전하기

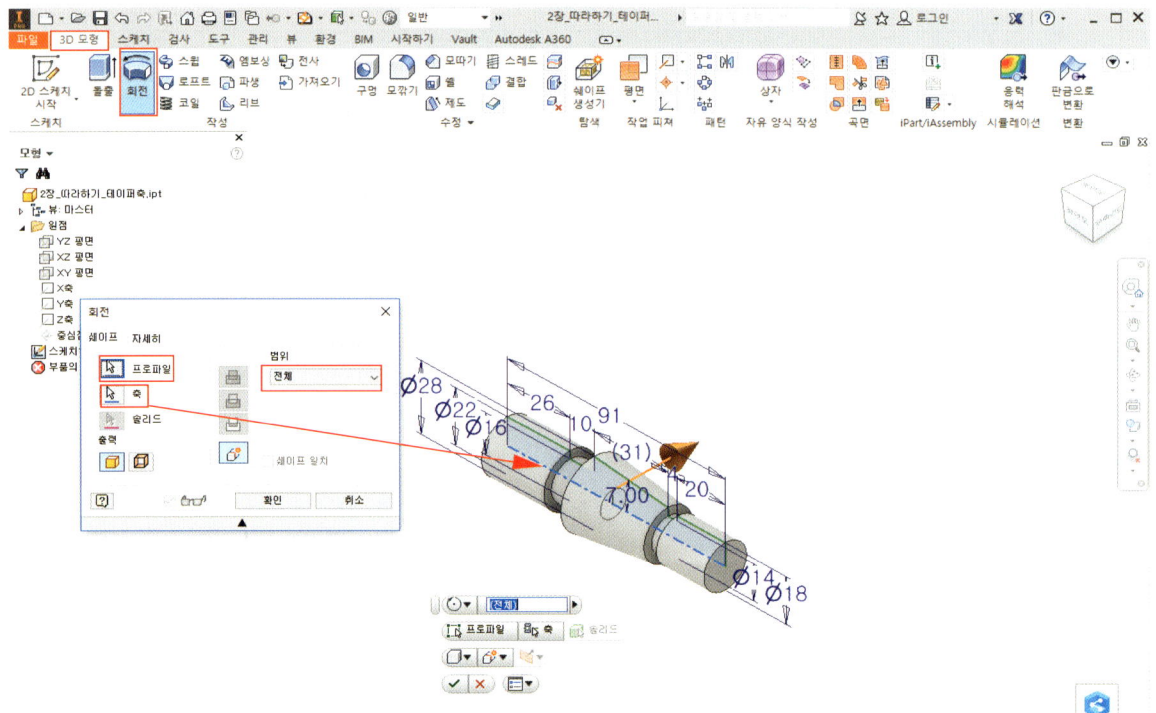

(3) 센터 구멍 뚫기

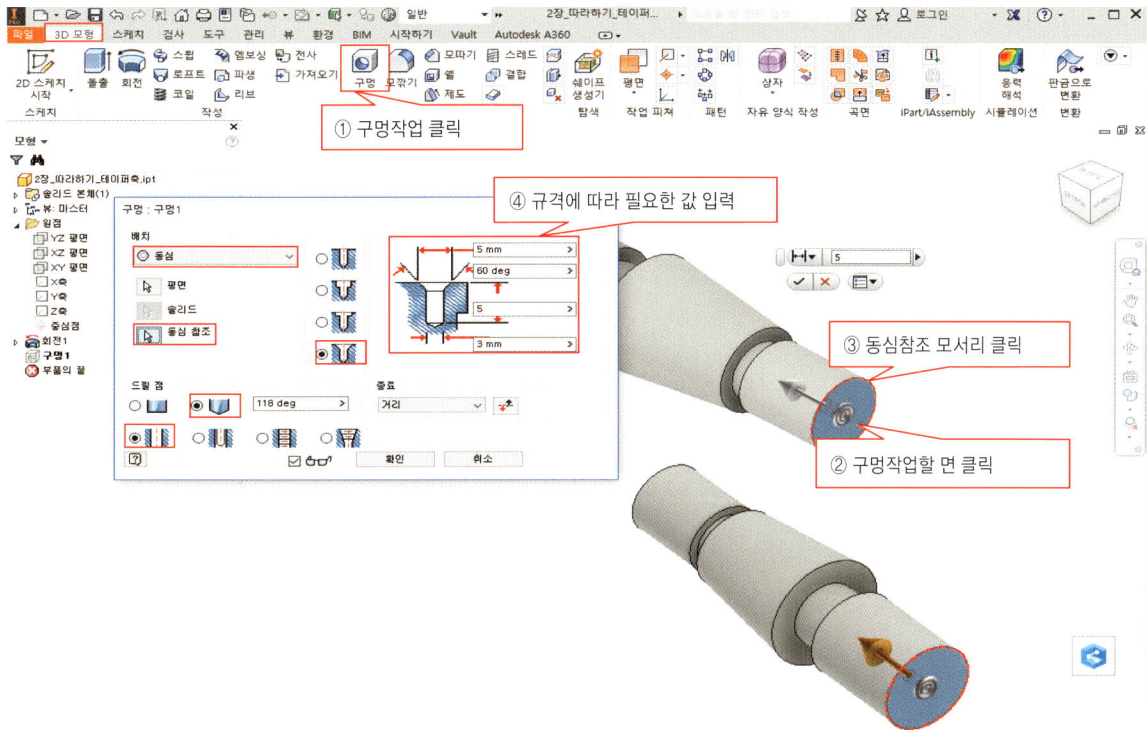

(4) 모서리 둥글게 모깎기하기

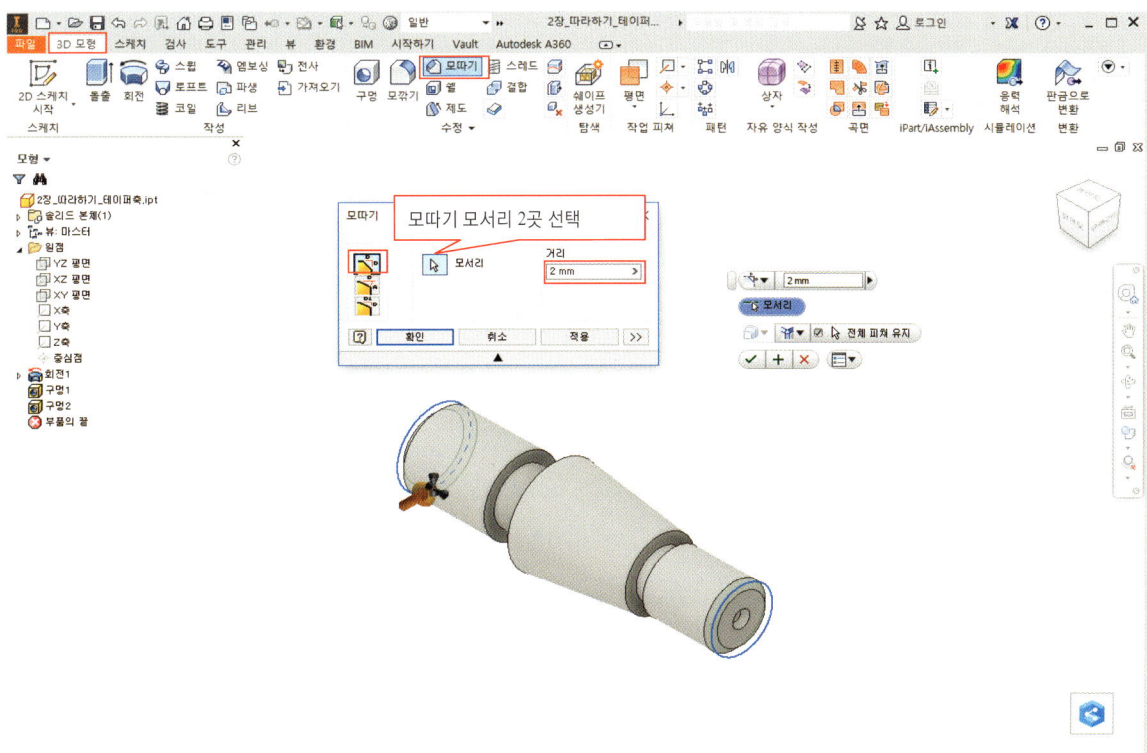

(5) 널링 작업하기

[방법1] 널링을 이미지로 표현하는 방법

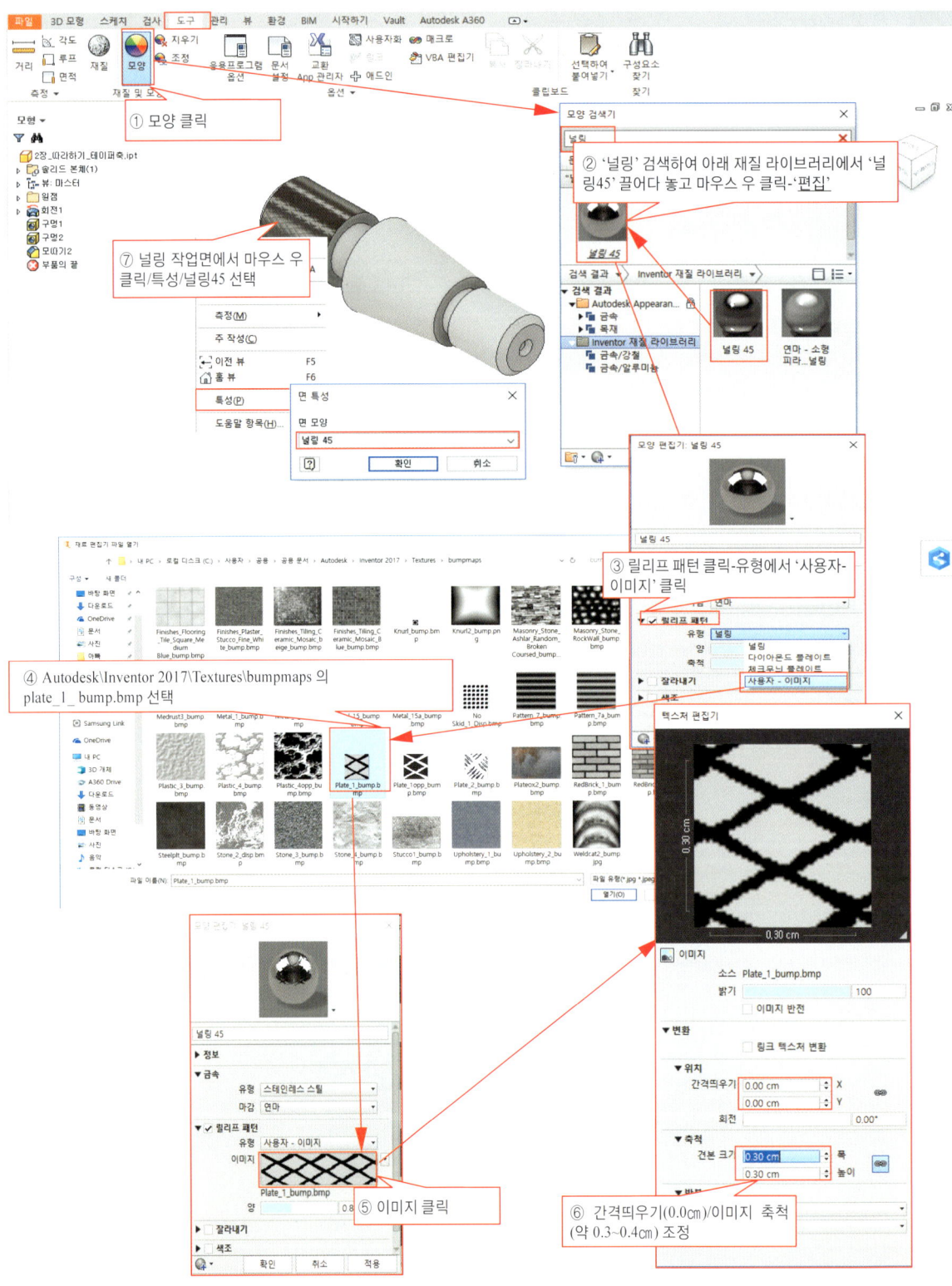

[방법2] 널링을 스윕 절단으로 표현하는 방법

① 널링 산형 스케치

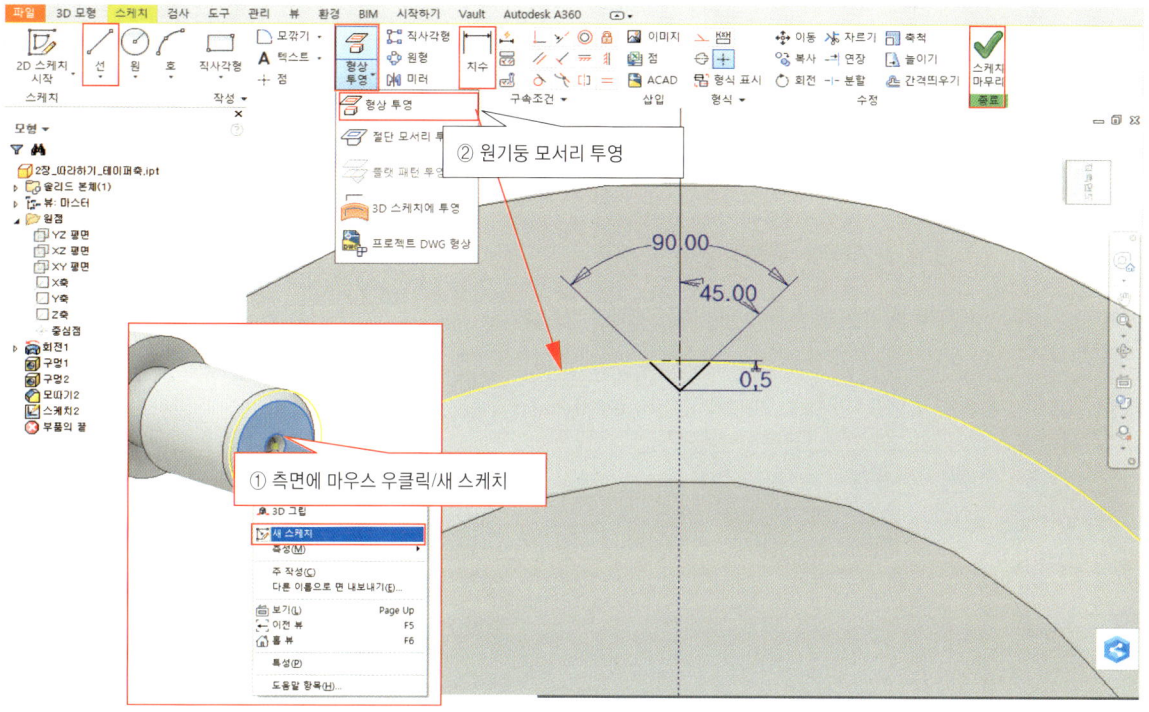

② 널링 회전방향 곡선 스케치

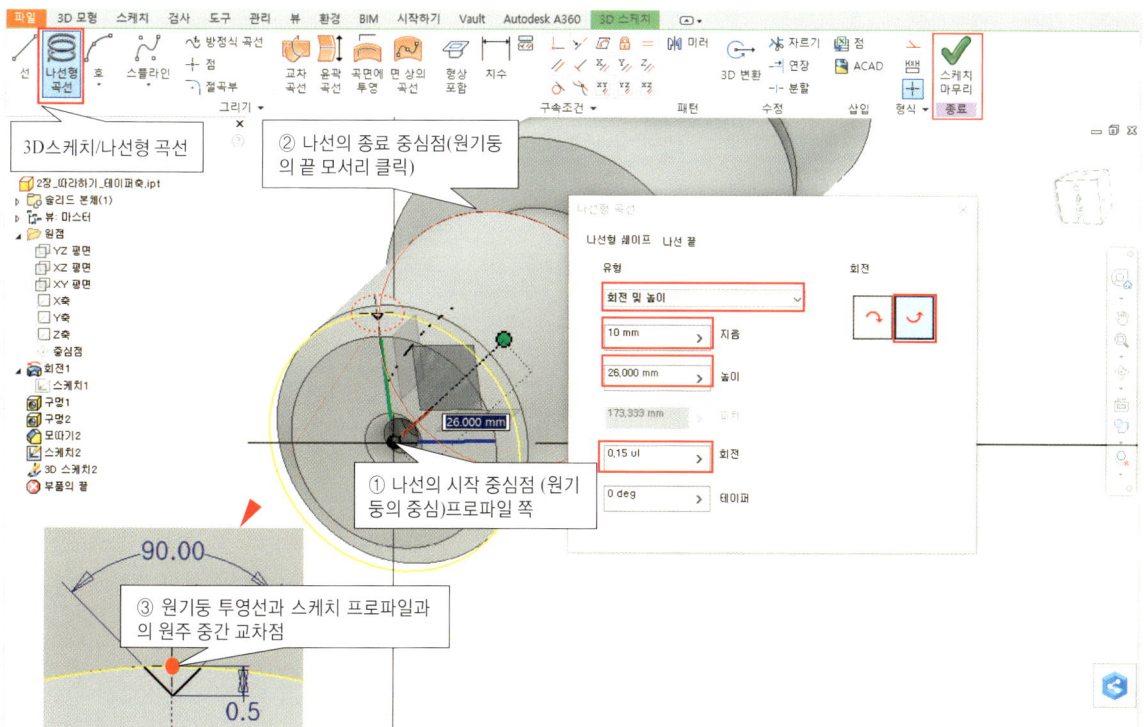

③ 스윕으로 골 만들기

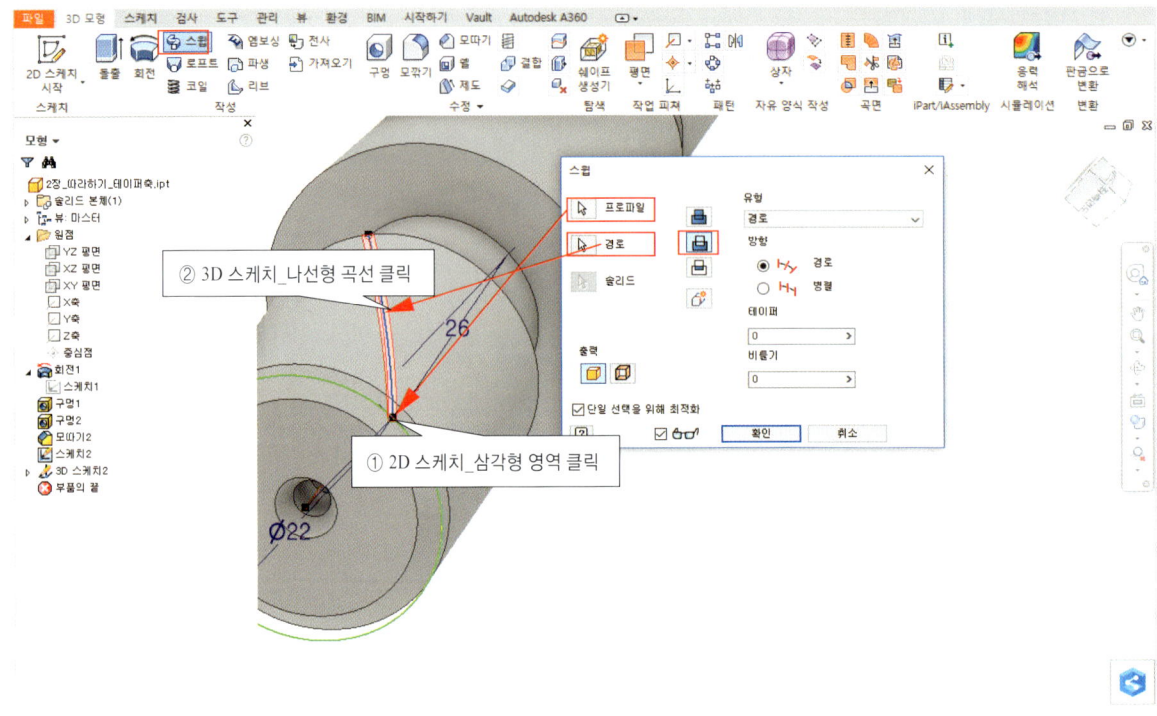

④ 원형 패턴으로 원주면 전체에 골 만들기

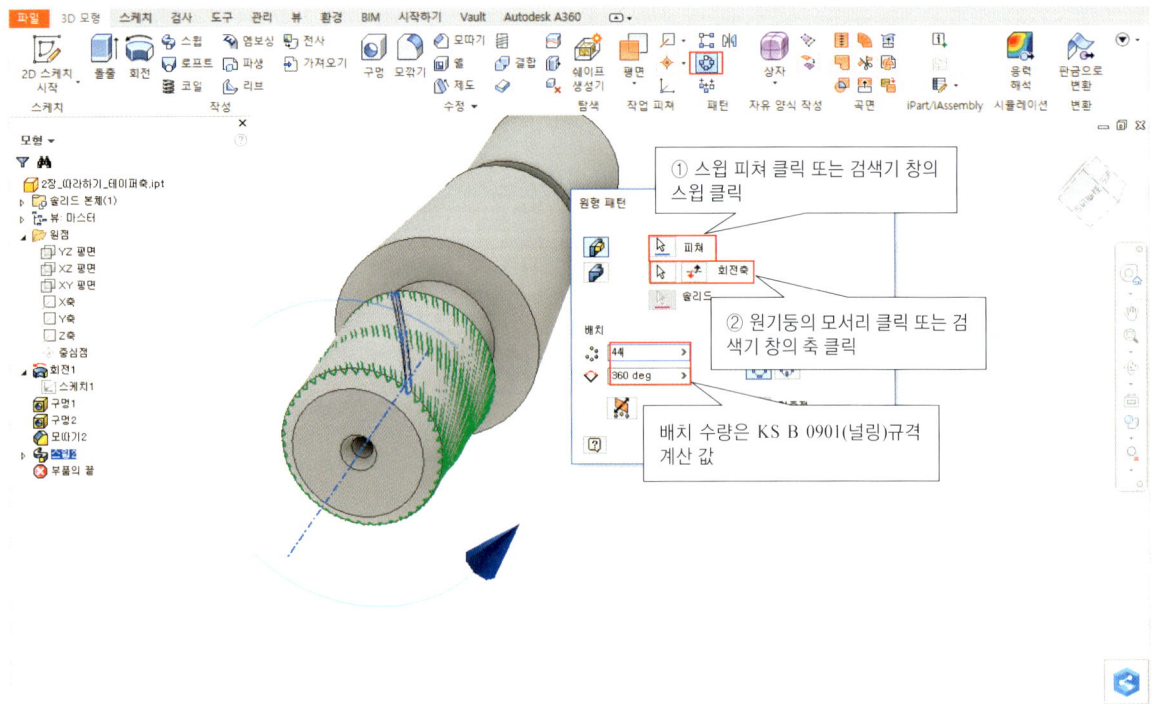

⑤ 미러 패턴으로 널 형상 만들기

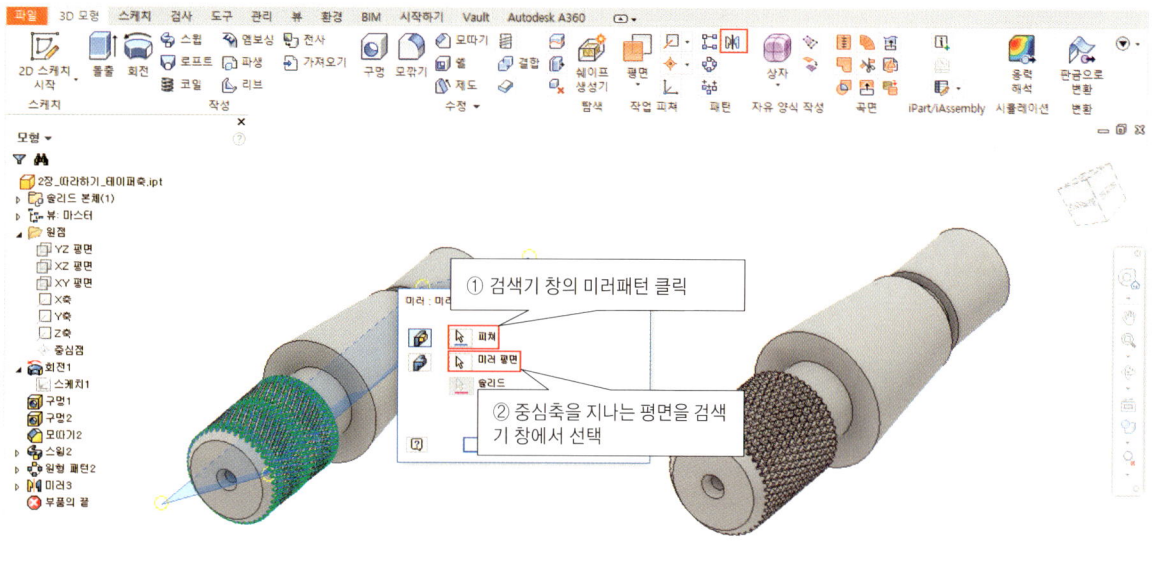

MEMO

(6) 슬라이스하기

- 모델링한 후 STL 파일로 저장하고 슬라이서 프로그램으로 파일을 불러온다.
- 빌드 크기와 대략적인 출력 시간, 재료의 소모량이 표시된다.
- 프린트 설정이 완료되면 G-code 파일로 저장하고 3D 프린터로 출력한다.

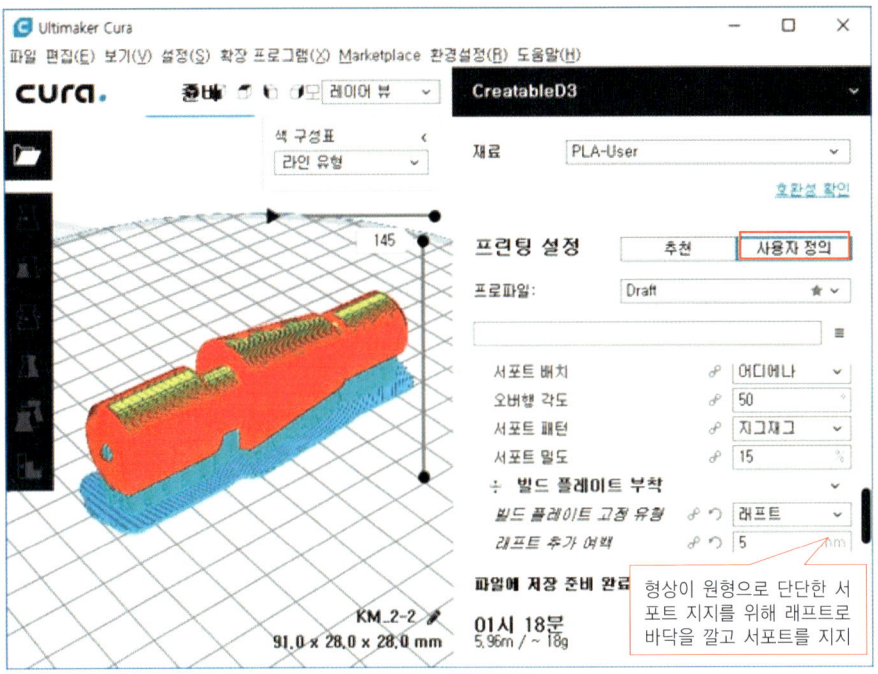

(7) 출력물 형상

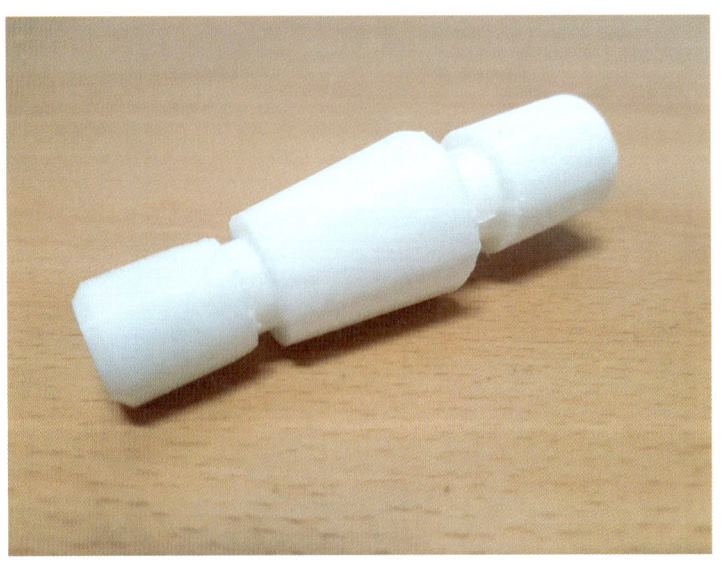

[2-2 연습과제 1] 축

 스케치 및 편집하여 3D회전 모델링을 만들고 3D 프린팅 할 수 있다.

선, 중심선, 회전, 그래픽슬라이스(F7), 사각형, 작업 평면, 슬롯, 돌출, 모따기

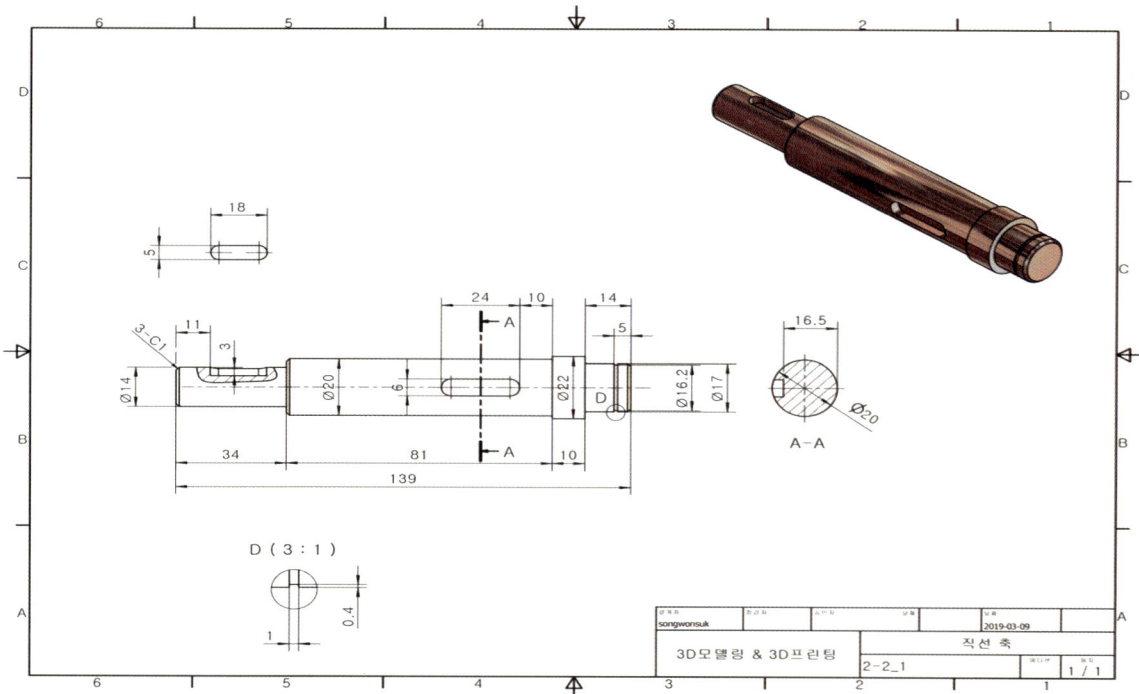

[참고] process hint

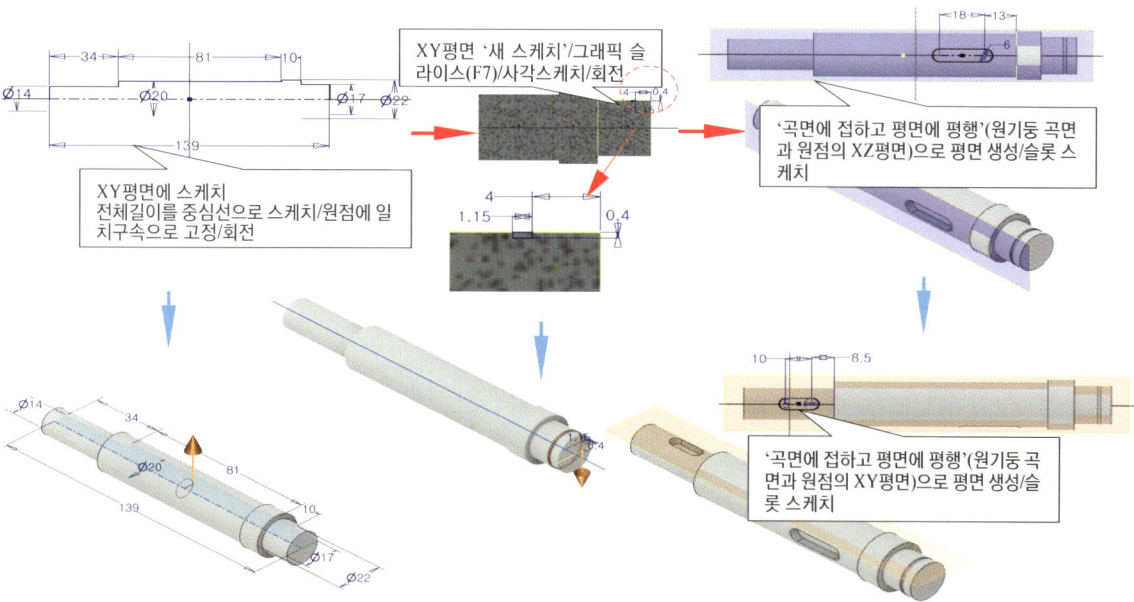

(1) 슬라이스 하기

- 모델링한 후 STL 파일로 저장하고 슬라이서 프로그램으로 파일을 불러온다.
- 빌드 크기와 대략적인 출력 시간, 재료의 소모량이 표시된다.
- 프린트 설정이 완료되면 G-code 파일로 저장하고 3D 프린터로 출력한다.

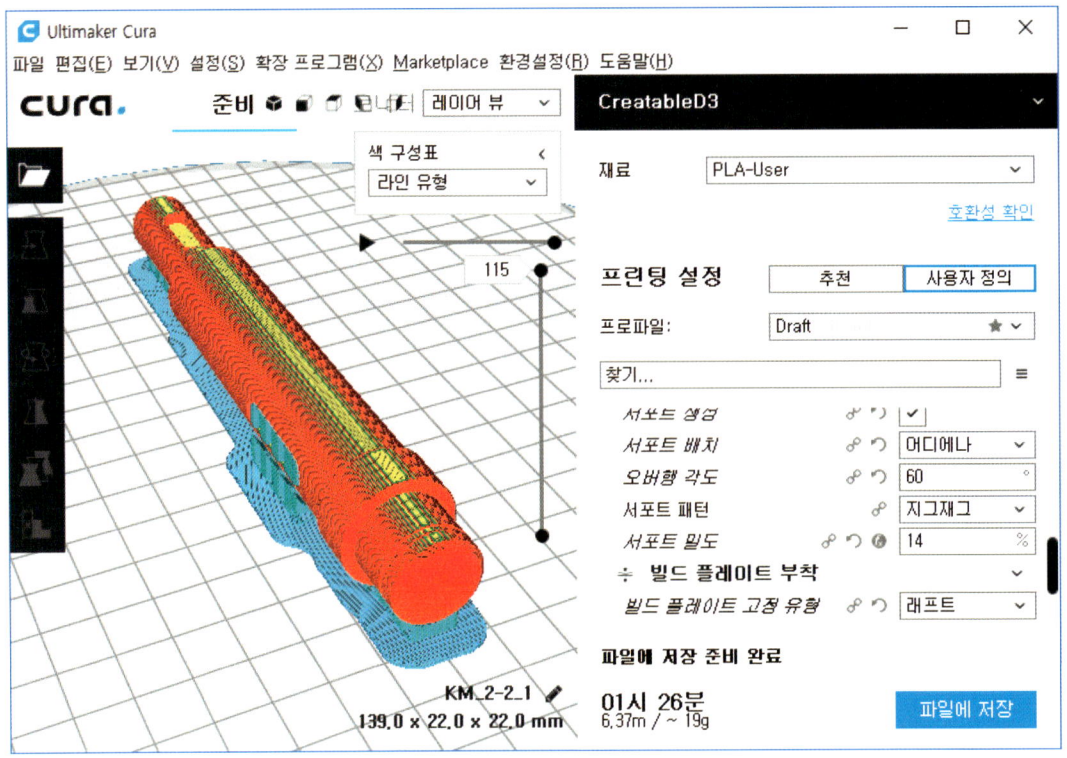

(2) 출력물 형상

[2-2 연습과제 2] 축

학습 목표: 스케치 및 편집하여 3D회전 모델링을 만들고 3D 프린팅 할 수 있다.

학습 내용: 선, 중심선, 회전, 그래픽슬라이스(F7), 사각형, 작업 평면, 슬롯, 돌출, 모따기

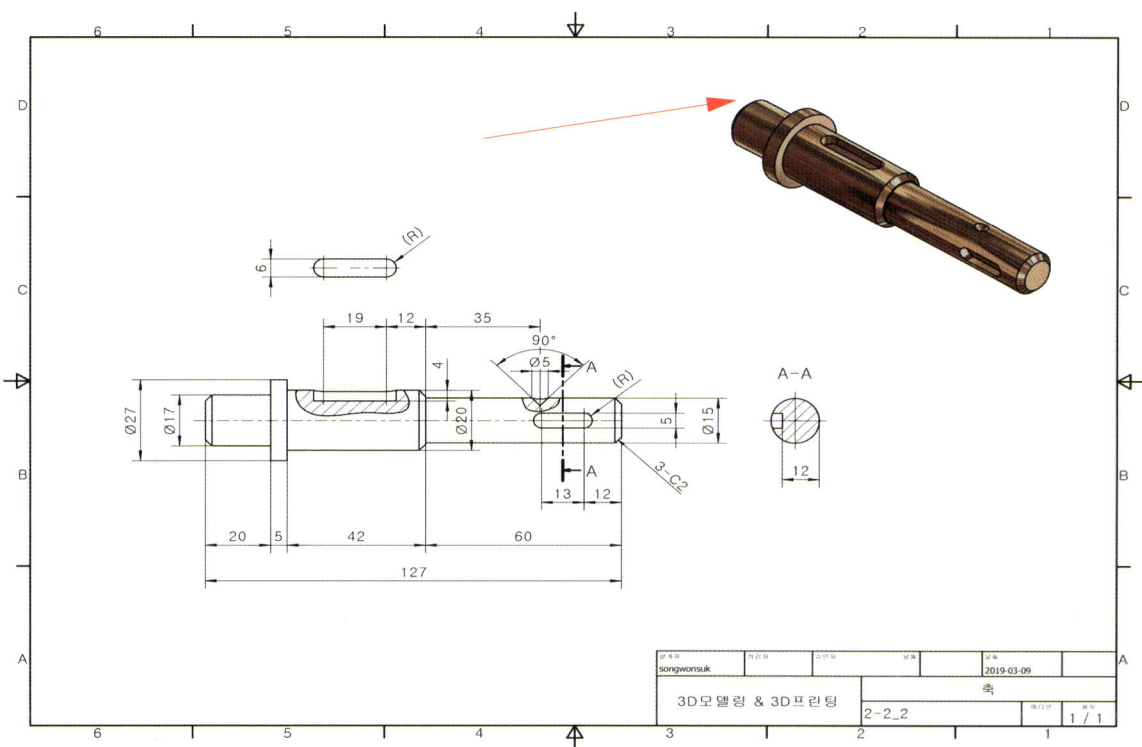

[참고] process hint

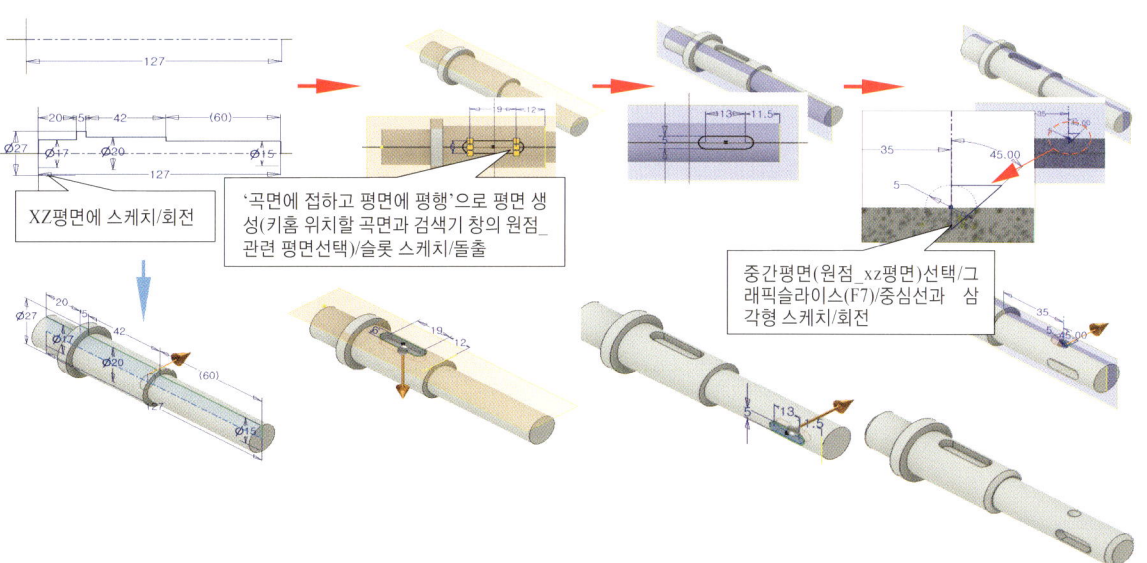

(1) 슬라이스 하기

- 모델링한 후 STL 파일로 저장하고 슬라이서 프로그램으로 파일을 불러온다.
- 빌드 크기와 대략적인 출력 시간, 재료의 소모량이 표시된다.
- 프린트 설정이 완료되면 G-code 파일로 저장하고 3D 프린터로 출력한다.

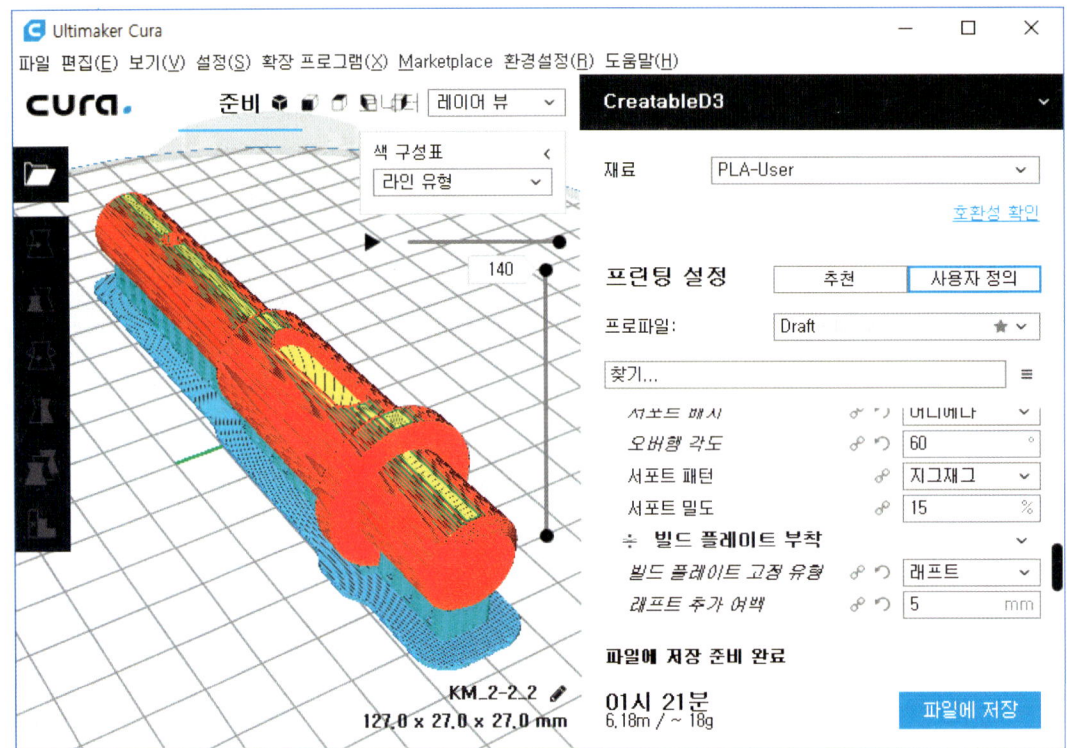

(2) 출력물 형상

[2-2 연습과제 3] 편심축

학습 목표: 스케치 및 편집하여 3D회전 모델링을 만들고 3D 프린팅 할 수 있다.

학습 내용: 선, 중심선, 회전, 사각형, 스케치공유, 작업 평면, 슬롯, 돌출, 스레드, 모따기

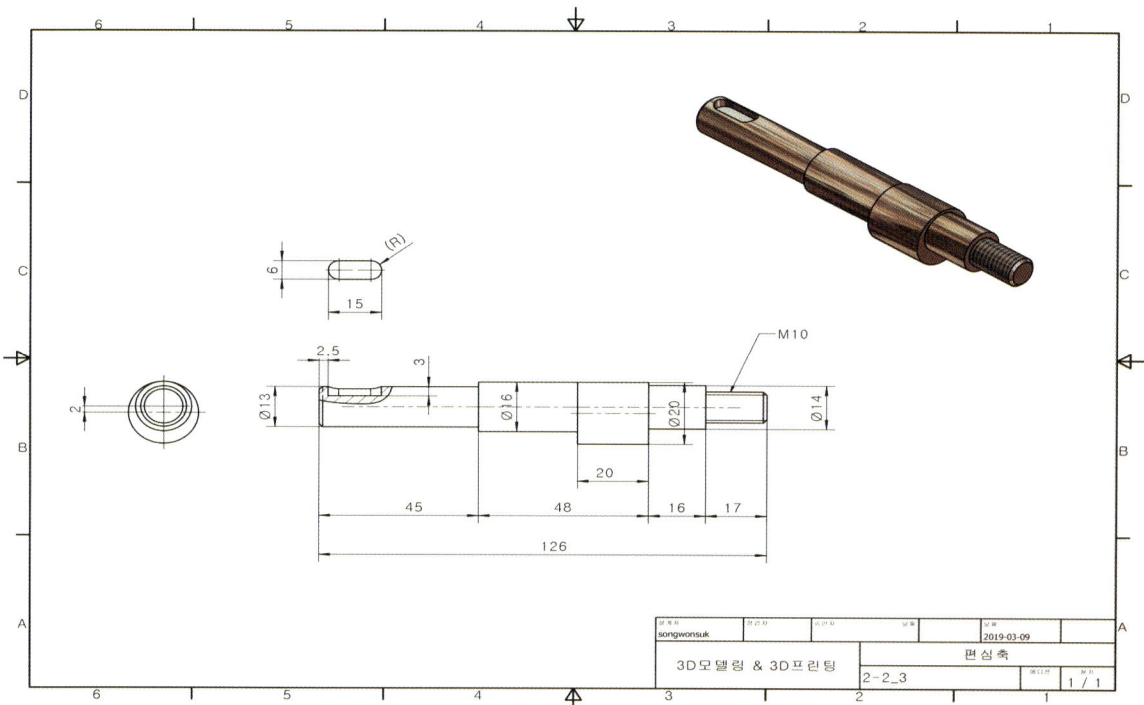

[참고] process hint

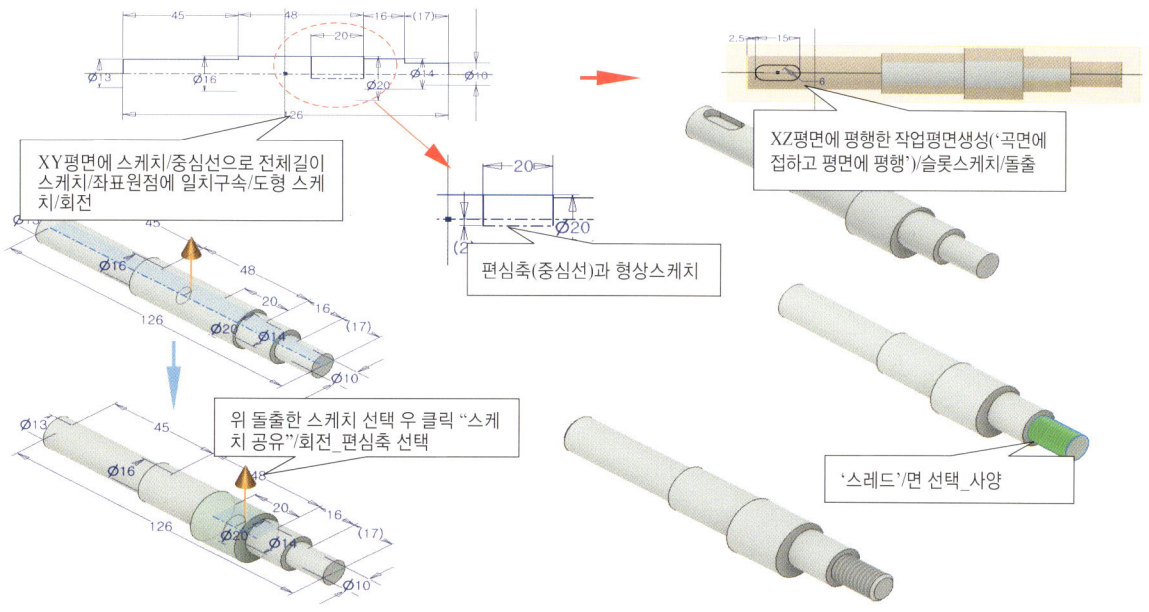

(1) 슬라이스 하기

- 모델링한 후 STL 파일로 저장하고 슬라이서 프로그램으로 파일을 불러온다.
- 빌드 크기와 대략적인 출력 시간, 재료의 소모량이 표시된다.
- 프린트 설정이 완료되면 G-code 파일로 저장하고 3D 프린터로 출력한다.

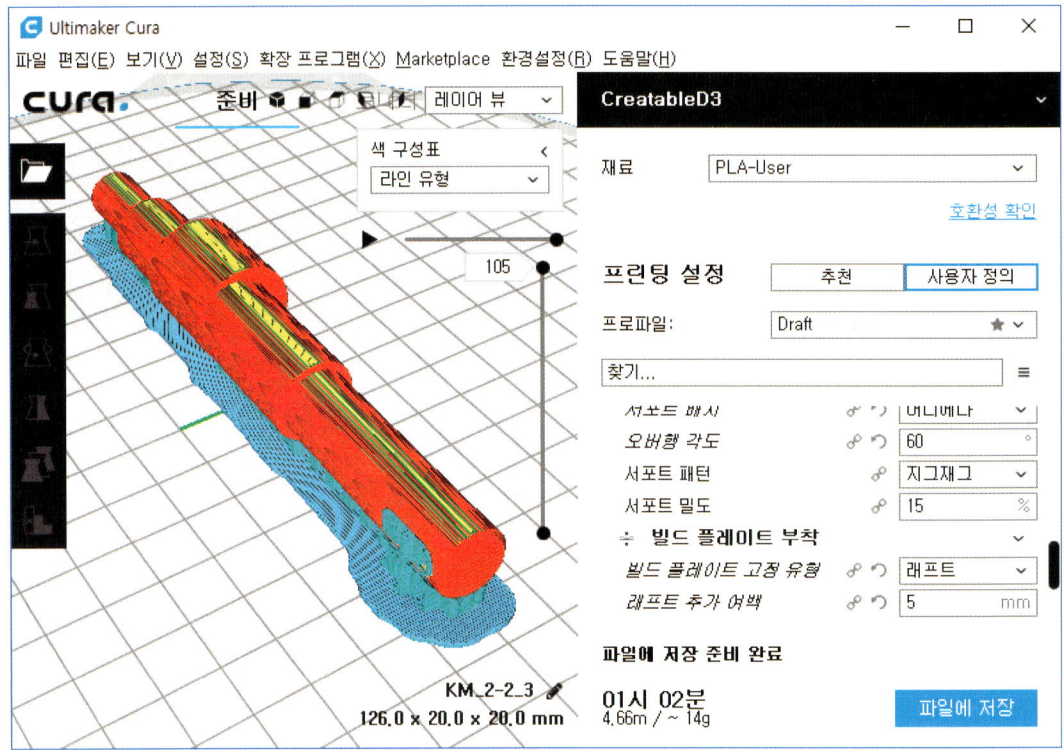

(2) 출력물 형상

[2-2 연습과제 5] 가이드 볼트

학습목표: 스케치 및 편집하여 3D회전 모델링을 만들고 3D 프린팅 할 수 있다.

학습내용: 선, 중심선, 원, 자르기, 회전, 평면 생성, 스레드, 점, 구멍, 모따기

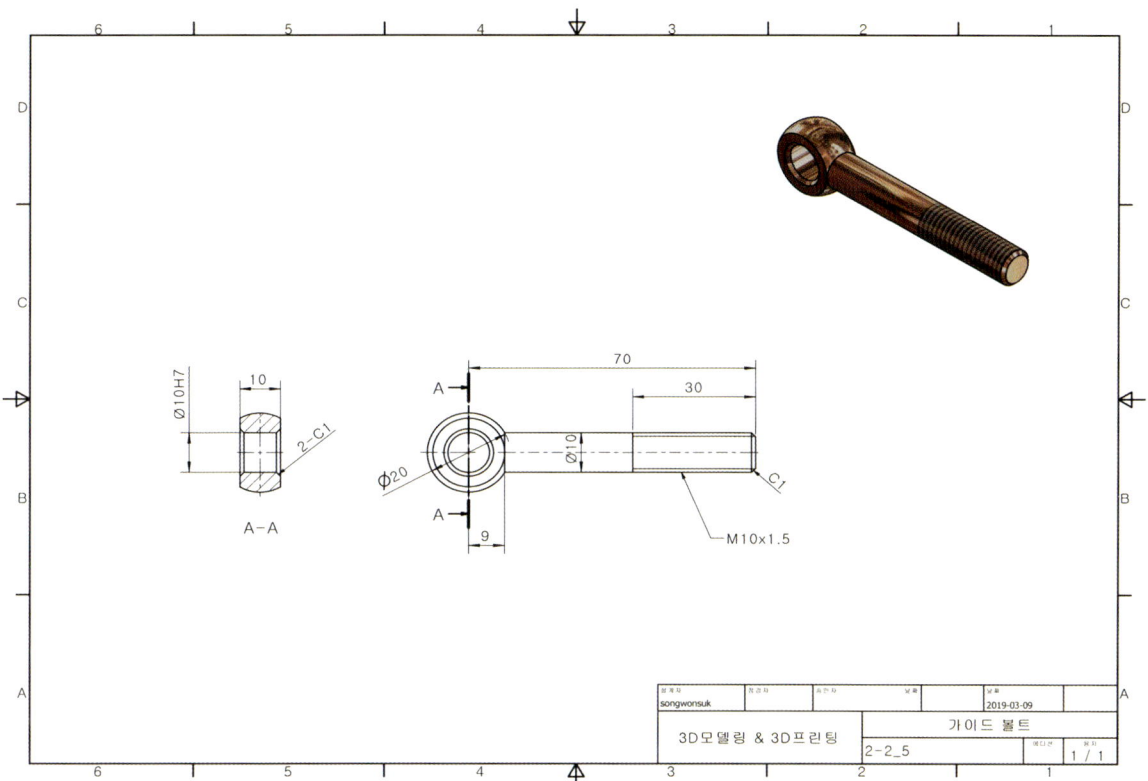

[참고] process hint

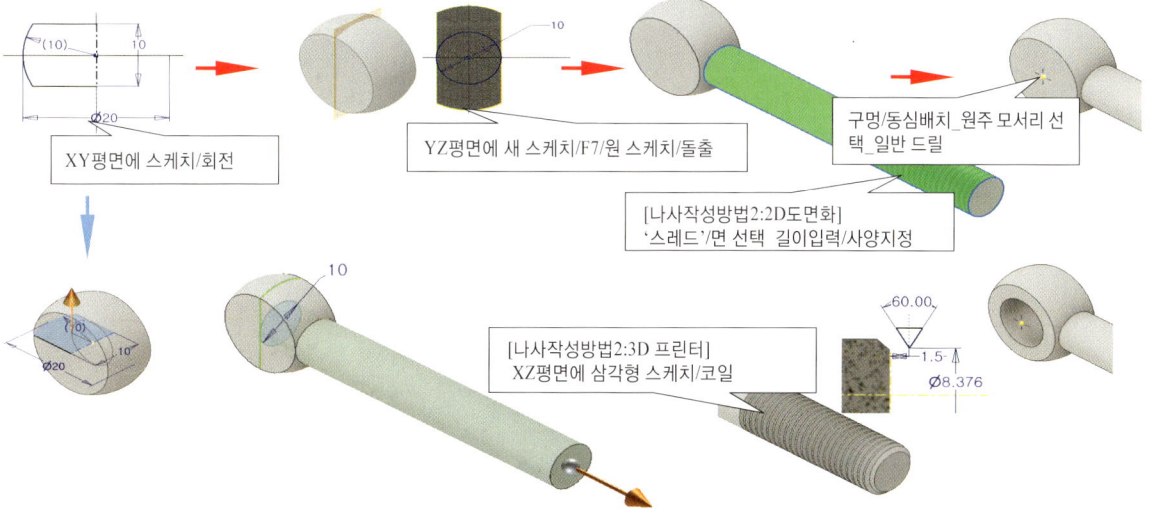

(1) 슬라이스 하기

- 모델링한 후 STL 파일로 저장하고 슬라이서 프로그램으로 파일을 불러온다.
- 빌드 크기와 대략적인 출력 시간, 재료의 소모량이 표시된다.
- 프린트 설정이 완료되면 G-code 파일로 저장하고 3D 프린터로 출력한다.

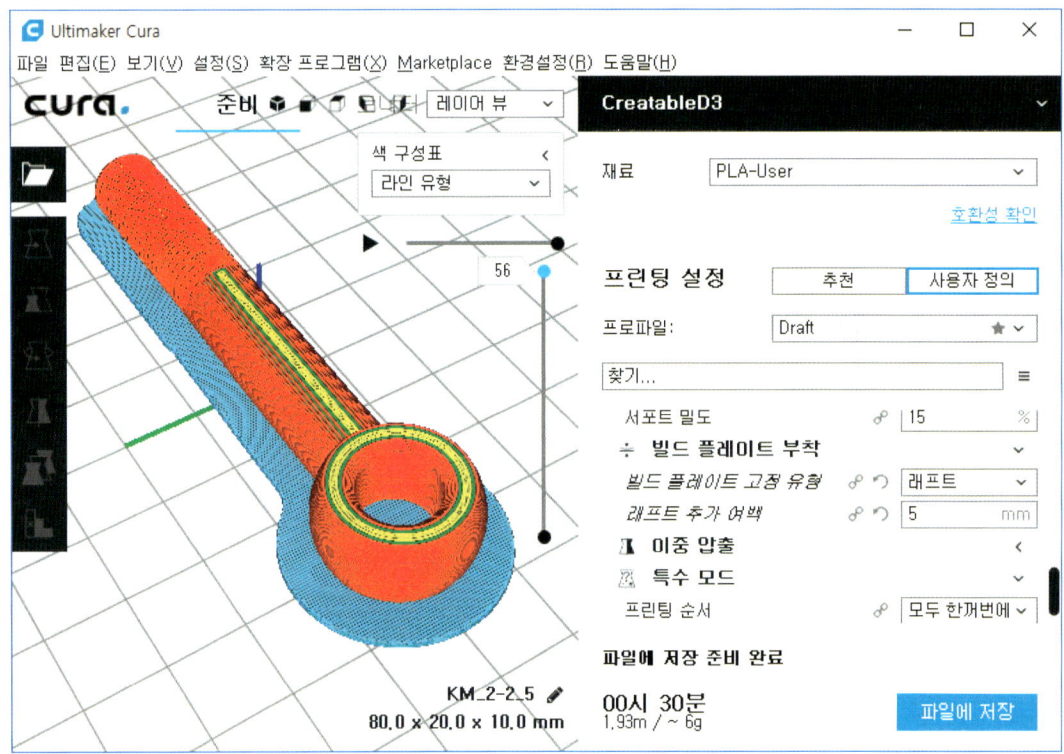

(2) 출력물 형상

[2-2 연습과제 6] 캠 레버

 스케치 및 편집하여 3D회전 모델링을 만들고 3D 프린팅 할 수 있다.

 선, 중심선, 원, 자르기, 회전, 평면 생성, 형상 투영, 일치구속, 동일선상구속, 돌출, 스케치 공유, 미러

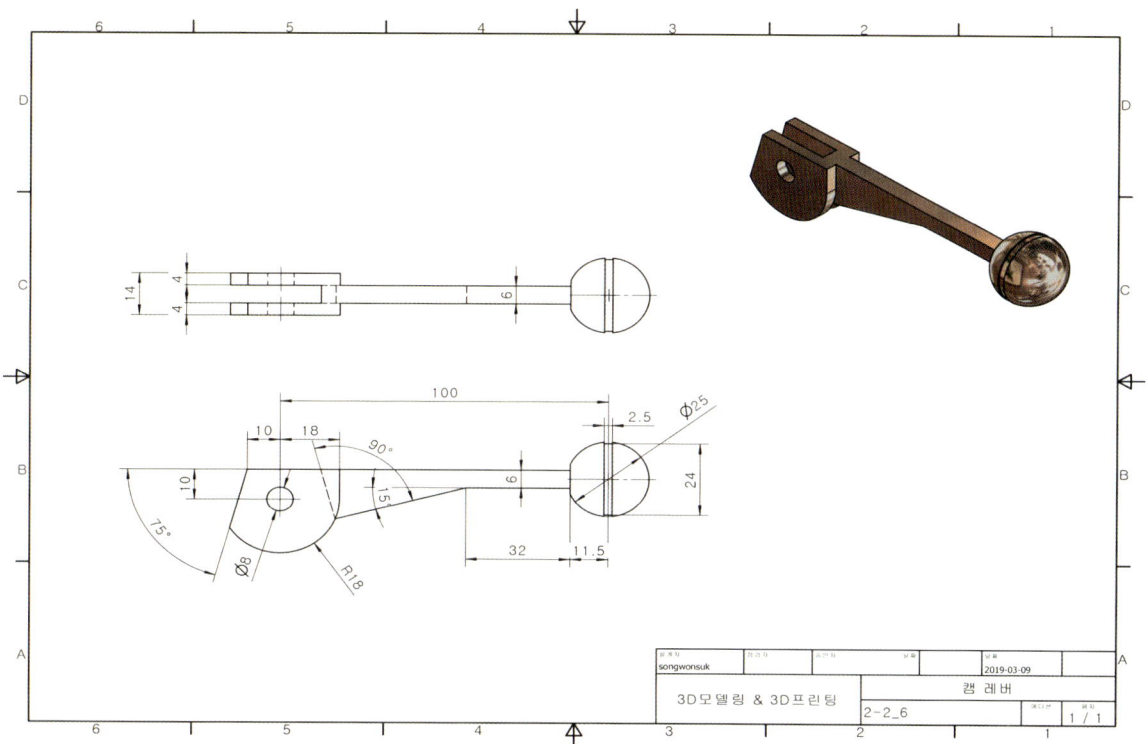

[참고] process hint

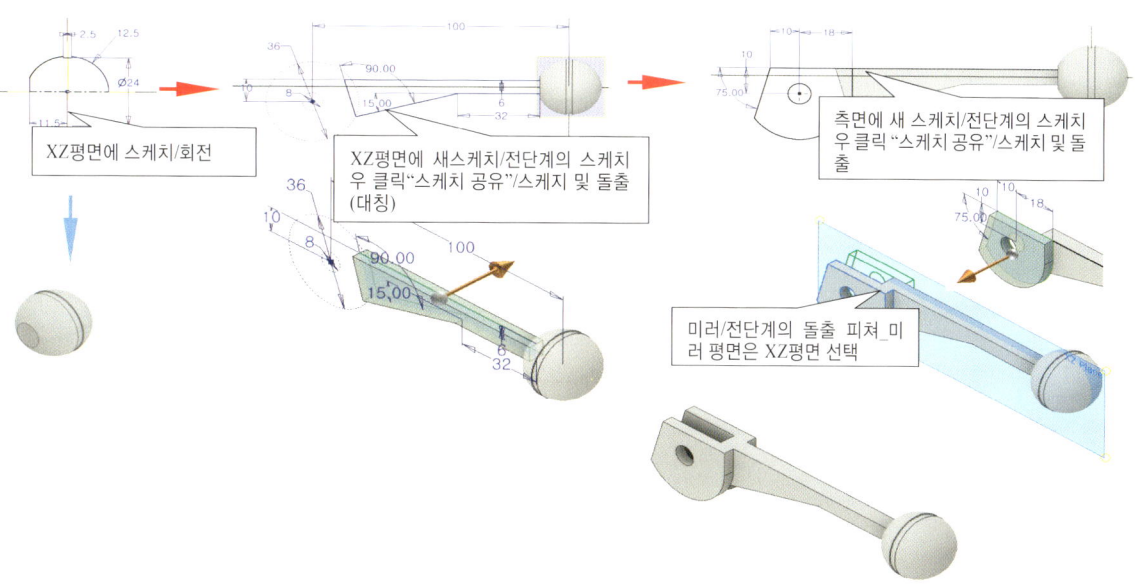

(1) 슬라이스 하기

- 모델링한 후 STL 파일로 저장하고 슬라이서 프로그램으로 파일을 불러온다.
- 빌드 크기와 대략적인 출력 시간, 재료의 소모량이 표시된다.
- 프린트 설정이 완료되면 G-code 파일로 저장하고 3D 프린터로 출력한다.

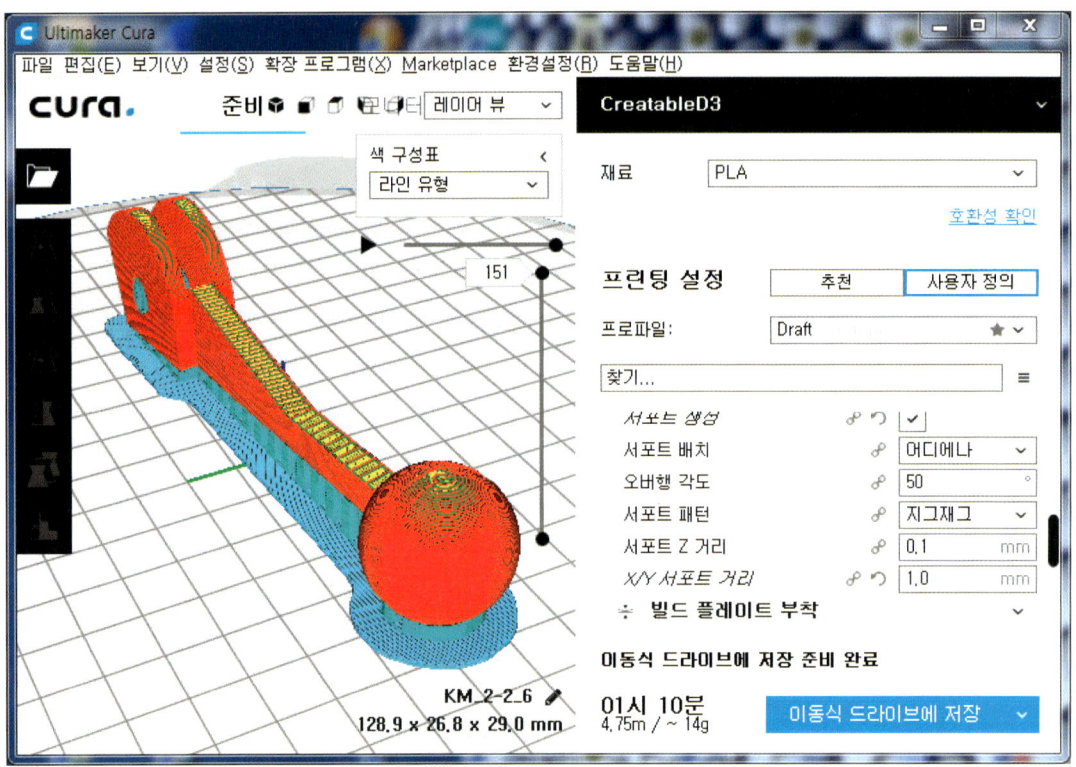

(2) 출력물 형상

[2-2 연습과제 7] 크랭크 핸들

학습목표: 스케치를 회전 및 돌출하여 3D모델링을 만들고 3D 프린팅 할 수 있다.

학습내용: 선, 중심선, 회전, 스케치 공유, 돌출, 폴리곤, 형상 투영, 점, 구멍(나사), 모깎기

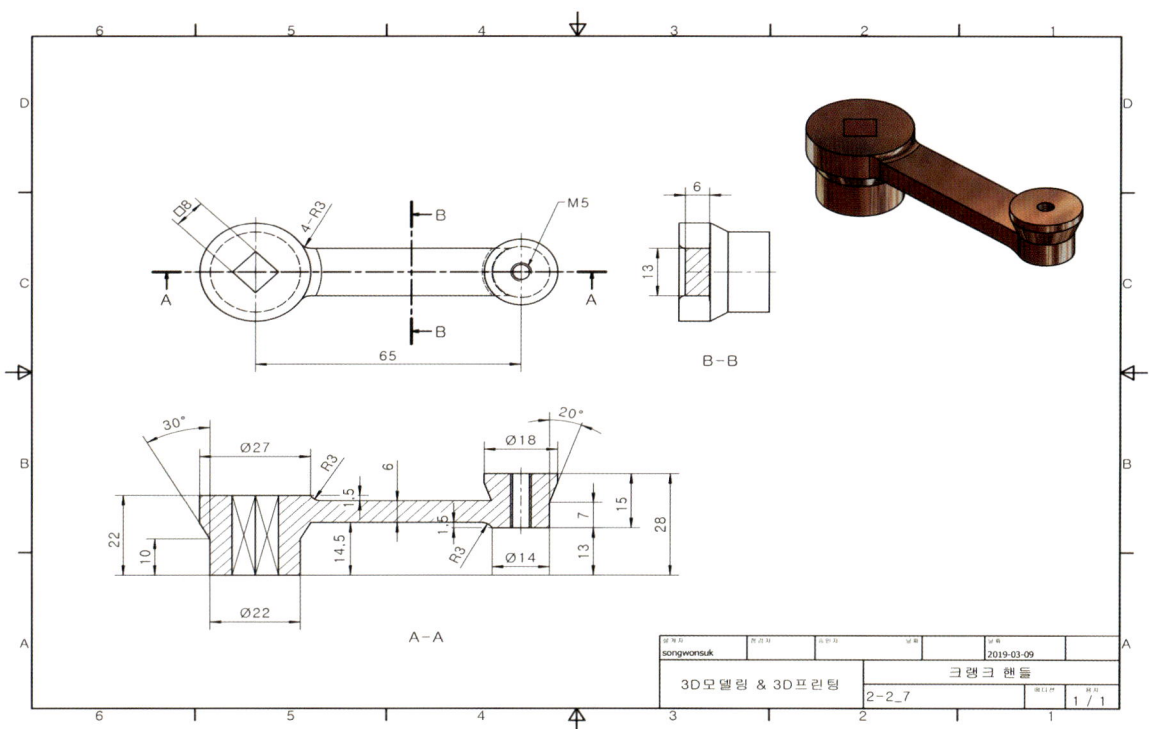

[참고] process hint

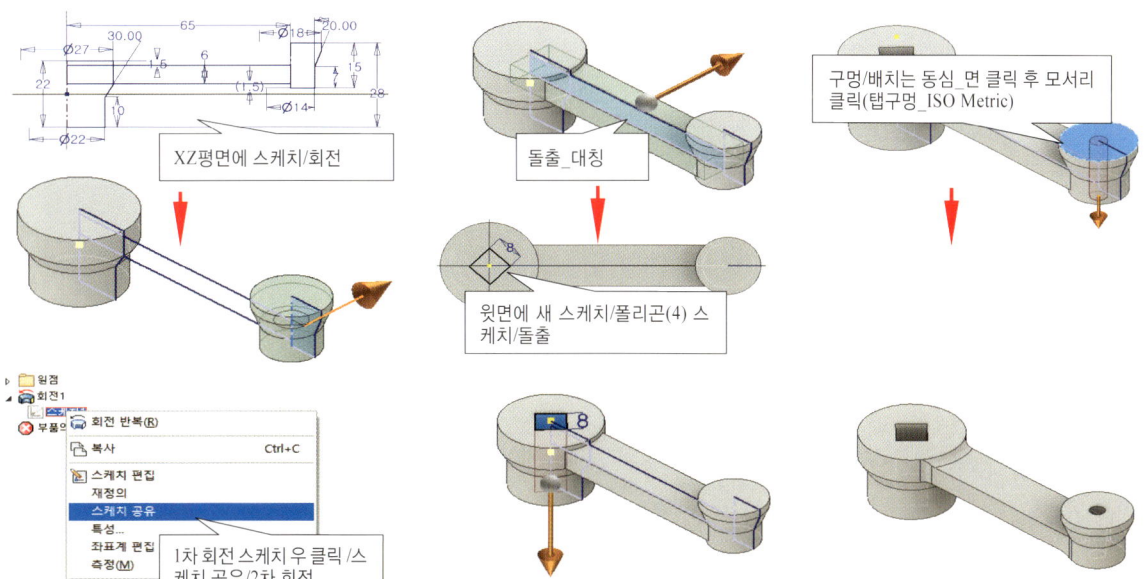

(1) 슬라이스 하기

- 모델링한 후 STL 파일로 저장하고 슬라이서 프로그램으로 파일을 불러온다.
- 빌드 크기와 대략적인 출력 시간, 재료의 소모량이 표시된다.
- 프린트 설정이 완료되면 G-code 파일로 저장하고 3D 프린터로 출력한다.

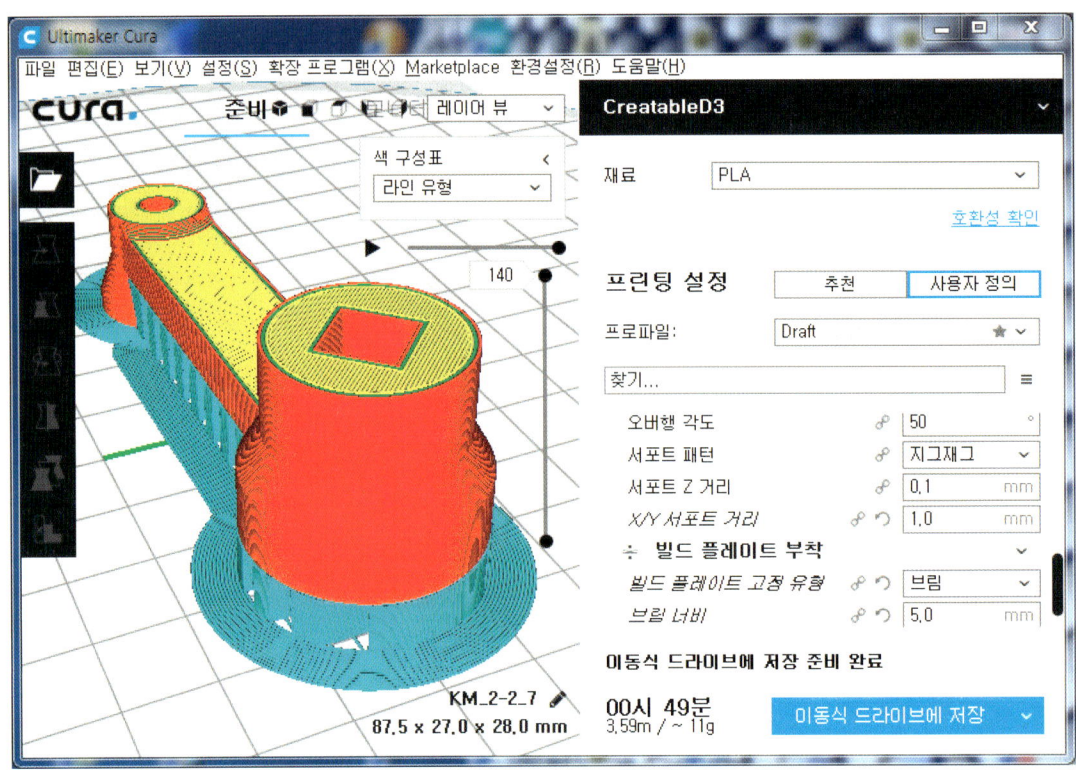

(2) 출력물 형상

[2-3 따라하기] 평 벨트풀리

학습 목표: 스케치 및 원형 패턴 편집하여 3D회전 모델링을 만들고 3D 프린팅 할 수 있다.

학습 내용: 형상투영, 구성선, 중심선, 치수, 선, 미러, 회전, 원, 점, 원형 패턴, 구멍, 모깎기, 색상

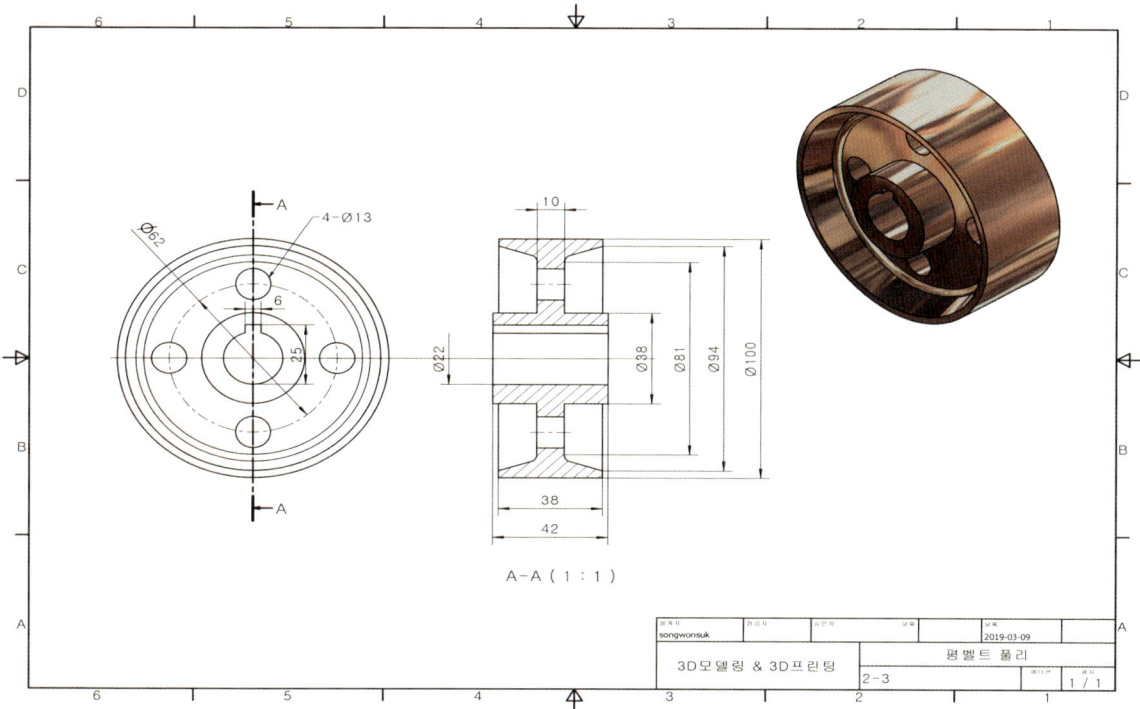

[참고] process hint

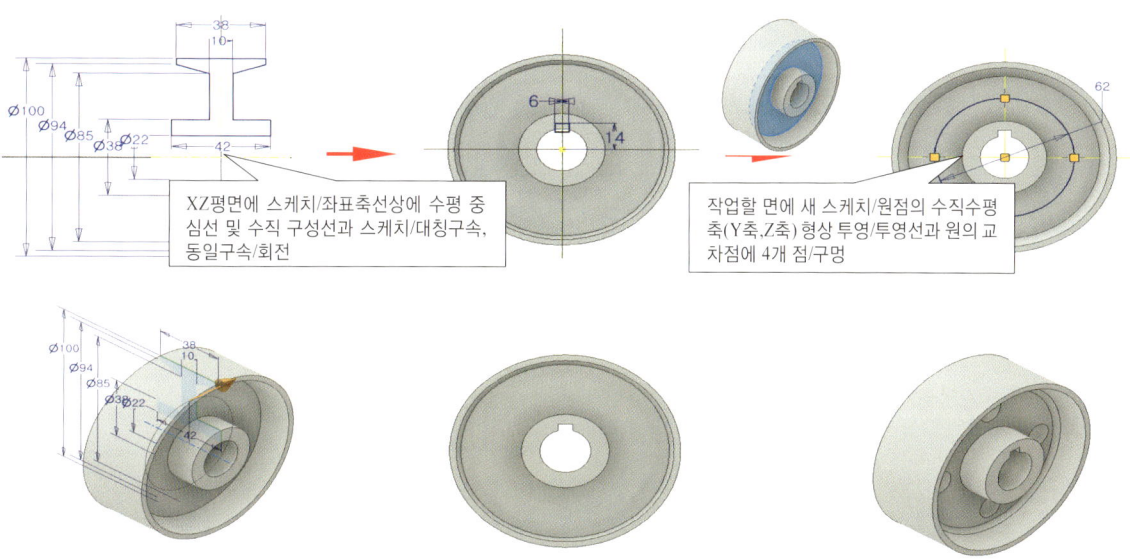

PART 04 3D 형상 모델링 | 167

(1) 좌표축에 스케치 선 투영하기

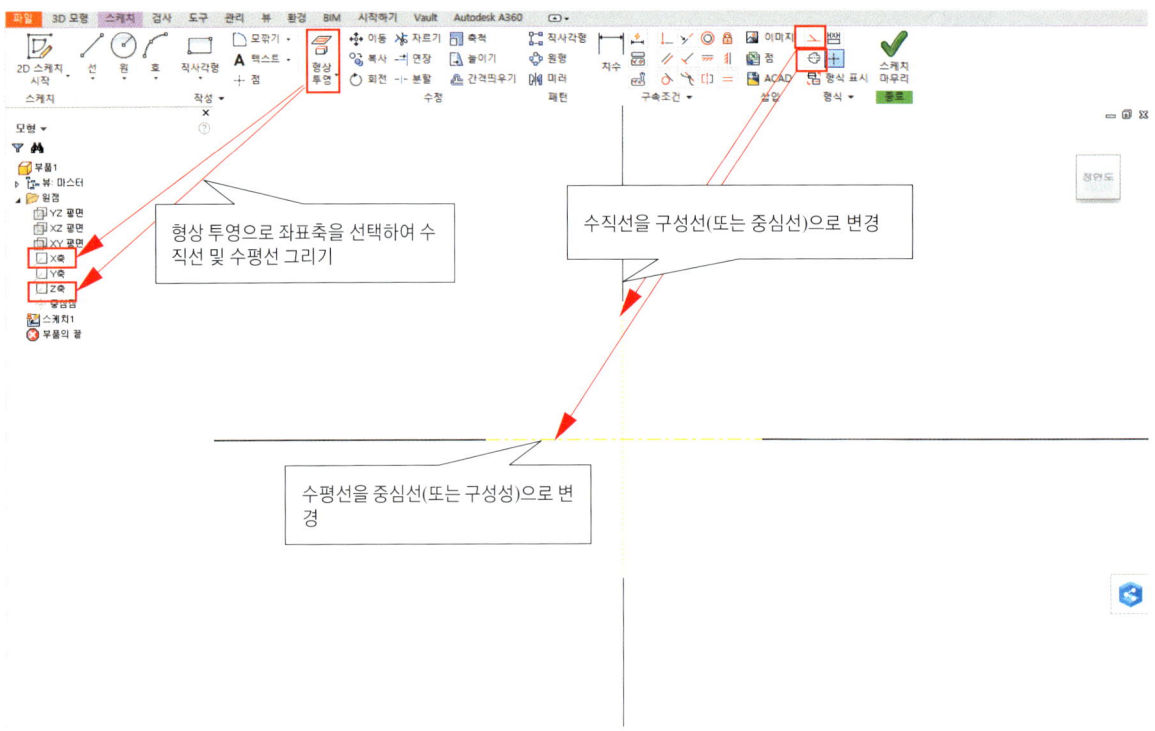

(2) 대칭으로 스케치 형상화하기

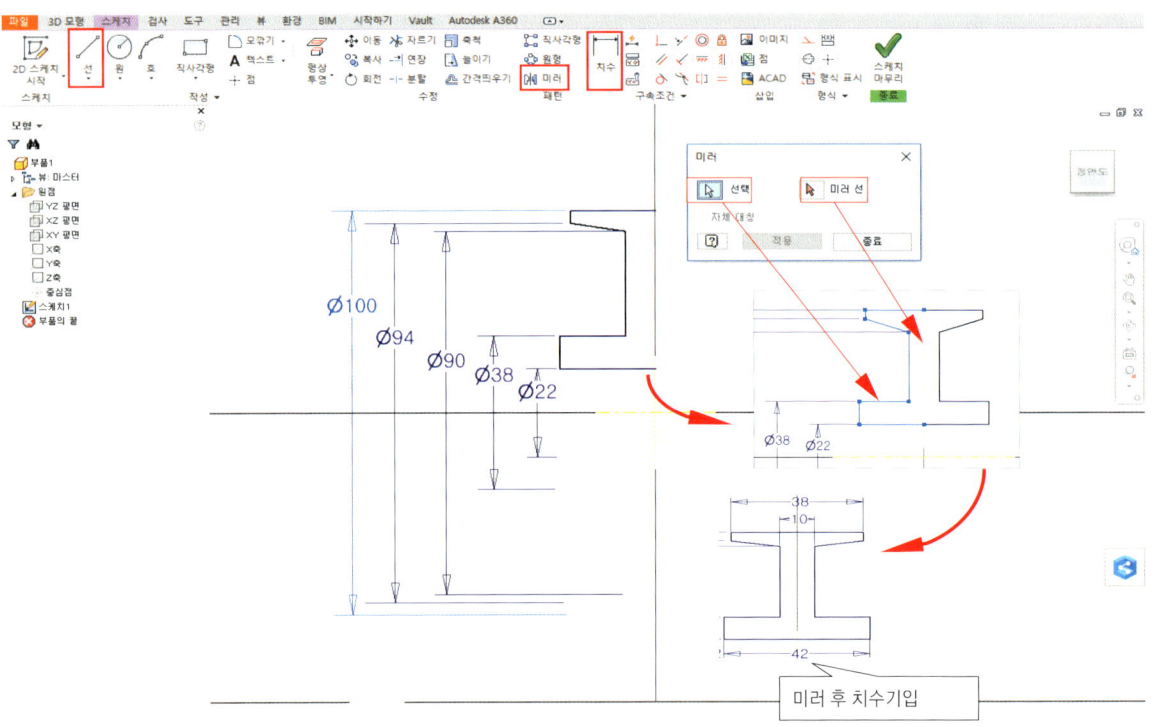

(3) 회전으로 3D형상화하기

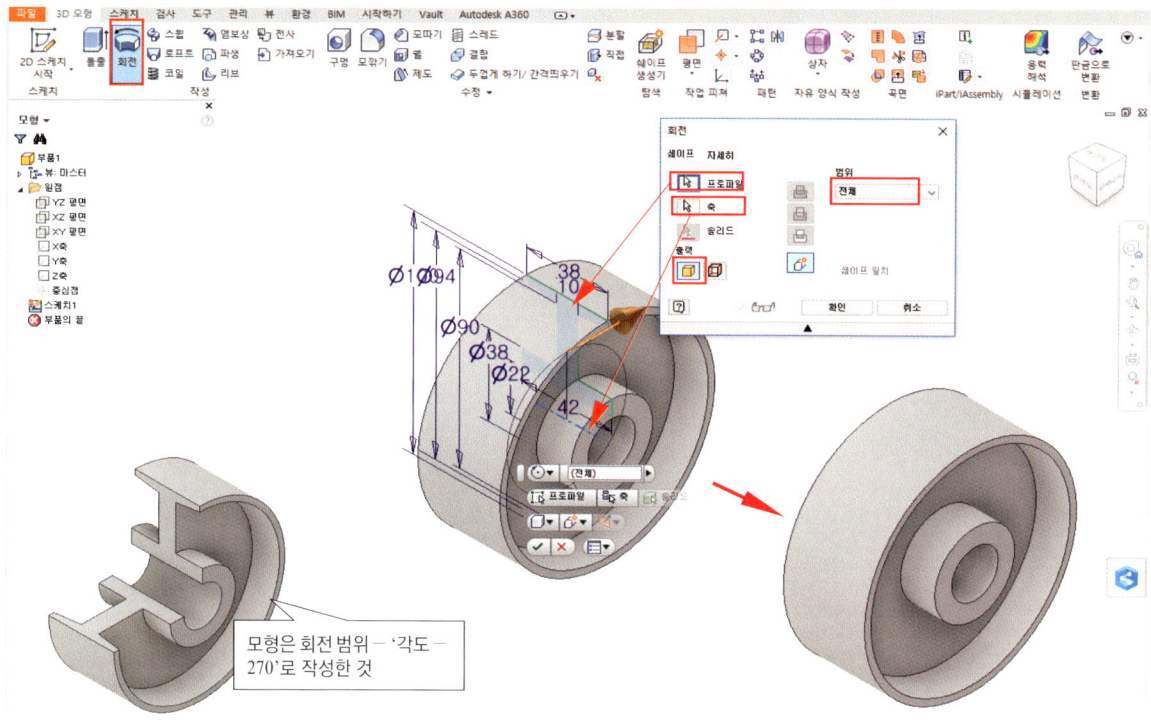

(4) 키 홈 스케치하기

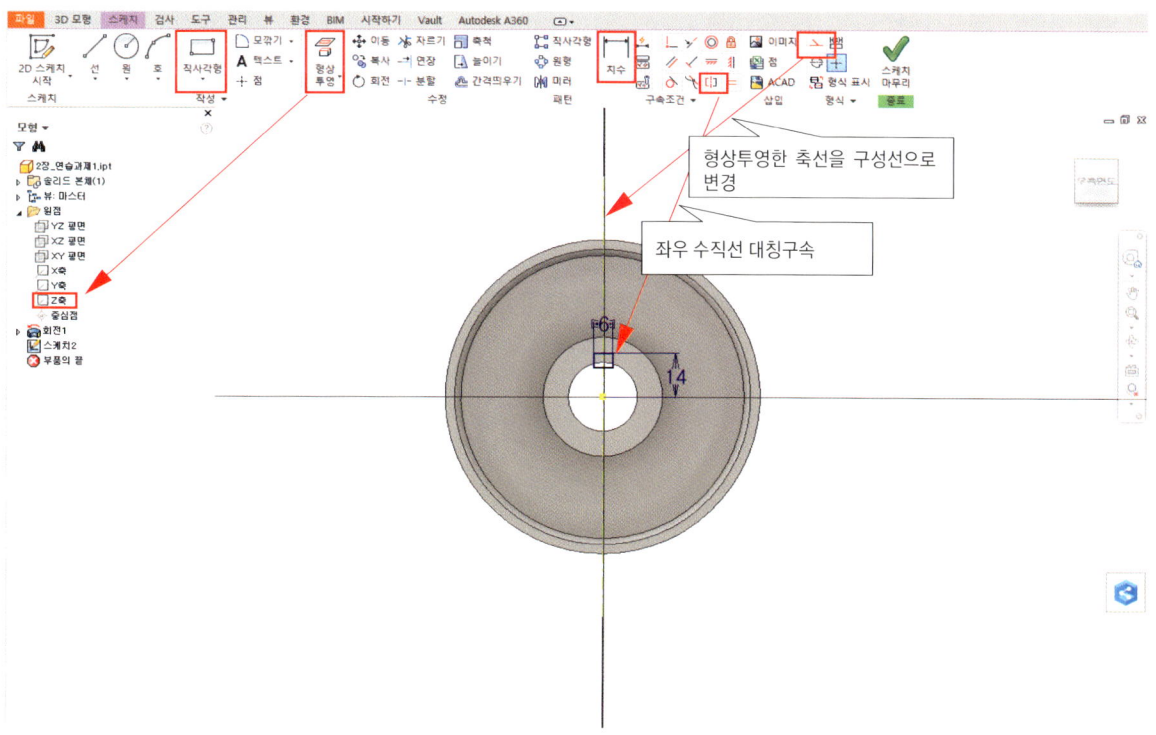

(5) 돌출로 키 홈 따내기

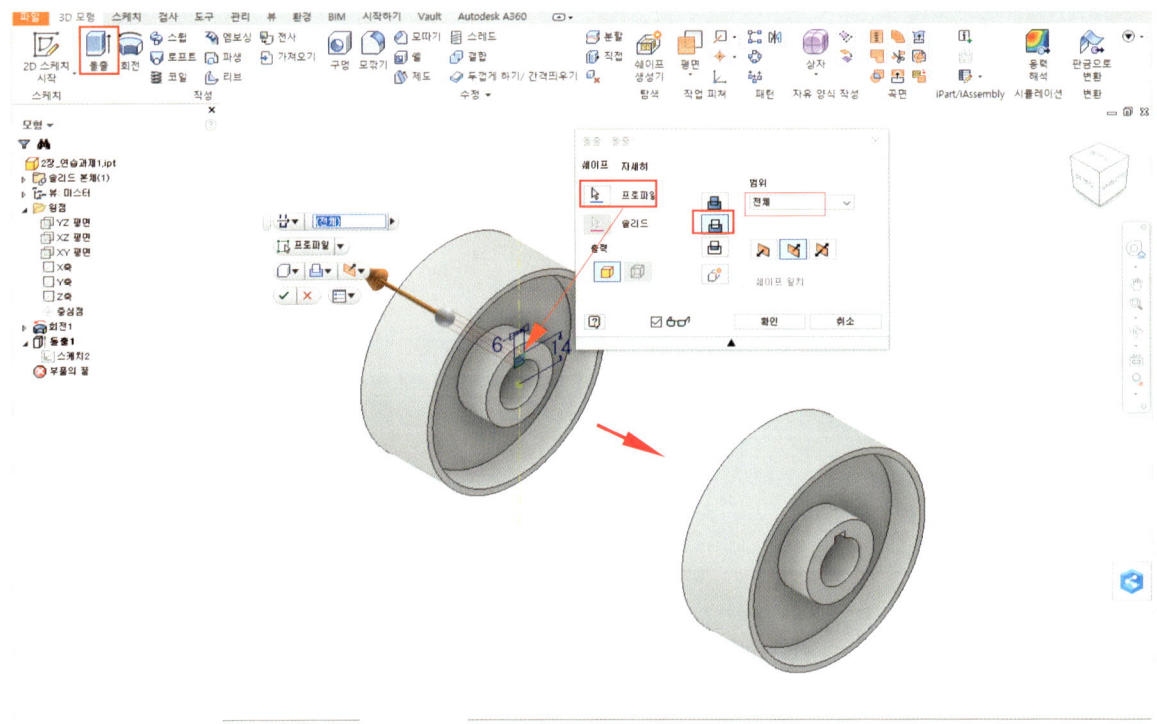

(6) 구멍 위치에 점 및 원형패턴 스케치하기

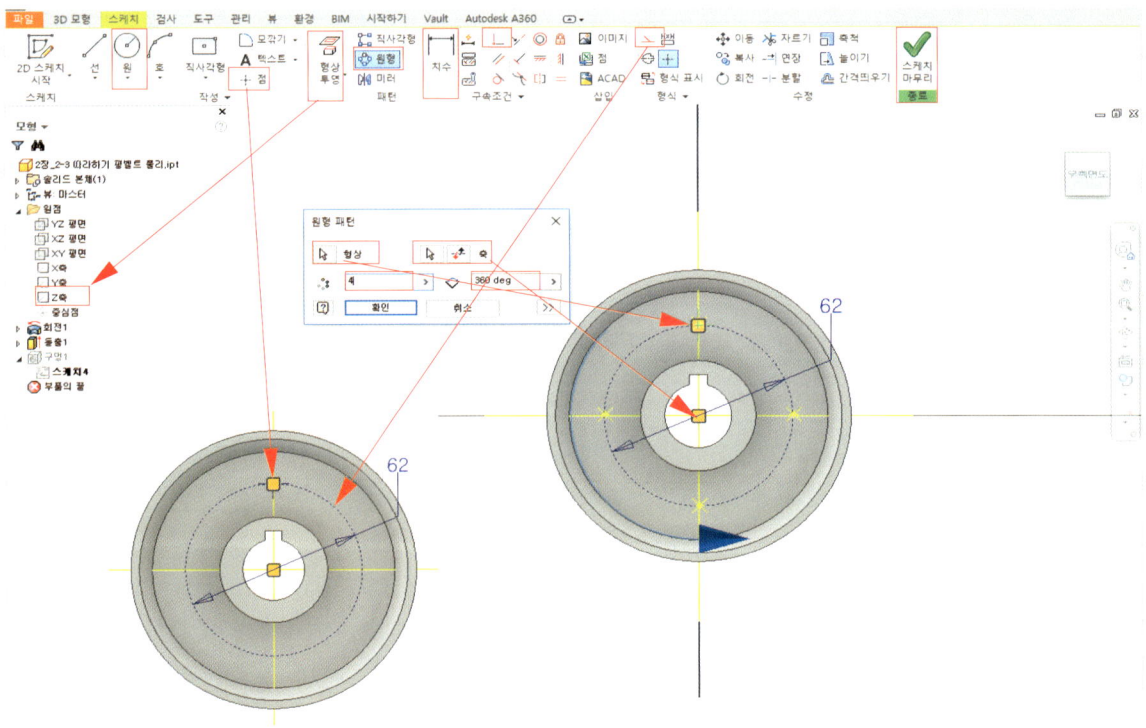

(7) 구멍 드릴작업하기

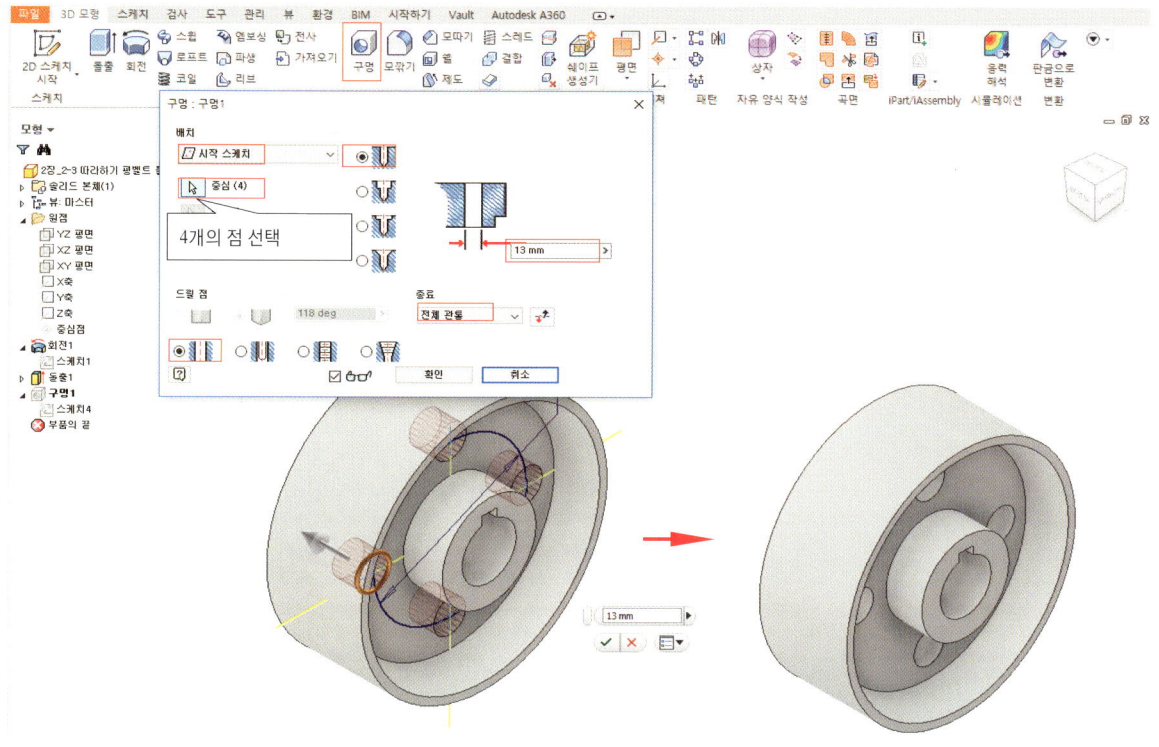

(8) 모깎기 하기

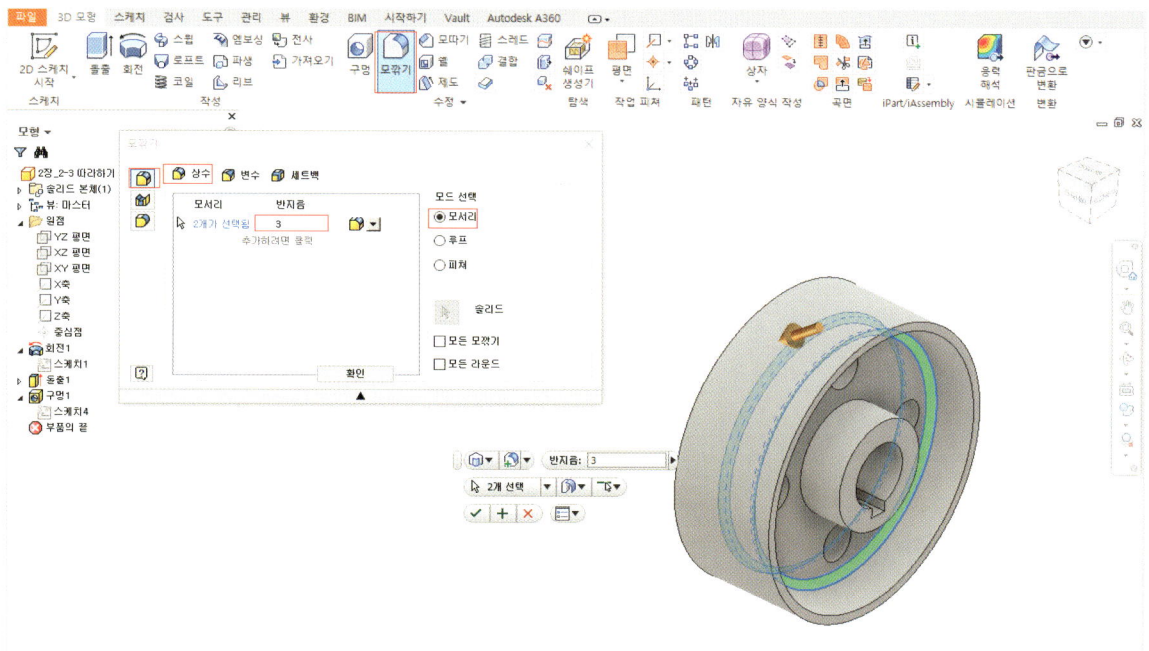

(9) 모델 색상 변경하기

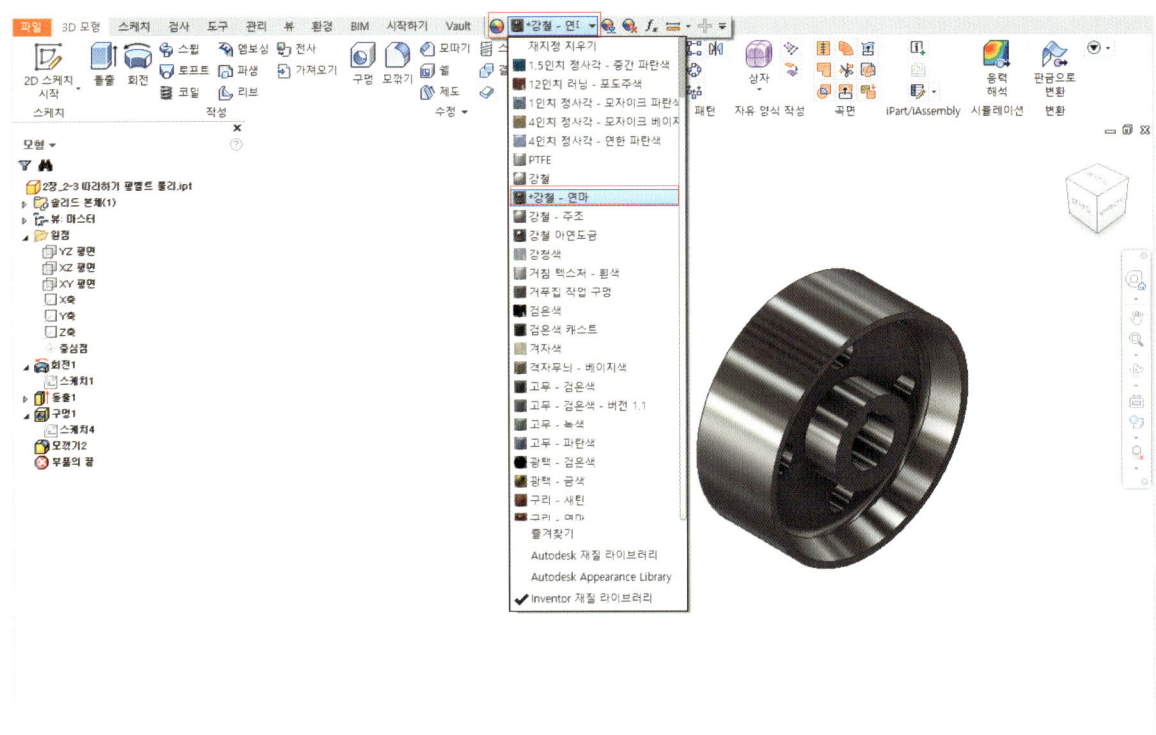

MEMO

(10) 슬라이스 하기

- 모델링한 후 STL 파일로 저장하고 슬라이서 프로그램으로 파일을 불러온다.
- 빌드 크기와 대략적인 출력 시간, 재료의 소모량이 표시된다.
- 프린트 설정이 완료되면 G-code 파일로 저장하고 3D 프린터로 출력한다.

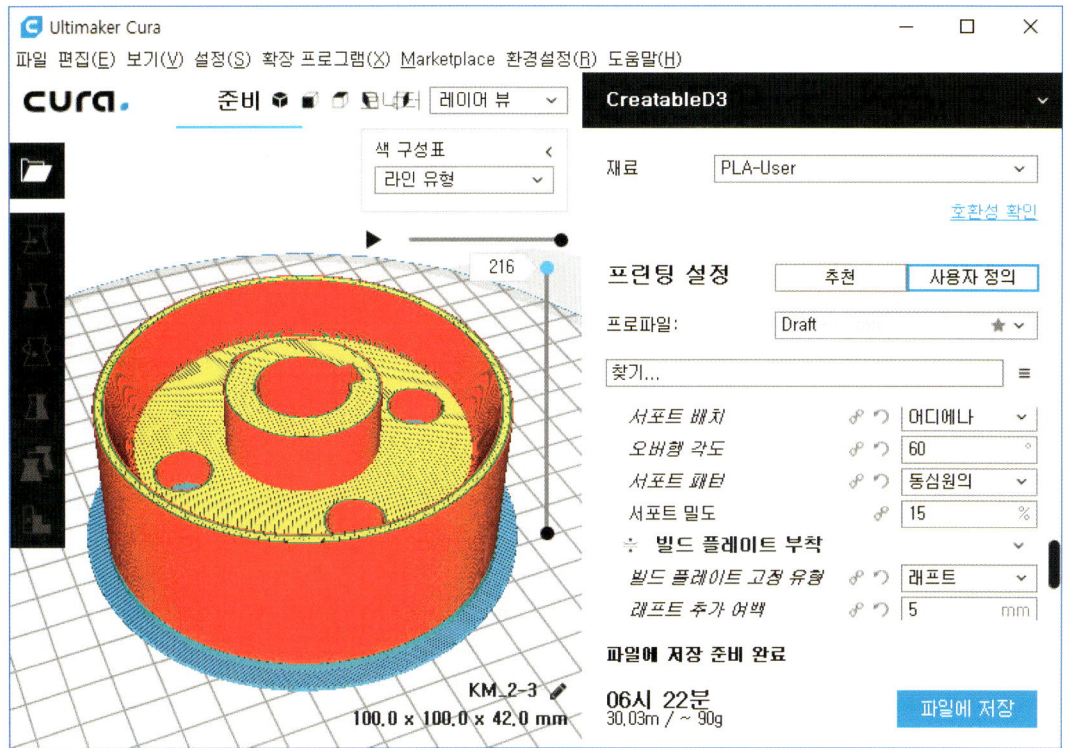

(11) 출력물 형상

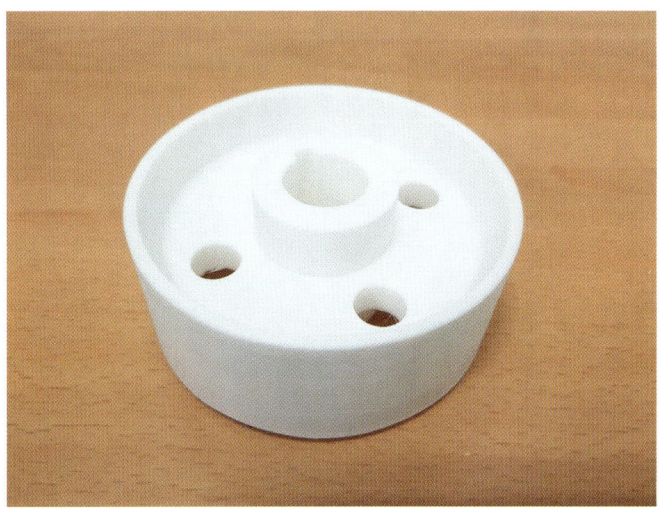

[2-3 연습과제 1] V 벨트풀리

 스케치 및 원형 패턴 편집하여 3D회전 모델링을 만들고 3D 프린팅 할 수 있다.

 선, 구성선, 치수, 일치구속, 동일구속, 회전, 점, 구멍, 원형 패턴, 모따기, 모깎기

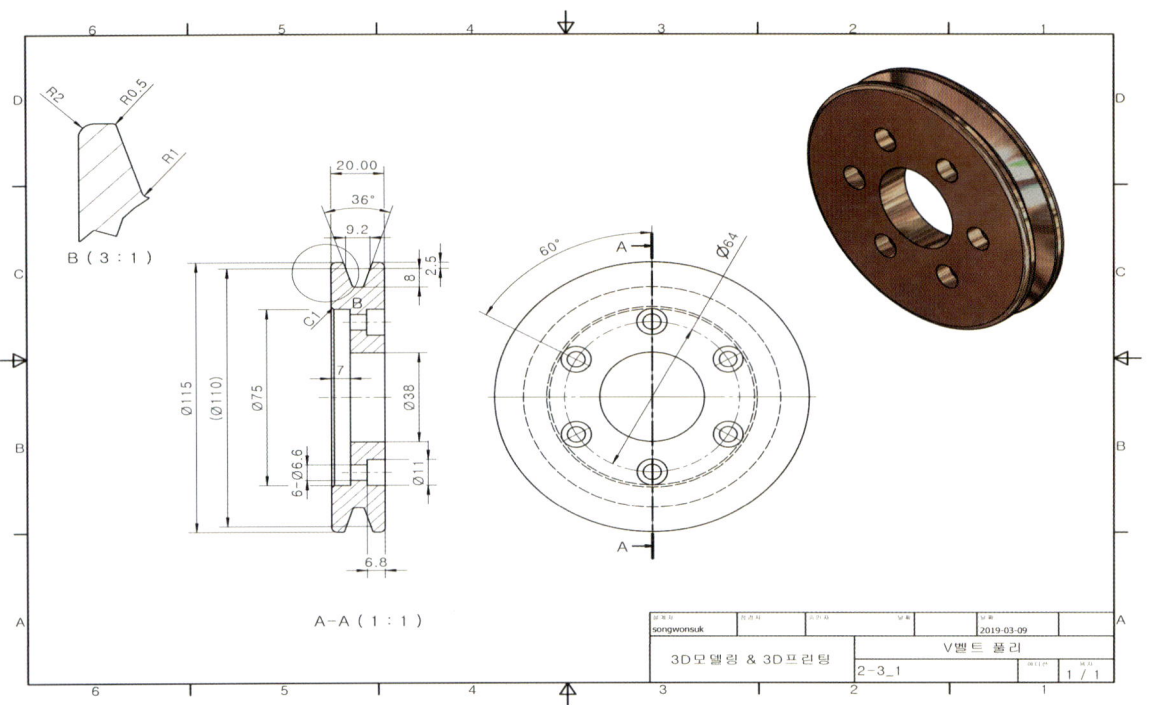

[참고] process hint

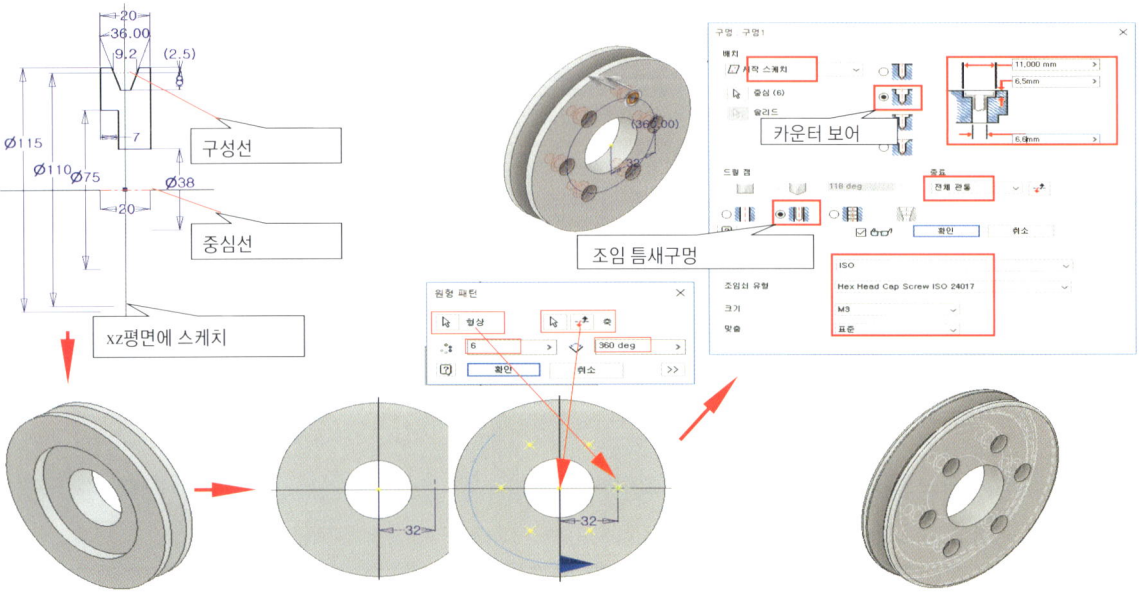

(1) 슬라이스 하기

- 모델링한 후 STL 파일로 저장하고 슬라이서 프로그램으로 파일을 불러온다.
- 빌드 크기와 대략적인 출력 시간, 재료의 소모량이 표시된다.
- 프린트 설정이 완료되면 G-code 파일로 저장하고 3D 프린터로 출력한다.

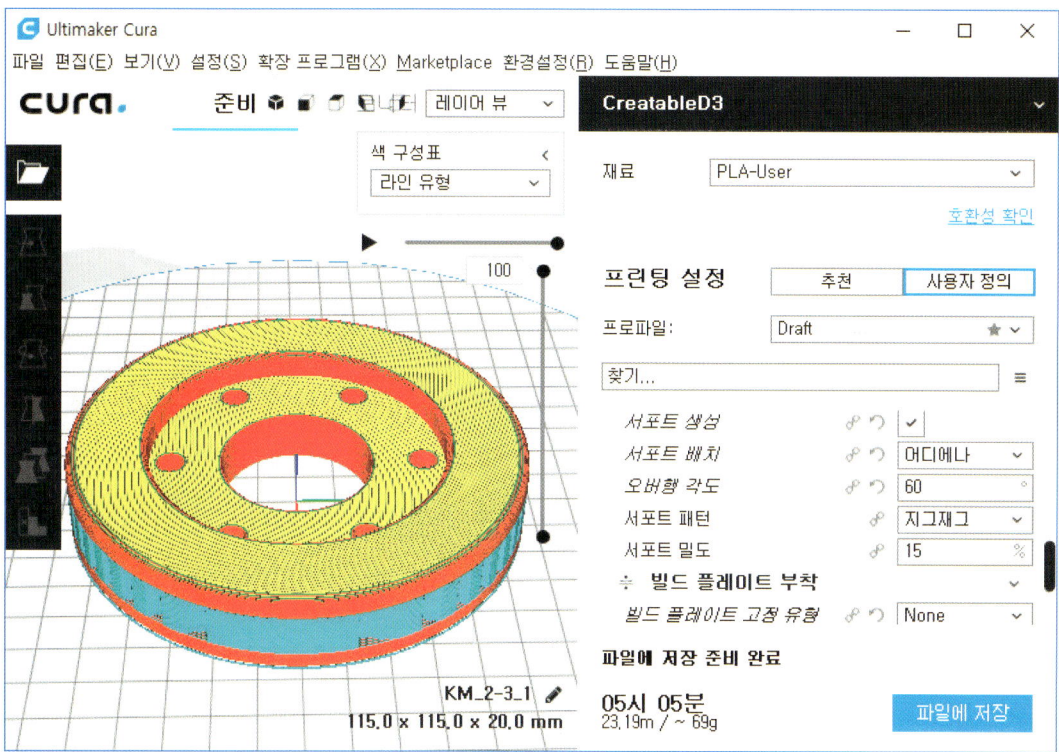

(2) 출력물 형상

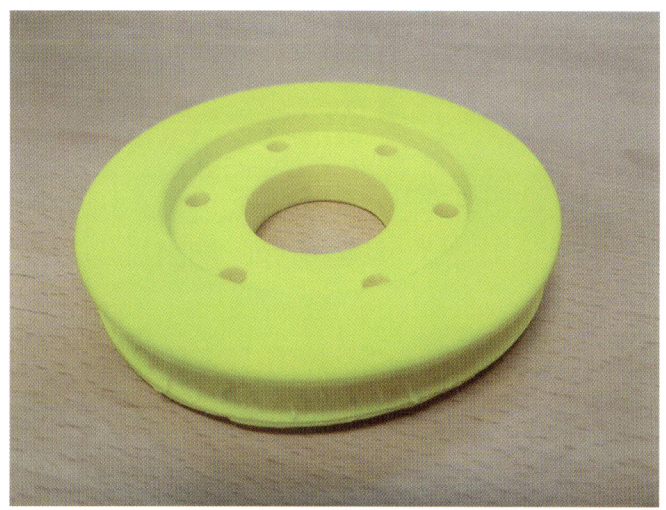

[2-3 연습과제 2] 플랜지

학습 목표: 스케치 및 원형 패턴 편집하여 3D회전 모델링을 만들고 3D 프린팅 할 수 있다.

학습 내용: 중심선, 일치구속, 회전, 형상 투영, 대칭구속, 돌출, 원, 구성선, 점, 원형 패턴, 평면생성, 구멍

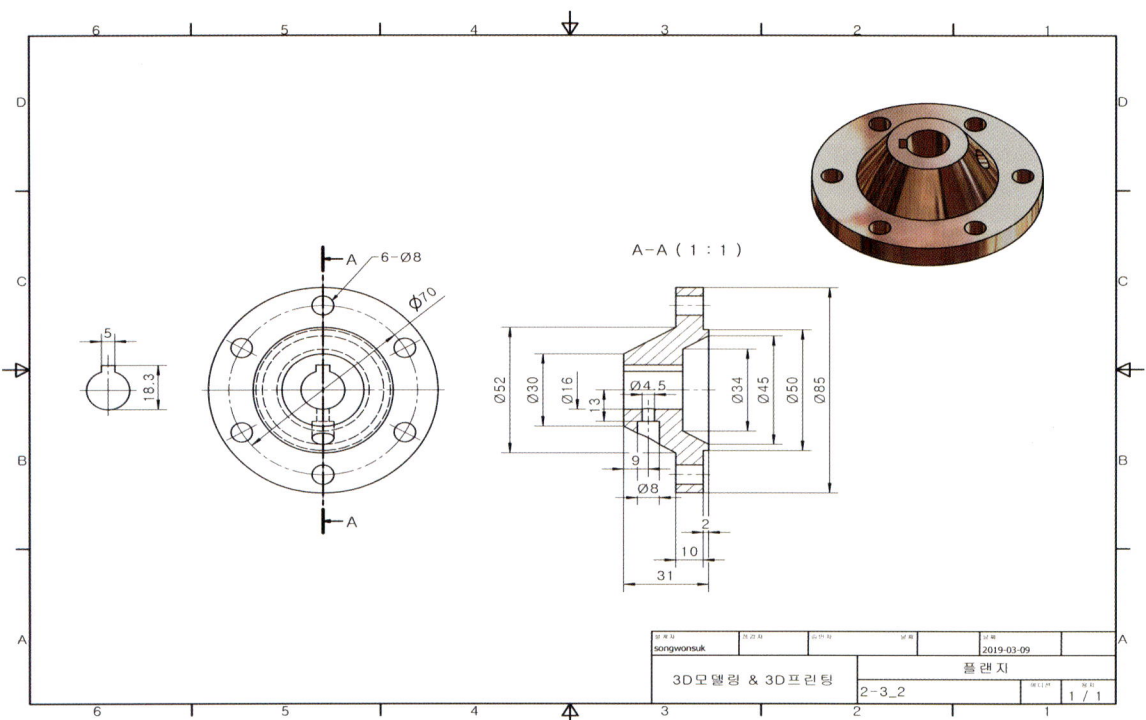

[참고] process hint

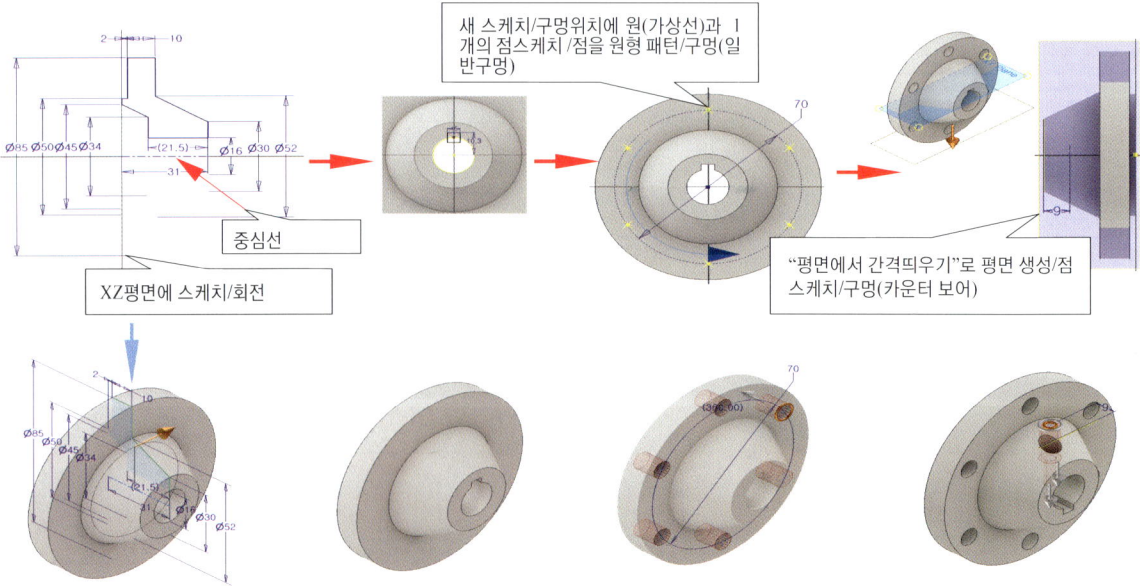

(1) 슬라이스 하기

- 모델링한 후 STL 파일로 저장하고 슬라이서 프로그램으로 파일을 불러온다.
- 빌드 크기와 대략적인 출력 시간, 재료의 소모량이 표시된다.
- 프린트 설정이 완료되면 G-code 파일로 저장하고 3D 프린터로 출력한다.

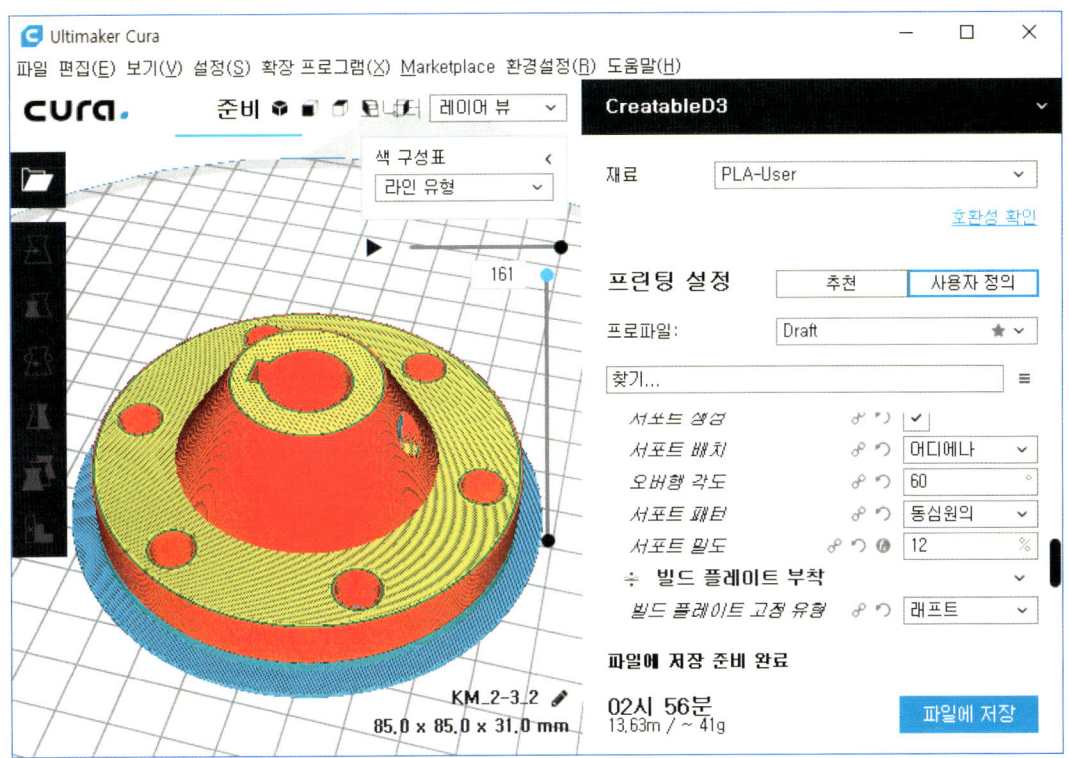

(2) 출력물 형상

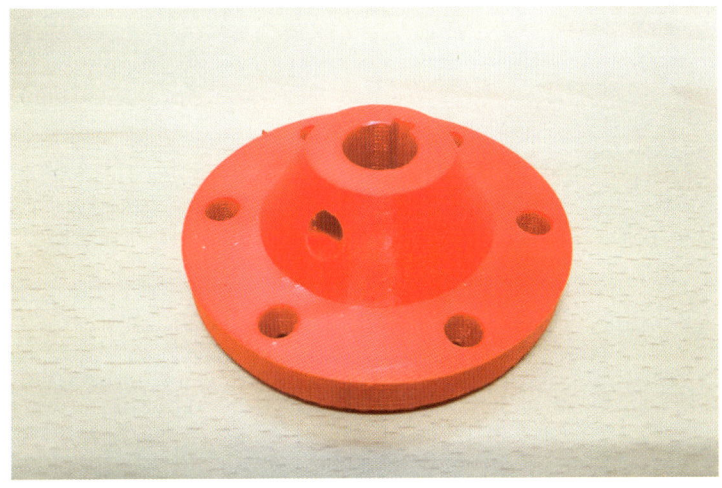

 직사각형 패턴, 원형 패턴, 평면 생성, 형상 투영, 그래픽슬라이스(F7)

[알아두기] 패턴

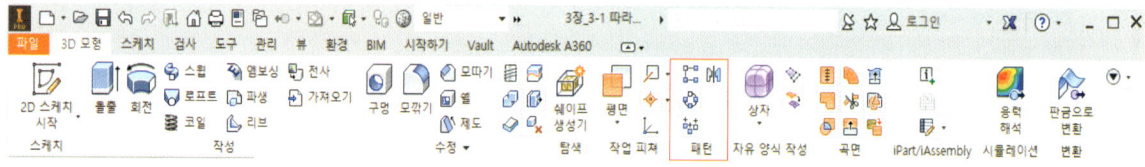

(1) 직사각형 패턴

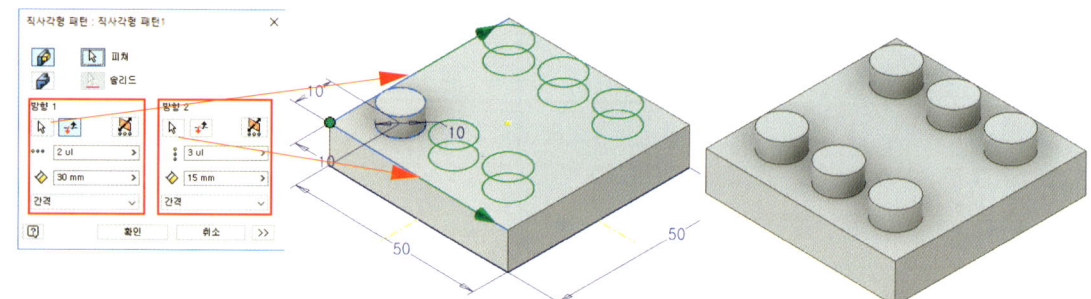

(2) 원형 패턴

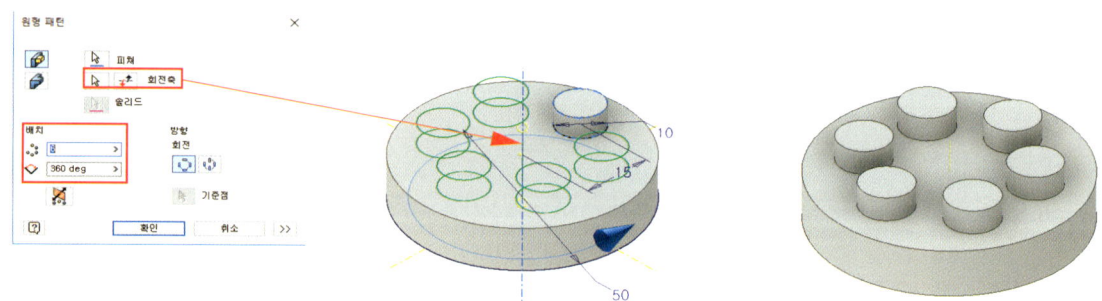

(3) 대칭 패턴

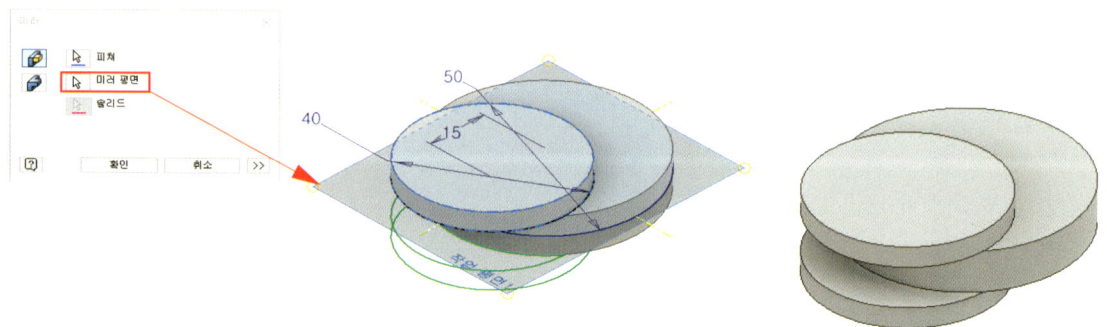

[3-1 따라하기] 바구니

 피처를 패턴화하고 3D형상 모델링하여 3D 프린팅 할 수 있다.

학습내용: 원, 돌출, 회전, F7, 직사각형 패턴, 평면, 형상 투영, 작업축, 원형 패턴

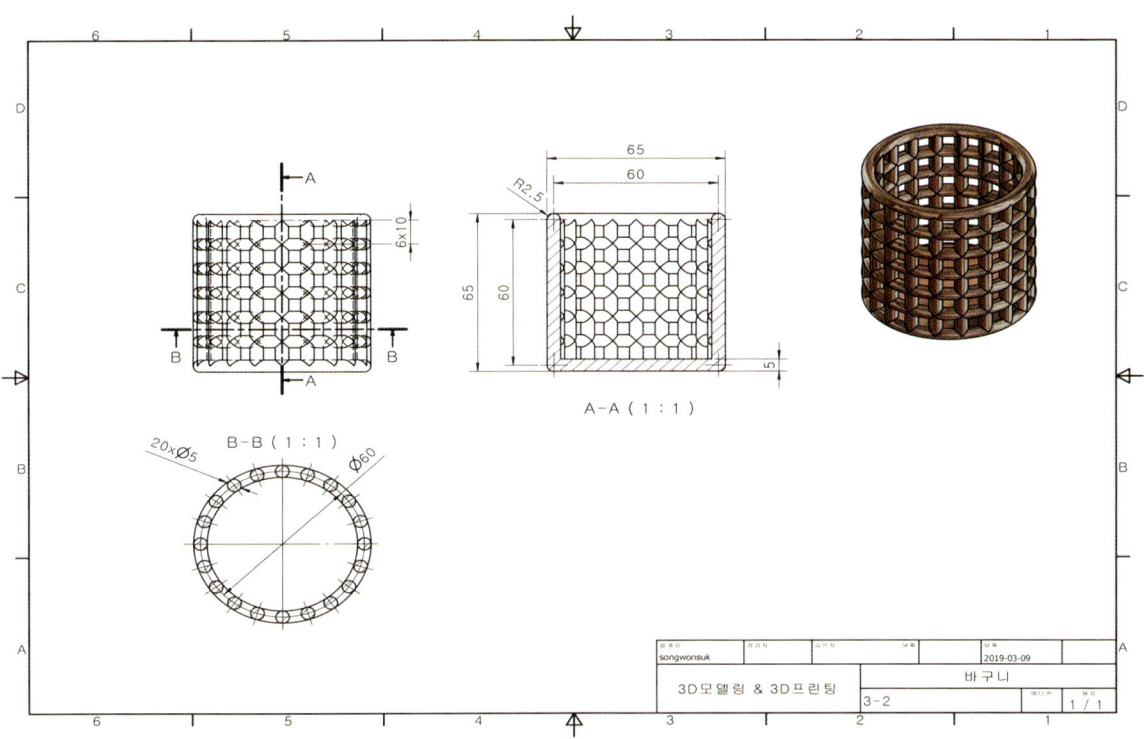

[참고] process hint

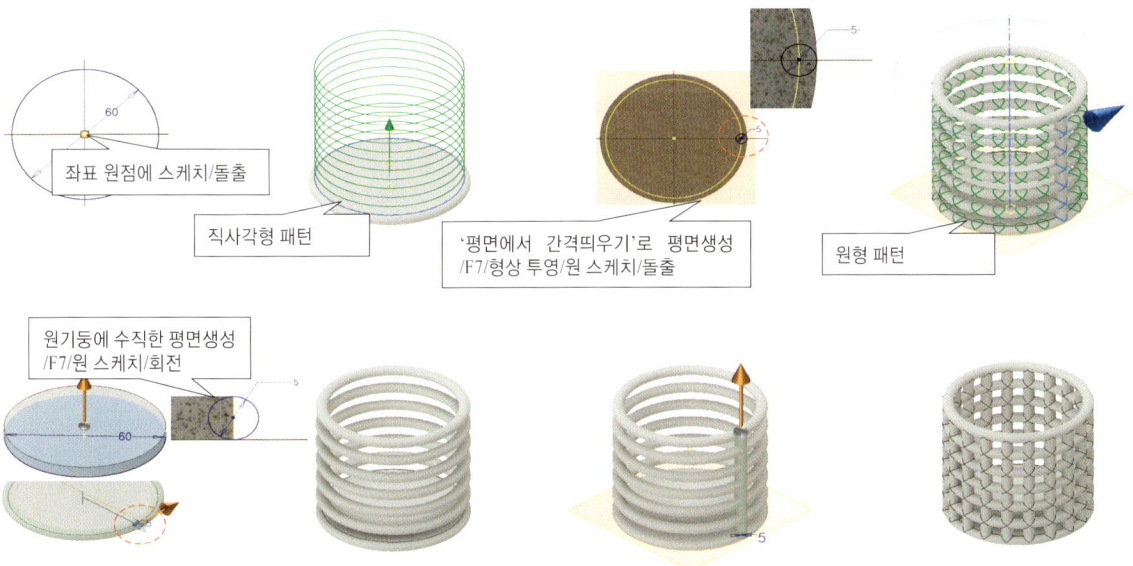

(1) 평면(XY평면) 좌표 원점에 스케치하고 돌출하기

(2) 돌출 측면에 스케치하기

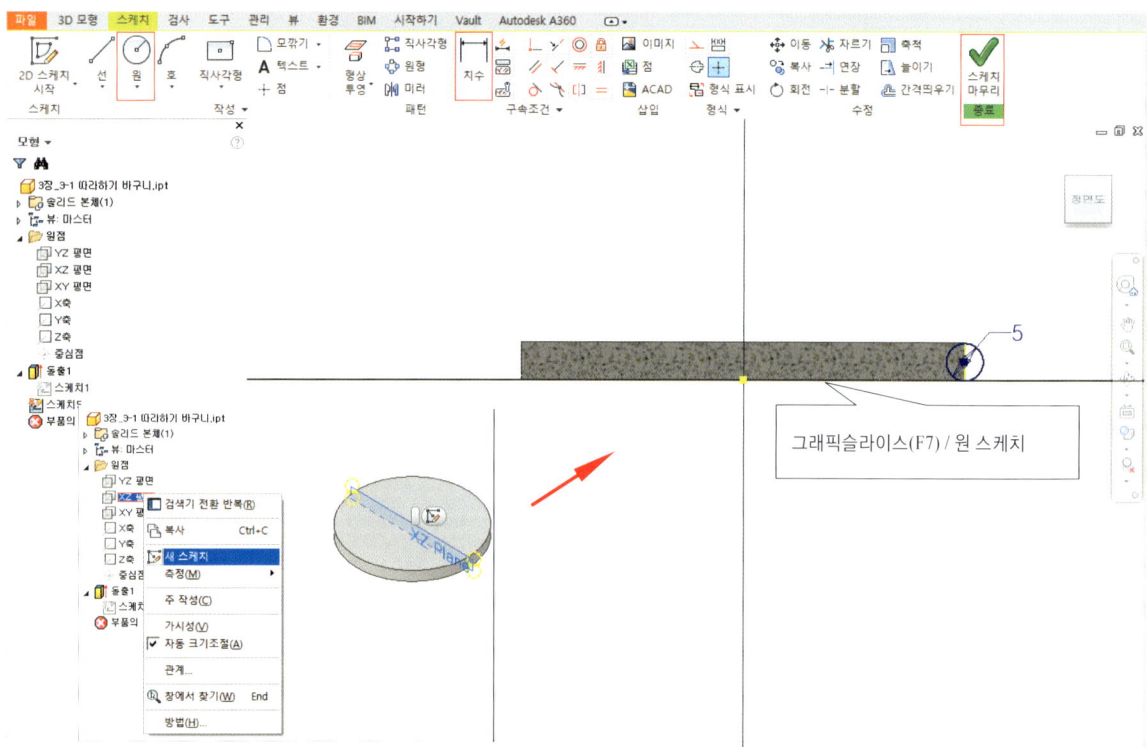

(3) 스케치 회전하기

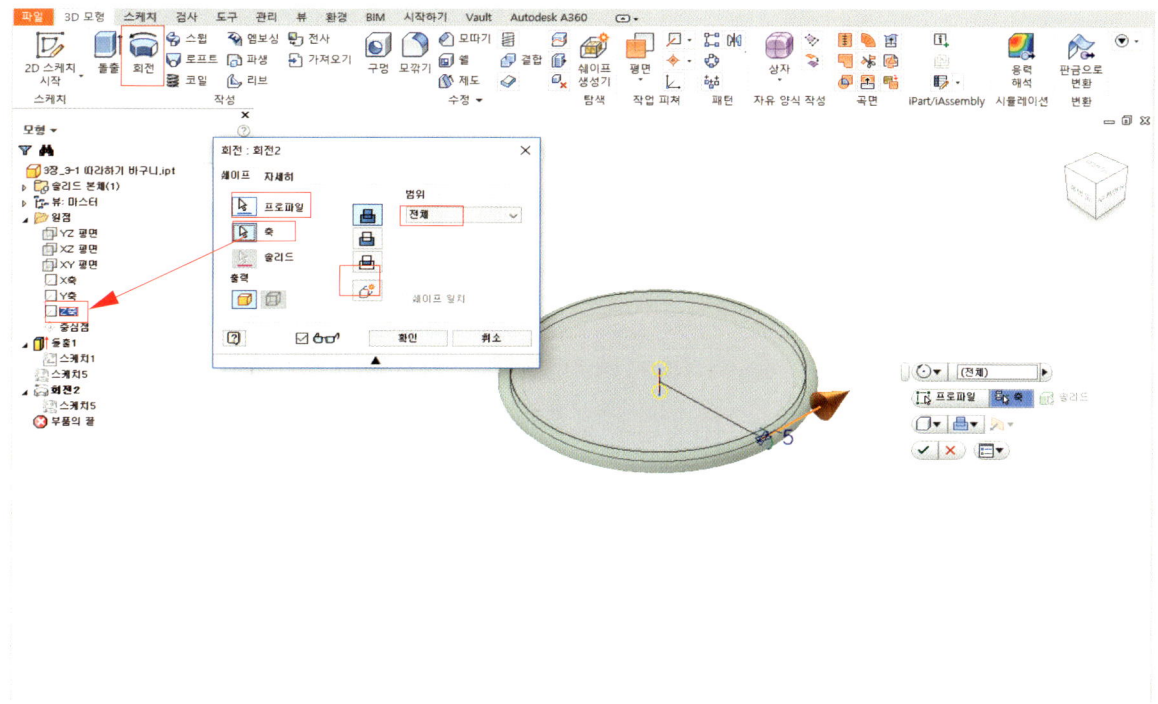

(4) 직사각형 패턴하기

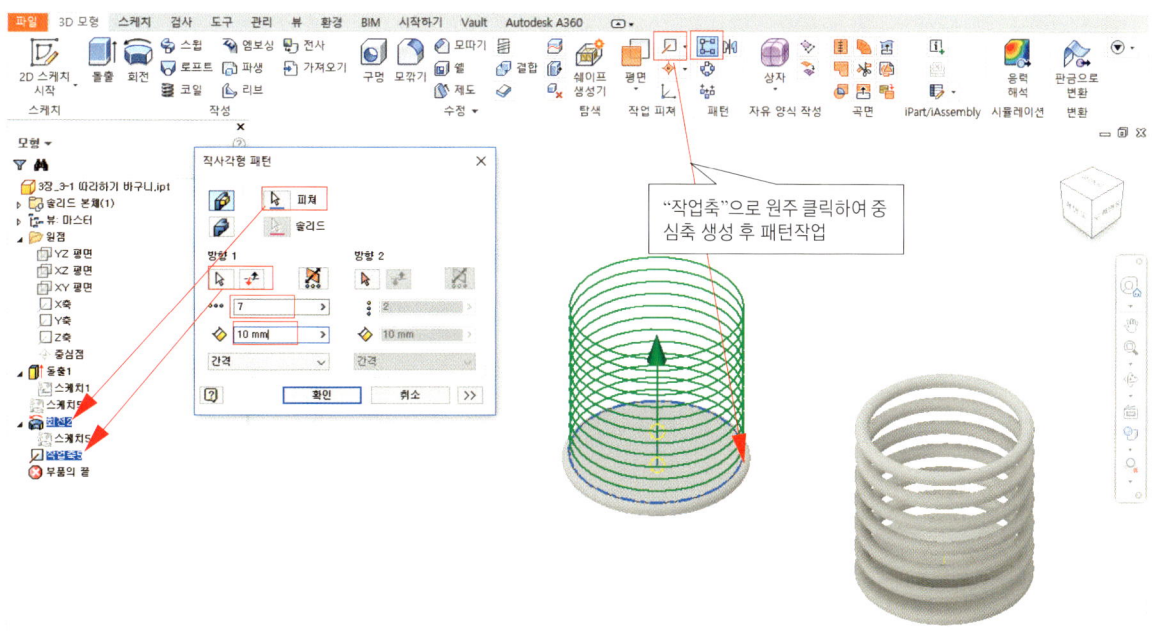

(5) 스케치 평면 만들기

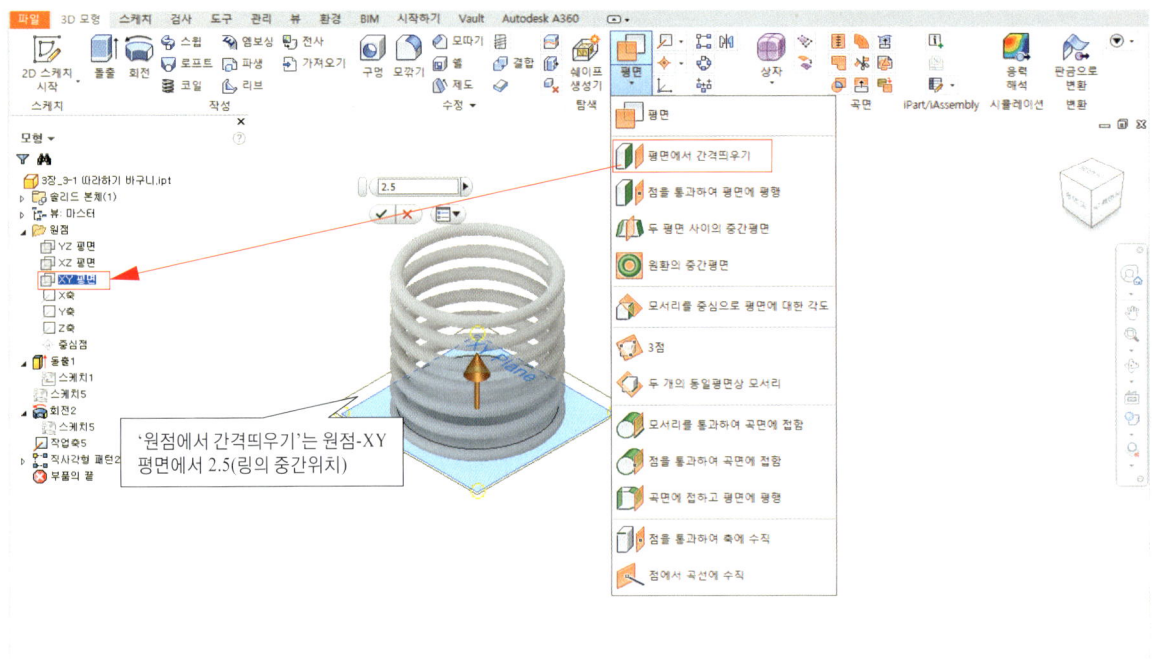

(6) 생성평면에 원 스케치

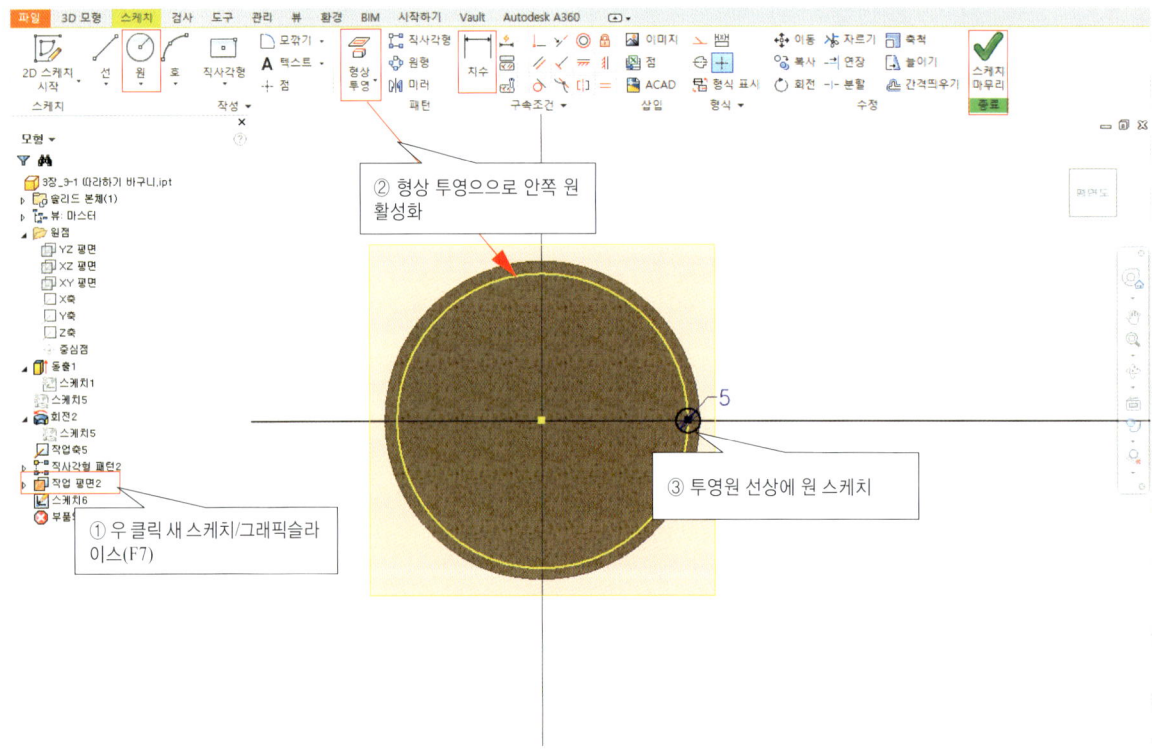

(7) 돌출하기

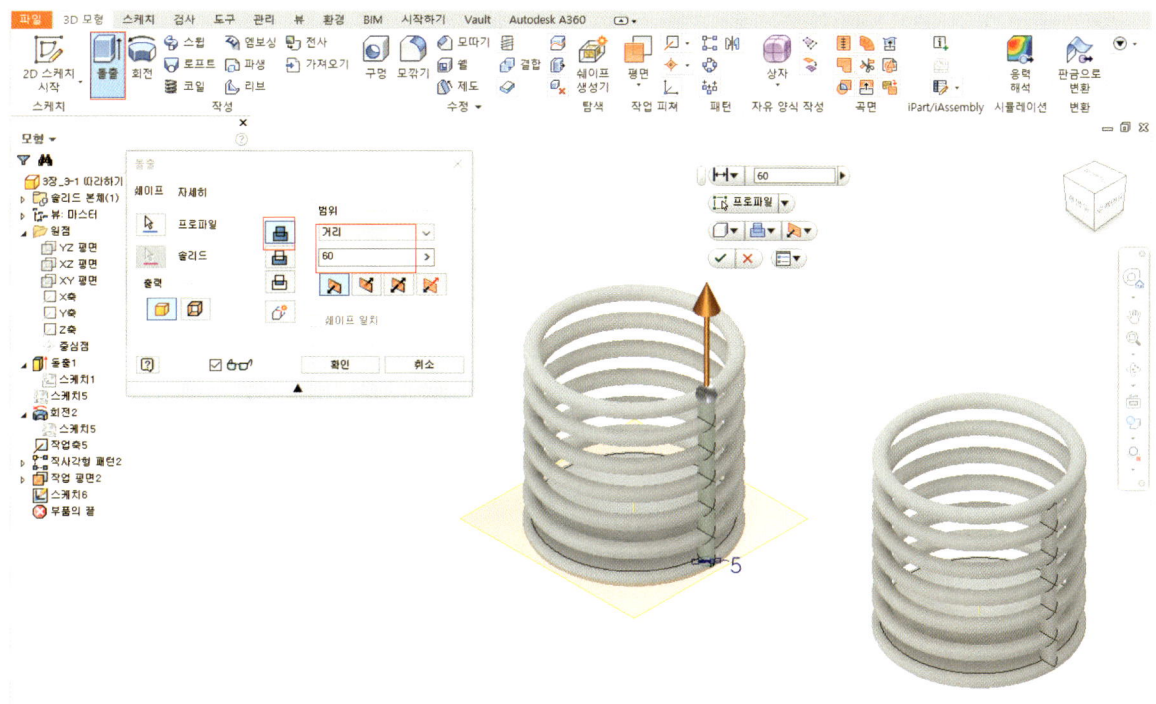

(8) 원형 패턴하기

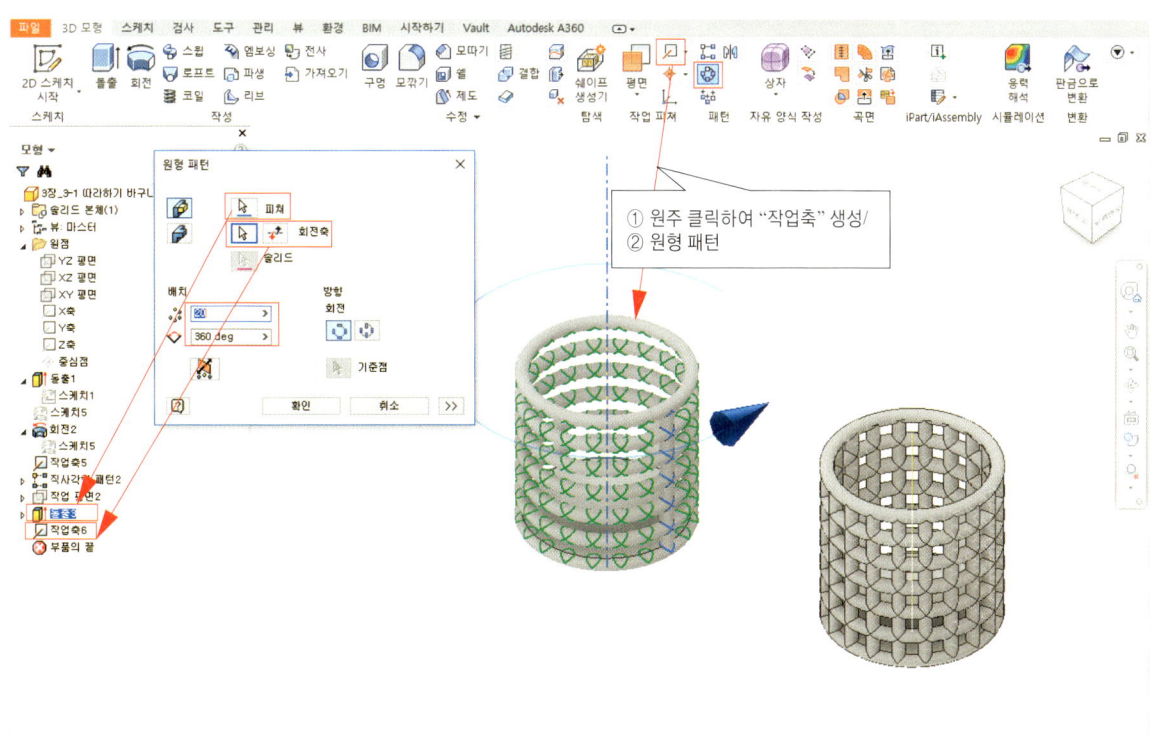

(9) 슬라이스 하기

- 모델링한 후 STL 파일로 저장하고 슬라이서 프로그램으로 파일을 불러온다.
- 빌드 크기와 대략적인 출력 시간, 재료의 소모량이 표시된다.
- 프린트 설정이 완료되면 G-code 파일로 저장하고 3D 프린터로 출력한다.

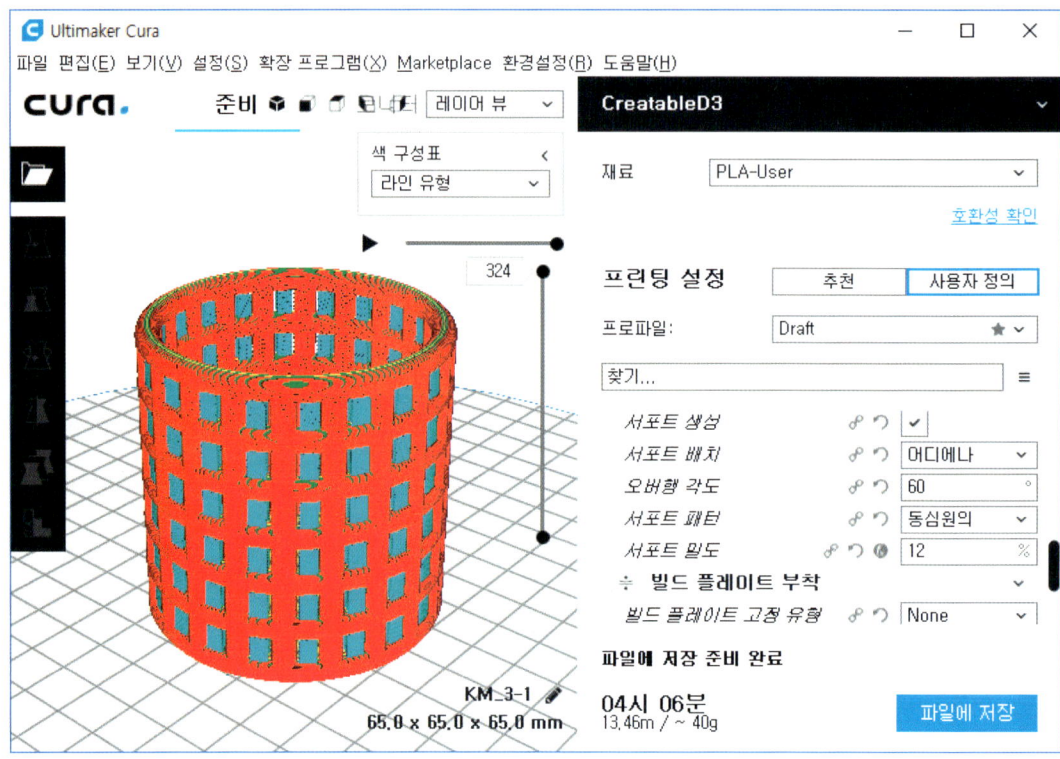

(10) 출력물 형상

[3-1 연습과제 1] 병뚜껑(기능17)

학습목표: 피처를 패턴화하고 3D형상 모델링하여 3D 프린팅 할 수 있다.

학습내용: 선, 형상 투영, 중심선, 원호, 원, 간격띄우기, 회전, 돌출, 원형 패턴, 모깎기

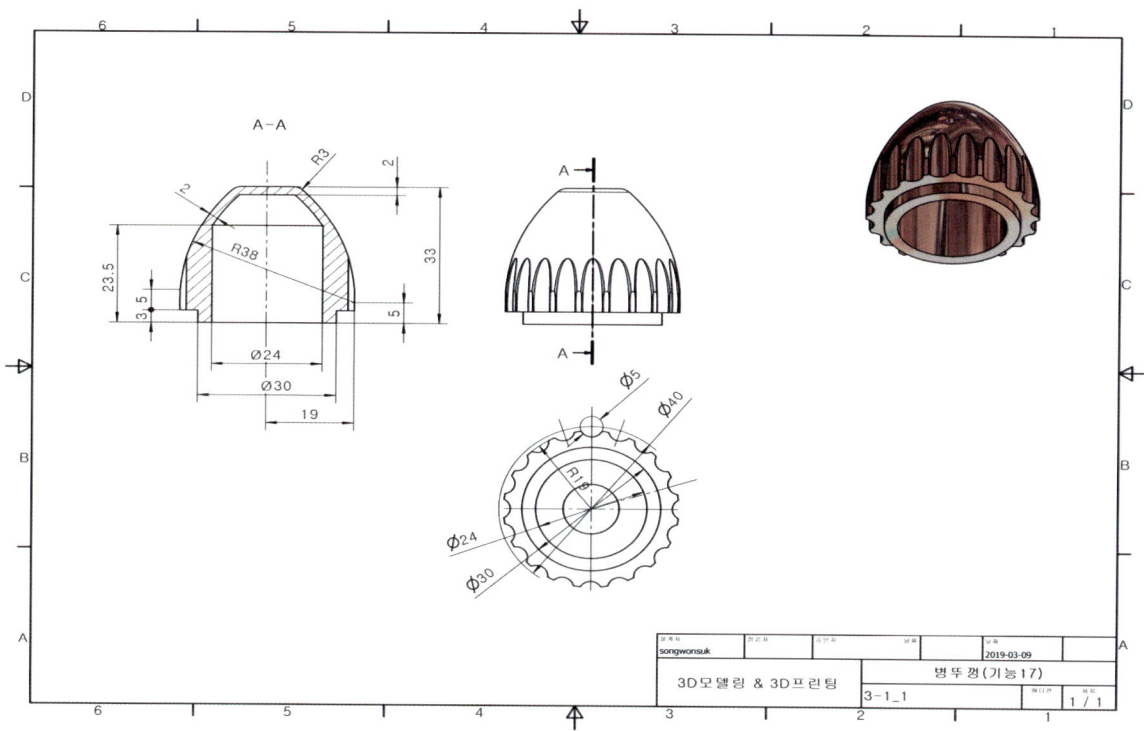

[참고] process hint

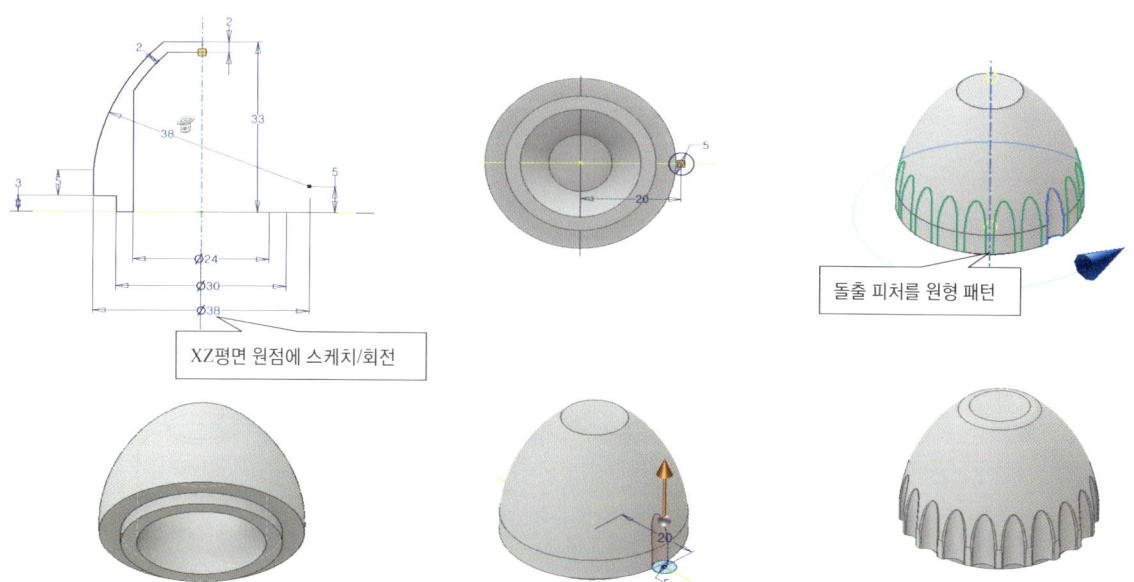

XZ평면 원점에 스케치/회전

돌출 피처를 원형 패턴

(1) 슬라이스 하기

- 모델링한 후 STL 파일로 저장하고 슬라이서 프로그램으로 파일을 불러온다.
- 빌드 크기와 대략적인 출력 시간, 재료의 소모량이 표시된다.
- 프린트 설정이 완료되면 G-code 파일로 저장하고 3D 프린터로 출력한다.

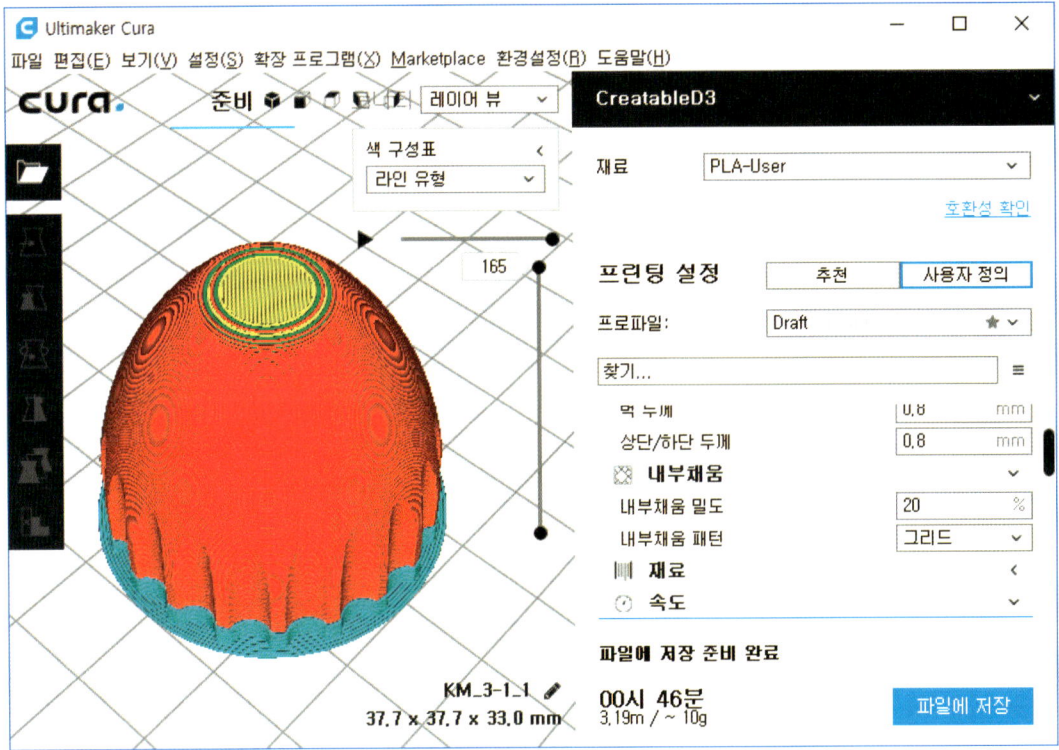

(2) 출력물 형상

[3-1 연습과제 2] 드라이버

학습 목표: 피처를 패턴화하고 3D형상 모델링하여 3D 프린팅 할 수 있다.

학습 내용: 형상 투영, 선, 중심선, 호, 회전, 그래픽슬라이스(F7), 원, 돌출, 모깎기, 평면, 원형 패턴

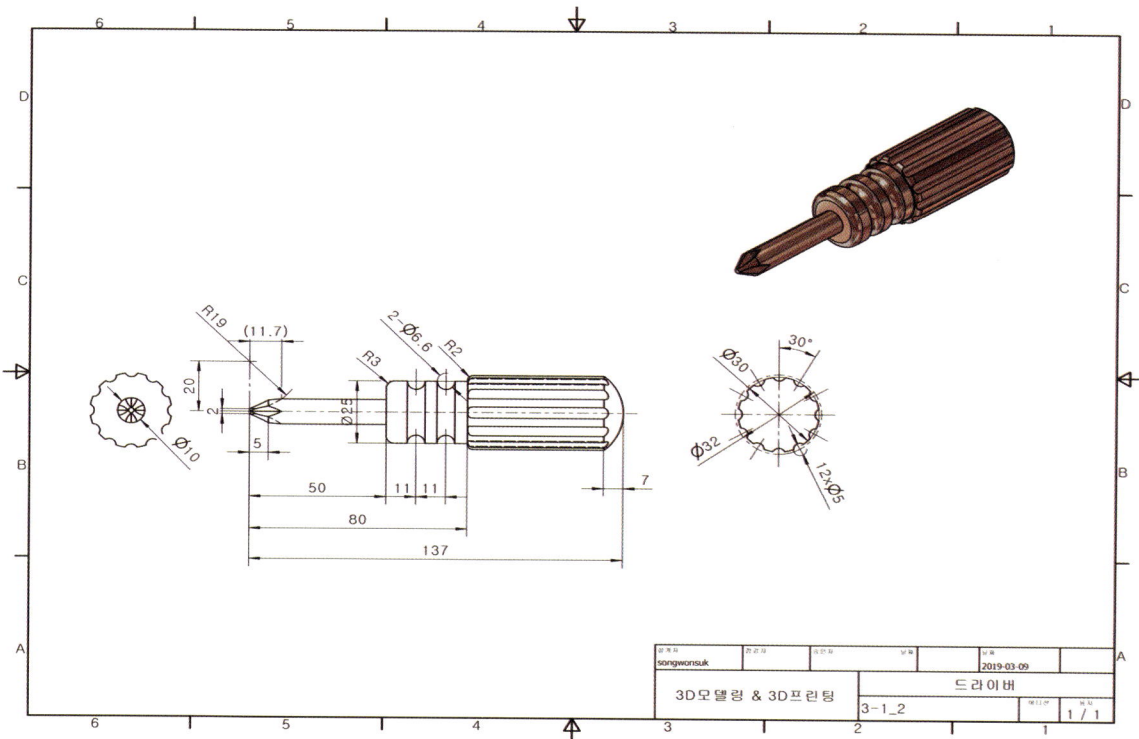

[참고] process hint

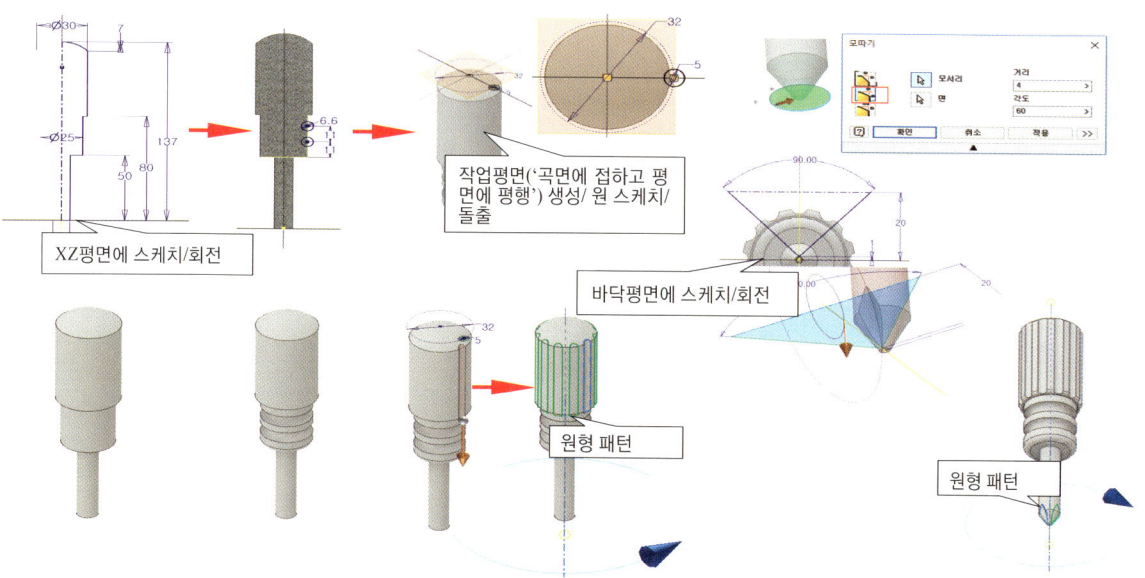

(1) 슬라이스 하기

- 모델링한 후 STL 파일로 저장하고 슬라이서 프로그램으로 파일을 불러온다.
- 빌드 크기와 대략적인 출력 시간, 재료의 소모량이 표시된다.
- 프린트 설정이 완료되면 G-code 파일로 저장하고 3D 프린터로 출력한다.

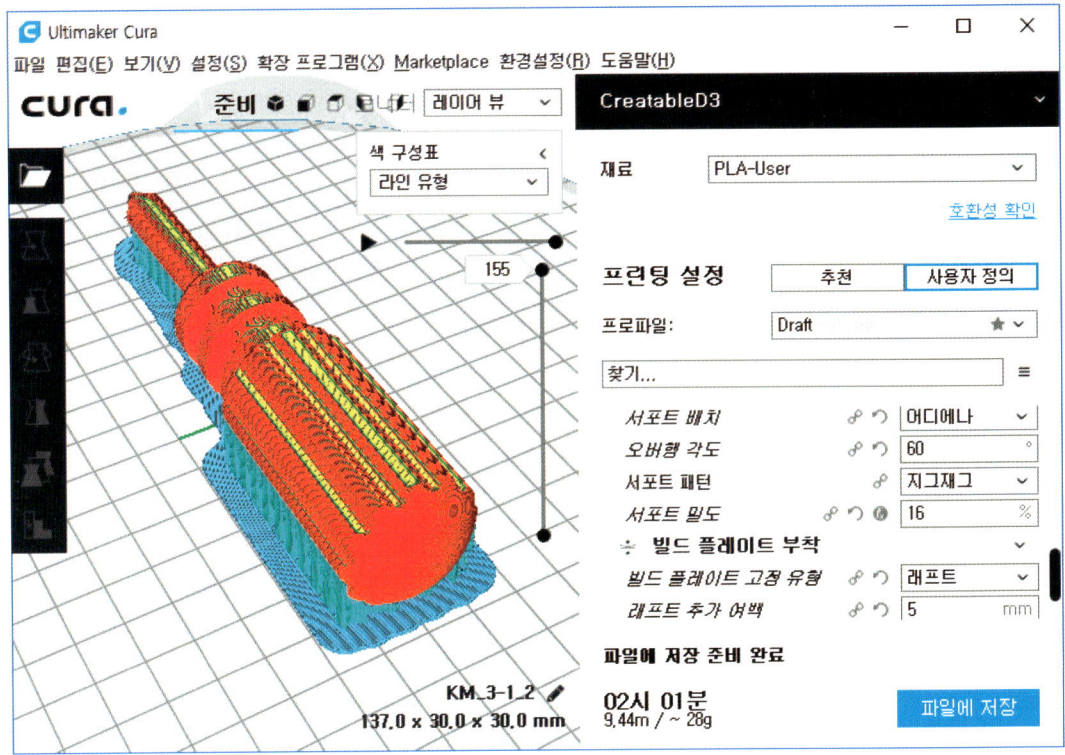

(2) 출력물 형상

[3-2 따라하기] **핸들**

학습목표: 피처를 패턴화하고 3D형상 모델링하여 3D 프린팅 할 수 있다.

학습내용: 원, 돌출, 평면 생성, 작업축, 회전, 그래픽슬라이스(F7키), 원형 패턴, 모깎기, 직사각형, 대칭구속

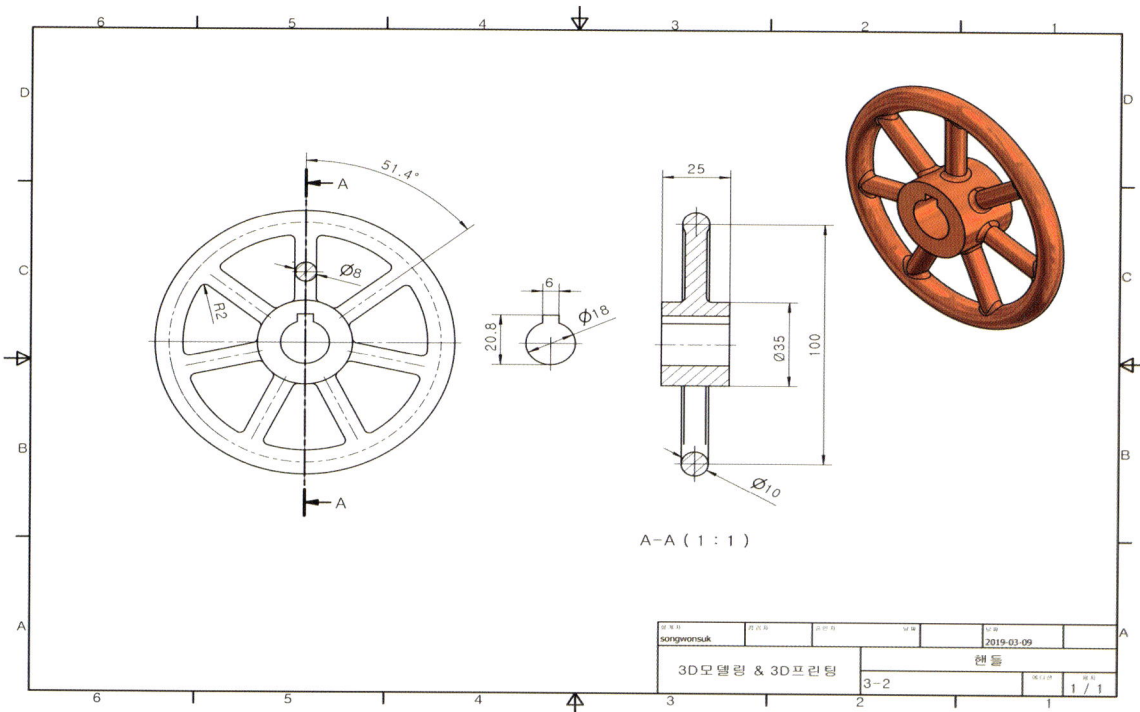

[참고] process hint

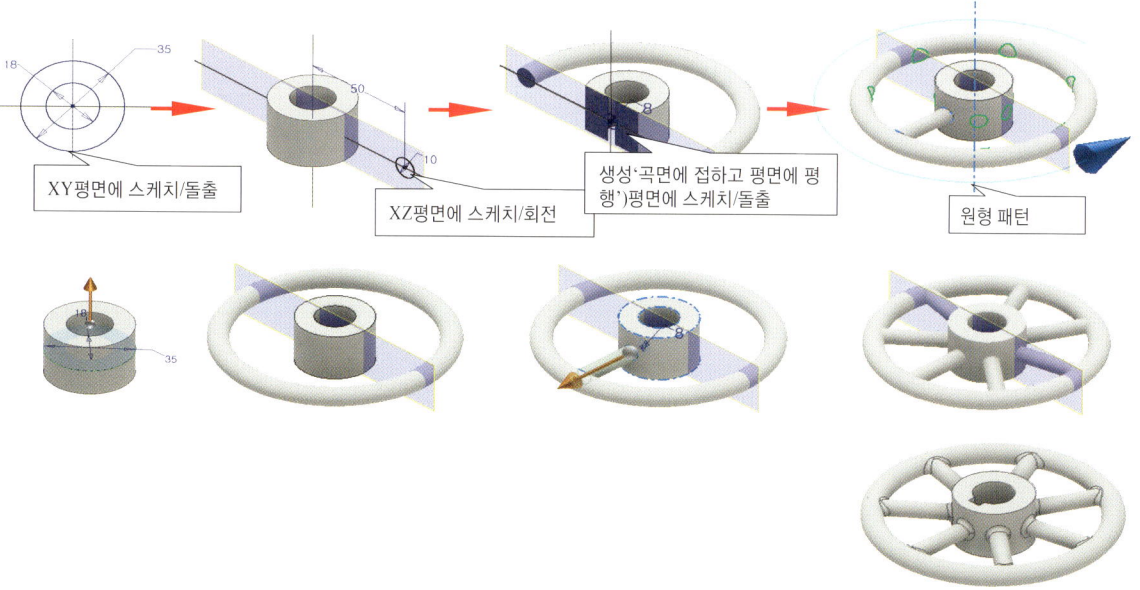

(1) 스케치 및 돌출하기

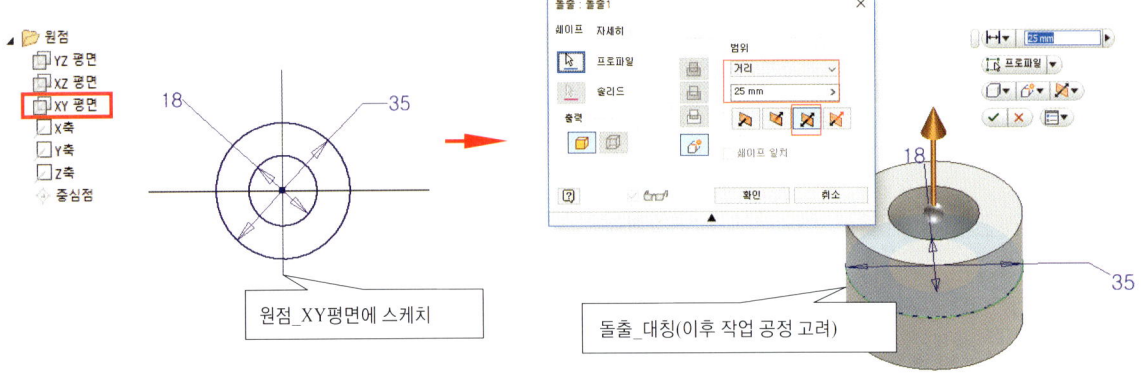

(2) 스케치 및 회전하기

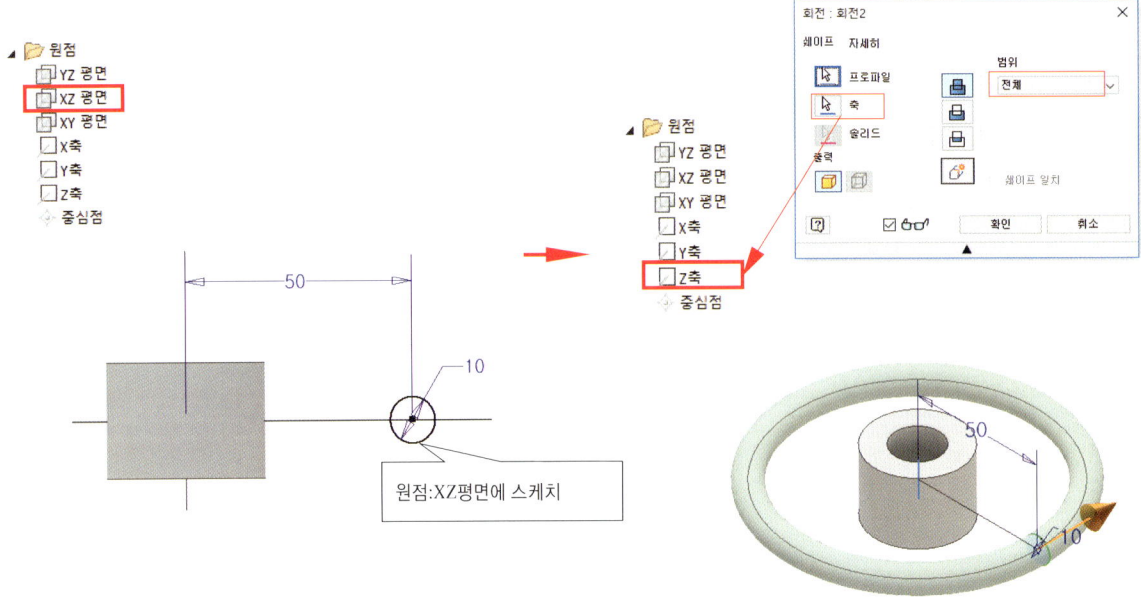

(3) 작업평면 생성하여 스케치하고 돌출하기

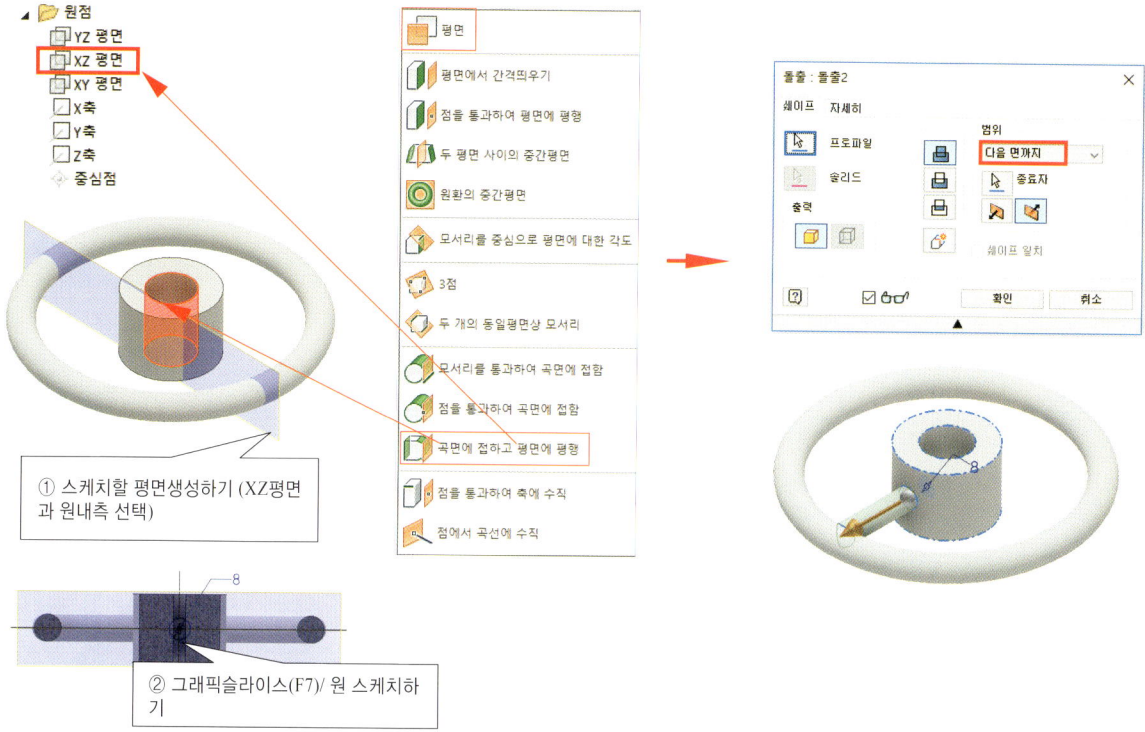

(4) 원형으로 배열하기

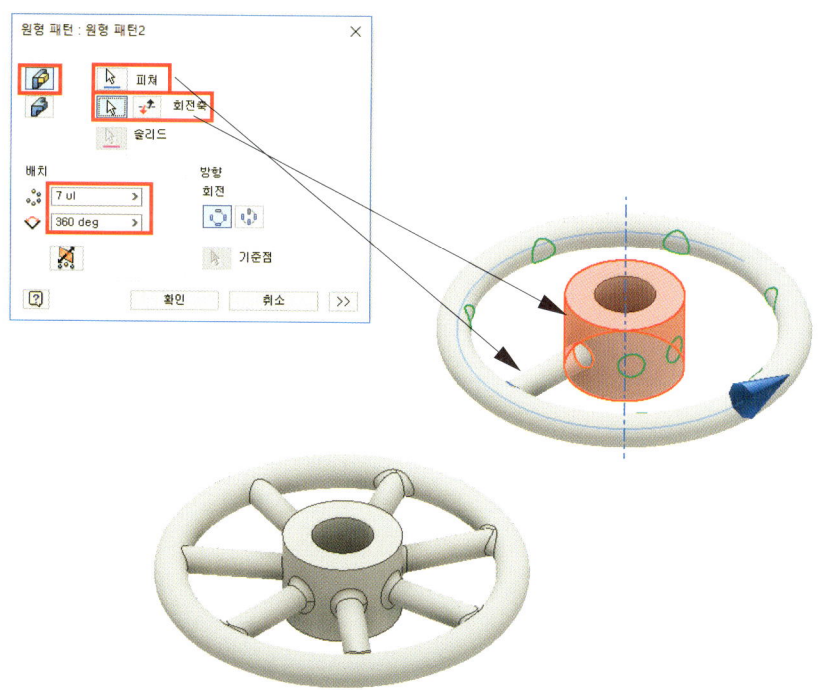

(5) 키 홈 스케치 및 돌출하기

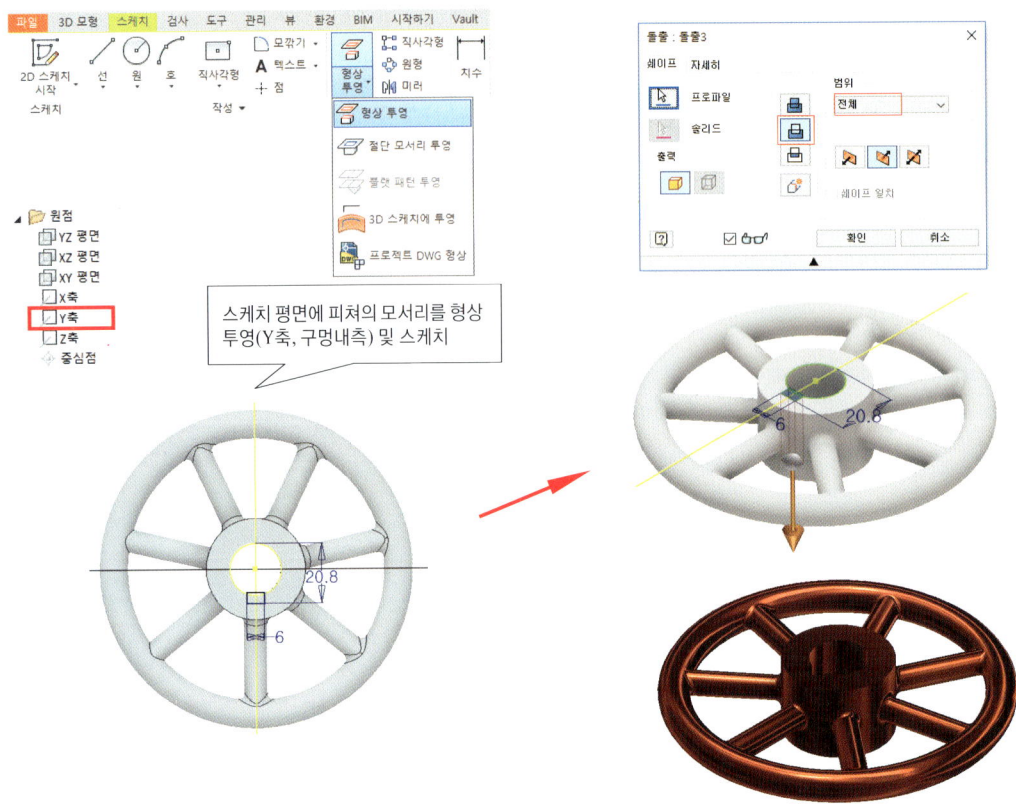

(6) 슬라이스 하기

- 모델링한 후 STL 파일로 저장하고 슬라이서 프로그램으로 파일을 불러온다.
- 빌드 크기와 대략적인 출력 시간, 재료의 소모량이 표시된다.
- 프린트 설정이 완료되면 G-code 파일로 저장하고 3D 프린터로 출력한다.

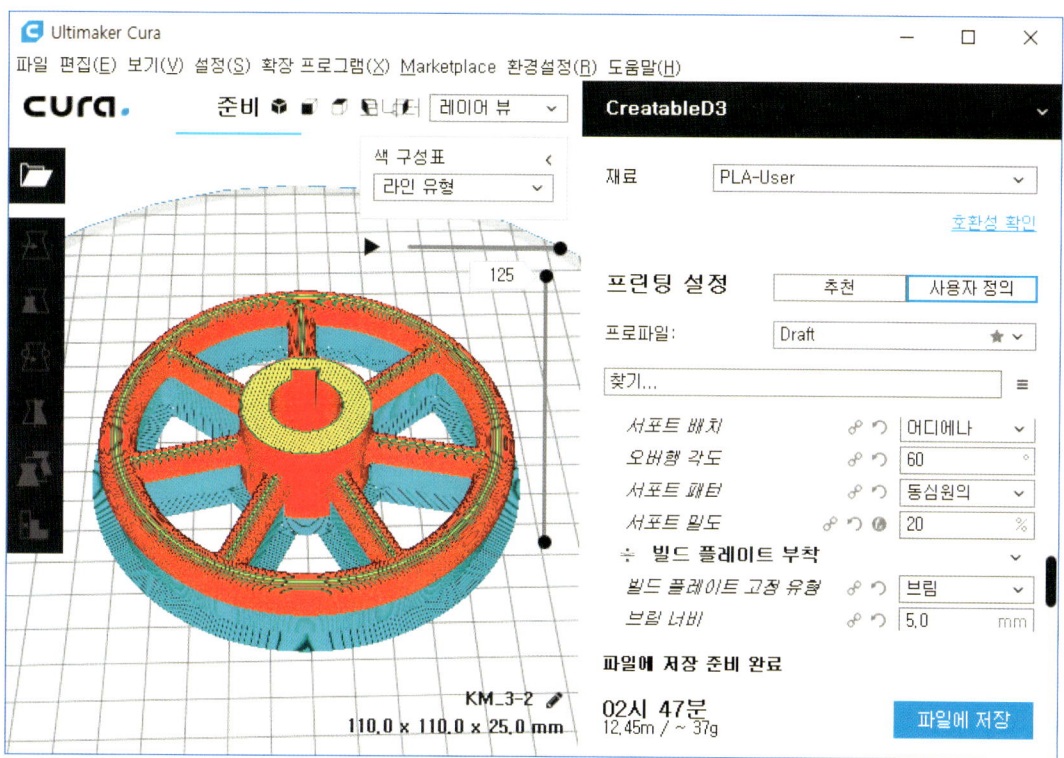

(7) 출력물 형상

[3-2 연습과제 1] 핸들

학습목표: 피처를 패턴화하고 3D형상 모델링하여 3D 프린팅 할 수 있다.

학습내용: 선, 중심선, 직사각형, 일치구속, 평면 생성, 구성선, 간격띄우기, 원형 패턴, 직사각형, 돌출

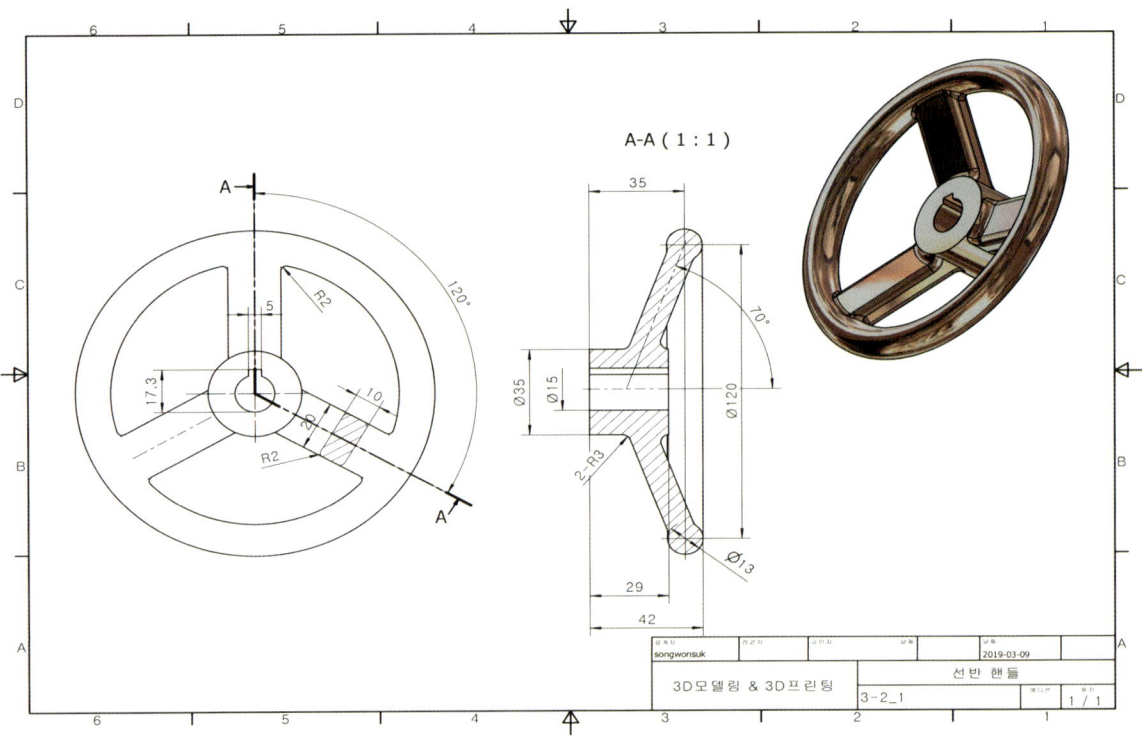

[참고] process hint

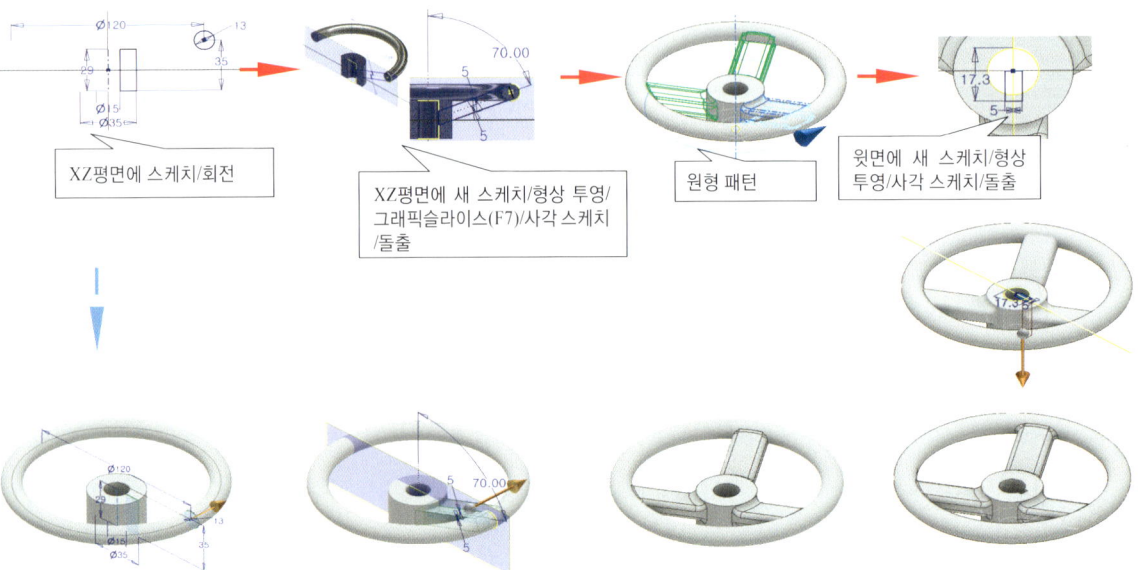

XZ평면에 스케치/회전 → XZ평면에 새 스케치/형상 투영/그래픽슬라이스(F7)/사각 스케치/돌출 → 원형 패턴 → 윗면에 새 스케치/형상 투영/사각 스케치/돌출

194 | 3D 프린터 활용 가이드

(1) 슬라이스 하기

- 모델링한 후 STL 파일로 저장하고 슬라이서 프로그램으로 파일을 불러온다.
- 빌드 크기와 대략적인 출력 시간, 재료의 소모량이 표시된다.
- 프린트 설정이 완료되면 G – code 파일로 저장하고 3D 프린터로 출력한다.

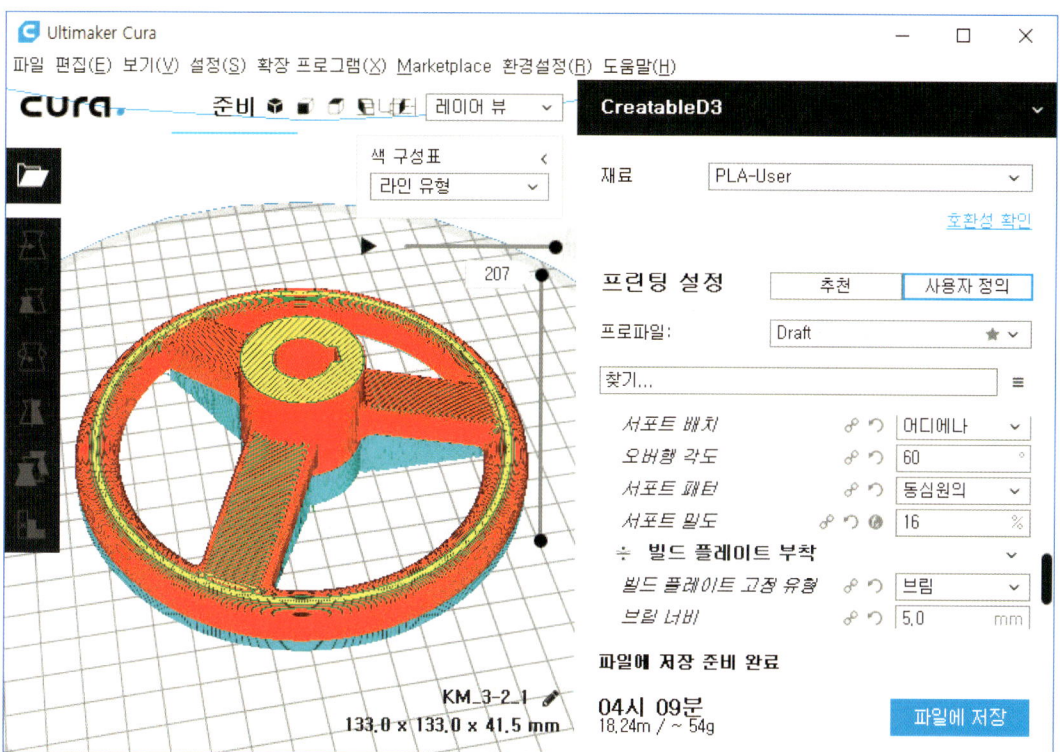

(2) 출력물 형상

[3-2 연습과제 3] 수차날개

 피처를 패턴화하고 3D형상 모델링하여 3D 프린팅 할 수 있다.

 선, 중심선, 원, 형상투영, 돌출, 모깎기, F7, 자르기, 평면생성, 폴리곤, 간격띄우기, 원형패턴

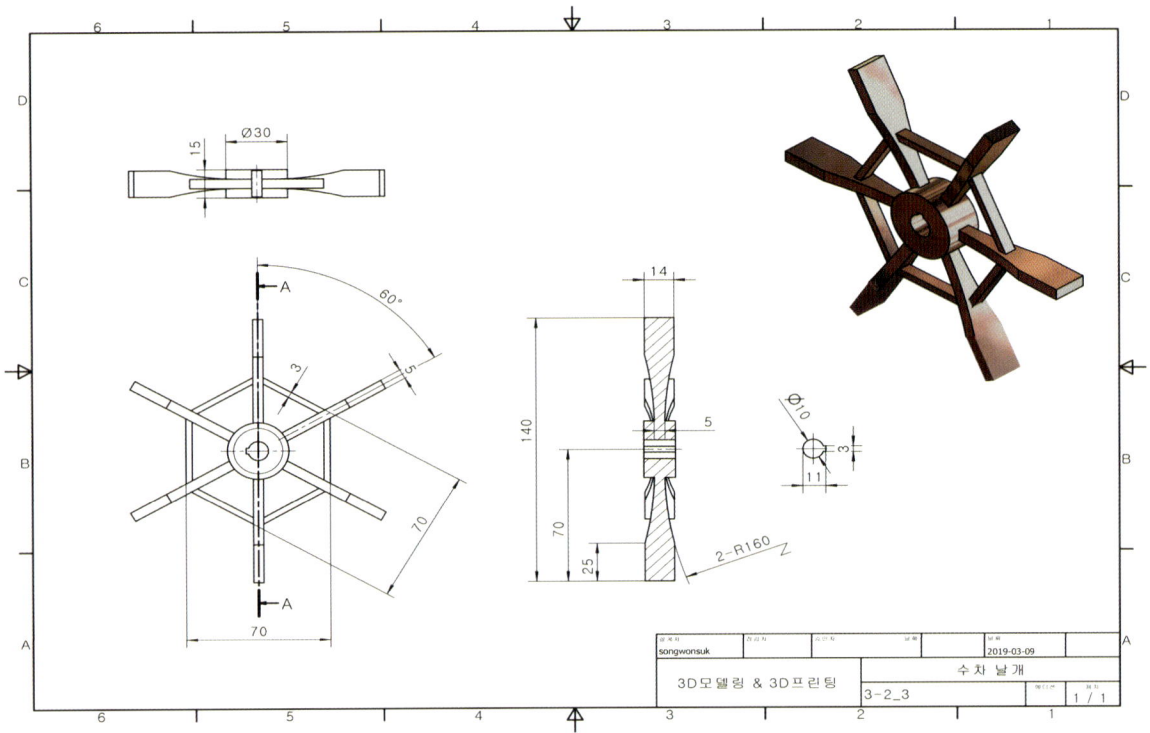

[참고] process hint

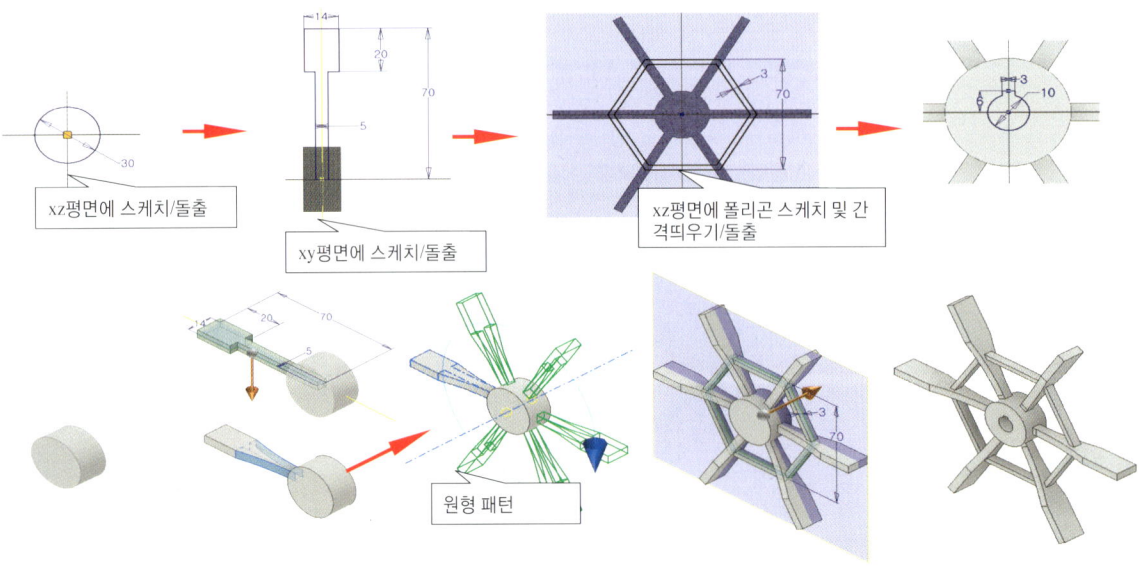

(1) 슬라이스 하기

- 모델링한 후 STL 파일로 저장하고 슬라이서 프로그램으로 파일을 불러온다.
- 빌드 크기와 대략적인 출력 시간, 재료의 소모량이 표시된다.
- 프린트 설정이 완료되면 G – code 파일로 저장하고 3D 프린터로 출력한다.

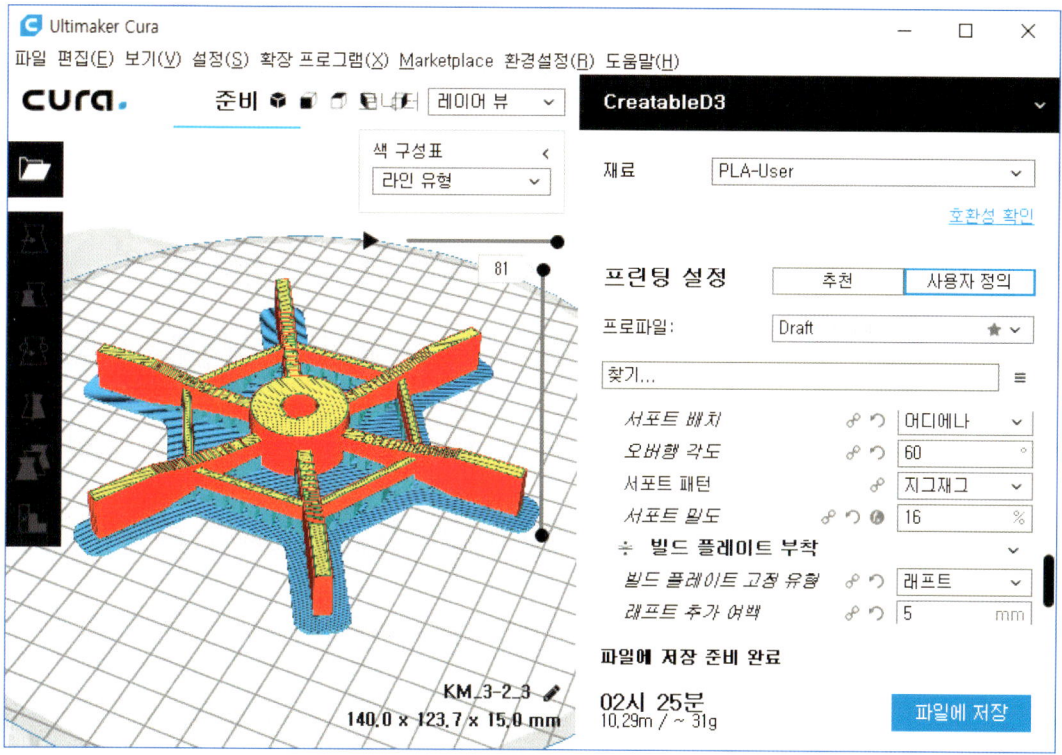

(2) 출력물 형상

[3-2 연습과제 4] 자동차 핸들

학습 목표: 피처를 패턴화하고 3D형상 모델링하여 3D 프린팅 할 수 있다.

학습 내용: 중심선, 선, 원, 회전, 그래픽슬라이스(F7), 형상 투영, 돌출, 원형 패턴, 모깎기

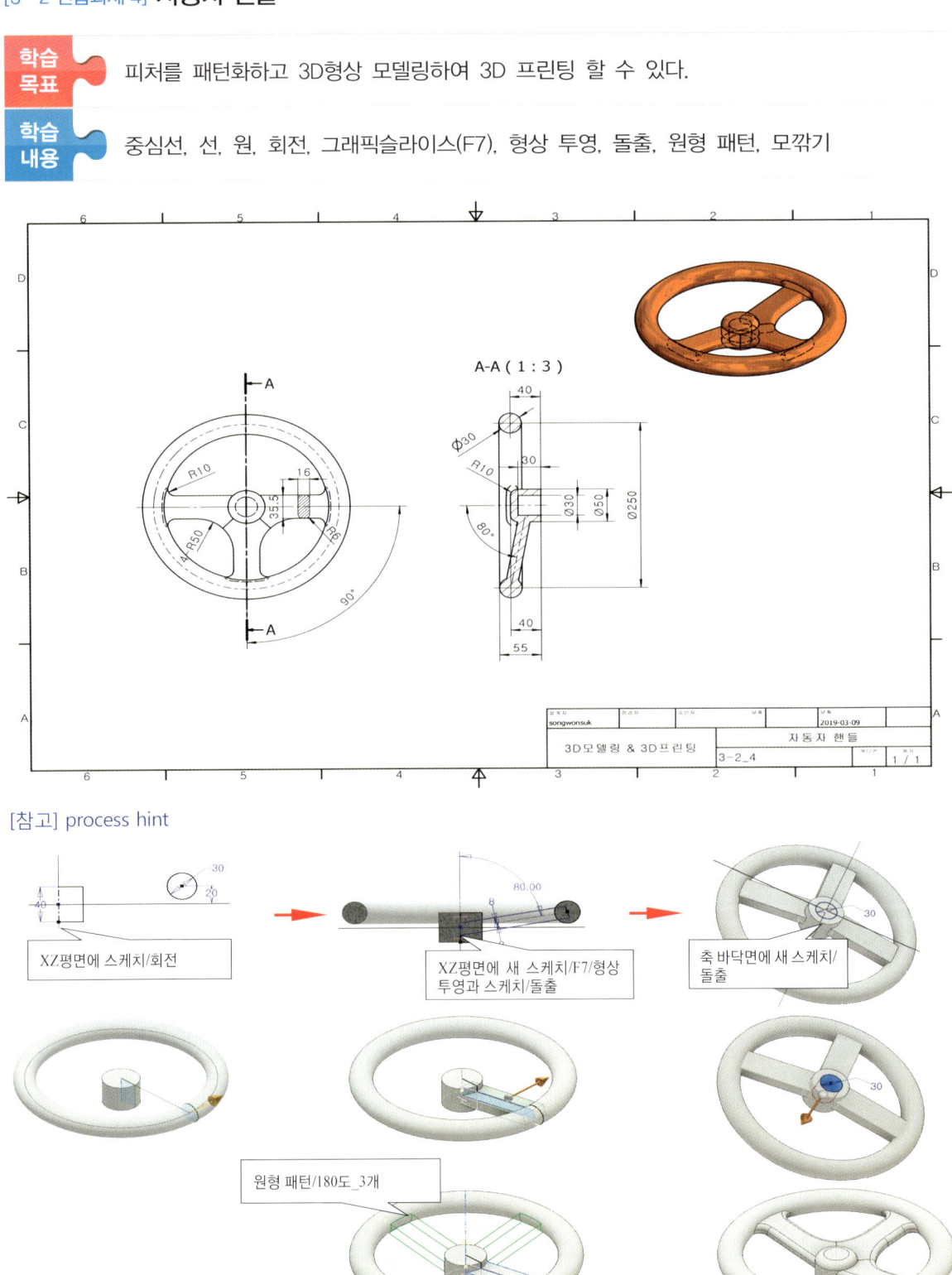

[참고] process hint

(1) 슬라이스 하기

- 모델링한 후 STL 파일로 저장하고 슬라이서 프로그램으로 파일을 불러온다.
- 빌드 크기와 대략적인 출력 시간, 재료의 소모량이 표시된다.
- 프린트 설정이 완료되면 G-code 파일로 저장하고 3D 프린터로 출력한다.

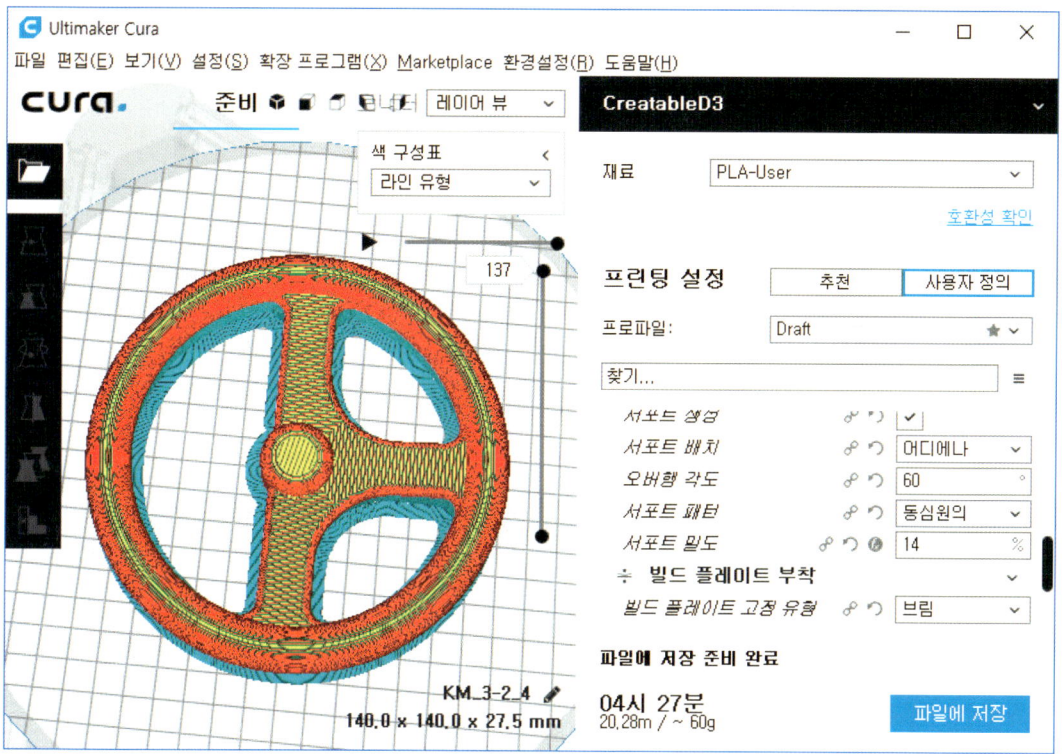

(2) 출력물 형상

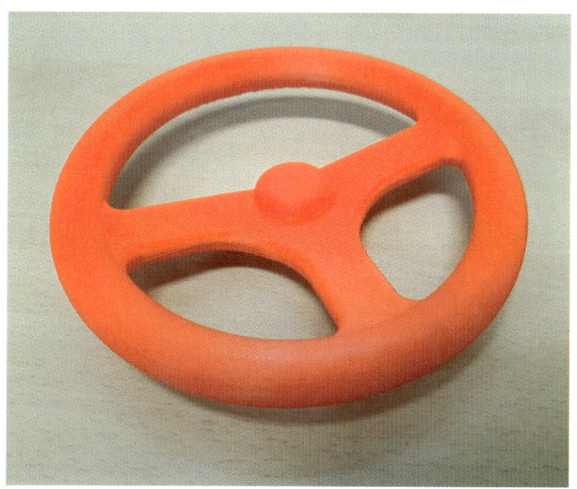

[3-3 따라하기] 스퍼기어

 기어치형 스케치 및 피처를 패턴화하고 3D형상 모델링하여 3D 프린팅 할 수 있다.

 원, 돌출, 형상 투영, 중심선, 간격띄우기, 구성선, 호, 자르기, 미러, 모깎기, 모따기, 원형 패턴

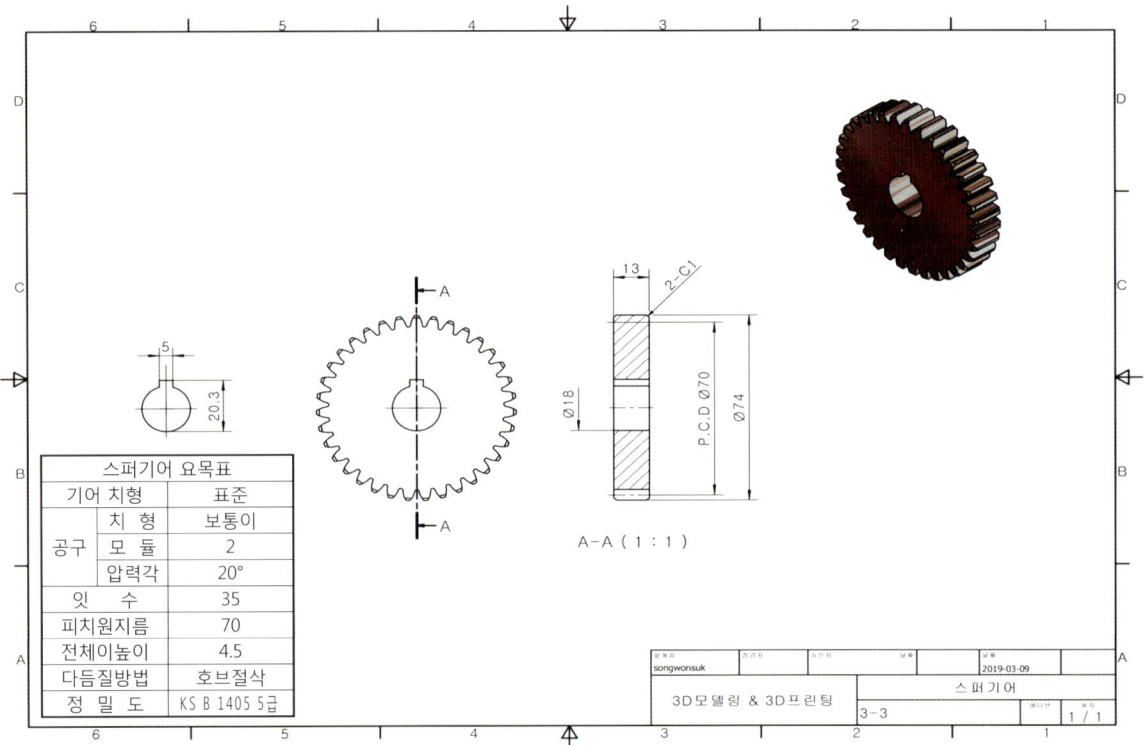

[참고] process hint

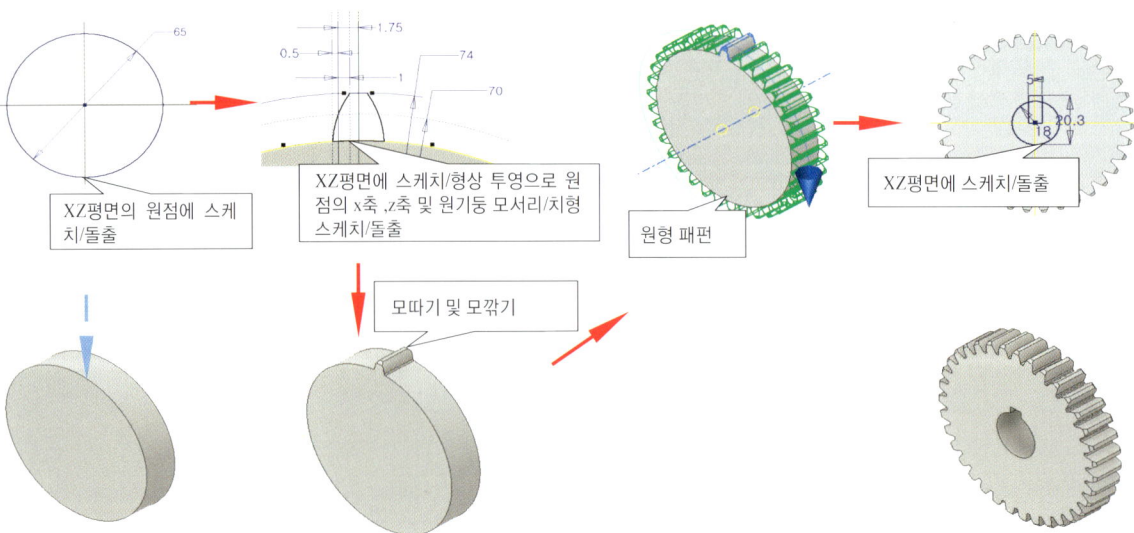

〈스퍼기어 치형 설계〉

스퍼기어 요목	값	계산	설명
모듈(M)	2	$=70/35$	피치원 지름(d)/잇수(Z)
피치원지름(PCD)	70	$=2\times35$	M(모듈)×Z(잇수)
지름피치(P)	12.7	$=25.4\times35/70$	$25.4\times$잇수(Z)/피치원 지름(d)
원주피치(t)	6.28	$=PI\times70/35$	원주의 길이($\pi\times$피치원 지름(d))/잇수(Z)
잇수(Z)	35	$=70/2$	피치원 지름(PCD)/M(모듈)
전체 이높이	4.5	$=2.25\times2$	$2.25\times$M(모듈)
이끝원 지름	74	$=70+(2\times2)$	피치원 지름(PCD)+(2×M)
이뿌리원 지름	65	$=70-(2.5\times2)$	피치원 지름(PCD)−(2.5×M)
수직선의 간격 (C)	0.5	$=2/4$	M(모듈)/4
수직선의 간격 (B)	1	$=2/2$	M(모듈)/2
수직선의 간격 (A)	1.57	$=2\times0.785$	M(모듈)$\times0.785(\pi/4)$

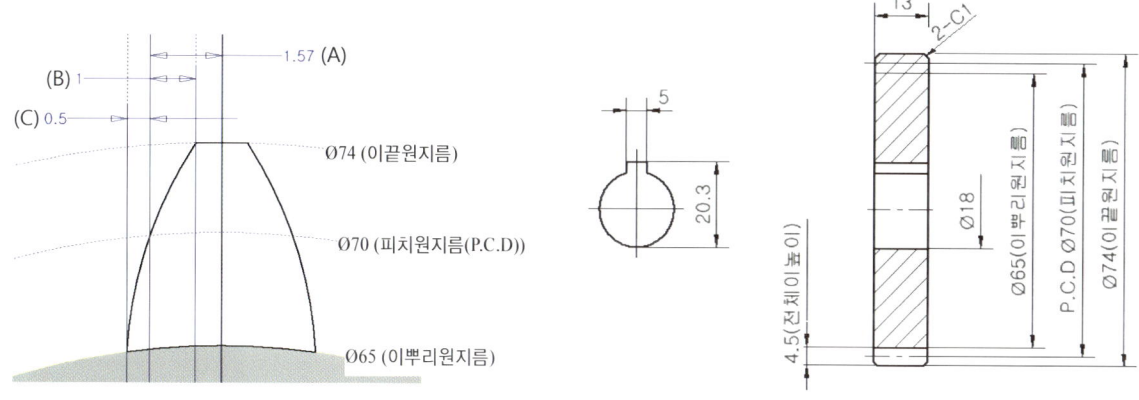

(1) 정면도(xz면)에 스케치하기

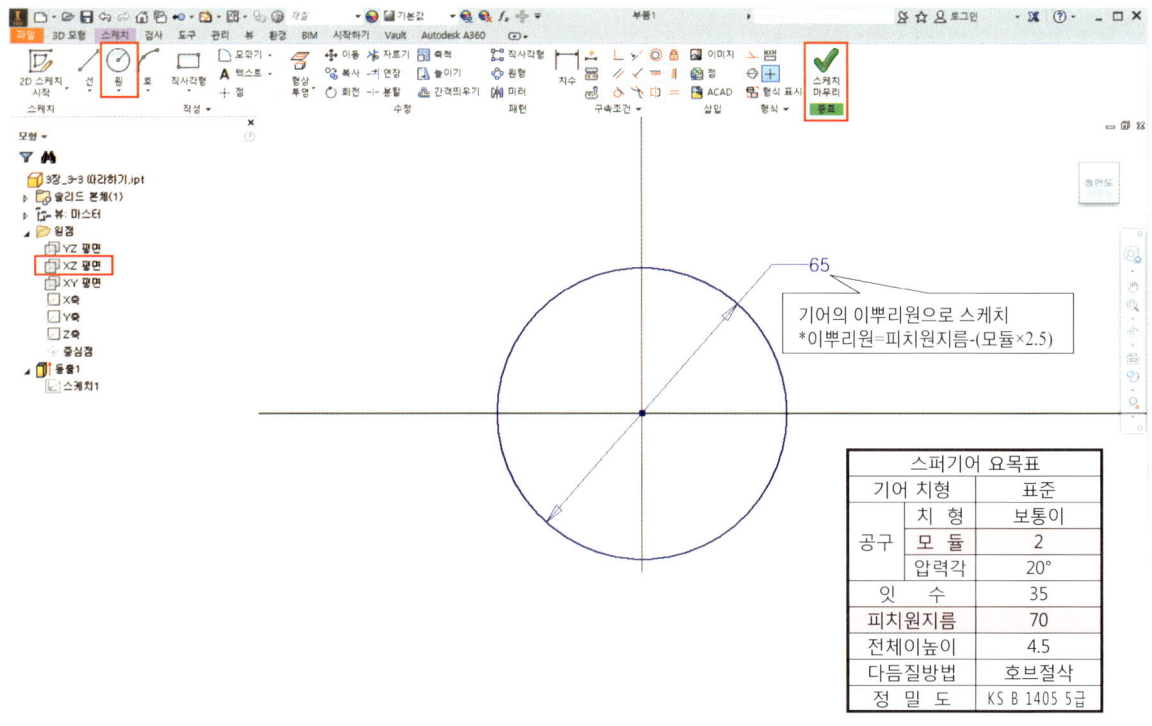

(2) 돌출하기

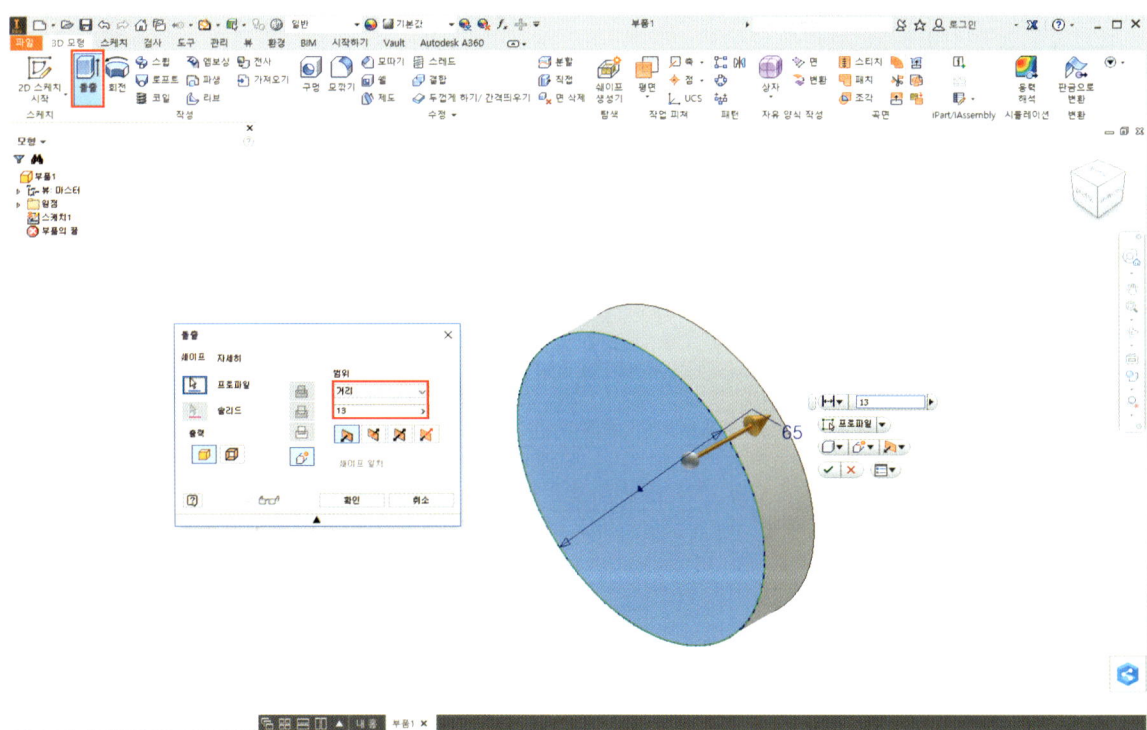

(3) 치형 스케치하기

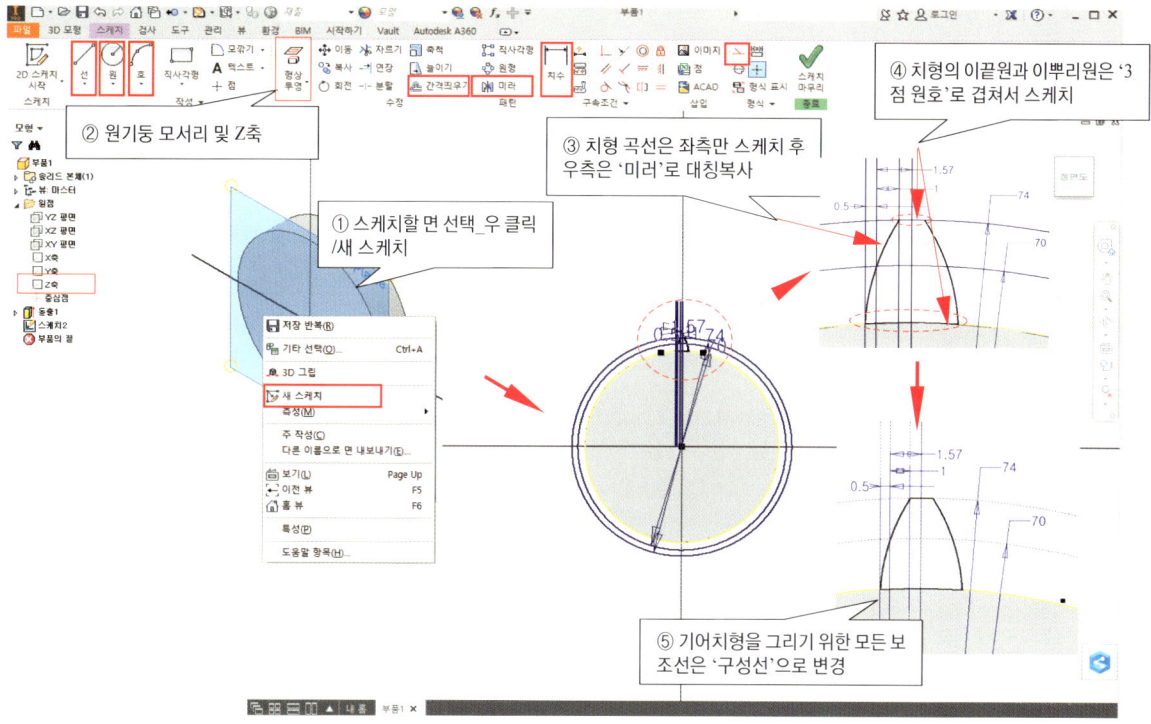

(4) 치형 돌출하기

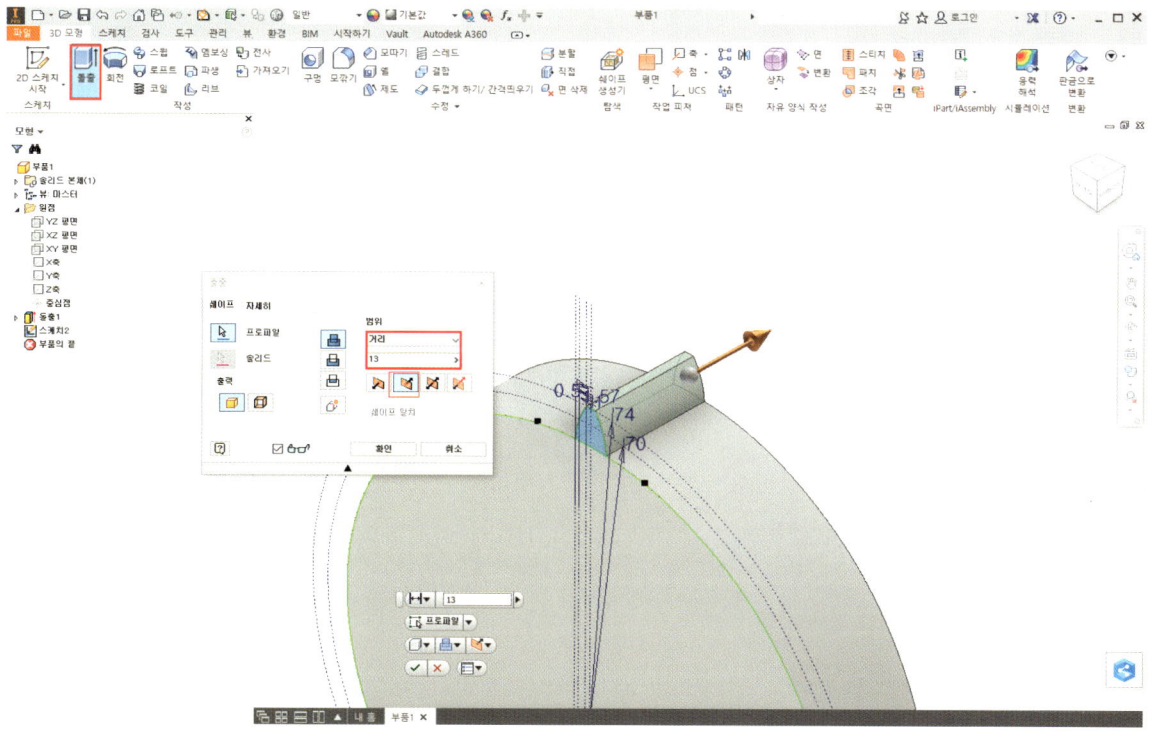

(5) 치형의 모서리 모따기 및 모깎기하기

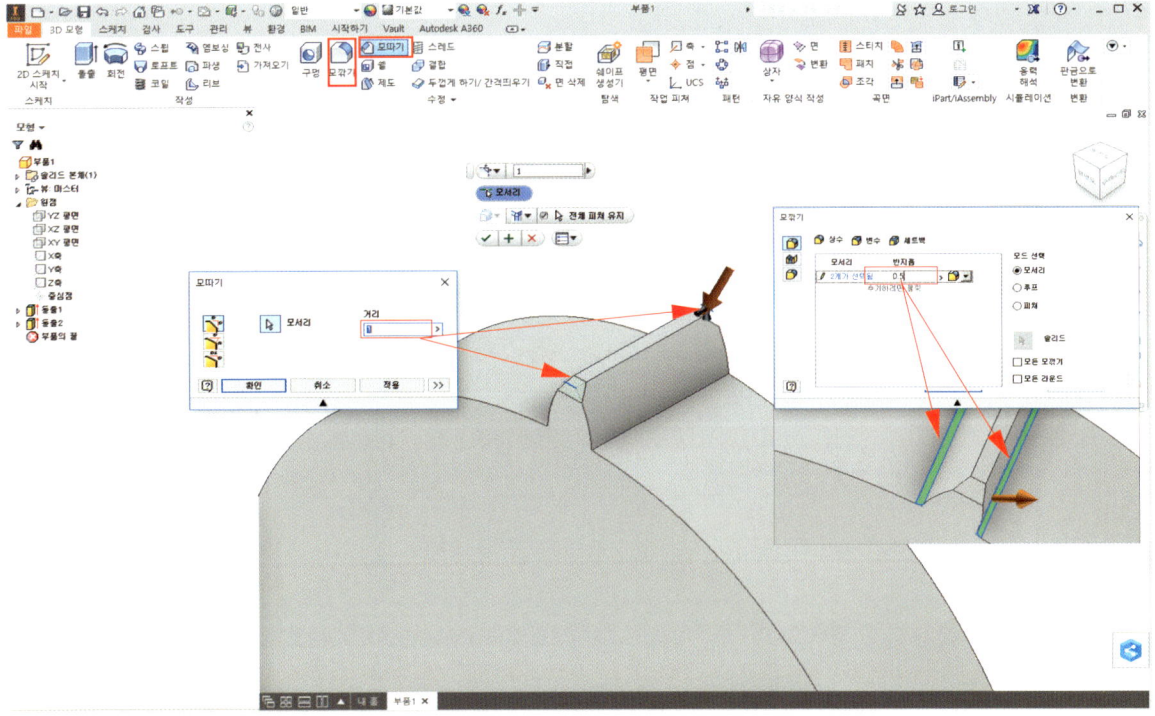

(6) 치형 원형 패턴하기

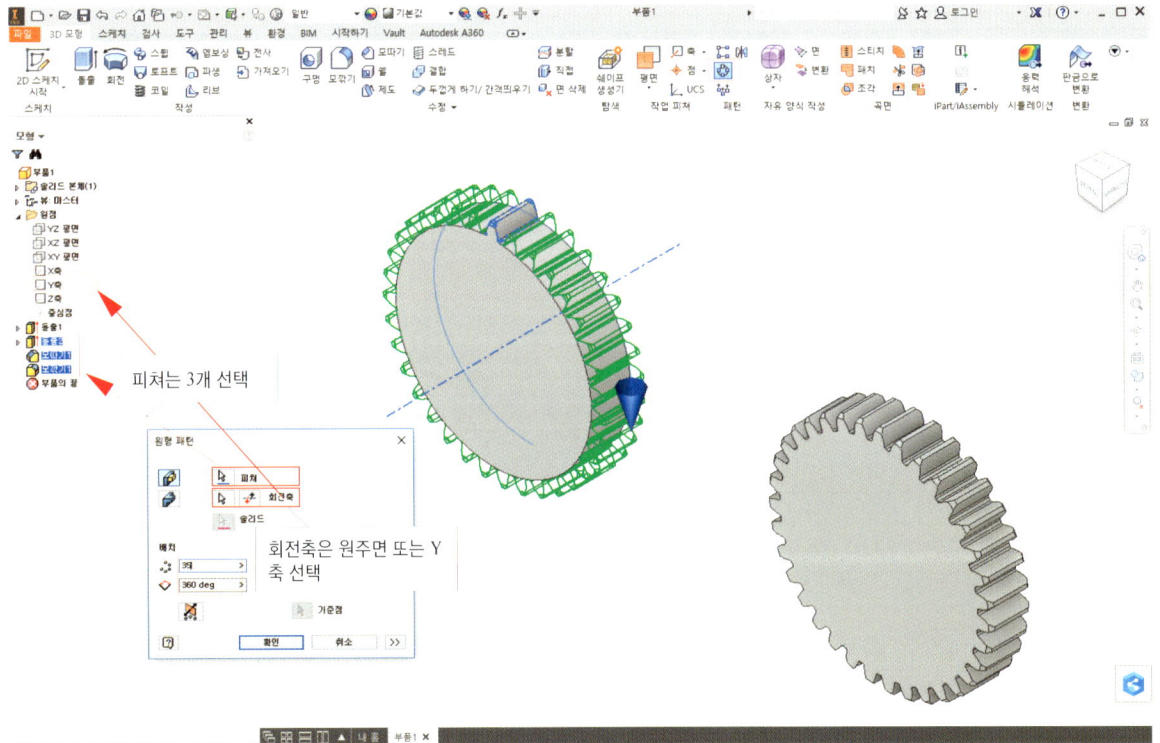

(7) 축 구멍과 키홈 스케치하기

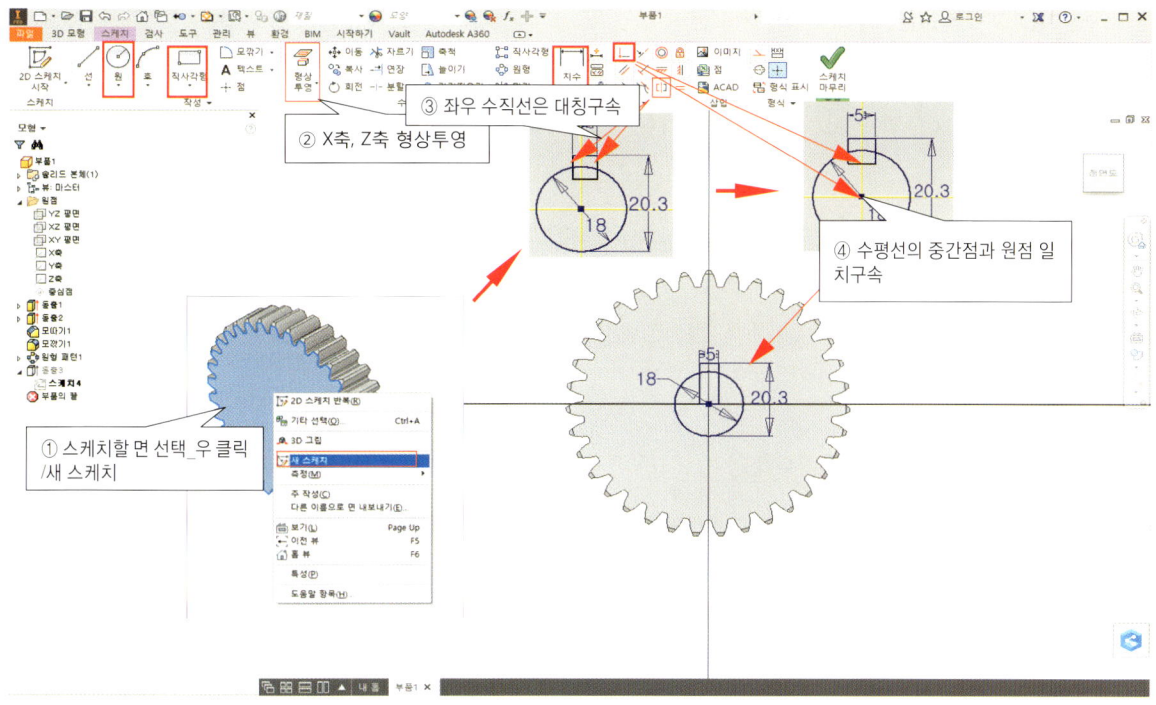

(8) 축 구멍과 키홈 돌출하기

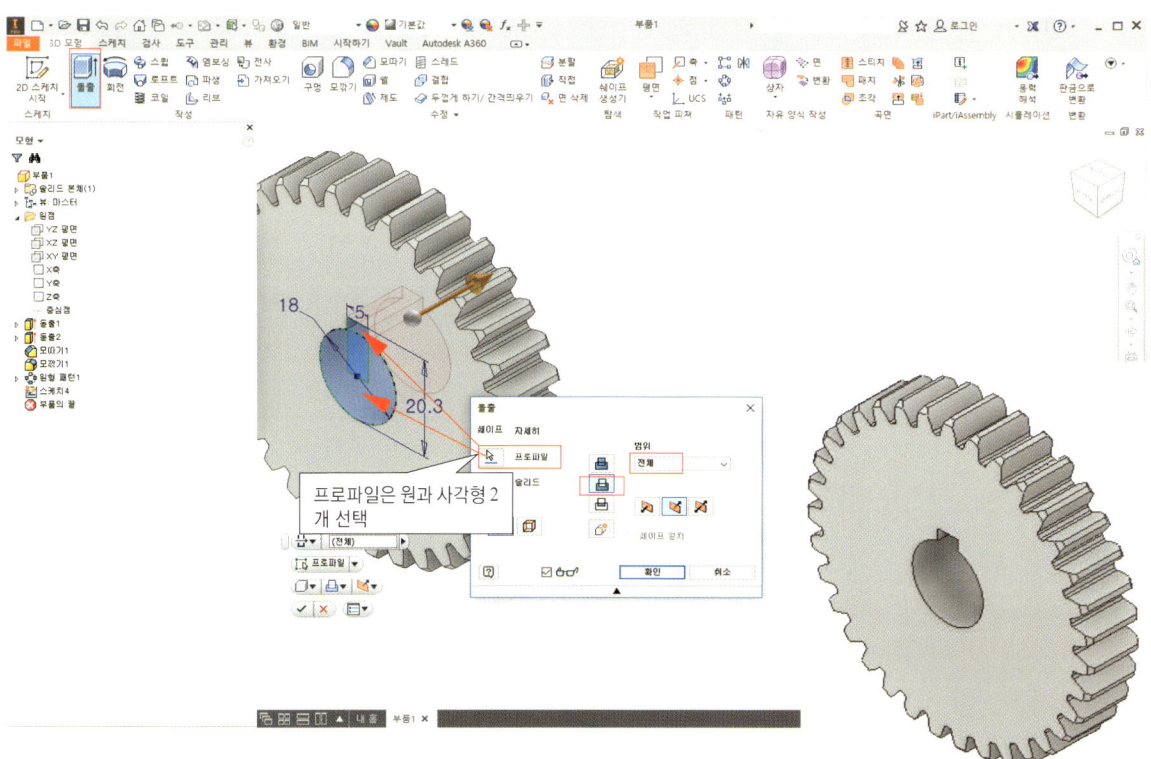

(9) 슬라이스 하기

- 모델링한 후 STL 파일로 저장하고 슬라이서 프로그램으로 파일을 불러온다.
- 빌드 크기와 대략적인 출력 시간, 재료의 소모량이 표시된다.
- 프린트 설정이 완료되면 G-code 파일로 저장하고 3D 프린터로 출력한다.

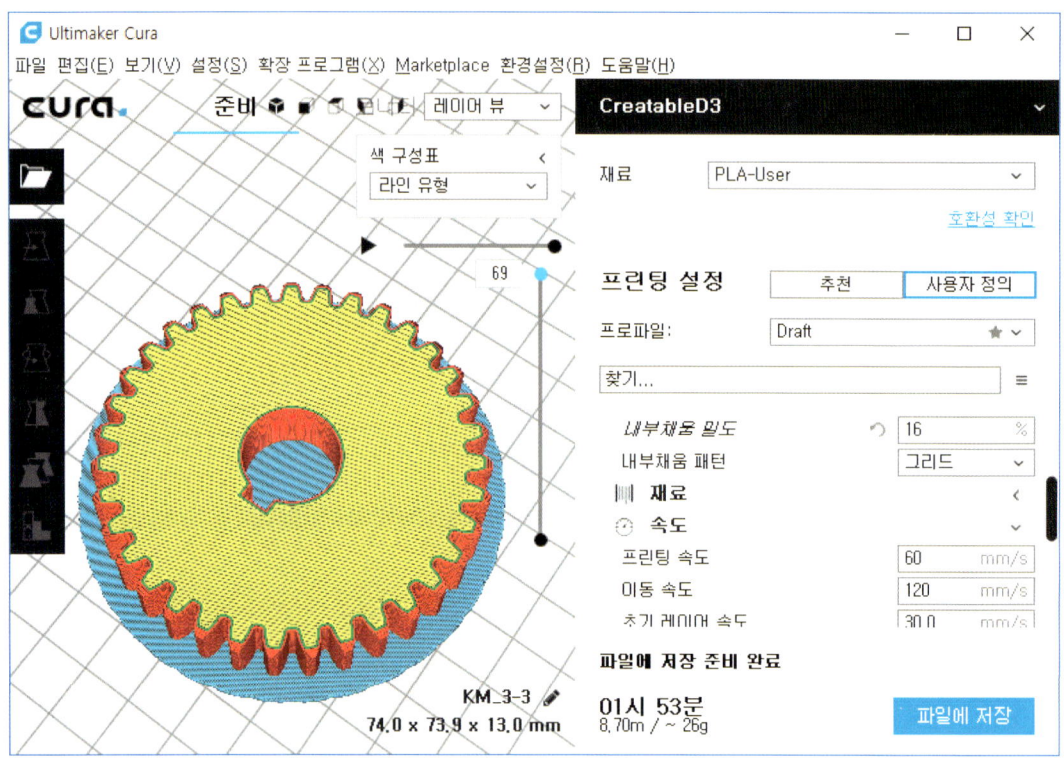

(10) 출력물 형상

[3-3 연습과제 1] 스퍼기어 축

 기어치형 스케치 및 피처를 패턴화하고 3D형상 모델링하여 3D 프린팅 할 수 있다.

 선, 중심선, 회전, 원, 호, 미러, 구성선, 돌출, 폴리곤, 자르기, 모따기, 원형 패턴, 모깎기

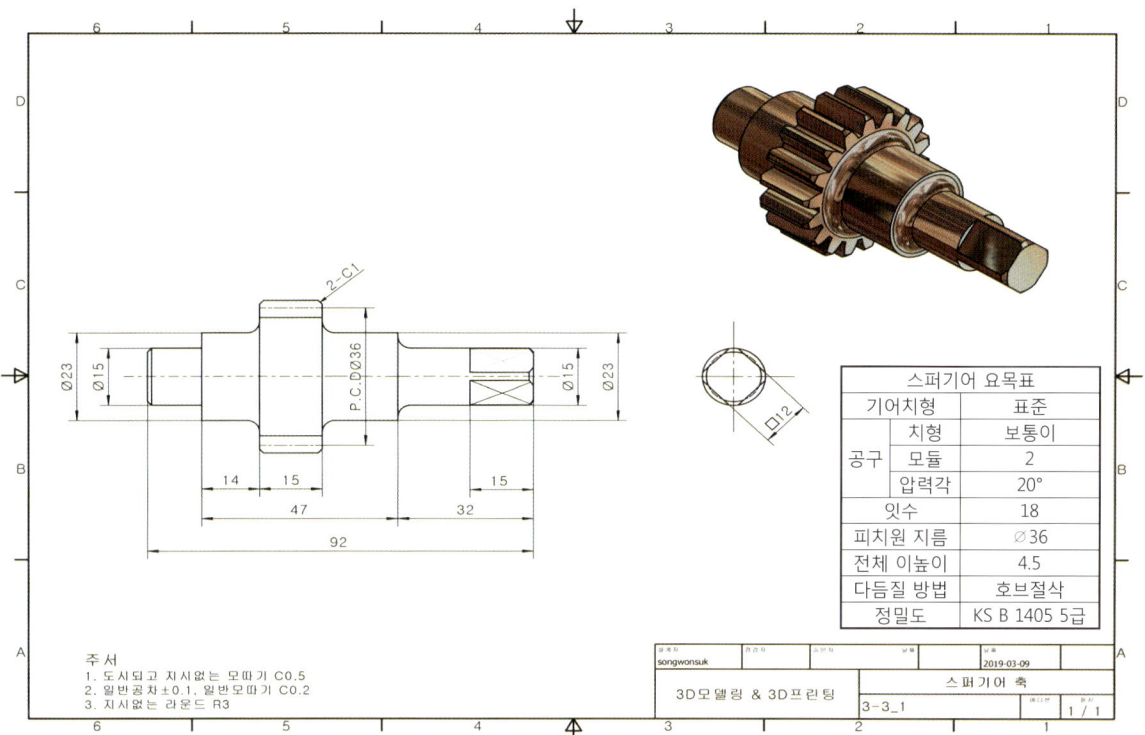

[참고] process hint

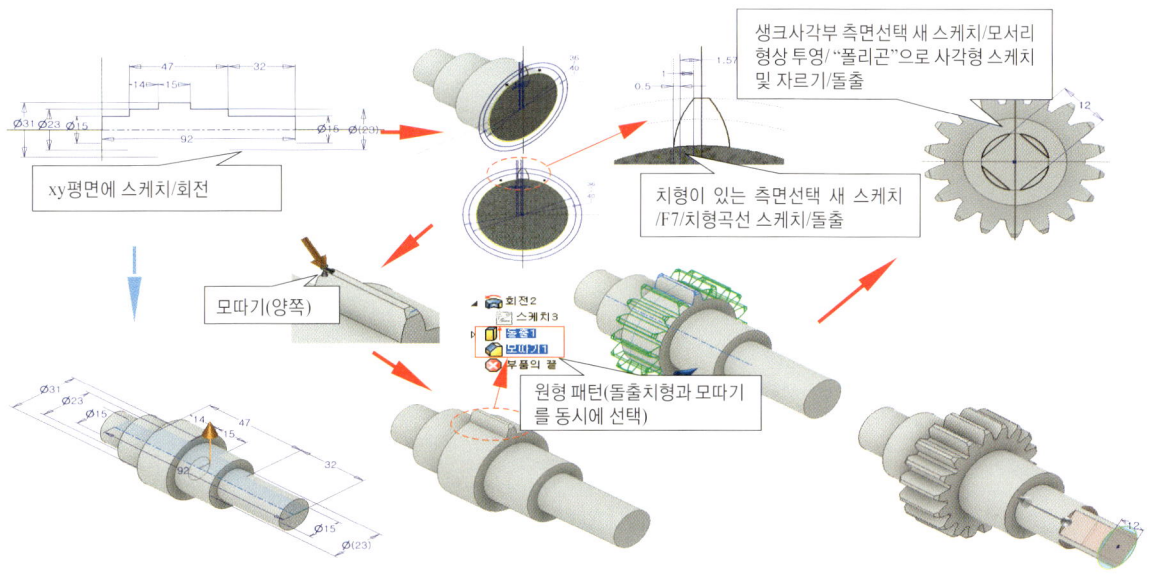

(1) 슬라이스 하기

- 모델링한 후 STL 파일로 저장하고 슬라이서 프로그램으로 파일을 불러온다.
- 빌드 크기와 대략적인 출력 시간, 재료의 소모량이 표시된다.
- 프린트 설정이 완료되면 G-code 파일로 저장하고 3D 프린터로 출력한다.

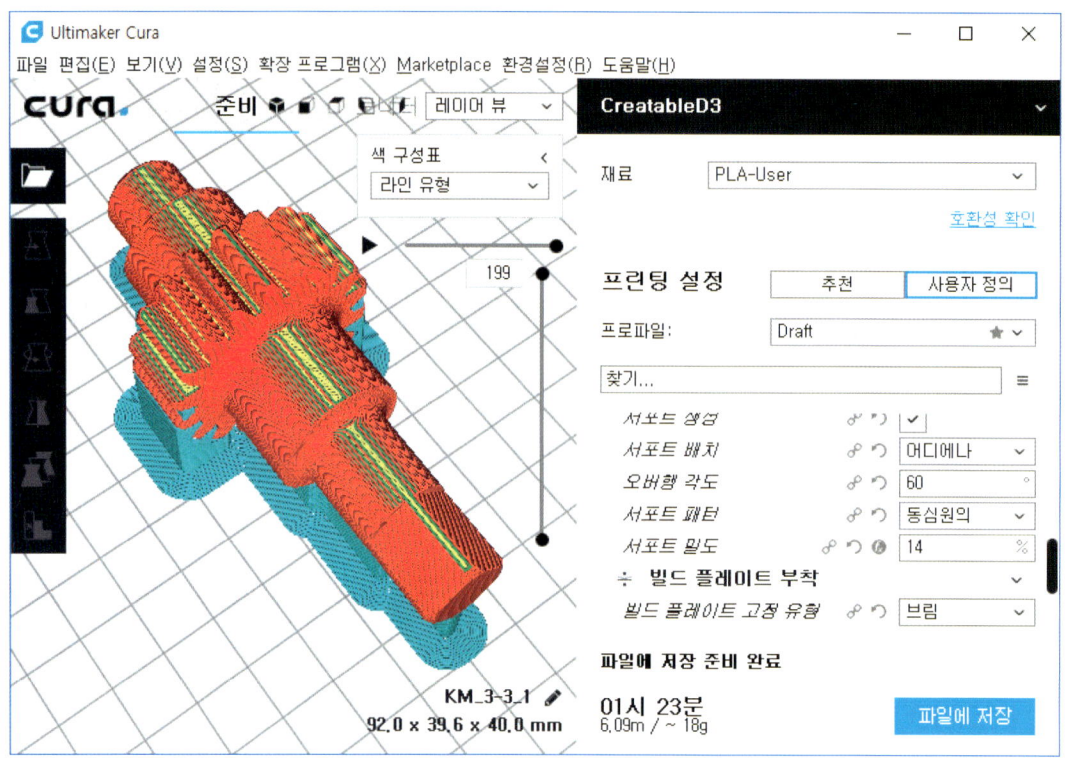

(2) 출력물 형상

[3-3 연습과제 2] 베벨기어

학습목표: 기어치형 스케치 및 피처를 패턴화하고 3D형상 모델링하여 3D 프린팅 할 수 있다.

학습내용: 선, 중심선, 구성선, 자르기, 평면 생성, 동일선상구속, 회전, 스케치 공유, 로프트(교집합), 원형 패턴, 돌출

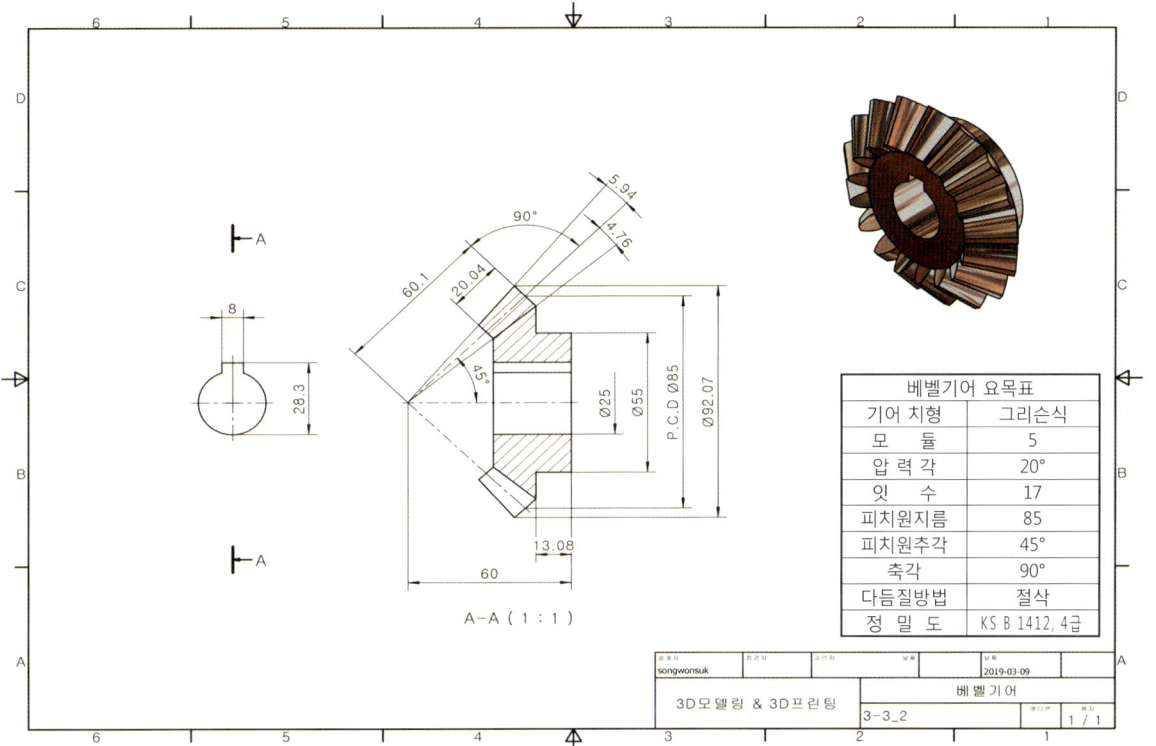

[참고] process hint

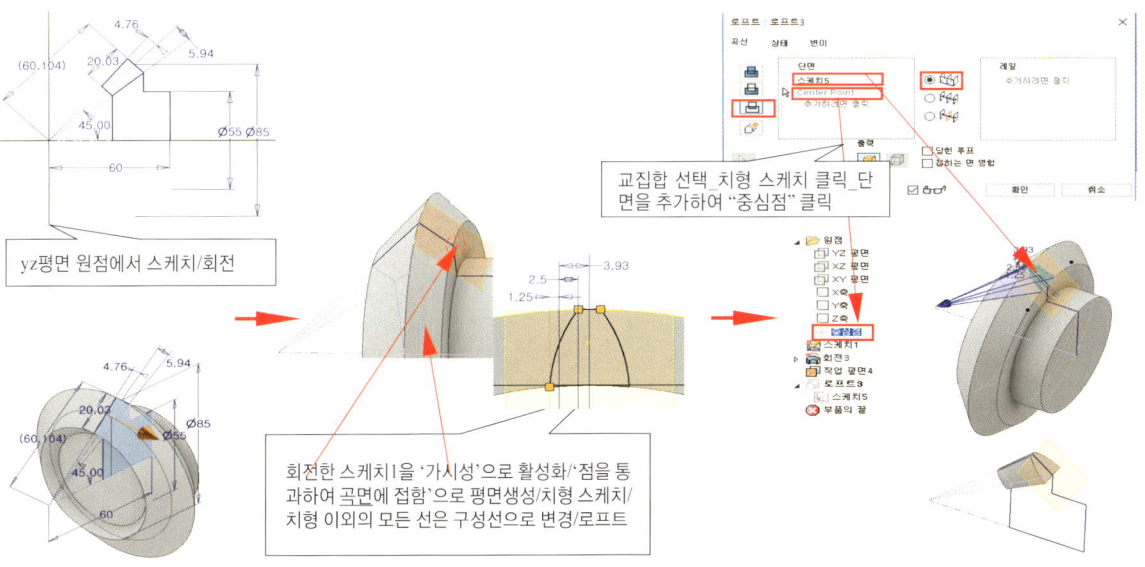

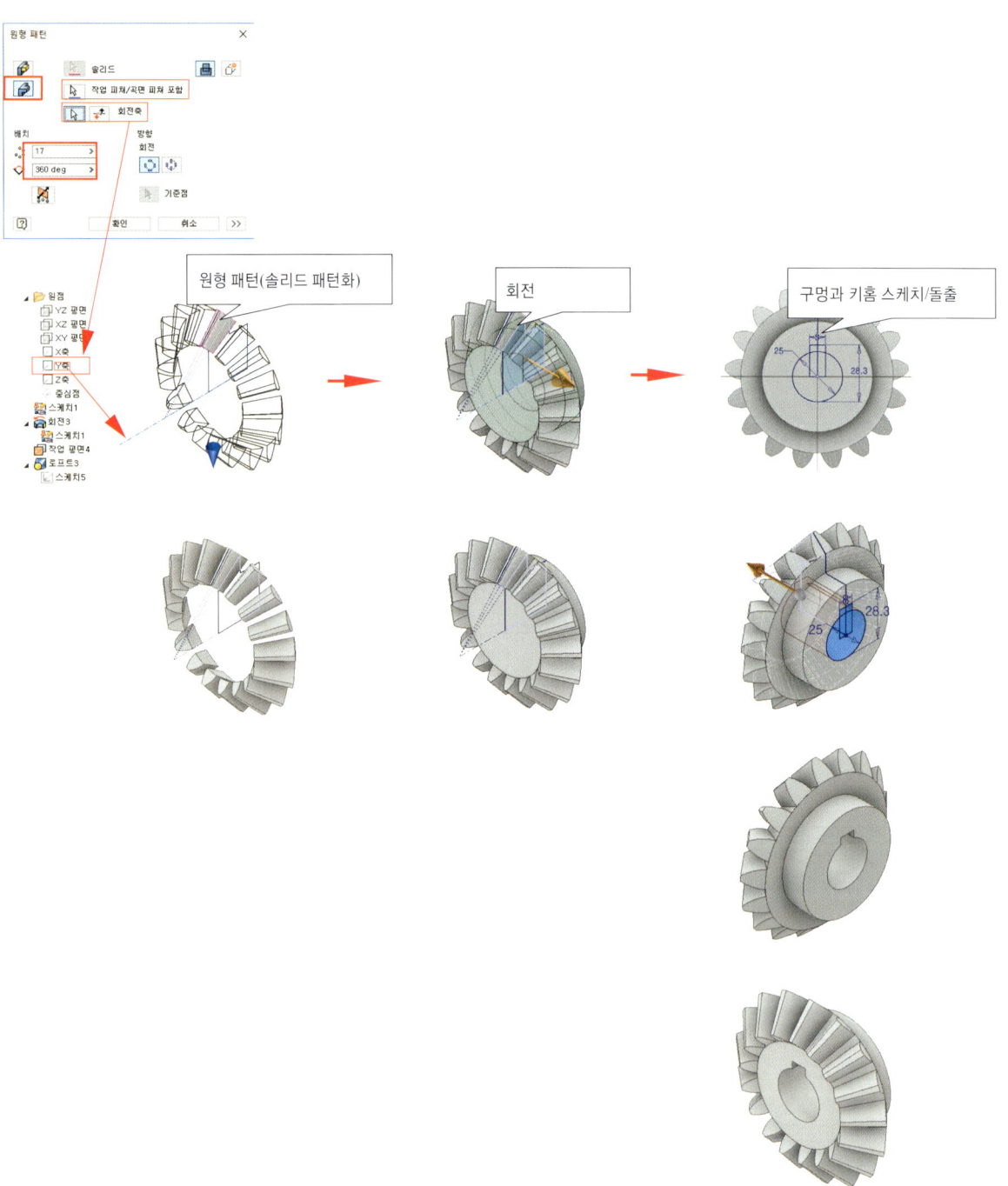

〈베벨기어 치형 설계〉

스퍼기어 요목	값	계산	설명
모듈(M)	5	=85/17	피치원 지름(d)/잇수(Z)
피치원 지름(P.CD)	85	=5×17	모듈(M)×잇수(Z)
이끝원 지름	92.07	=85+(2×5×cos45°)	피치원 지름(PCD)+(2×M×cos피치원추각)
피치원추각	45°		결정값
이뿌리각	5.94	=tan−1(6.25/60.104)	tan−1(이뿌리높이/외단원추리)
이끝각	4.76	=tan−1(5/60.10)	tan−1(이끝높이/외단원추리)
잇수(Z)	17	=85/5	피치원 지름(PCD)/모듈(M)
외단원추거리	60.1	=85×2/2×sin45°	피치원 지름(PCD)×2/2×sin피치원추각
이끝높이	5	=1×5	1×모듈(M)
이뿌리높이	6.25	=1.25×5	1.25×모듈(M)
치폭	20.04	=60.1/3	결정값 또는 약 외단원추거리 1/3
수직선의 간격(C)	1.25	=5/4	모듈(M)/4
수직선의 간격(B)	2.5	=5/2	모듈(M)/2
수직선의 간격(A)	3.93	=5×0.785	모듈(M)×0.785(π/4)

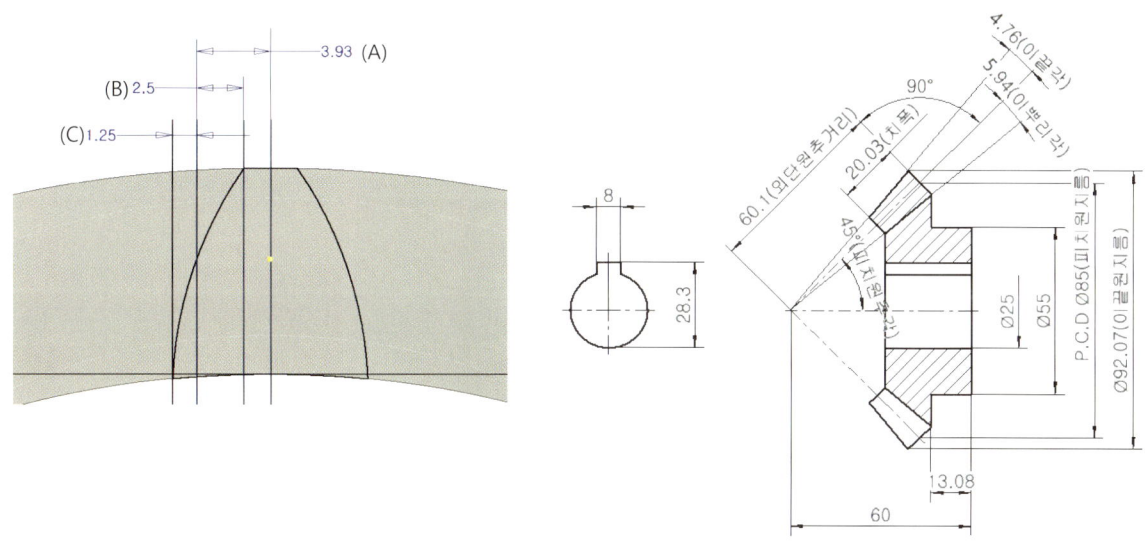

(1) 슬라이스 하기

- 모델링한 후 STL 파일로 저장하고 슬라이서 프로그램으로 파일을 불러온다.
- 빌드 크기와 대략적인 출력 시간, 재료의 소모량이 표시된다.
- 프린트 설정이 완료되면 G-code 파일로 저장하고 3D 프린터로 출력한다.

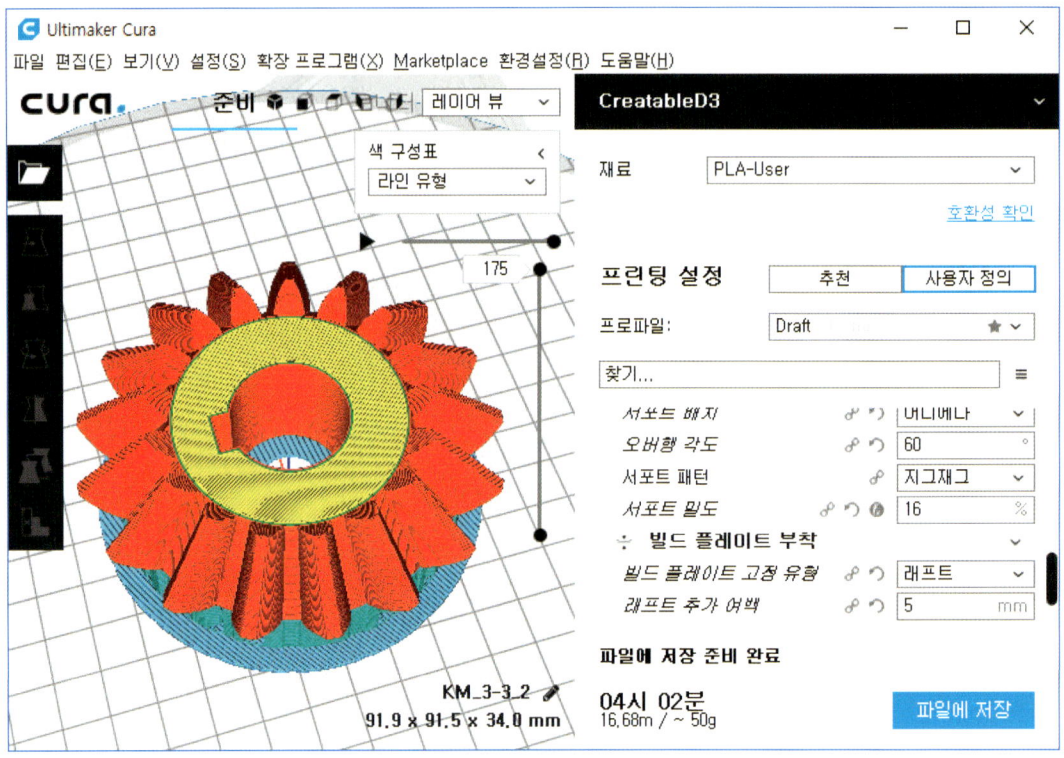

(2) 출력물 형상

[3-3 연습과제 3] 스프로킷

학습 목표: 기어치형 스케치 및 피처를 패턴화하고 3D형상 모델링하여 3D 프린팅 할 수 있다.

학습 내용: 선, 중심선, 회전, 원, 호, 미러, 구성선, 형상 투영, 돌출, 자르기, 원형 패턴, 모깎기

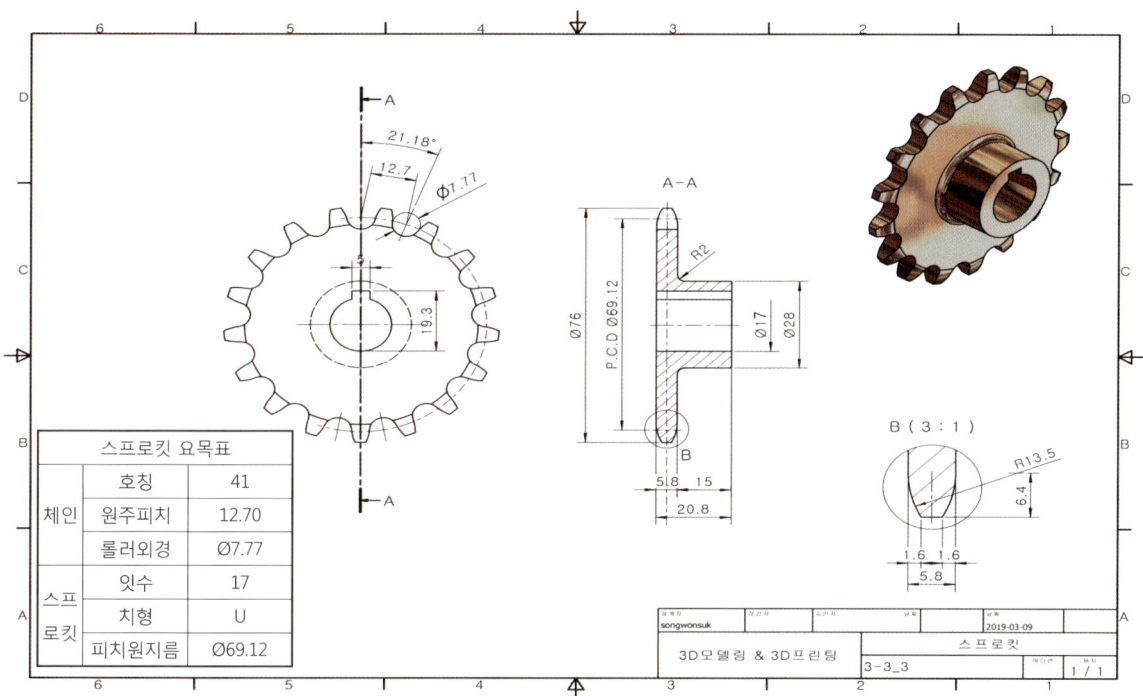

[참고] process hint

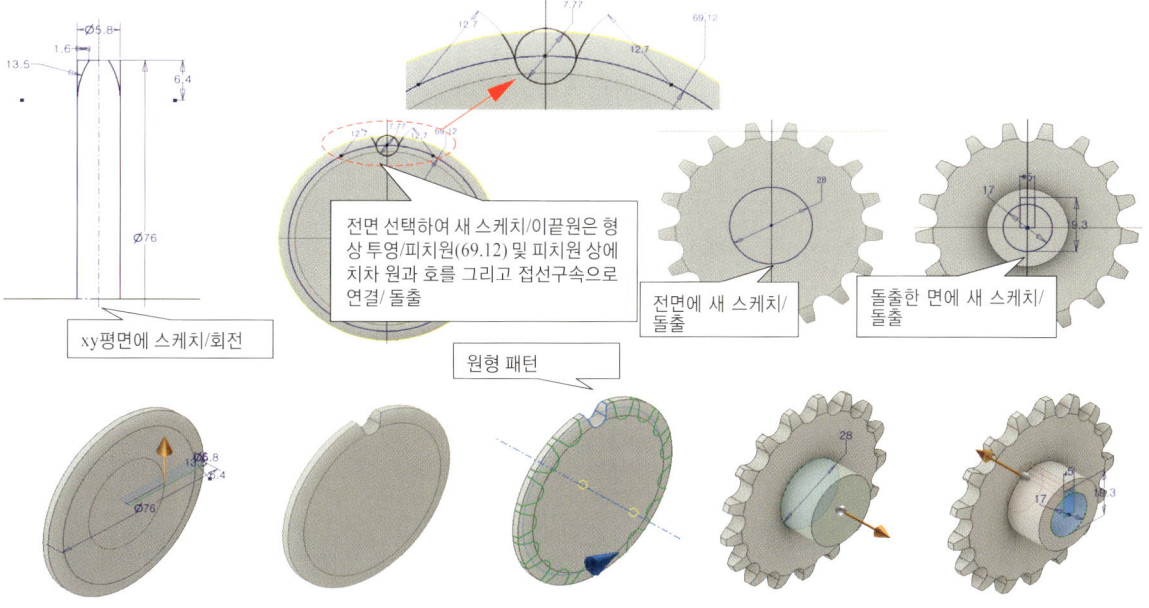

〈스프로킷 치형 설계(호칭번호:41 예)〉

호칭번호	잇수	피치원 지름	바깥 지름	이뿌리원 지름	이뿌리 거리	최대 보스지름
41	17	69.12	76	61.35	61.05	54

호칭번호	모떼기 폭	모떼기 깊이	모떼기 반지름	이나비 단열	이나비 2, 3열	피치	롤러 바깥 지름
41	1.6	6.4	13.5	5.8		12.70	7.77

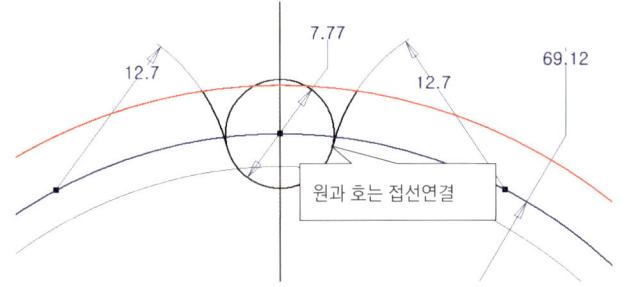

스프로킷 요목표		
체인	호칭	41
	원주 피치	12.70
	롤러 외경	Ø7.77
스프로킷	잇수	17
	치형	U
	피치원 지름	Ø69.12

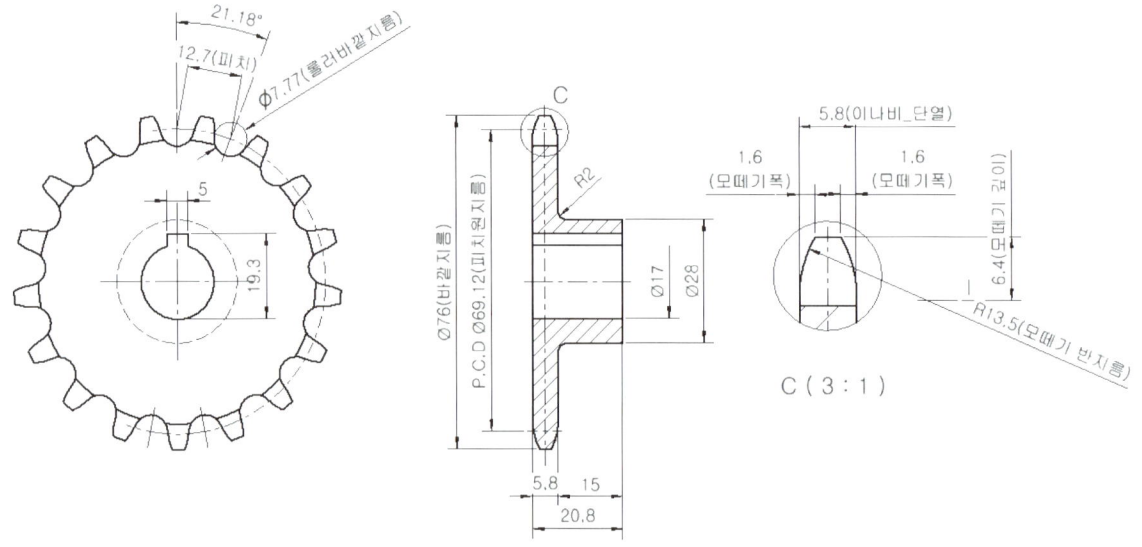

(1) 슬라이스 하기

- 모델링한 후 STL 파일로 저장하고 슬라이서 프로그램으로 파일을 불러온다.
- 빌드 크기와 대략적인 출력 시간, 재료의 소모량이 표시된다.
- 프린트 설정이 완료되면 G-code 파일로 저장하고 3D 프린터로 출력한다.

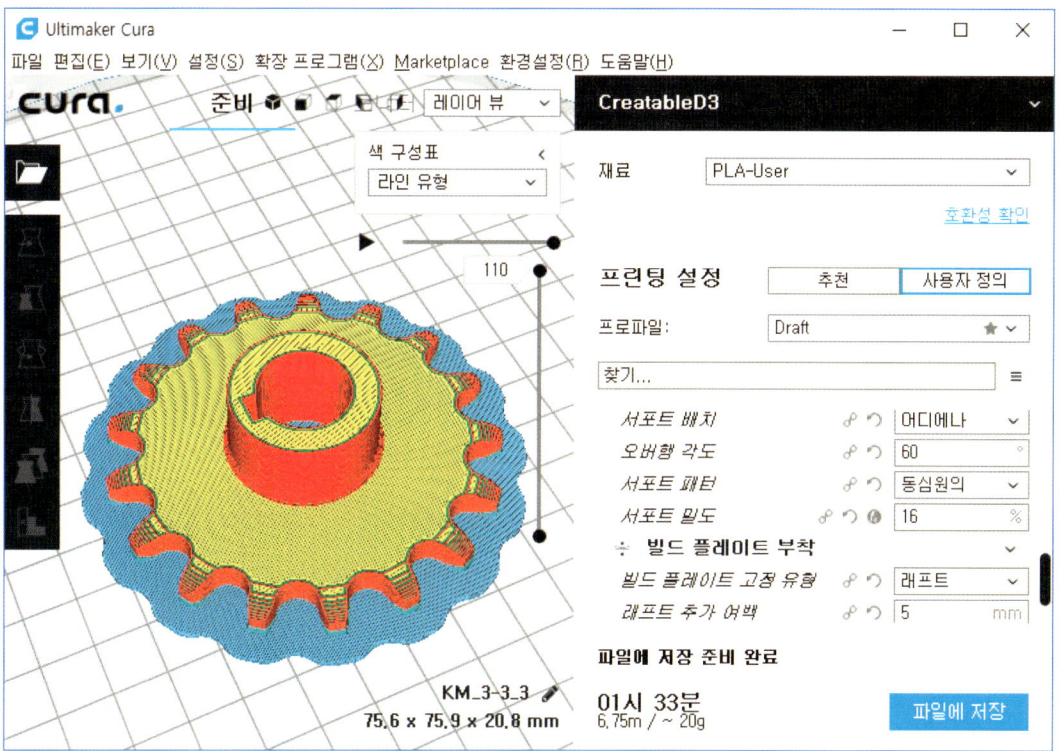

(2) 출력물 형상

[3-3 연습과제 4] 래크

기어치형 스케치 및 피처를 패턴화하고 3D형상 모델링하여 3D 프린팅 할 수 있다.

선, 치수, 직사각형, 원, 구성선, 돌출(교집합), 자르기, 직사각형 패턴

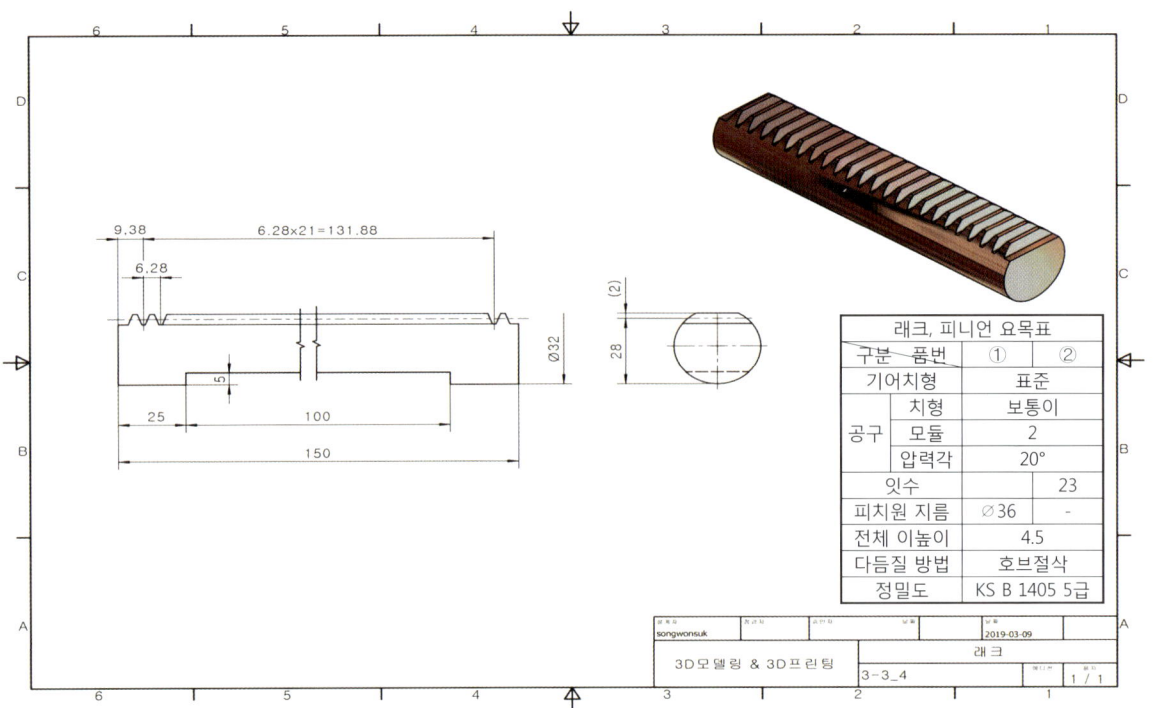

[참고] process hint

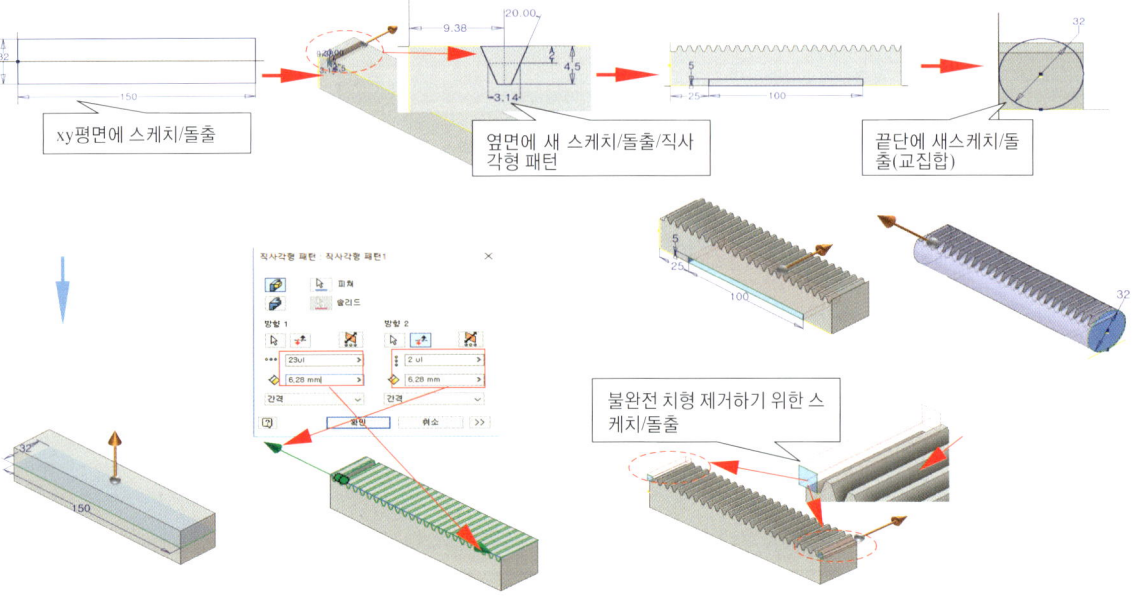

〈래크, 피니언 치형 설계〉

래크, 피니언 요목	값	계산	설명
모듈(M)	2	=2×3.14	피치원 지름(PCD)/잇수(z)
원주피치(P)	6.28	=2×3.14	모듈(M)×π
치형시작치수(C)	3.14	=6.28/2	원주피치(P)×2
래크 길이(L)	163.28	=6.28×26	원주피치(P)×잇수(z)
기어중심거리	28	=32/2+12(도면 측정값)	(축지름/2)+도면 측정값
피니언 피니언 지름(PCD)	52	=2×26	모듈(M)×잇수(z)
피니언 바깥 지름	56	=52+(2×2)	피치원 지름+(2×모듈(M))
전체 이높이	5	=2/2.25	모듈(M)×2.25

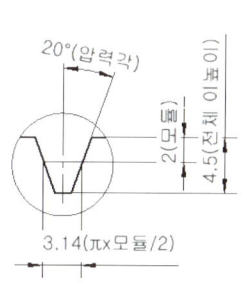

래크, 피니언 요목표		
구분　품번	①	②
기어치형	표준	
공구　치형	보통이	
모듈	2	
압력각	20°	
잇수		26
피치원 지름	⌀36	-
전체 이높이	4.5	
다듬질 방법	호브절삭	
정밀도	KS B 1405 5급	

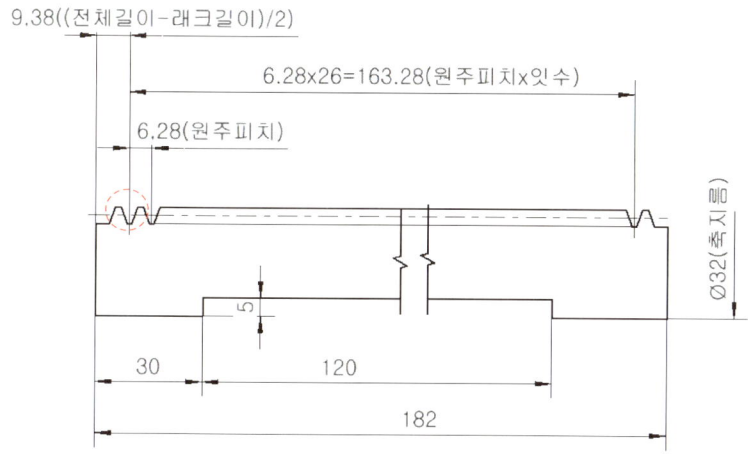
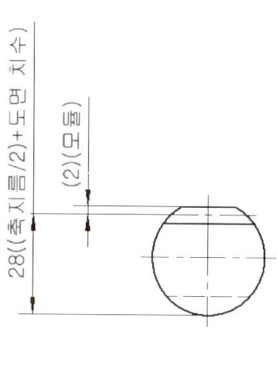

(1) 슬라이스 하기

- 모델링한 후 STL 파일로 저장하고 슬라이서 프로그램으로 파일을 불러온다.
- 빌드 크기와 대략적인 출력 시간, 재료의 소모량이 표시된다.
- 프린트 설정이 완료되면 G-code 파일로 저장하고 3D 프린터로 출력한다.

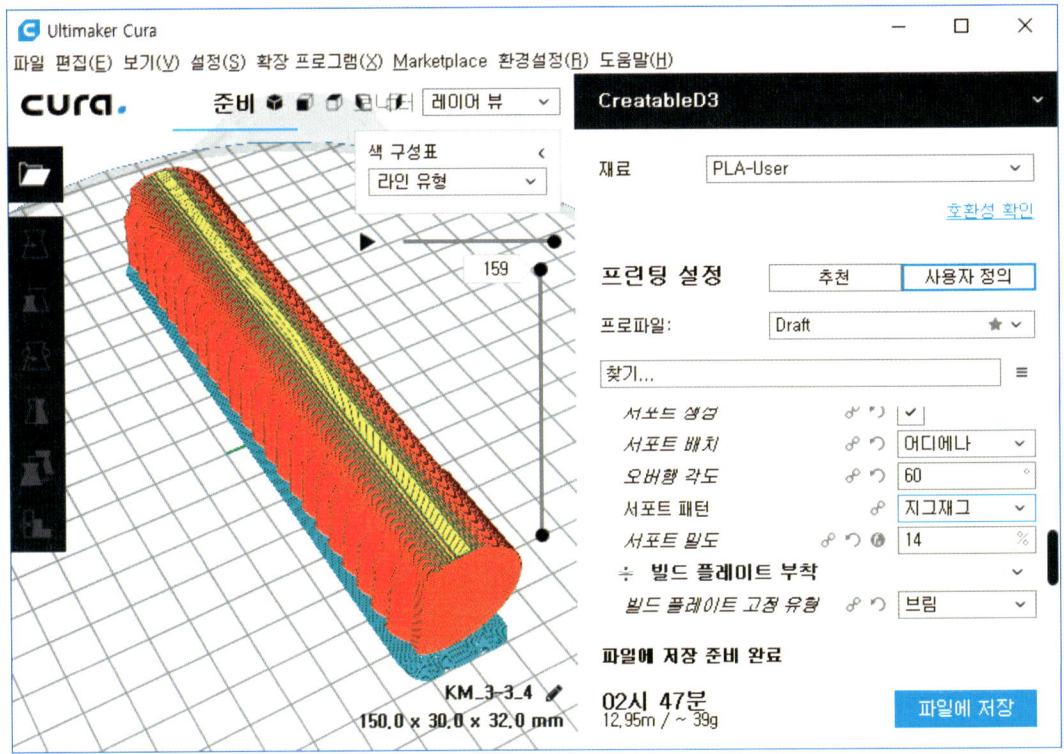

(2) 출력물 형상

 로프트, 코일, 쉘, 전사, 미러, 평면 생성, 형상 투영, 그래픽슬라이스(F7)

[알아두기] **로프트**

2개 이상의 단면 스케치 프로파일을 혼합하여 부드러운 곡면으로 연결한다.

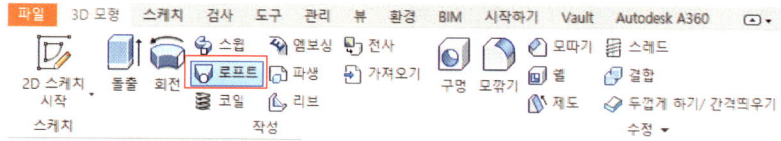

(1) 단면 로프트

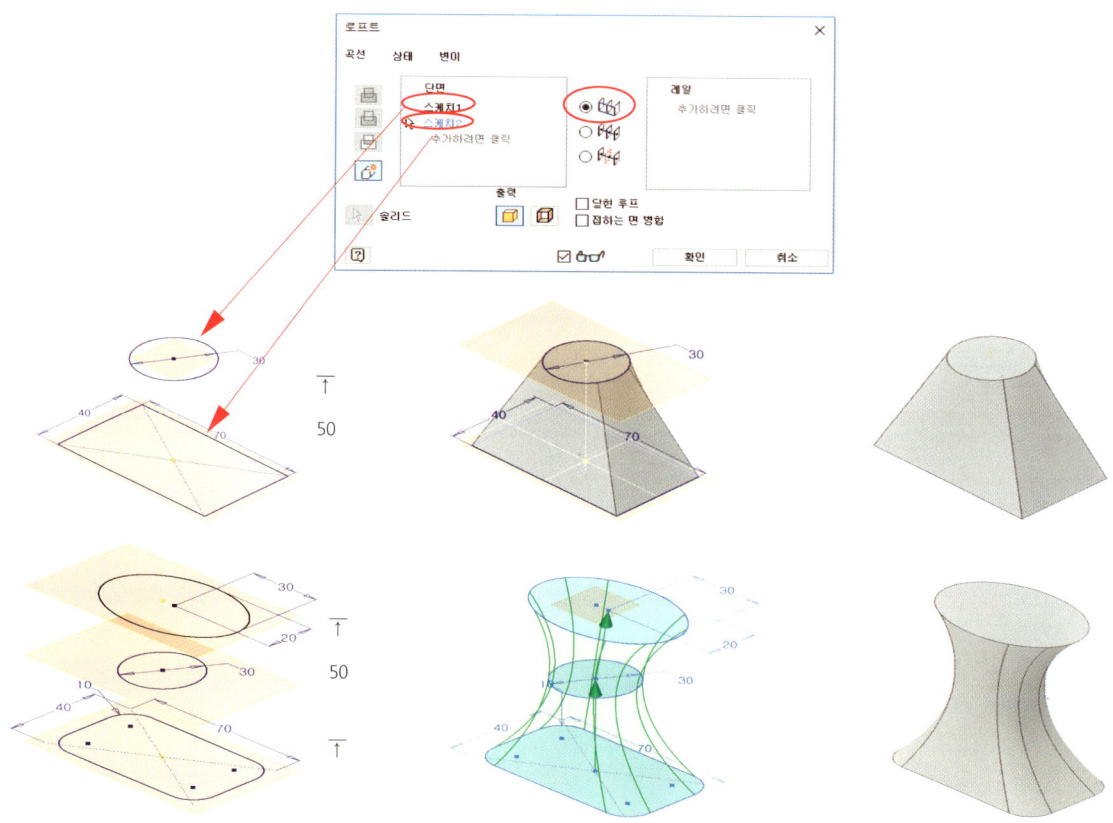

(2) 레일 안내 로프트

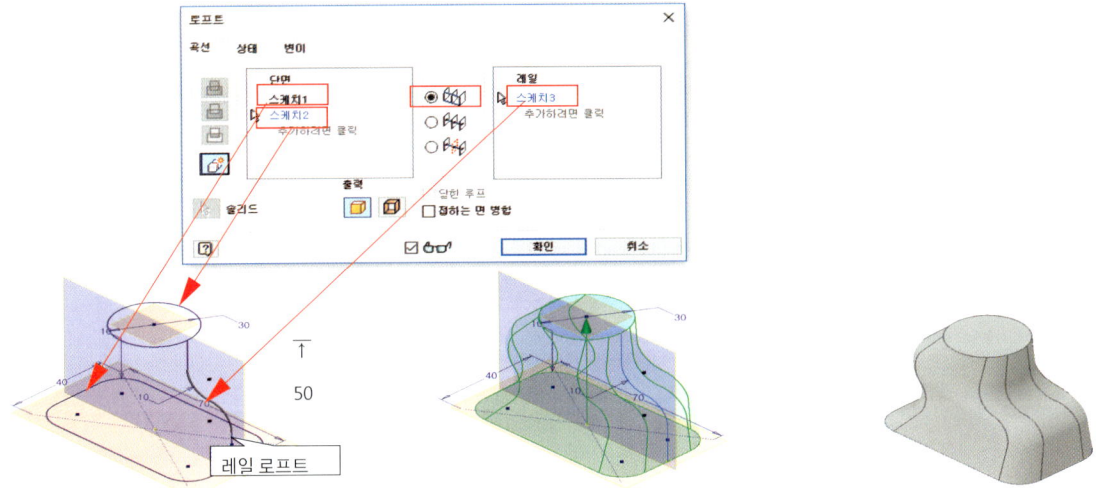

(3) 중심선 로프트

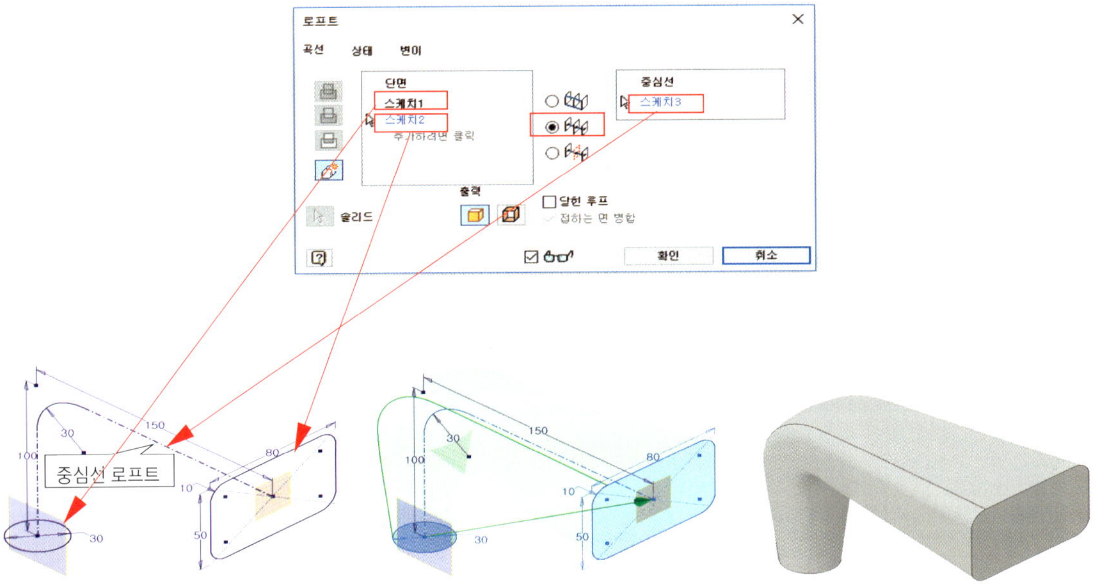

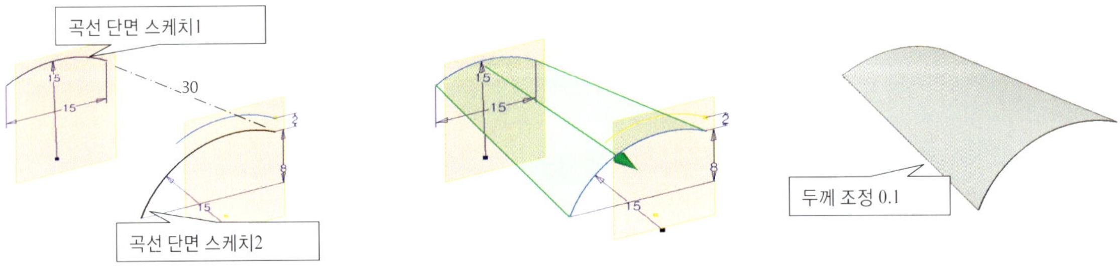

[4-1 따라하기] **호리병**

학습 목표: 여러 단면을 혼합한 부드러운 3D형상으로 모델링하여 3D 프린팅 할 수 있다.

학습 내용: 원, 치수, 평면 생성, 로프트, 쉘

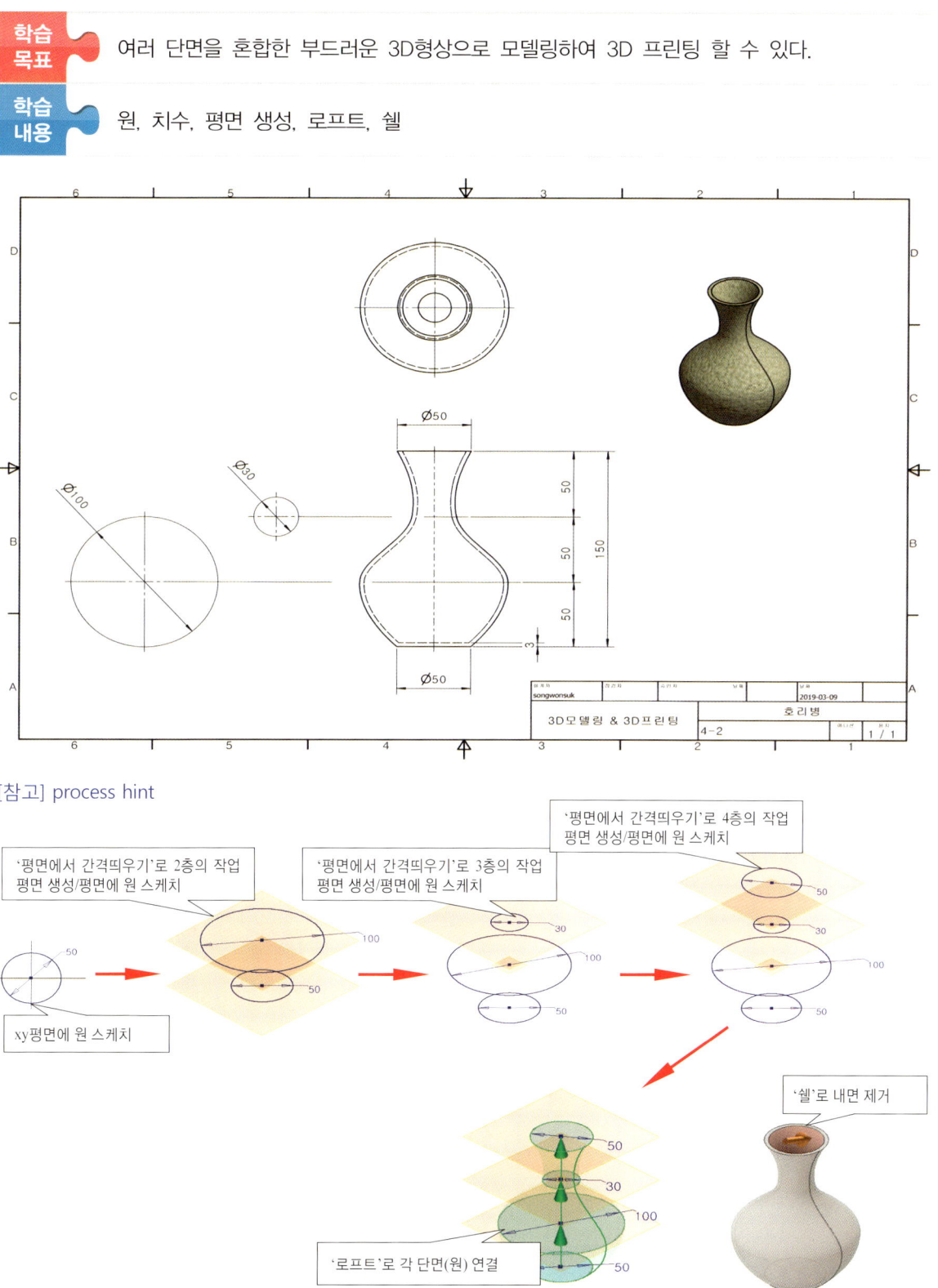

[참고] process hint

(1) 스케치 및 치수 구속하기

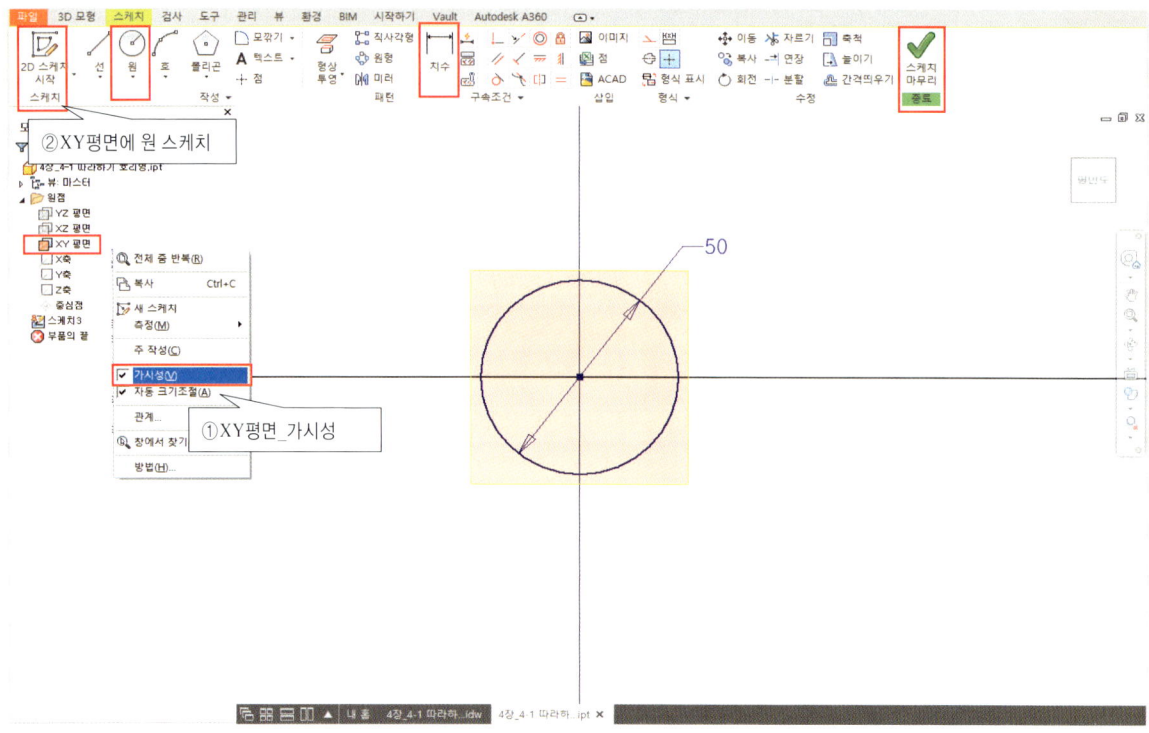

(2) 2층 작업 평면생성 및 스케치

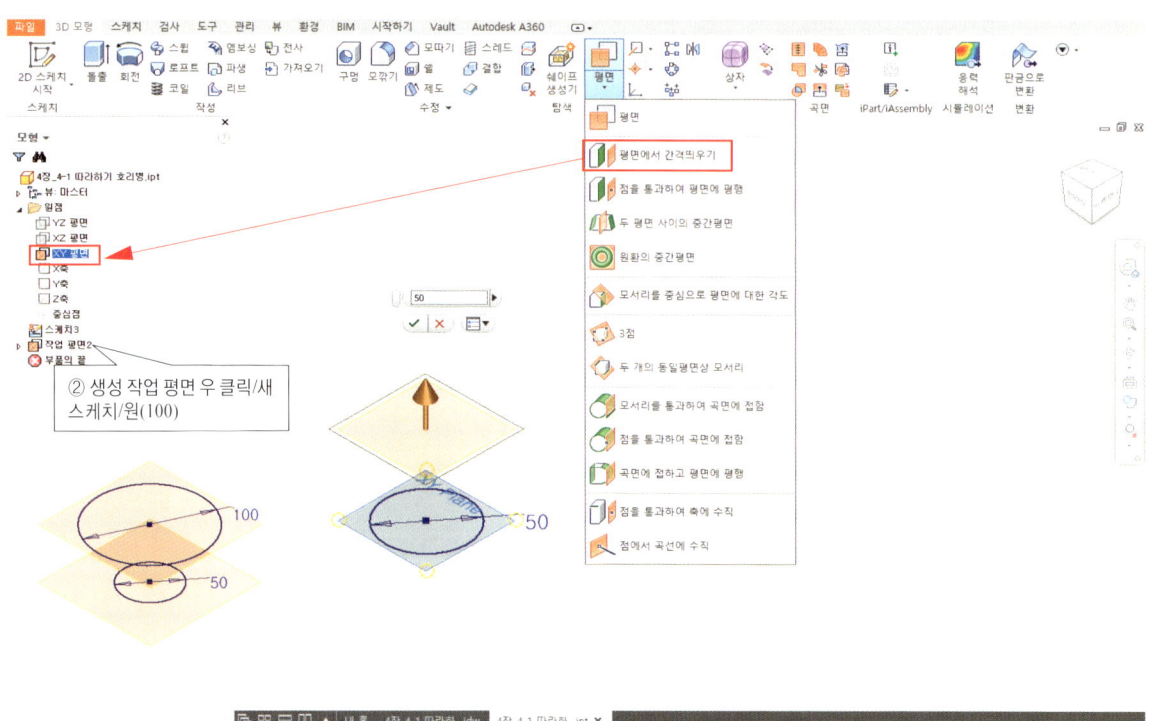

(3) 3층 작업 평면생성 및 스케치

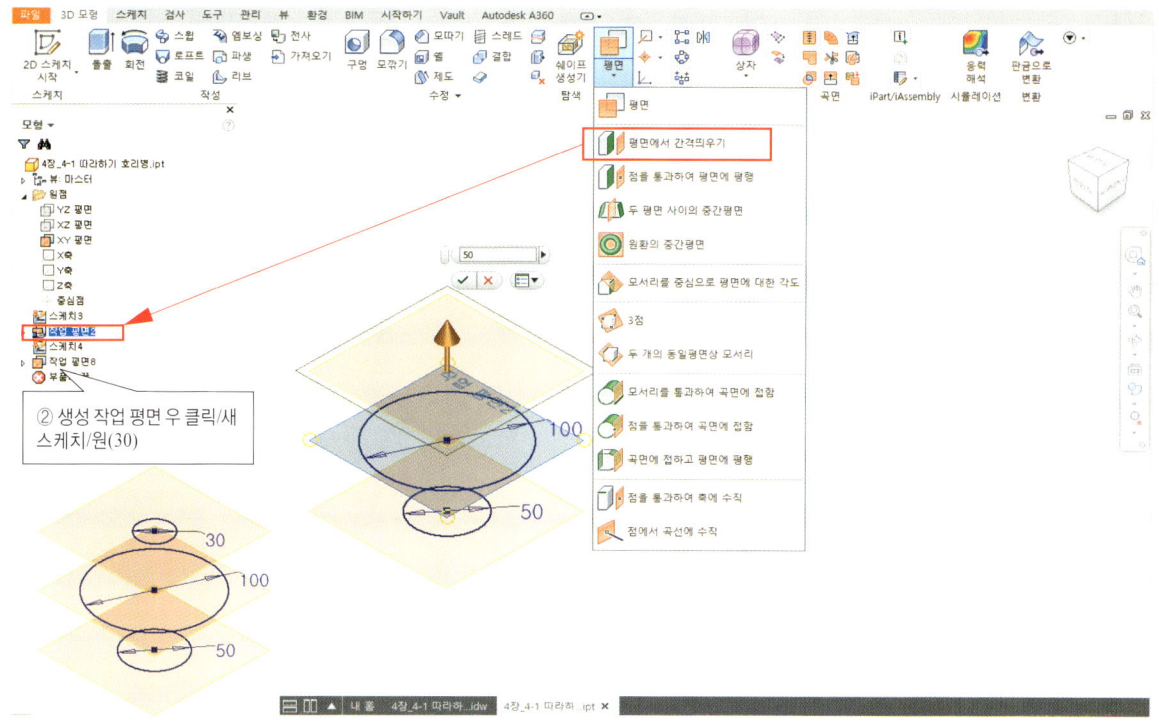

(4) 4층 작업 평면생성 및 스케치

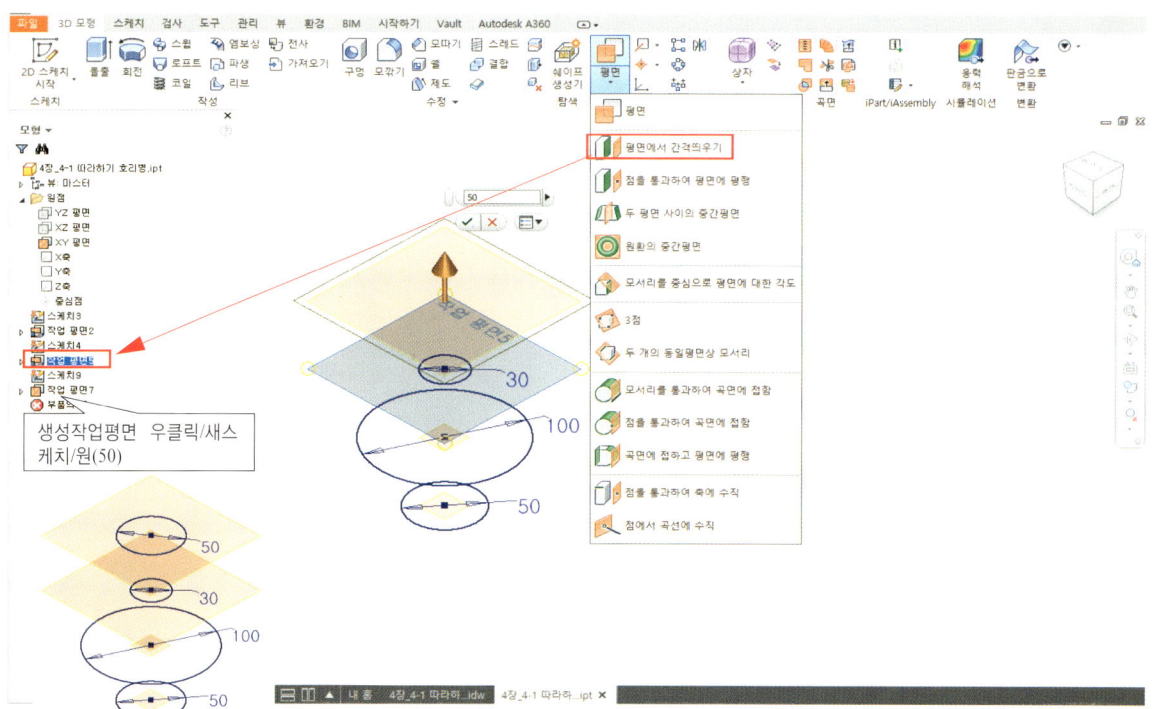

(5) 각 스케치 로프트로 연결하기

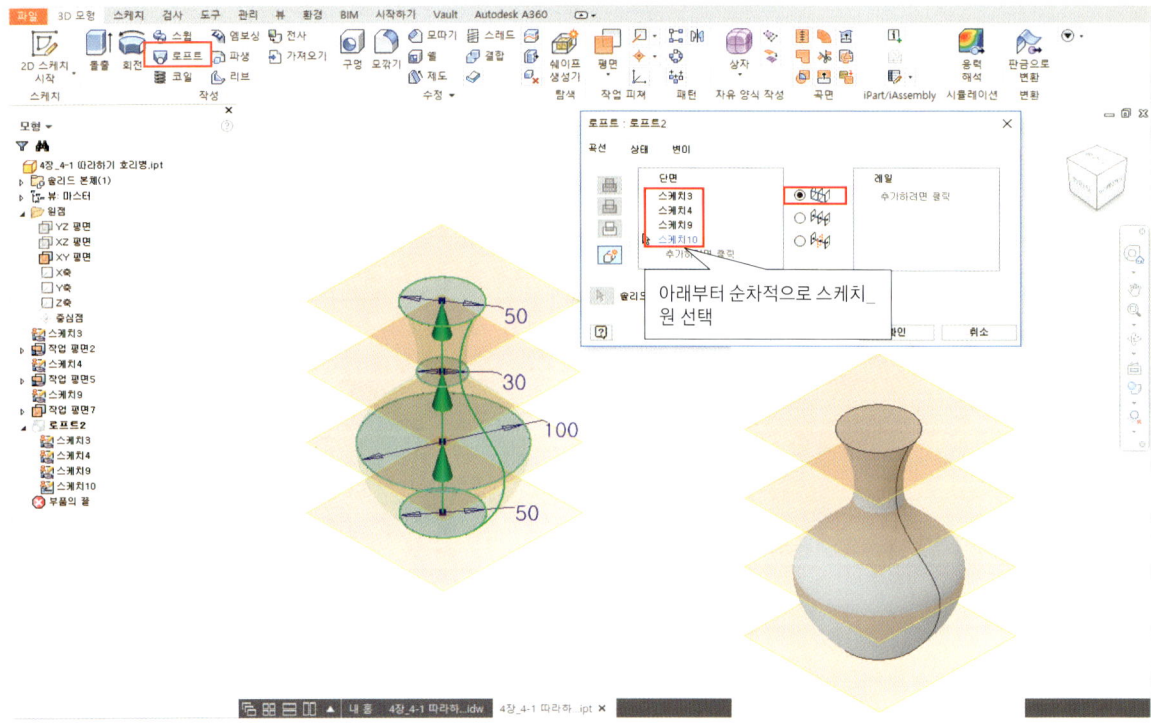

(6) 작업 평면 숨기고 쉘 작업하기

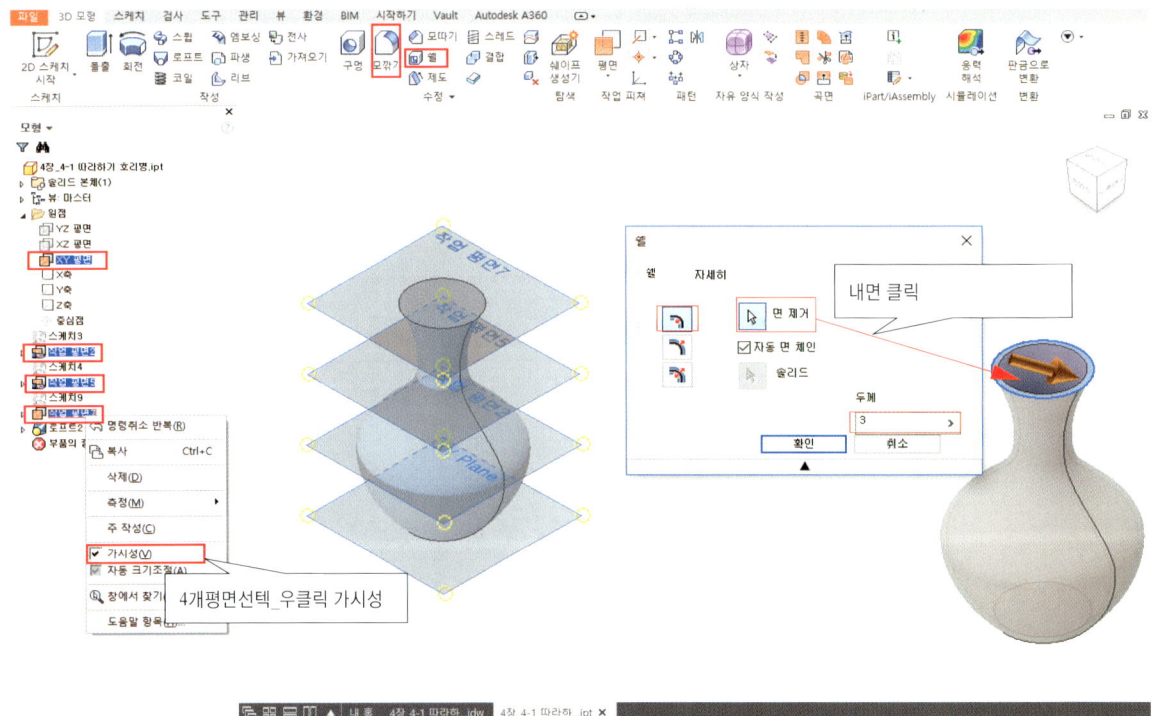

(7) 슬라이스 하기

- 모델링한 후 STL 파일로 저장하고 슬라이서 프로그램으로 파일을 불러온다.
- 빌드 크기와 대략적인 출력 시간, 재료의 소모량이 표시된다.
- 프린트 설정이 완료되면 G-code 파일로 저장하고 3D 프린터에서 불러와 출력한다.

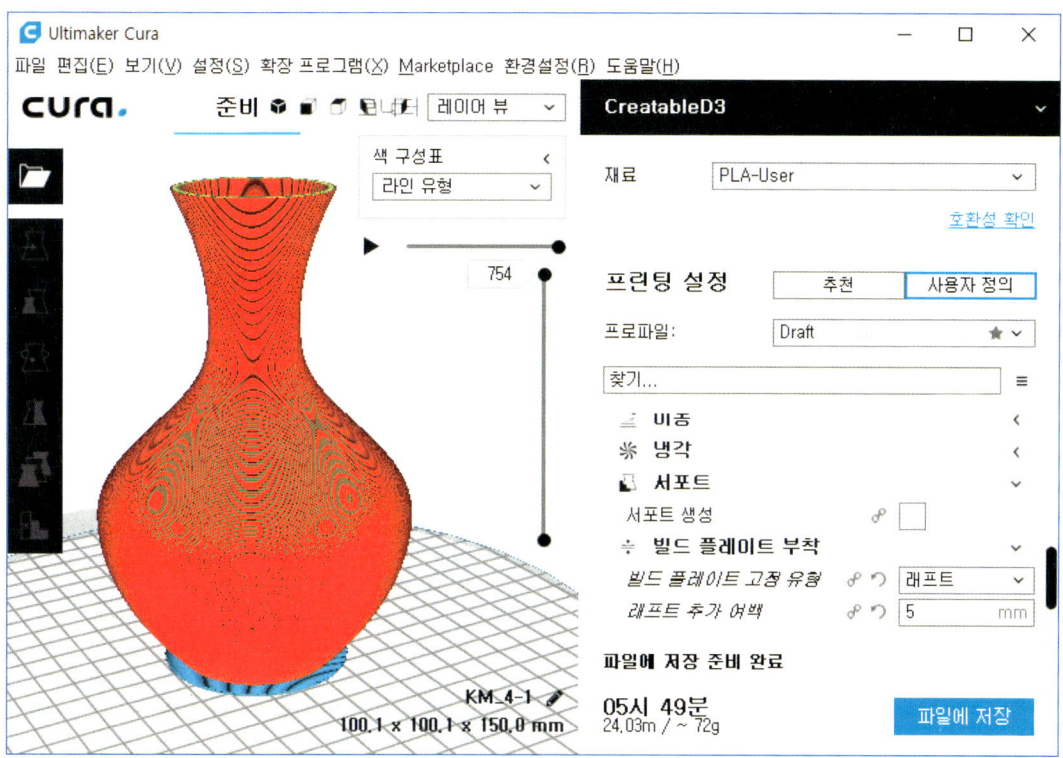

(8) 출력물 형상

[4-1 연습과제 1] **꽃병**

 여러 단면을 혼합한 부드러운 3D형상으로 모델링하여 3D 프린팅 할 수 있다.

다각형, 치수, 평면생성, 로프트, 쉘

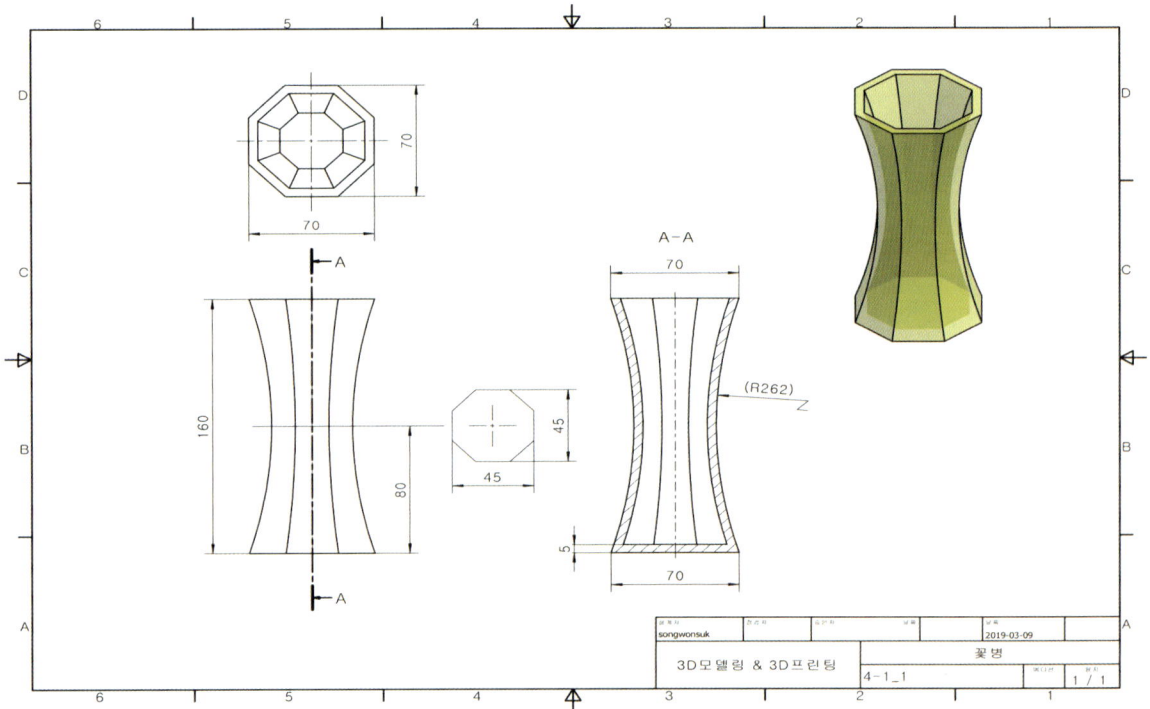

[참고] process hint

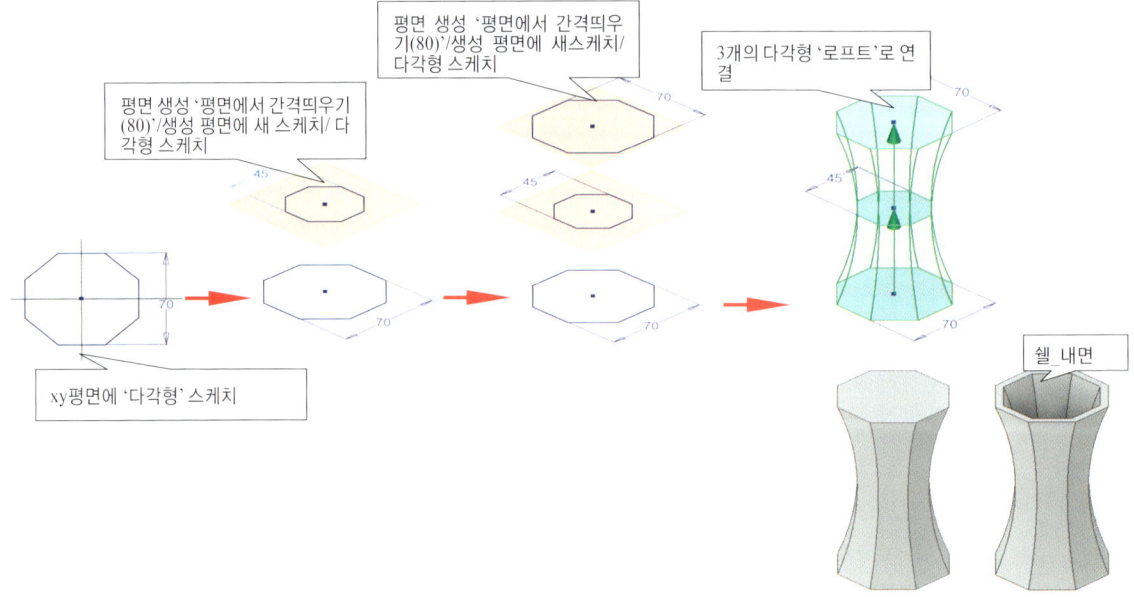

(1) 슬라이스 하기

- 모델링한 후 STL 파일로 저장하고 슬라이서 프로그램으로 파일을 불러온다.
- 빌드 크기와 대략적인 출력 시간, 재료의 소모량이 표시된다.
- 프린트 설정이 완료되면 G-code 파일로 저장하고 3D 프린터에서 불러와 출력한다.

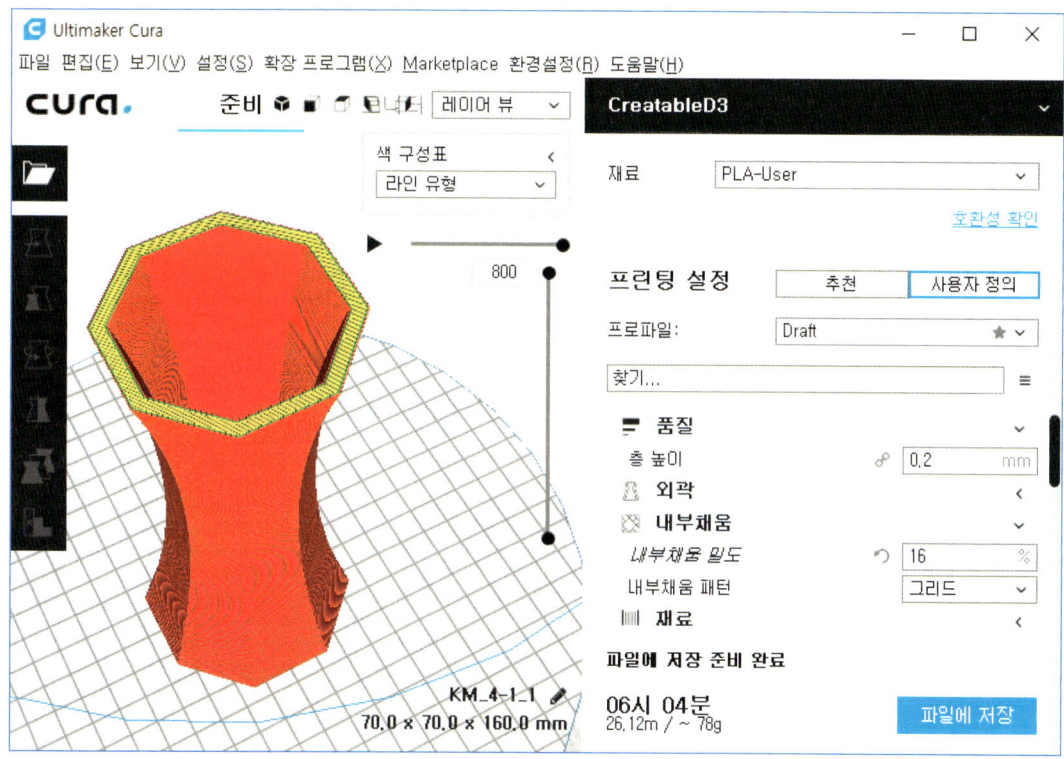

(2) 출력물 형상

[4-1 연습과제 2] 원형 자석 홀더

학습목표: 여러 단면을 혼합한 부드러운 3D형상으로 모델링하여 3D 프린팅 할 수 있다.

학습내용: 다각형, 돌출, 로프트, 평면 생성, 그래픽슬라이스(F7), 중심선, 원, 선, 자르기, 회전, 모깎기

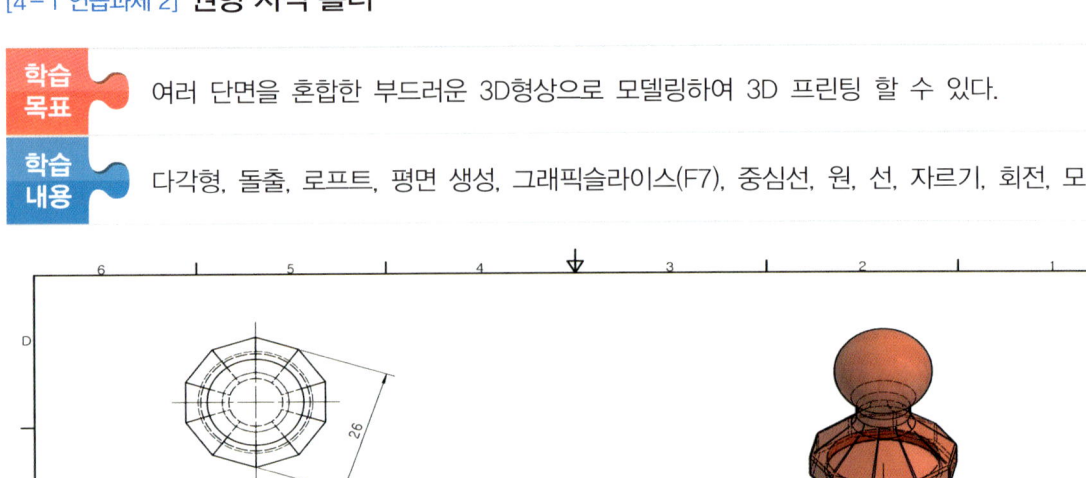

[참고] process hint

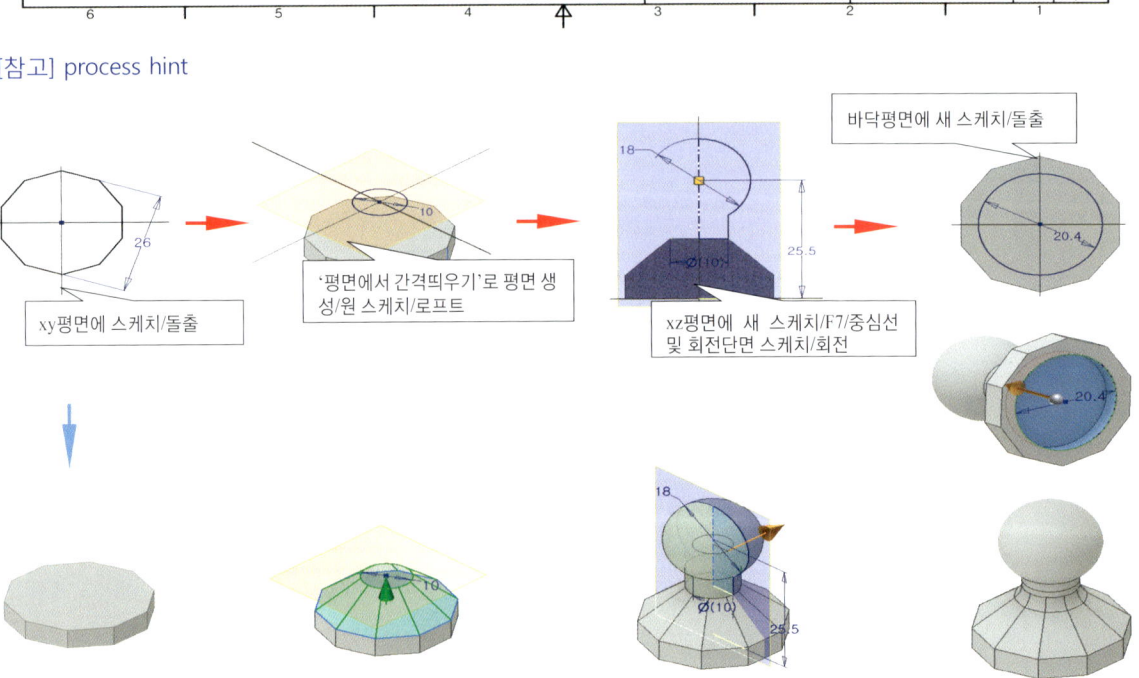

(1) 슬라이스 하기

- 모델링한 후 STL 파일로 저장하고 슬라이서 프로그램으로 파일을 불러온다.
- 빌드 크기와 대략적인 출력 시간, 재료의 소모량이 표시된다.
- 프린트 설정이 완료되면 G-code 파일로 저장하고 3D 프린터에서 불러와 출력한다.

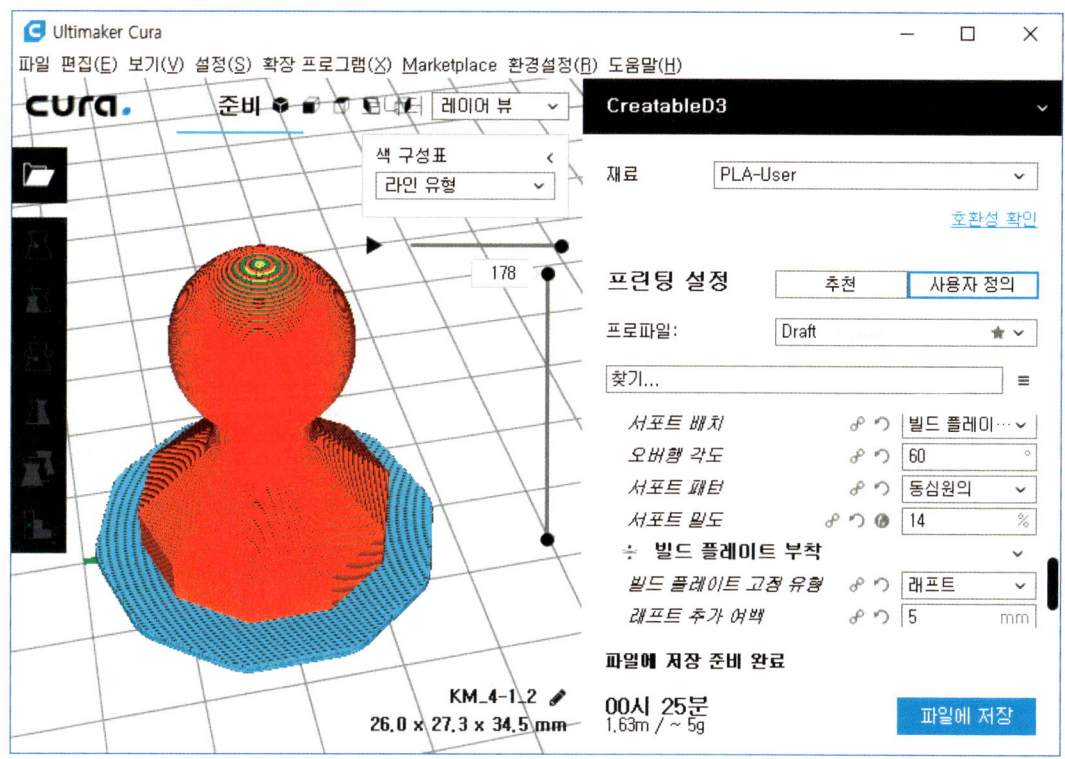

(2) 출력물 형상

[4-1 연습과제 3] **클로버 잔**

 여러 단면을 혼합한 부드러운 3D형상으로 모델링하여 3D 프린팅 할 수 있다.

 원, 평면 생성, 구성선, 자르기, 로프트, 모깎기, 쉘

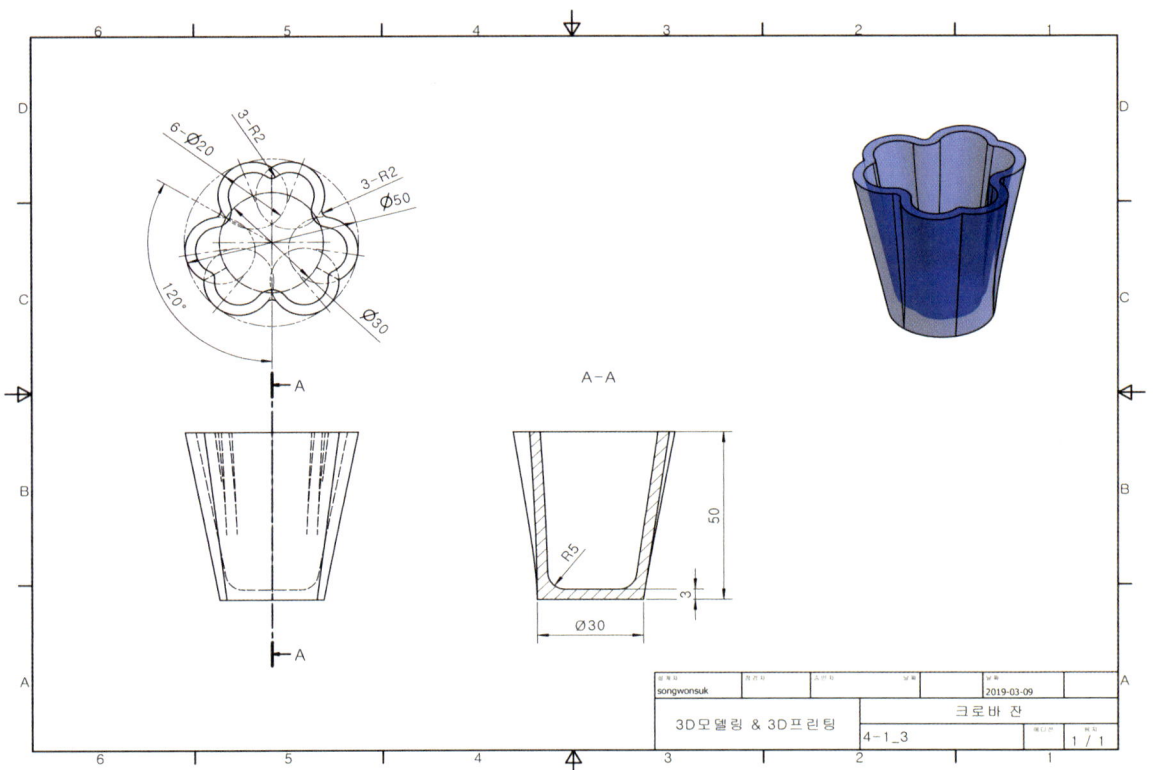

[참고] process hint

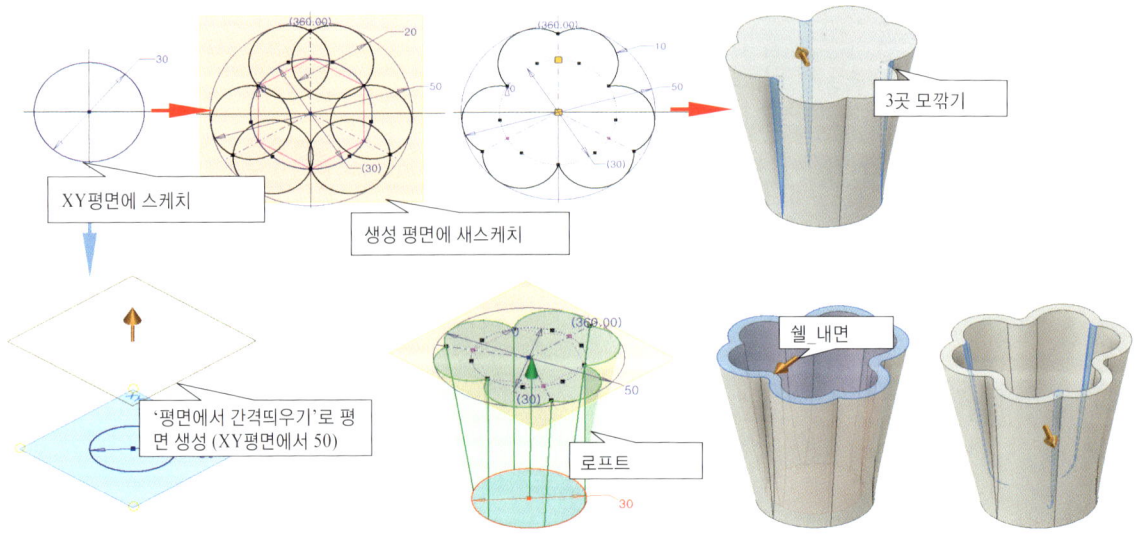

(1) 슬라이스 하기

- 모델링한 후 STL 파일로 저장하고 슬라이서 프로그램으로 파일을 불러온다.
- 빌드 크기와 대략적인 출력 시간, 재료의 소모량이 표시된다.
- 프린트 설정이 완료되면 G – code 파일로 저장하고 3D 프린터에서 불러와 출력한다.

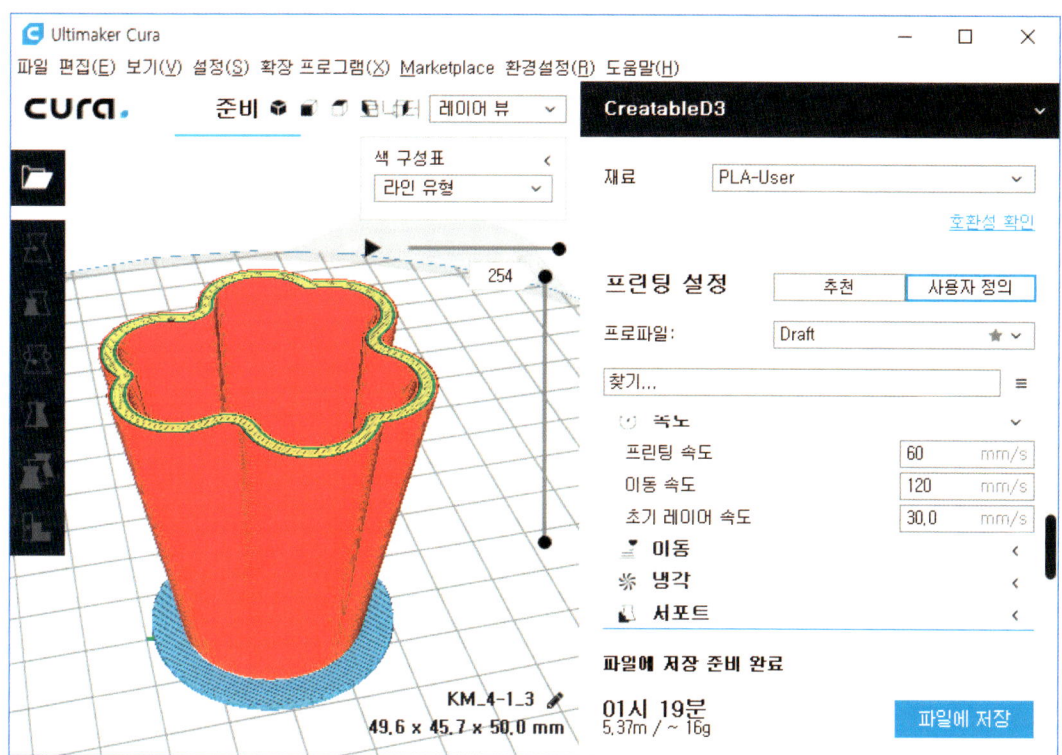

(2) 출력물 형상

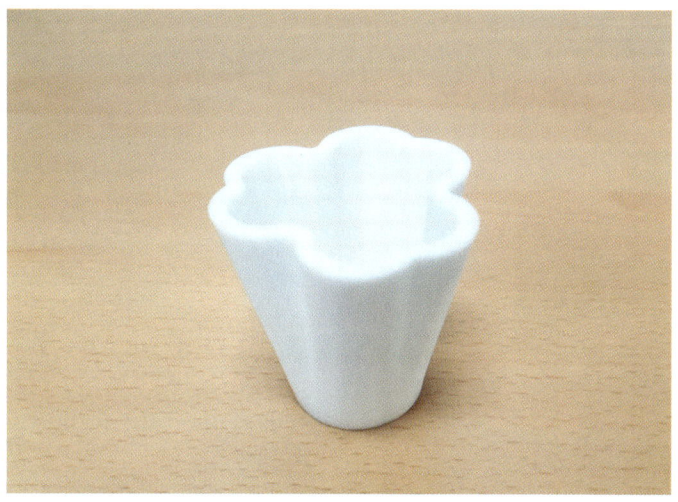

[4-1 연습과제 4] **핸드폰 거치대_코끼리**

학습목표: 여러 단면을 혼합한 부드러운 3D형상으로 모델링하여 3D 프린팅 할 수 있다.

학습내용: 원, 호, 접선구속, 선, 돌출, 평면 생성, 형상 투영, 간격띄우기, 점, 로프트, 타원, 미러, 모깎기

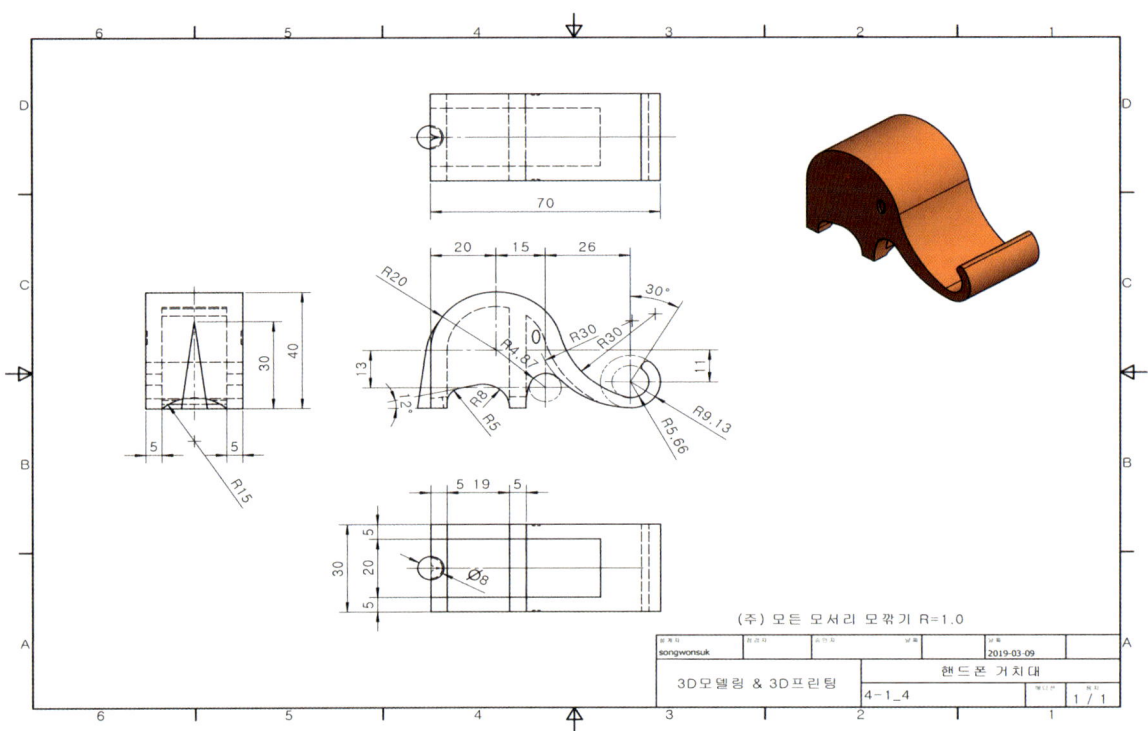

[참고] process hint

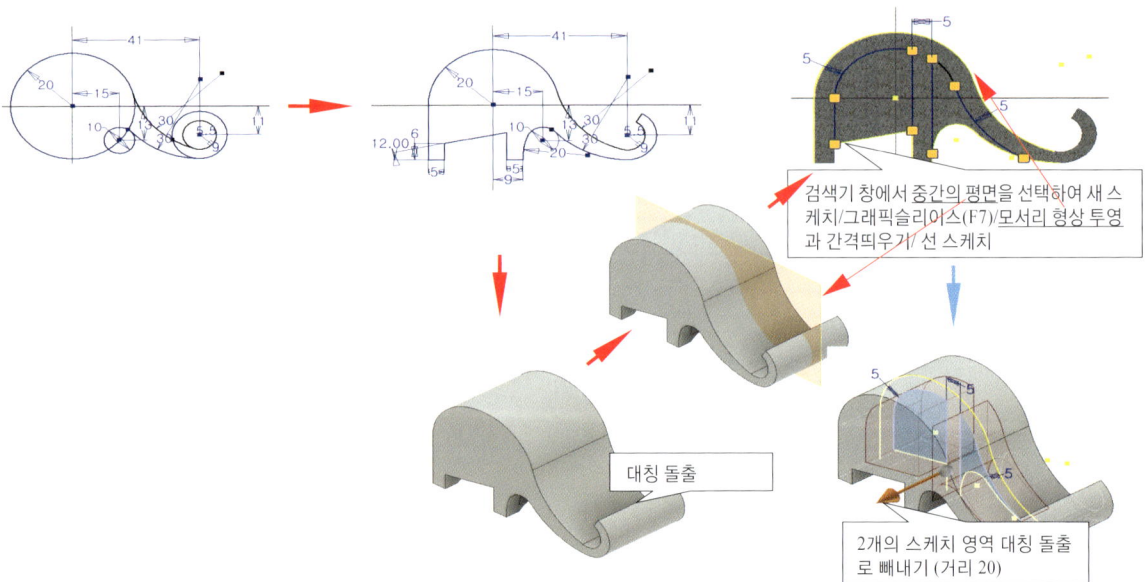

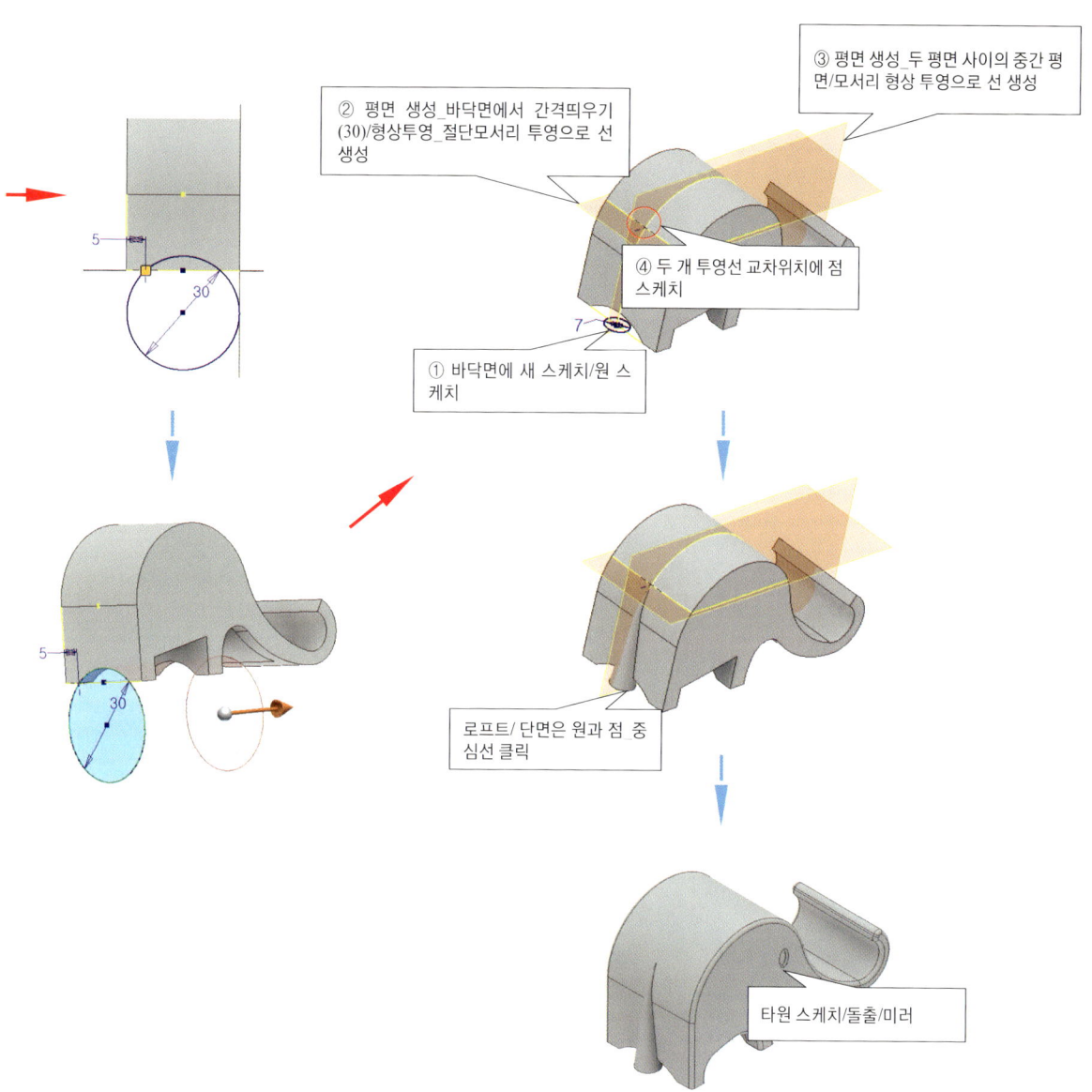

(1) 슬라이스 하기

- 모델링한 후 STL 파일로 저장하고 슬라이서 프로그램으로 파일을 불러온다.
- 빌드 크기와 대략적인 출력 시간, 재료의 소모량이 표시된다.
- 프린트 설정이 완료되면 G-code 파일로 저장하고 3D 프린터에서 불러와 출력한다.

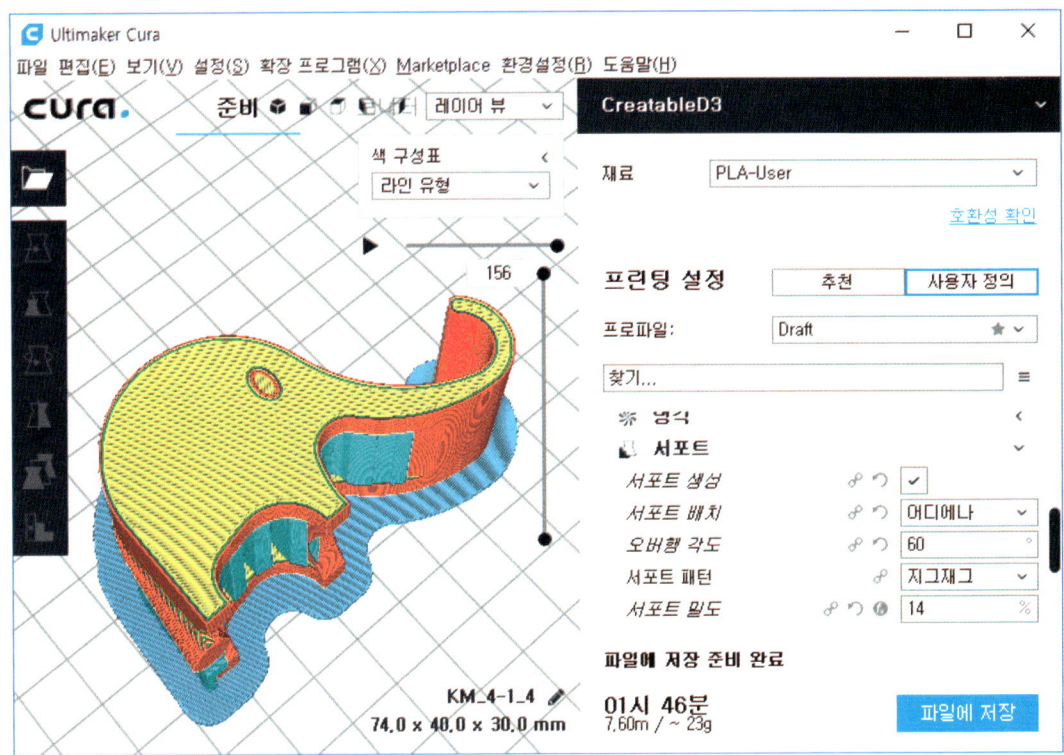

(2) 출력물 형상

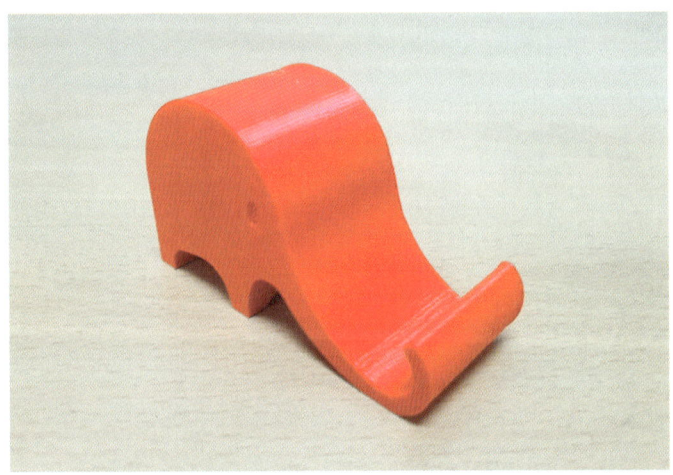

[4-1 연습과제 5] 스피커 울림통

학습 목표 작업평면 생성 및 로프트로 3D형상을 모델링하고 3D프린팅할 수 있다.

학습 내용 원, 가상선, 평면생성, 원형패턴, 자르기, 로프트, 형상투영, 돌출

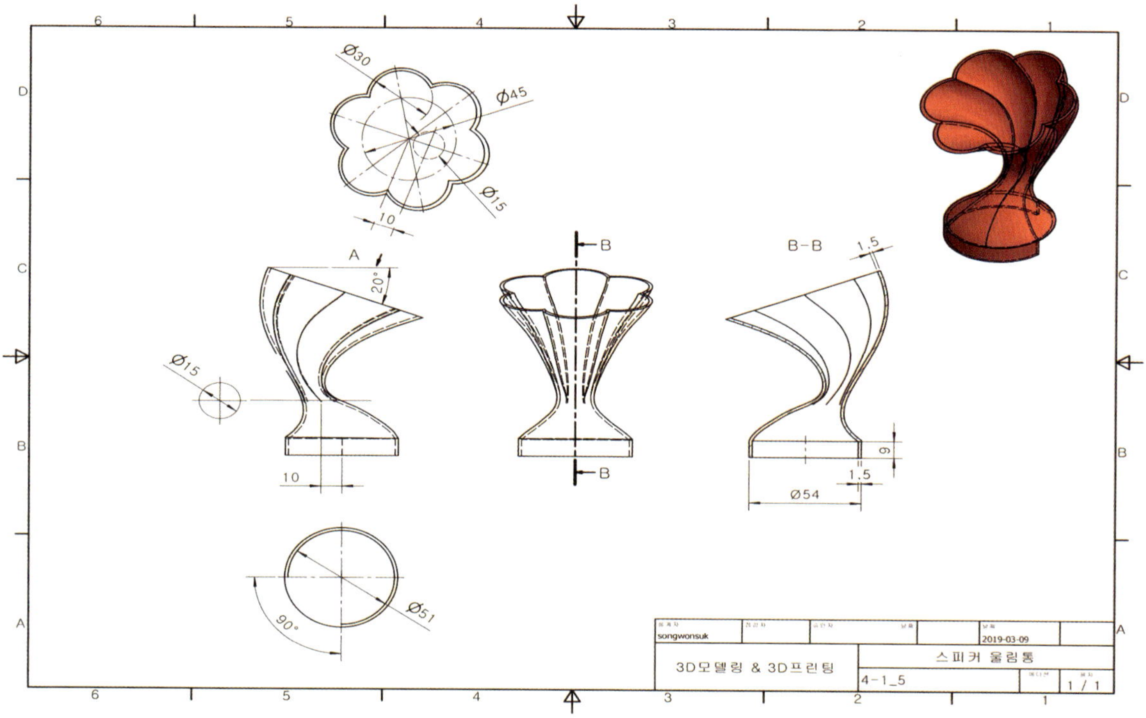

Ø30
Ø45
Ø15
10
A
20°
B-B
1.5
B
9
Ø54
Ø51
90°
songwonsuk
2019-03-09
3D모델링 & 3D프린팅
스피커 울림통
4-1_5
1 / 1

[참고] process hint

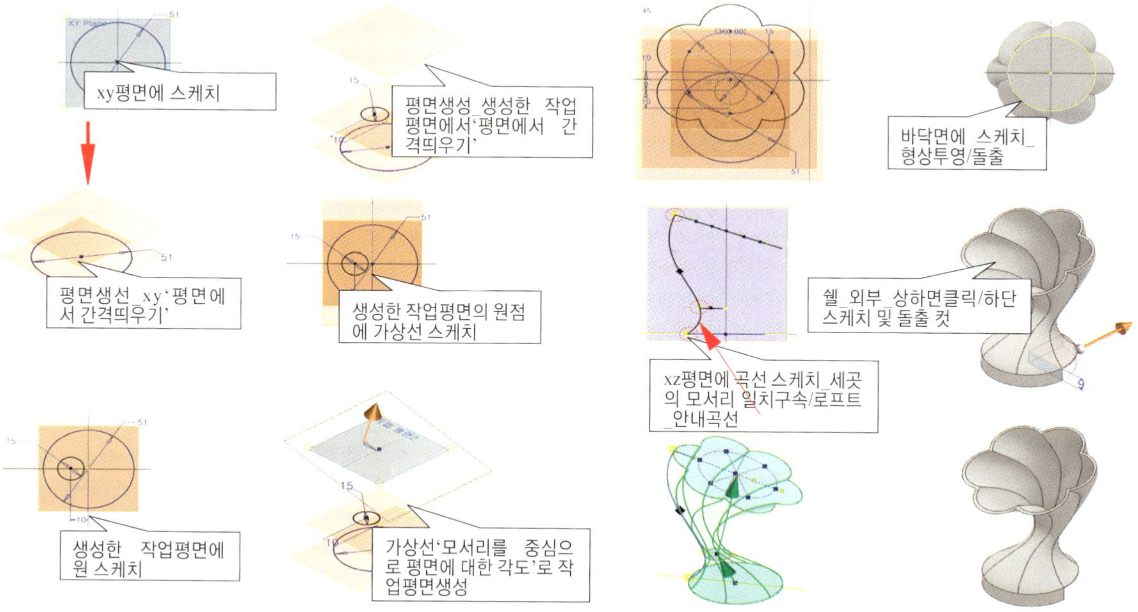

xy평면에 스케치
평면생성_xy' 평면에 서 간격띄우기'
생성한 작업평면에 원 스케치
평면생성_생성한 작업 평면에서'평면에서 간 격띄우기'
생성한 작업평면의 원점 에 가상선 스케치
가상선'모서리를 중심으 로 평면에 대한 각도'로 작 업평면생성
xz평면에 곡선 스케치_세곳 의 모서리 일치구속/로프트 _안내곡선
바닥면에 스케치_ 형상투영/돌출
쉘_외부_상하면클릭/하단 스케치 및 돌출 컷

MEMO

[알아두기] **코일**

나선형의 압축 코일 스프링 또는 나사 피쳐를 작성한다.

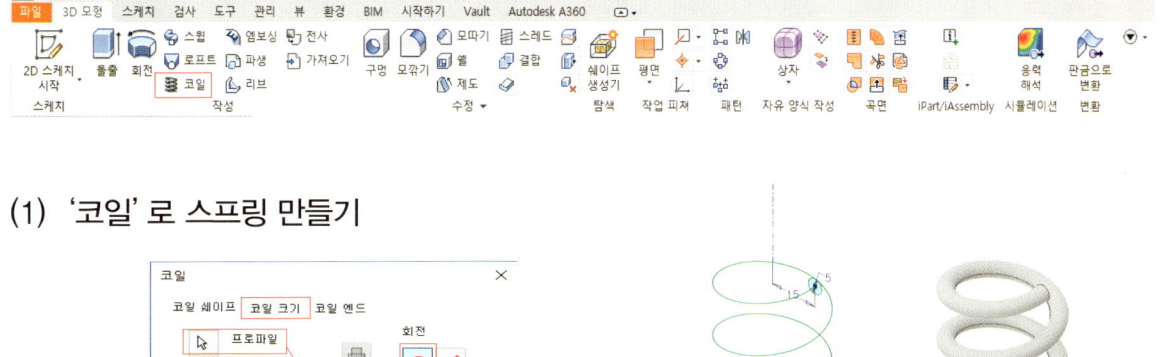

(1) '코일'로 스프링 만들기

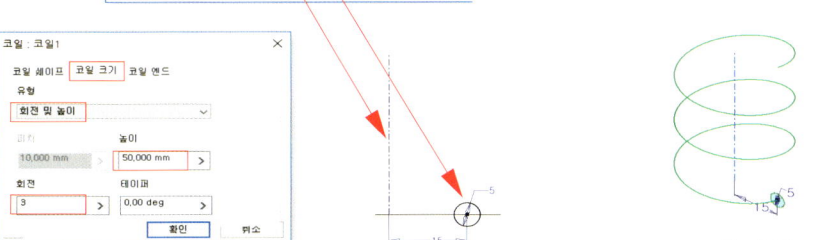

축방향 −, 회전방향 CW

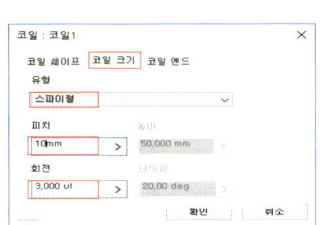

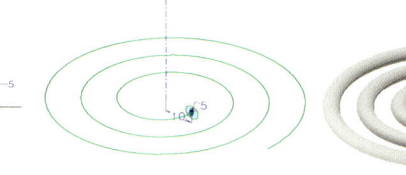

축방향 +, 회전방향 CCW

(2) '코일'로 나사 만들기

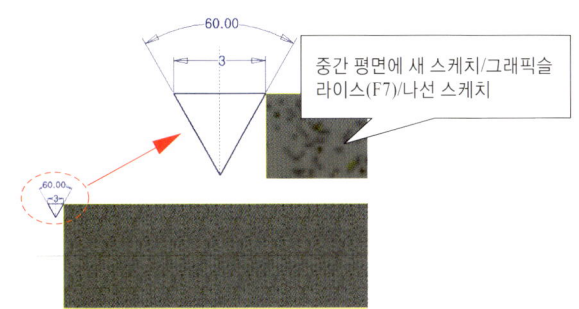

중간 평면에 새 스케치/그래픽슬라이스(F7)/나선 스케치

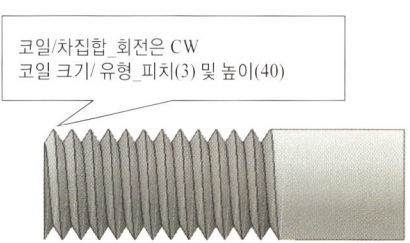

코일/차집합_회전은 CW
코일 크기/ 유형_피치(3) 및 높이(40)

PART 04 3D 형상 모델링 | **237**

[4-2 연습과제 1] **향수병**

 타원 스케치 및 스레드 피처로 3D형상으로 모델링하고 3D 프린팅 할 수 있다.

타원, 원, 치수, 평면 생성, 형상 투영, 로프트, 쉘, **코일**, 전사

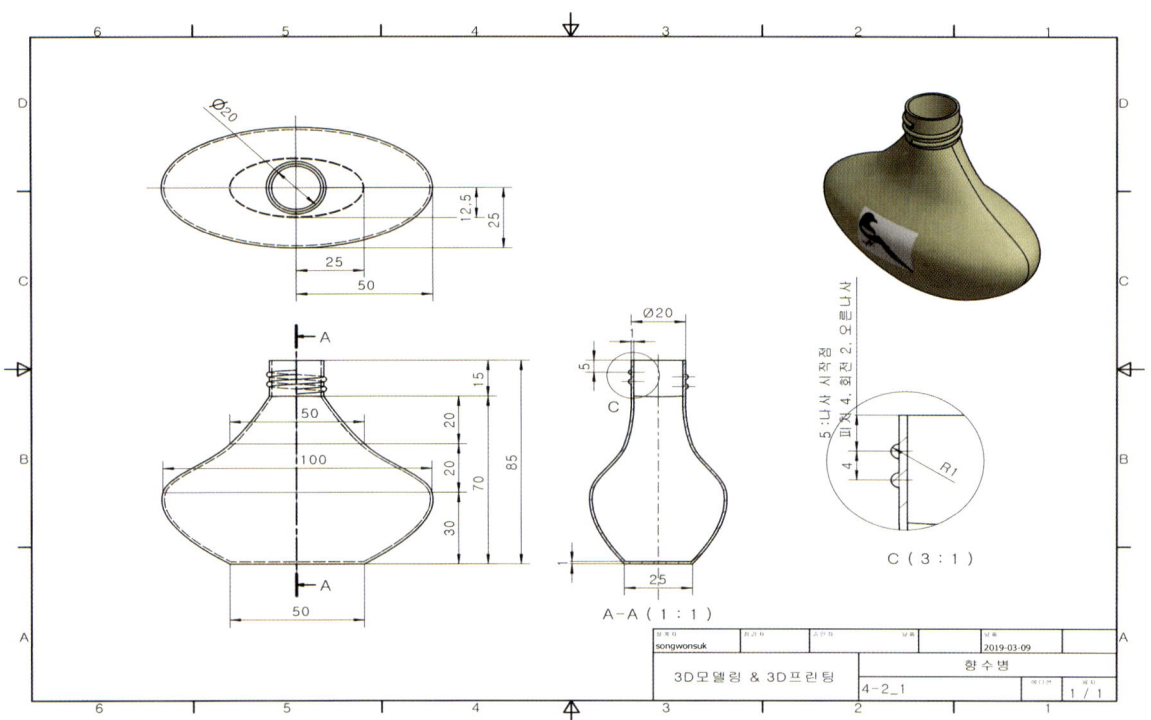

[참고] process hint

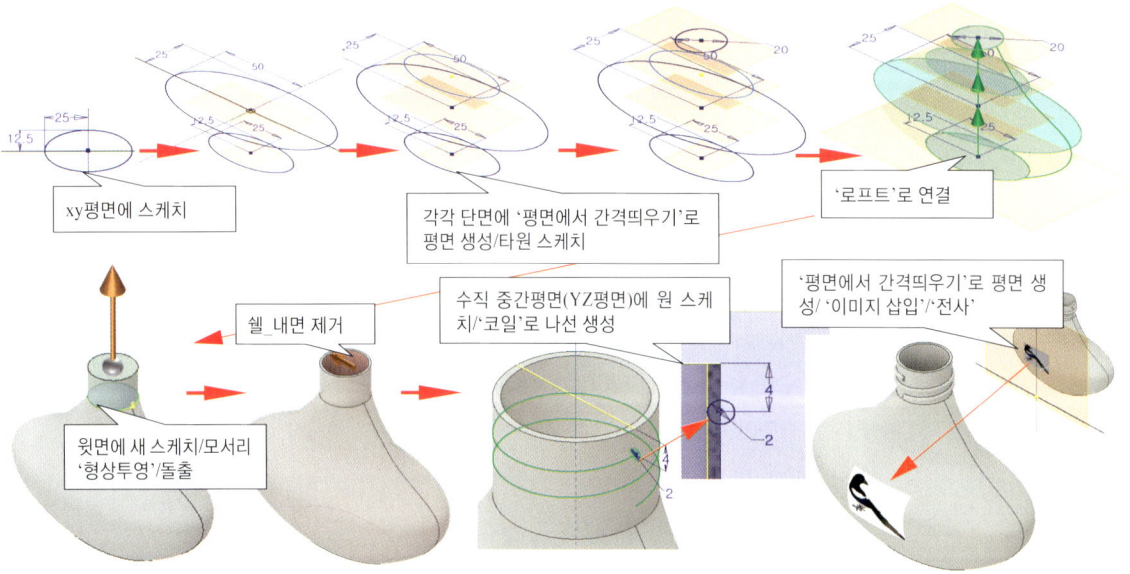

(1) 슬라이스 하기

- 모델링한 후 STL 파일로 저장하고 슬라이서 프로그램으로 파일을 불러온다.
- 빌드 크기와 대략적인 출력 시간, 재료의 소모량이 표시된다.
- 프린트 설정이 완료되면 G-code 파일로 저장하고 3D 프린터에서 불러와 출력한다.

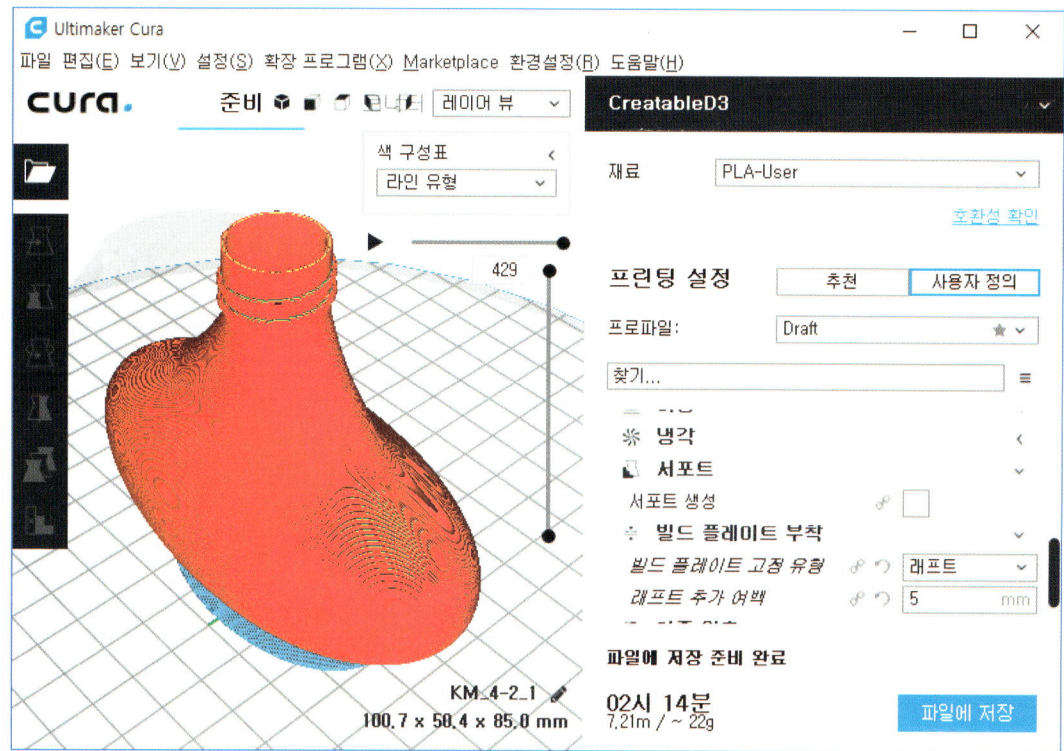

(2) 출력물 형상

[4-2 연습과제 2] 이중잠금 약병

학습목표: 스케치 및 스레드 피처로 3D형상으로 모델링하고 3D 프린팅 할 수 있다.

학습내용: 원, 돌출, 스케치 공유, 자르기, 미러, 형상 투영, 쉘, **코일**

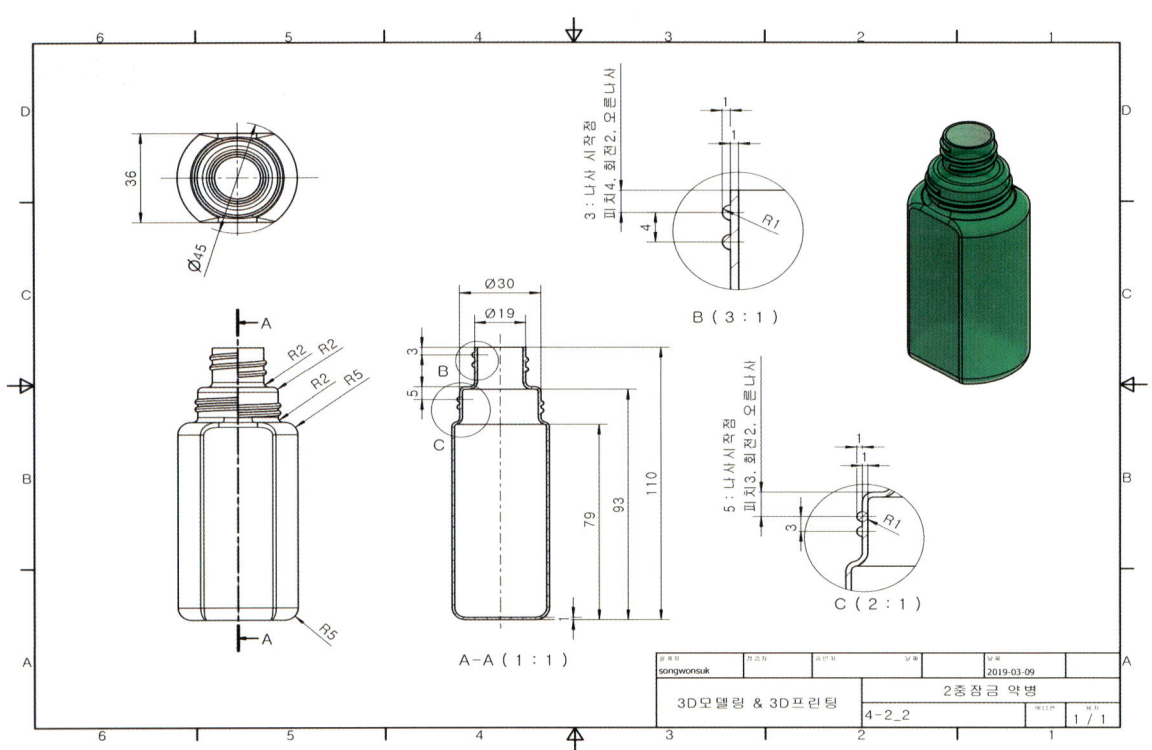

[참고] process hint

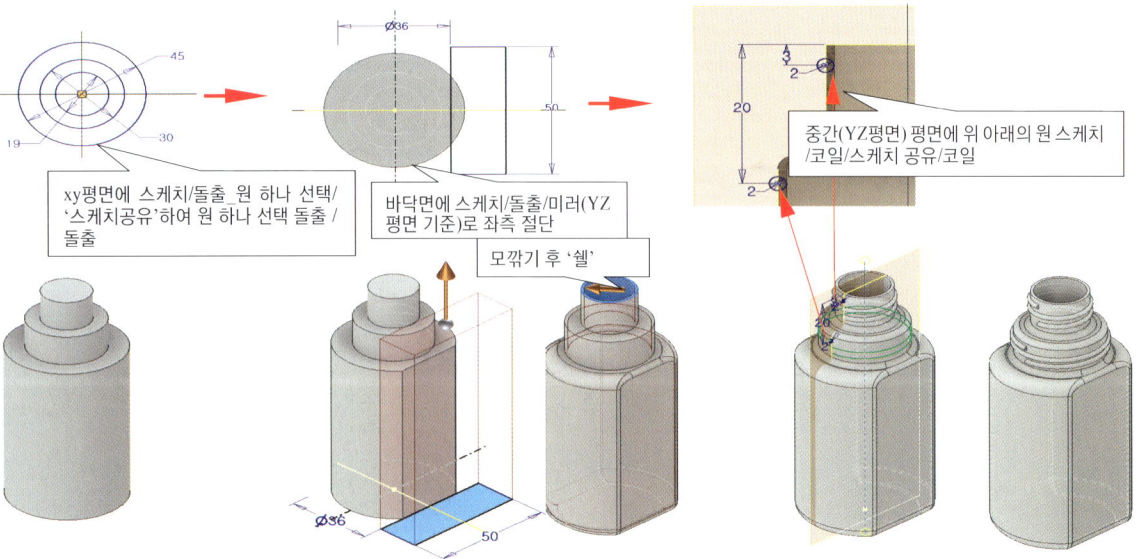

(1) 슬라이스 하기

- 모델링한 후 STL 파일로 저장하고 슬라이서 프로그램으로 파일을 불러온다.
- 빌드 크기와 대략적인 출력 시간, 재료의 소모량이 표시된다.
- 프린트 설정이 완료되면 G-code 파일로 저장하고 3D 프린터에서 불러와 출력한다.

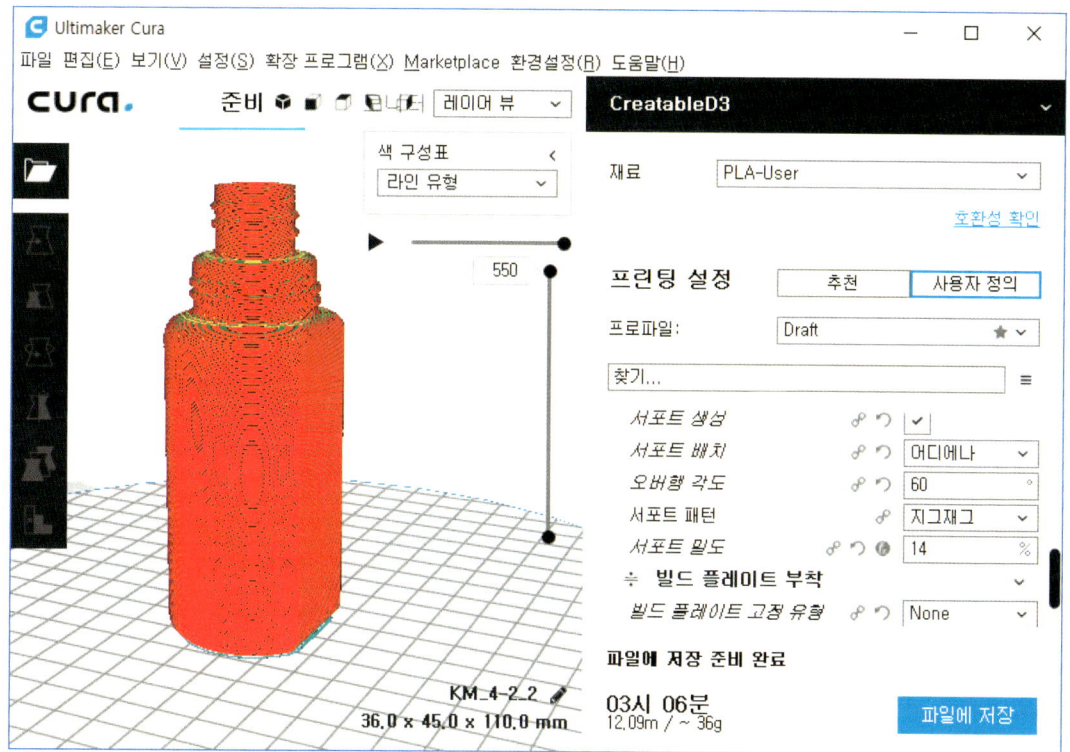

(2) 출력물 형상

[4-2 연습과제 3] 앰버 병

학습목표: 스케치 및 스레드 피처로 3D형상으로 모델링하고 3D 프린팅 할 수 있다.

학습내용: 선, 직사각형, 원, 돌출, 평면 생성, 로프트, 그래픽슬라이스(F7), 모깎기, 쉘, 코일

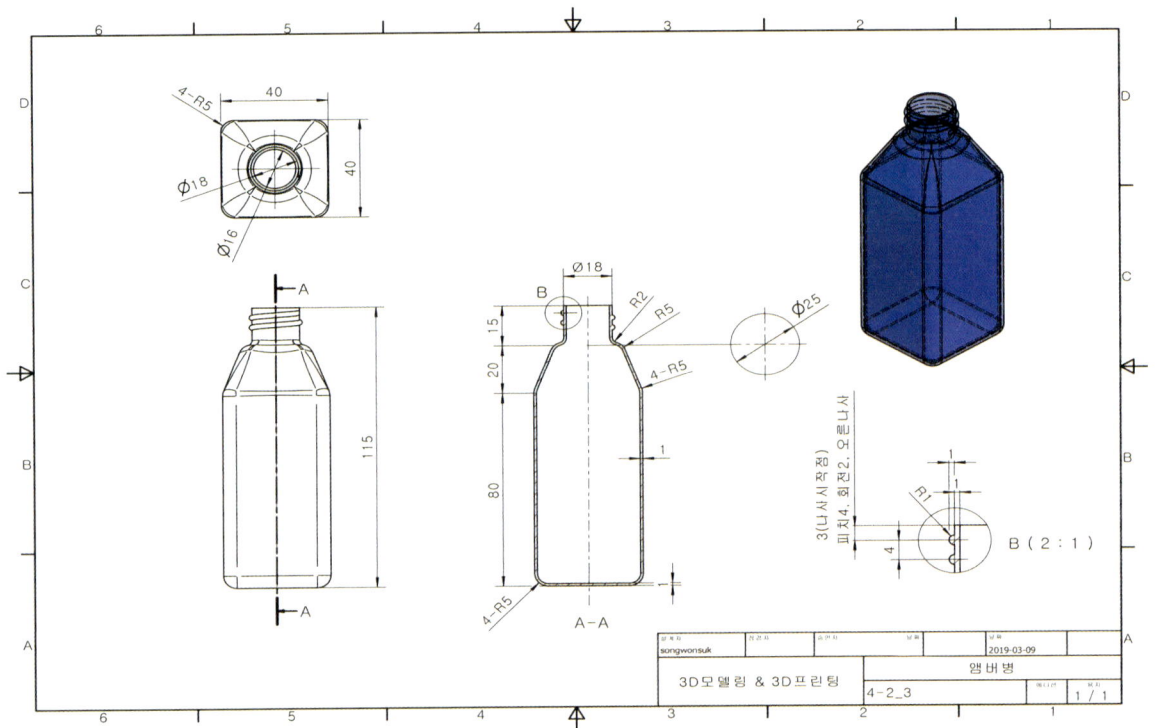

[참고] process hint

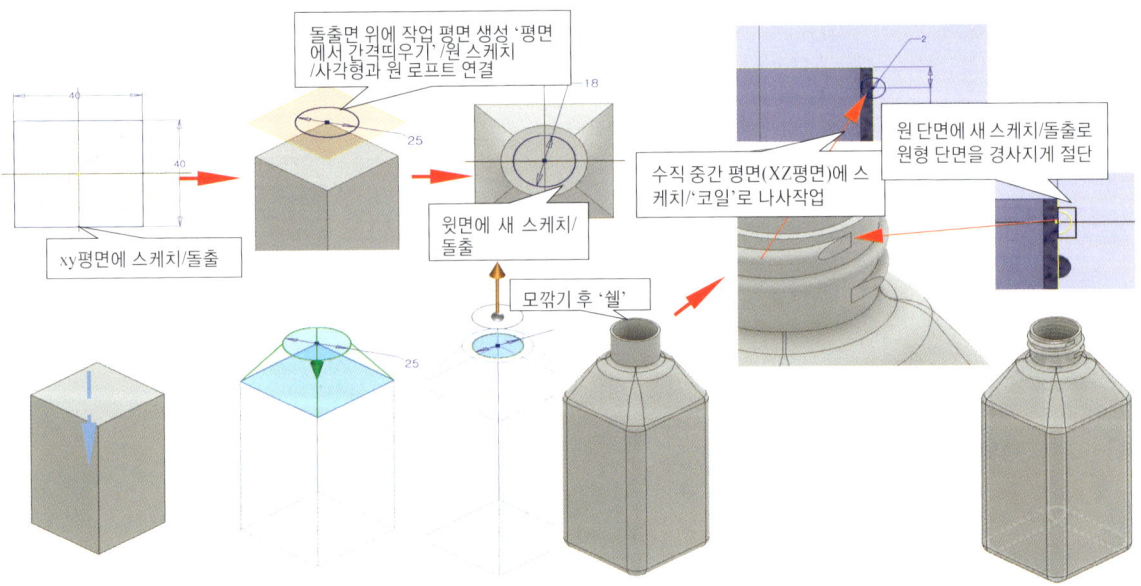

(1) 슬라이스 하기

- 모델링한 후 STL 파일로 저장하고 슬라이서 프로그램으로 파일을 불러온다.
- 빌드 크기와 대략적인 출력 시간, 재료의 소모량이 표시된다.
- 프린트 설정이 완료되면 G-code 파일로 저장하고 3D 프린터에서 불러와 출력한다.

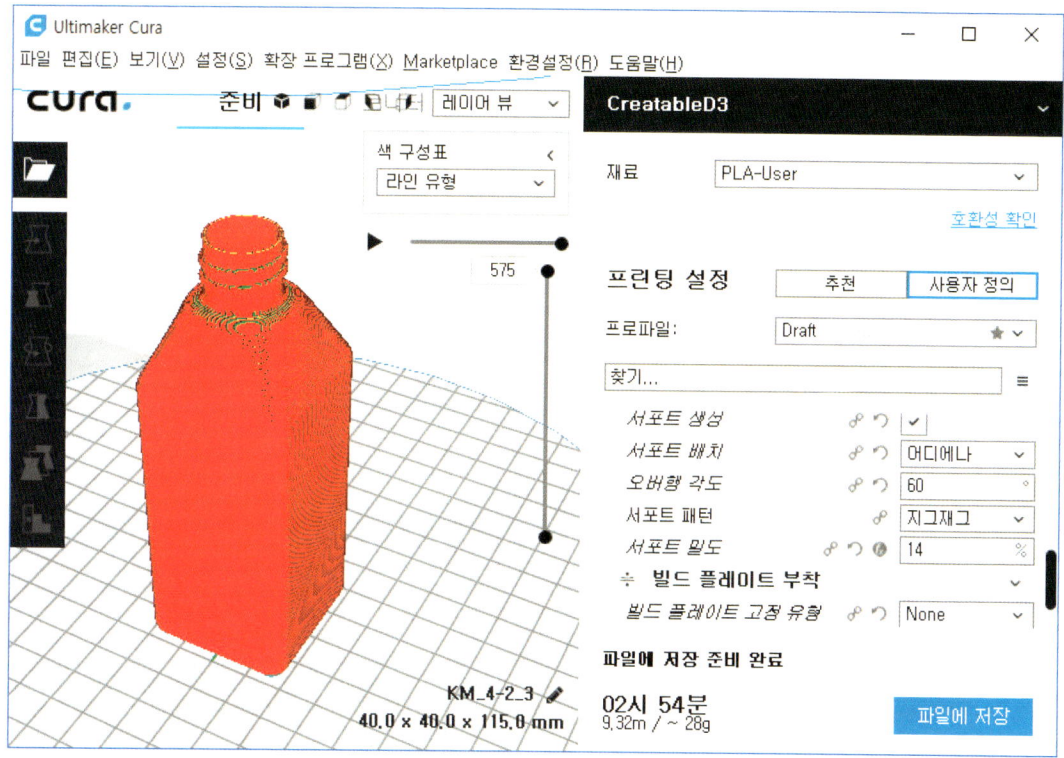

(2) 출력물 형상

 스윕, 엠보싱, 직접편집, 분할, 미러, 쉘, 평면 생성, 텍스트 법선반전, 형상 투영, 그래픽슬라이스(F7)

[알아두기] 스윕

경로 및 안내 레일을 따라 그리고 경로 및 안내 곡면을 따라 피처를 작성한다.

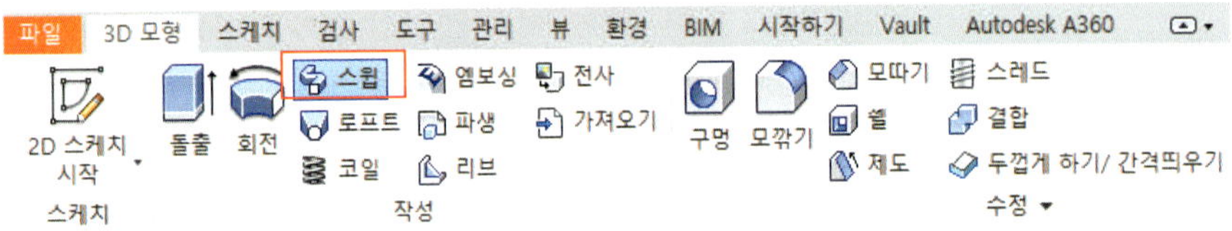

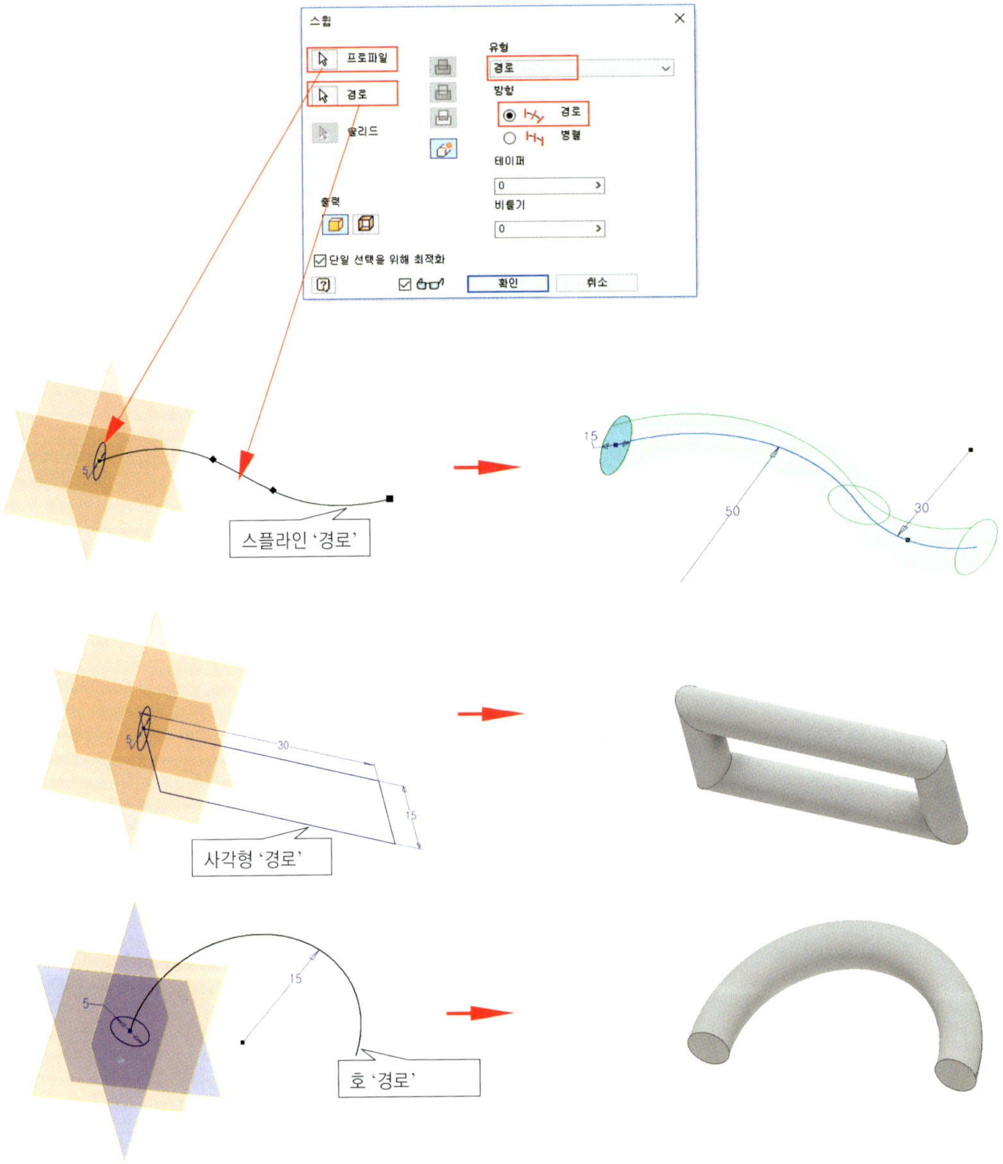

호 '프로파일'
호 '경로'
50
80

스윕 : 스윕1
프로파일
경로
솔리드
유형
경로 및 안내 레일
안내서 레일
프로파일 축척
X 및 Y
X
없음
출력
단일 선택을 위해 최적화
확인
취소
경로
안내선 레일
50

□ 3D 곡선을 이용한 스윕

'평면에서 간격띄우기'로 평면 생성/
'형상 투영'으로 스케치
'평면에서 간격띄우기'로 평면 생성/
'형상 투영'으로 스케치
중심선 '경로'
'안내 레일'은 3D스케치/세 점
호로 스케치

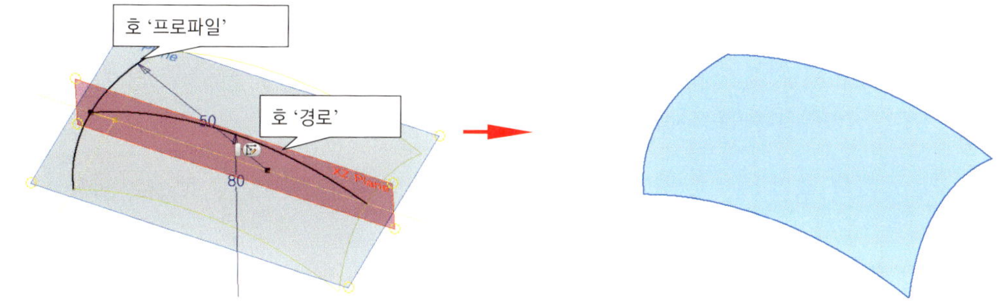

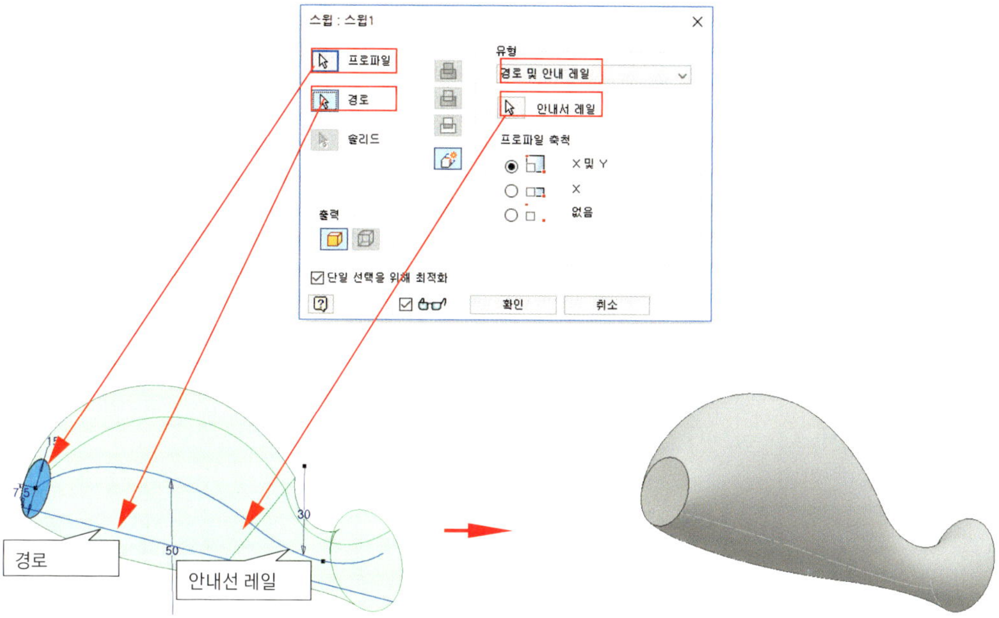

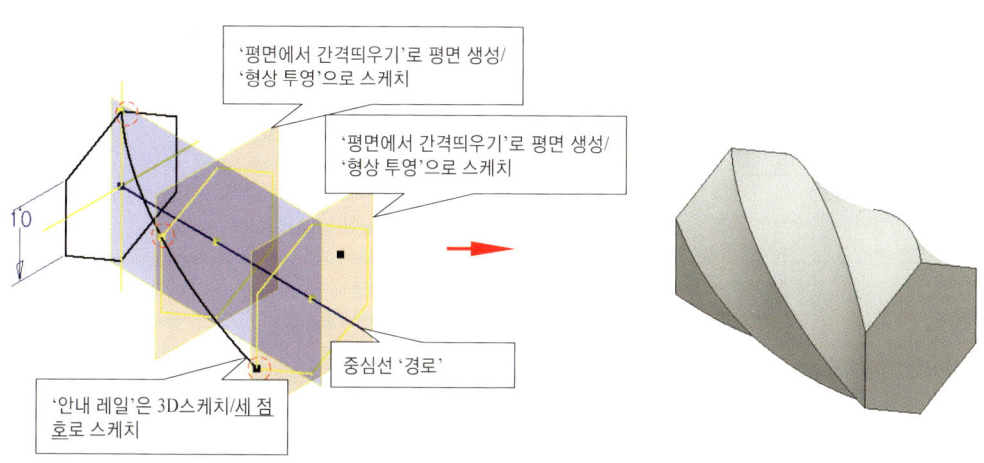

[5-1 따라하기] 사각 연필통

학습목표: 경로를 따라 피처를 작성하고 3D형상 모델링하여 3D 프린팅 할 수 있다.

학습내용: 직사각형, 돌출, 쉘, 평면 생성, 원, 그래픽슬라이스(F7), 선, 스윕, 텍스트, 돌출, 미러, 원형 패턴, 모깎기

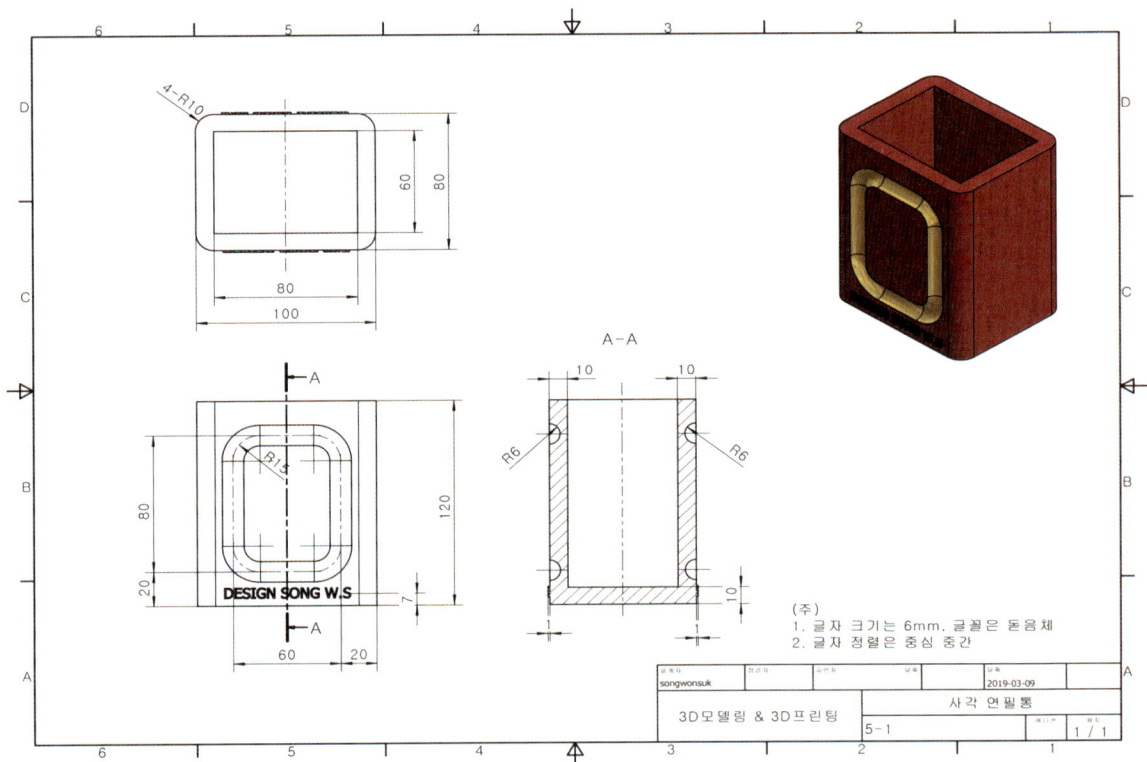

[참고] process hint

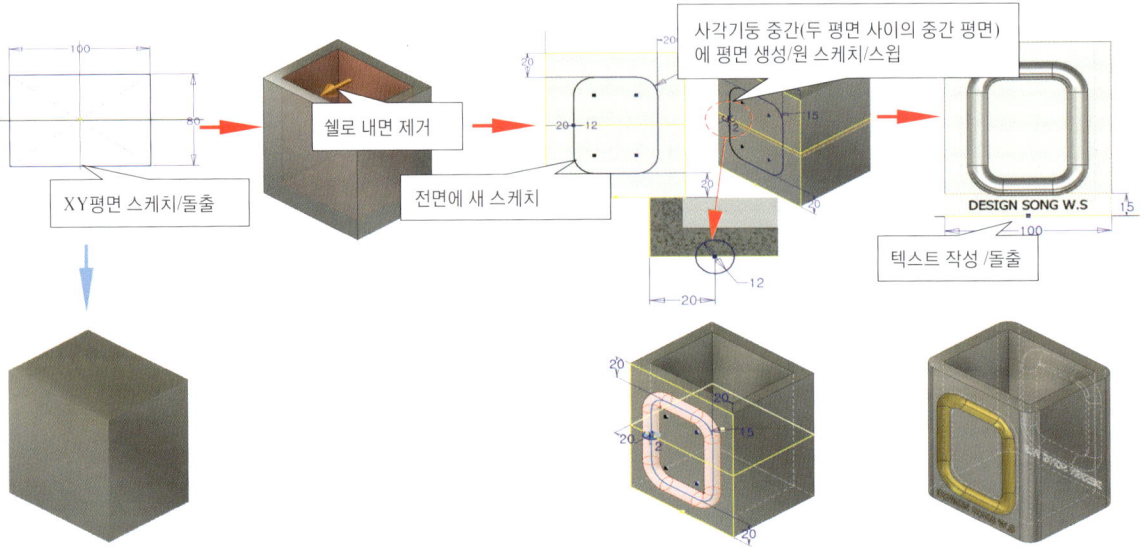

(1) 스케치 및 구속하기

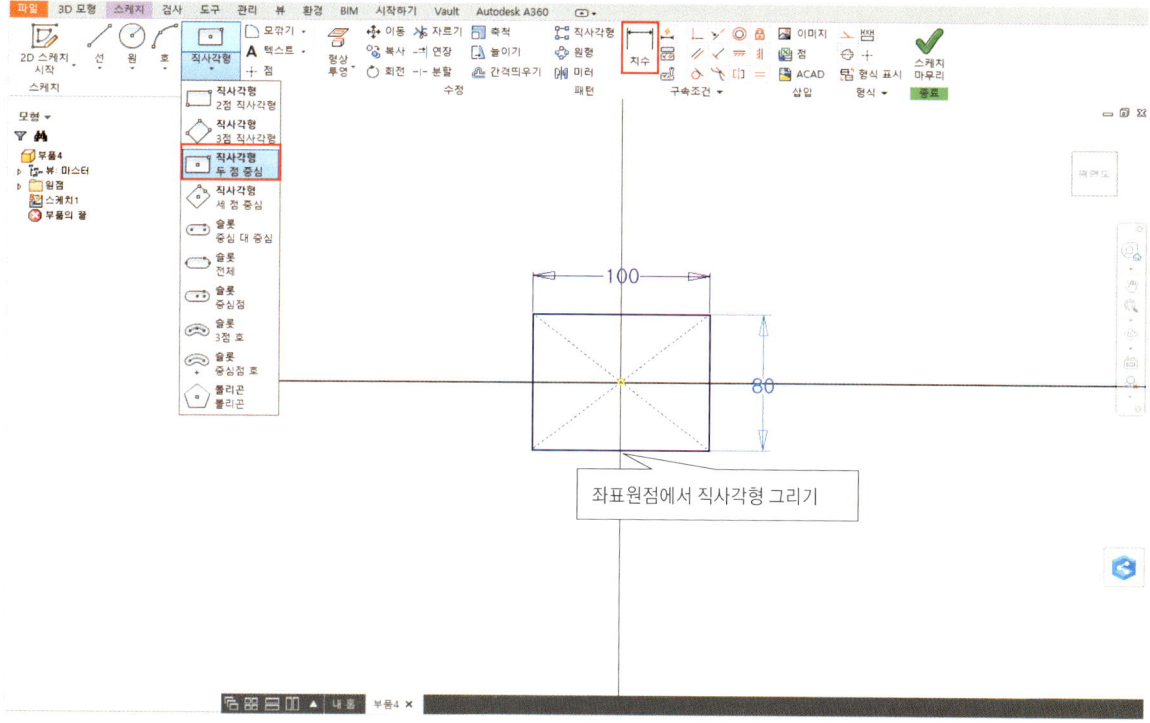

(2) 돌출하기

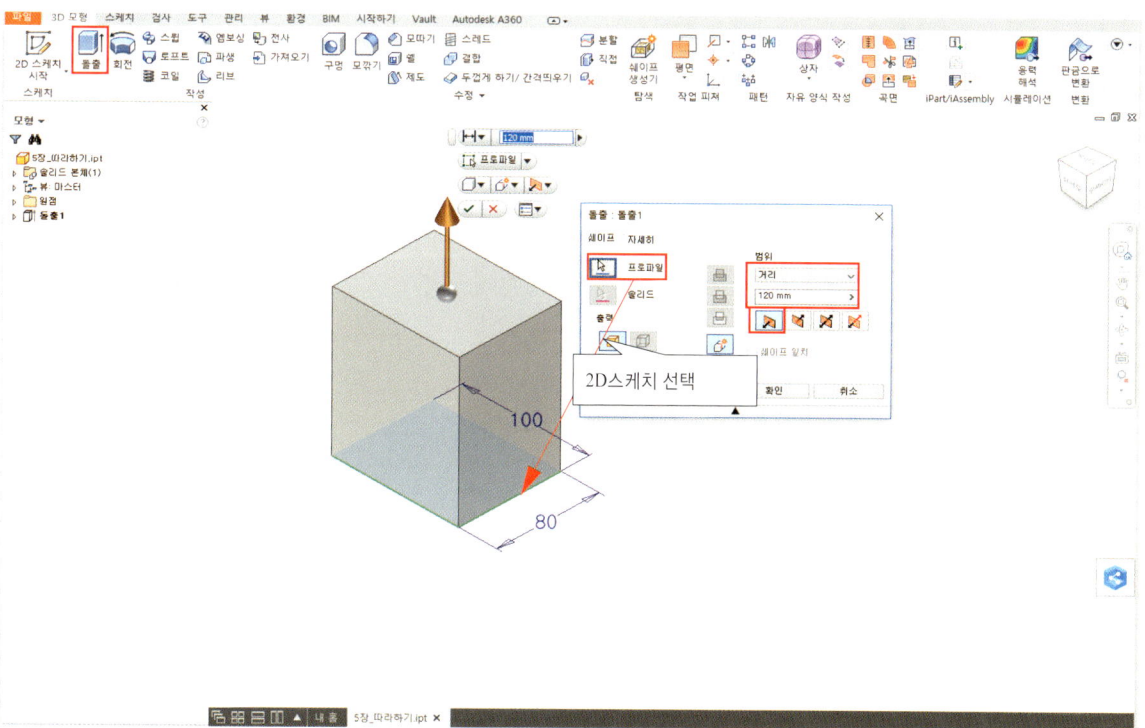

(3) 쉘 처리 및 평면 생성하기

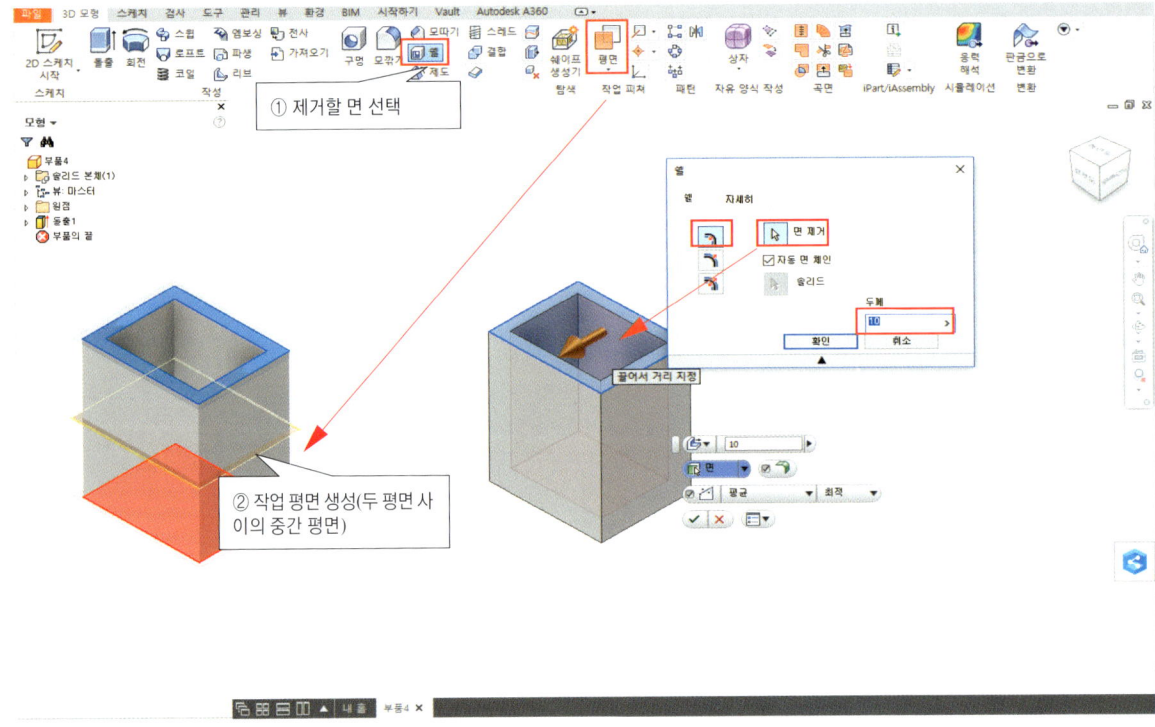

(4) 두 평면(XY – XZ)에 스케치하기

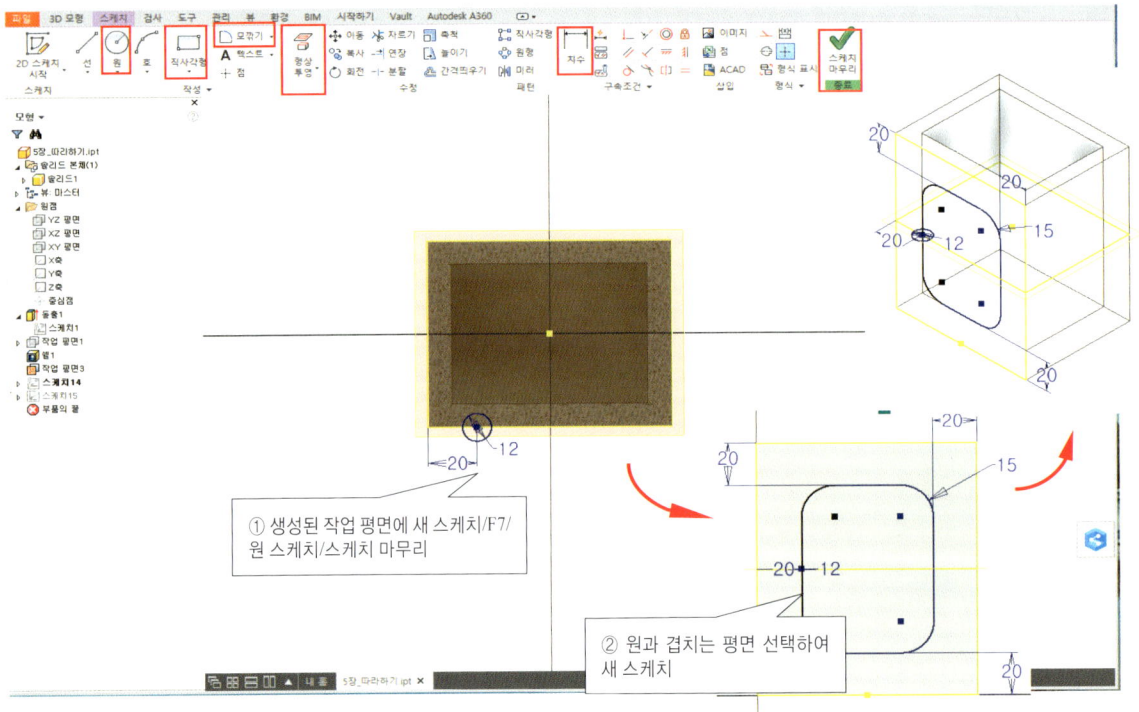

(5) 경로를 따라 프로파일 따내기

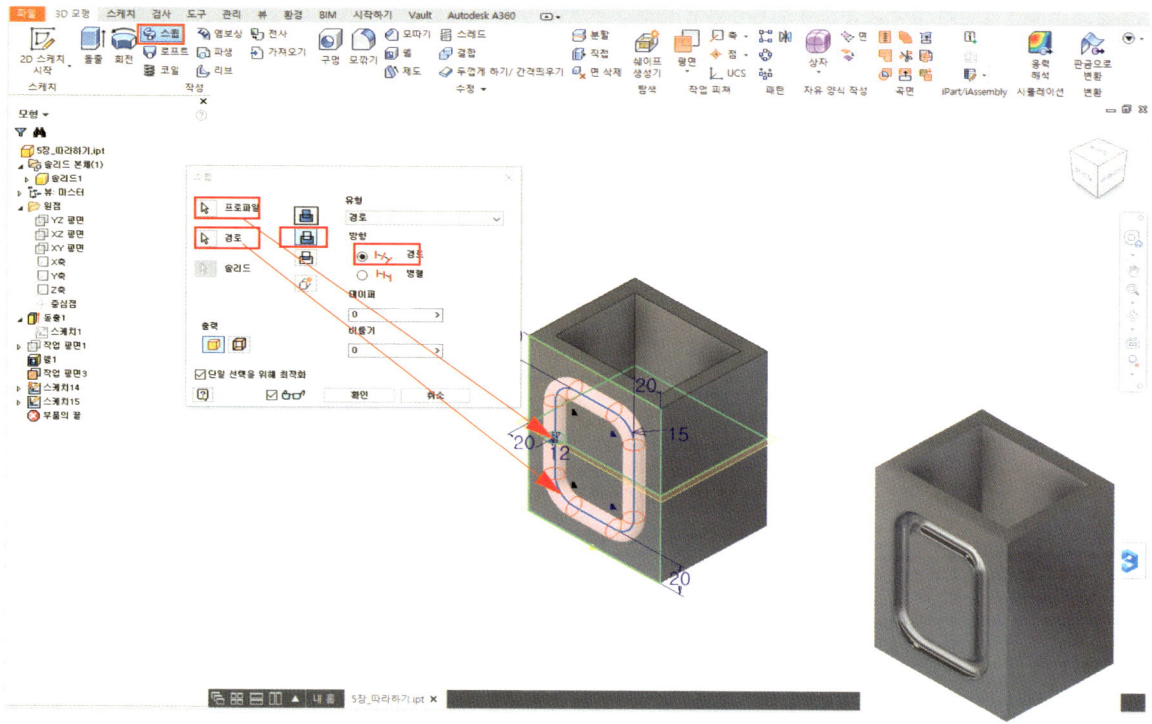

(6) 텍스트 작성하기

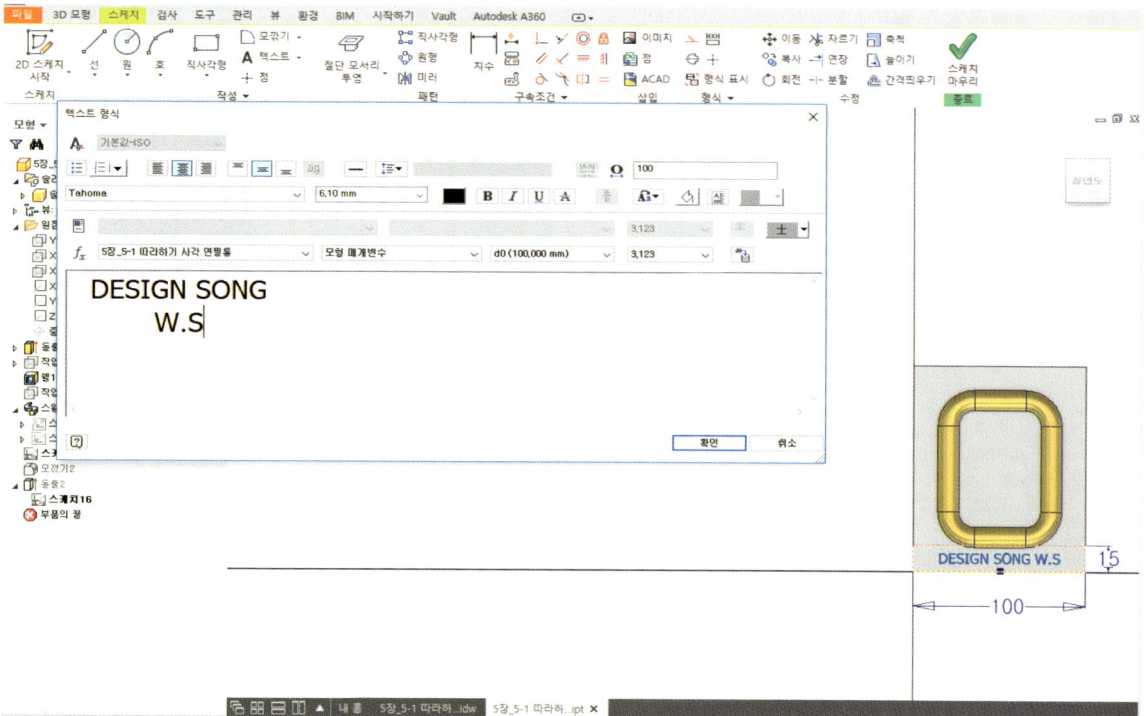

(7) 텍스트 돌출하기

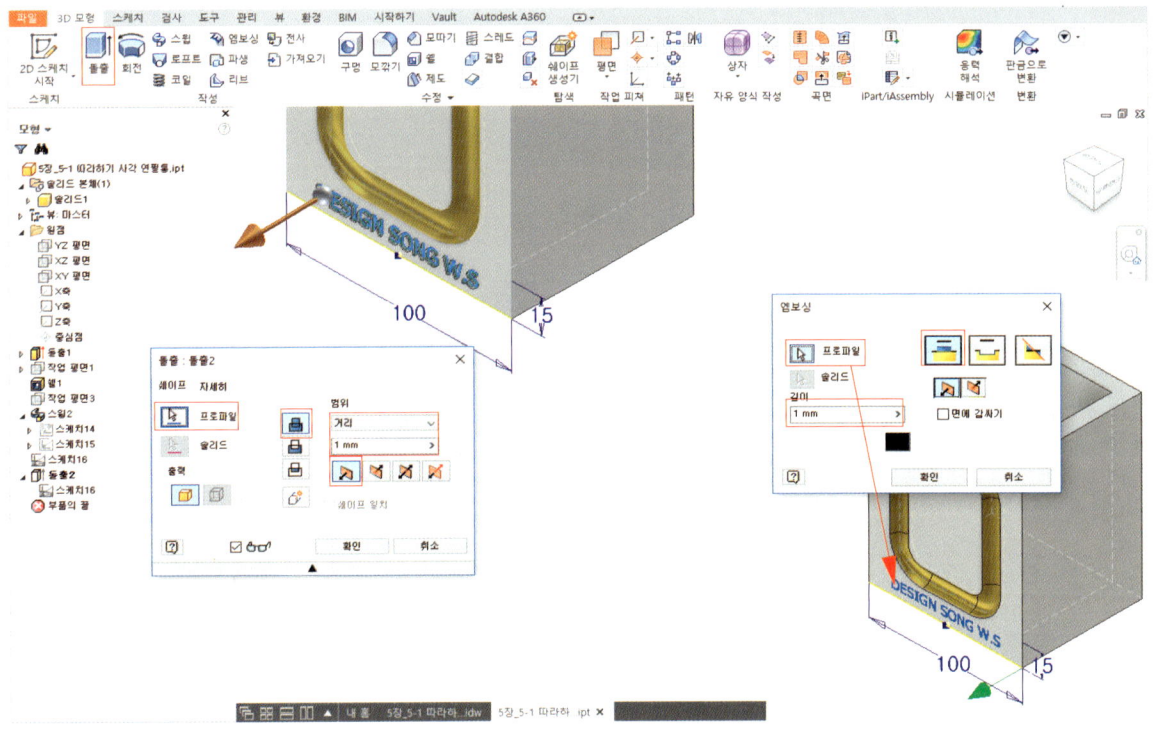

(8) 스윕 곡면 및 텍스트 반대면에 배열하기

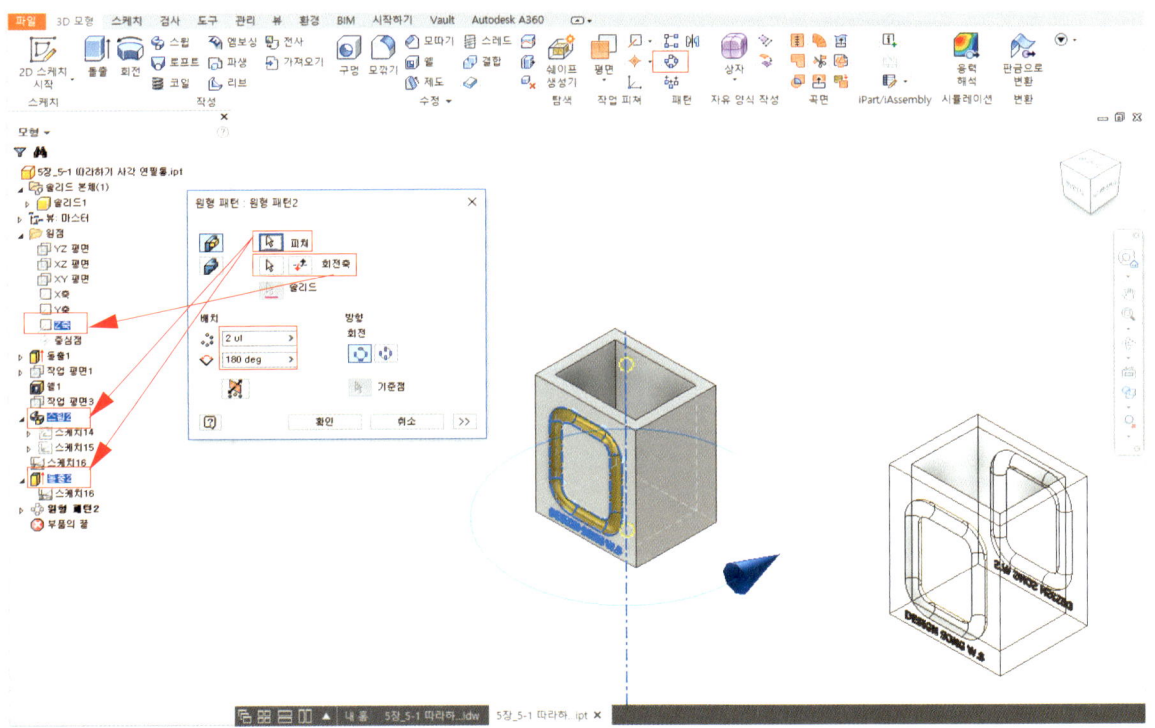

(9) 모깎기하기

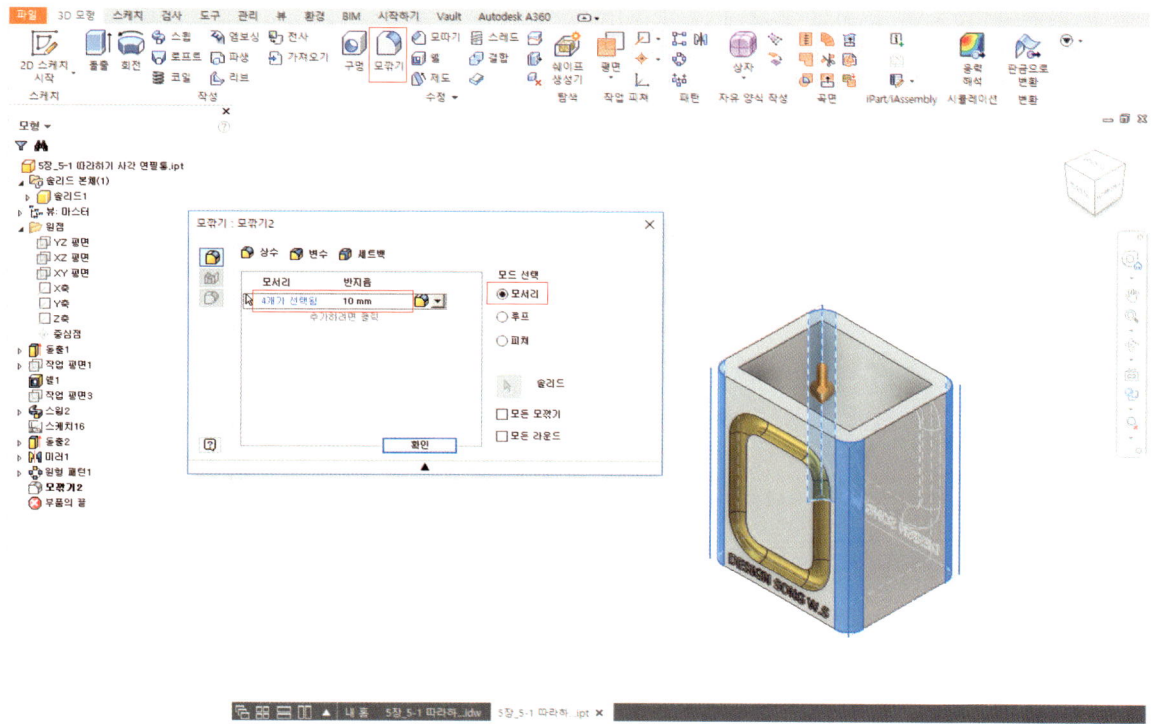

(10) 슬라이스하기

- 모델링한 후 STL 파일로 저장하고 슬라이서 프로그램으로 파일을 불러온다.
- 빌드 크기와 대략적인 출력 시간, 재료의 소모량이 표시된다.
- 프린트 설정이 완료되면 G-code 파일로 저장하고 3D 프린터에서 불러와 출력한다.

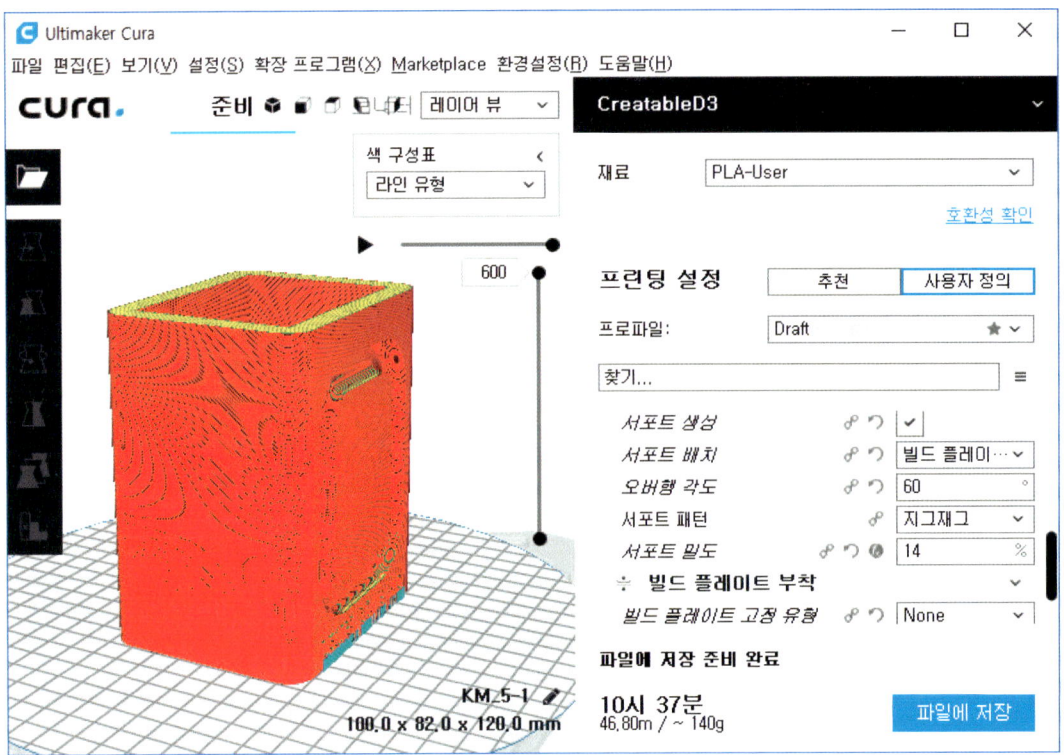

(11) 출력물 형상

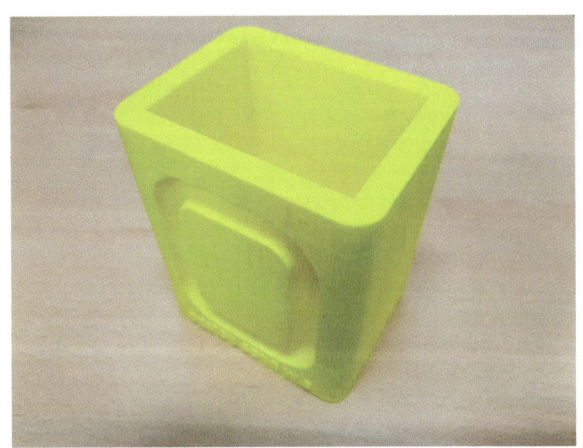

[5-1 연습과제 1] 스크류바

 **학습 목표**: 경로를 따라 피처를 작성하고 3D형상 모델링하여 3D 프린팅 할 수 있다.

학습 내용: 폴리곤, 평면 생성, 형상 투영, 구속조건(일치), 3D스케치(세점호), 스윕, 원, 돌출

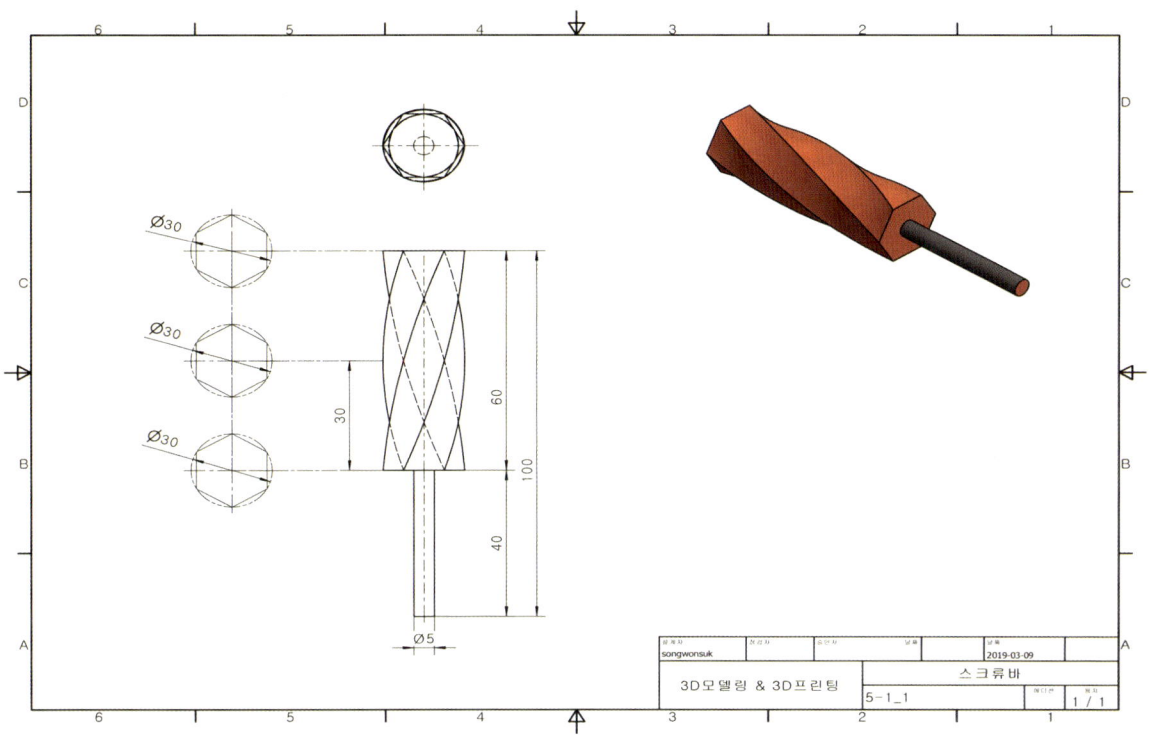

[참고] process hint

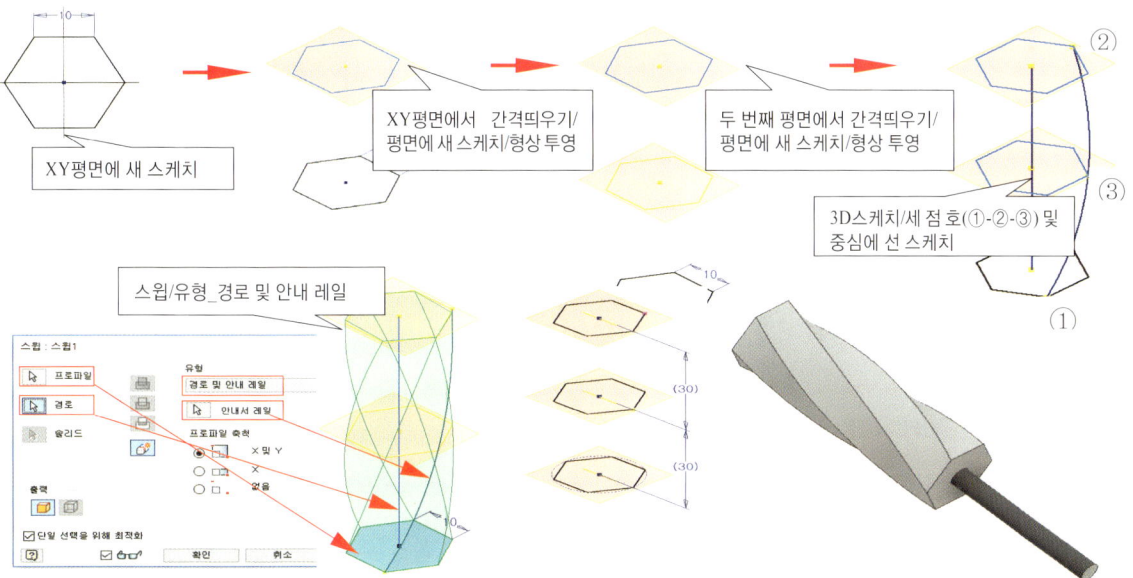

(1) 슬라이스 하기

- 모델링한 후 STL 파일로 저장하고 슬라이서 프로그램으로 파일을 불러온다.
- 빌드 크기와 대략적인 출력 시간, 재료의 소모량이 표시된다.
- 프린트 설정이 완료되면 G-code 파일로 저장하고 3D 프린터에서 불러와 출력한다.

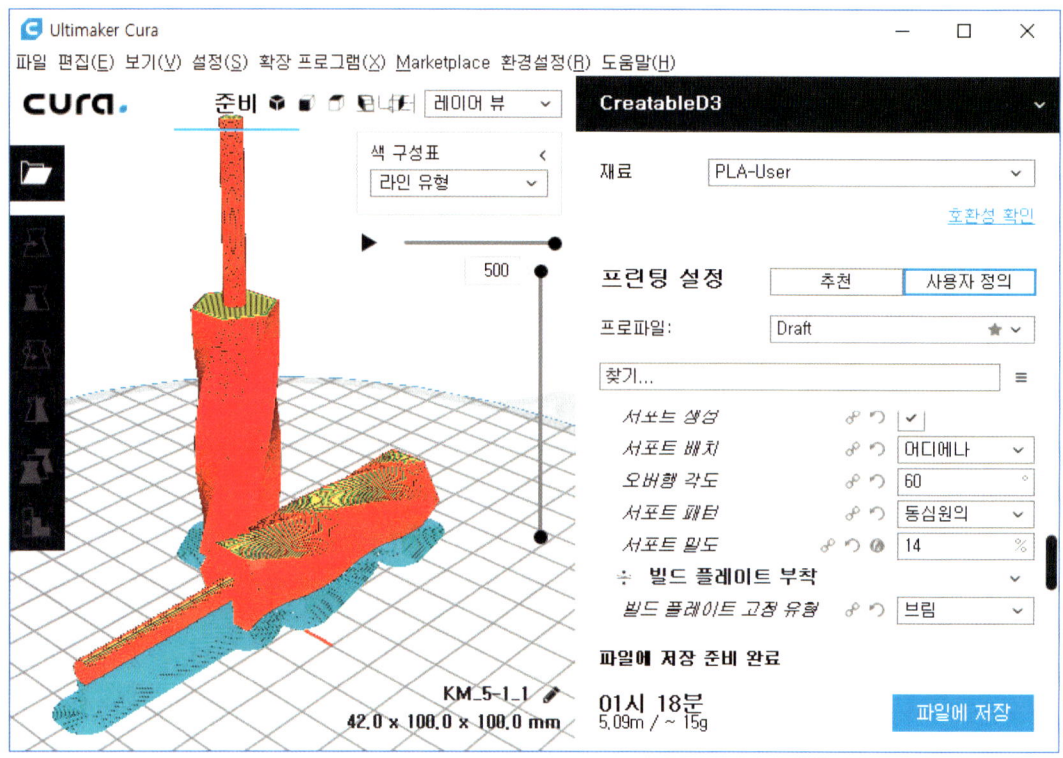

(2) 출력물 형상

[5-1 연습과제 2] 물컵

학습 목표: 경로를 따라 피처를 작성하고 3D형상 모델링하여 3D 프린팅 할 수 있다.

학습 내용: 선, 원, 중심선, 자르기, 회전, 평면 생성, 형상 투영, **스윕**, 그래픽슬라이스(F7), 쉘, 모깎기

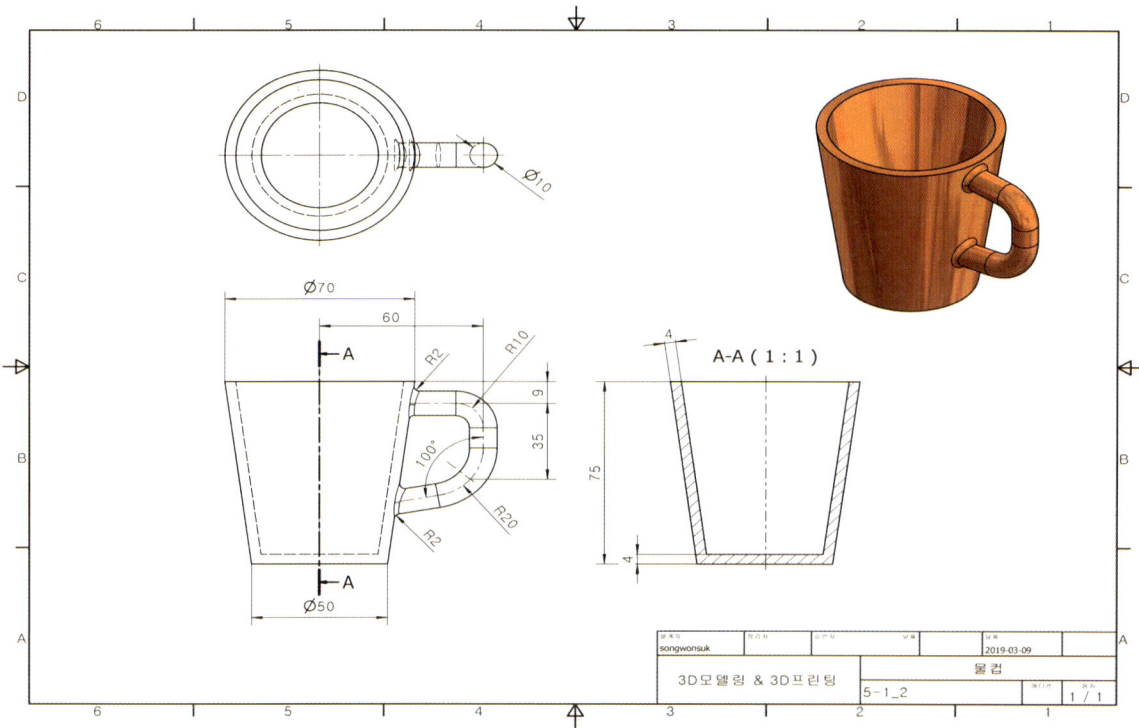

[참고] process hint

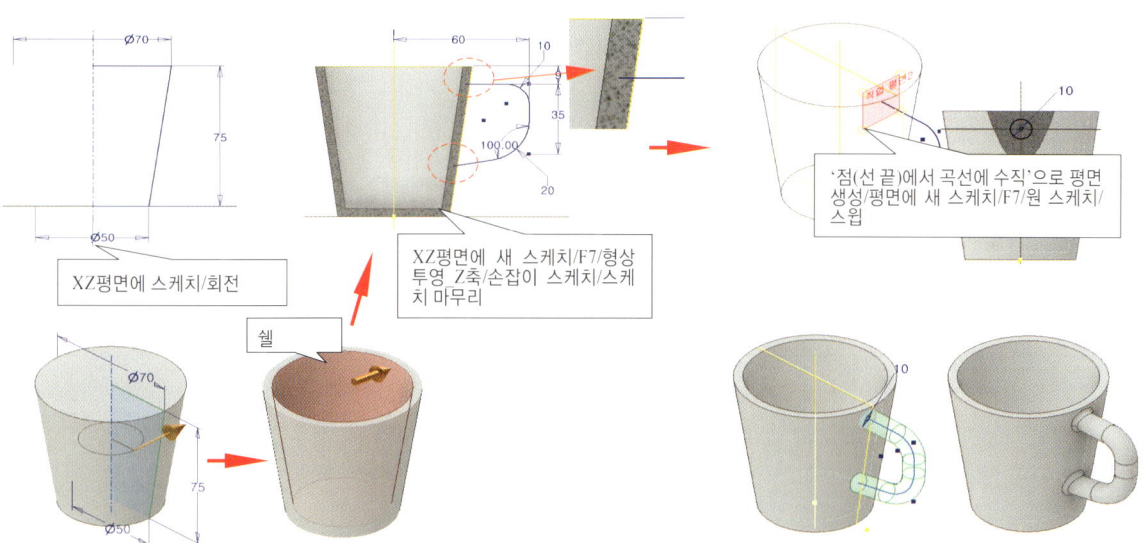

(1) 슬라이스 하기

- 모델링한 후 STL 파일로 저장하고 슬라이서 프로그램으로 파일을 불러온다.
- 빌드 크기와 대략적인 출력 시간, 재료의 소모량이 표시된다.
- 프린트 설정이 완료되면 G-code 파일로 저장하고 3D 프린터에서 불러와 출력한다.

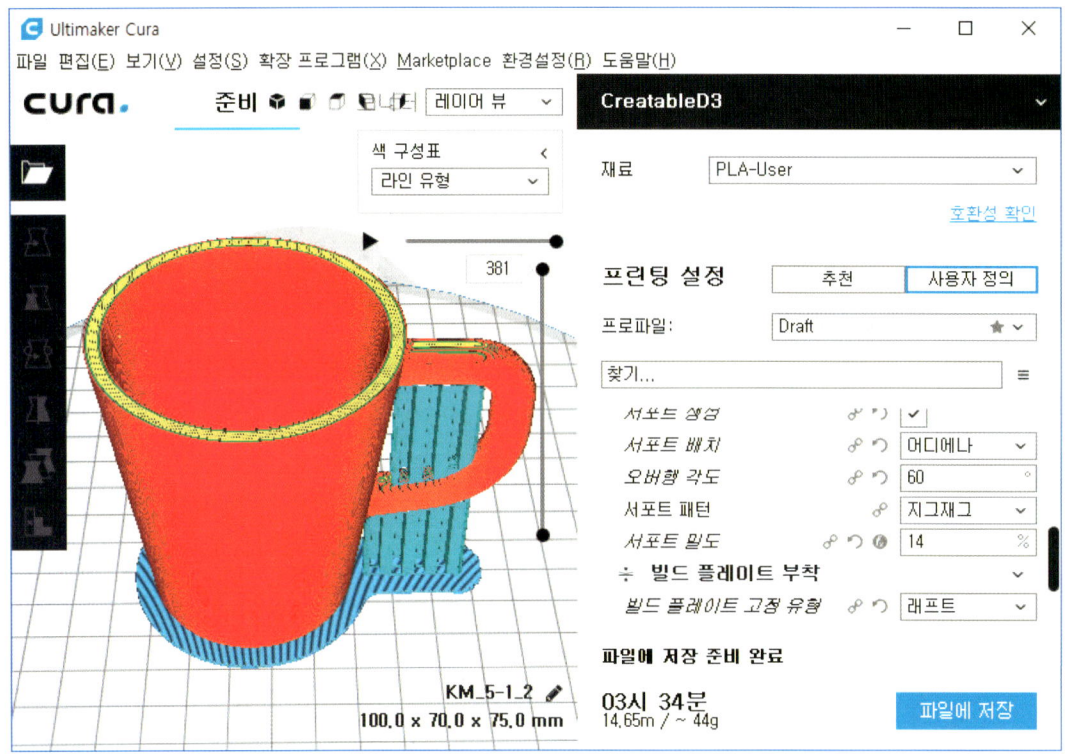

(2) 출력물 형상

[5-1 연습과제 3] 종이컵 홀더A

 경로를 따라 피처를 작성하고 3D형상 모델링하여 3D 프린팅 할 수 있다.

선, 원, 중심선, 치수, **로프트**, 평면 생성, 스윕, 쉘, 분할, 모깎기

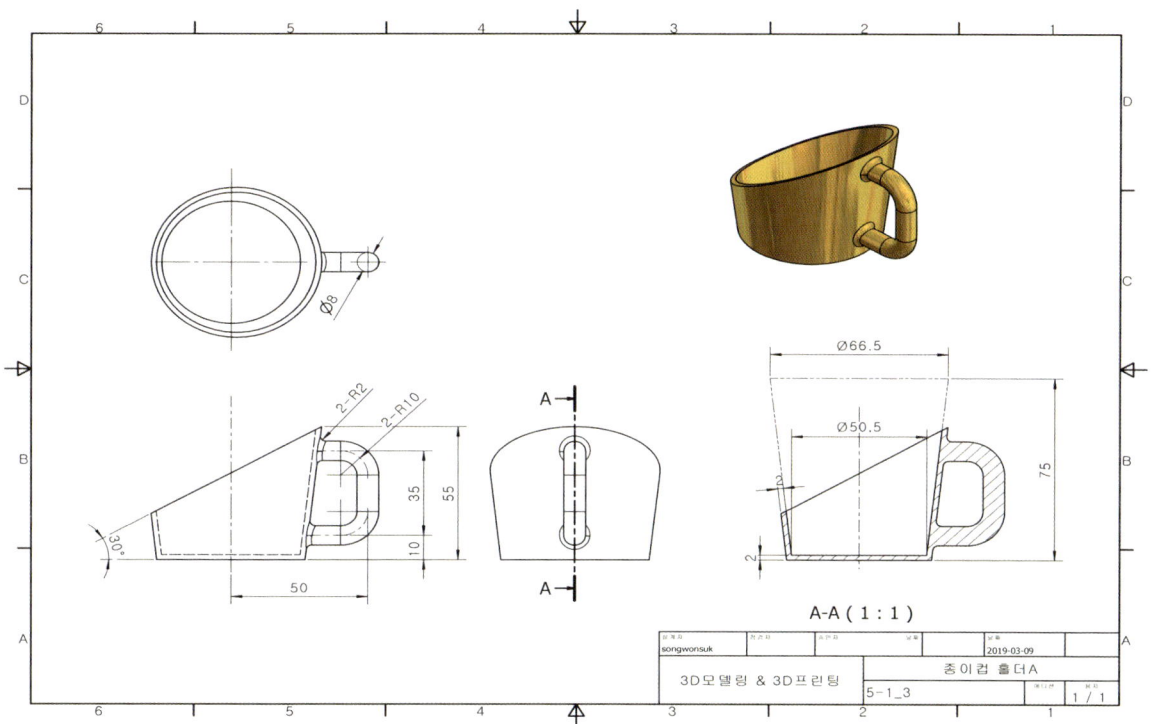

[참고] process hint

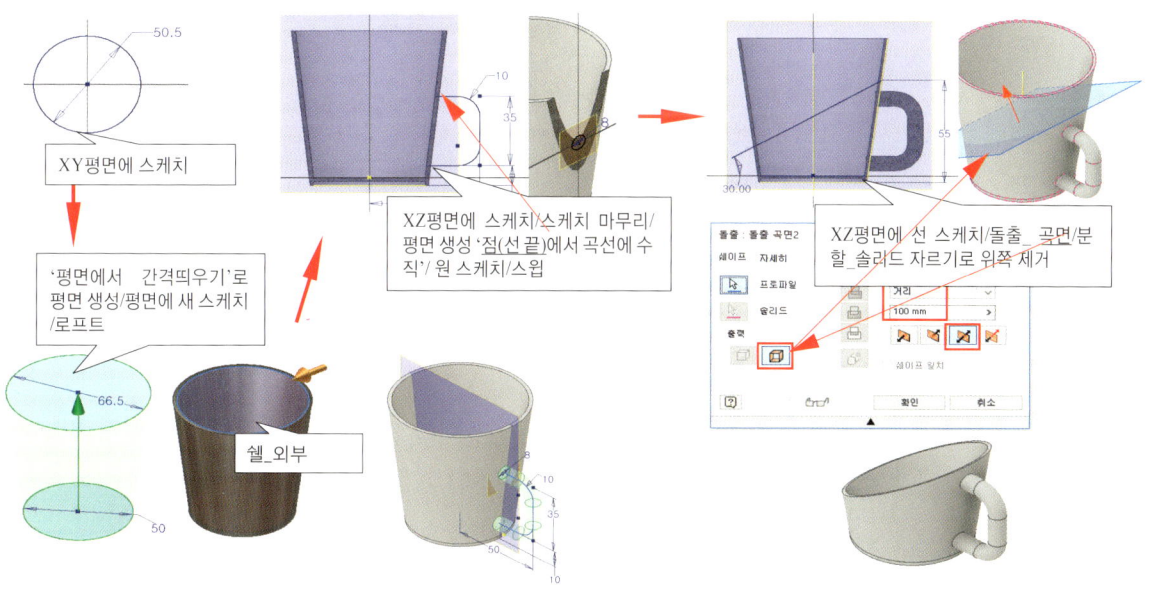

(1) 슬라이스 하기

- 모델링한 후 STL 파일로 저장하고 슬라이서 프로그램으로 파일을 불러온다.
- 빌드 크기와 대략적인 출력 시간, 재료의 소모량이 표시된다.
- 프린트 설정이 완료되면 G – code 파일로 저장하고 3D 프린터에서 불러와 출력한다.

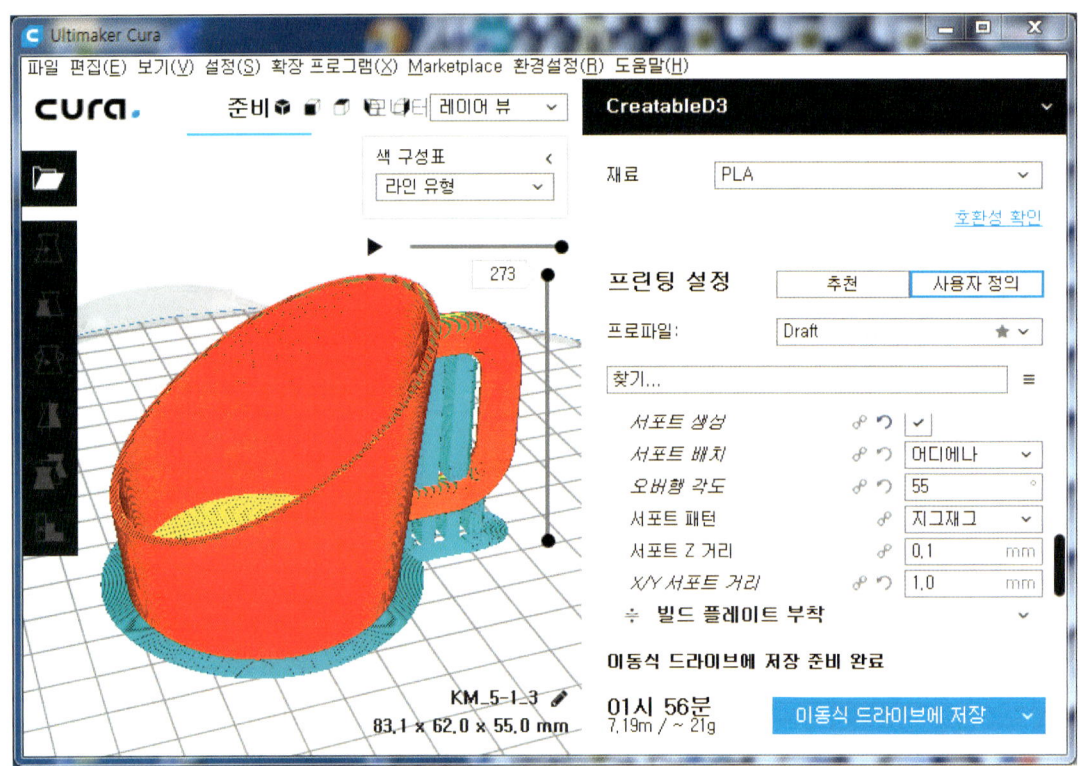

(2) 출력물 형상

[5-1 연습과제 4] 종이컵 홀더B

 경로를 따라 피처를 작성하고 3D형상 모델링하여 3D 프린팅 할 수 있다.

선, 원, 평면 생성, 중심선, 치수, **로프트**, 쉘, **스윕**, 직접 편집, 분할, 모깎기

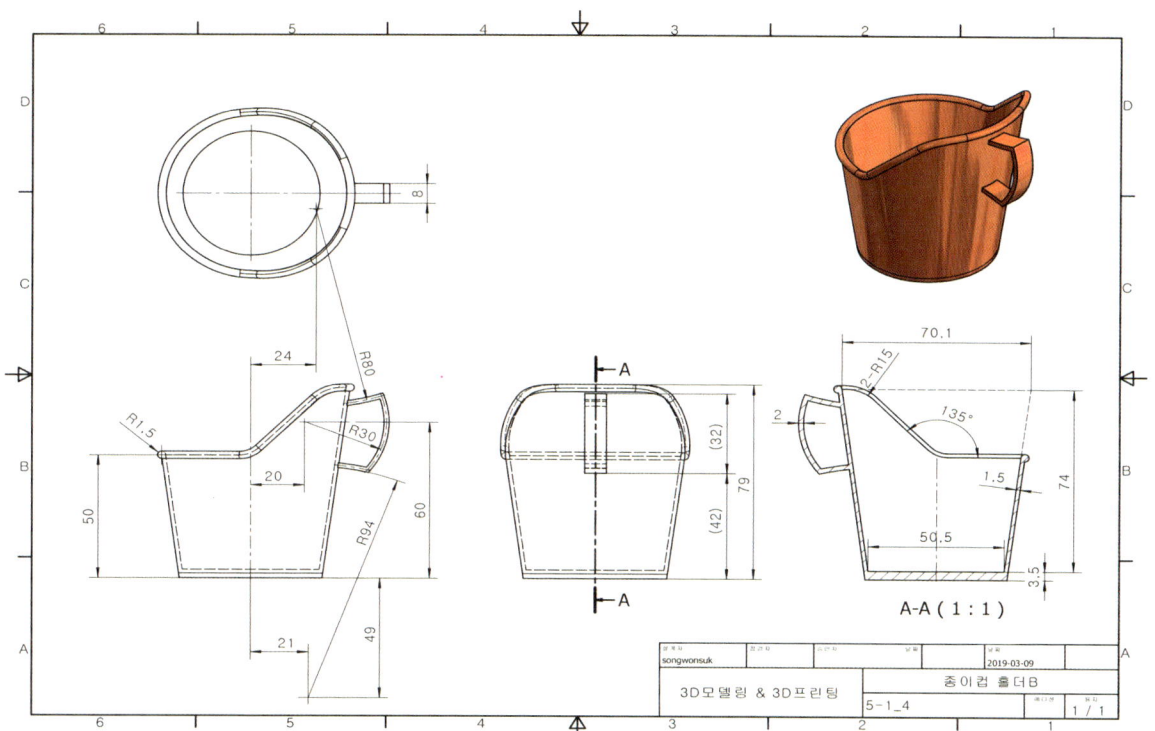

[참고] process hint

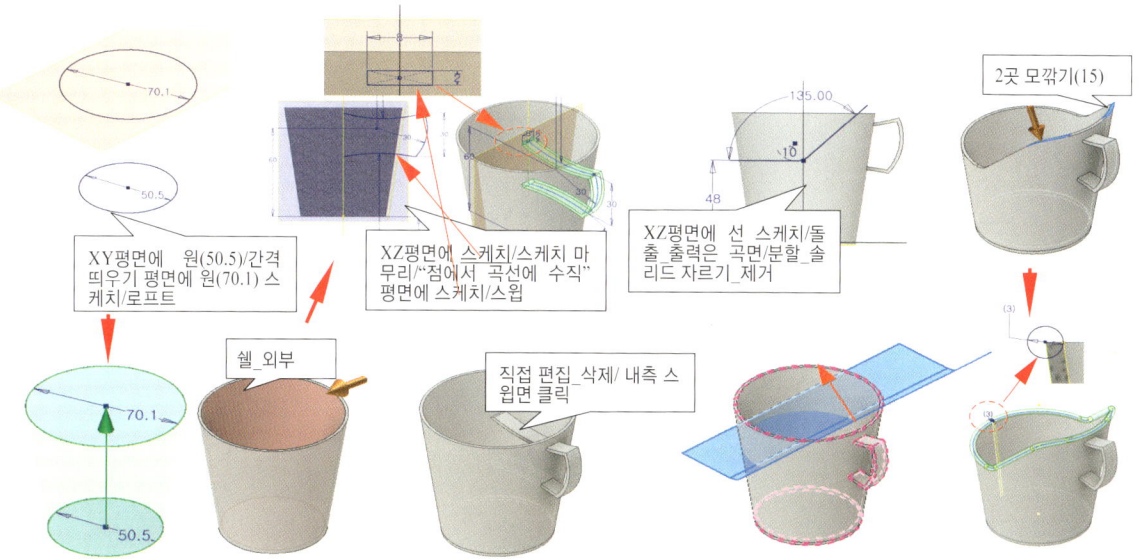

(1) 슬라이스 하기

- 모델링한 후 STL 파일로 저장하고 슬라이서 프로그램으로 파일을 불러온다.
- 빌드 크기와 대략적인 출력 시간, 재료의 소모량이 표시된다.
- 프린트 설정이 완료되면 G – code 파일로 저장하고 3D 프린터에서 불러와 출력한다.

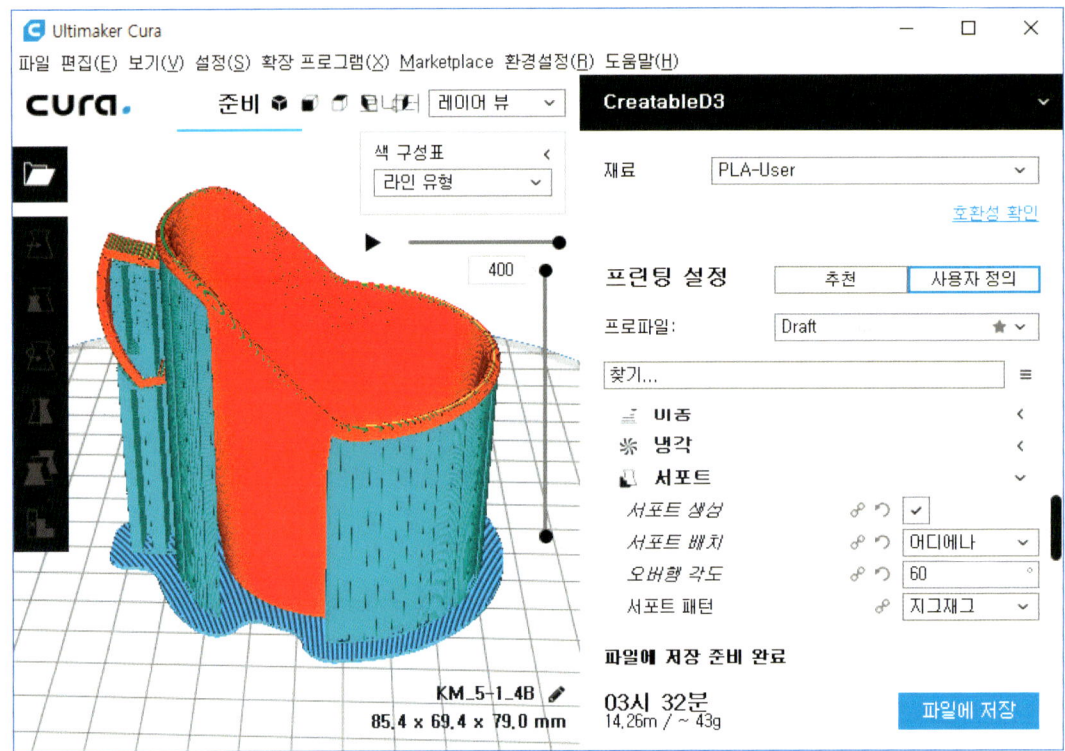

(2) 출력물 형상

[5-1 연습과제 5] **핸들**

 경로를 따라 피처를 작성하고 3D형상 모델링하여 3D 프린팅 할 수 있다.

 원, 선, 자르기, 돌출, 그래픽슬라이스(F7), 형상 투영, 호(탄젠트), 슬롯, 스윕, 회전, 패턴(원형)

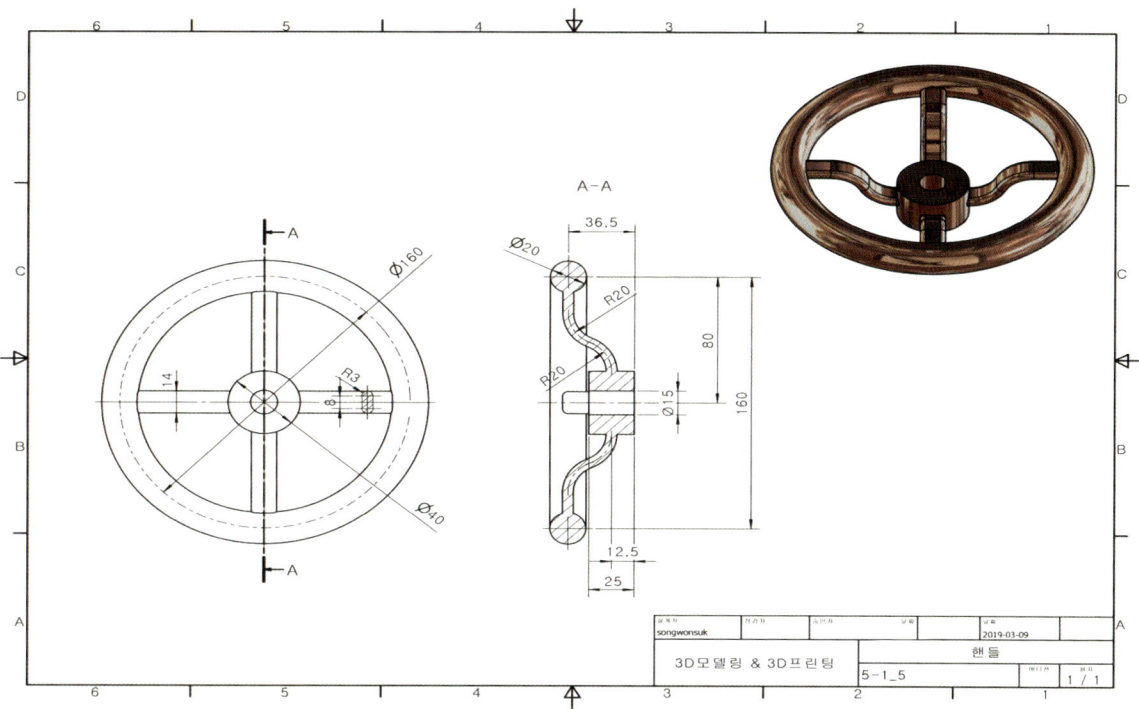

[참고] process hint

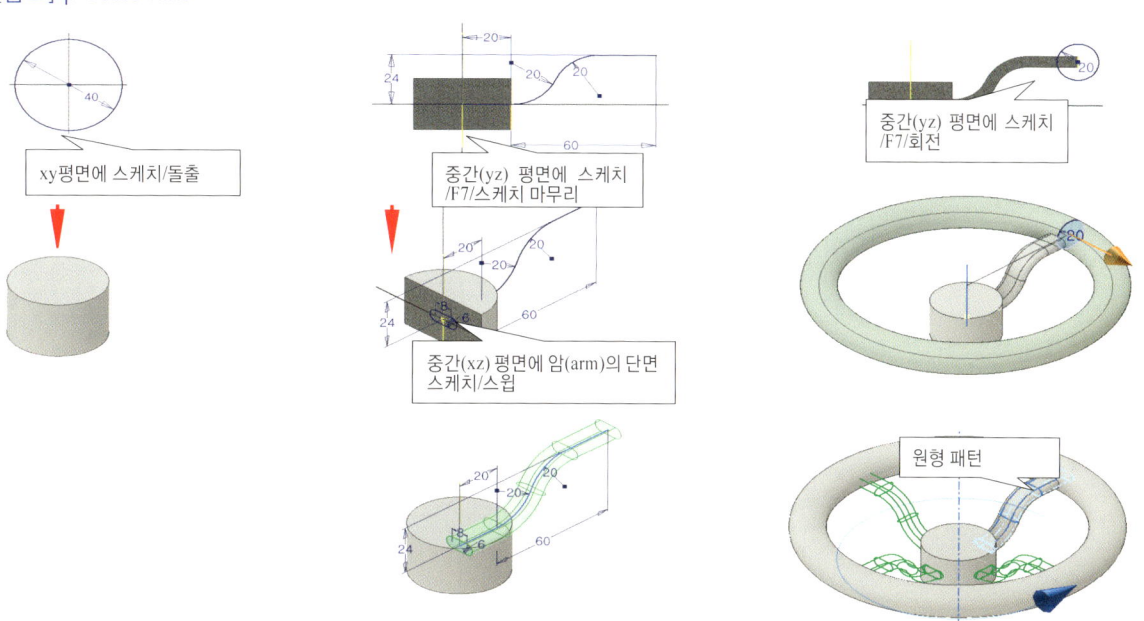

(1) 슬라이스 하기

- 모델링한 후 STL 파일로 저장하고 슬라이서 프로그램으로 파일을 불러온다.
- 빌드 크기와 대략적인 출력 시간, 재료의 소모량이 표시된다.
- 프린트 설정이 완료되면 G-code 파일로 저장하고 3D 프린터에서 불러와 출력한다.

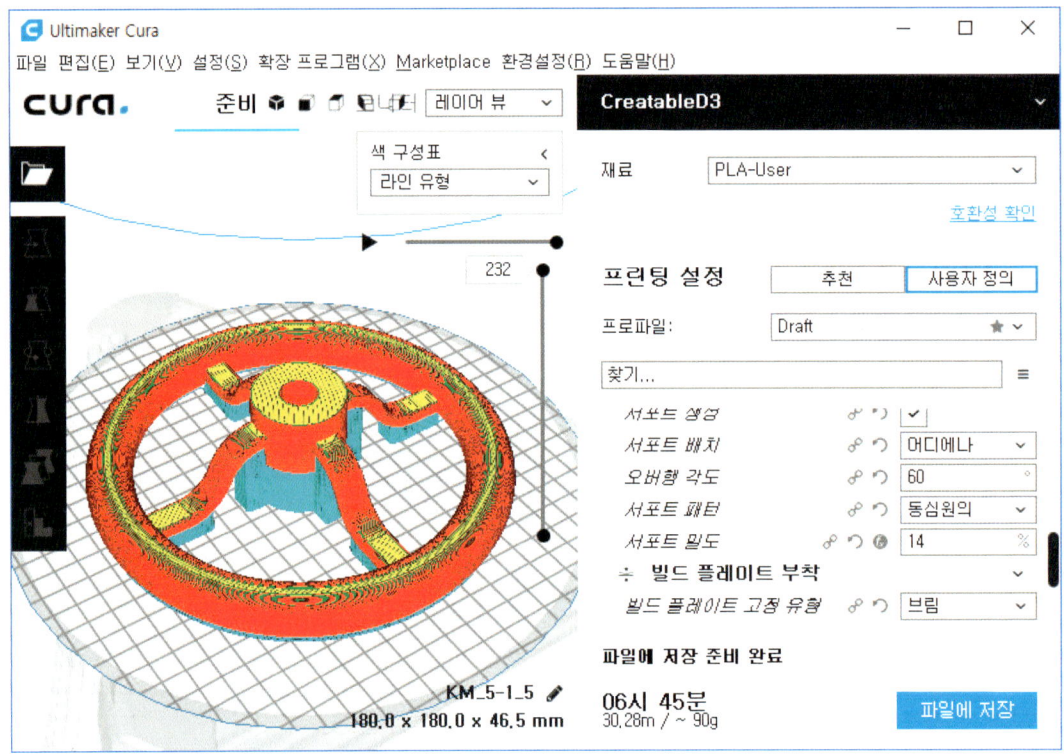

(2) 출력물 형상

[5-2 연습과제 1] 커피잔

 경로를 따라 피처를 작성하고 3D형상 모델링하여 3D 프린팅 할 수 있다.

 선, 원, 중심선, 자르기, 회전, 형상 투영, 돌출, 스윕, 평면, F7, 연장, 쉘, 슬롯, 엠보싱, 원형 패턴

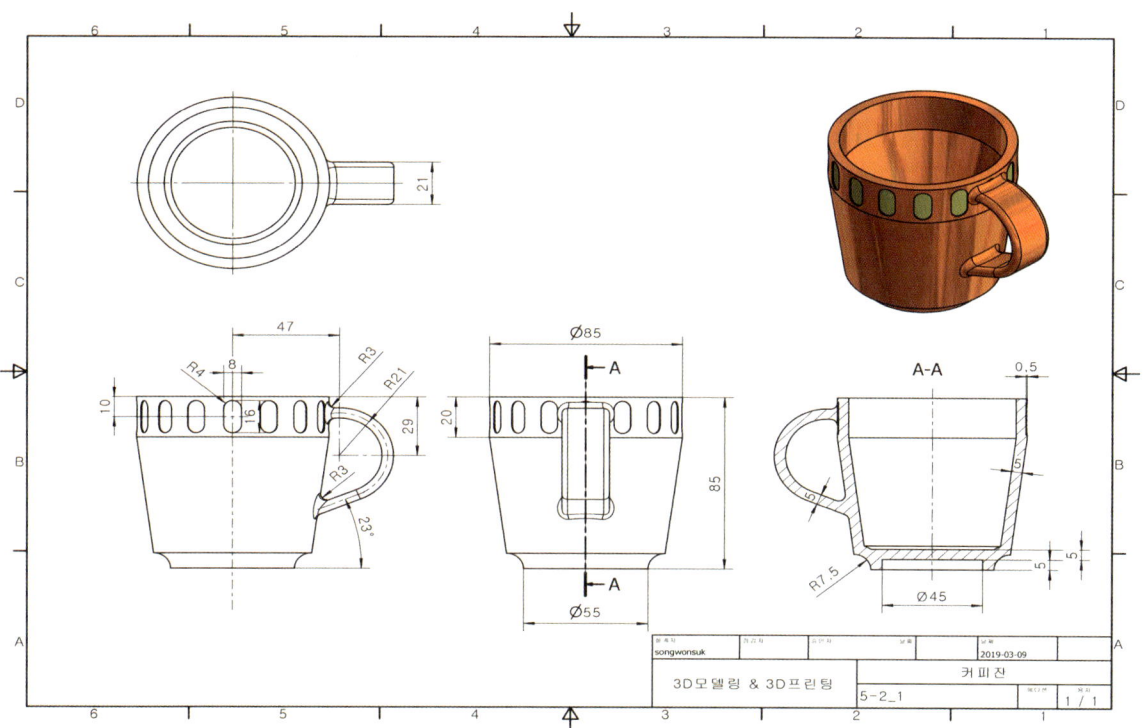

[참고] process hint

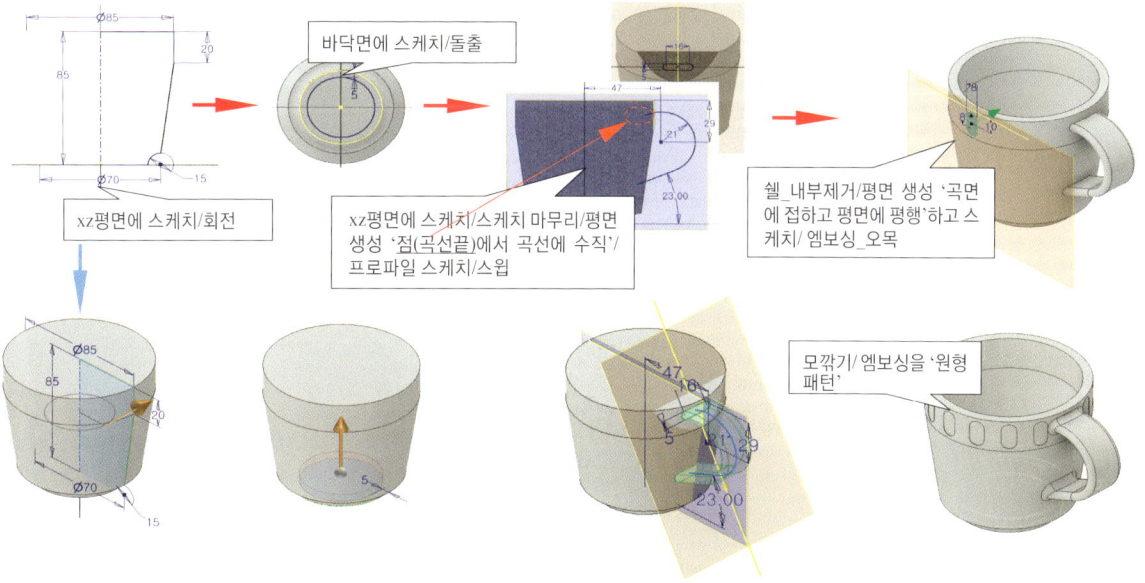

(1) 슬라이스 하기

- 모델링한 후 STL 파일로 저장하고 슬라이서 프로그램으로 파일을 불러온다.
- 빌드 크기와 대략적인 출력 시간, 재료의 소모량이 표시된다.
- 프린트 설정이 완료되면 G-code 파일로 저장하고 3D 프린터에서 불러와 출력한다.

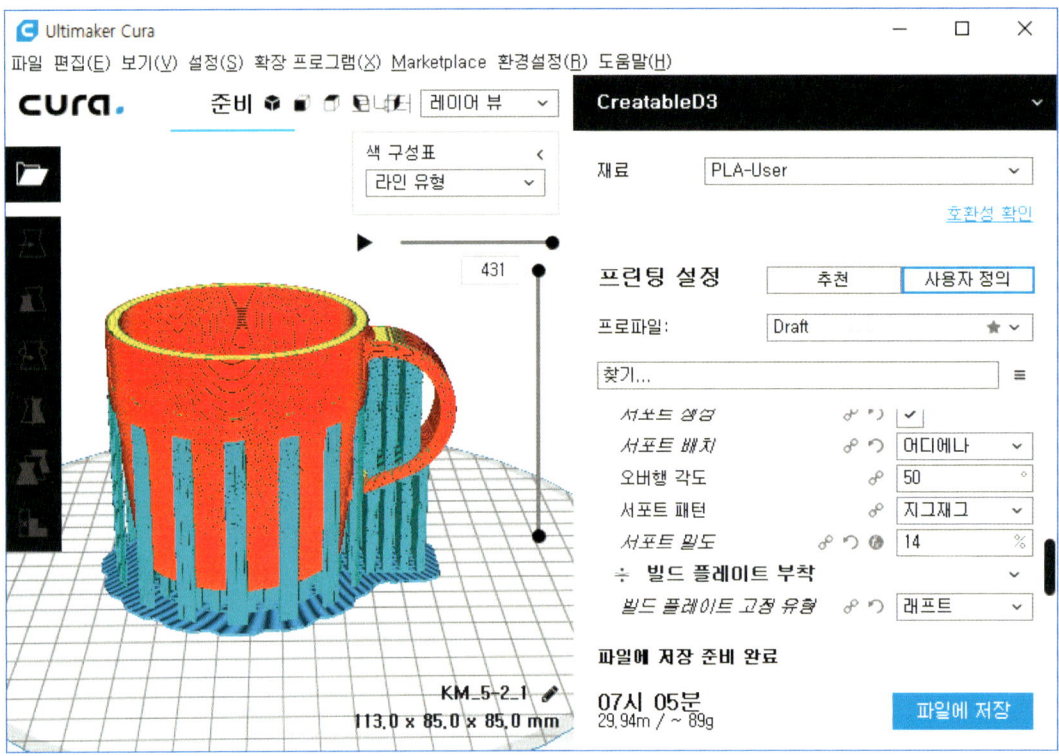

(2) 출력물 형상

[5-2 연습과제 2] 마우스

 경로를 따라 피처를 작성하고 3D형상 모델링하여 3D 프린팅 할 수 있다.

 원, 선, 돌출, F7, 형상 투영, 구성선, 3점호, 평면 생성, **스윕**, 돌출, 모깎기, 쉘, 텍스트, 엠보싱

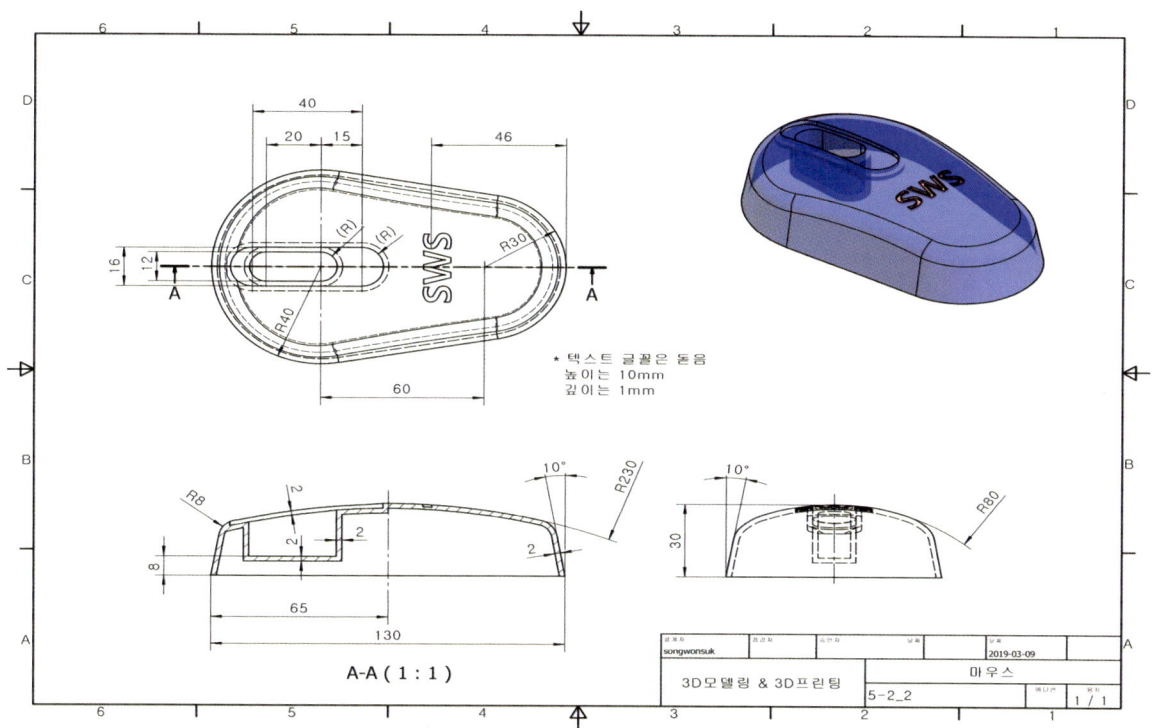

[참고] process hint

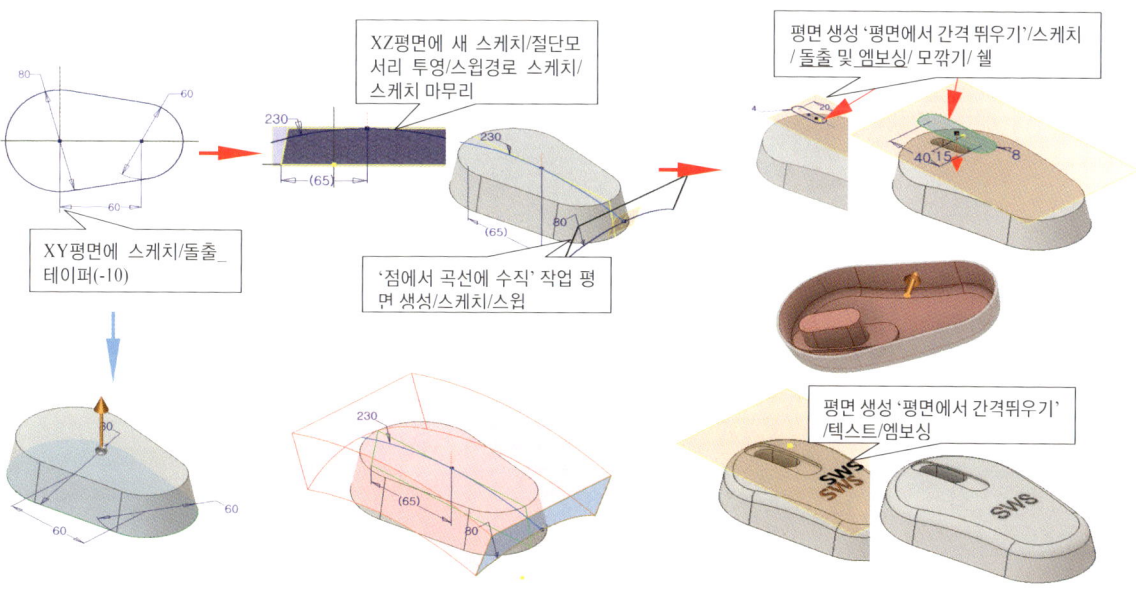

(1) 슬라이스 하기

- 모델링한 후 STL 파일로 저장하고 슬라이서 프로그램으로 파일을 불러온다.
- 빌드 크기와 대략적인 출력 시간, 재료의 소모량이 표시된다.
- 프린트 설정이 완료되면 G – code 파일로 저장하고 3D 프린터에서 불러와 출력한다.

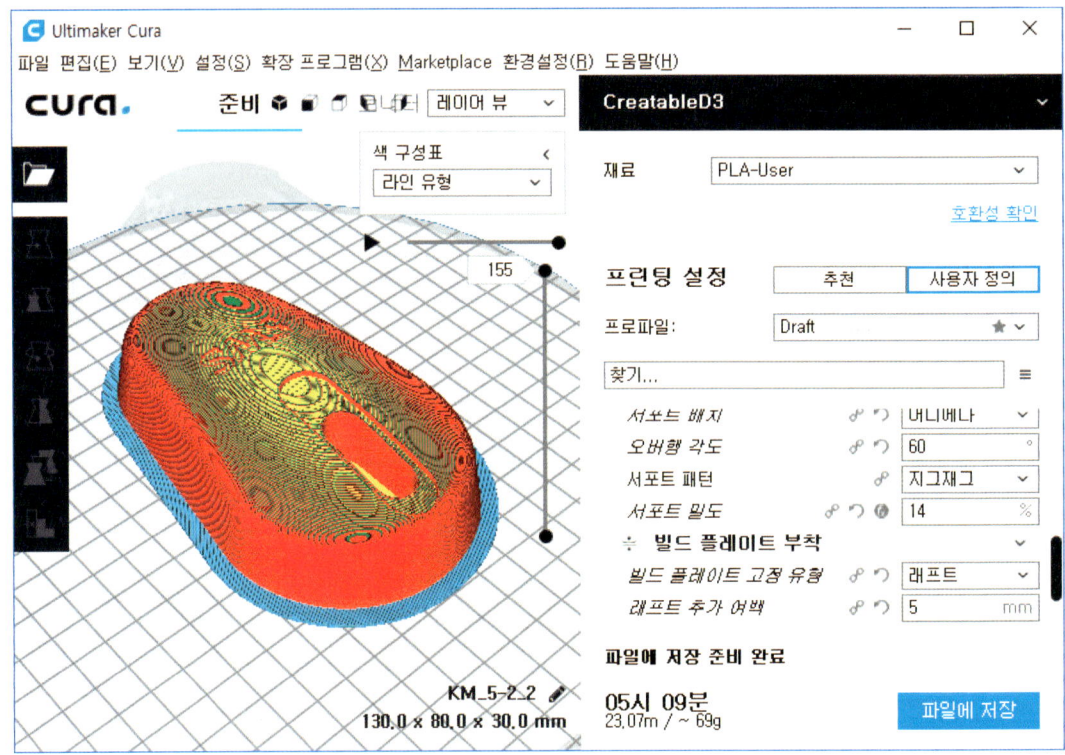

(2) 출력물 형상

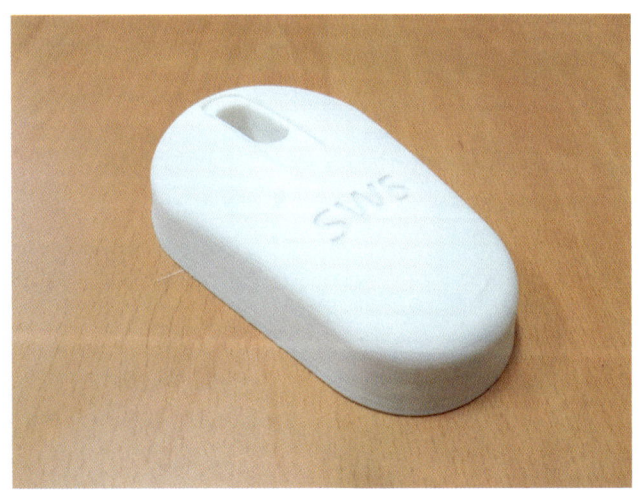

[5-2 연습과제 3] 게임 조정기

 경로를 따라 피처를 작성하고 3D형상 모델링하여 3D 프린팅 할 수 있다.

 직사각형, 원, 점, 호, 돌출, 회전, 엠보싱, 평면 생성, 스윕(곡면), 분할, 미러

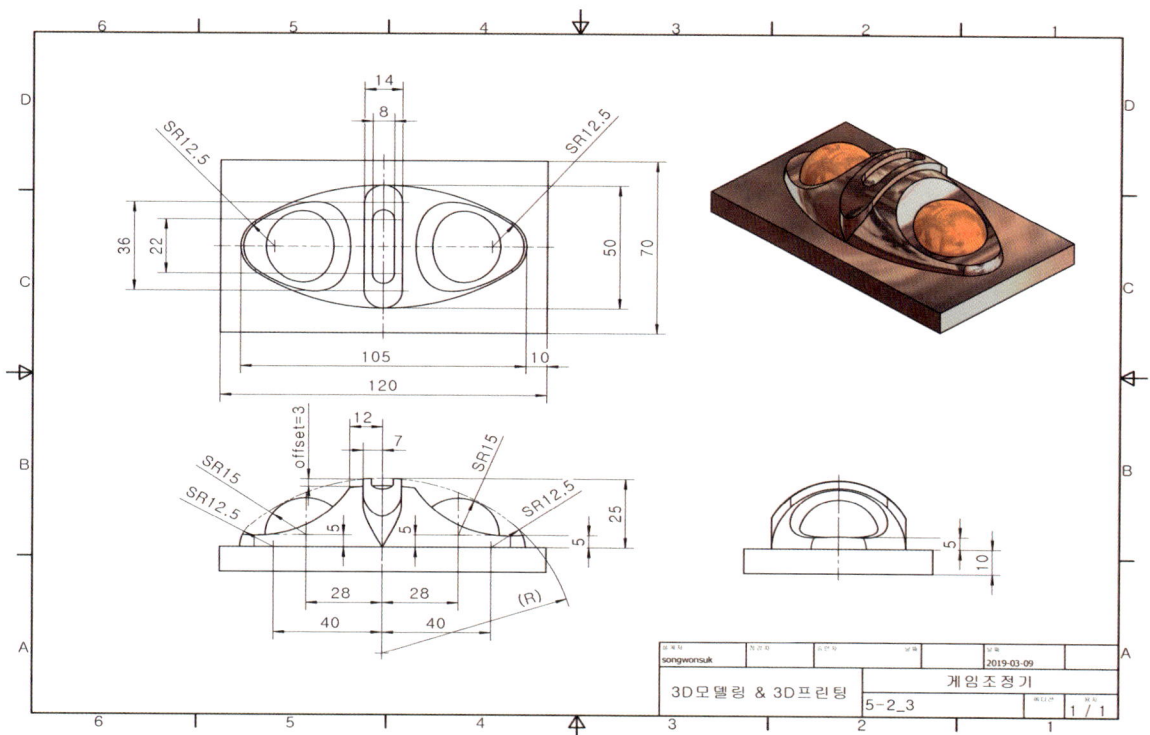

[참고] process hint

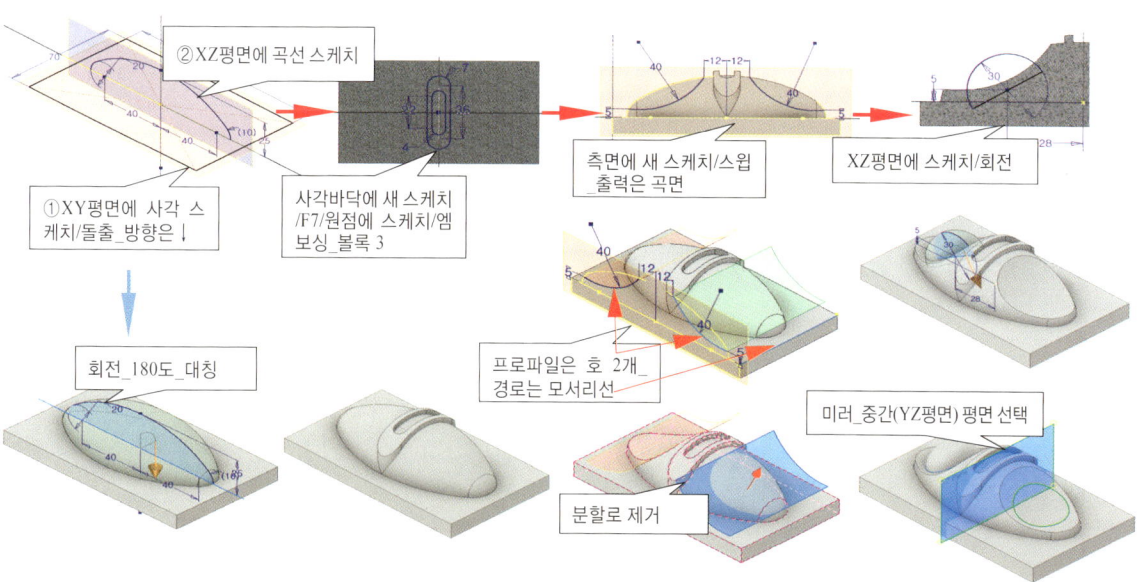

(1) 슬라이스 하기

- 모델링한 후 STL 파일로 저장하고 슬라이서 프로그램으로 파일을 불러온다.
- 빌드 크기와 대략적인 출력 시간, 재료의 소모량이 표시된다.
- 프린트 설정이 완료되면 G-code 파일로 저장하고 3D 프린터에서 불러와 출력한다.

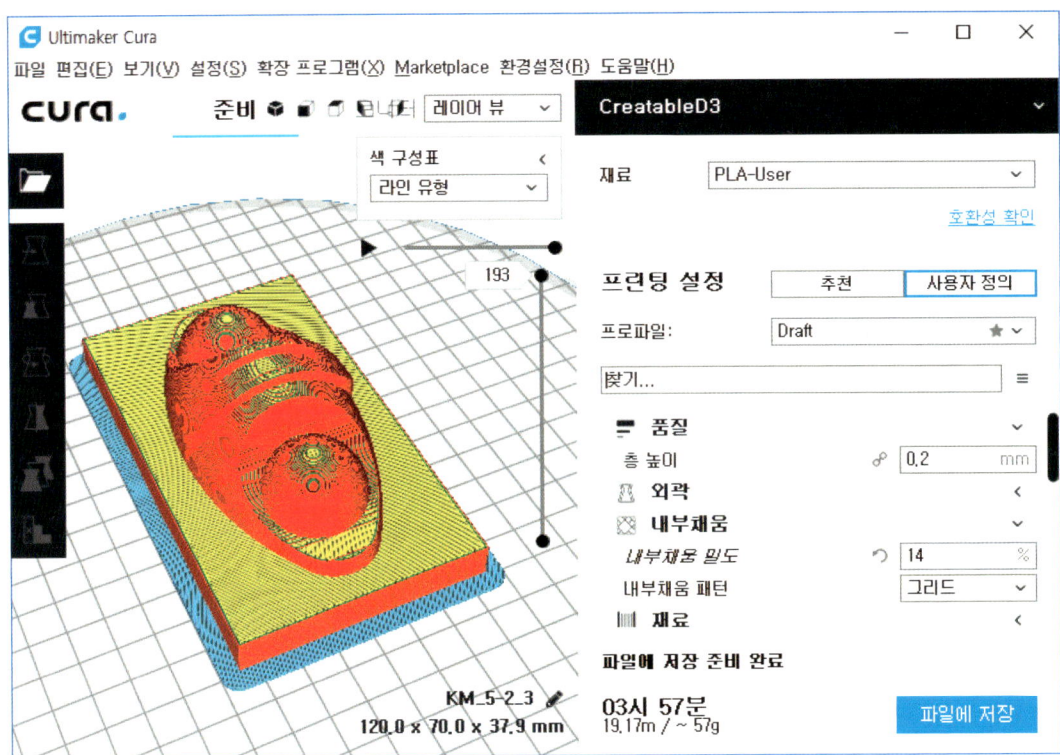

(2) 출력물 형상

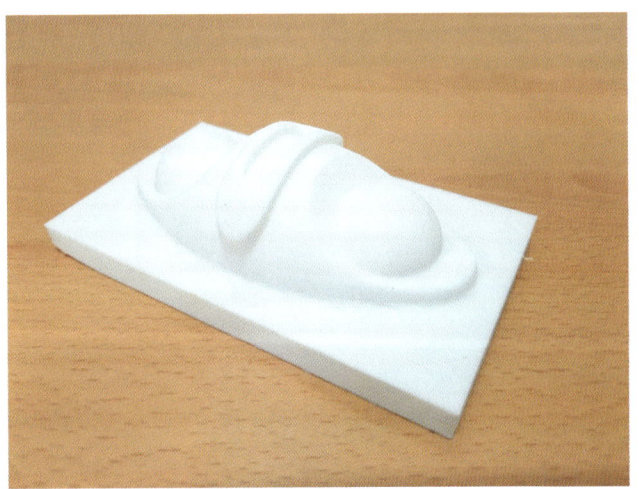

[5-2 연습과제 4] 호신용 호루라기

 엠보싱 피처를 작성하고 3D형상 모델링하여 3D 프린팅 할 수 있다.

선, 원, 돌출, 쉘, 그래픽슬라이스, 평면 생성(평면에서 간격띄우기), 텍스트, 엠보싱, 모따기

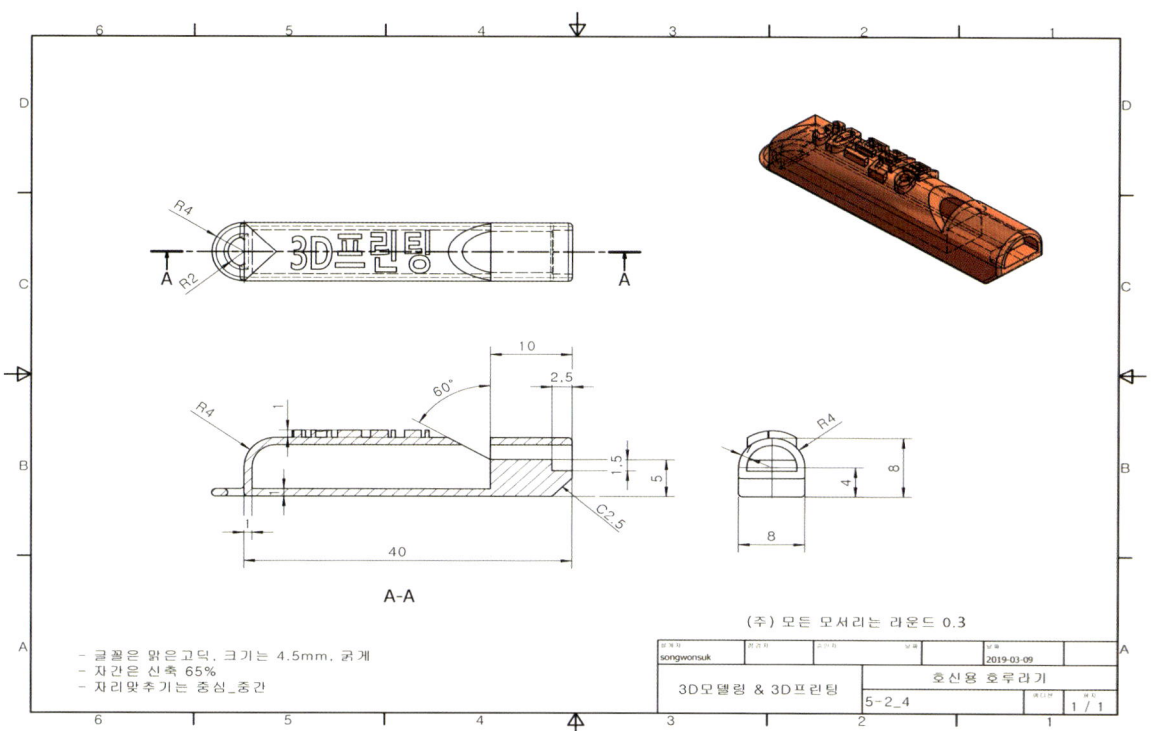

[참고] process hint

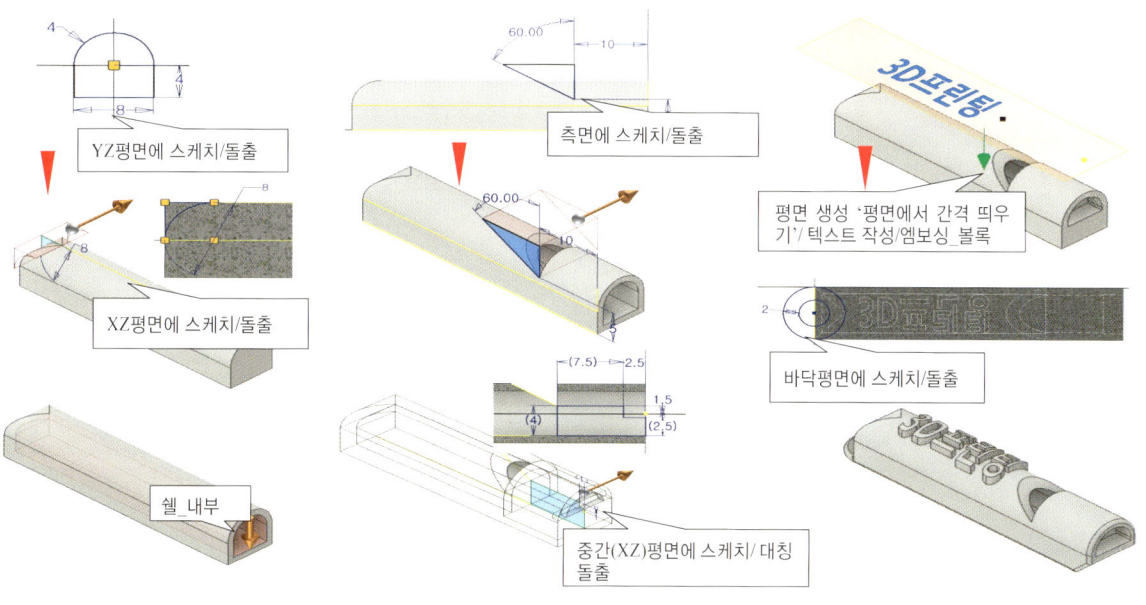

(1) 슬라이스 하기

- 모델링한 후 STL 파일로 저장하고 슬라이서 프로그램으로 파일을 불러온다.
- 빌드 크기와 대략적인 출력 시간, 재료의 소모량이 표시된다.
- 프린트 설정이 완료되면 G – code 파일로 저장하고 3D 프린터에서 불러와 출력한다.

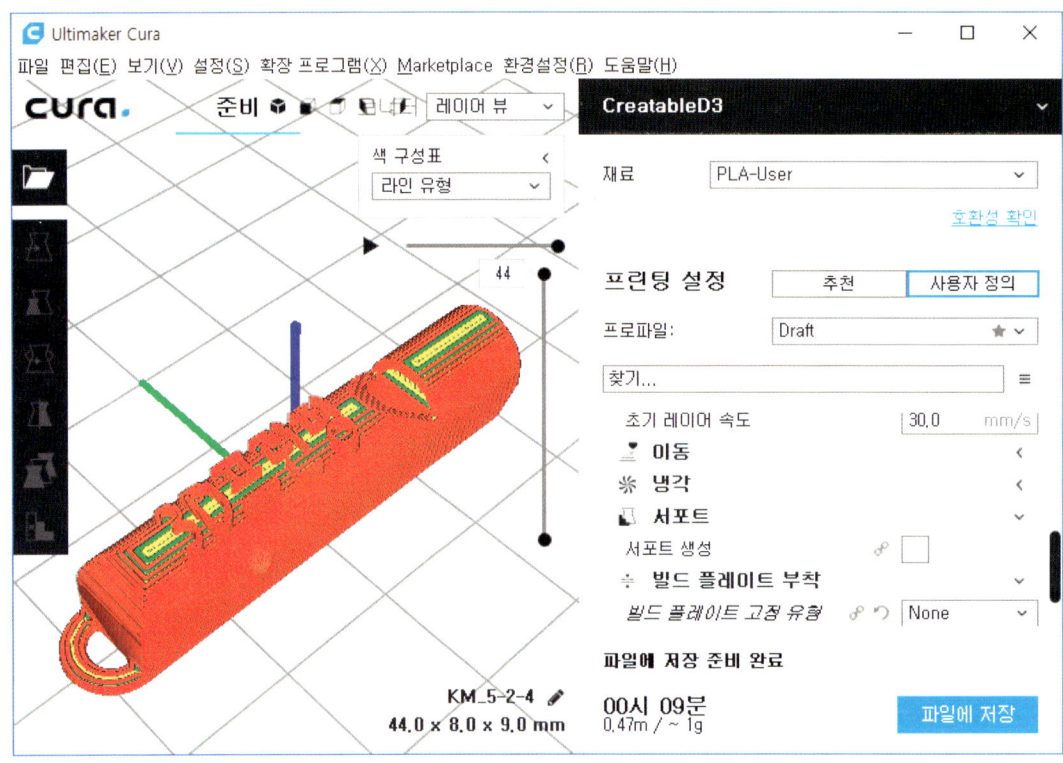

(2) 출력물 형상

 **3D(나선형 곡선, 교차곡선, 곡면에 투영), 두껍게 하기(곡면), 원형 패턴(솔리드 패턴화),** 스윕, 코일, 평면 생성, 절단모서리 투영, 형상투영, 그래픽슬라이스(F7)

[알아두기] 나선곡선

부품 면에 나선형, 윤곽, 교차 곡선 또는 곡선을 그린다.

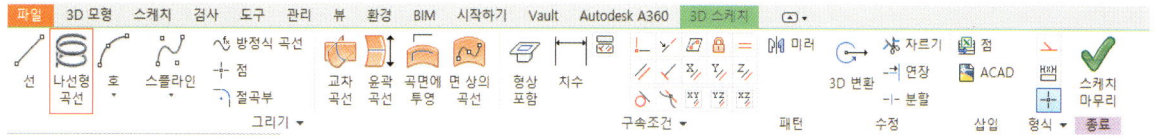

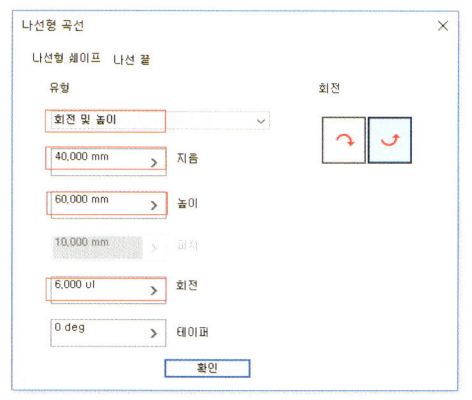
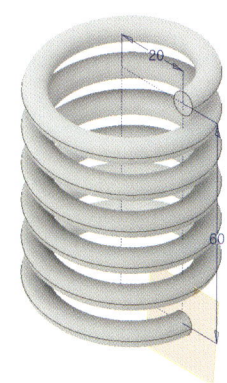

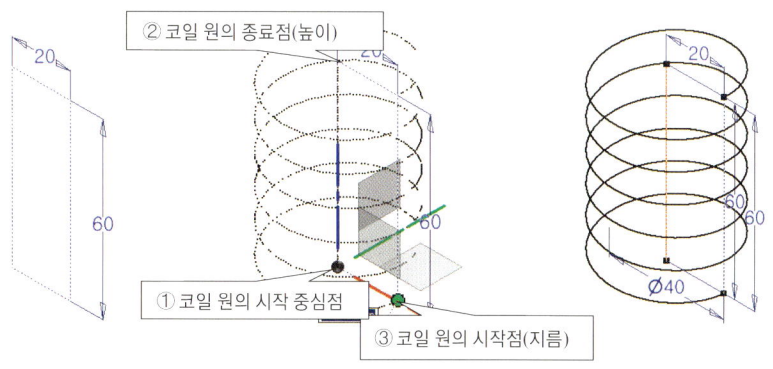
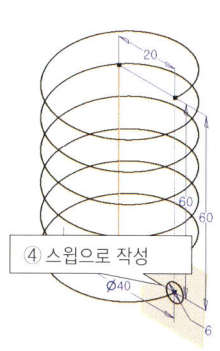

[6-1 연습과제 1] 핸드 선풍기 날개

학습목표: 나선형곡선으로 3D스케치 및 회전하여 3D모델링하고 3D 프린팅 할 수 있다.

학습내용: 형상 투영, 돌출, 평면 생성, 3D스케치(나선곡선), 스윕, 두껍게 하기, 원형 패턴(솔리드 패턴화)

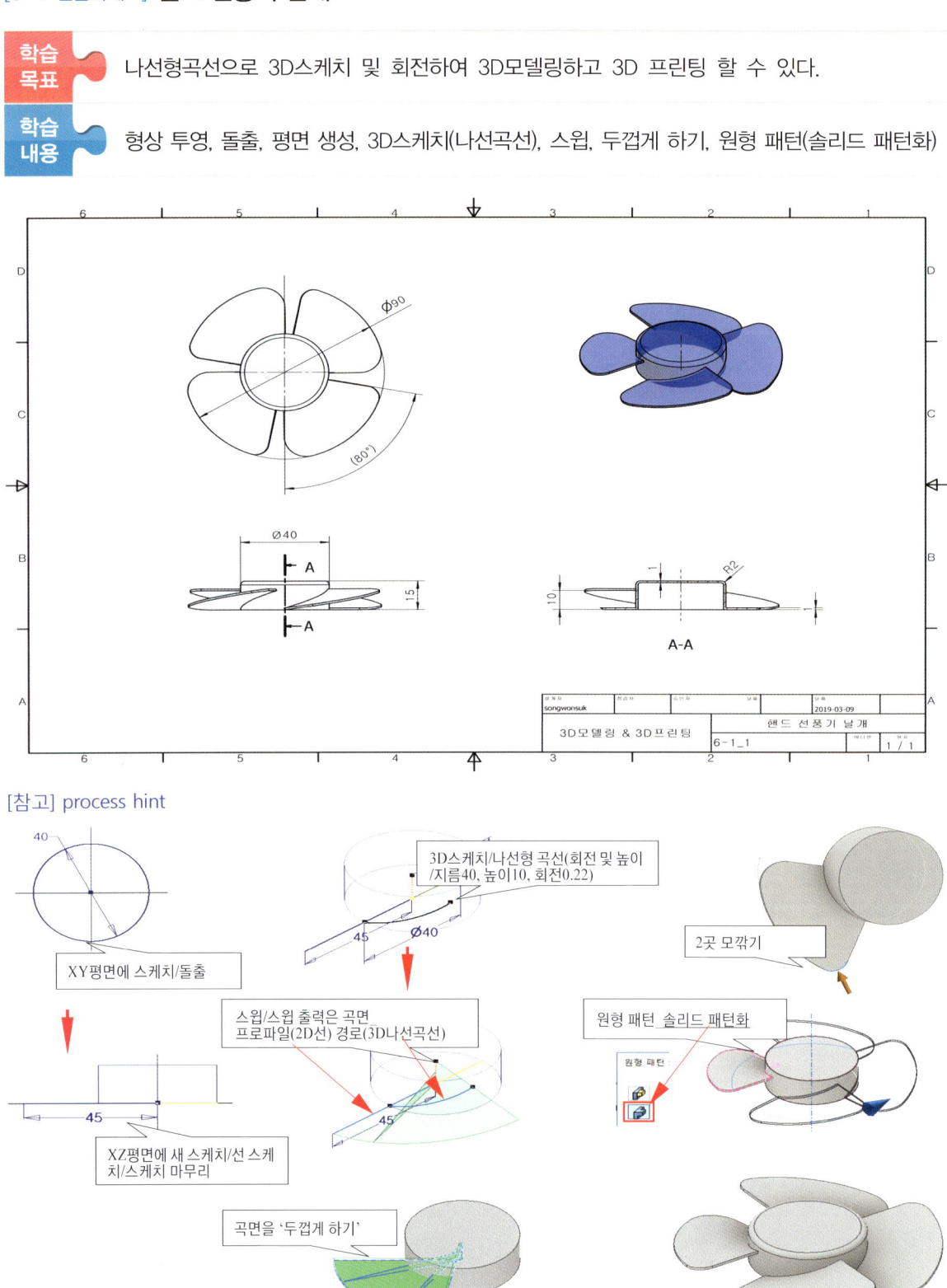

[참고] process hint

(1) 슬라이스 하기

- 모델링한 후 STL 파일로 저장하고 슬라이서 프로그램으로 파일을 불러온다.
- 빌드 크기와 대략적인 출력 시간, 재료의 소모량이 표시된다.
- 프린트 설정이 완료되면 G − code 파일로 저장하고 3D 프린터에서 불러와 출력한다.

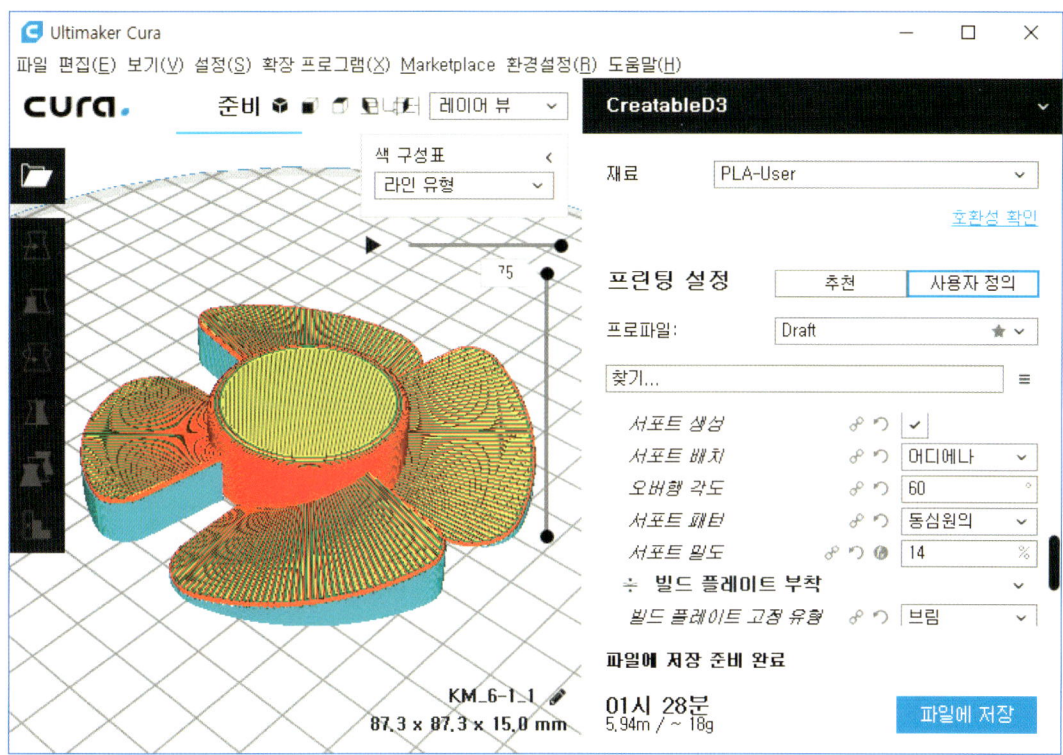

(2) 출력물 형상

[6-1 연습과제 2] 선풍기 날개(코일을 이용한 방법)

 나선형 곡선으로 3D스케치 및 회전하여 3D모델링하고 3D 프린팅 할 수 있다.

형상 투영, 회전, 쉘, 평면 생성, F7, 코일, 원형 패턴(솔리드 패턴화), 3D스케치(나선곡선)

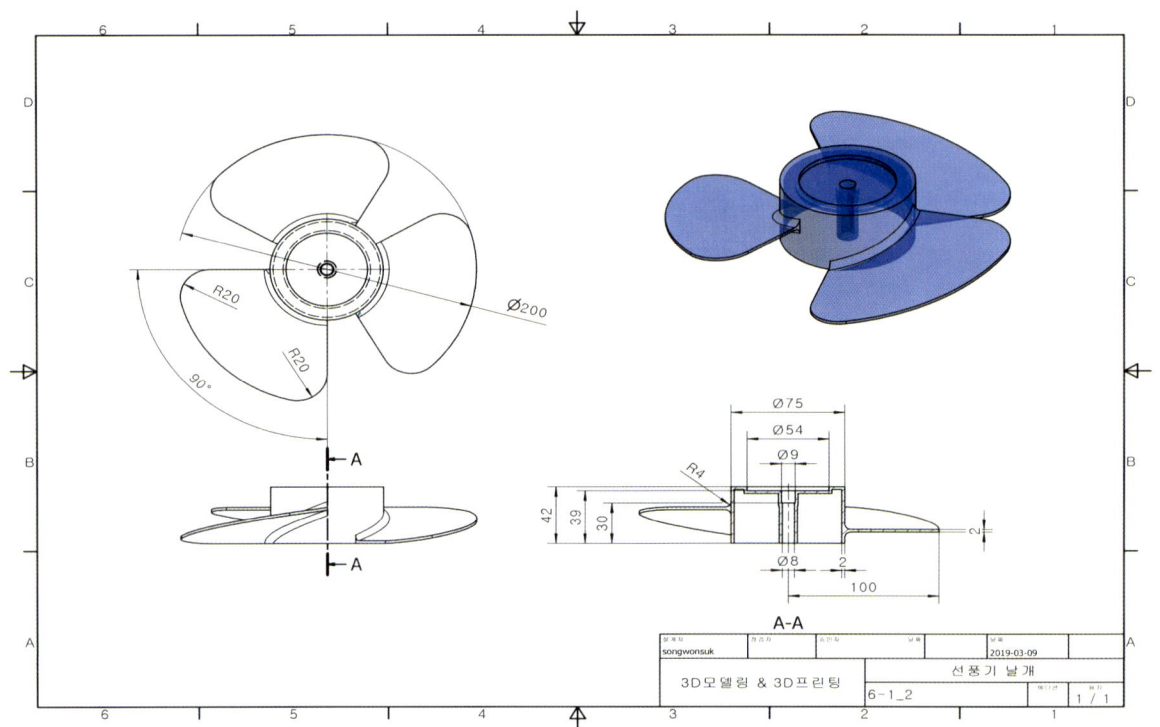

[참고] process hint

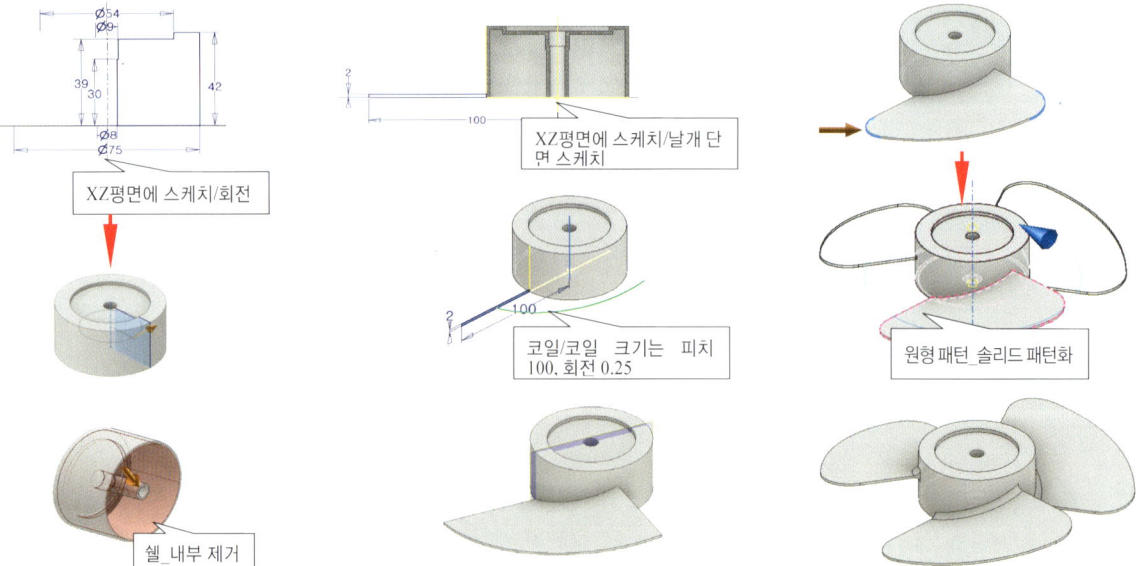

[6-1 연습과제 2] 선풍기 날개(스윕을 이용한 방법)

 나선형 곡선으로 3D스케치 및 회전하여 3D모델링하고 3D 프린팅 할 수 있다.

형상 투영, 회전, 쉘, 평면 생성, F7, 코일, 원형 패턴(솔리드 패턴화), 3D스케치(나선곡선)

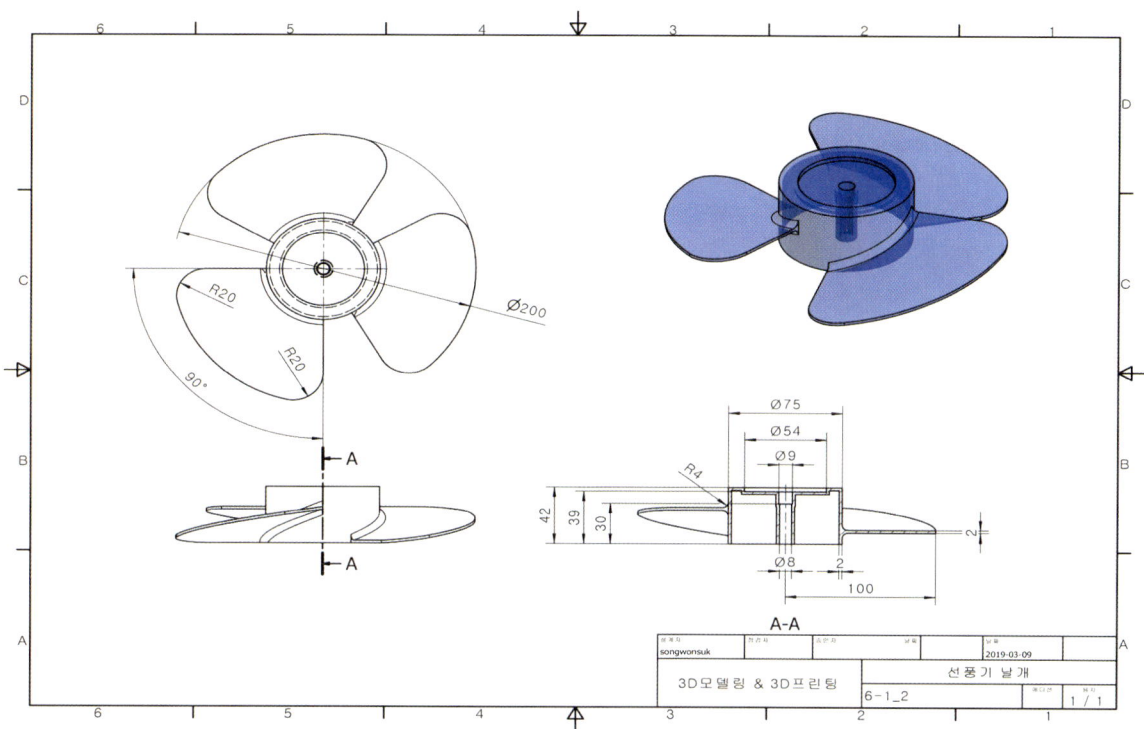

[참고] process hint

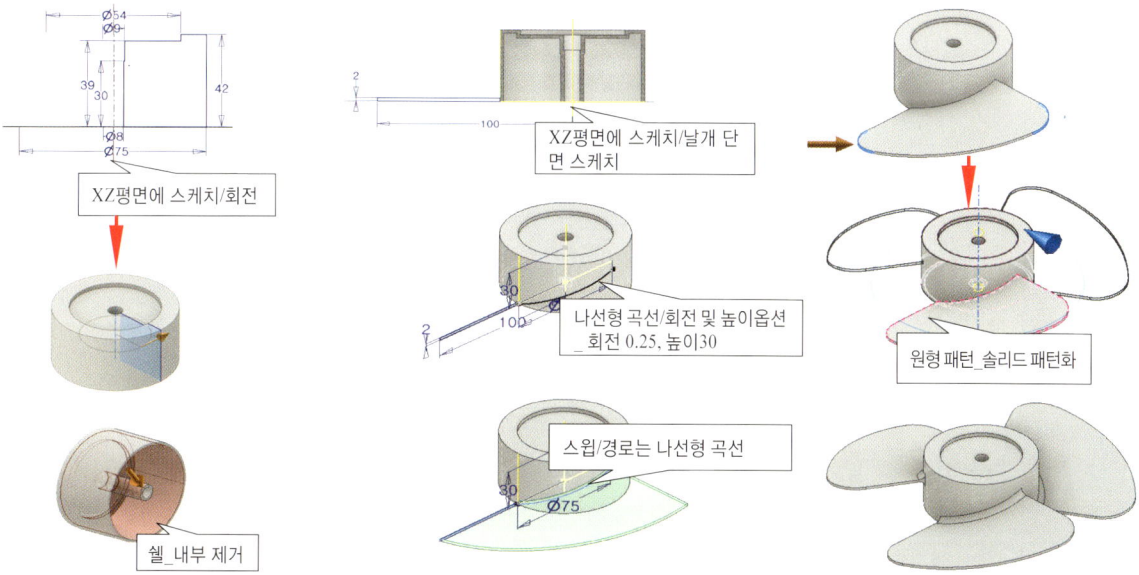

(1) 슬라이스 하기

- 모델링한 후 STL 파일로 저장하고 슬라이서 프로그램으로 파일을 불러온다.
- 빌드 크기와 대략적인 출력 시간, 재료의 소모량이 표시된다.
- 프린트 설정이 완료되면 G-code 파일로 저장하고 3D 프린터에서 불러와 출력한다.

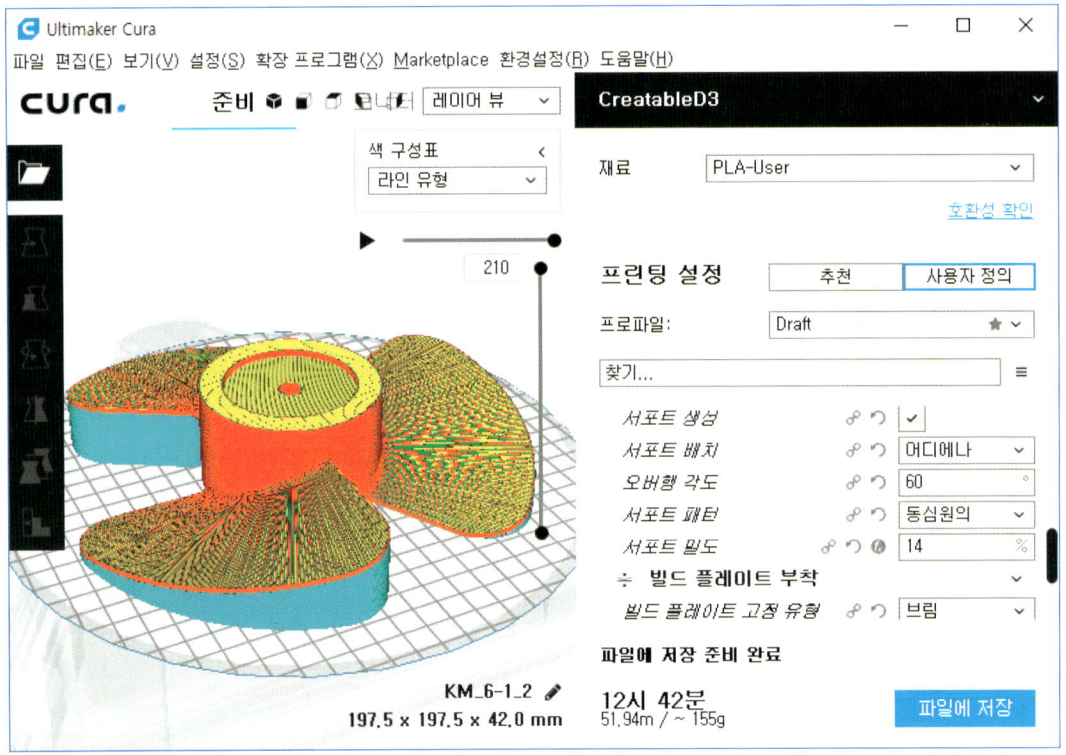

(2) 출력물 형상

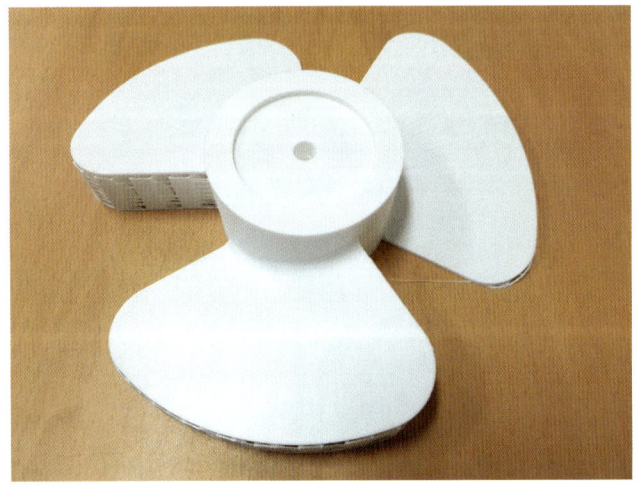

[6-1 연습과제 3] 선풍기 커버

 **학습목표** 나선형 곡선으로 3D스케치 및 회전하여 3D모델링하고 3D 프린팅 할 수 있다.

학습내용 원, 돌출, 중심선, 평면 생성, 스윕, 원형 패턴, 텍스트

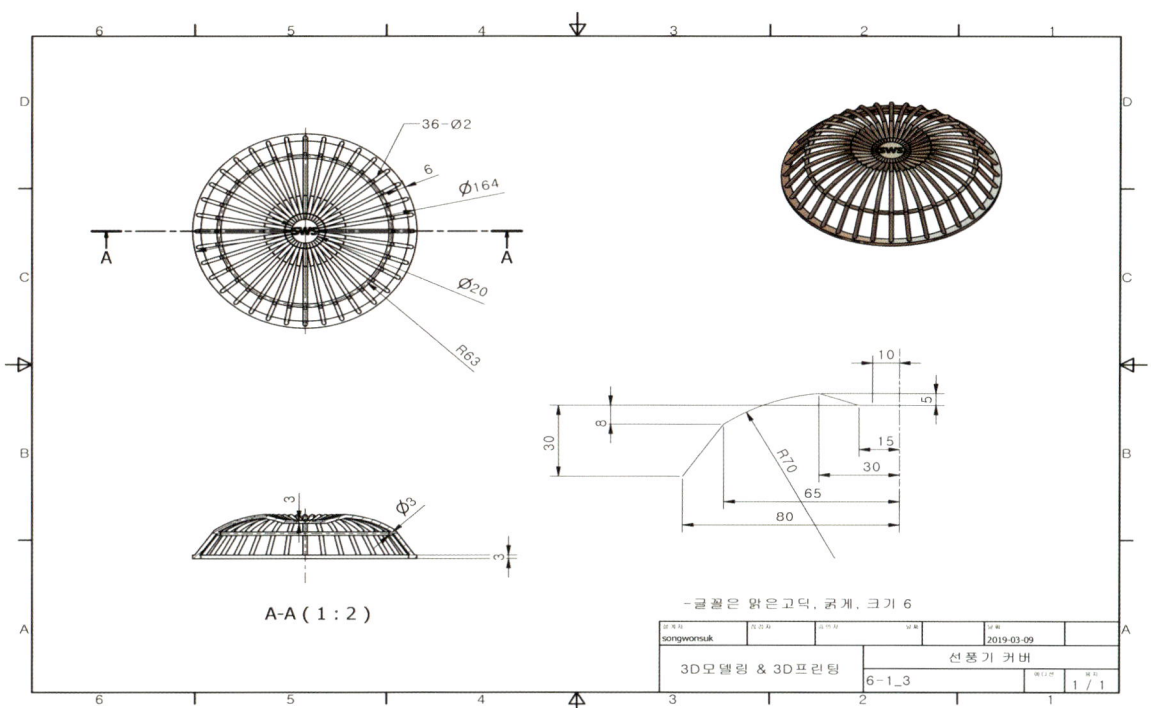

[참고] process hint

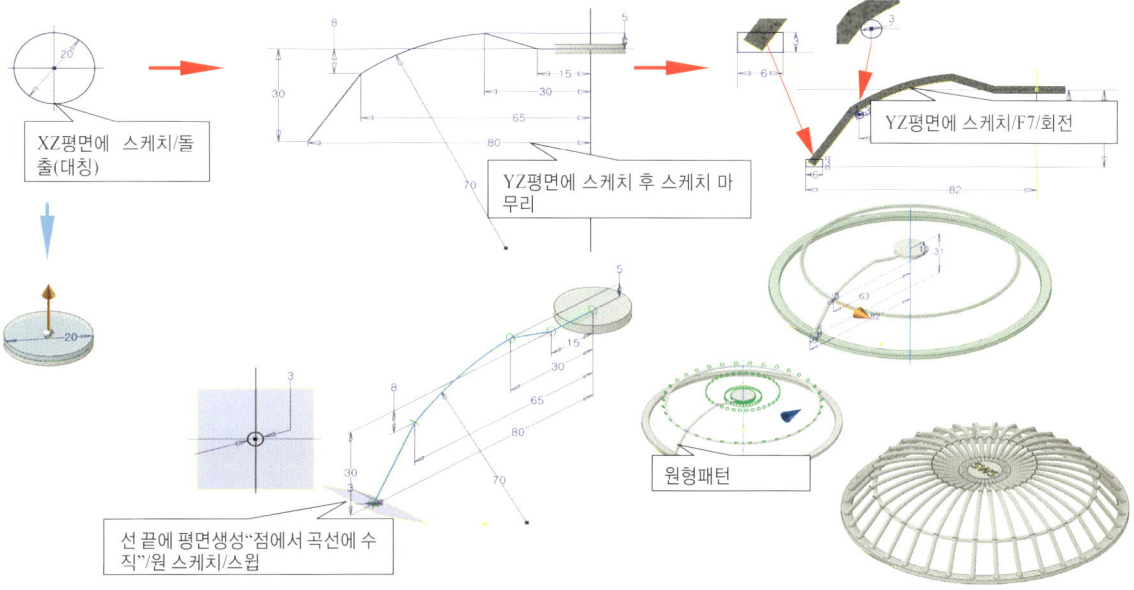

(1) 슬라이스 하기

- 모델링한 후 STL 파일로 저장하고 슬라이서 프로그램으로 파일을 불러온다.
- 빌드 크기와 대략적인 출력 시간, 재료의 소모량이 표시된다.
- 프린트 설정이 완료되면 G – code 파일로 저장하고 3D 프린터에서 불러와 출력한다.

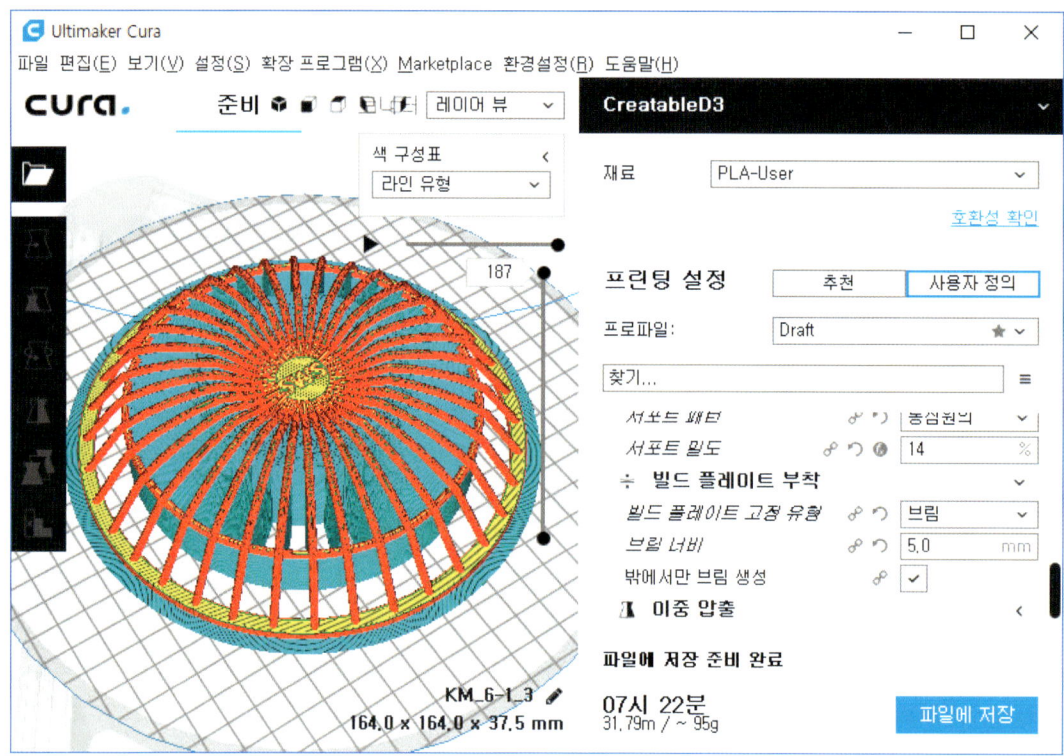

(2) 출력물 형상

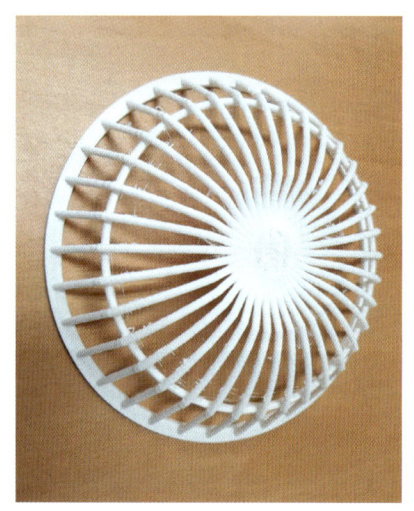

[6-1 연습과제 4] 물병

 스케치 및 편집하여 유선곡면으로 3D모델링하고 3D 프린팅 할 수 있다.

평면 생성, 그래픽슬라이스(F7), 형상 투영, 절단 모서리 투영, 패턴, 로프트, 스윕, 돌출, 코일

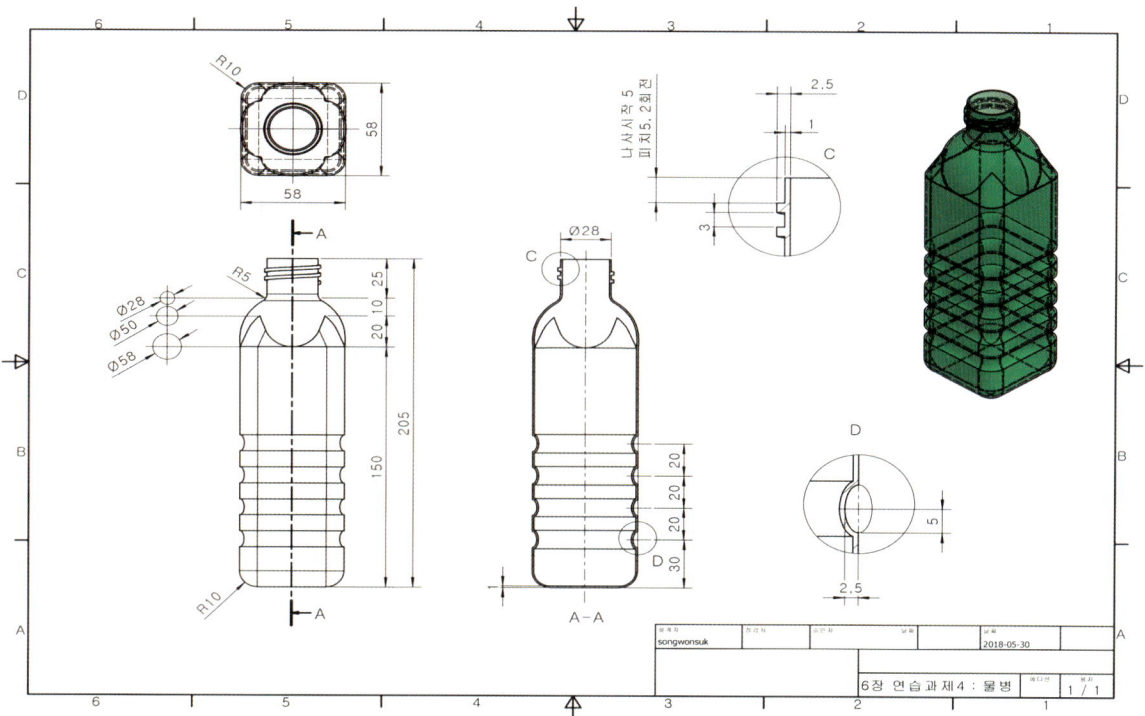

[참고] process hint

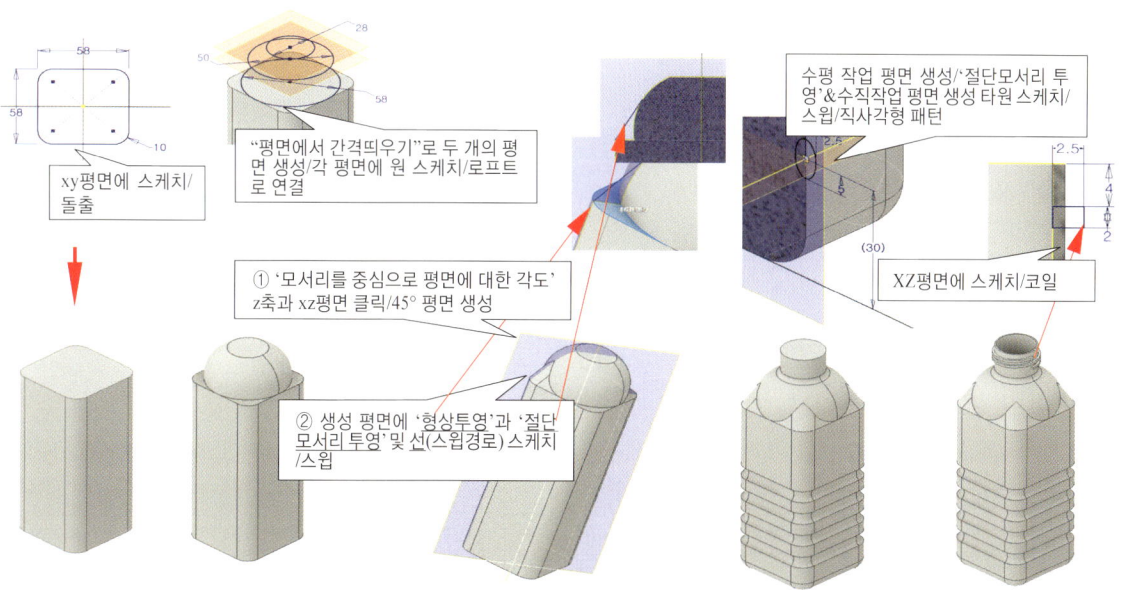

(1) 슬라이스 하기

- 모델링한 후 STL 파일로 저장하고 슬라이서 프로그램으로 파일을 불러온다.
- 빌드 크기와 대략적인 출력 시간, 재료의 소모량이 표시된다.
- 프린트 설정이 완료되면 G – code 파일로 저장하고 3D 프린터에서 불러와 출력한다.

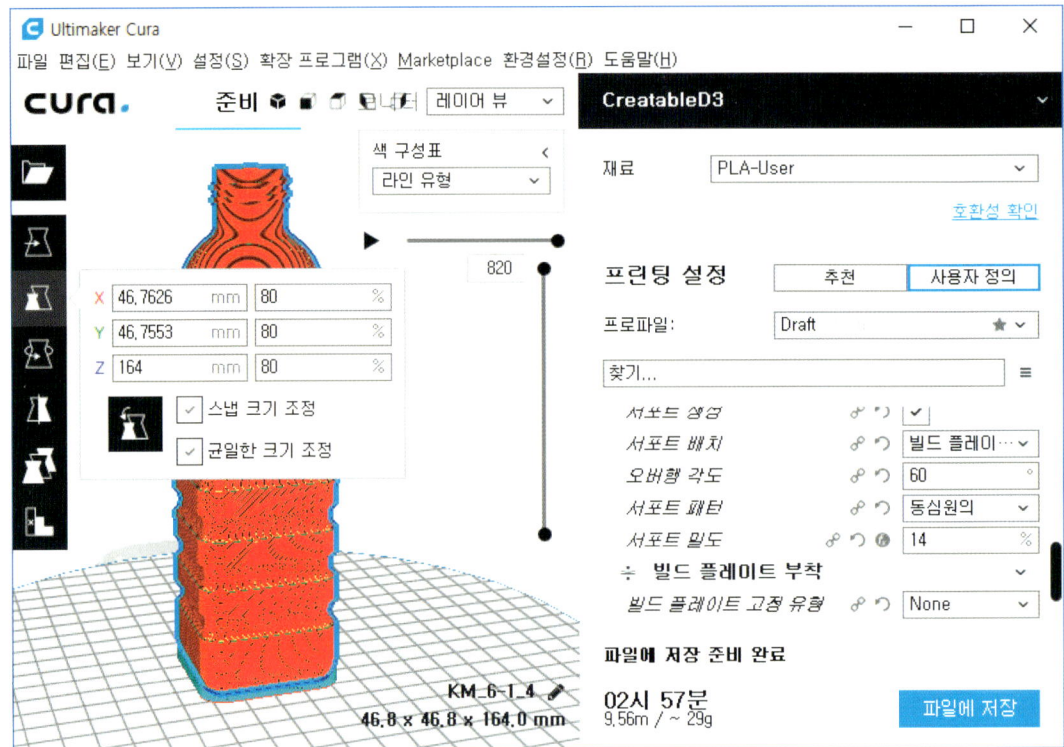

(2) 출력물 형상

[6-1 연습과제 5] 팬 케이스

 스케치 및 편집하여 유선곡면으로 3D모델링하고 3D 프린팅 할 수 있다.

3점원, 자르기, 간격띄우기, 평면 생성, 형상 투영, 원형패턴, 로프트, 돌출

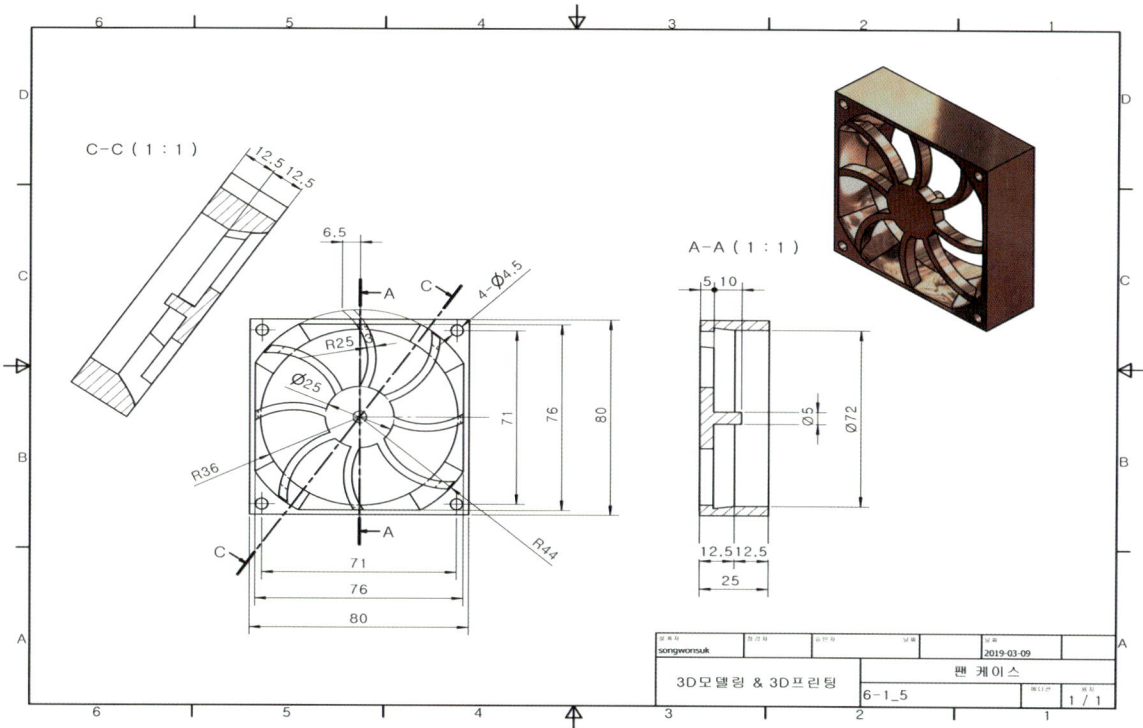

[참고] process hint

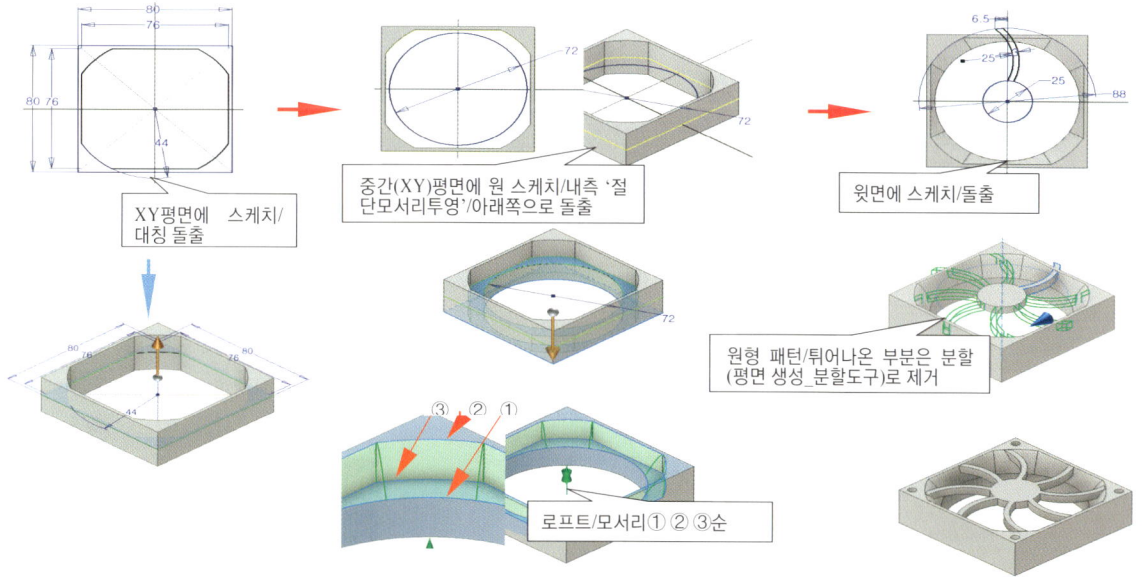

(1) 슬라이스 하기

- 모델링한 후 STL 파일로 저장하고 슬라이서 프로그램으로 파일을 불러온다.
- 빌드 크기와 대략적인 출력 시간, 재료의 소모량이 표시된다.
- 프린트 설정이 완료되면 G – code 파일로 저장하고 3D 프린터에서 불러와 출력한다.

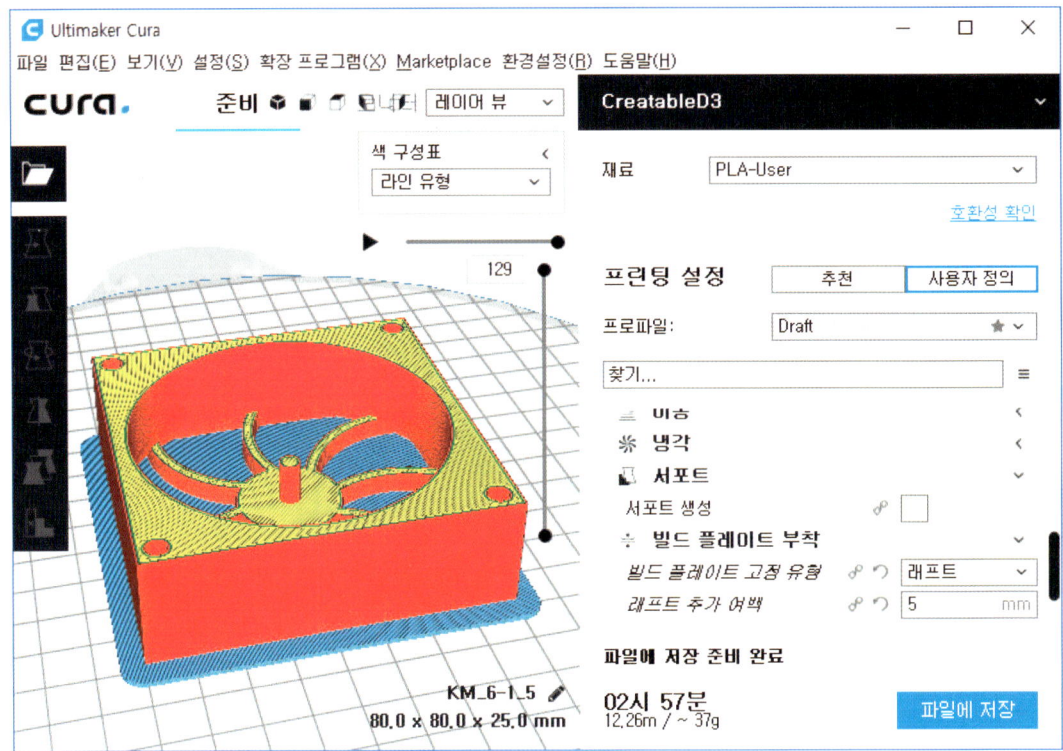

(2) 출력물 형상

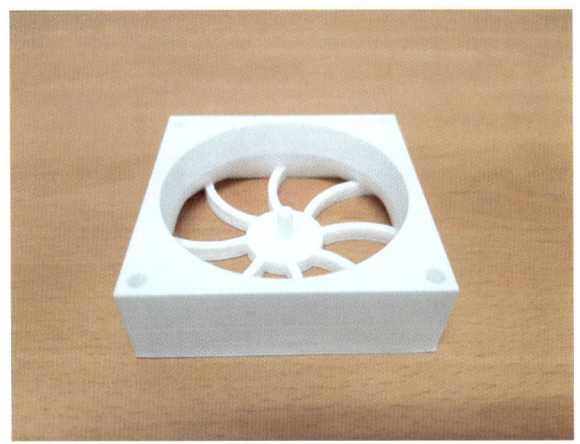

[6-2 연습과제 1] 핸드 선풍기 커버

학습목표: 2D평면과 3D스케치 교차곡선으로 3D모델링하고 3D 프린팅 할 수 있다.

학습내용: 원, 선, 스플라인, 호, 3D/교차곡선, 평면 생성, 사각형, 로프트, 원형 패턴, 돌출, 회전

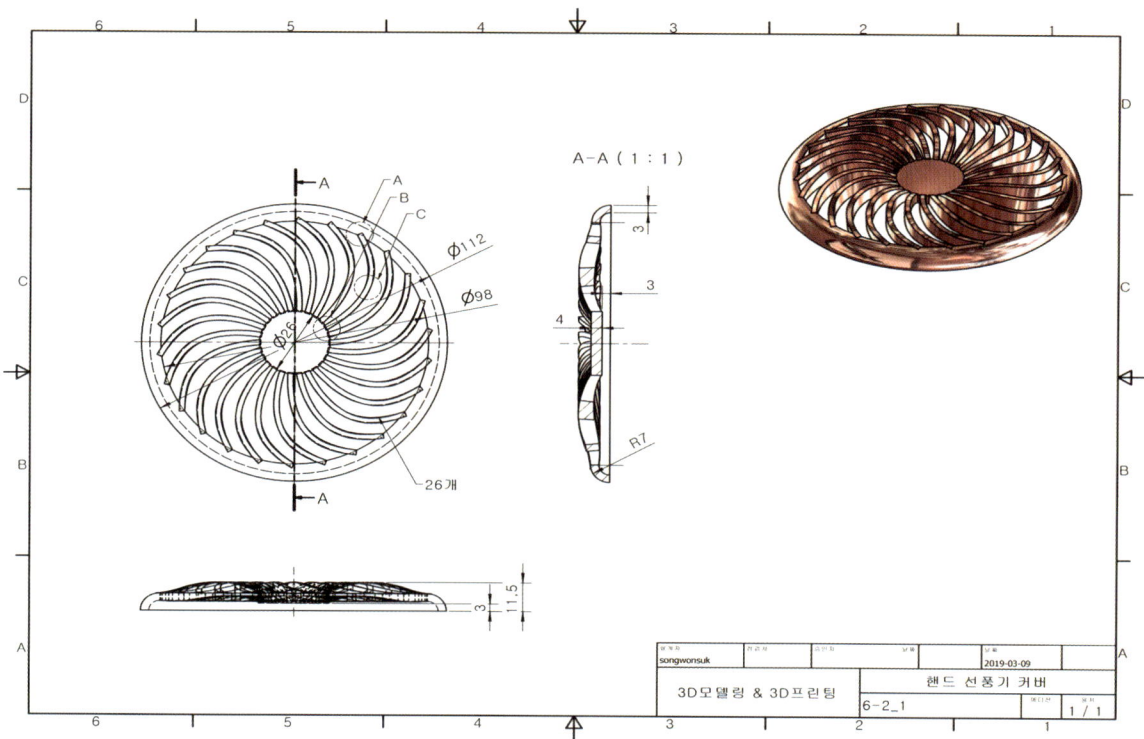

[참고] process hint

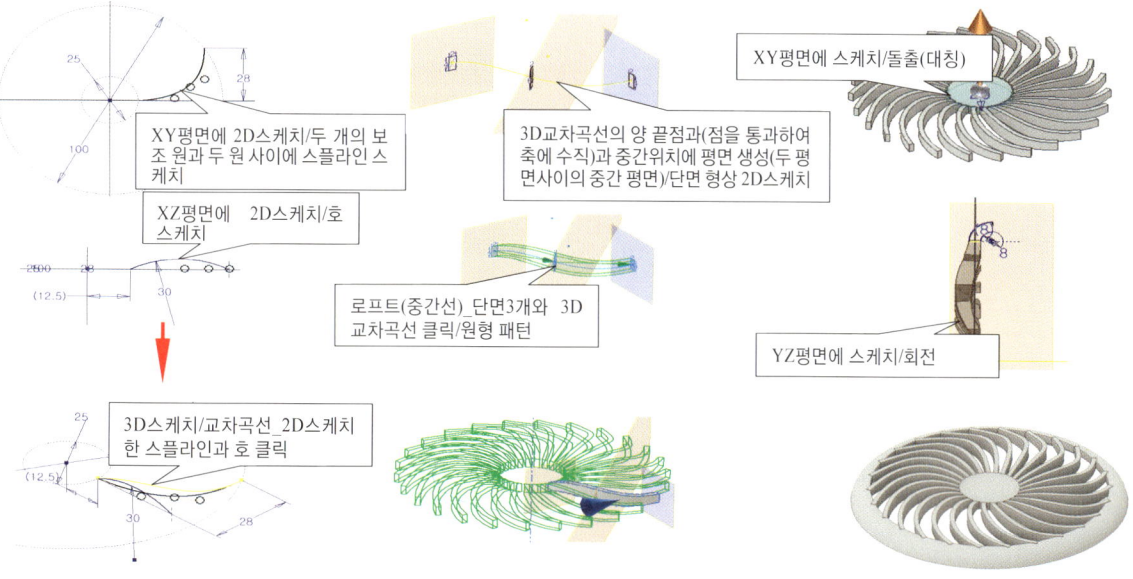

PART 04 3D 형상 모델링 | **283**

(1) 슬라이스 하기

- 모델링한 후 STL 파일로 저장하고 슬라이서 프로그램으로 파일을 불러온다.
- 빌드 크기와 대략적인 출력 시간, 재료의 소모량이 표시된다.
- 프린트 설정이 완료되면 G-code 파일로 저장하고 3D 프린터에서 불러와 출력한다.

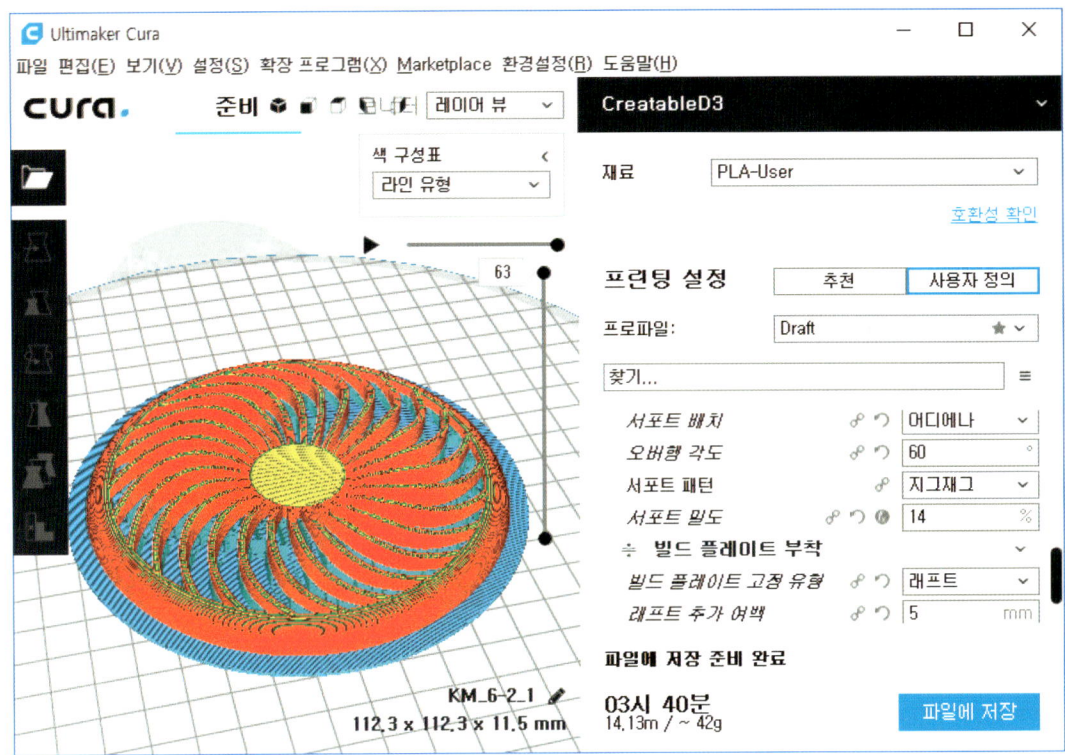

(2) 출력물 형상

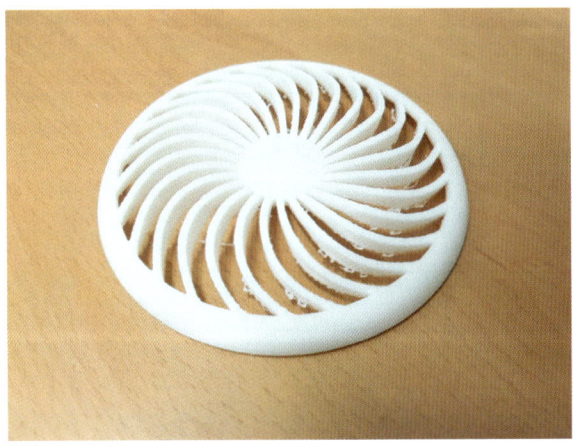

[알아두기] 엠보싱

볼록하거나 오목한 피처를 작성한다.

□ **텍스트 엠보싱**

□ **모형 엠보싱**

 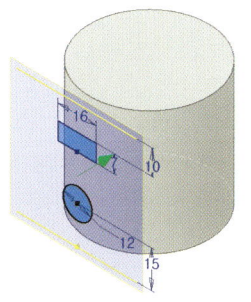 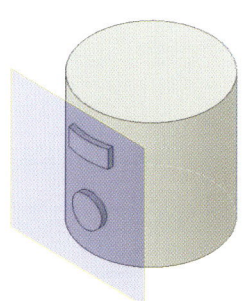

CHAPTER 03 | 어셈블리 따라하기

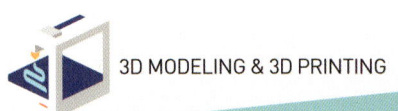

학습목표 • 부품과 부품들간의 조립품을 정확하게 만들 수 있다.
학습내용 • 구성요소의 메이트 배치, 각도 배치

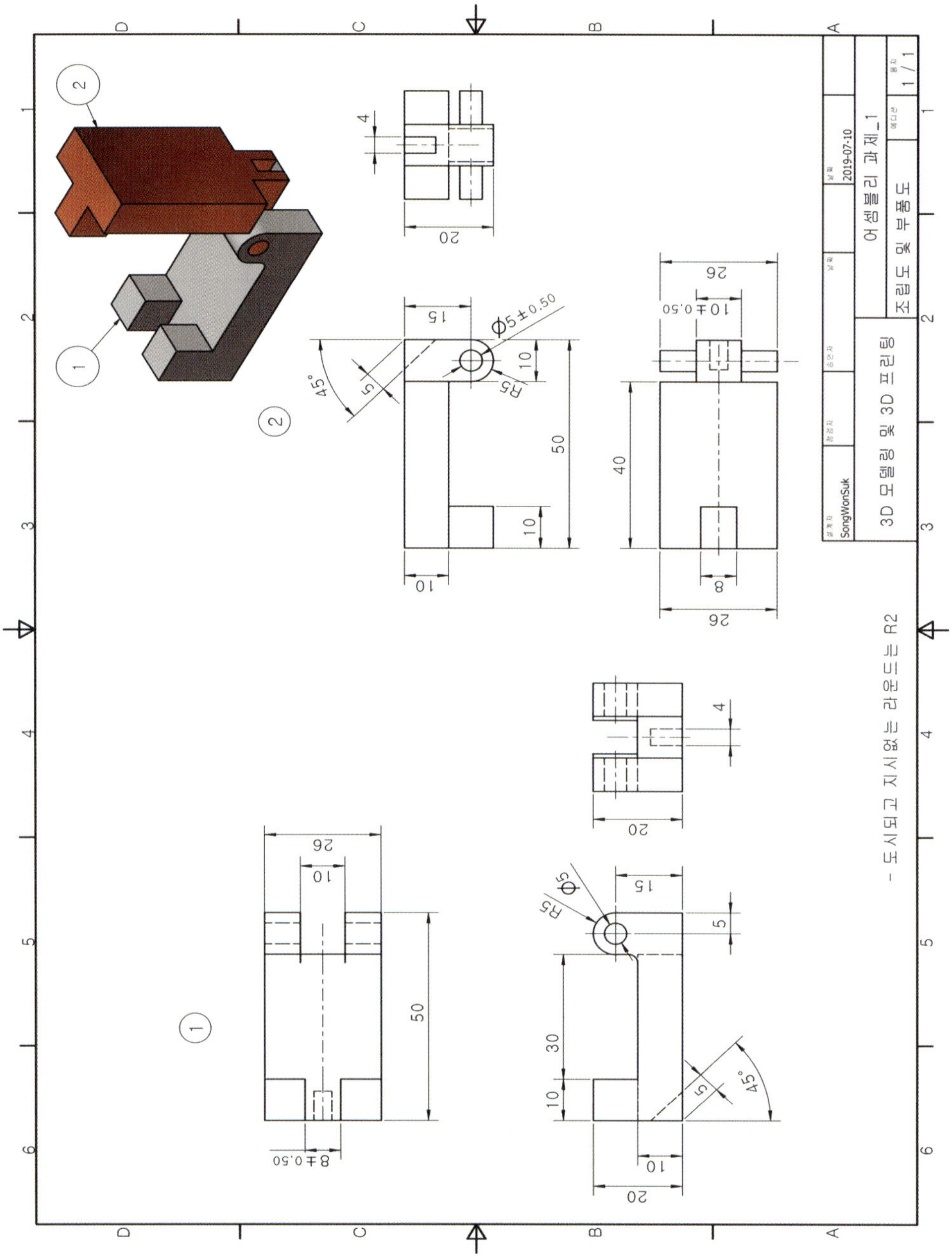

(1) 어셈블리 새 파일 만들기

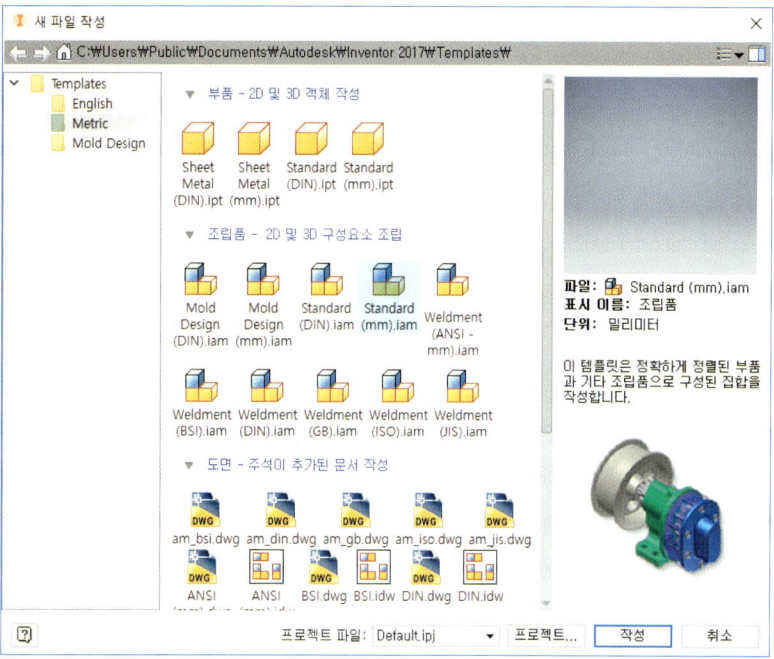

(2) 부품 불러오기

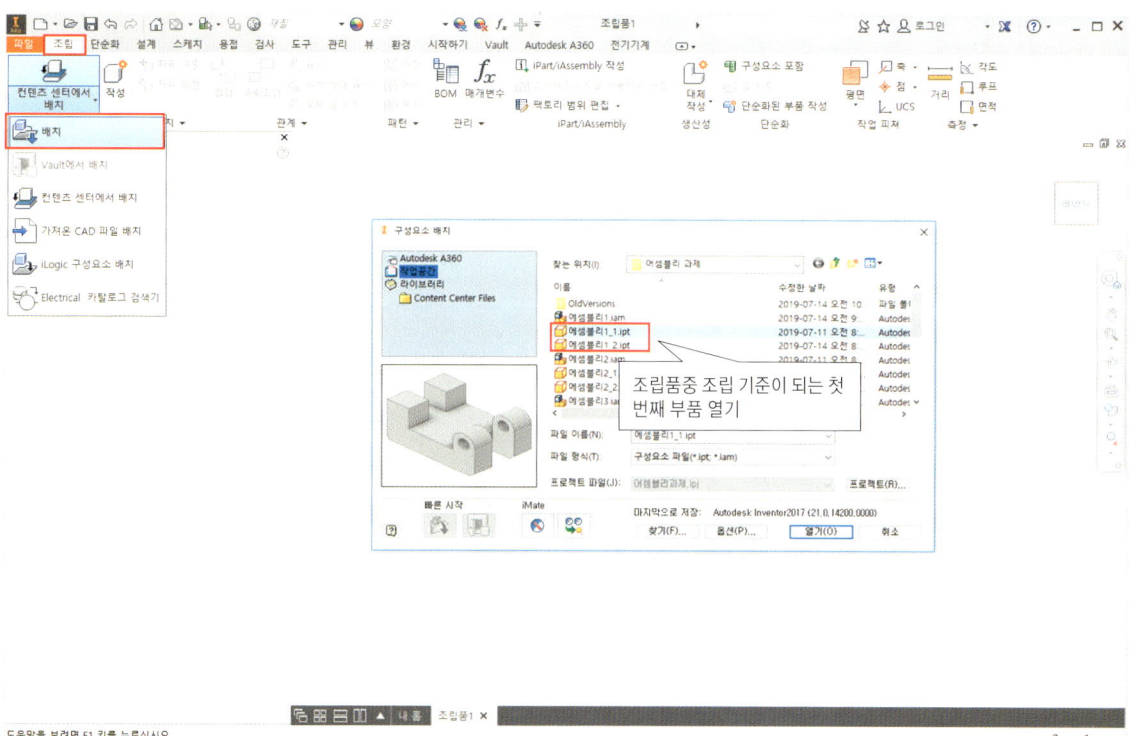

(3) 기준부품 고정배치와 기타부품 배치하기

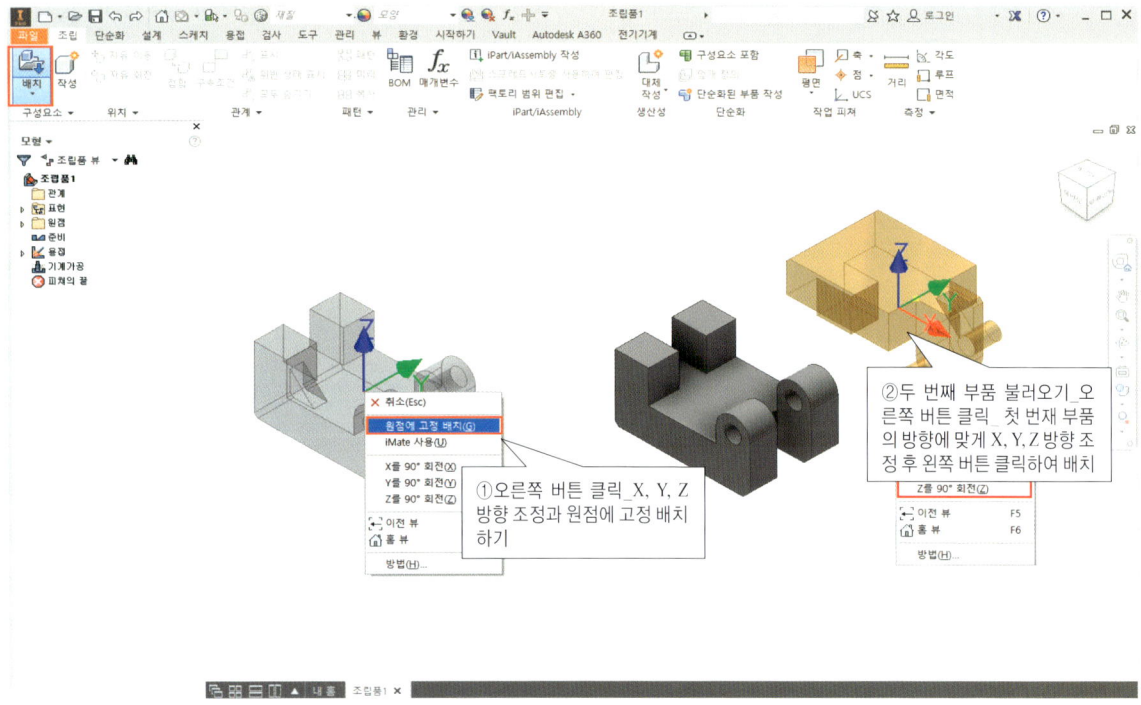

(4) 회전부분 메이트로 배치하기

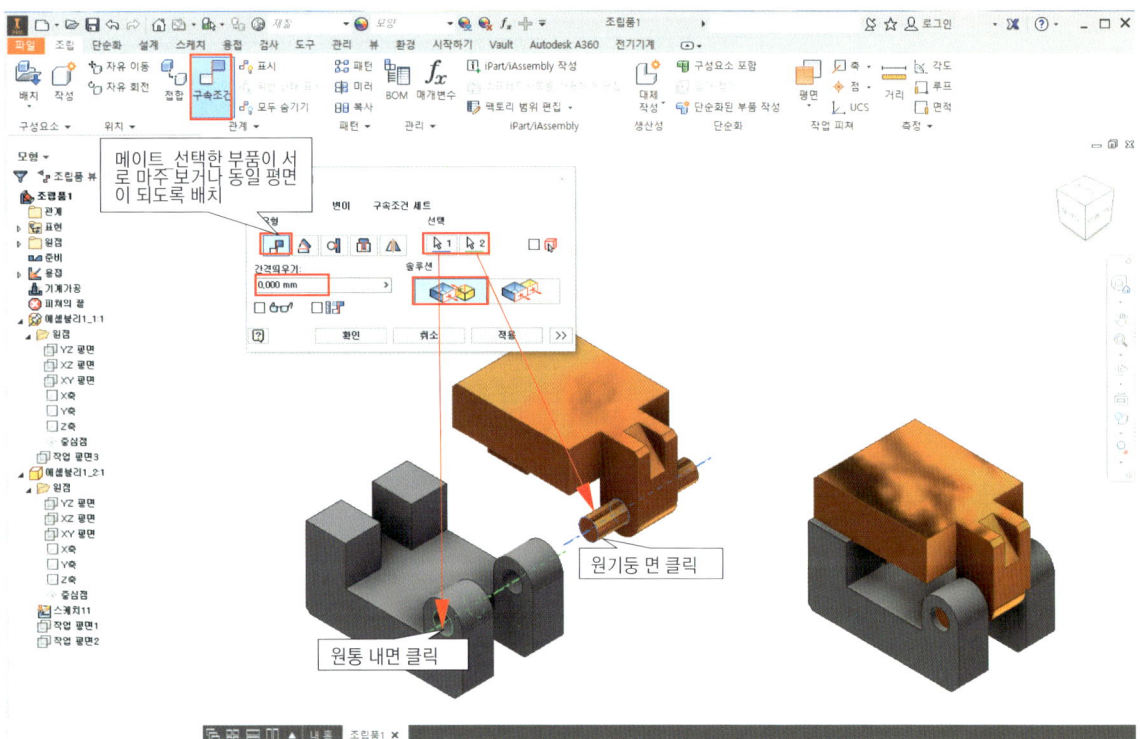

(5) 기준 평면 메이트로 배치하기

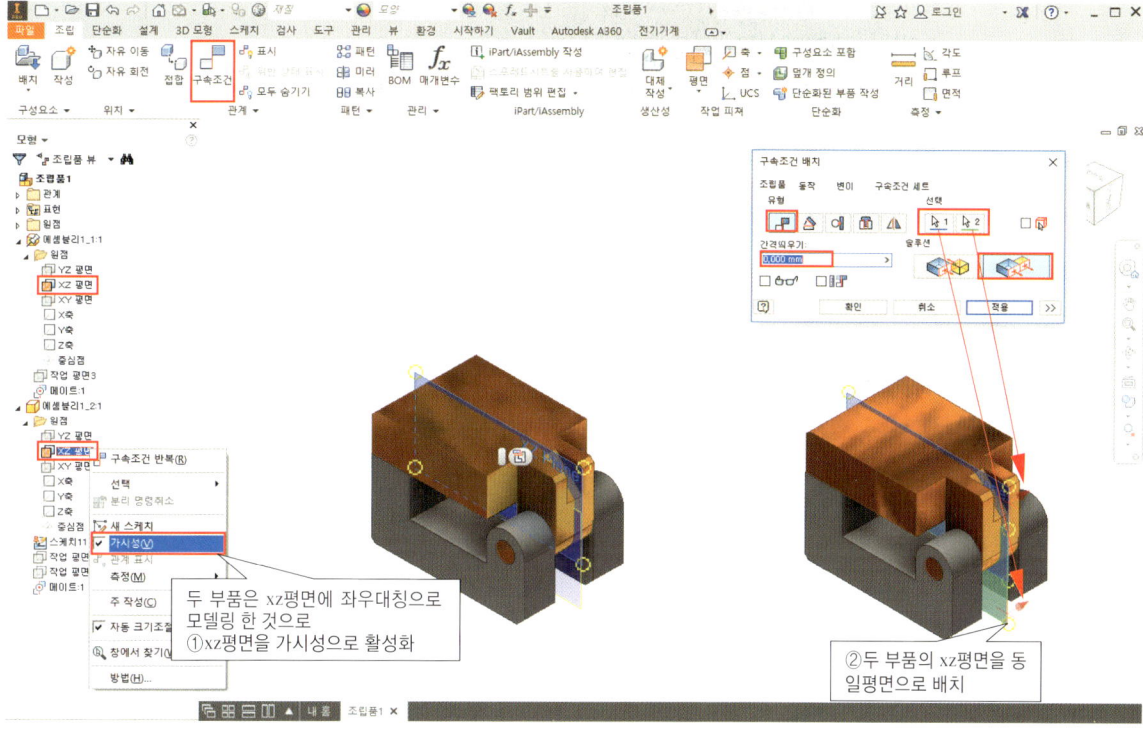

(6) 각도로 자세 배치하기

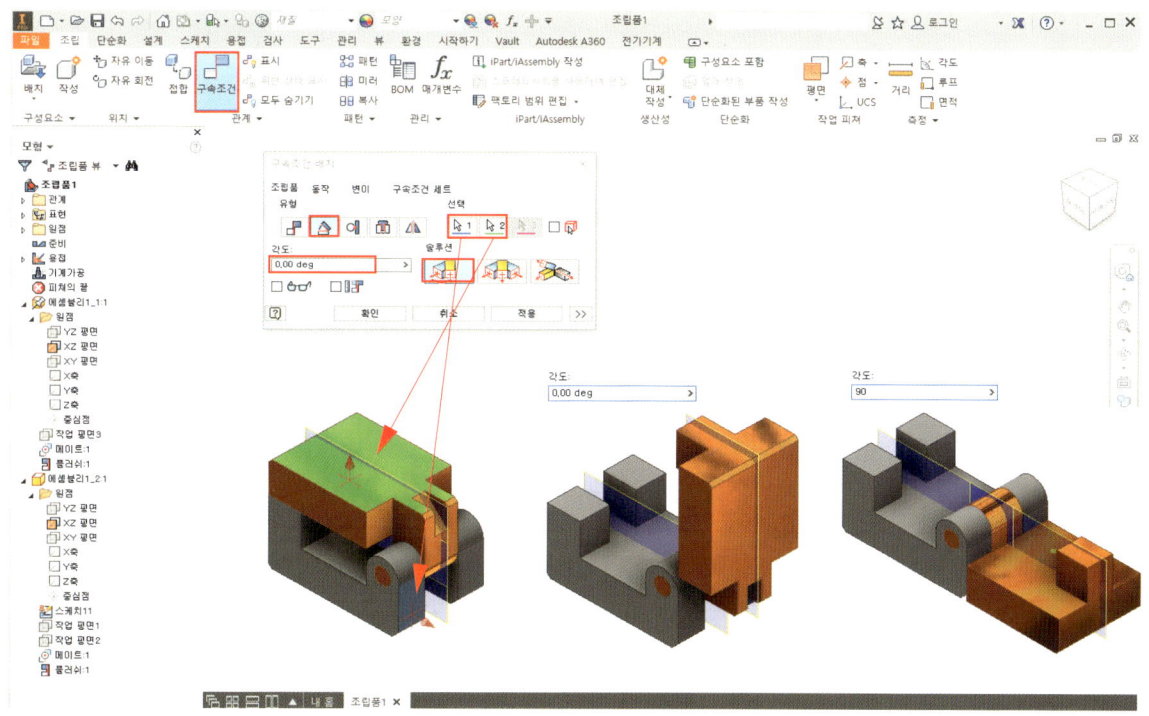

[어셈블리 과제 2]

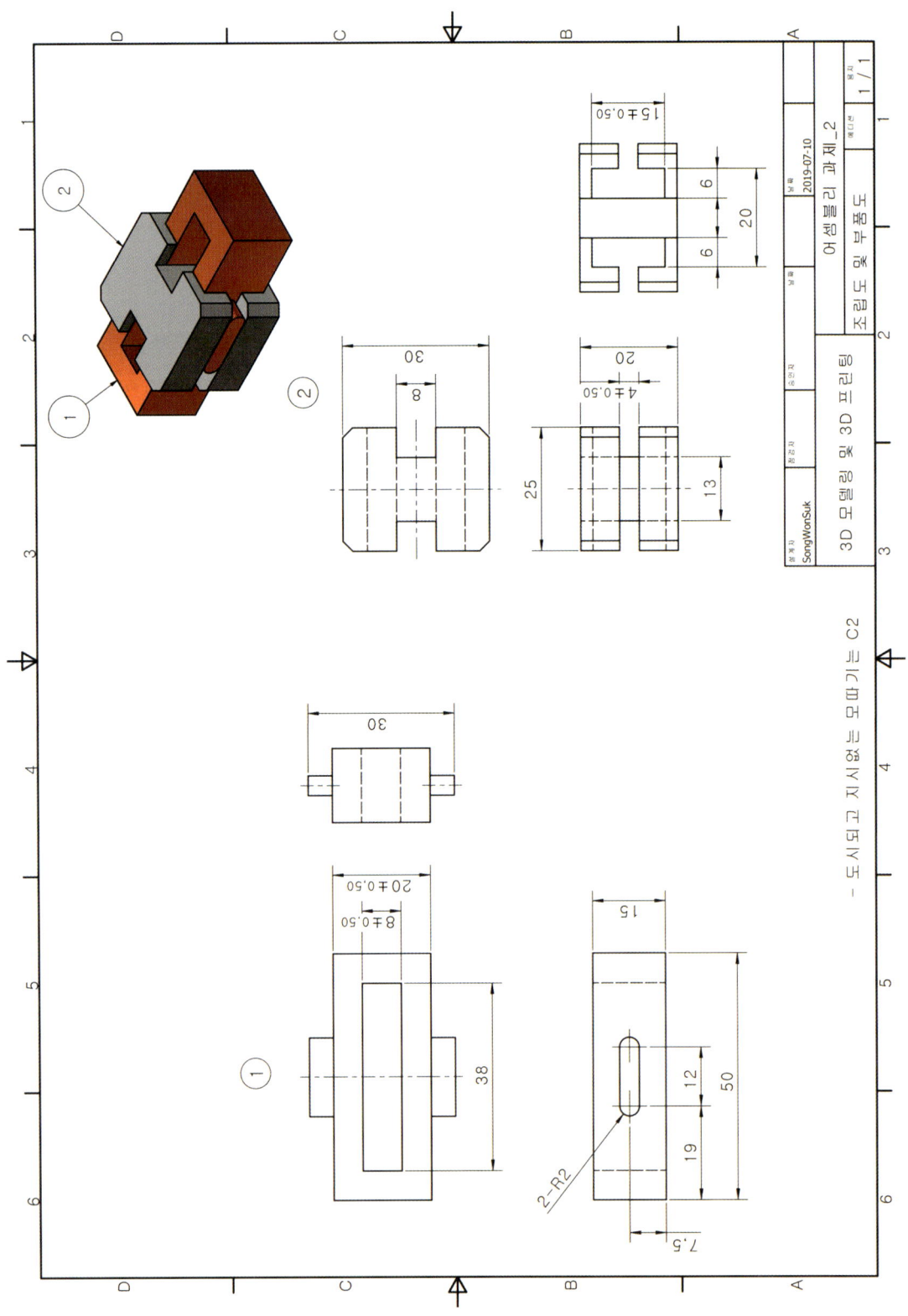

[어셈블리 과제 3]

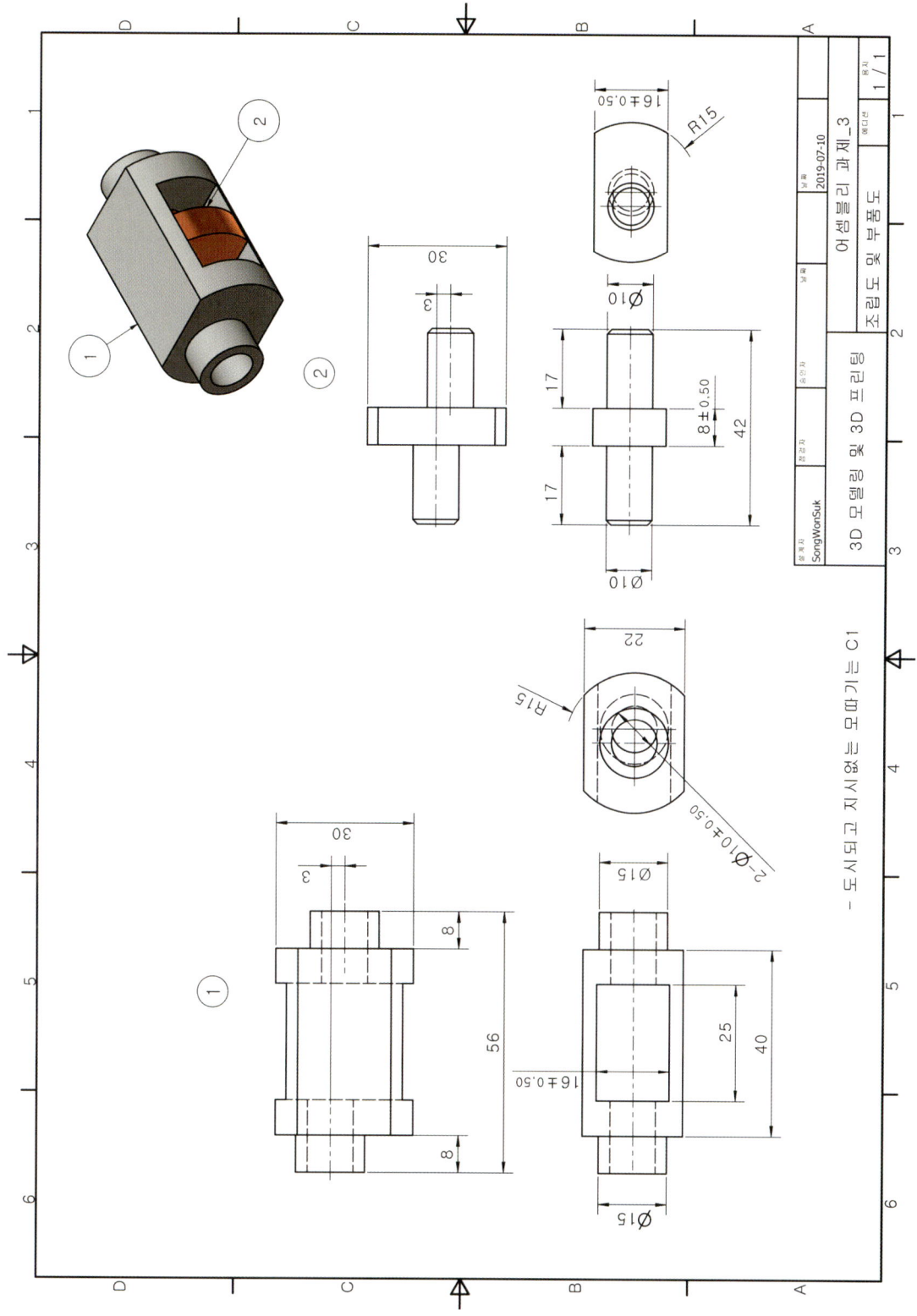

[어셈블리 과제 4]

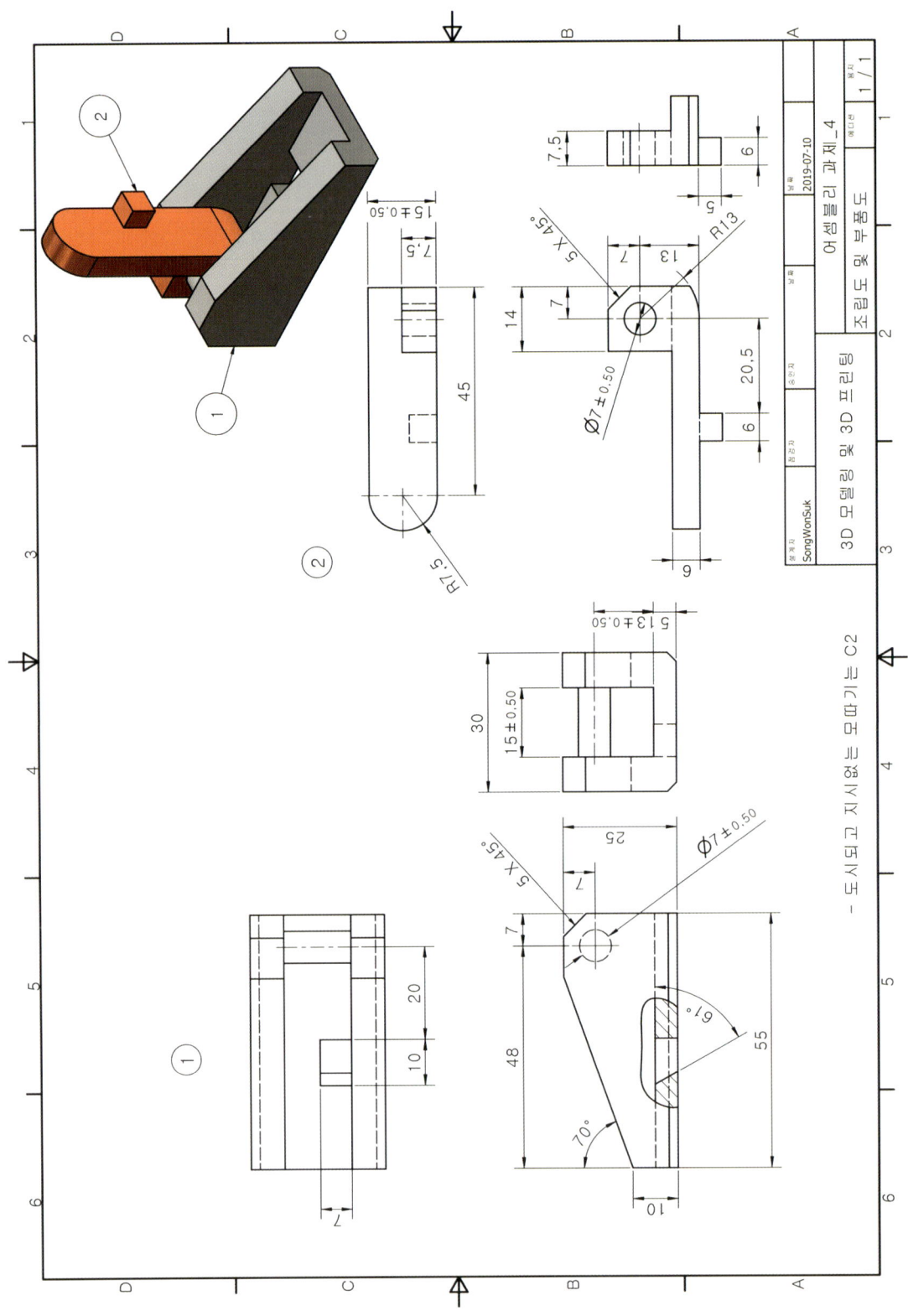

[어셈블리 과제 5]

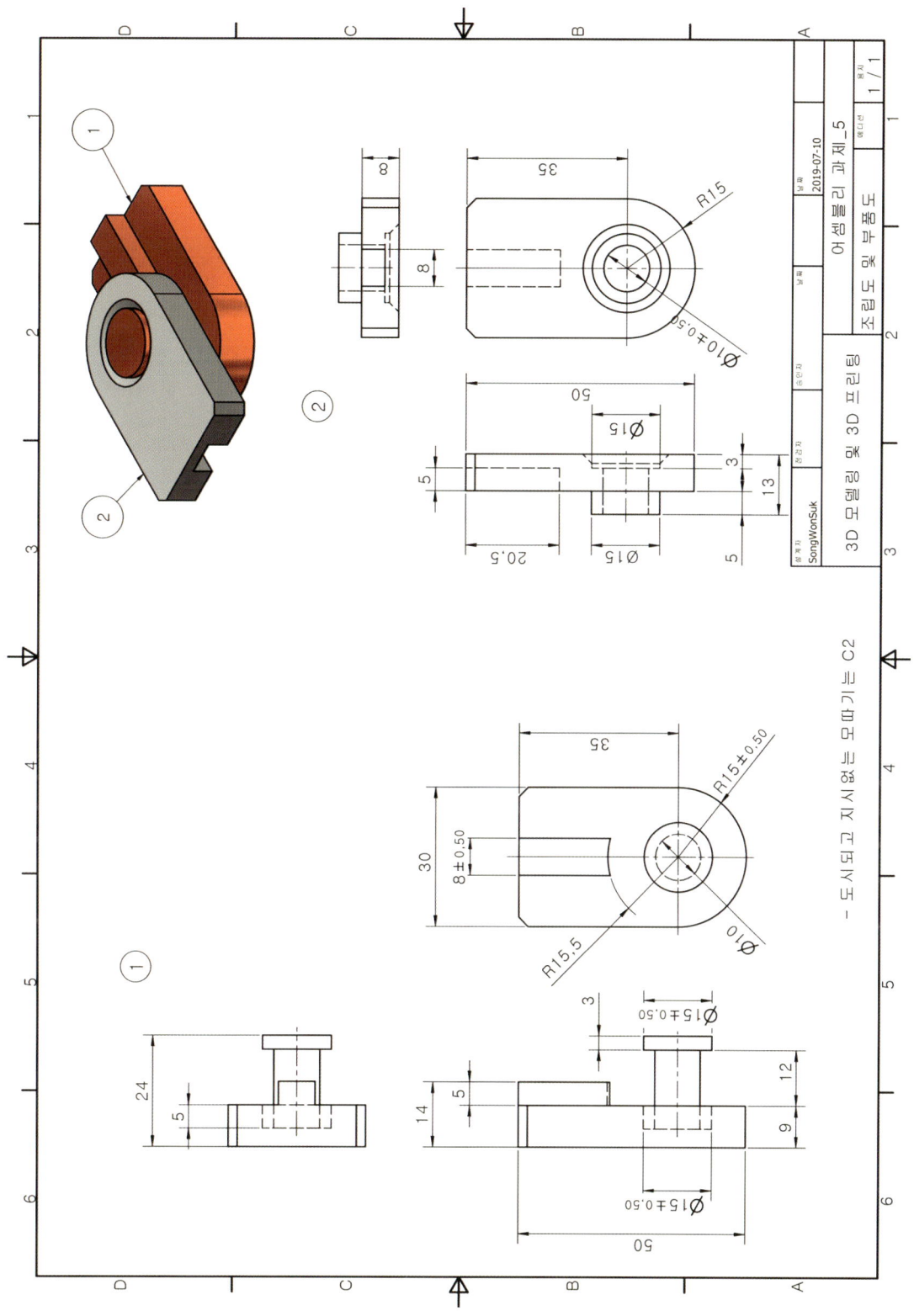

[어셈블리 과제 6]

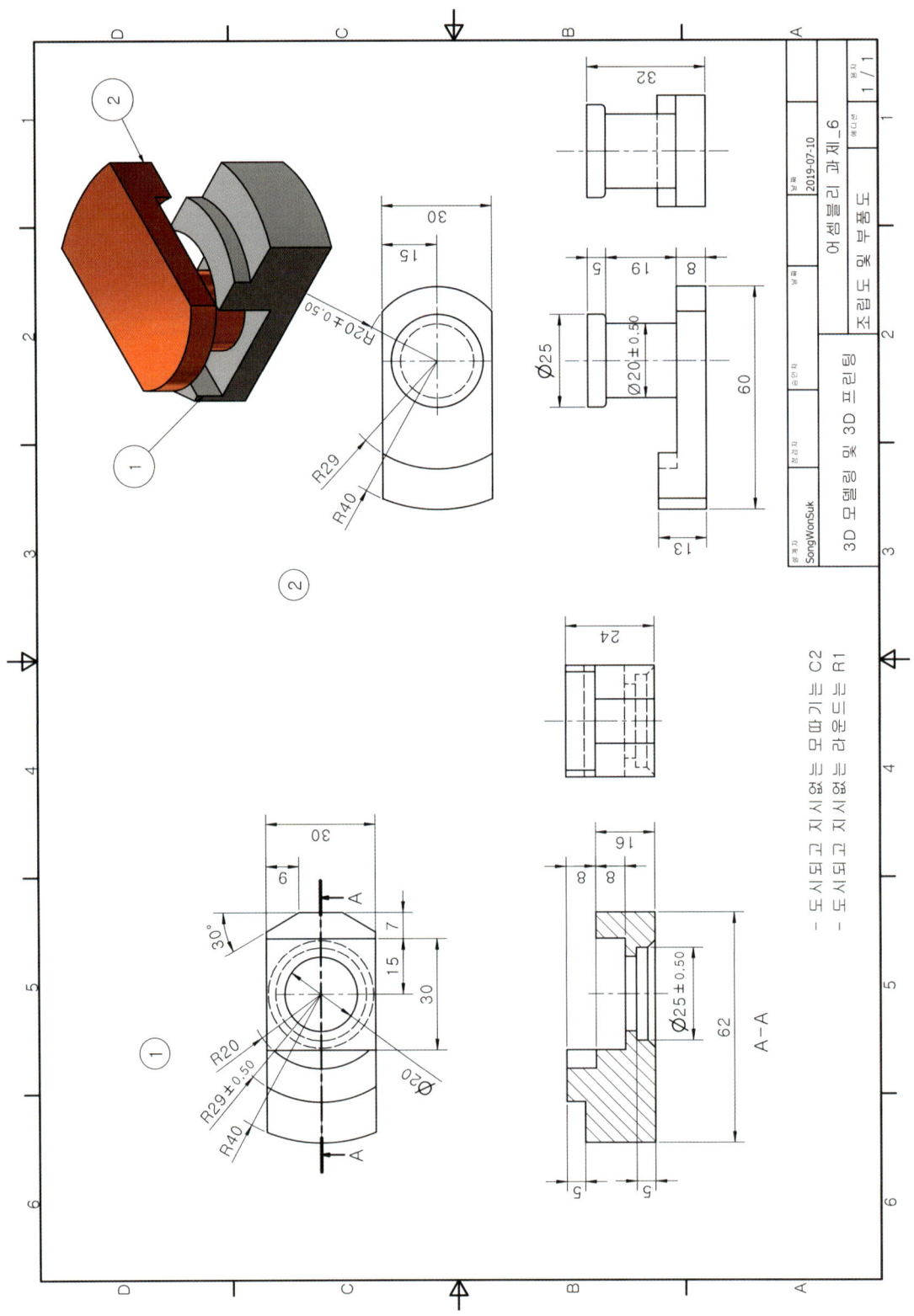

[어셈블리 과제 7]

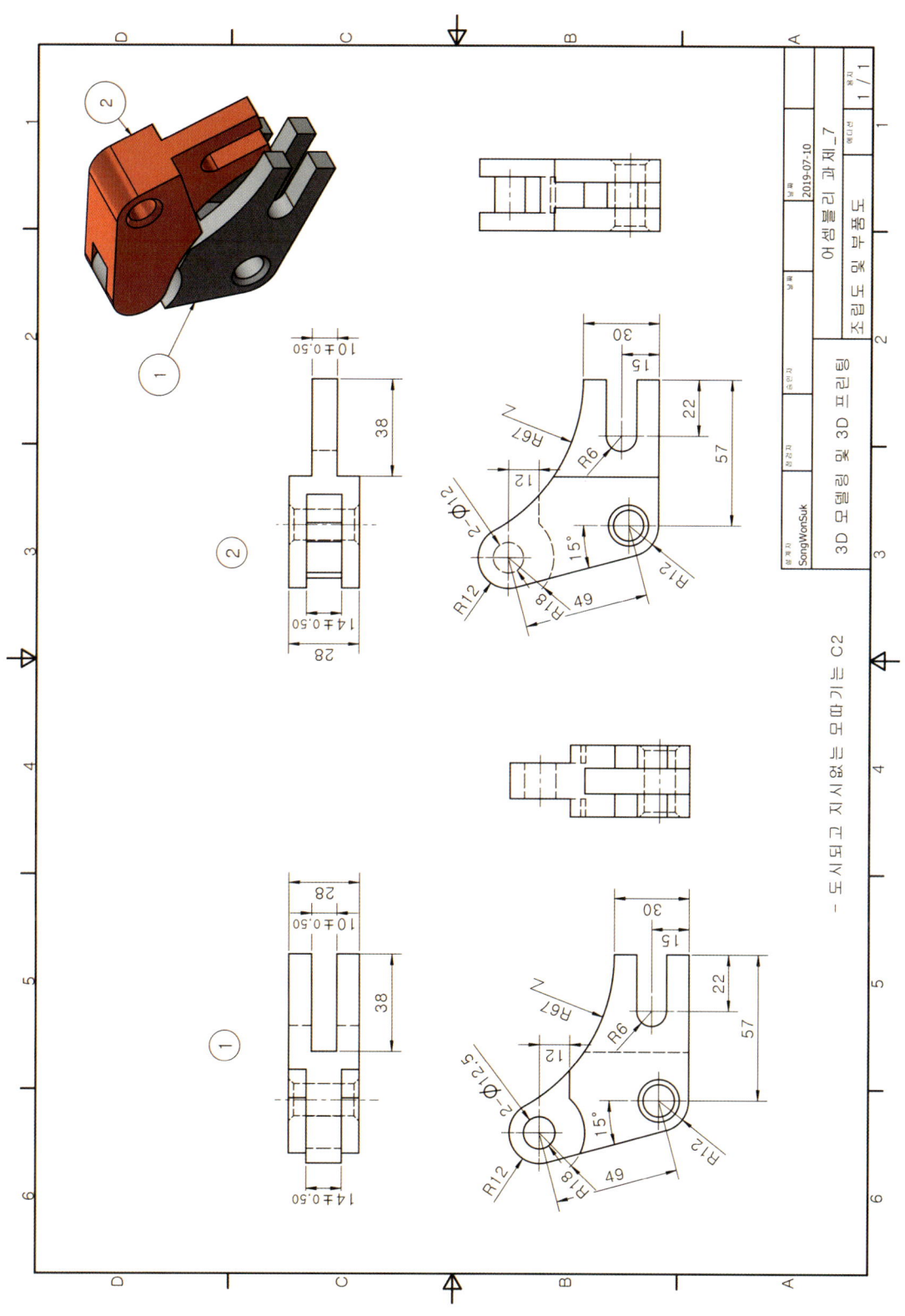

[어셈블리 과제 8]

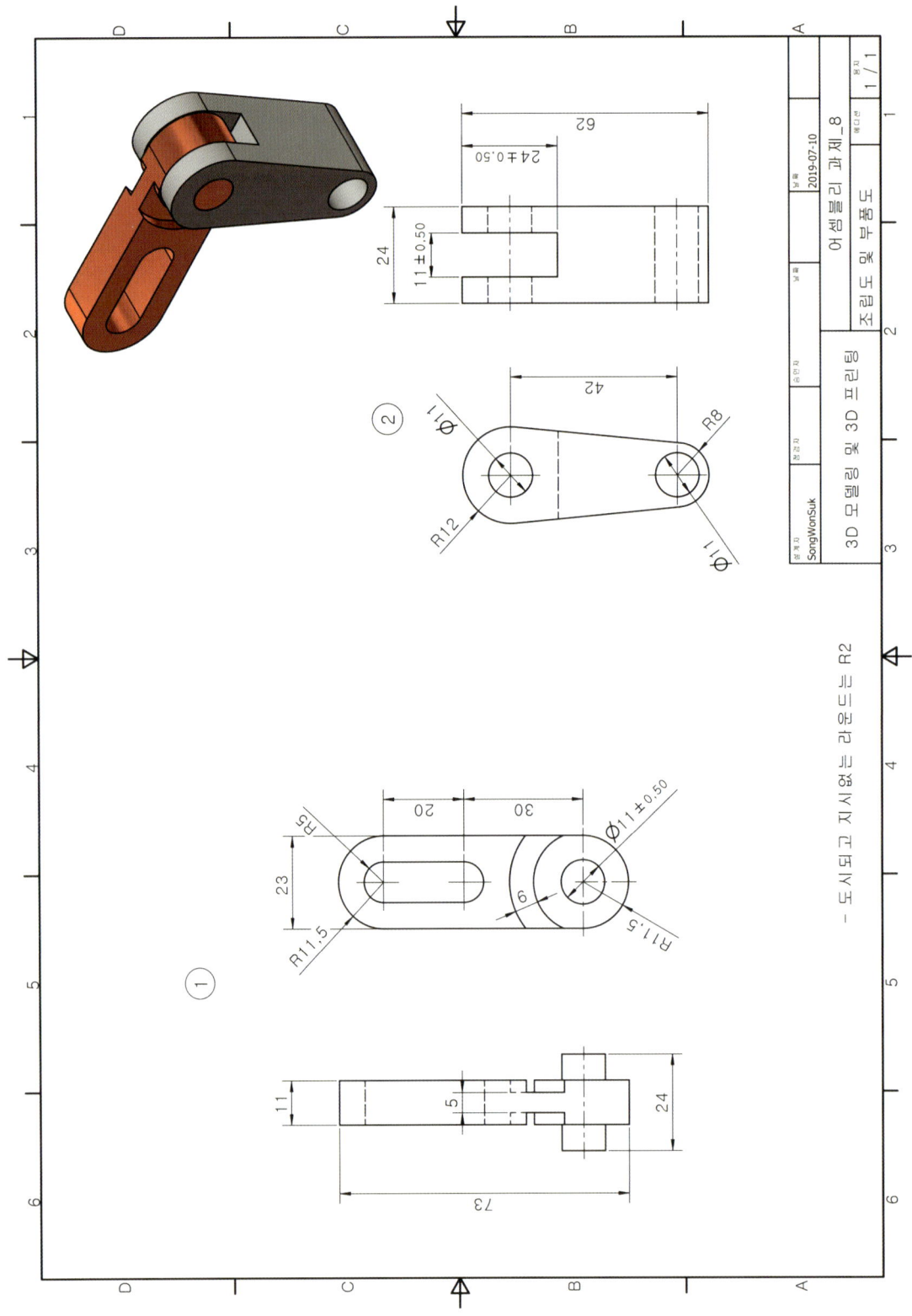

[어셈블리 과제 9]

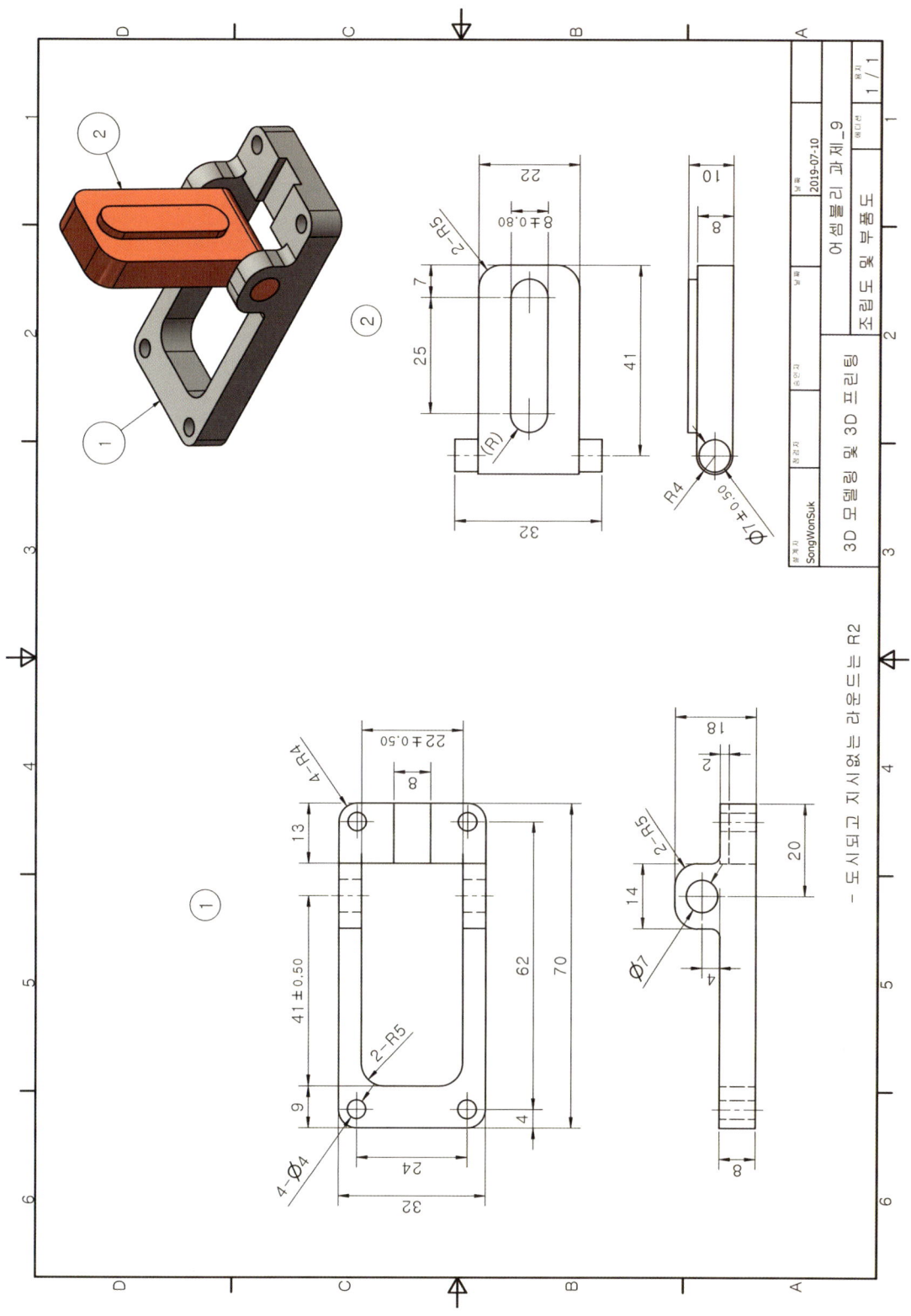

[어셈블리 과제 10]

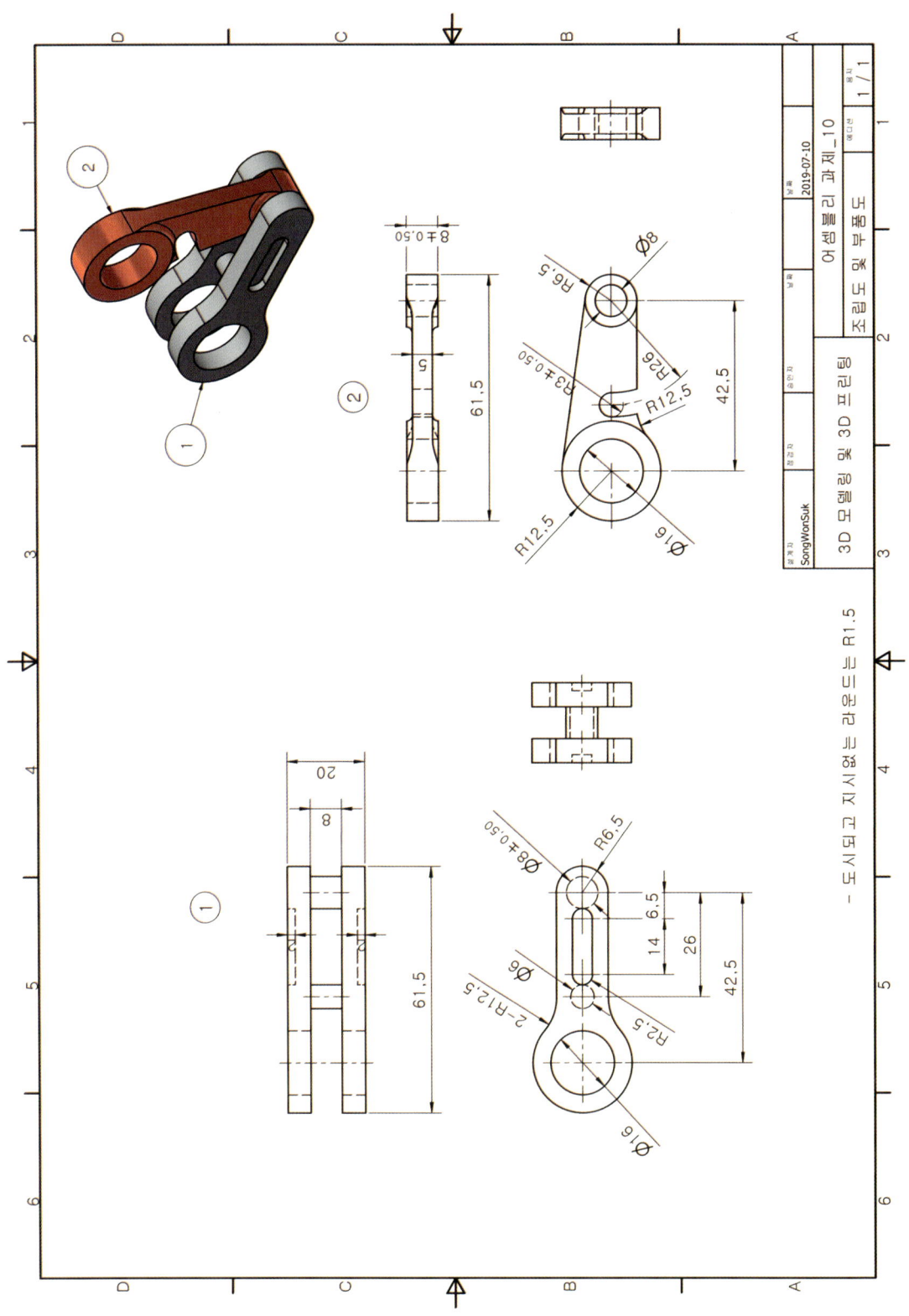

프로젝트 실습

PROJECT 01 | DIY 시계 만들기 ········· 301
PROJECT 02 | 전기자동차 만들기 ········· 304
PROJECT 03 | 아두이노 자동차 만들기 ········ 324

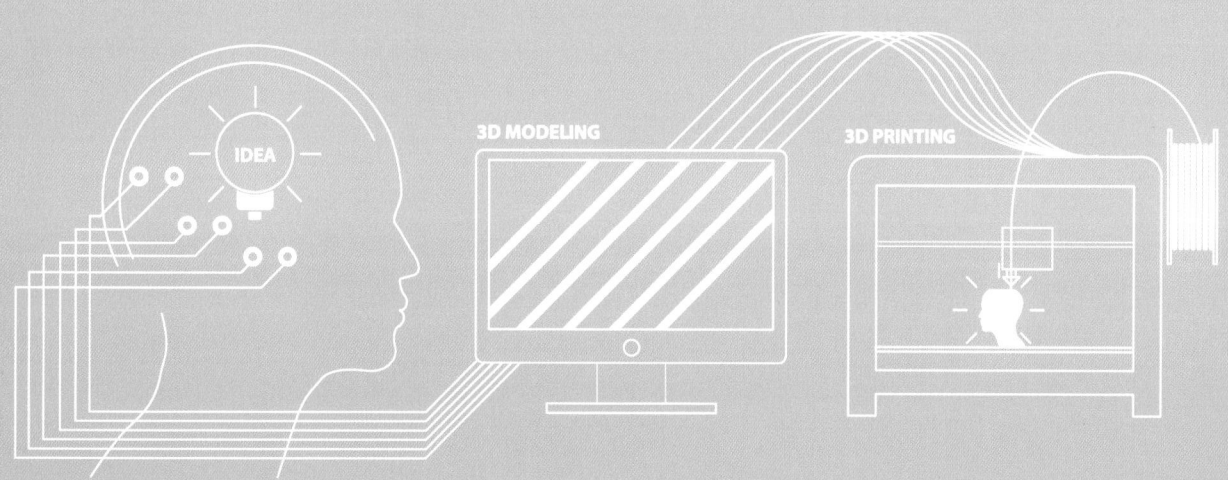

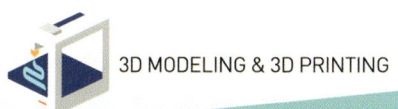

PROJECT 01 | DIY 시계 만들기

1 miki 시계

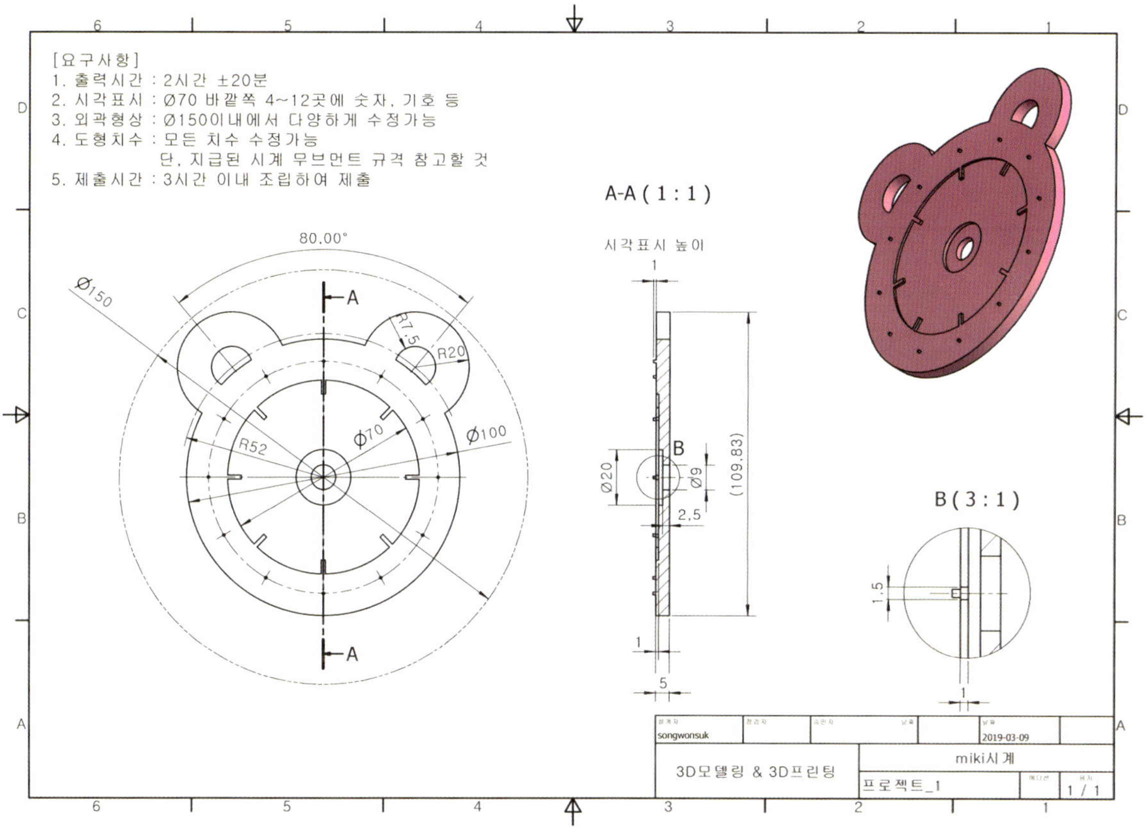

[참고] 시계 무브먼트 규격

2 heart 시계

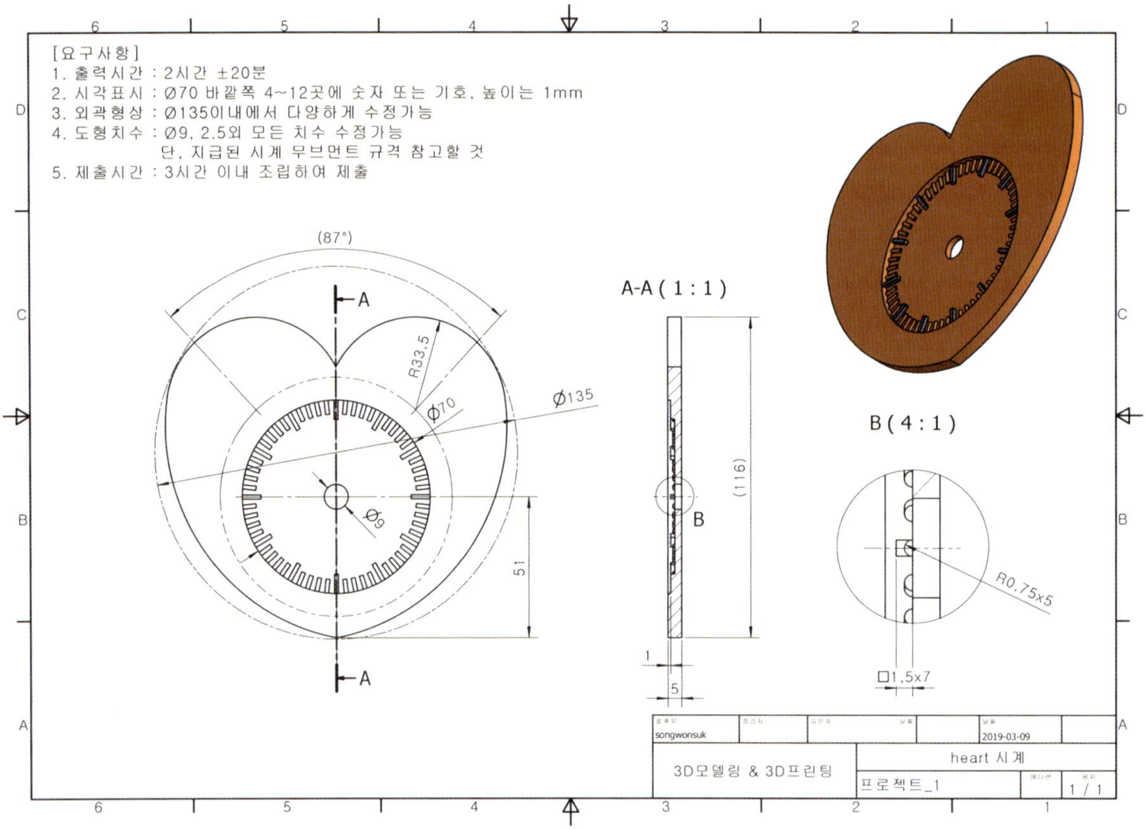

3 탁상시계

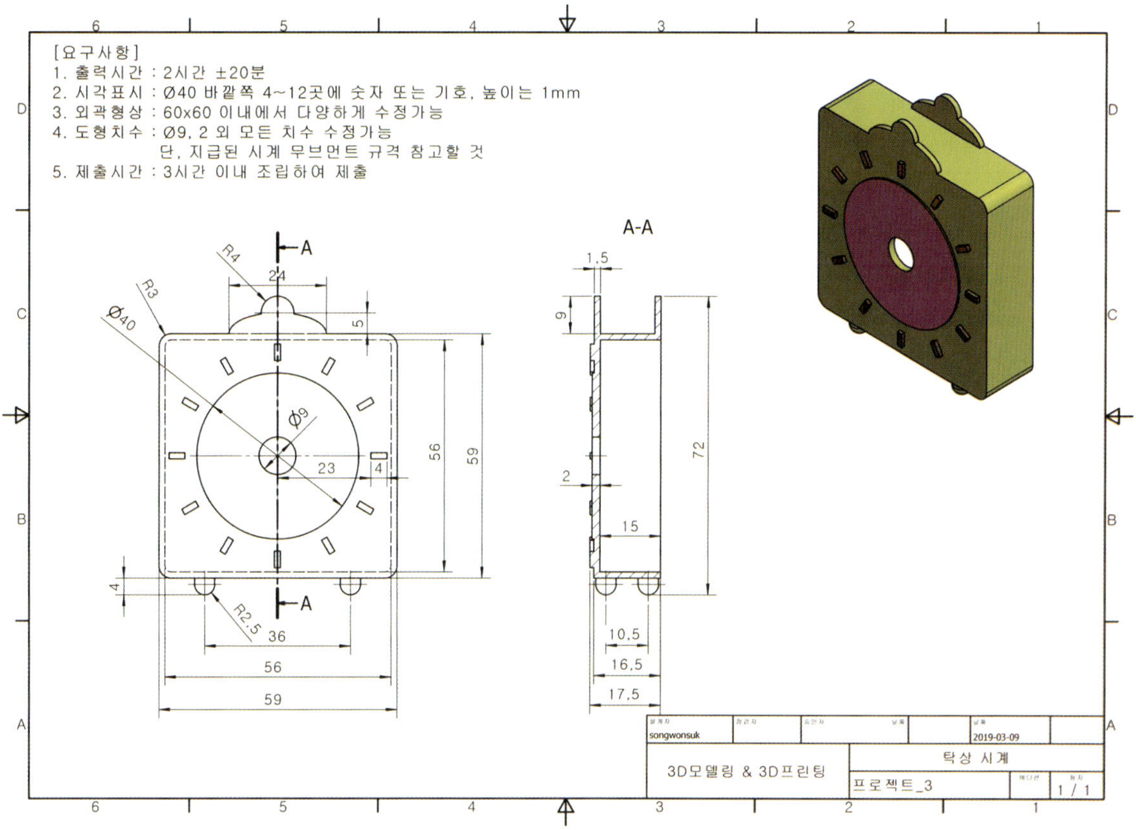

[요구사항]
1. 출력시간 : 2시간 ±20분
2. 시각표시 : Ø40 바깥쪽 4~12곳에 숫자 또는 기호, 높이는 1mm
3. 외곽형상 : 60x60 이내에서 다양하게 수정가능
4. 도형치수 : Ø9, 2 외 모든 치수 수정가능
단, 지급된 시계 무브먼트 규격 참고할 것
5. 제출시간 : 3시간 이내 조립하여 제출
A-A
R4
24
R3
Ø40
5
Ø9
23
4
56
59
1.5
9
72
2
15
4
R2.5
36
56
59
10.5
16.5
17.5
songwonsuk
2019-03-09
3D모델링 & 3D프린팅
탁상 시계
프로젝트_3
1 / 1

[참고] 시계 무브먼트 규격

6mm
6mm
15mm
13mm
10mm
54mm
54mm
2.4cm
3.1cm
4.5cm

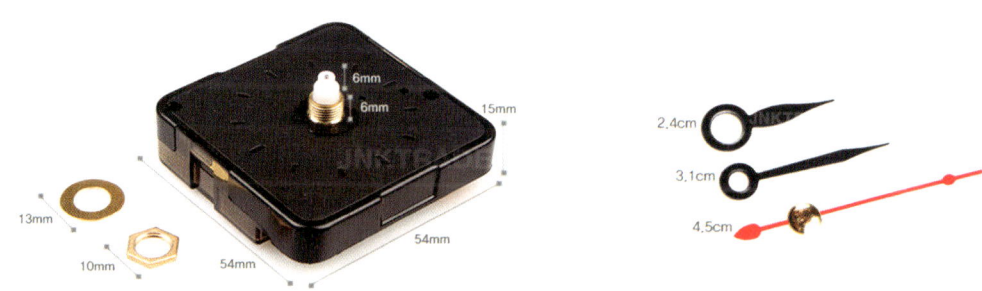

PROJECT 02 | 전기자동차 만들기

1 전기 자동차_A형

1) 조립등각도

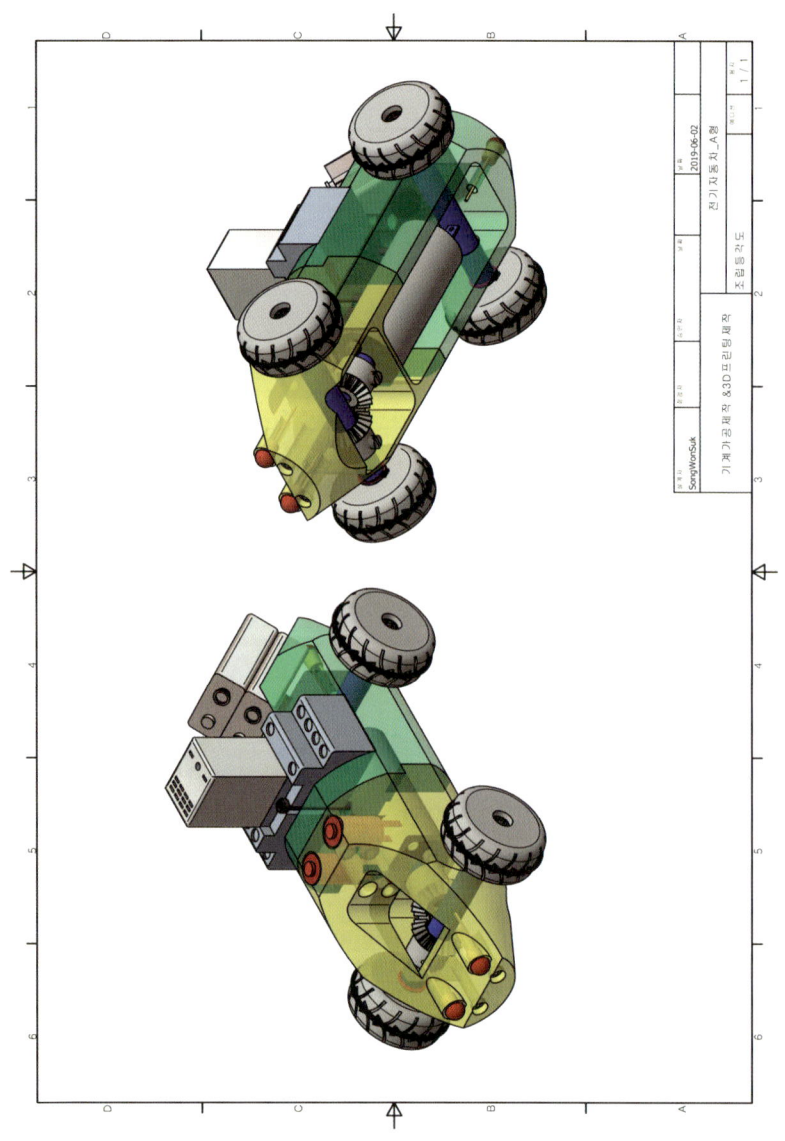

2) 분해도

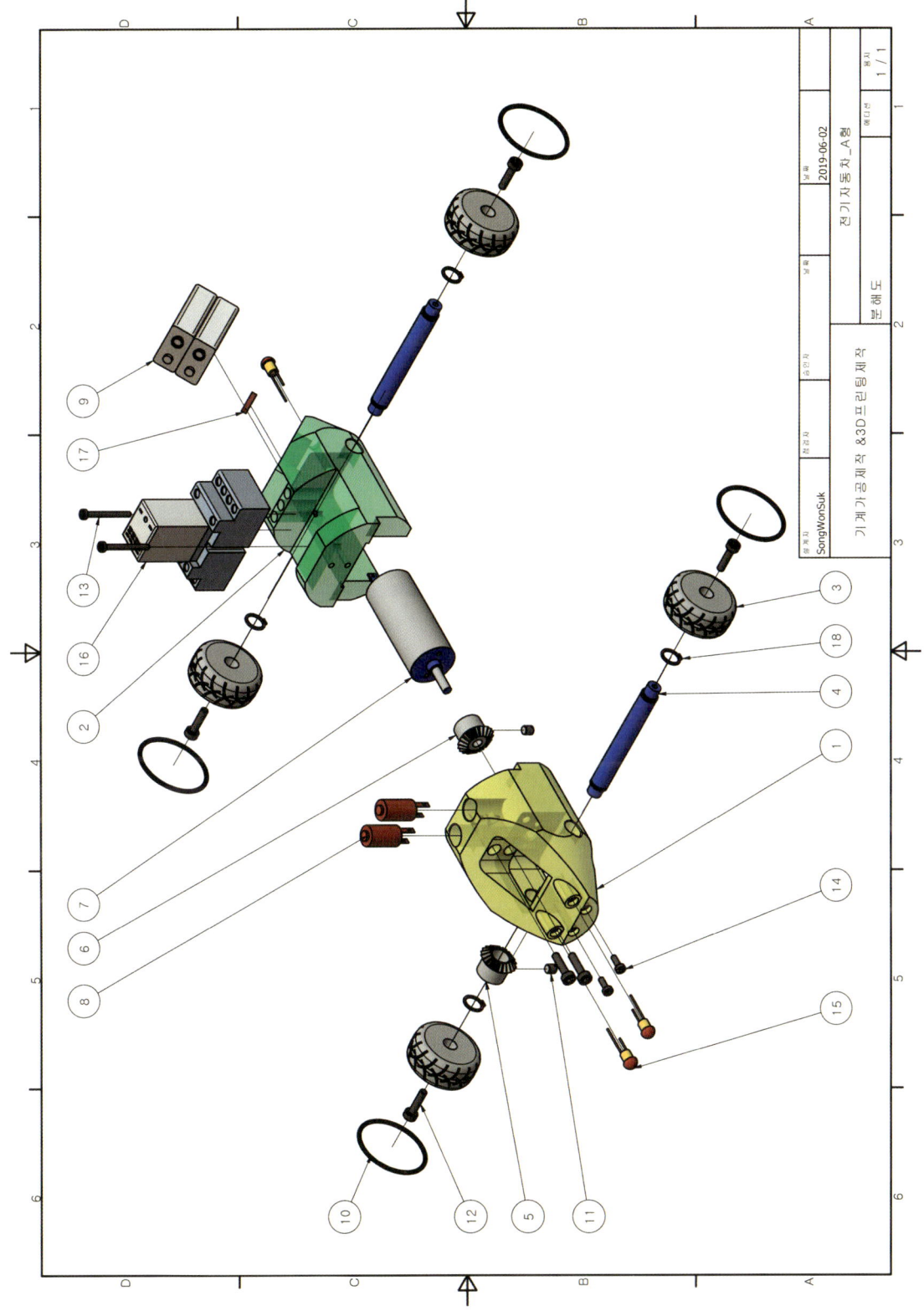

3) 조립도

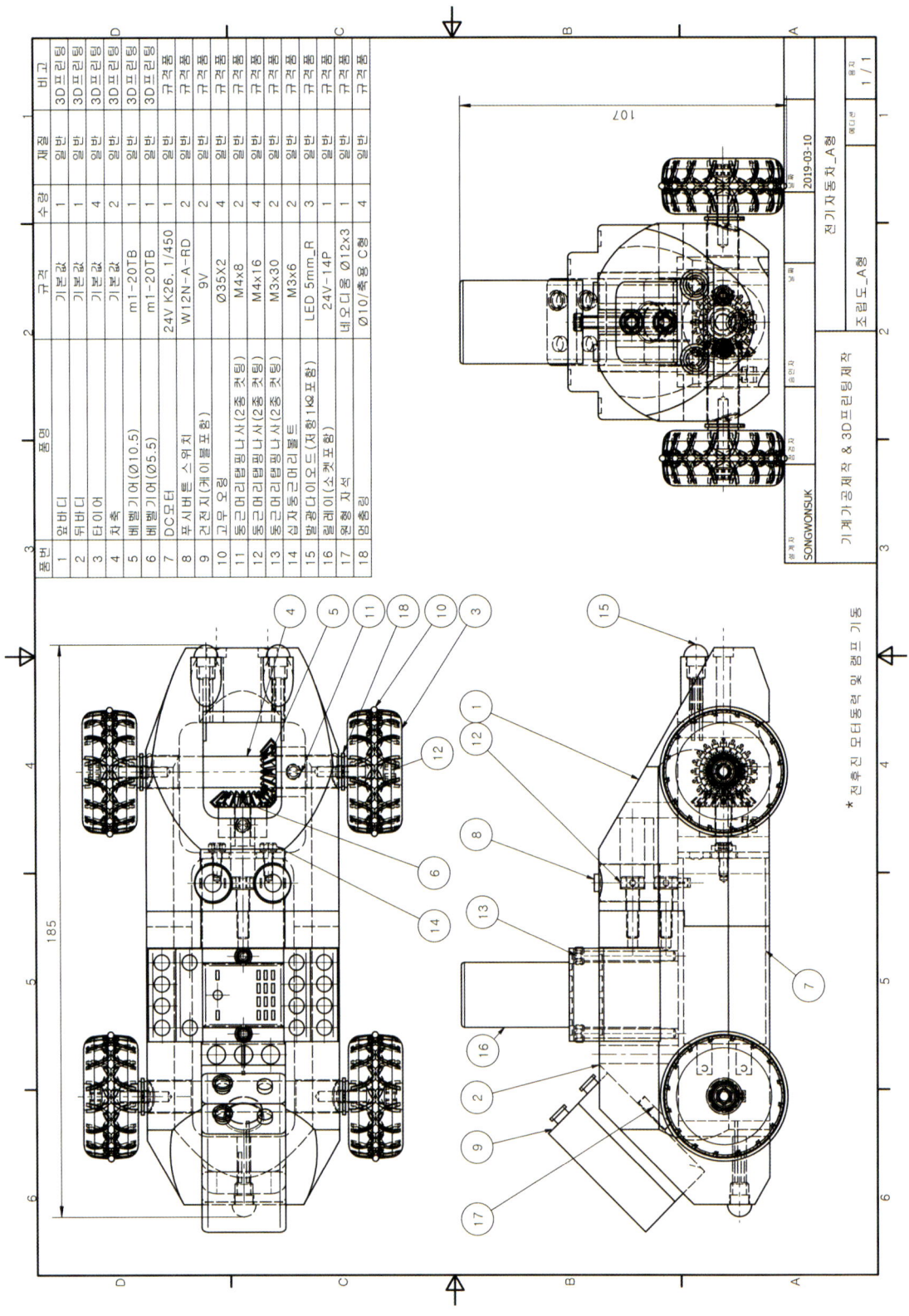

4) 부품도

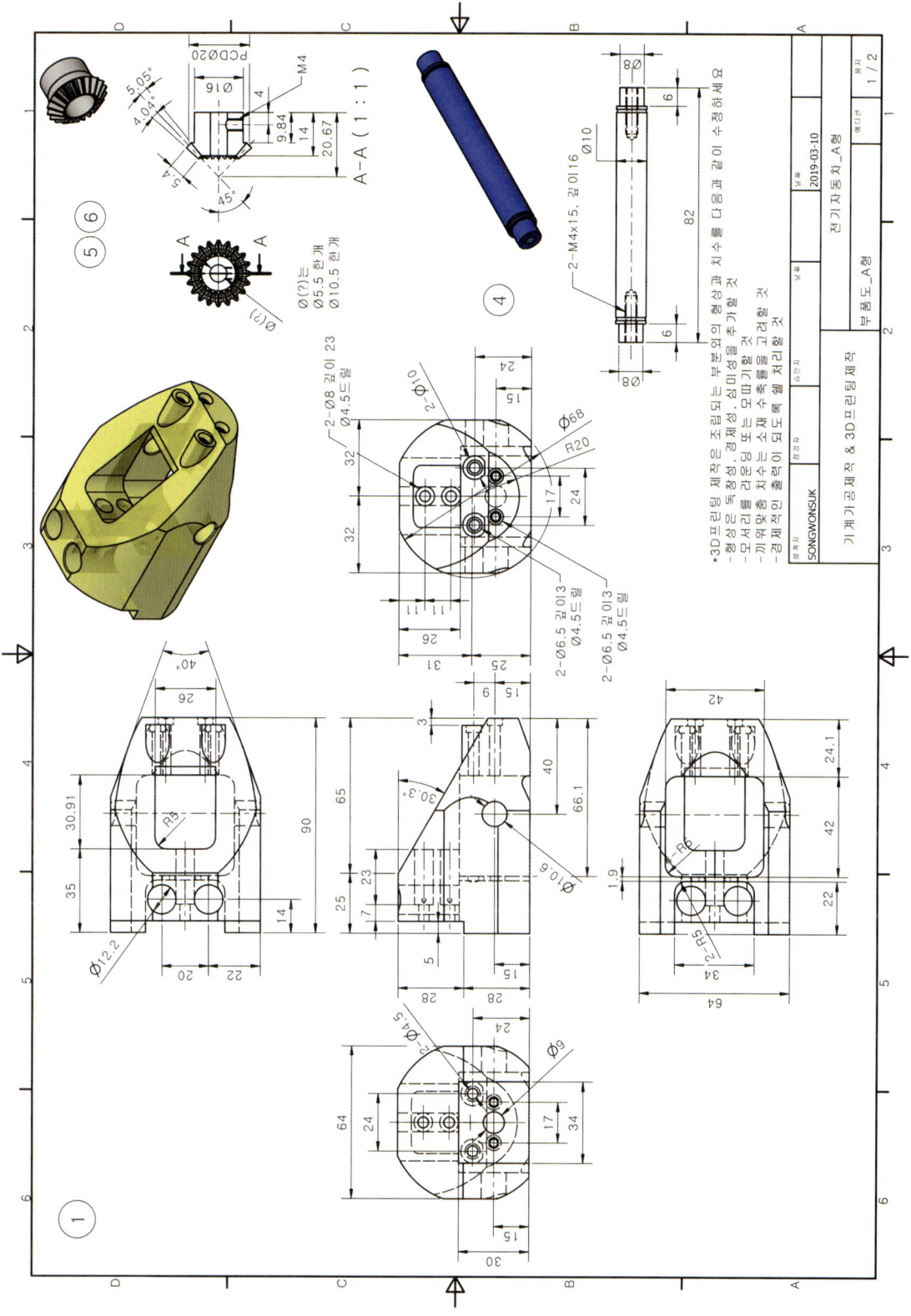

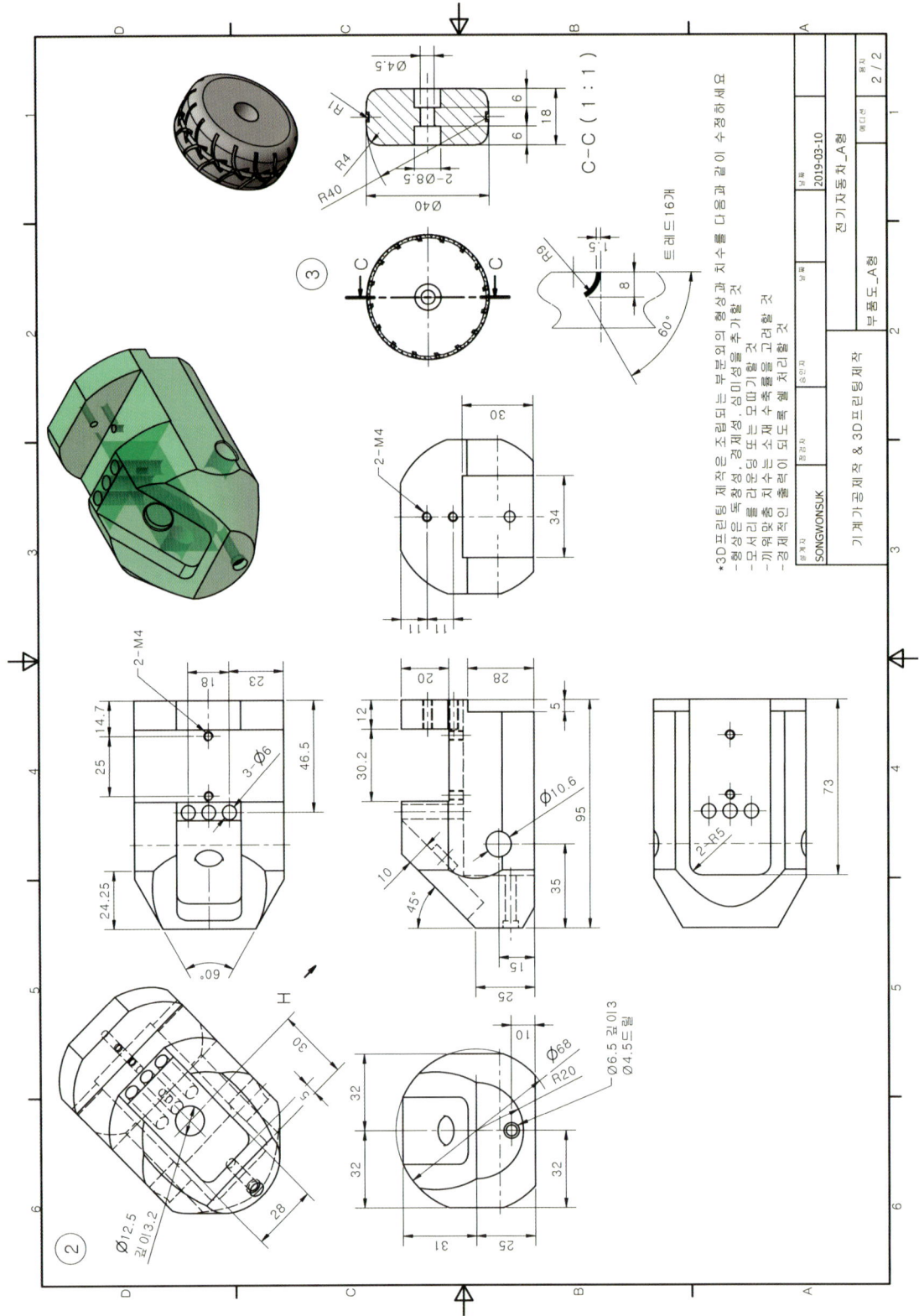

5) 전기배선도

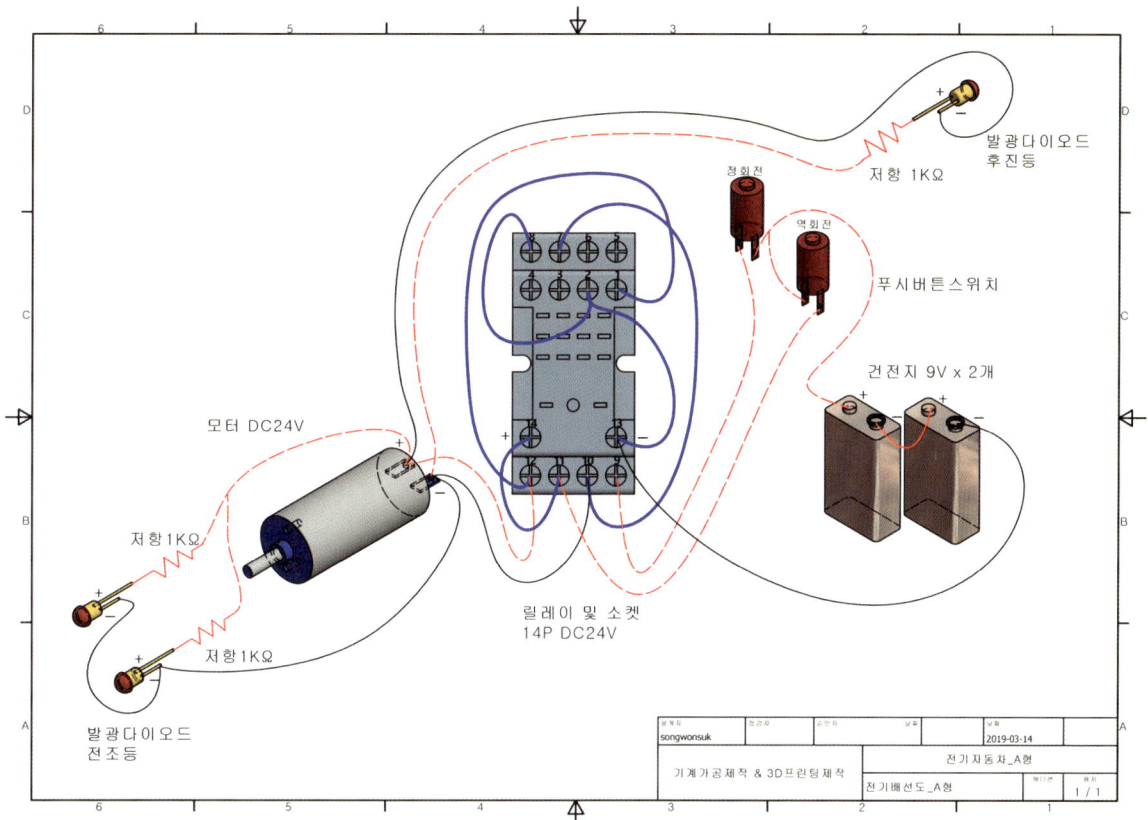

6) 실물사진

2 전기 자동차_B형

1) 조립등각도

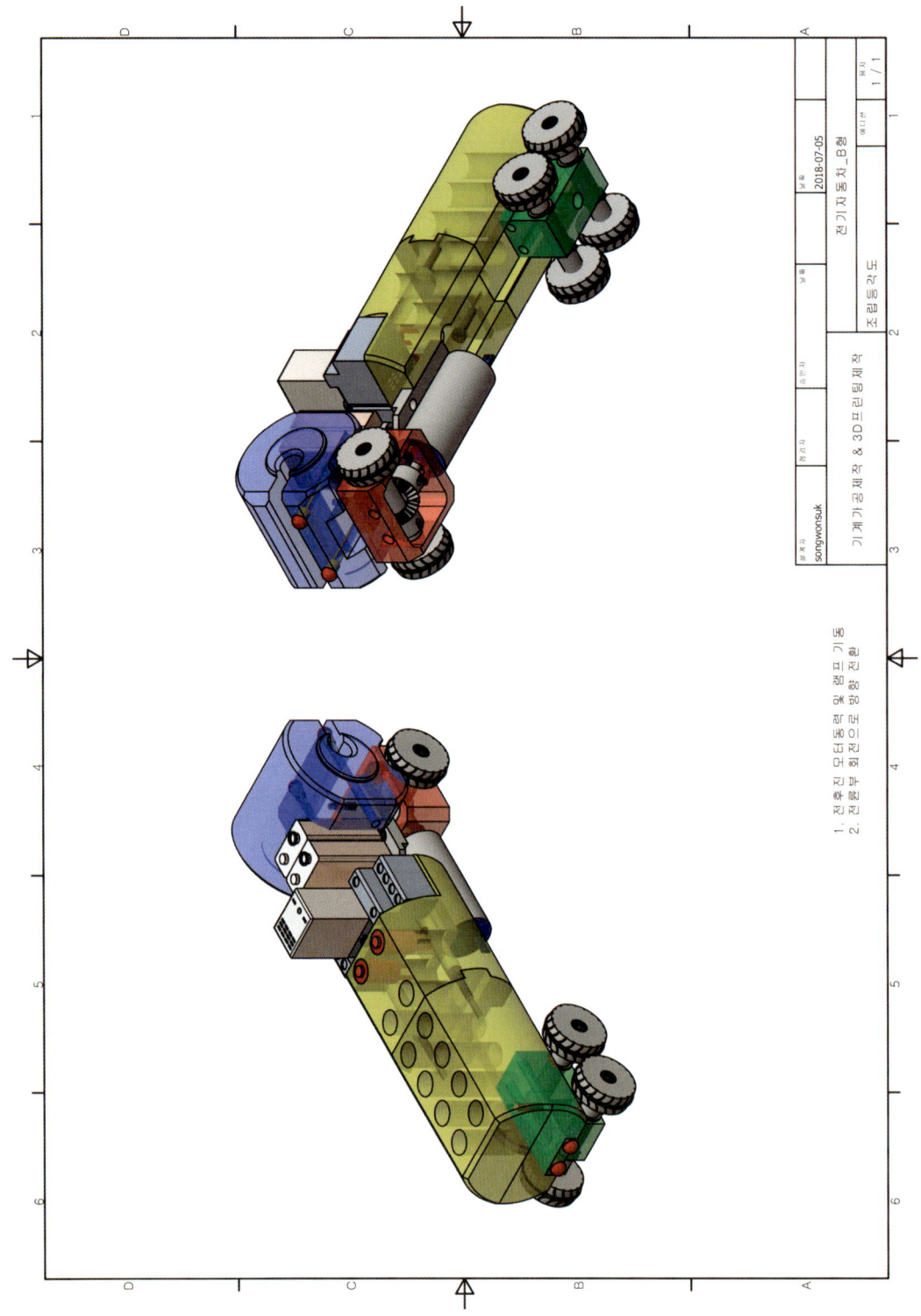

2) 분해도

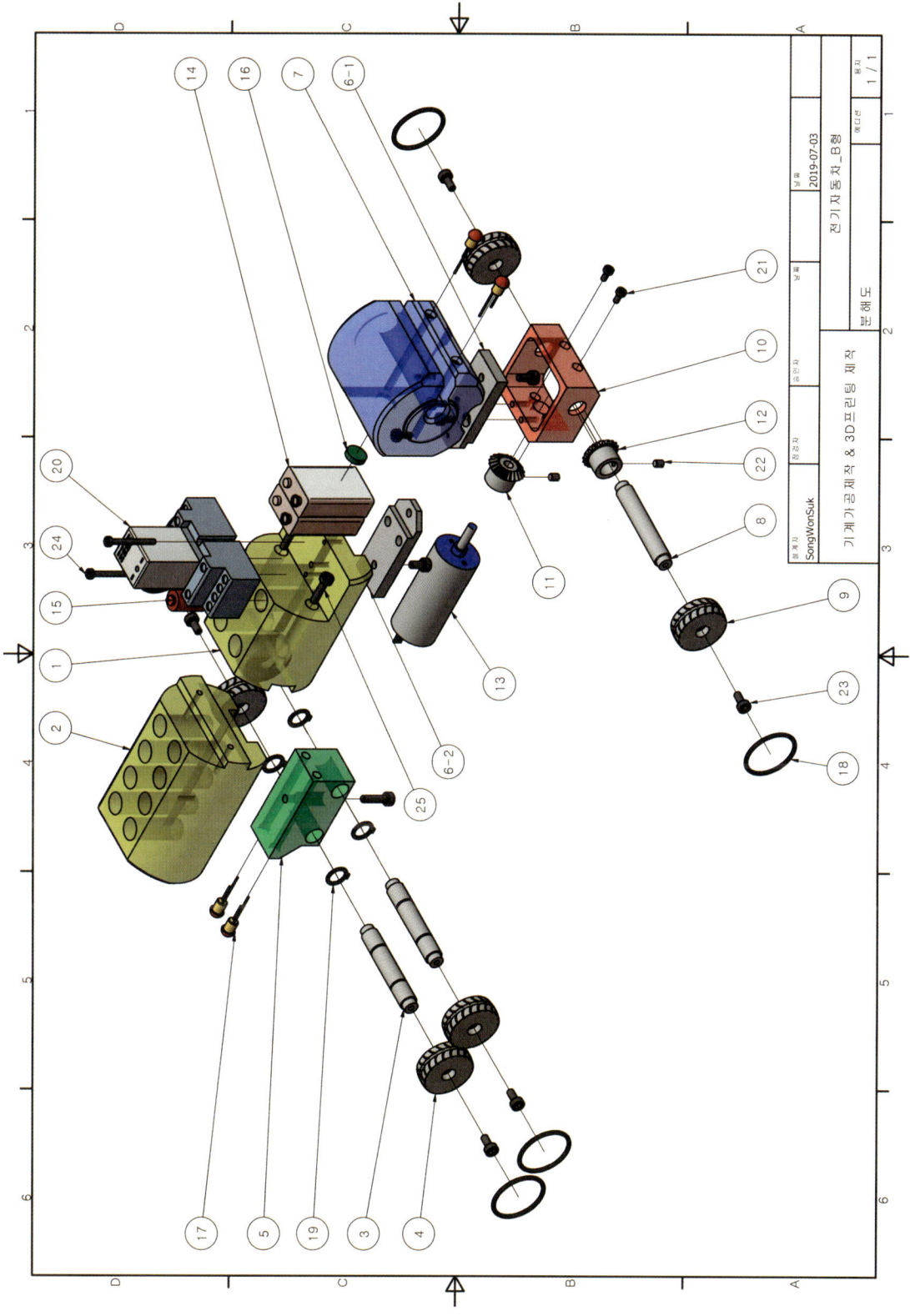

3) 조립도

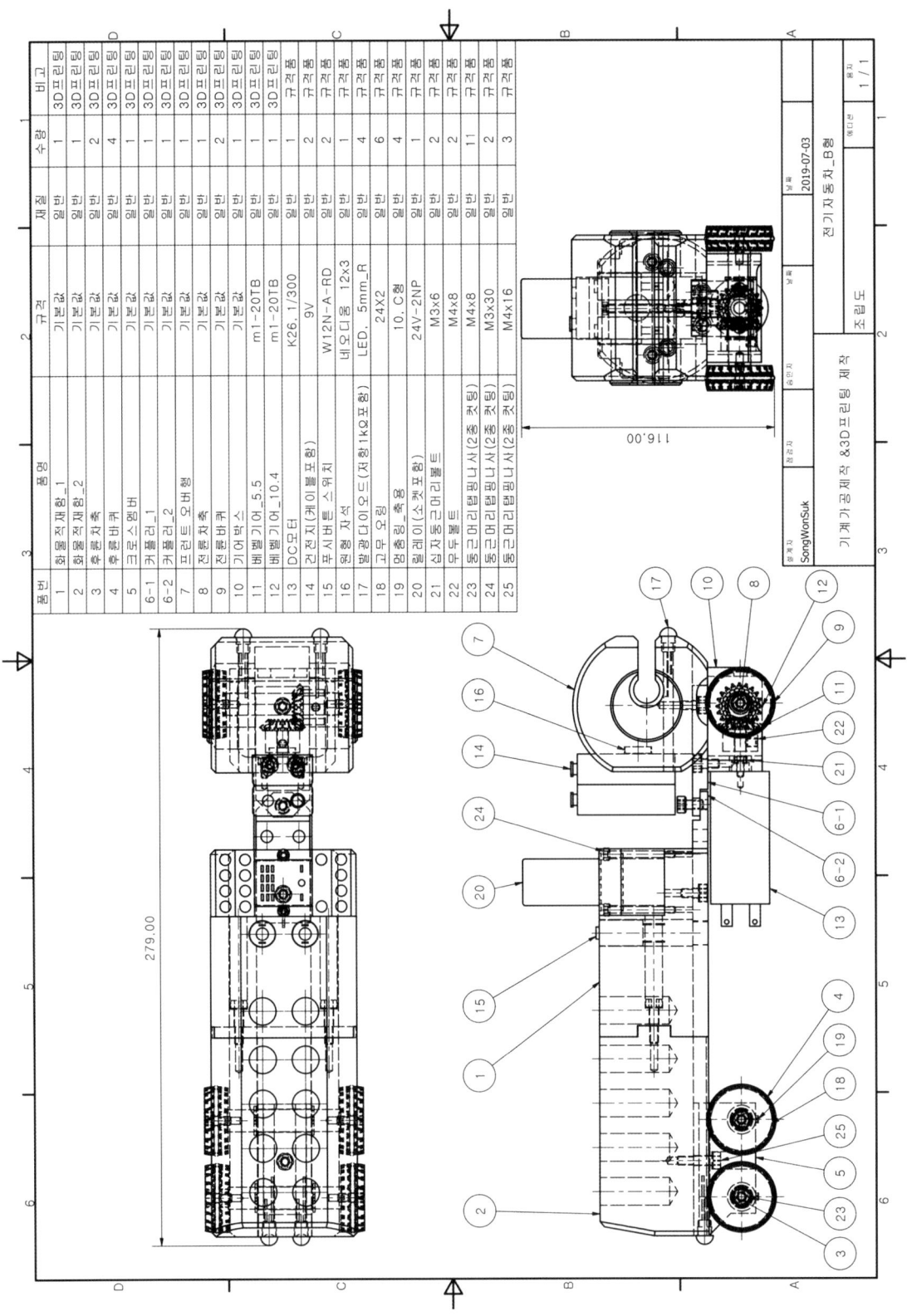

4) 부품도

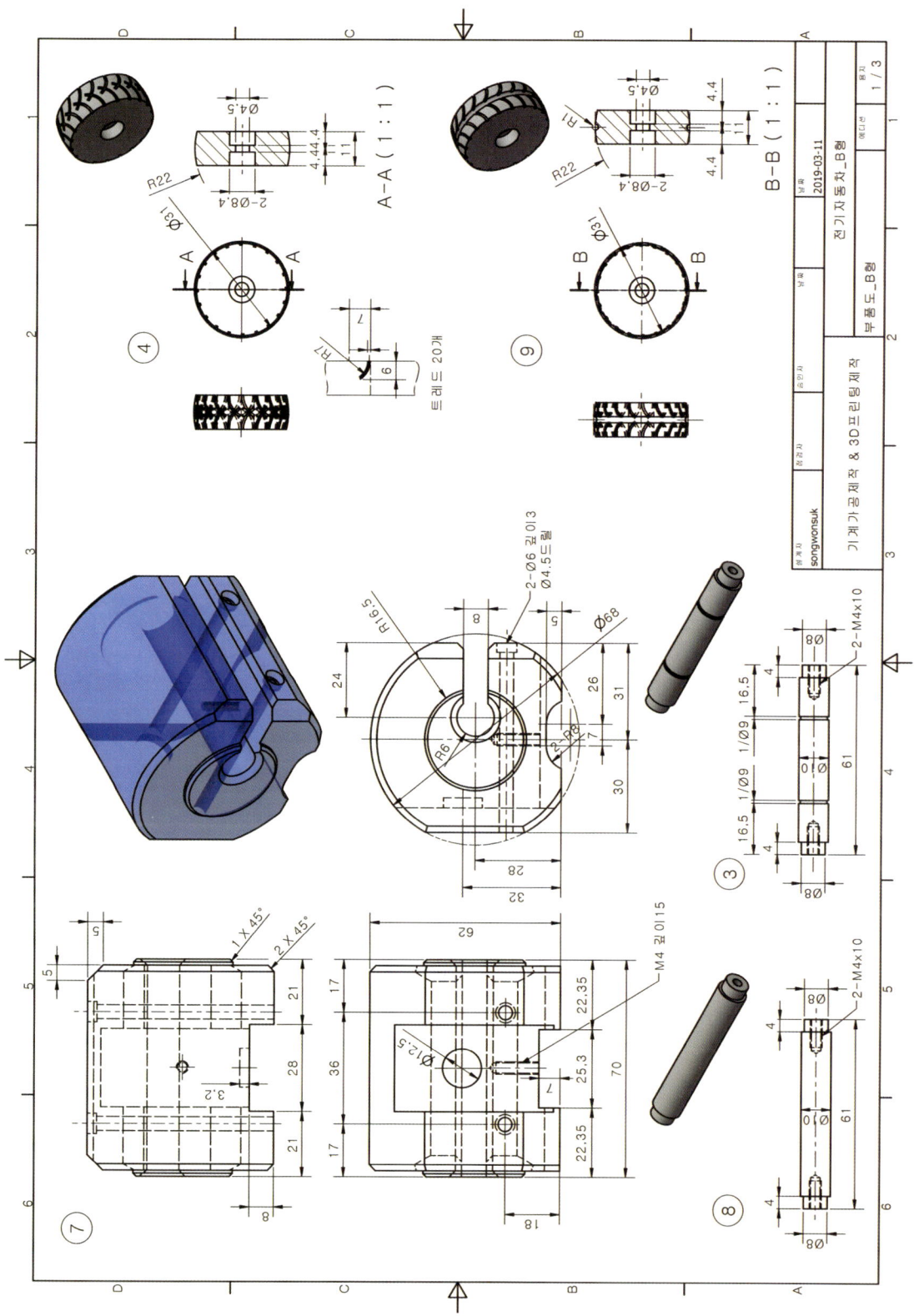

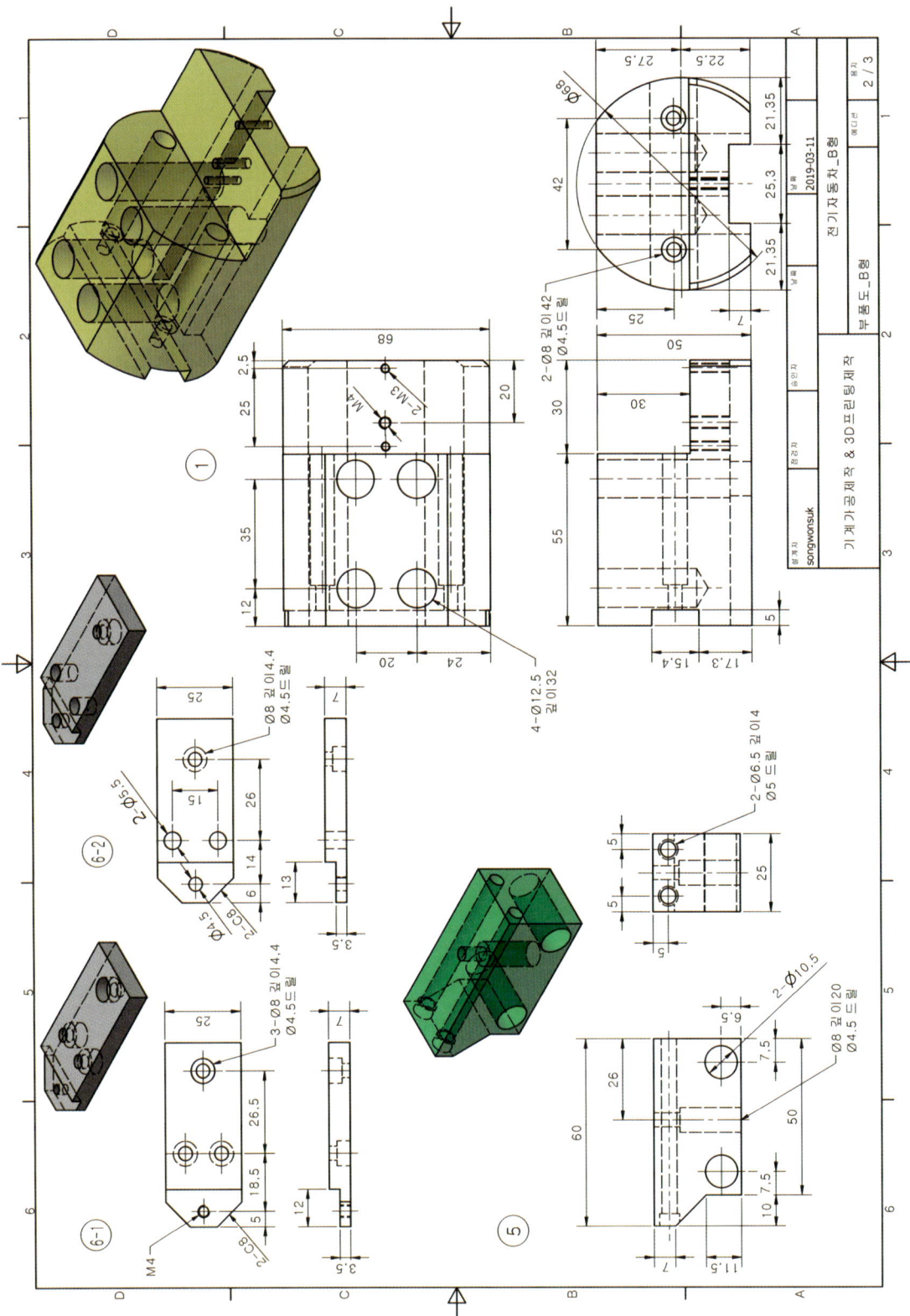

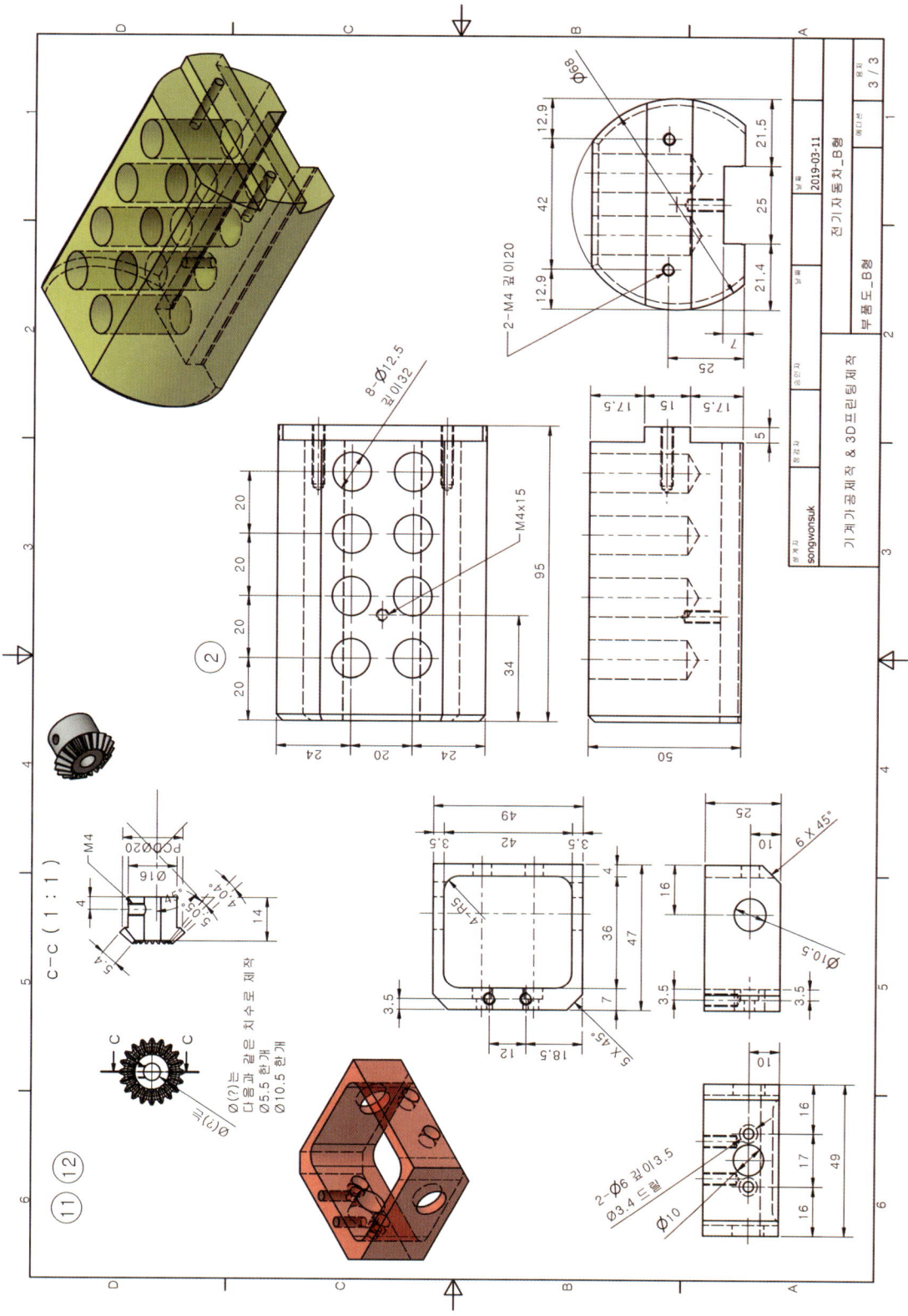

5) 전기배선도

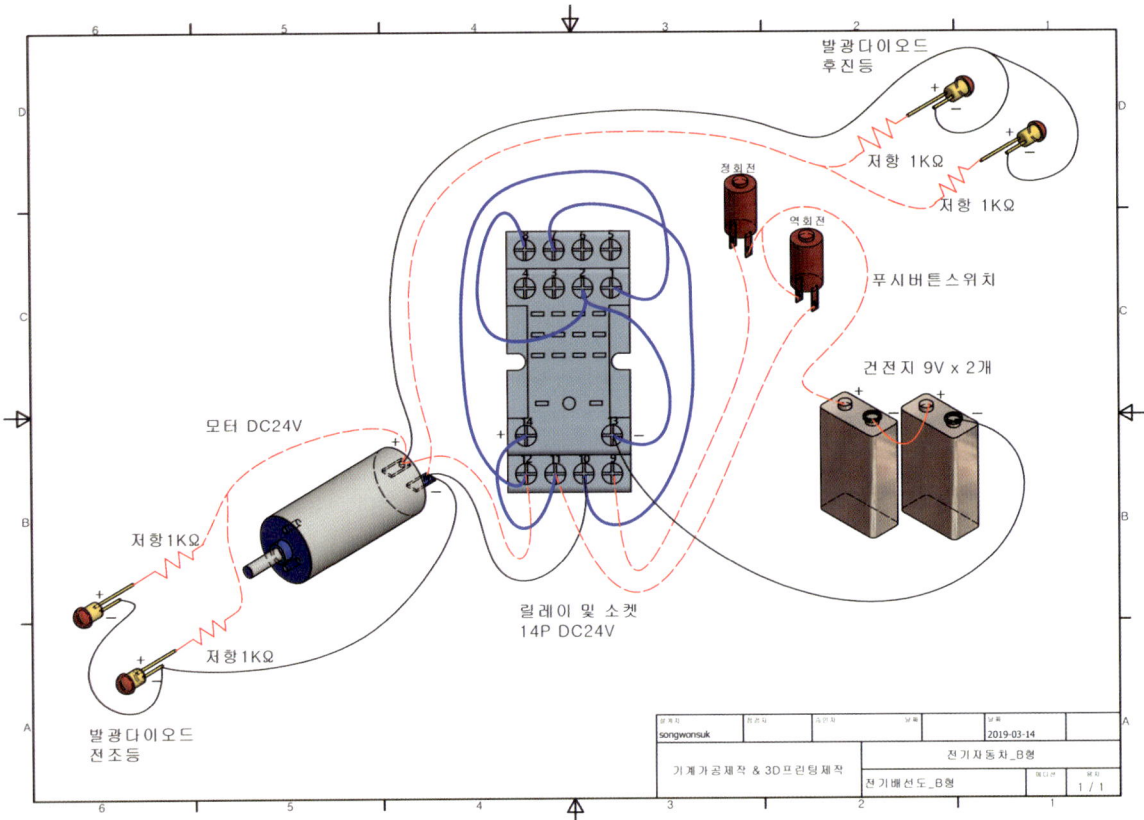

3 전기 자동차_C형

1) 조립등각도

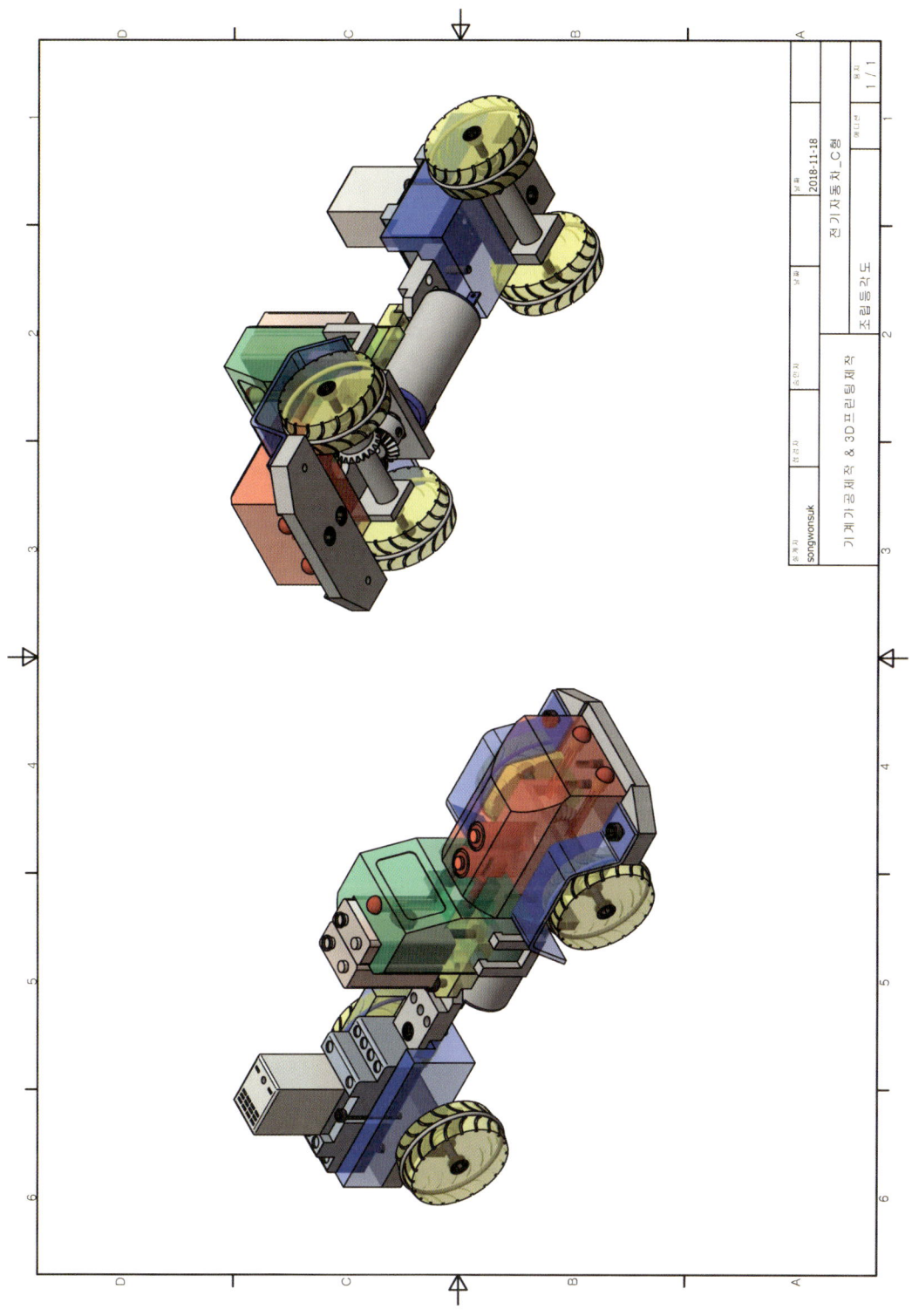

2) 분해도

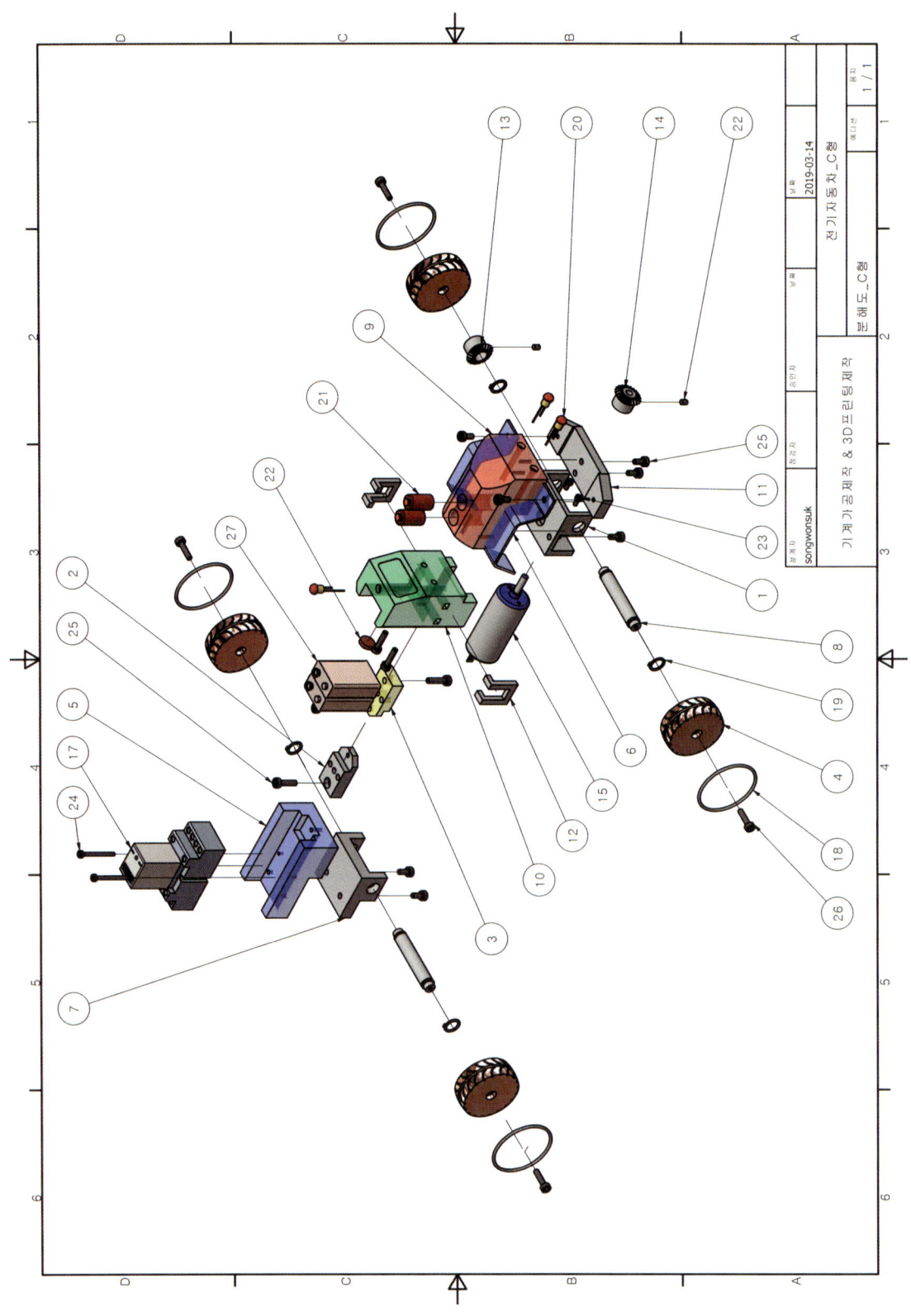

3) 조립도

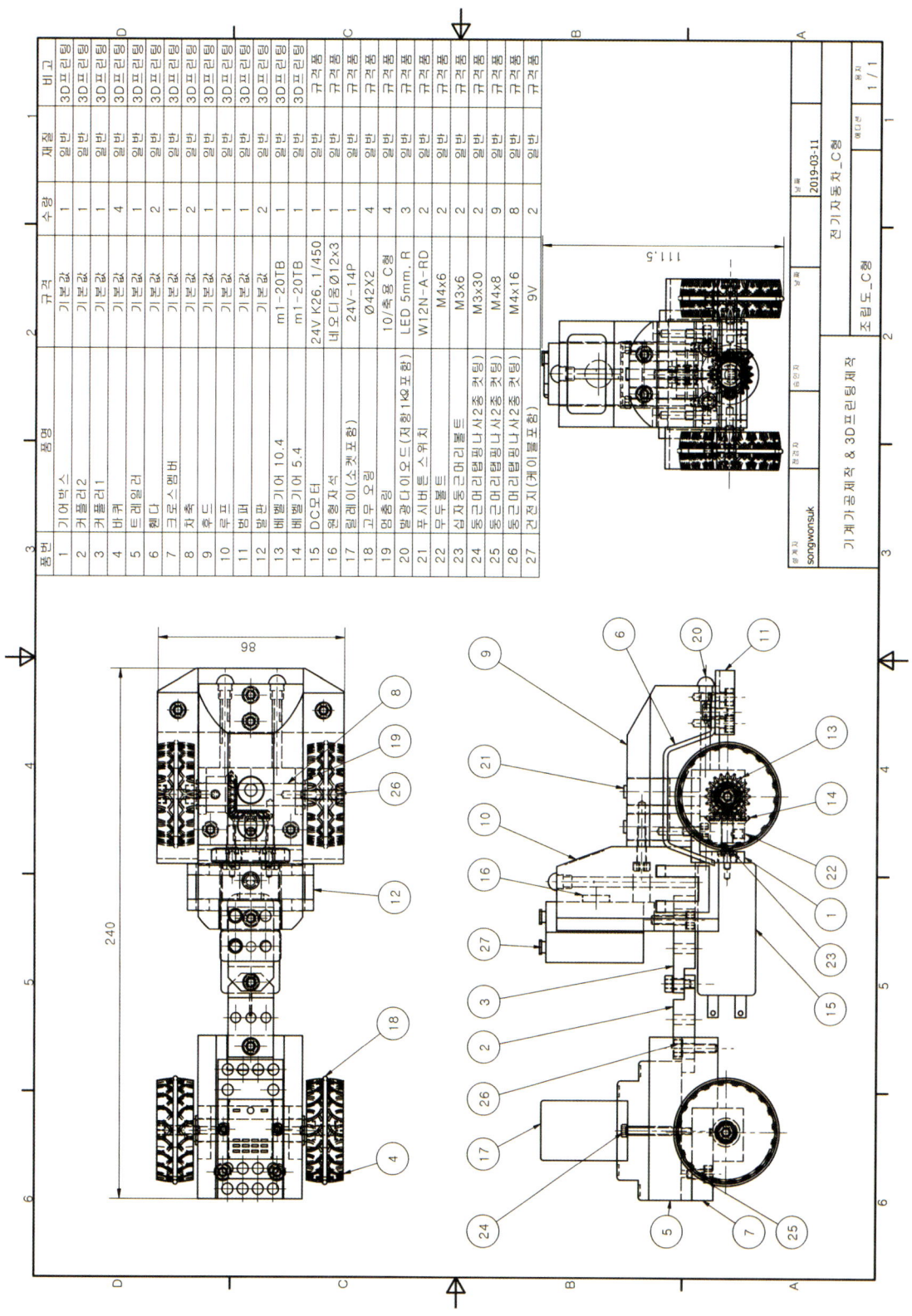

4) 부품도

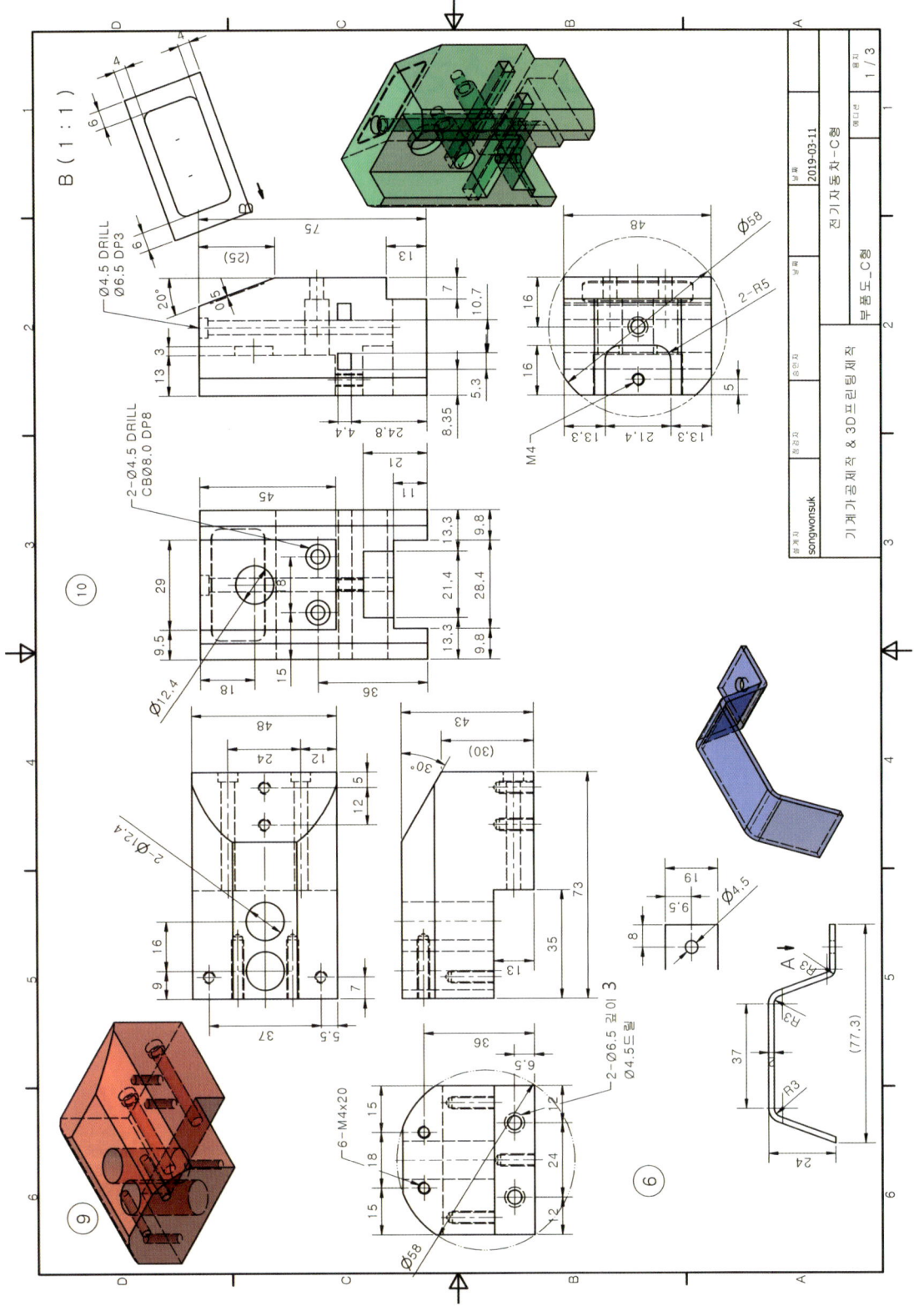

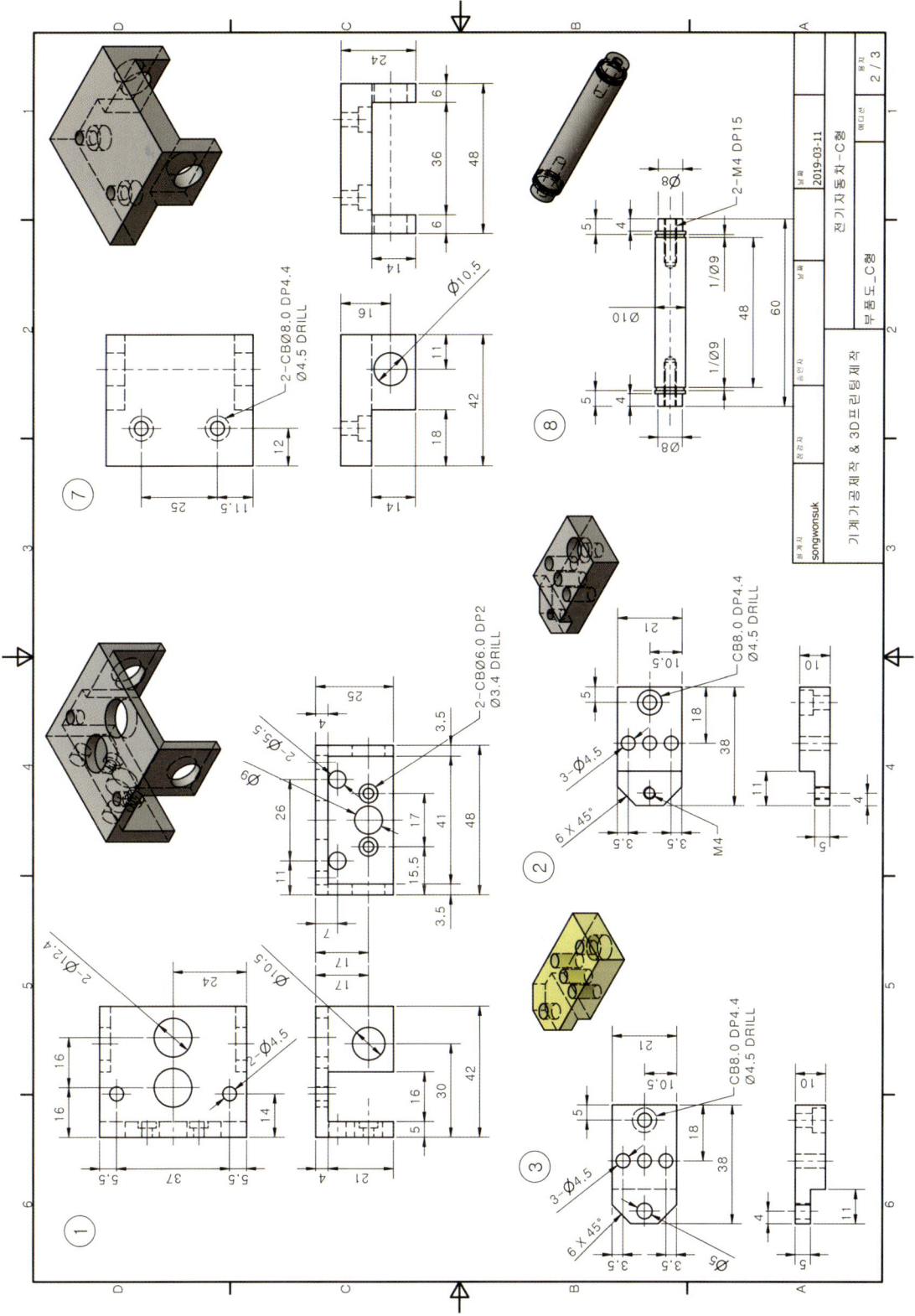

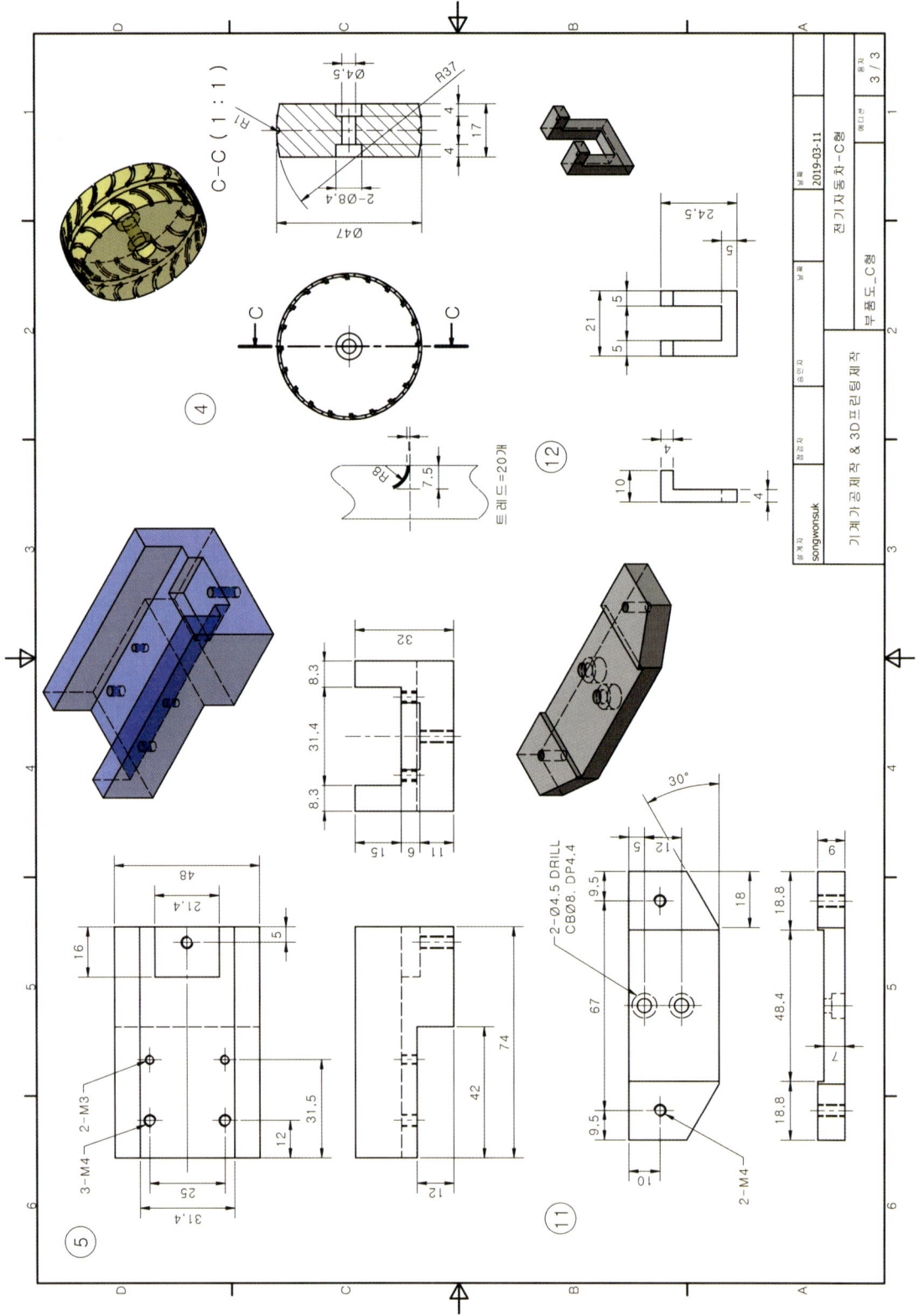

5) 전기배선도

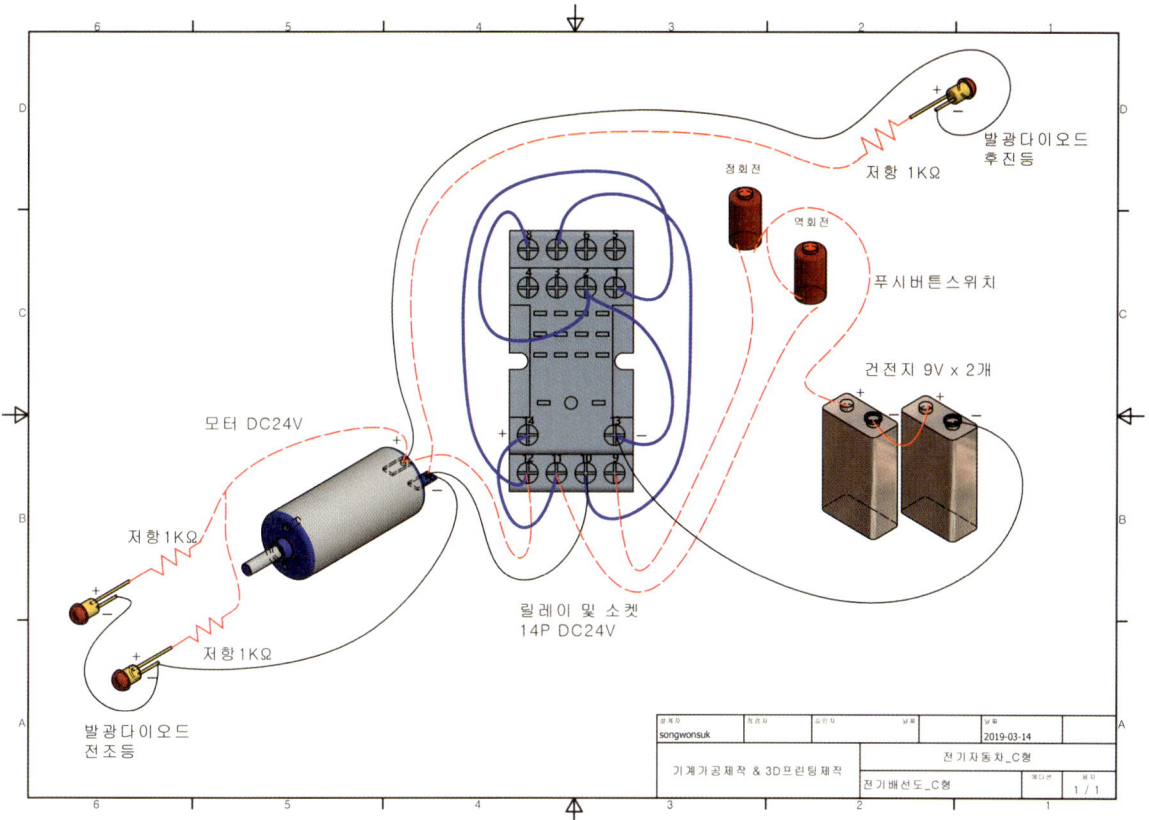

PROJECT 03 | 아두이노 자동차 만들기

1 아두이노 자동차_A형

1) 조립등각도

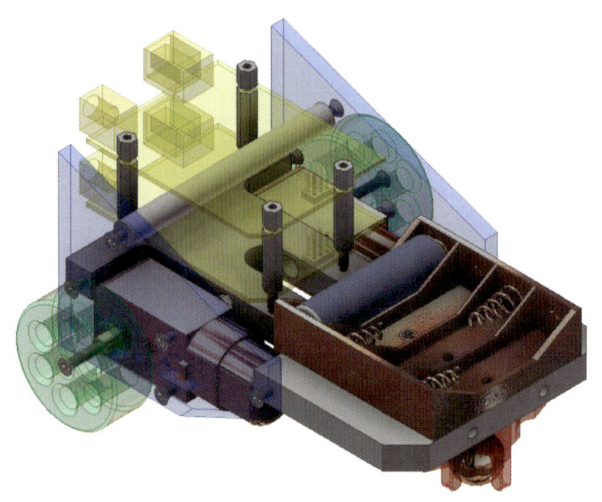

2) 분해도

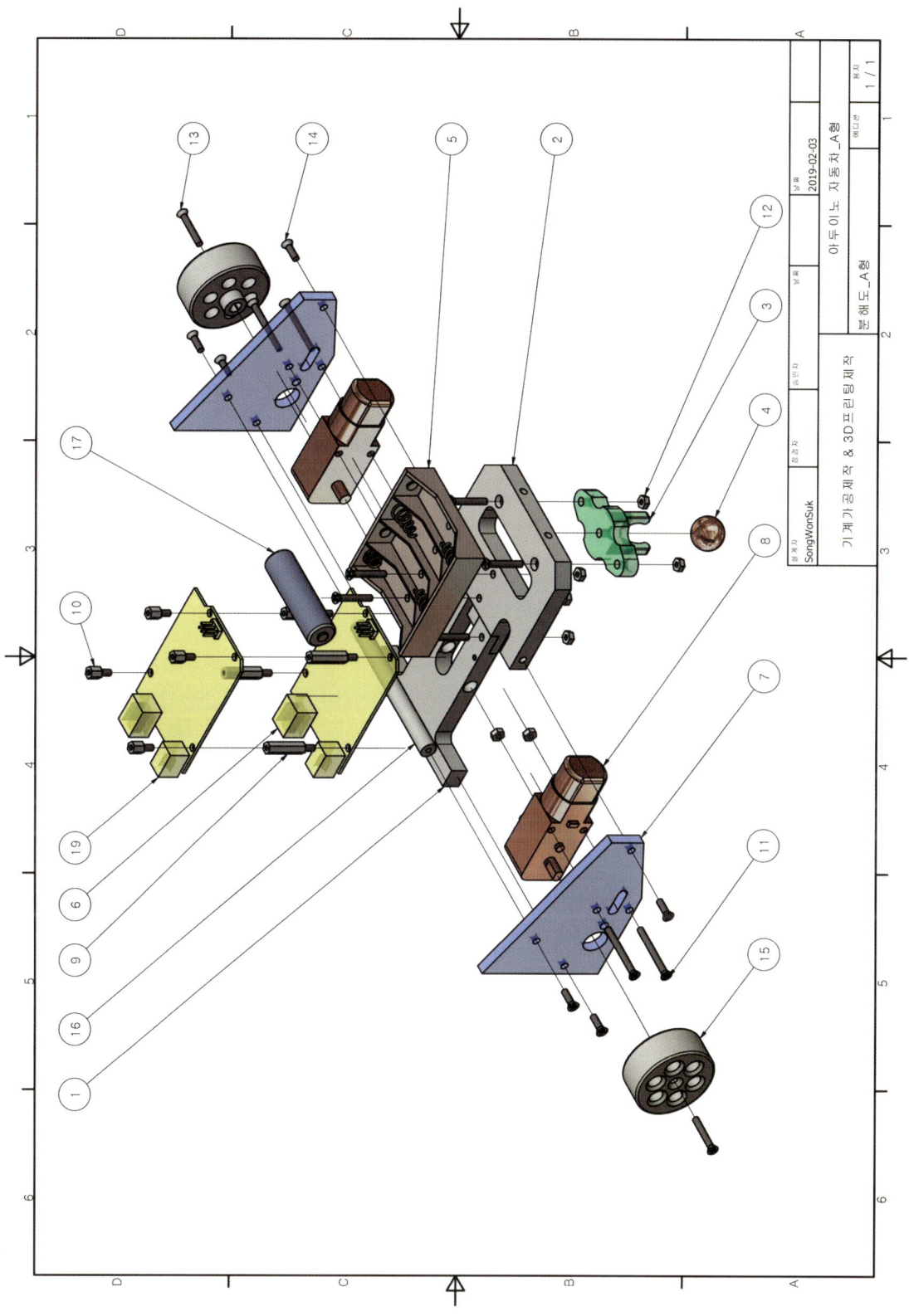

PART 05 프로젝트실습 | **325**

3) 조립도

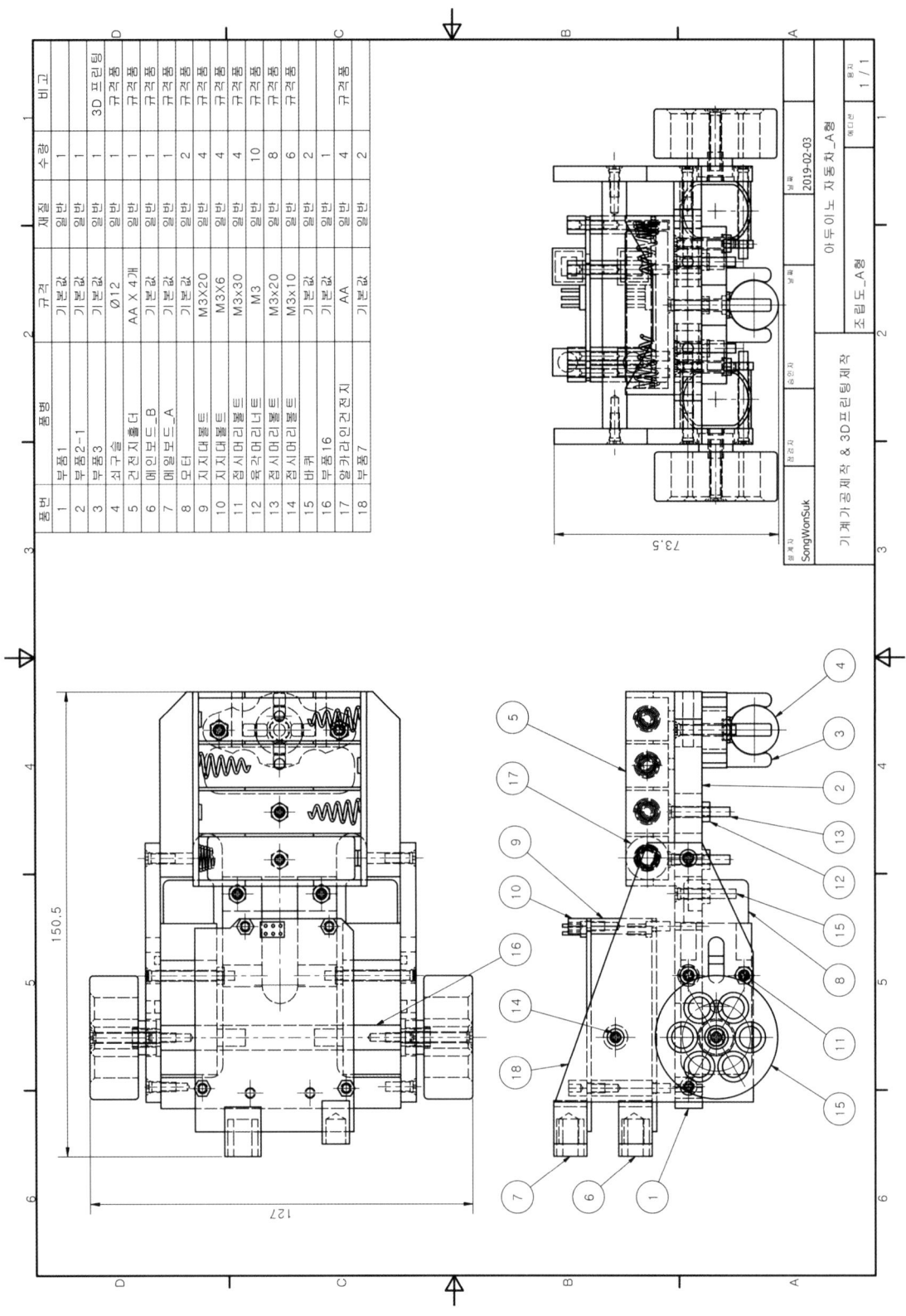

4) 부품도

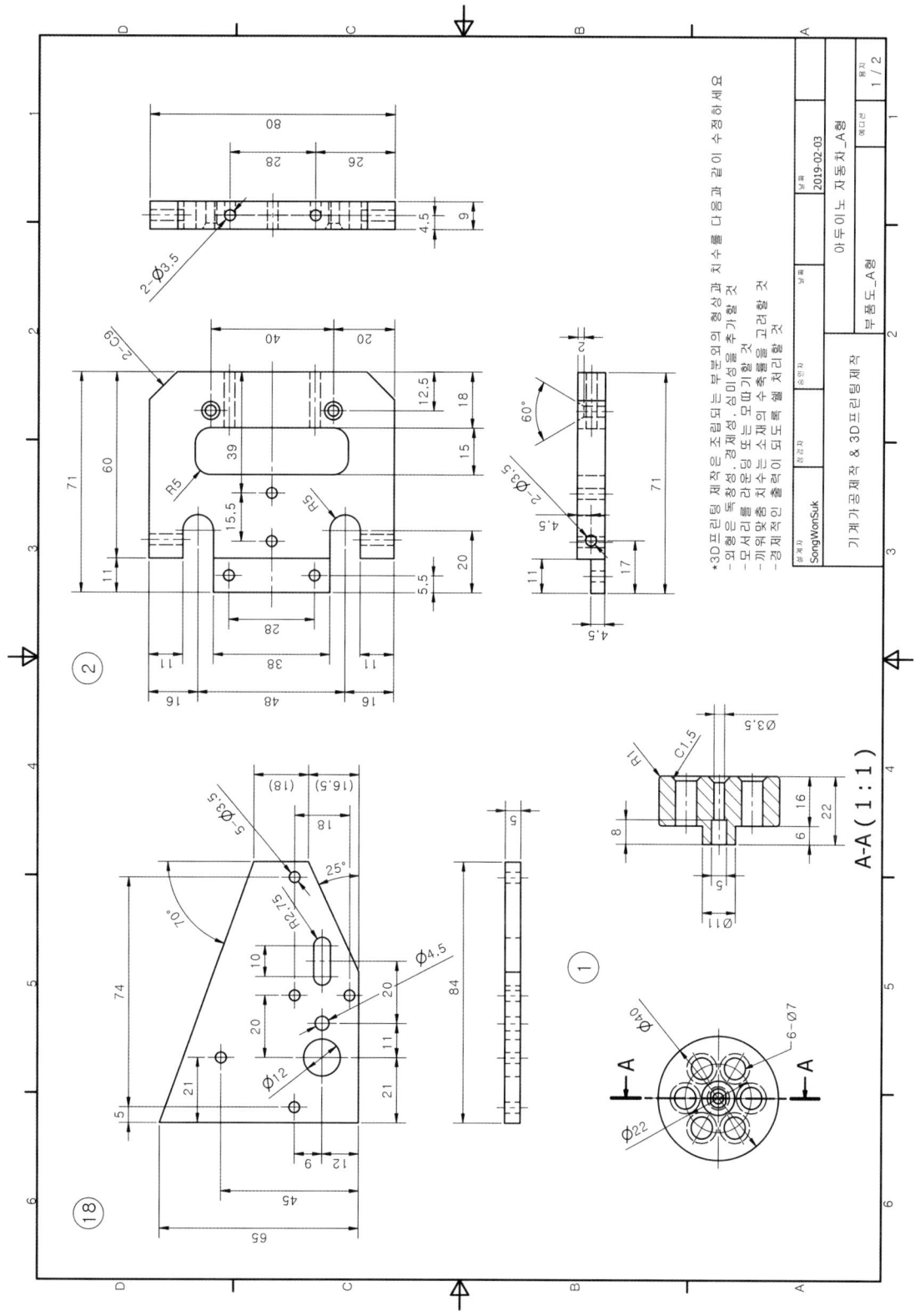

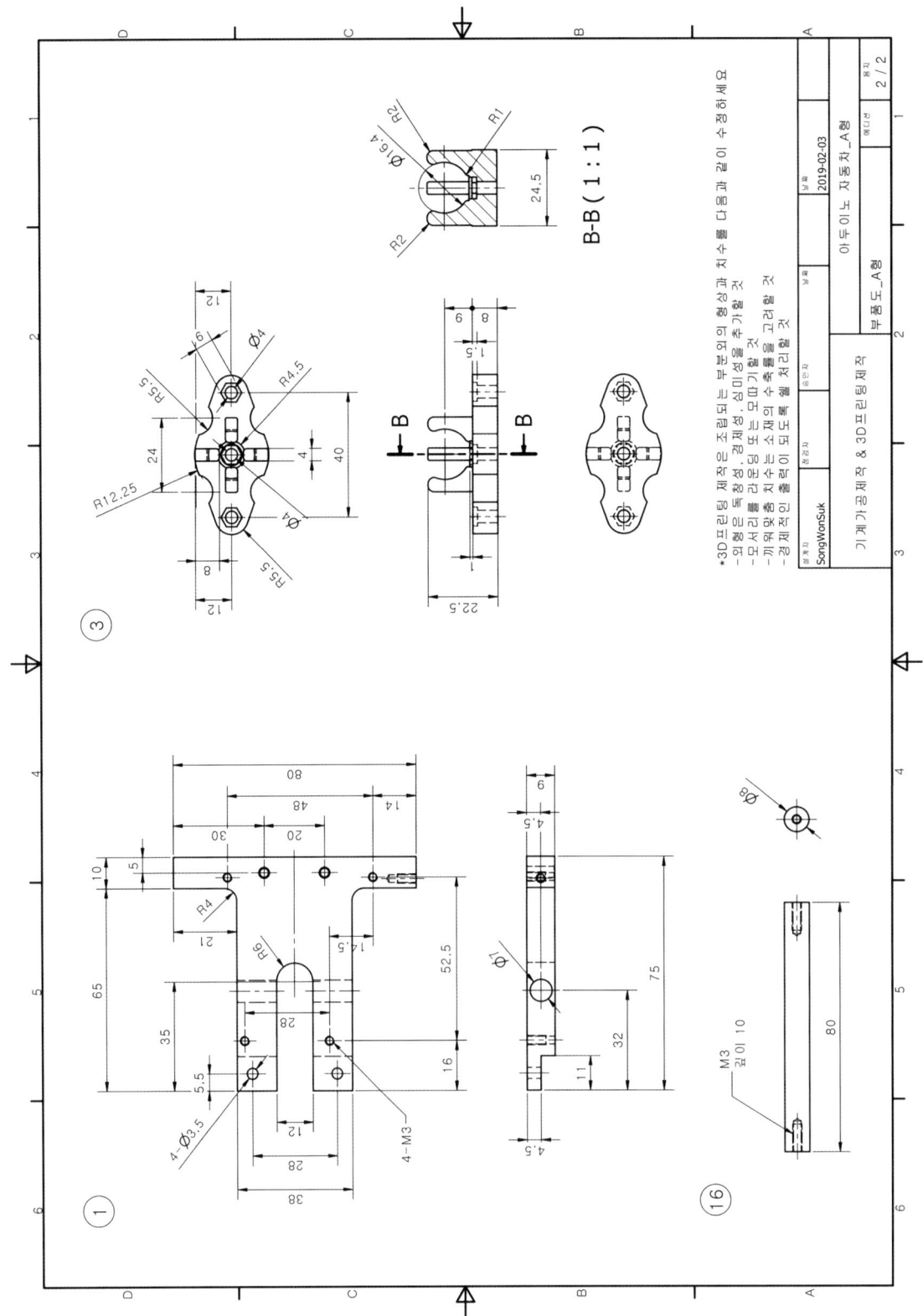

2 아두이노 자동차_B형

1) 조립등각도

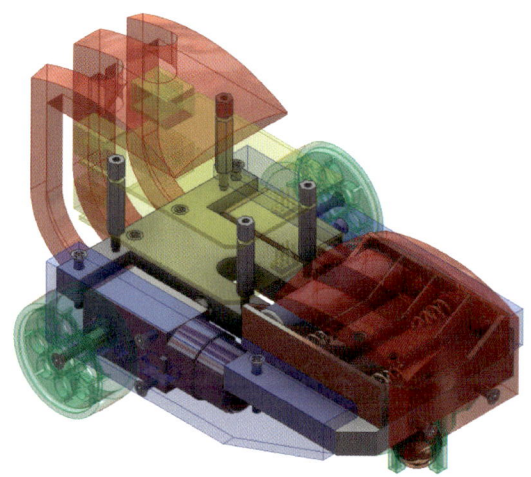

2) 분해도

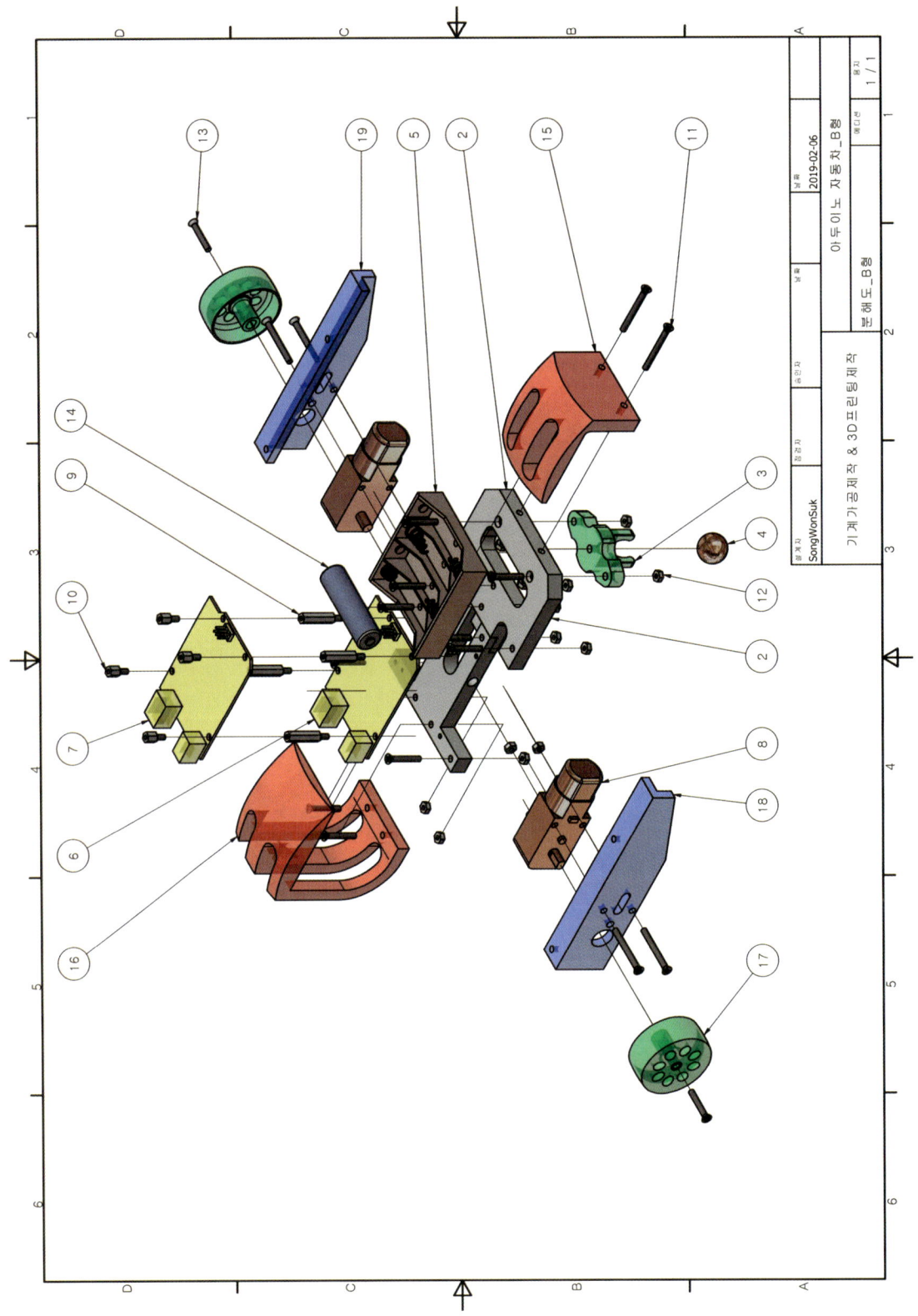

3) 조립도

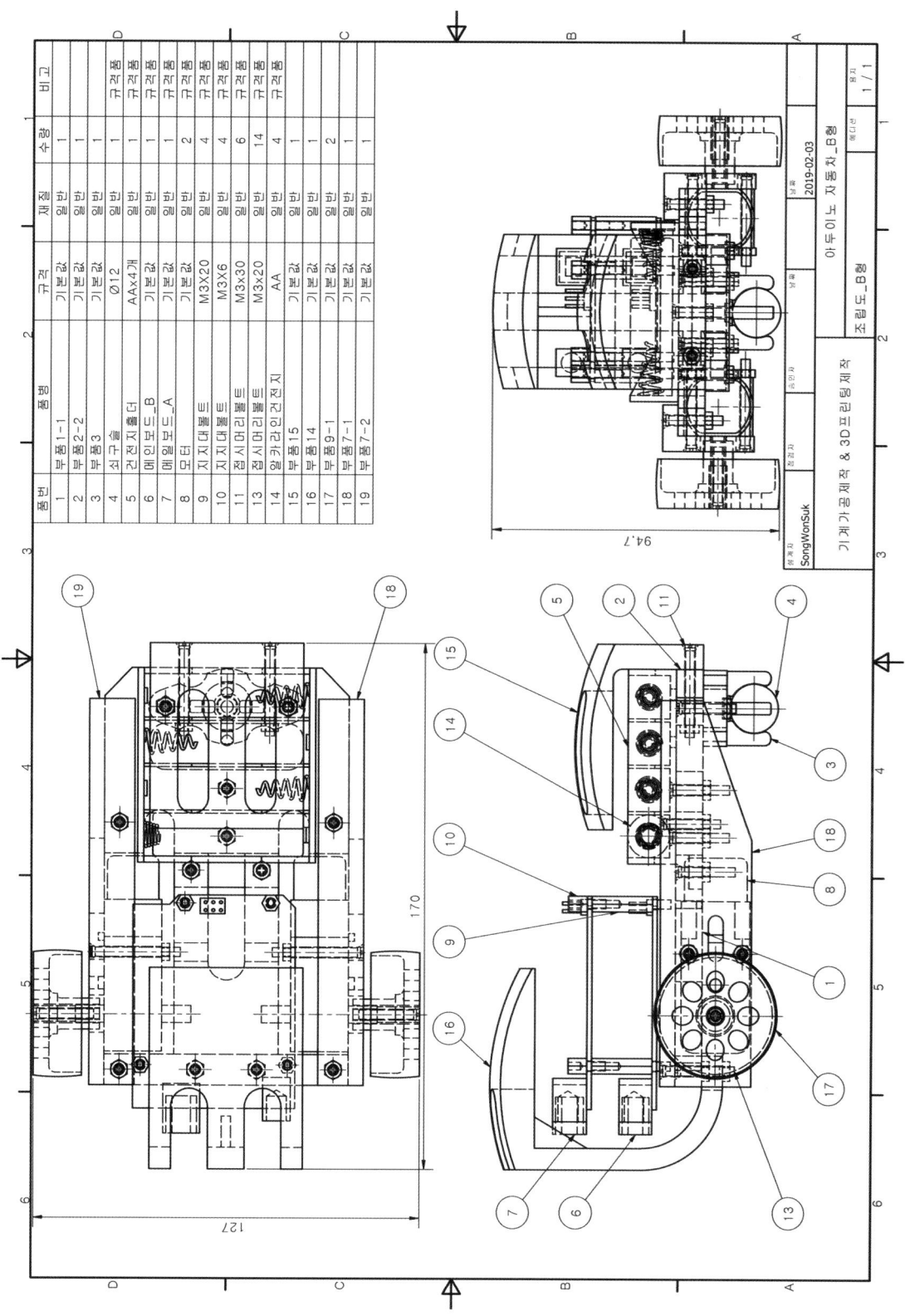

4) 부품도

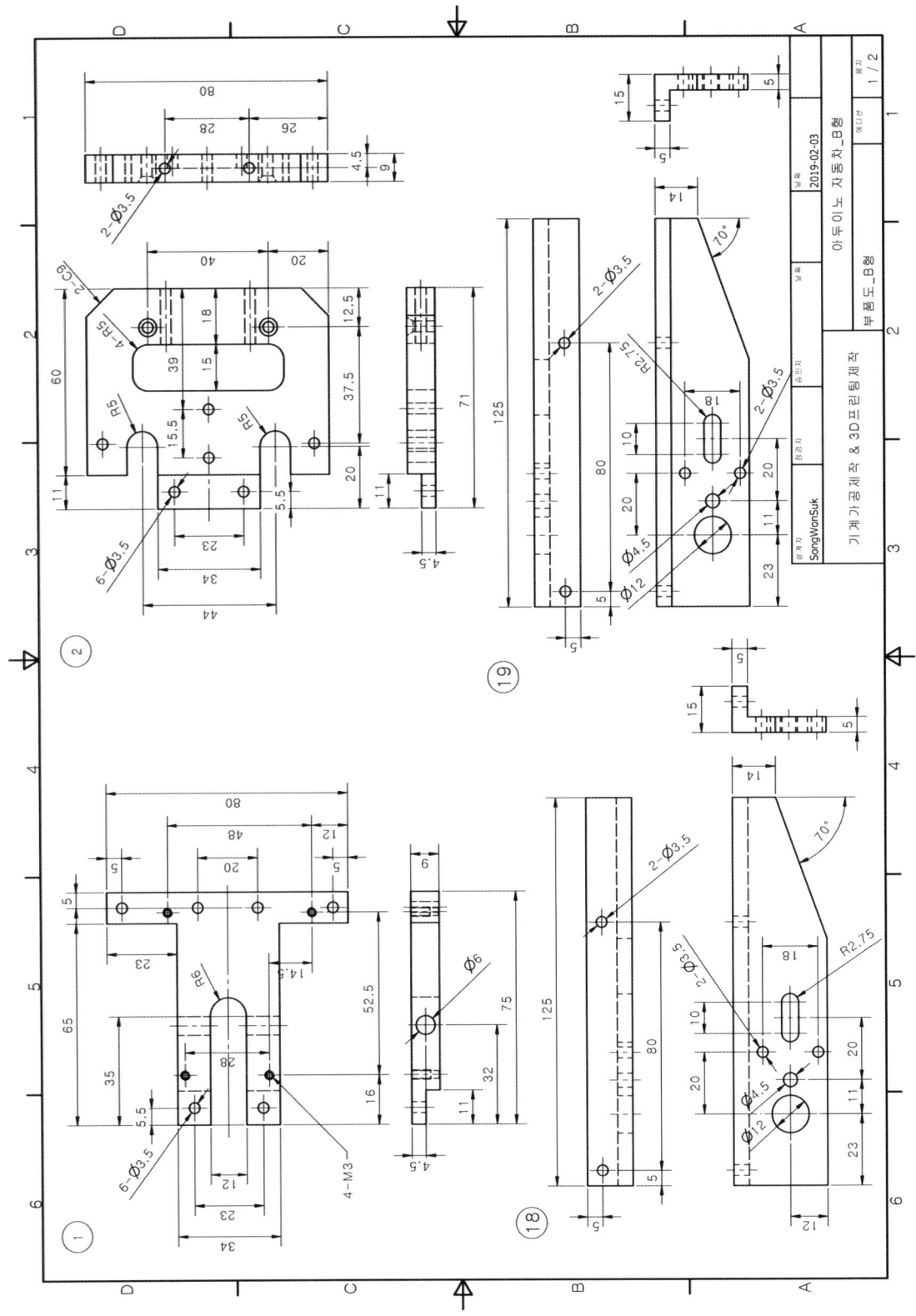

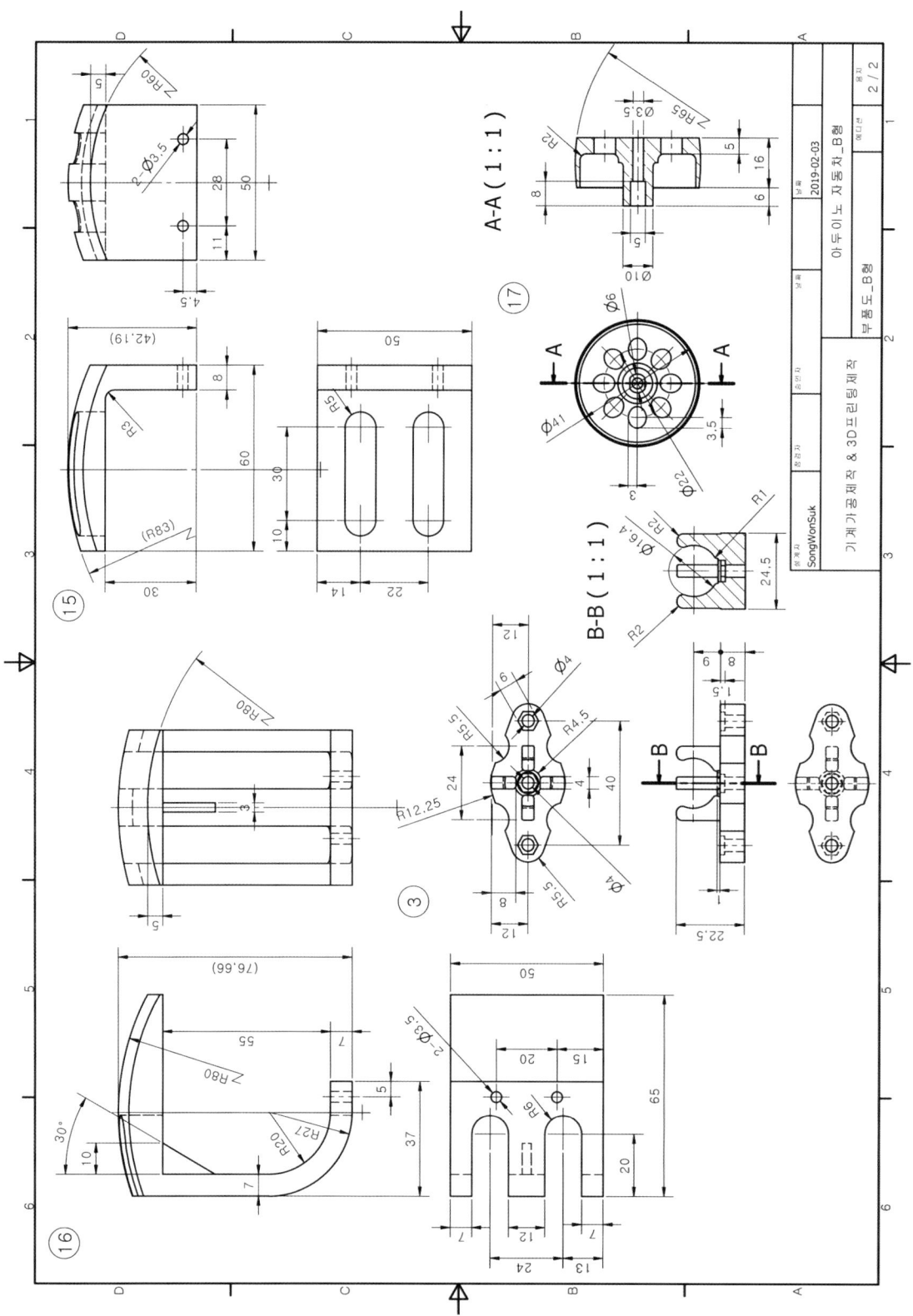

3 아두이노 자동차_C형

1) 조립등각도

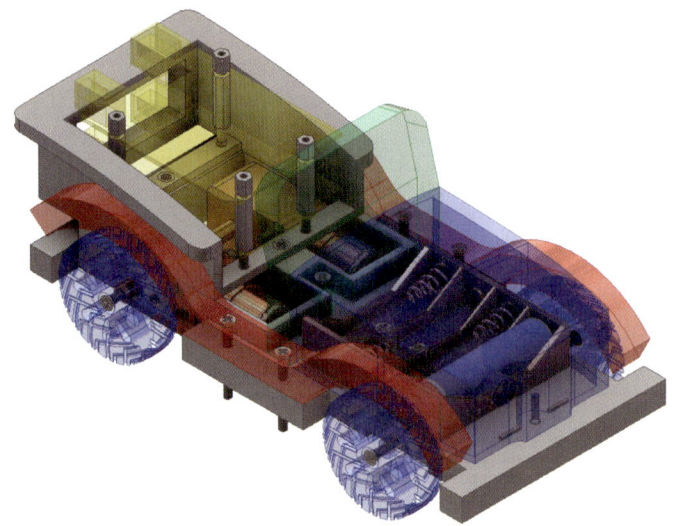

2) 분해도

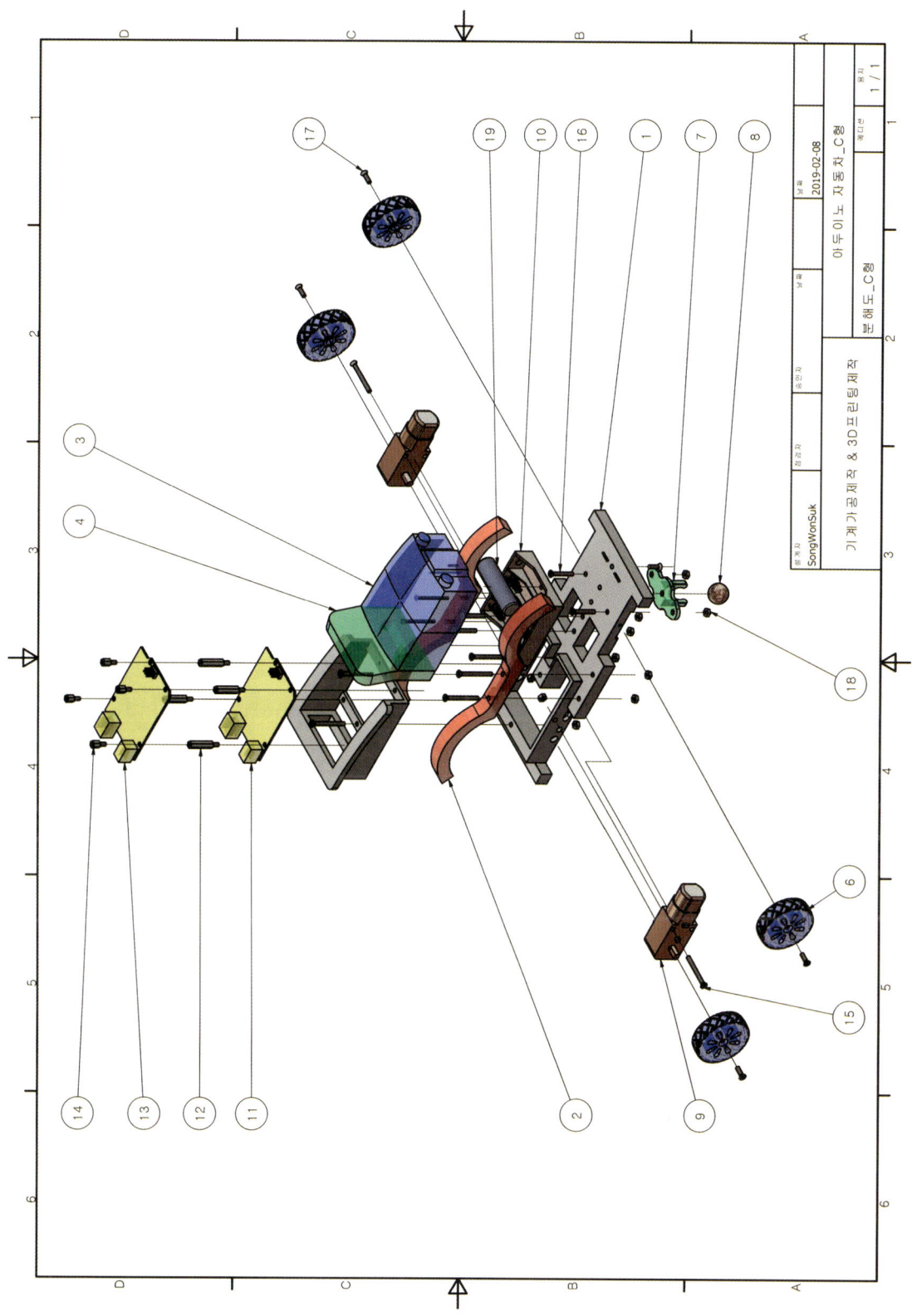

3) 조립도

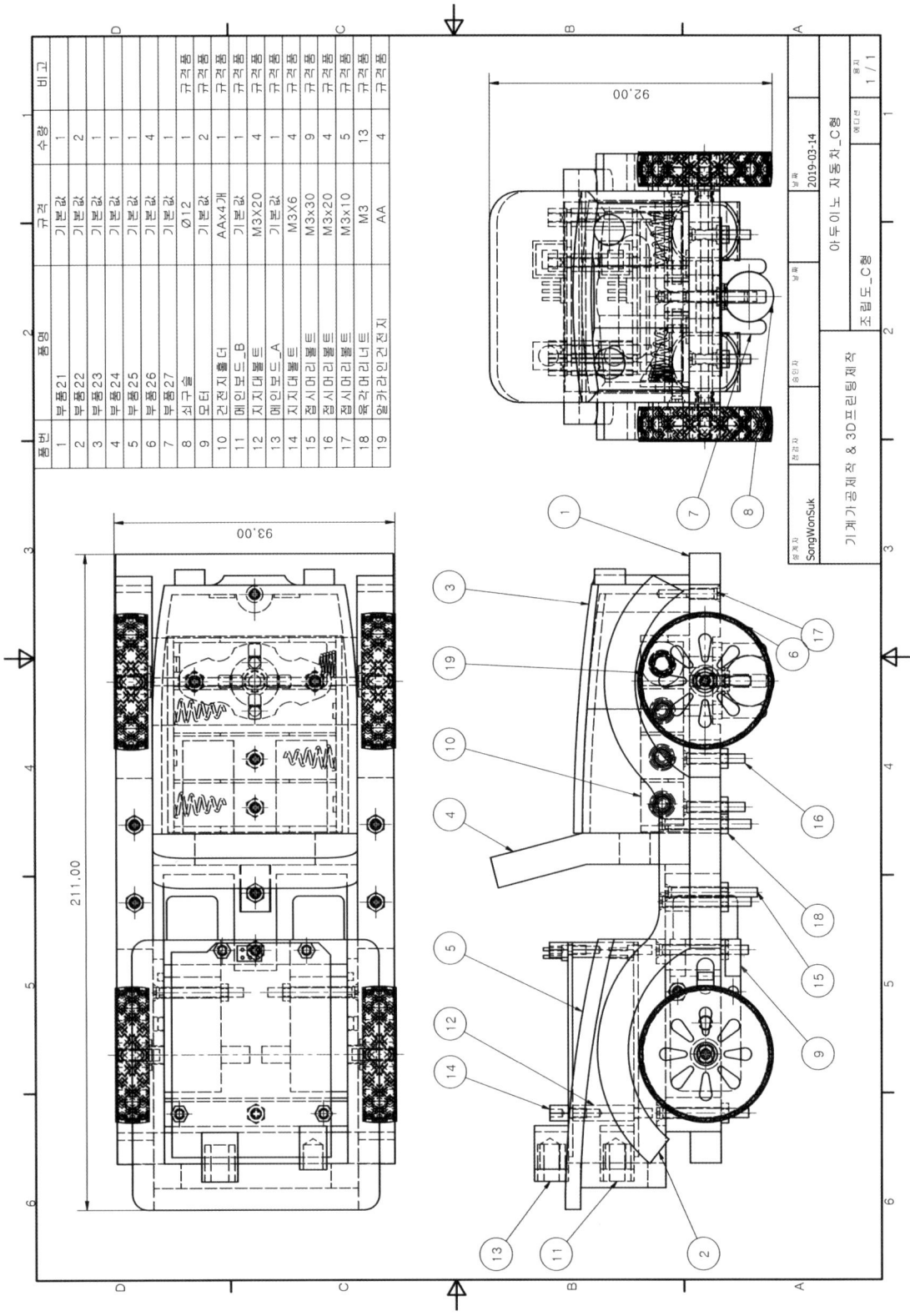

4) 부품도

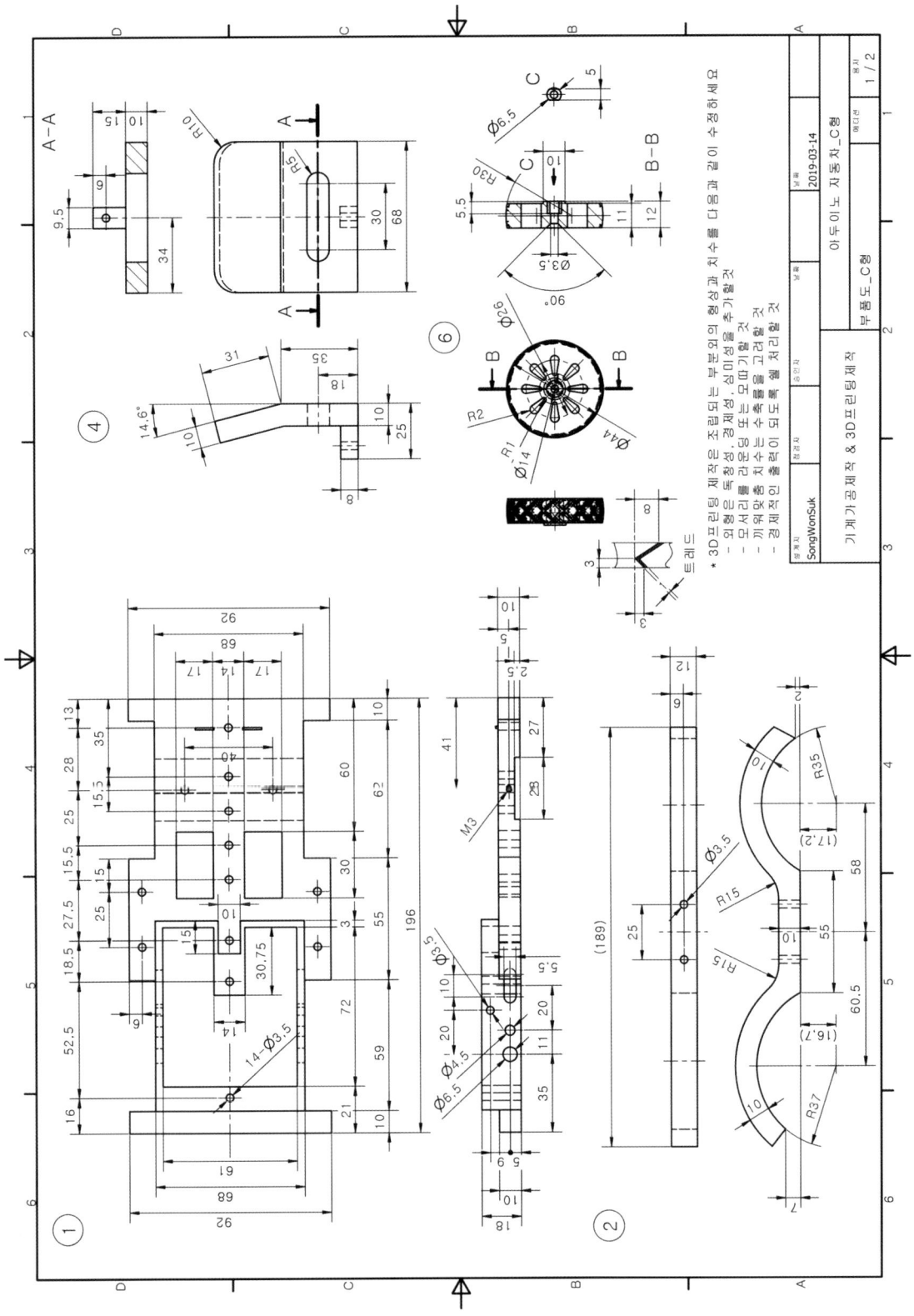

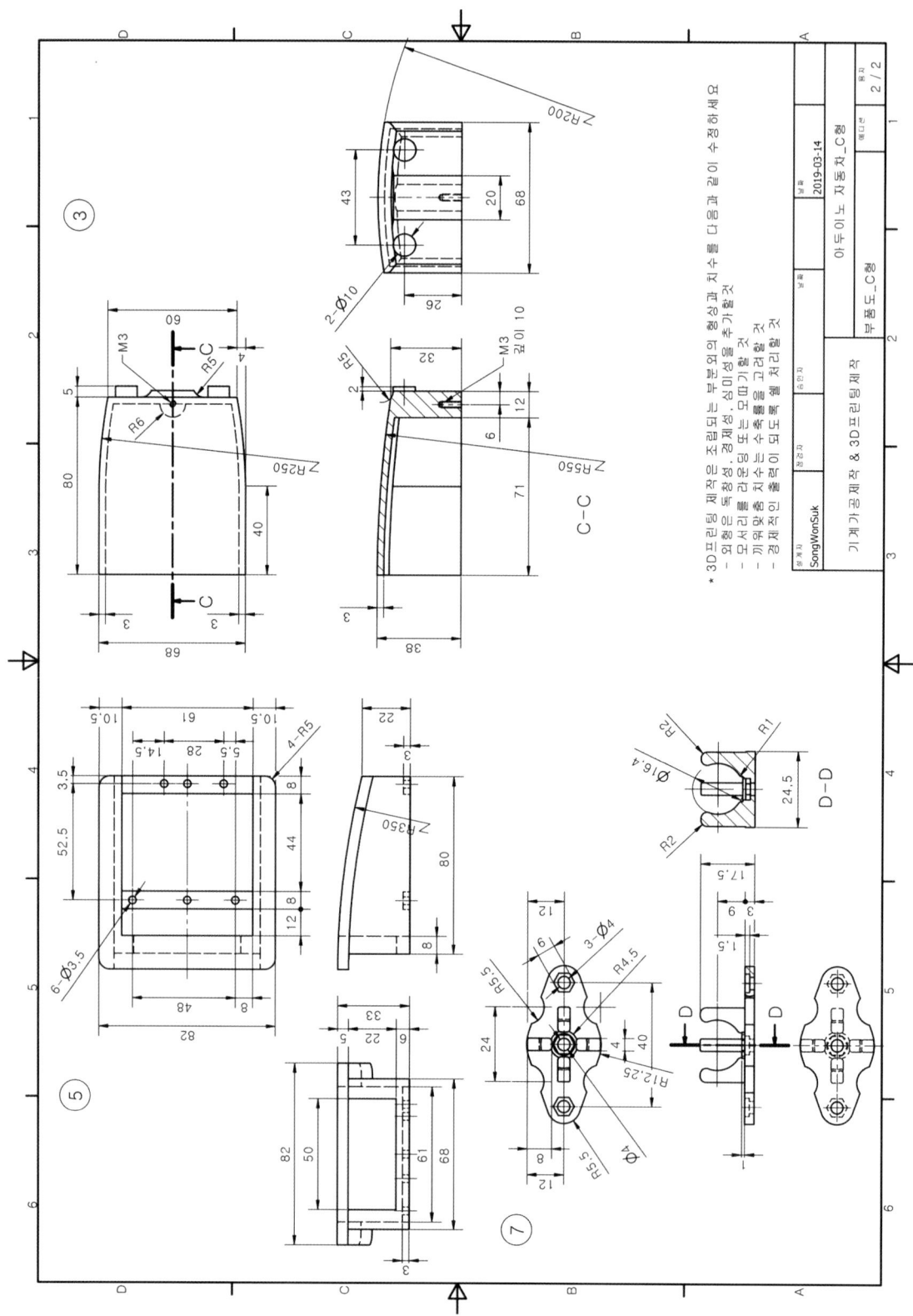

4 아두이노 자동차 배선 및 코딩

1) 아두이노 2WD 자동차 배선

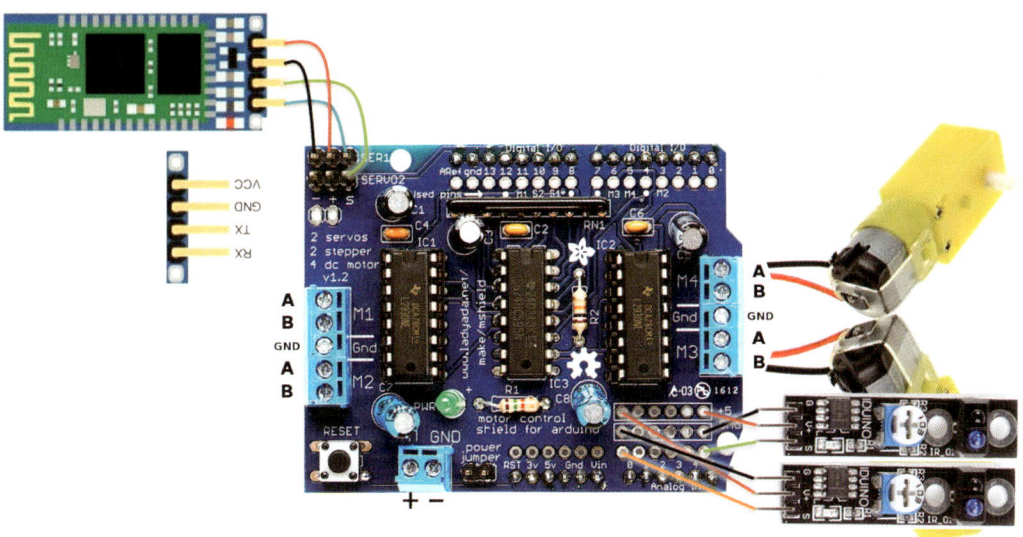

2) 프로그램 준비

아두이노 IDE를 다운받아 설치하고 실행한 후 메뉴 스케치/라이브러리 포함하기/라이브러리 관리 선택하면 "라이브러리 매니저 창이 활성화되면 검색창에 'adafruit motor'를 입력하고 검색하면 맨위의 'Adafruit Motor Shield library'를 마우스로 선택하고 설치를 눌러 라이브러리를 설치한 후 컴파일하여야 한다.

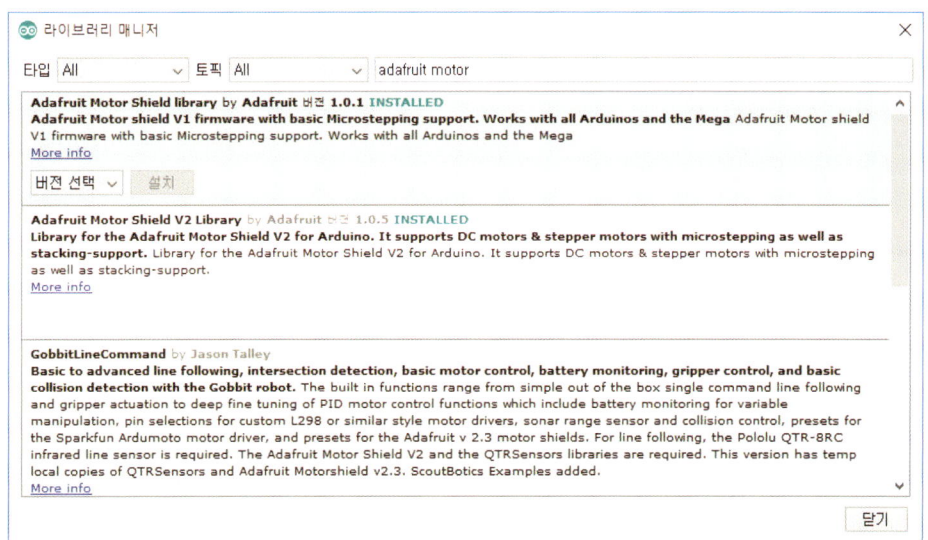

3) 아두이노 자동차 펌웨어(라인 트레이서용)

<부품>
아두이노 UNO
L293D Adafruit 모터드라이버 쉴드
DC모터×2
라인추적 적외선(IR) 센서 모듈×2
배터리 홀더(AA×4)
<코드> 2wd_car_line.ino

아두이노 보드를 컴퓨터 USB포트에 연결하면 드라이버를 자동으로 설치 하면 포트를 확인한다. 아두이노 메뉴에서 툴/보드 – Arduino/Genuino Uno 선택하고 툴/포트에서 COMx 포트 선택하여 보드 및 통신포트를 맞추어 준다.

```
/* 2WD 라인트레이서 자동차 Programed by Nicky Kim */
#include <AFMotor.h>
AF_DCMotor motor_L(3); //Left M3(Black, Red)
AF_DCMotor motor_R(4); //Right M4(Red, Black)
const int ledPin = 13;
int IR1=0;
int IR2=0;

void setup()
{
  pinMode(ledPin, OUTPUT);
  pinMode(A0, INPUT);
  pinMode(A5, INPUT);
  motor_L.setSpeed(240);  // 왼쪽 모터의 속도
  motor_L.run(RELEASE);
  motor_R.setSpeed(240);  // 오른쪽 모터의 속도
  motor_R.run(RELEASE);
}
```

```
void loop()
{
  int IR1 = digitalRead(A0);    // 라인센서1
  int IR2 = digitalRead(A5);    // 라인센서2
  if ((IR1 == 0) && (IR2 == 0)) {  // 직진
    motor_L.run(FORWARD);
    motor_R.run(FORWARD);
    digitalWrite(ledPin, HIGH);
  } else if ((IR1 == 0) && (IR2 == 1)) {  // 우회전
    motor_L.run(FORWARD);
    motor_R.run(RELEASE);
    digitalWrite(ledPin, HIGH);
  } else if ((IR1 == 1) && (IR2 == 0)) {  // 좌회전
    motor_L.run(RELEASE);
    motor_R.run(FORWARD);
    digitalWrite(ledPin, HIGH);
  } else if ((IR1 == 1) && (IR2 == 1)) {  // 정지
    motor_L.run(RELEASE);
    motor_R.run(RELEASE);
    digitalWrite(ledPin, LOW);
  }
}
```

4) 아두이노 자동차 펌웨어(블루투스 조정용)

<부품>
아두이노 UNO
L293D Adafruit 모터드라이버 쉴드
DC모터×2
블루투스모듈 HC-06
배터리 홀더(AA×4)
<코드> 2wd_car_bt.ino

블루투스 앱은 구글 플레이에서 "Bluetooth - HC05 / HC06" 다운 받아 설치 후 버튼 설정을 전진(F), 후진(B), 좌회전(L), 우회전(R), 정지(S)로 설정하고 블루투스를 접속하여 비번을 입력하고 링크한 후 조정하면 된다.

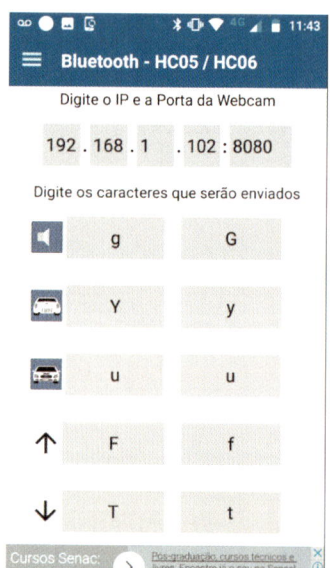

```
/* 2WD 블루투스 조정 자동차 Programed by Nicky Kim */
//servo1 : Tx(D10) - BT(Rx)
//servo2 : Rx(D9) - BT(Tx)

#include <AFMotor.h>
#include <SoftwareSerial.h>
AF_DCMotor motor_L(3); //Left M3(Black, Red)
AF_DCMotor motor_R(4); //Right M4(Red, Black)
SoftwareSerial BTSerial(9,10);
const int ledPin = 13;
char CMD; //command;
byte Speed=240;//Motor Speed
byte Speed2=200;

void setup()
{
    BTSerial.begin(9600); //Bluetooth
    pinMode(ledPin, OUTPUT);
```

```
    Stop();
}

void loop()
{
  if(BTSerial.available() > 0){
    CMD = BTSerial.read();
    switch(CMD){
      case 'F' : Front(); break;
      case 'B' : Back();  break;
      case 'L' : Left();  break;
      case 'R' : Right(); break;
      case 'S' : Stop();  break;
    } //switch end
  } //if end
}

void Front() {
  motor_L.setSpeed(Speed);
  motor_L.run(FORWARD);
  motor_R.setSpeed(Speed);
  motor_R.run(FORWARD);
}
void Back() {
  motor_L.setSpeed(Speed);
  motor_L.run(BACKWARD);
  motor_R.setSpeed(Speed);
  motor_R.run(BACKWARD);
}
void Left() {
  motor_L.setSpeed(Speed2);
```

```
    motor_L.run(FORWARD);
    motor_L.setSpeed(Speed2);//motor_R.setSpeed(0);
    motor_R.run(BACKWARD);//motor_R.run(RELEASE);
}
void Right() {
    motor_R.setSpeed(Speed2);//motor_L.setSpeed(0);
    motor_L.run(BACKWARD);//motor_L.run(RELEASE);
    motor_R.setSpeed(Speed2);
    motor_R.run(FORWARD);
}
void Stop() {
    motor_L.setSpeed(0);
    motor_L.run(RELEASE);
    motor_R.setSpeed(0);
    motor_R.run(RELEASE);
}
```

부록

CHAPTER 01 기능경기대회 문제-2017 ·········· 347
CHAPTER 02 기능경기대회 문제-2018 ·········· 352
CHAPTER 03 기능경기대회 문제-2019 ·········· 357
CHAPTER 04 3D 프린팅 직종 설명서 ·········· 363

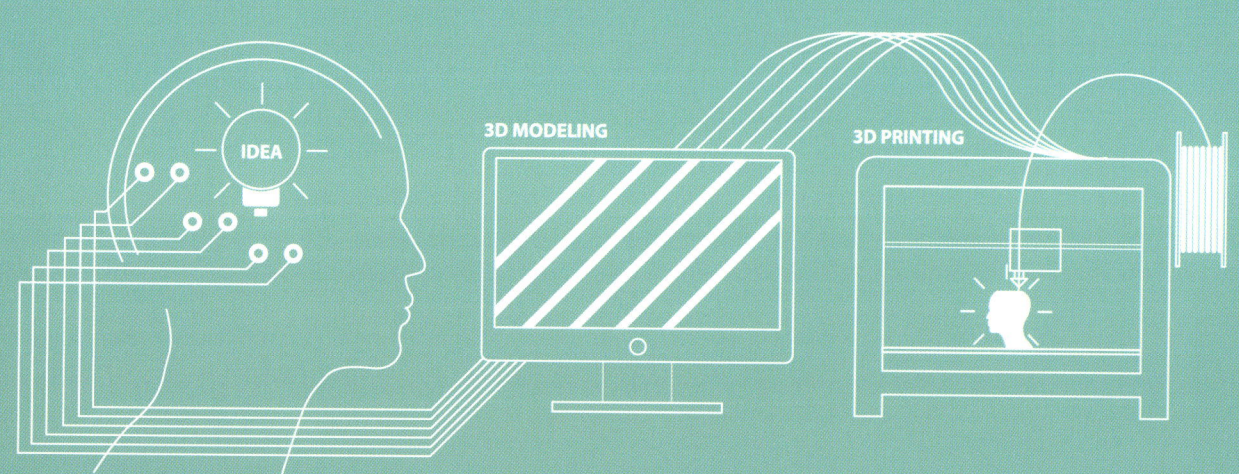

1 과년도 기능경기대회 문제-2017

1 도면설계 1/4-조립도

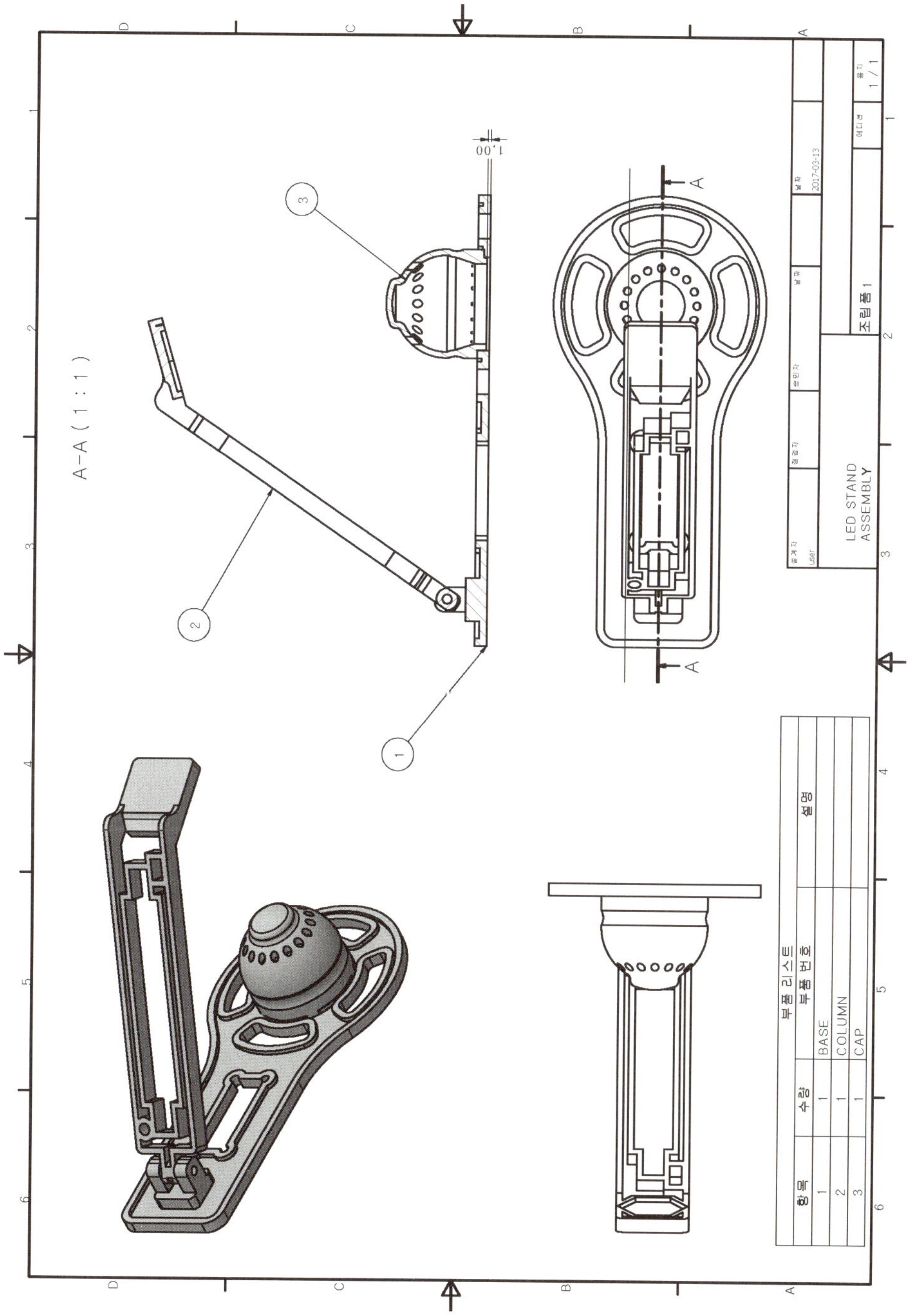

2 도면설계 2/4-부품도

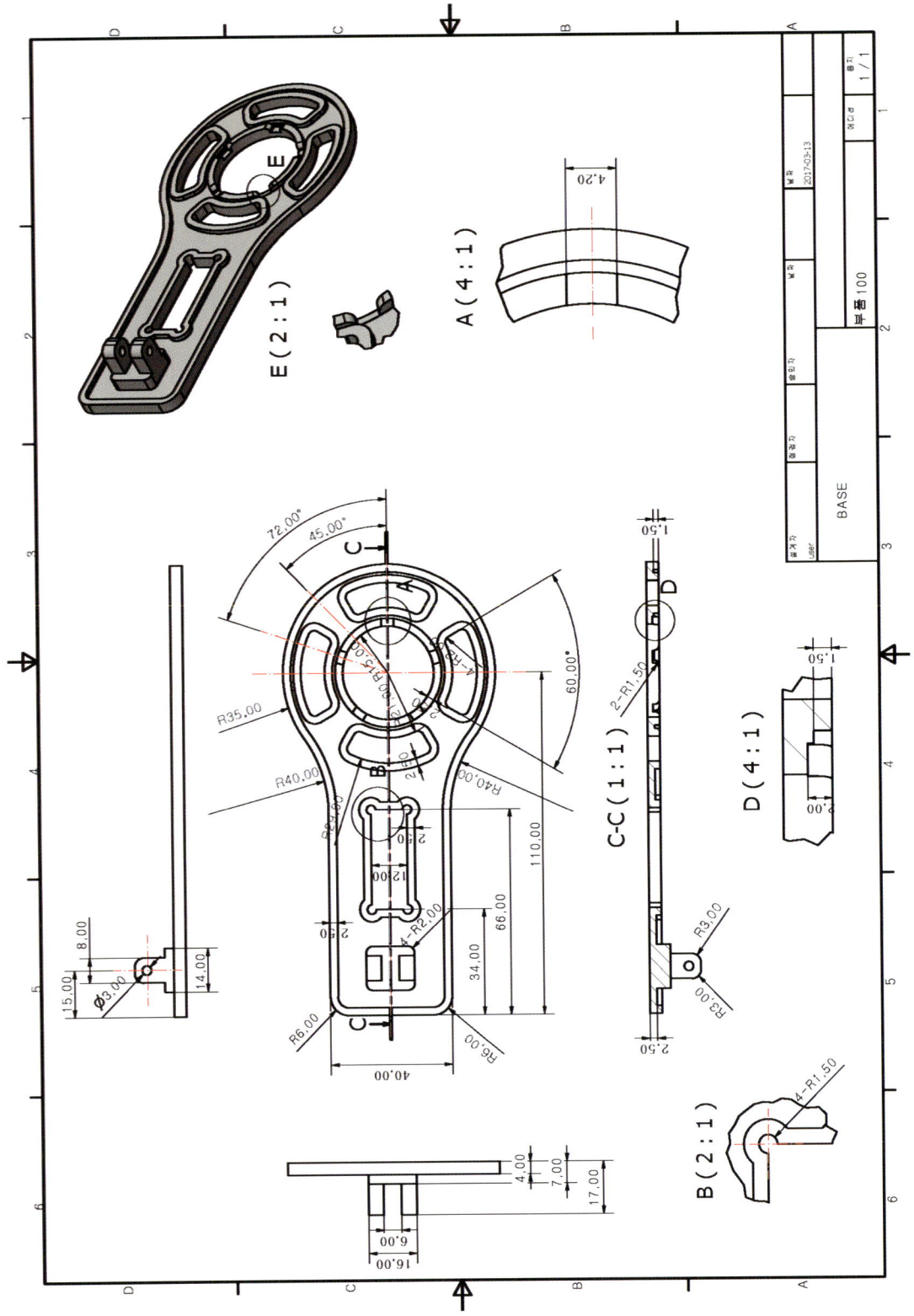

3 도면설계 3/4-부품도

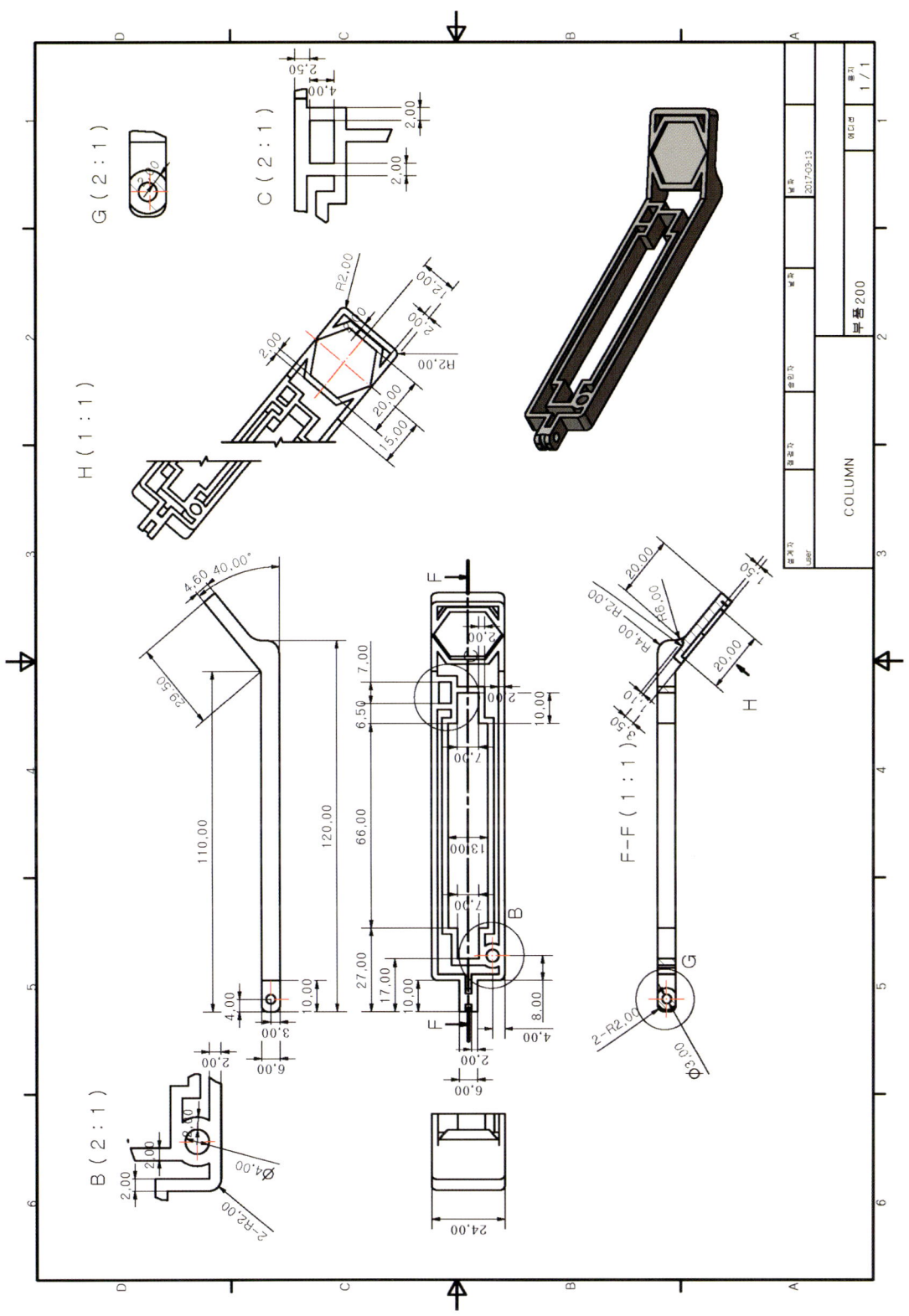

4 도면설계 4/4-부품도

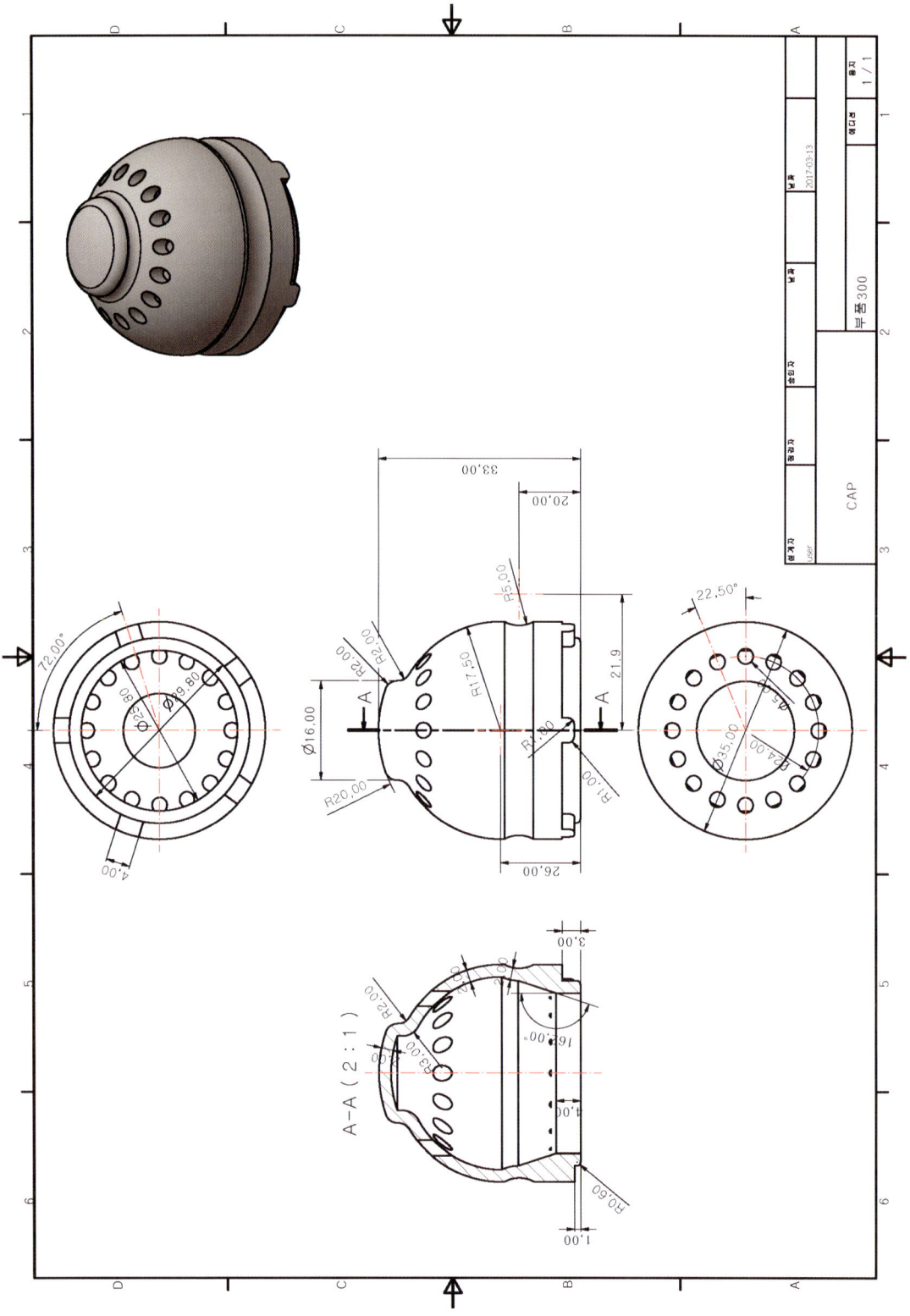

5 실물설계

현척으로 양념통 모델링 후 80%로 축척 인쇄 후 조립품 제출 (6시간)

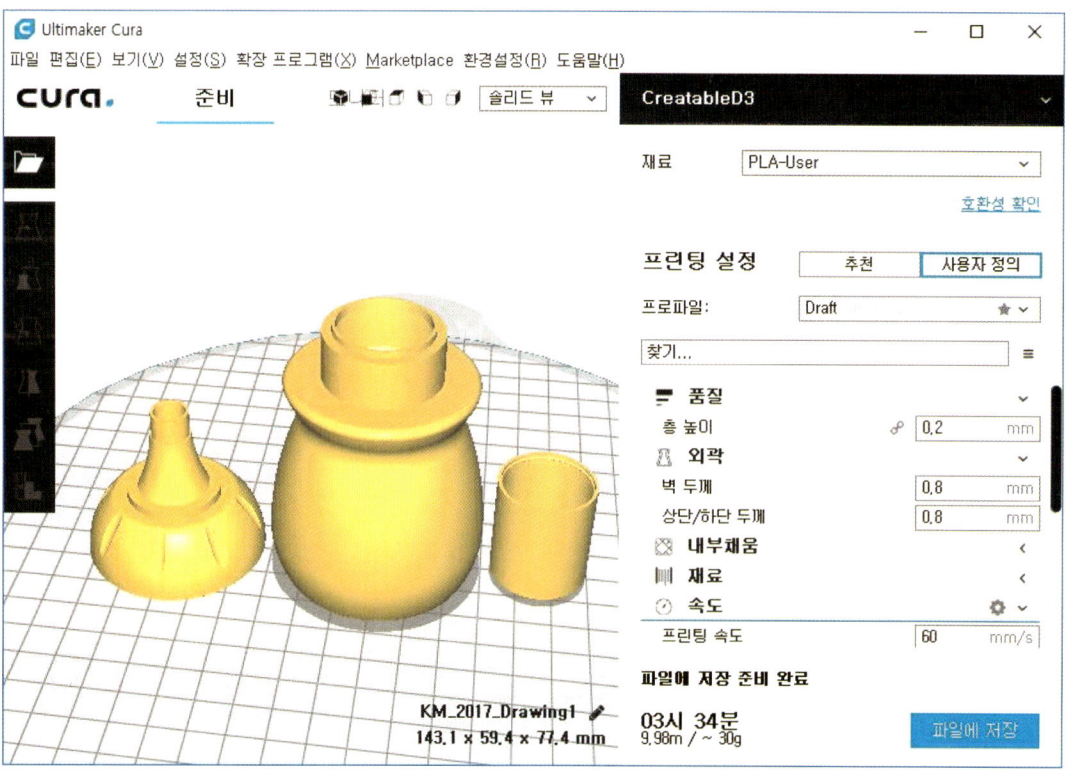

2 과년도 기능경기대회 문제 – 2018

1 도면설계 1/4-부품도

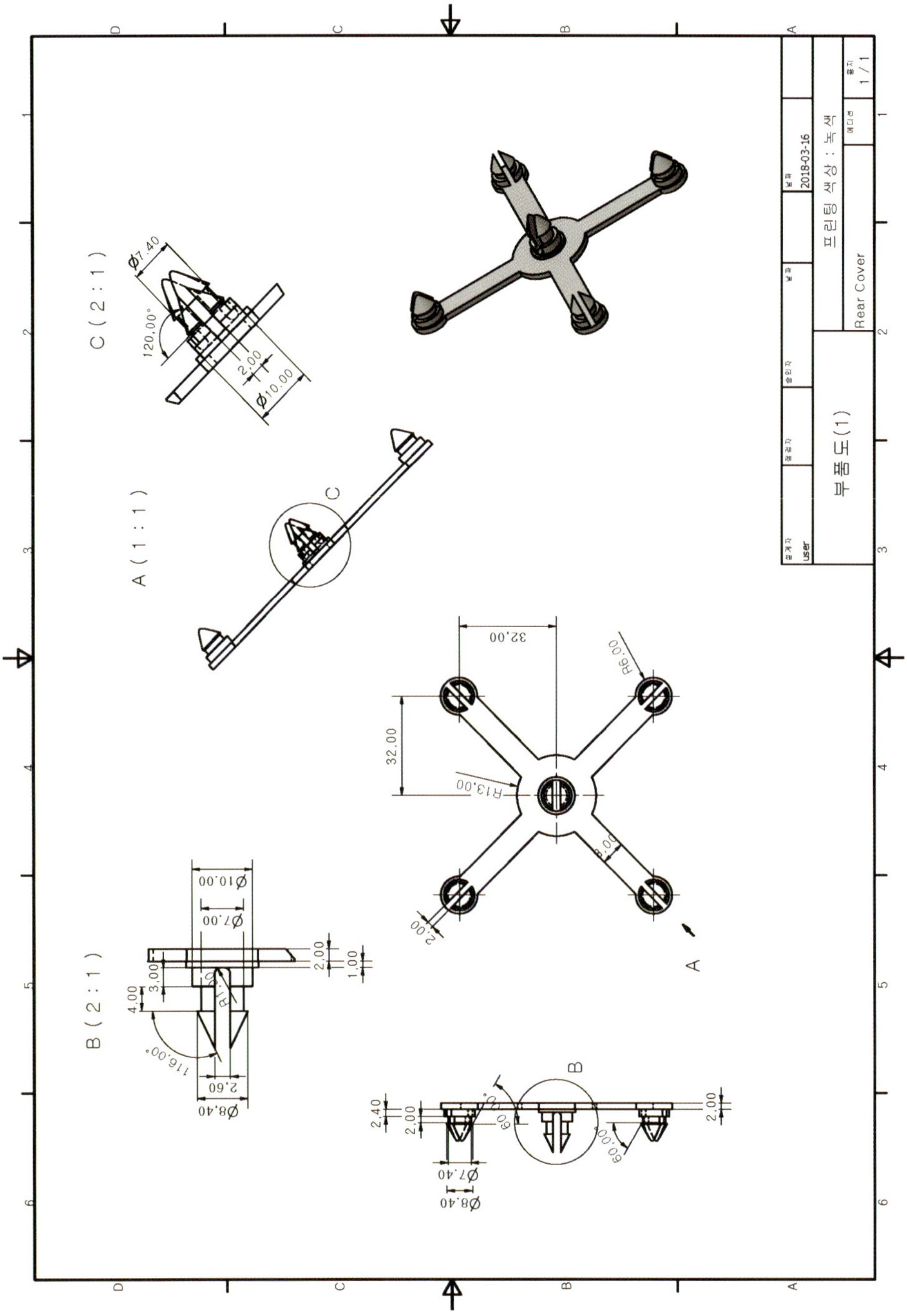

2 도면설계 2/4-부품도

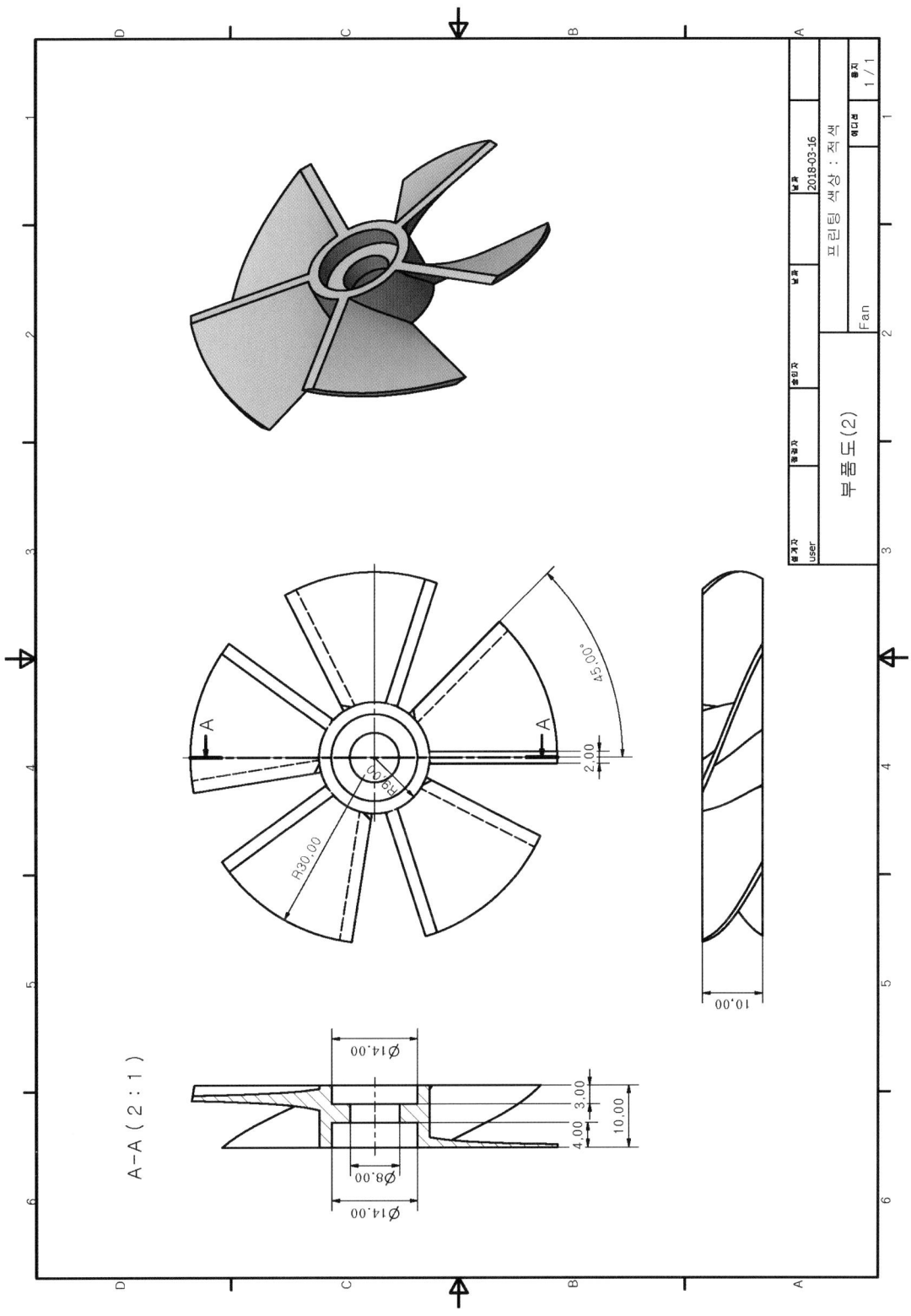

3 도면설계 3/4-부품도

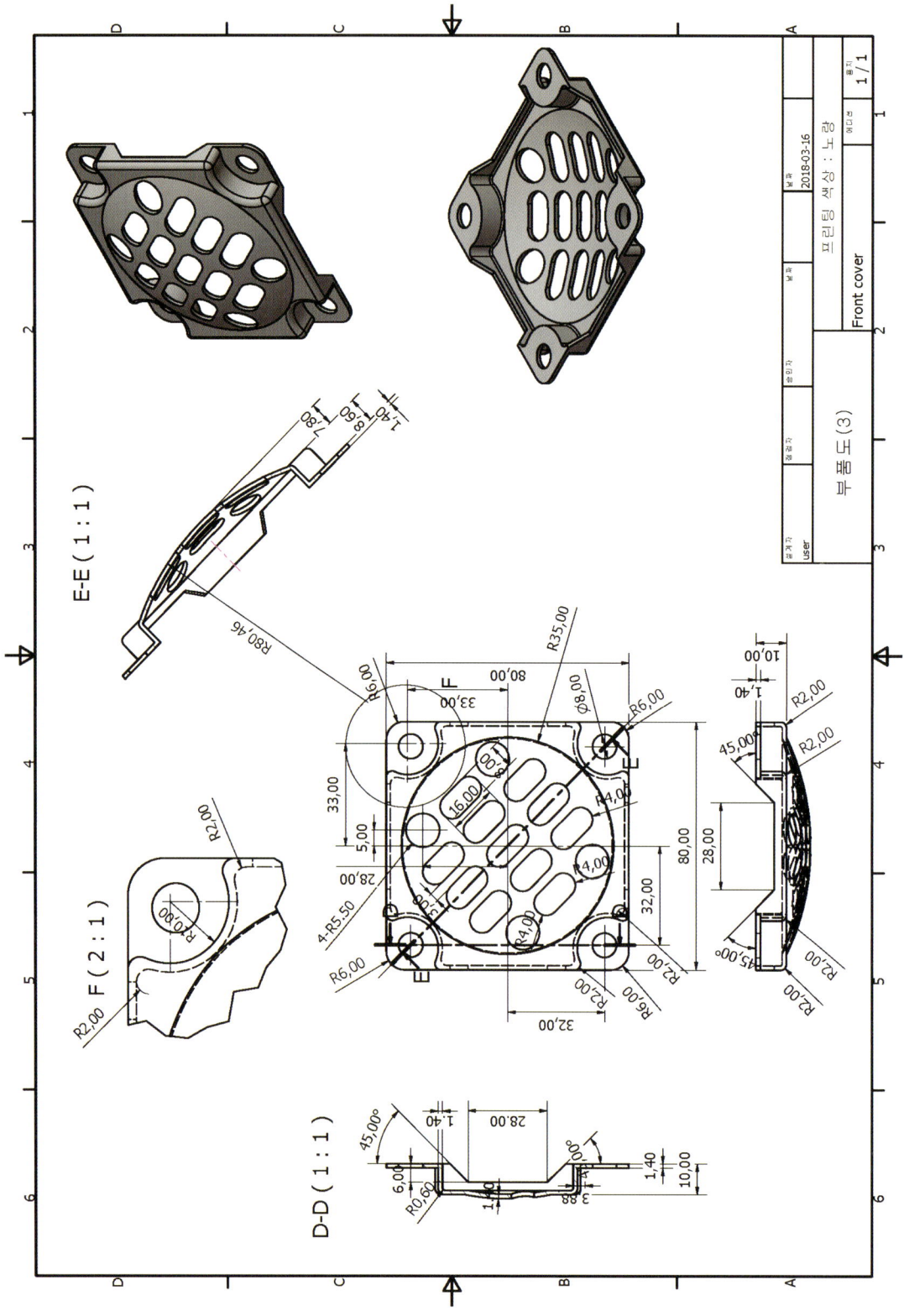

4 도면설계 4/4-조립도

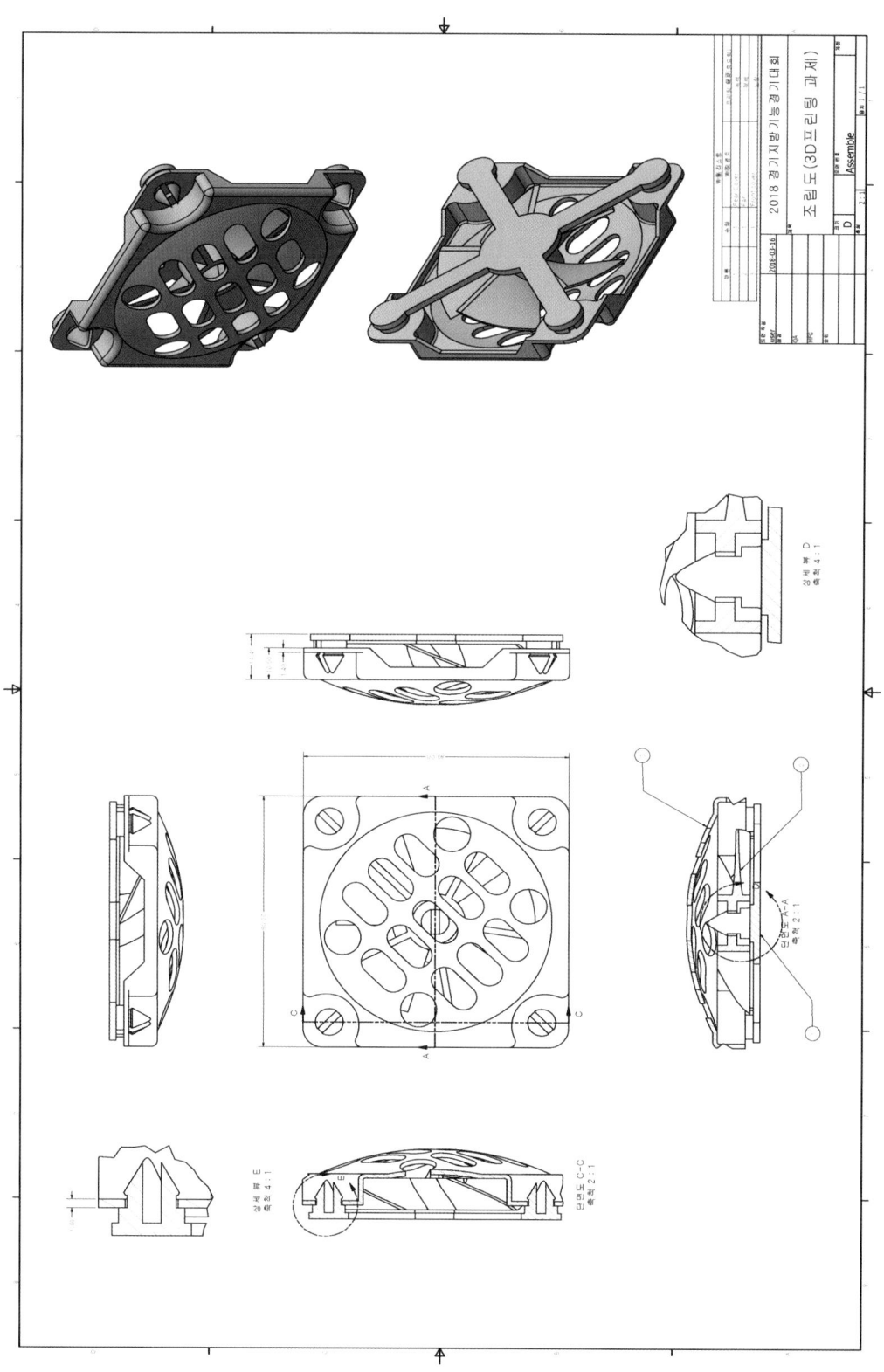

5 실물설계

• 제품완성시간 : 6시간

현척으로 음료수병 모델링 후 60%로 축척 출력 후 조립하여 제출한다.

3 과년도 기능경기대회 문제 – 2019

1 도면설계 1/4 – 부품도

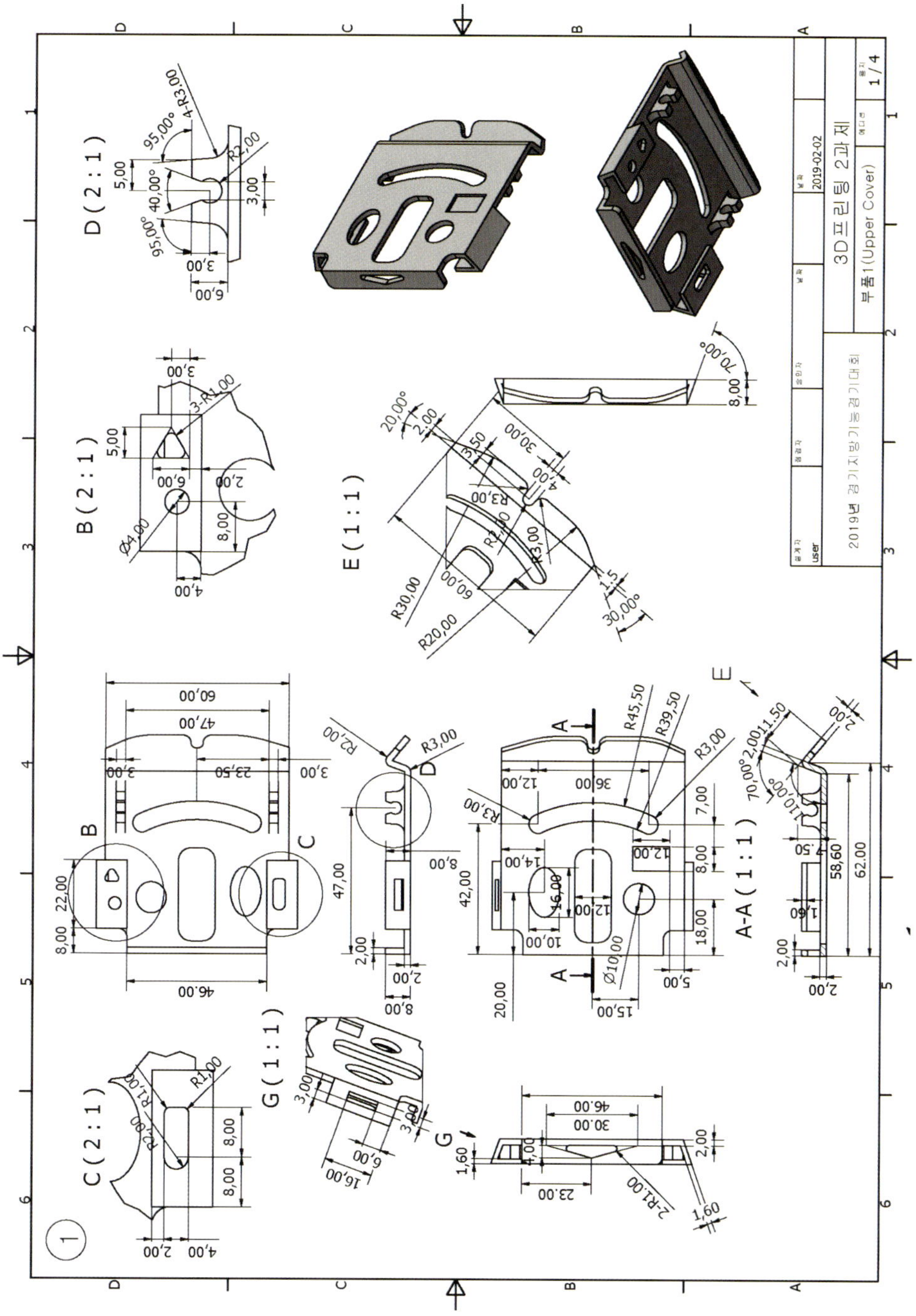

부품1(Upper Cover)
3D 프린팅 2과제
2019년 경기지방기능경기대회

2 도면설계 2/4-부품도

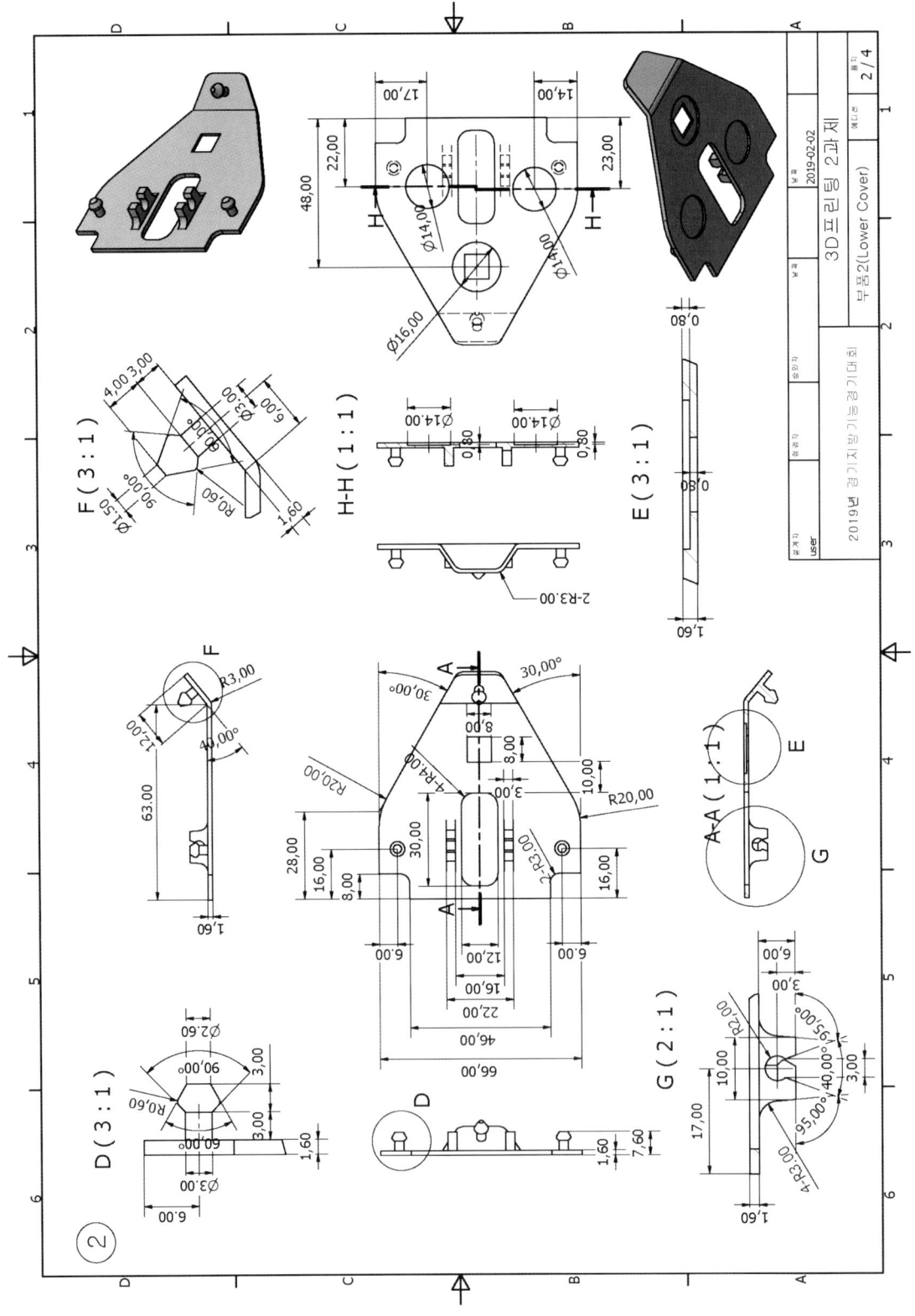

3 도면설계 3/4-부품도

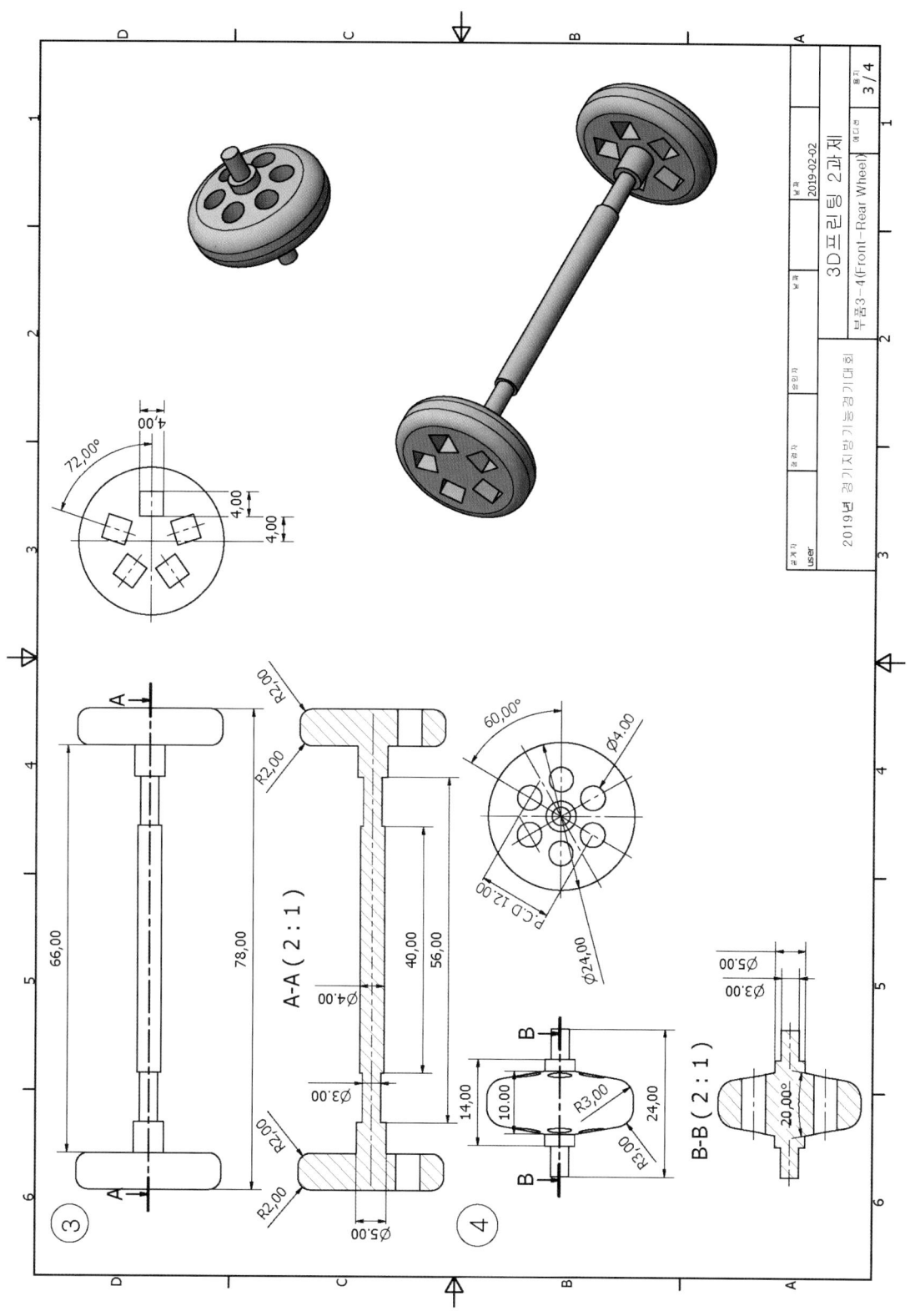

4 도면설계 4/4-조립도

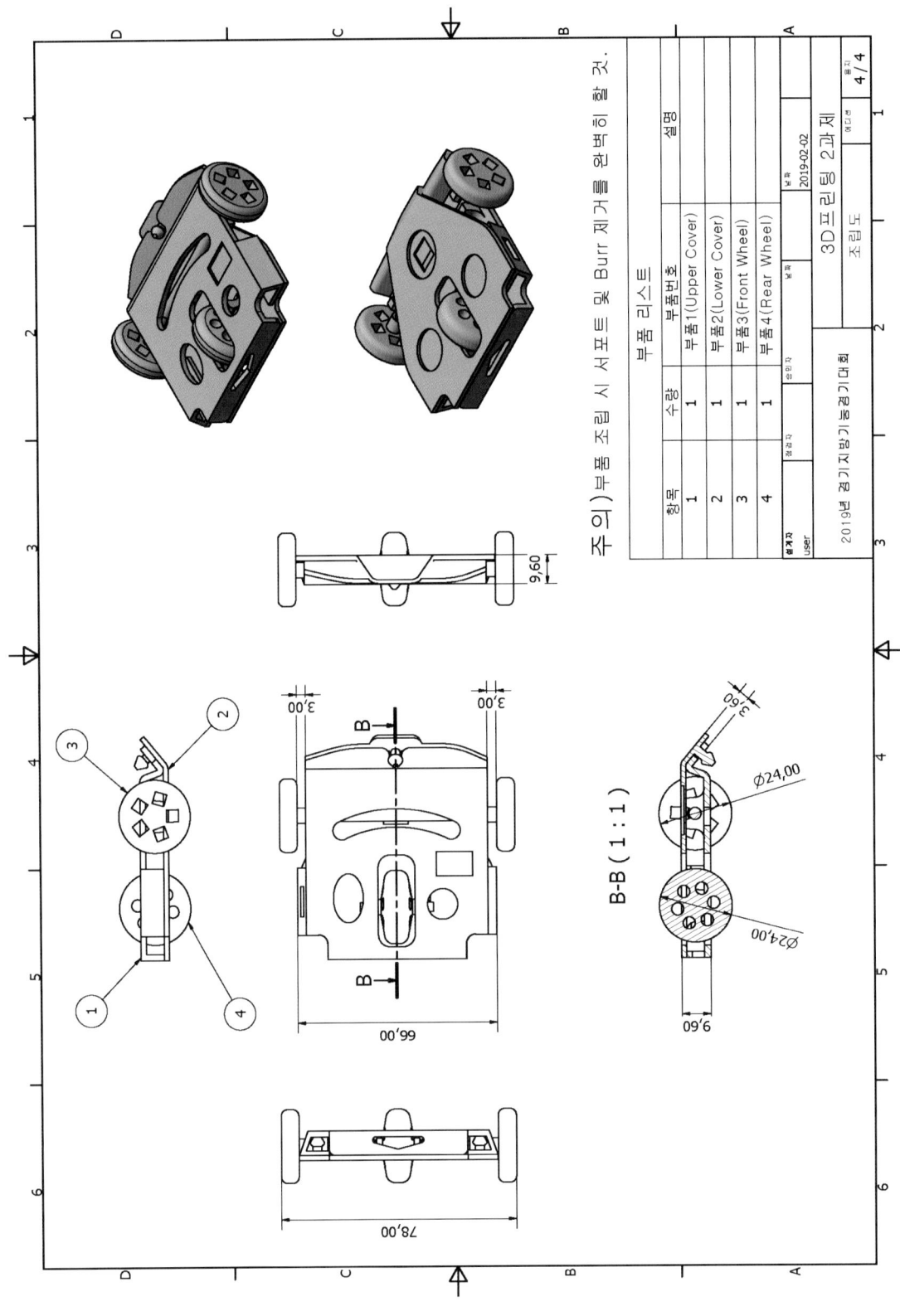

5 실물설계

※ 실물은 실제 부품 또는 조립품을 제시하고 일정 시간 내에 회수한다.

1) 실물-1

현척 1 : 1로 인쇄, 프린트 색상 : 지지대 : 노란색, 볼 : 빨간색

2) 실물-2

축척 90%로 인쇄, 프린트 색상 : 녹색

실물-3 부품의 모터 축에 출력물의 조립이 가능하도록 바퀴의 고정축 내경을 수정하여 설계에 반영

3) 실물-3

실물-2의 출력물과 조립하여 제출하는 부품이다.(설계 제외 부품)

4) 실물설계 도면

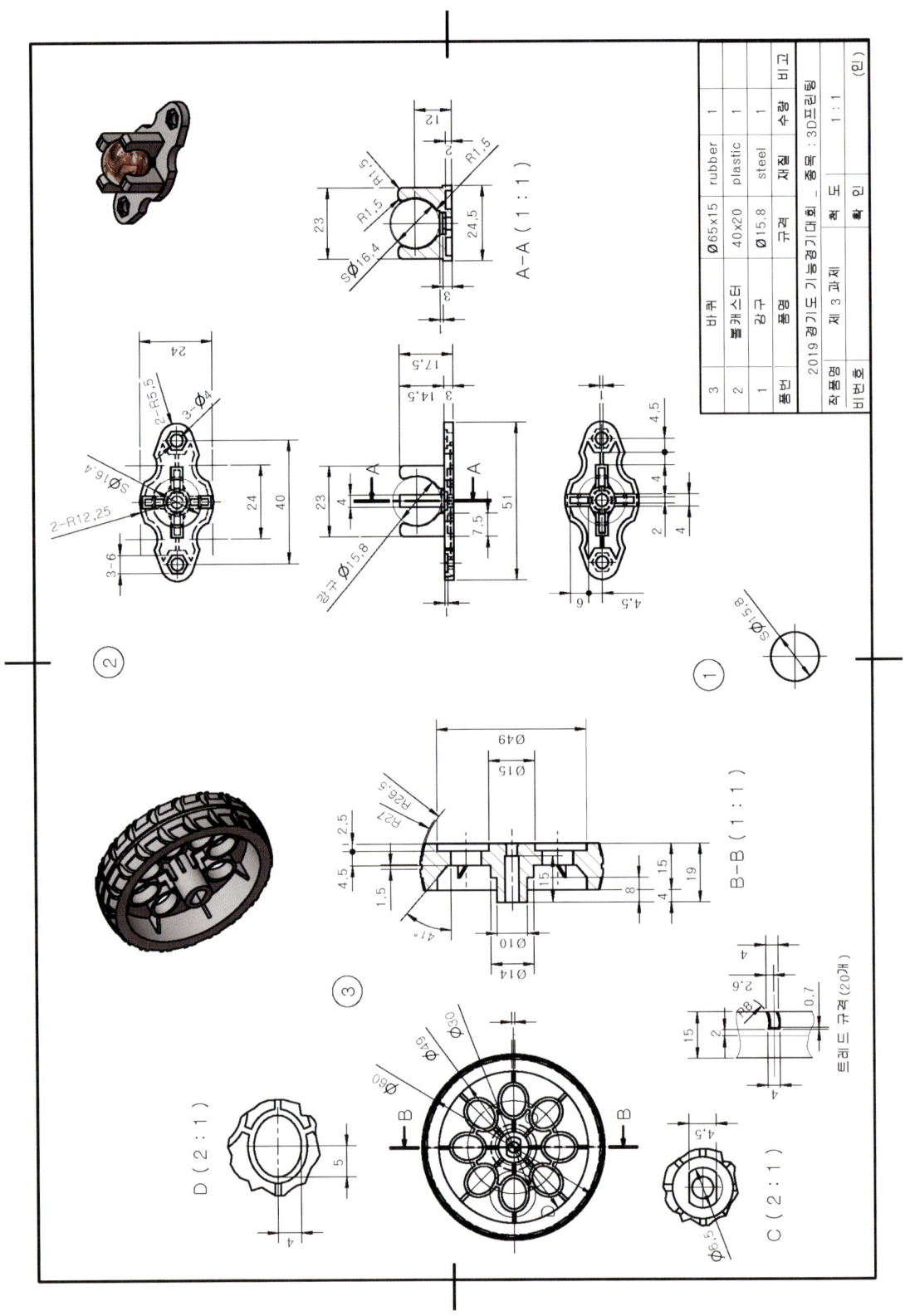

4 3D 프린팅(3D Printing) 직종 설명서

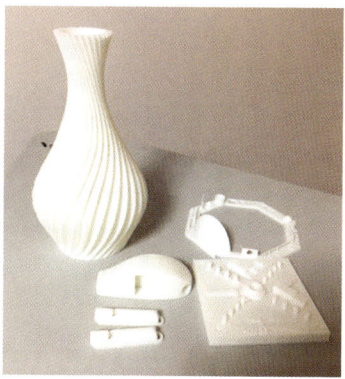

1 직종 정의

3D 프린터를 조립 및 조정하여 작동시키고, 3D 모델링 소프트웨어를 사용하여 모델링한다. 3D로 모델링한 디지털 데이터를 변환하여 프린팅 과정을 통해 물리적인 입체물로 제작하는 직종이다.

2 작업 범위

① 경기과제는 이론을 바탕으로 한 실기 작업으로 구성한다.
② 과제에서 요구하는 처리조건에 따라 3D 프린터 조립, 3D 프린터 작동 및 조정, 프로그램 설정 및 업로드 작업을 수행한다.
③ 3D 모델링 소프트웨어를 사용하여 각 과제에서 요구하는 처리조건에 따라 모델링 작업을 수행하고 도면 작업을 수행한다.
④ 과제에서 요구하는 처리조건에 따라 슬라이싱 소프트웨어를 사용하여 3D 모델링 데이터를 G코드로 변환하고 형상 제작 프린팅 작업을 수행한다.
⑤ 각 과제별 작업이 완료되면 처리 및 생성된 모든 데이터를 선수번호 폴더에 보존한다.

3 과제시간 및 과제범위

1) 과제 제한시간 및 과제범위

순번	과제명	과제범위	시간	비고
1	조립 및 조정	• 선수번호 부여 및 장비 점검	09:00~11:00	
		• 간담회	11:00~11:30	
		• 제 1과제 경기	13:00~17:00	
		• 제 1과제 채점	17:00~19:00	
2	도면설계 형상제작	• 제 2과제 경기	09:00~15:00	중식지참
		• 제 2과제 채점	15:00~18:00	
3	실물설계 형상제작	• 제 3과제 경기	09:00~15:00	중식지참
		• 제 3과제 채점	15:00~18:00	
		• 가 입상자 발표 및 강평	18:00~18:30	
	계		16시간	

※ 과제 총 작업시간은 지방 대회 10시간을 초과 할 수 없다.

4 과제 작업내용 및 과정

1) 과제 작업내용 및 과정

순번	과제명	주요작업내용	시간	비고
1	조립 및 조정	• 제시되는 조립도를 토대로 3D 프린터를 조립 및 조정하고 펌웨어 업로드 • 요구하는 도면의 3D모델링 작성하고 모델링 형상의 출력물 완성	4~6시간	
2	도면설계 형상제작	• 제시되는 조립도를 토대로 요구하는 부품의 3D모델링 및 도면작성 • 모델링 형상의 출력물 완성 및 조립	6~8시간	
3	실물설계 형상제작	• 실물을 측정하여 3D모델링 및 도면작성 (실물 모델은 지정된 시간 후 회수함) • 모델링 형상의 출력물 완성 및 조립	6~8시간	
	계		16~22시간	

※ 각 과제에 대한 제한 시간은 출제의도에 따라 일부 조정 될 수 있다.
※ 사용하는 모든 소프트웨어의 규격 등은 대회 개최년도에 따라 변경될 수 있다.

5 경기진행 절차

1) 경기 전

① 선수 인적사항 확인 및 경기 시행에 관한 주의사항을 설명한다.
② 참가선수에게 각각 선수번호를 부여하여 관리한다.
③ 작업대 등 각 선수에게 배당되는 시설 및 자리는 추첨에 의하여 배정한다.
④ 장비 사용에 대한 중요 안전사항을 지시한다.
⑤ 지참 재료 및 공구의 이상 유무를 점검한다.
⑥ 사용 전원 및 컴퓨터 시스템의 이상 유무를 확인한다.
⑦ 본인이 지참한 모델링 소프트웨어 설치와 장비에 대한 시운전을 실시한다.
⑧ 지급되는 과제의 이상 유무를 확인한다.

2) 경기 중

① 경기 중 도면 및 관련 자료의 유출을 방지한다.
② 경기장은 선수 및 관계자를 제외하고 관람시간 외 출입을 통제한다.
③ 관람자를 위해 경기 관람시간(과제별 30분) 또는 관람 라인을 정하여 경기장을 개방한다.
④ 선수의 요구 및 질문에 적극적으로 대응한다.
⑤ 타인(지도교사 포함)과의 접촉이나 선수들 상호 간에 대화를 나누거나, 소지품을 교환하지 못한다.
⑥ 선수가 3D 프린터와 컴퓨터 프로그램 활용 미숙 등으로 인한 시험의 진행이 어렵다고 판단될 때, 심사위원은 시험을 중지시켜 실격 처리할 수 있다.
⑦ 지급된 모든 과제물은 선수번호(비번호)를 흑색사인펜으로 기록하고 제출한다.
⑧ 컴퓨터 바탕화면에 선수번호로 폴더를 생성하고, 작성된 파일을 폴더에 저장한다.
⑨ 컴퓨터에 작업된 내용이 저장된 파일폴더를 USB에 저장한 후 제출하도록 한다.
⑩ 부정행위로 적발되거나 심사위원 및 위원회 관계자의 지시를 거부 또는 적절치 못한 행위로 파악될 때는 경기장에서 퇴장될 수 있다.
⑪ 경기가 중단없이 진행되므로 도시락을 지참하여 경기 중에 경기장에서 심사위원 관리감독 하에 식사를 하도록 한다.
⑫ 만일의 정전이나 고장으로 인한 자료 손실을 방지하기 위하여 10분에 1회씩 백업하여 저장한다.

3) 경기 후

① 경기 종료 후 완성된 과제는 비번호를 부여하고 작품 보관함에 보관한다.
② 경기가 끝나면 과제와 관련된 일체의 행동을 할 수 없다.
③ 경기장과 작업대를 정리 정돈한다.

6 경기장 시설장비 목록, 선수 지급재료 목록, 선수 지참 재료(공구) 목록

1) 경기장 시설/장비 목록

순번	장비/재료명	규격	단위	수량	비고
1	컴퓨터 시스템	프로세서 : Intel Core i5 2.8GHz 이상 메모리 : 16GB, SSD : 120GB, HDD : 500GB 이상 시스템 : 64비트 O/S 키보드, 마우스, SD카드슬롯, 인터넷 연결 ODD : Super Multi(CD-RW 24배속 이상) 모니터 : 24인치 Wide 한글 Windows 10 Professional 이상	대	선수수	선수용
2	3D 프린터	제작크기 : 1800cm^3 이상 타입 : 멘델방식, LCD, SD리더 노즐직경 : 0.4mm 필라멘트 : 직경 1.75mm, 재료 PLA/ABS 해상도 : 0.1/0.2/0.3/0.4 Z축:1 모터 스크류 구동, XY축 일체형 바디 조립키트 제품.	대	5	예비용
3	책상 및 의자	1500×600×720mm / 사무용	SET	선수수	선수용
4	멀티콘센트	4구 멀티콘센트	EA	선수수	선수용
5	SD 메모리	16GB 이상	개	선수수	선수용
6	SD 카드 리더	USB 3.0 이상	개	선수수	선수용
7	소프트웨어	MS Office Pro 2016이상 한글 2014 이상	SET	5	심사용
8	컴퓨터 시스템	선수 컴퓨터 시스템 규격과 동일(※ 인터넷 연결)	대	5	심사용
9	책상 및 의자	1500×600×720mm / 사무용	SET	5	심사용
10	복사기	디지털 복사기	대	1	심사용
11	프린터	A3 (레이져)	대	1	심사용
12	복사용지	A4, A3	장	2000	심사용
13	USB	64GB 이상	개	5	심사용
14	버니어 캘리퍼스	150MM-0.01, DIGITAL	개	5	심사용
15	작품 보관함	212x122x62, 투명	SET	선수수	심사용
16	시계	전체 경기시간 표시용	개	1	심사용
17	환풍기	환풍시설	개	2	

※ 예비용 컴퓨터 시스템과 3D 프린터는 출전선수 대비 10% 이상 확보

2) 선수 지급재료

순번	재료명	규격	단위	수량	비고
1	SD 메모리	16GB 이상	개	1	출력파일 저장용
2	SD 카드 리더	USB 3.0 이상	개	1	출력파일 저장용

※ 비고

1. 과제별 요구사항에 따라 소요 재료 및 규격은 변경될 수 있음
2. 위 재료는 참가선수 1인당 지급 재료임

3) 선수 지참재료 목록

순번	장비명	규격	단위	수량	비고
1	버니어캘리퍼스	150mm 이상	SET	1	설계용
2	레디어스 게이지	제한없음	개	1	설계용
3	피지 게이지	제한없음	개	1	설계용
4	측정용 분도기	각도측정	개	1	설계용
5	자 또는 축척자	250mm 이상	개	1	설계용
6	제도연필 또는 샤프연필	제한없음	자루	각1	설계용
7	지우개	연필용	개	1	설계용
8	스케치 용지	방안지, 모눈종이	매	5	설계용
9	스크래퍼	제한없음	대	1	출력용
10	딱풀 또는 테이프	제한없음	개	1	출력용
11	노즐청소용 핀	0.4mm 노즐용	개	1	A/S용
12	니퍼	공구	개	1	표면가공
13	칼	공구	개	1	표면가공
14	육각 렌치	공구(M3용)	세트	1	조립조정
15	드라이버 세트	공구(+, -)	세트	1	조립조정
16	3D 모델링 S/W 정품	라이센스, LOCK포함	세트	1	CAD용
17	필라멘트	PLA, 1.75mm, 적,녹,노,백	릴	각1	경기용
18	3D 프린터	제작크기 : 1800cm^3 이상 타입 : 멘델방식, lcd, SD리더 노즐직경 : 0.4mm 필라멘트 : 직경 1.75mm, 재료 PLA/ABS 해상도 : 0.1/0.2/0.3/0.4 Z축:1 모터 스크류 구동, XY축 일체형 바디 조립키트 제품	대	1	경기용
19	기타 시설장비 외 용구	보안경, 장갑 지참가능			

7 채점방법 및 주요 채점기준 범위, 예시

1) 심사채점

① 채점방법
- 채점 유의사항 및 채점 기준표를 숙지하고 채점에 임해야 한다.
- 채점의 유의사항 및 채점기준표상에 문제점이 있으면 심사위원 전원의 합의에 의하여 합리적이고 객관성 있게 채점한다.
- 주관적 채점은 항목별 배점을 4등급으로 적용하여 합의채점 방식으로 채점하고 배점비율에 따라 득점을 합산하여 환산한다.
- 경기시간 내에 미출력된 작품과 채점기준에 의하여 실격 처리된 작품은 채점대상에서 제외한다.
- 출력이 미완성 된 작품은 완성품의 최저점 이하로 채점한다.
- 기타 채점과 관련된 사항은 기능경기대회 관리규칙에서 정한 바에 의한다.

② 주요 채점 항목별 배점기준

일련번호	주요항목	배점방법 객관적	배점방법 주관적	배점	비고
1	프린터 조립완성도	○		20	정상동작 출력물
2	2과제 모델링 작성	○		12	
3	출력물 완성도		○	12	
4	출력물 정밀도	○		12	
5	조립성 균형감, 요구사항		○	4	요구사항 미반영 -5
6	3과제 실물 모델링	○		8	
7	출력물 완성도		○	8	
8	도면작성	○		8	
9	출력물 정밀도	○		8	
10	조립성 균형감, 요구사항		○	8	요구사항 미반영 -5
합 계				100점	

※ 과제의 내용에 따라 항목별 배점 비율을 30%내에서 조정할 수 있다.

2) 과제별 배점 및 측정방법

① 객관적 채점
- 채점항목별 출제위원이 정한 채점기준표의 배점 기준에 따라 합의 채점한다.

② 주관적 채점
- 채점항목별 배점을 4등급제를 적용하여 합의채점 방식 또는 채점번호표로 채점하고 배점 비율에 따라 득점을 환산하여 합산한다.

등급배점	등급
4	완성도, 기능숙련도, 산업현장 통용성 모두에서 높은 수준
3	완성도, 기능숙련도, 산업현장 통용성 모두에서 적당한 수준
2	산업현장 통용성은 있으나 완성도와 기능숙련도에서 다소 낮은 수준
1	완성도, 기능숙련도, 산업현장 통용성 모두에서 낮은 수준

- 4등급제를 적용하는 독립채점 시 최소 5명 이상의 심사위원이 채점에 참여하여 결과의 실효성 및 신뢰성을 확보해야 한다.

③ 실격사유

다음 항목에 해당되는 경우 자동으로 실격 처리한다.
- 3D 프린터 조립이 미완성인 경우
- 3차원 모델링 설계 형상이 미완성인 경우
- 3D 프린터 출력이 미출력 된 경우
- 3D 프린터 펌웨어를 올리지 못한 경우
- 대회 도중에 대회장소를 벗어난 경우 (포기로 간주)

8 안전관리

① 선수들은 안전규정에 따라 간편한 복장을 착용하도록 한다.
② 선수들은 자신의 작업장을 방해물로부터 청결하게 유지해야 하며 재료나 장비, 선수가 실족, 미끄러짐 또는 넘어질 수 있는 어떠한 물건도 바닥 공간으로부터 방해받지 않아야 한다.
③ 선수는 심사장, 심사위원이 제시하는 모든 안전 및 사고 예방기준을 철저히 준수 해야 한다.
④ 심사장은 추가 위험요소나 따라야 할 안전수칙을 확인한다.

9 공통사항

① 직종설명서의 내용은 과제출제 및 경기진행, 심사채점 과정 등에서 사전 예고없이 일부 변경될 수 있음
② 직종설명의 내용보다는 경기과제, 채점기준표, 시행자료(시행시 유의사항, 경기장 시설목록, 선수지참 재료목록, 선수지참 공구목록 등) 등이 우선함

10 기타

① 사용 소프트웨어
- 개발도구 : ARDUINO 1.8.9
- 펌웨어 : Marlin 3D Printer Firmware 1.1.9
- 슬라이싱S/W : CURA 4.1

② 개별 설치 소프트웨어
- 모델링S/W : SolidWorks, Inventor 등 (라이센스 개별 지참하여 설치)

인벤터 3D 모델링 & 3D 프린팅 프로젝트
3D 프린터 활용 가이드

발　　행	2020년 1월 10일
저　　자	김랑기 · 송원석
발 행 처	M메카피아
발 행 인	노수황 · 최영민
대표전화	1544-1605
주　　소	서울 금천구 서부샛길 606 대성디폴리스지식산업센터 B동 3층 331호
전자우편	mechapia@mechapia.com
교육문의	02-861-9042
영 업 부	(서울) 02-861-9044
팩　　스	(서울) 02-861-9040
인쇄제작	미래피앤피
마 케 팅	이정훈
등록번호	제2014-000036호
등록일자	2010년 02월 01일

정가 : 26,000원

이 책의 어느 부분도 저작권자나 발행인의 승인 없이 무단 복제하여 이용할 수 없습니다.
파본 및 낙장은 구입하신 서점에서 교환하여 드립니다.

ISBN 979-11-6248-061-8 93550